U0556957

中国互联网金融发展报告（2014）编委会

CCIE

中国互联网经济研究院

China Center for Internet Economy Research

中国互联网金融发展报告2014

互联网金融监管：自律、包容与创新

Regulation of Internet Finance: Self-discipline, Inclusiveness and Innovation

主　编　欧阳日辉

副主编　王立勇　王天梅

经济科学出版社

Economic Science Press

序　言

我们生活在一个大变革的时代，互联网经济在神州大地风起云涌，互联网金融在金融改革中异军突起。2015 年政府工作报告把互联网经济推向了新高潮，李克强总理提出，“制定‘互联网+’行动计划，推动移动互联网、云计算、大数据、物联网等与现代制造业结合，促进电子商务、工业互联网和互联网金融健康发展，引导互联网企业拓展国际市场”。制定“互联网+”行动计划，标志着运用信息网络技术促进经济转型升级、培育更多的新兴产业和新兴业态、形成新的增长点，已经成为国家发展战略。我国的互联网经济时代已经来临！

互联网金融是互联网经济的重要组成部分，但不是简单的“互联网+金融”，基于电子商务的互联网金融更有生命力。信息资源、信息技术及信息网络运行平台，正在成为“互联网+”时代的经济与社会发展主导要素。目前电子商务正在由线上与线下结合的模式向集电子认证、在线交易、在线支付、物流配送和信用评估等服务一体化的方向发展，呈现出全程在线化、规范化、与传统产业融合发展的态势。互联网金融平台与电子商务平台结合点在于信息资源。信息资源是继土地、资本、人力之后的新要素，日益成为比物资、能源更重要的基础资源和战略资源，信息流正在继物质流与资金流之后，成为经济与社会相关要素联系的主导方式，信息也是重要的生产力。与那些没有数据来源的从事互联网金融业务的网络平台相比，基于电子商务平台或社交网络而产生的互联网金融模式更具有生命力和可持续性。例如，阿里巴巴布局蚂蚁金服的用意就在于，打通阿里电子商务平台，充分利用阿里大数据。所以，互联网金融不是简单的“互联网+金融”，而是“互联网+信息网络平台（电子商务、社交网络等）+金融”。

李克强总理在政府工作报告中连续两年提到互联网金融，并为互联网金融点赞，用“异军突起”来形容互联网金融发展的强劲势头。1987 年 6 月，邓小平同志曾把乡镇企业称作是农村改革中“完全没有预料到的最大收获”，是“异军突起”[①]。当今互联网金融发展，也是我国金融体制改革中“完全没有预料到的最大收获”。例如，根据零壹研究院数据中心的监测数据，截至2015年3月31日，我国P2P平台共2260家，其中正常运营的有1695家；2014年P2P行业一级市场成交额在2500亿~3000亿元之间（未包含陆金所的彩虹项目668亿元），年末贷款余额超过1000亿元。互联网金融改善了金融服务质量，提升了效率，拓展和创新了金融服务的广度、宽度和深度，将金融服务边界向下延伸，便利交易活动、改善居民生活、服务小微企业、支持创业投资、提高资源配置效率、增进社会福利，推进了金融服务转型和“普惠金融”实践。

政府对互联网金融的态度是完善金融监管协调机制，守住不发生系统性和区域性金融风险的底线，“促进互联网金融健康发展”。风险控制是互联网金融持续健康发展的根本。互联网金融风险有来源于互联网和金融两方面的风险，集中表现在信息安全风险、政策与法律风险、操作风险、流动性风险、信用风险等方面，不仅具有传统金融风险的特征，而且有比传统金融风险更隐蔽、易突发和强传染特性。互联网金融监管的目标在于运用信息网络技术防范互联网金融风险，维护金融系统稳定，保护中小投资者的利益，促进互联网金融健康发展。

那么，我们如何才能有效地防范互联网金融风险和完善互联网金融监管呢？我们认为，对待互联网金融及其监管应该坚持“包容、自律和创新”的理念，既要建立包容性体制，又要相关各方严格自律，还要通过创新确保监管到位。

发展互联网金融，全社会需要包容“叛徒”、“野蛮人”和“颠覆者”，包容试错，包容失误，包容创新。阿西莫格鲁和罗宾逊在《国家为何失败：权力、繁荣和贫困的起源》一书中认为，持续的经济增长需要创新，而创新与创造性破坏是分不开的，创造性破坏就是经济领域的新陈代谢，同时动摇上层建筑的权力结构；包容性体制（inclusive institutions）鼓励“毁灭性创新”或颠覆性创新，攫取性体制（extractive institutions）抑制“创造性破坏”[②]。其实，早在2000多年以前，老子就在《道德经》（第十六章）中说：“知常容，容乃公。”“知常容”，即掌握了客观规律，胸怀就会宽广，“容量”就宏大；“容乃公”，胸怀宽广、容

---

① 邓小平文选（三卷）：改革的步子要加快［M］. 北京：人民出版社，1993：238.

② Acemoglu, Daron and James Robinson. *Why Nations Fail: The Origins of Power, Prosperity, and Poverty*. Crown Business, 2012.

量大以后，就能够做到“公”：公平、公正、公道。监管层对互联网金融要知“常”（不知常，妄作凶），不能违“常”，更不能逆“常”。依托信息网络技术的互联网金融的未知远远大于已知，未来空间无限。正如李克强在国务院常务会议（2015年4月1日）上谈到电子商务时所说：“如果一个新事物刚刚出现，还没完全弄懂它，就要管、要去规范，很可能就把它扼杀了。”①

防范互联网金融风险，互联网金融企业、行业协会和监管层等都需要自律，有钱别任性，有权不许任性。我们要深刻认识到互联网金融的本质是金融，互联网金融必须立足于服务于实体经济，为资金供给者增加收益，为资金需求者节省交易成本。当前，按照卡萝塔·佩蕾丝“技术—经济范式”对技术革命发展浪潮的四个基本阶段的划分②，我国互联网金融处于导入期的狂热阶段，即将迎来转折点。行业投资及从业人员将急剧增加，行业竞争包括行业内部以及与传统金融机构之间的竞争不断变化，商业模式不断创新。同时，随着市场规模的扩大，整个行业运营风险也将持续增加，可能产生的恶性事件会引起监管层的关注。在这个时期，相关方都要自我约束：互联网金融企业通过风险防控、自我审查、自我申报等方式，在自律中进行自我监管；行业协会真正把自律工作开展起来，支持信息共享，监督信息披露；监管当局有权不许任性，应提高监管能力并不断反思自己的监管是否做到及时与公正；互联网金融消费者应提高风险意识和风险防控能力，自觉抵制高息诱惑，有钱别任性。

控制互联网金融风险，相关各方需要理念、模式和技术的创新。互联网金融监管首先要进行监管主体创新，比如，2015年1月，中国银监会进行架构大调整，新设银行业普惠金融工作部，牵头推进银行业普惠金融工作，备受关注的P2P划归至该部门监管。在监管理念、基础设施（征信体系、支付清算制度）、监管体制、监管技术和手段上，监管主体需要紧跟互联网金融发展步伐大胆创新，采用适度监管方式，完善互联网金融风险管理协调机制，提高监管效率。行业协会应该鼓励和引导互联网金融企业不断进行自律创新，营造创新发展的环境并保护创新，加强互联网金融消费者教育和保护，促进互联网金融和整个金融体系的发展。互联网金融企业在业务创新的同时进行风控创新，充分提示风险和披

---

① 李克强．别以为电子商务只是“虚拟经济”．中国政府网，http：//www.gov.cn/xinwen/2015-04/01/content-2841428.htm.

② ［英］卡萝塔·佩蕾丝．技术革命与金融资本——泡沫与黄金时代的动力学［M］．田方萌等译．北京：中国人民大学出版社，2007.

露信息，扩大互联网金融的业务范围，增加服务对象，提高资金配置的效率。

金融是经济的血液，互联网金融已然成为新常态中“互联网+”行动首当其冲的新业态。中国已是全球最大的互联网金融市场，互联网金融必将成为金融领域的一池活水，推进“互联网+”行动计划的实施，促进我国电子商务、工业互联网和农业互联网的快速发展，更好地浇灌小微企业、“三农”等实体经济之树，更方便快捷地让普通民众分享到“互联网+金融”的实惠与快乐。

电子商务交易技术
国家工程实验室　主任　柴跃廷

2015年4月6日

目　录

第一章　互联网金融风险的形成与传导分析 …… 1
第一节　互联网金融的界定与本质 …… 1
一、"互联网 + 金融"的划分矩阵 …… 1
二、纯粹互联网金融与金融互联网的区别 …… 5
三、互联网金融与金融互联网的关系 …… 6
第二节　互联网金融风险的界定与分类 …… 8
一、互联网金融风险的界定与构成要素 …… 9
二、互联网金融风险的分类 …… 10
三、互联网金融风险的特点 …… 22
第三节　互联网金融风险的形成和传导 …… 23
一、信息安全风险 …… 23
二、信用风险 …… 27
三、操作风险 …… 28
四、流动性风险 …… 29
五、大数据技术风险 …… 29
六、政策法律风险 …… 30
七、不同互联网金融风险之间的关系 …… 31
第四节　互联网金融风险的影响 …… 31
一、互联网金融风险对于经济、社会和政治的影响 …… 31

二、互联网金融及其风险对于金融宏观调控的影响 …… 36
三、互联网金融风险对于金融行业发展的影响 …… 51
四、互联网金融风险对于消费者权益保护的影响 …… 54

第二章　互联网金融监管的理论分析 …… 56
第一节　互联网金融产生的理论解释及其对监管的启示 …… 56
一、金融压抑与金融自由化 …… 57
二、金融创新理论 …… 58
三、金融中介与金融脱媒 …… 61
四、产业融合理论 …… 62
五、专业化与分工演进的理论 …… 63
第二节　互联网金融监管的必要性 …… 64
一、经济行为的有限理性和损人利己 …… 65
二、预防金融风险 …… 68
三、保护互联网金融消费者权益 …… 70
四、规范互联网金融机构的行为 …… 71
五、提高金融和经济体系的效率 …… 72
第三节　互联网金融监管的有效性与特殊性 …… 74
一、互联网金融监管的有效性 …… 75
二、互联网金融监管的特殊性 …… 79
三、以人性弱点为基础的互联网金融监管理论 …… 79
第四节　互联网金融监管的理念、原则与模式 …… 81
一、互联网金融监管的理念 …… 81
二、互联网金融监管的基本原则 …… 88
三、互联网金融监管的模式 …… 97

第三章　互联网支付的风险防范与监管 …… 104
第一节　2014 年互联网支付的发展状况 …… 104
一、互联网支付概述 …… 105
二、2014 年我国互联网支付市场发展概况 …… 108
三、互联网支付的 SCP 范式分析 …… 111
四、2014 年互联网支付领域典型事件回顾 …… 117
第二节　互联网支付的风险分析 …… 120
一、互联网支付风险的来源 …… 120

二、互联网支付风险的传导路径 …… 135
三、互联网支付的风险特征 …… 138
四、互联网支付的风险防范 …… 138
第三节　互联网支付的风险控制 …… 140
一、网上银行系统信息安全保障评估准则简介 …… 140
二、当前主流第三方支付平台网络安全建设 …… 146
三、互联网支付风险防范分析——以支付宝为例 …… 149
第四节　互联网支付的行业自律 …… 151
一、互联网支付行业自律的重要性 …… 152
二、我国支付行业自律历史回顾 …… 152
三、我国互联网支付行业自律建设的分析 …… 153
四、当前我国互联网支付行业的自律组织介绍 …… 154
五、当前我国互联网支付行业的自律建设 …… 156
第五节　互联网支付的监管思路 …… 160
一、互联网支付行业发展态势 …… 160
二、互联网支付监管的必要性分析 …… 161
三、互联网支付的监管目标 …… 163
四、互联网支付的监管原则 …… 164
第六节　互联网支付监管的国际经验借鉴 …… 166
一、当前国外主要国家对互联网支付的监管 …… 166
二、国外互联网支付监管的分析 …… 168
三、当前主要发达国家支付清算协会介绍 …… 168

第四章　P2P 网络借贷的风险防范与监管 …… 170
第一节　2014 年 P2P 网络借贷的发展状况 …… 170
一、2014 年我国 P2P 平台发展的总体状况 …… 171
二、2014 年 P2P 平台增长与区域分布 …… 171
三、2014 年 P2P 平台交易数量、规模与利率 …… 173
四、2014 年 P2P 平台问题统计 …… 174
五、2014 年 P2P 平台的第三方中介发展情况 …… 176
六、2014 年 P2P 平台监管动态 …… 177
七、P2P 平台未来发展趋势 …… 178
第二节　P2P 网络借贷的风险分析 …… 181
一、P2P 平台风险的定义和分类 …… 181

二、P2P 平台风险的传导机制 …… 186
三、P2P 平台风险的影响 …… 188
第三节 P2P 网络借贷的风险控制 …… 188
一、资金第三方托管 …… 189
二、风险保障模式选择 …… 190
三、风险内控体系建立与完善 …… 192
四、案例：拍拍贷风控体系介绍 …… 194
第四节 P2P 网络借贷的行业自律 …… 198
一、行业自律与行业规范 …… 199
二、行业监管监理与相关监管法规完善 …… 200
三、充分发挥行业自律的作用 …… 200
四、负面清单管理 …… 202
第五节 P2P 网络借贷的监管思路 …… 203
一、明确 P2P 网络借贷的法律地位和监管主体 …… 203
二、确保审慎监管原则 …… 203
三、细化 P2P 网络借贷市场准入标准 …… 204
四、完善 P2P 网络借贷市场退出机制 …… 205
五、加强对 P2P 网络借贷交易过程的监管 …… 205
第六节 P2P 网络借贷监管的国际经验借鉴 …… 207
一、金融市场环境 …… 208
二、P2P 业态发展 …… 209
三、P2P 投资者结构 …… 210
四、P2P 监管制度 …… 211

第五章 众筹的风险防范及监管 …… 214
第一节 2014 年众筹融资的发展概况 …… 214
一、众筹融资的起源与分类 …… 215
二、众筹融资的基本模式与交易流程 …… 218
三、众筹融资的总体规模与发展趋势 …… 225
第二节 众筹融资的风险分析 …… 233
一、众筹融资风险的界定和分类 …… 233
二、众筹融资风险的特征表现和传导机制 …… 235
第三节 众筹融资平台的风险控制 …… 243
一、众筹融资平台的风控措施 …… 243

二、众筹融资平台的风控案例分析 …… 244
三、我国众筹融资平台的风控建议 …… 250
第四节　众筹融资的行业自律 …… 251
一、众筹融资的行业自律措施 …… 251
二、我国众筹融资的行业自律建议 …… 254
第五节　众筹融资的监管思路 …… 255
一、众筹融资的监管理念 …… 256
二、众筹融资的监管原则 …… 257
三、众筹融资的监管模式 …… 258
第六节　众筹融资监管的国际经验借鉴 …… 259
一、众筹融资监管的国际经验 …… 259
二、完善我国众筹融资监管体系的启示 …… 262

第六章　互联网理财的风险防范及监管 …… 263
第一节　2014 年互联网理财的发展状况 …… 263
一、基本情况 …… 264
二、典型产品的发展 …… 266
三、背景与发展趋势 …… 268
四、监管的态度与举措 …… 271
第二节　互联网理财的风险分析 …… 273
一、理论分析框架 …… 274
二、互联网理财风险的起源与传导 …… 283
三、互联网理财风险的影响 …… 287
第三节　互联网理财的风险控制 …… 288
一、实施业务分离机制 …… 289
二、建立有效的风险监控体系 …… 289
三、加强对投资者的风险提示 …… 290
第四节　互联网理财的行业自律 …… 290
一、规范行业的准入资格与退出机制 …… 290
二、督促企业加强产品信息披露 …… 291
三、做好数据监测与风险分析工作 …… 292
四、建立互联网理财行业征信平台 …… 293
第五节　互联网理财的监管思路 …… 293
一、加强监管部门的分工协作 …… 294

二、构建“负面清单”式的法规体系 …… 294
三、执行产品登记制度 …… 295
四、引入风险准备金制度 …… 295
五、实施动态监管 …… 296
第六节　互联网理财监管的国际经验借鉴 …… 297
一、美国的经验 …… 297
二、英国的经验 …… 299
三、经验借鉴 …… 300

第七章　网上银行的风险防范与控制 …… 302
第一节　网上银行发展状况 …… 302
一、网上银行概念、模式及特征 …… 302
二、网上银行发展现状 …… 306
三、网上银行面临的问题 …… 309
第二节　网上银行的风险分析 …… 311
一、网上银行风险的概念及特征 …… 312
二、网上银行风险识别 …… 313
三、网上银行风险的成因 …… 319
第三节　网上银行的风险控制 …… 321
一、网上银行风险技术层面自控措施 …… 321
二、网上银行风险业务层面自控措施 …… 322
三、网上银行风险管理自控措施 …… 322
第四节　网上银行的行业自律 …… 324
一、网上银行行业自律的必要性 …… 324
二、网上银行内因（自身）视角 …… 325
三、网上银行外因（环境）视角 …… 327
第五节　网上银行的监管思路 …… 328
一、建立健全网上银行各类规章制度和司法制度 …… 329
二、督促各银行强化网上银行风险管控 …… 329
三、通力合作加强国际间网上银行的监管合作 …… 330
第六节　网上银行监管的国际经验借鉴 …… 330
一、网上银行风险监管的国际经验 …… 331
二、对强化我国网上银行监管的启示 …… 333

第八章 网络虚拟货币的风险防范与监管 …… 335
第一节 2014 年网络虚拟货币的发展状况 …… 335
一、网络虚拟货币的定义和种类 …… 336
二、国内网络游戏币和 Q 币的发展情况 …… 341
三、比特币类新型虚拟货币的发展情况 …… 349
第二节 网络虚拟货币的风险分析 …… 362
一、网络虚拟货币的风险 …… 363
二、网络虚拟货币风险的特点和传导机制 …… 367
三、网络虚拟货币及其风险的影响 …… 370
第三节 网络虚拟货币的内部控制 …… 373
一、合理设置内控机构，确保内控机构的独立性 …… 374
二、确立岗位职权和责任，提高平台的安全性 …… 374
三、明确各项业务的操作程序并严格执行 …… 375
四、建立稽核评价制度，及时发现风险将危害降到最低 …… 375
五、创造条件，深化国际合作，提升内部控制的效果 …… 376
第四节 网络虚拟货币的行业自律 …… 376
一、建立虚拟货币同业协会，明确同业协会任务 …… 376
二、制定同业规则，约束虚拟货币发行和非法活动 …… 377
三、建立健全责任机制，保障自律机制的有效运行 …… 379
四、制定行业标准，规范虚拟货币的发展 …… 379
第五节 网络虚拟货币的监管思路 …… 382
一、网络虚拟货币的监管理念 …… 384
二、网络虚拟货币监管的原则 …… 384
三、网络虚拟货币的监管模式 …… 385
四、网络虚拟货币的监管措施 …… 386
第六节 网络虚拟货币监管的国际经验借鉴 …… 391
一、各国对待比特币的态度 …… 391
二、各国监管比特币的主要措施 …… 394
三、国际上两种不同的监管策略 …… 396
四、虚拟货币标准化工作的国际经验借鉴 …… 399

第九章 互联网保险的风险防范与监管 …… 400
第一节 2014 年互联网保险发展状况 …… 400
一、2014 年互联网保险发展总体状况 …… 400

二、互联网保险的新特点及发展趋势 …… 404
三、互联网保险的监管现状 …… 407
第二节 互联网保险的风险分析 …… 409
一、互联网保险风险的界定与分类 …… 410
二、互联网保险风险的传导机制 …… 412
三、互联网保险风险的影响 …… 415
第三节 互联网保险风险的内部控制 …… 416
一、互联网保险风险的内部控制定位 …… 417
二、互联网保险风险的内部控制手段 …… 417
三、互联网保险风险的风险控制案例 …… 419
第四节 互联网保险的自律监管 …… 420
一、互联网保险行业自律监管的定位 …… 421
二、互联网保险行业自律的主要活动 …… 423
三、互联网保险监管的国际经验 …… 425
第五节 互联网保险监管思路 …… 428
一、互联网保险的监管理念 …… 428
二、互联网保险的监管原则 …… 429
三、互联网保险的监管模式 …… 430

附录一 地方政府促进互联网金融发展政策综述 …… 434
一、地方政府出台互联网金融政策概述 …… 434
二、各地互联网金融支持政策分析 …… 436
三、各地互联网金融支持政策问题 …… 441
四、未来互联网金融政策发展方向 …… 441

附录二 2014年互联网金融发展大事记 …… 443

参考文献 …… 468
后记 …… 480

互联网金融风险的形成与传导分析

互联网金融在中国的飞速发展反映出了一种“金融饥渴症”，被压抑的金融能量在短时间内爆发出来，体现出社会对于金融自由化的饥渴式追求。互联网金融监管可能带来金融压抑的反方向风险，通过抑制互联网金融创新，从而使社会遭遇更大的经济发展损失的风险。由此看来，互联网金融及其监管都不那么单纯可爱，有必要对互联网金融风险与监管进行深入的理论分析，寻求科学的监管理念、原则与方式，以减少和控制互联网金融风险，守护好你我他的钱袋，为小微企业融资开辟一个新的通道。而对互联网金融监管的理论分析依赖于对互联网金融风险的分析，而互联网金融风险与监管又依赖于对互联网金融本身的认识。

第一节　互联网金融的界定与本质

什么是互联网金融风险？如何通过监管有效地减少和消除这些风险？这些问题依赖于对互联网金融本身的界定。金融的核心在于资金从闲置人手里转移到需求者手里，以便促进消费或生产性活动。互联网金融的基本意义也在于促进货币资金从闲置状态向使用状态高效流动，因此互联网金融的本质是金融。但如果仅仅将互联网金融的本质归结到金融这一个比较上位的概念上，并无助于我们对于互联网金融有别于传统金融的特殊本性的研究。

一、“互联网＋金融”的划分矩阵

从互联网金融的特殊性来看，互联网金融是否“互联网＋金融”，即运用互联网技术来开展金融业务，有别于前互联网时代的金融？对这一问题的思考要从广义和狭义两个层面来认识互联网金融。广义的互联网金融就是“互联网＋金融”，与“前互联网金融”相对而言。它包括两部分：一是传统金融机构运用互联网技术在互联网上开展金融业务，通常被称为金融互联网；二是互联网平台企业借助于互联网新技术（如大数据、云计算、搜索技术、移动互联网）和传统网络银行在互联网上开展金融业务①。

上面是从金融机构的角度来将“互联网＋金融”划分为传统金融（金融互联网）与新金融（互联网金融）。另外一种划分方法是看金融业务形态是传统的还是创新的，如其使用的风险控制技术，是传统的风险控制技术还是大数据风险控制技术。将机构标准和业务形态标准这两种标准结合起来，就形成一个“互联网＋金融”的划分矩阵，如表1－1所示。

表1－1　“互联网＋金融”的划分矩阵

互联网与金融的融合		金融机构	
		传统金融机构	非传统金融机构
金融业务形态	传统的业务形态	A. 纯粹金融互联网	B.
	创新的金融业务形态（如大数据风控技术）	C.	D. 典型的或纯粹的互联网金融

上述划分矩阵分为四部分：

A. 传统金融机构虽然运用互联网技术，但如果其从事的金融业务形态是传统的，使用的风险控制技术仍然是传统的（如线下的借款资信审查），那么这就是所谓的金融互联网。银行、保险公司、证券公司将其传统业务通过网络进行销售，成为网上银行、网上保险、网上证券，这是最基本的例子。

B. 互联网企业作为非传统金融机构，但利用互联网从事的金融业务形态基本上是传统的，主要包括四种模式：P2P平台线下审查借款人的还款能力；P2P平台设立资金池，既作为投资人的债务人又作为借款的债权人，其业务性质类似于传统银行；债权转让型，P2P平台将长期和大额借款进行分解，并将债权转让给众多小额短期投资者；P2P为贷款提供担保，类似于传统的融资担保公司。

C. 传统金融机构利用互联网技术，开展创新的金融业务，如传统银行通过大数据对小微企业信用状况进行审查以确定贷款申请的发放。例如，平安银行和

① 孙宝文主编．互联网金融元年：跨界、变革与融合［M］．北京：经济科学出版社，2014：38.

中信银行分别在2013年8月和2014年1月推出网上贷款，利用银联提供的征信数据进行大数据贷款业务。

D. 非传统金融机构（互联网平台企业）利用大数据等新技术开展金融业务，主要包括P2P网贷（无担保无资金池）、众筹（无担保无资金池）、互联网理财基金、网络小贷（以阿里小贷为代表）、第三方支付、自由兑换型虚拟货币支付和理财等六种类型。它们都属于直接金融模式而非间接金融，是一种新型的金融脱媒现象。

从业务发展来看，如果说互联网企业开始从事金融活动D是一种跨界，而互联网金融企业从D到B则是进一步跨界，从纯粹的互联网金融进一步跨界到传统金融业务领域；如果说传统金融机构开始利用互联网技术来开展金融业务A是一种变革，那么传统金融机构逐渐利用大数据等新技术开展创新业务C则是进一步变革的方向。

根据对“互联网+金融”的上述划分，互联网金融这一概念可以从大到小分三个层次来界定。首先，最为广义的互联网金融就是“互联网+金融”，包括A、B、C、D四部分。其次，所谓“狭义的互联网金融”，又有两种界定角度。一是机构法，把凡是非传统金融机构通过互联网开展的金融业务都界定为互联网金融，包括D和B两部分，简称“机构法互联网金融”；二是业务形态法，把凡是使用大数据等互联网新技术的金融业务都称为互联网金融，包括C和D两部分，简称为“业务法互联网金融”。再次，最核心、最典型的互联网金融，仅指非传统金融机构利用大数据等新技术从事的创新金融业务D，本书简称为“纯粹的互联网金融”或“典型的互联网金融”，它实际上是两种狭义互联网金融的交集，因此是最严格的互联网金融概念。互联网金融行业的概念不同于互联网金融，互联网金融行业除了涉及实际资金借贷和支付的核心业务之外，还包括互联网金融搜索平台、统计平台、研究平台等辅助性业务，但本书基本不涉及。

与互联网金融的三个层次相对应，金融互联网同样分为三个层次。第一个层次的金融互联网指“金融+互联网”，是最广义的金融互联网概念，实际上与广义的互联网金融（“互联网+金融”）是同一概念。第二个层次的金融互联网，又可以按照机构法和业务形态法两个标准来认识，按照机构法界定的金融互联网包括A、C两个部分，是指传统金融通过互联网开展传统金融业务，并通过大数据技术开展新型金融业务，简称“机构法金融互联网”；按照业务形态界定的金融互联网包括A、B两个部分，简称“业务法金融互联网”，是指传统金融机构通过互联网开展传统金融业务和互联网企业通过互联网开展类似传统的金融业务。第三个层次的金融互联网只包括A，指传统金融机构利用互联网开展传统的金融业务，简称“纯粹的金融互联网”。

我们对于互联网金融与金融互联网的界定如图1-1所示，其中实线椭圆表示金融互联网，虚线椭圆表示互联网金融，实圆表示核心的金融互联网，而虚圆表示核心的互联网金融。粗线椭圆表示按照机构法界定，细线椭圆表示按照业务形态法界定。A、B、C、D的含义参照表1-1。广义的互联网金融与广义的金融互联网是同一概念，都等于“互联网+金融”，包括A、B、C、D四个部分。

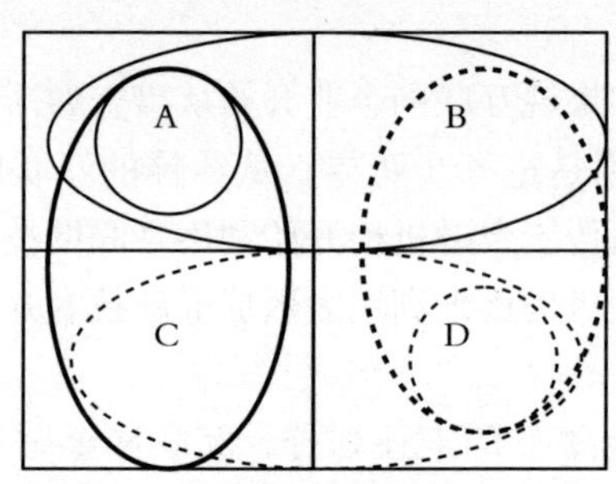

图1-1　金融互联网与互联网金融

上述划分矩阵以及对互联网金融和金融互联网三个层次的界定，能够让我们非常明确地看到跨界、变革与融合的发展趋势。我们这样界定这两个概念，也表明金融互联网与互联网金融之间很难截然划界，因为B、C两个部分既属于第二层次的金融互联网也属于第二层次的互联网金融。

上述划分矩阵能够对互联网金融监管提供一个理论基础。在混业监管体制和金融自由化的监管理念指导之下，与“前互联网金融”相比，作为金融创新的A、B、C、D都可能得到监管部门的许可，而现阶段我国传统金融机构利用互联网开展传统金融业务A早已纳入监管体系之中，在包容原则之下，B、C、D迟早也会纳入在监管之下。在分业监管体制和金融自由化的监管理念指导之下，除A之外，D迟早将会获得监管部门许可，而C将很容易通过监管扩展得到许可，但B则可能被排除，因为互联网金融企业涉嫌开展传统金融业务更容易影响到传统金融系统的稳定，此时监管的基本思路就是让互联网金融企业逐渐剥离B类业务，只从事纯粹的D类业务。传统金融机构很容易从A变革到C，而互联网企业很难被允许从D跨界到B，这种歧视表明了金融行业的一种“在先优势”，虽然互联网金融创新在金融行业造成了一种“鲶鱼效应”，但互联网企业仍然很难通过互联网金融创新完全达到与传统金融机构相同的地位。

由于纯粹的互联网金融D是互联网金融最核心最典型的部分，因此我们在对互联网金融的本质进行分析时，主要针对纯粹的互联网金融D而言。要进一步认识纯粹互联网金融的本质，有必要明确两点：（1）纯粹互联网金融 D 与金融互联网 B 的区别；（2）纯粹互联网金融 D 与纯粹金融互联网 A 的关系。

二、纯粹互联网金融与金融互联网的区别

孙宝文等学者认为，互联网金融和金融互联网的主要区别在于：第一，金融活动是否体现了“开放、平等、协作、分享、创新”的互联网精神或互联网思维。第二，金融活动是否运用了大数据和云计算等技术在互联网平台开展业务。互联网金融是“一种新型金融脱媒现象”①，其性质属于直接融资。

仁和智本资产管理集团合伙人陈宇认为“真正的互联网金融的定义”应该是“更多放在如何利用互联网技术手段来摒弃传统金融机构主导的行为”，否则“互联网金融就没有太多的意义了，如果只是说定义在利用互联网技术手段的金融行为都是互联网金融的话，那么互联网金融就是个伪命题”。事实上，如果将互联网金融定义成上述广义的含义，2013 年被称为互联网金融元年就毫无根据。

纯粹互联网金融 D 与纯粹金融互联网 A 的区别比较明显，一是金融机构不同，二是业务形态不同。但 D 与 B 的区别主要是业务形态不同，而 D 与 C 的区别主要是金融机构不同。

我们认为，纯粹互联网金融 D 与金融互联网 B 的区别在于：

（1）纯粹互联网金融 D 的风险控制手段应该是依赖于互联网本身的新技术，如云计算、大数据、搜索技术、移动互联网等，而不是依靠传统的线下信用能力核查（如宜信采取的线下核查借款人还款能力）。如果 P2P 网贷和众筹平台依靠传统的线下核查，就是传统金融，属于金融互联网的范畴（B 实际上是机构法互联网金融与业务法金融互联网的交集）。但在互联网金融发展初期，还远远没有建立起全国性统一的互联网征信管理系统，许多网民的个人信用信息未录入征信系统，更不要说从来没有上过网的个人信用信息进入互联网征信系统了。许多 P2P 网贷和众筹平台还处于大数据积累阶段，根本没有大数据可以利用，因此不得不采取线上线下相结合的方式来控制违约率，这可以视作纯粹金融互联网向纯粹互联网金融过渡的阶段。

（2）互联网金融中的 P2P 网贷和众筹平台不应该给投资人提供担保，如果平台给投资人提供担保，那么这就是传统的融资性担保公司，在前述划分矩阵中位于 B 区域，属于金融互联网的范畴而不是纯粹互联网金融，应该接受传统的融资性担保的监管。但国内许多 P2P 平台为吸引资金，纷纷打出担保本金甚至利息

---

① 孙宝文. 互联网金融元年：跨界、变革与融合［M］. 北京：经济科学出版社，2014：38.

的广告，这其实已经偏离了纯粹 P2P 互联网金融的本质，而转向了传统的融资性担保服务，如果这样就应该按照《融资性担保公司管理暂行办法》向工商管理部门注册并接受监管。但国务院办公厅《关于进一步明确融资性担保业务监管职责的通知》（国办发［2009］7 号）只是要求，省、自治区、直辖市人民政府按照“谁审批设立、谁负责监管”的原则，并没有统一规定其监管部门，因此在 P2P 网贷平台发生贷款担保业务时，由于 P2P 网贷披着互联网金融创新的外衣，在机构监管的体制之下，P2P 网贷平台办理贷款担保业务没有在监管部门的正常监管之中。

（3）P2P 网贷与众筹平台应该纯粹是一个信息中介，类似于证券交易所，不能设立资金池作为借贷交易的中介。有些 P2P 平台设立资金池，在投资人与资金需求者之间的资金交易是真实的条件下，让投资人将资金转入由平台控制的资金池后再将资金转出给借款人。这相当于 P2P 平台同时作为投资者的债务人和借款人的债权人，这类似于传统银行，因此这类业务位于区域 B 而不是 D。

（4）P2P 网贷与众筹平台的基本作用只是媒介资金供应者与需求者之间借贷交易的信息中介，并对借款人的还款能力进行核查。因此，理论上 P2P 和众筹平台不应该先吸收投资人资金，再借给资金需求者（相当于先吸收存款再放贷，即先借后贷）；也不应该先借钱给资金需求者，再从投资人那里吸收资金（即先贷后借）。“先借后贷”或“先贷后借”都不是直接金融而是间接金融，都类似于传统银行，而非纯粹的互联网金融，属于区域 B 而非 D。

从互联网金融风险的角度来看，上述第（1）项意味着目前的互联网金融还不能完全利用大数据等互联网新技术来控制风险，是互联网金融风险控制能力不足的表现；而（2）~（4）项则是互联网金融企业“不务正业”擅自跨界到 B 区域导致互联网金融高危风险的根源。

三、互联网金融与金融互联网的关系

在从传统金融到金融互联网再到互联网金融的逐步发展演变过程中，产生了许多新的金融业务和新的金融机构，也产生了许多新的风险。这是一个持续创新与动态发展的过程。要在一个连续变化的过程中截然区分金融互联网和互联网金融，并在此基础上区分金融互联网的风险和互联网金融的风险，可能是一个极为困难的任务。但反过来，不对这些概念进行一定程度的区分，那么就无法准确界定互联网金融风险并形成恰当的互联网金融监管理论。

互联网金融在目前只是在金融互联网基础上产生的衍生形态，是生长在金融互联网上的寄生业务，远远没有形成独立的生存机制和生存空间。具体地讲，互联网金融必须以传统银行在互联网上开展的网上银行支付业务为基础，离开了传统银行的网上银行业务，互联网金融将成为无米之炊。对此，吴晓求认为“标准意义上的功能链完整的互联网金融还处在破壳之中”，互联网金融“还没有独立生存的机制”，实际上互联网金融还不具有完整的“金融功能链”和“独立生存空间”①。

具体来讲，互联网第三方支付（如支付宝）仅仅在传统银行网上支付之间插入了第三方担保，在原来两个银行客户之间的资金转移过程中插入了第三个银行客户即第三方支付机构。如果传统银行直接提供网上支付担保服务，支付宝等第三方支付机构将没有任何生存空间。如果传统银行抢在支付宝之前与淘宝网合作推出网上支付担保，对于消费者和商家而言将没有任何区别。

没有资金池、资金进行第三方托管的P2P网贷平台只是一个借贷的撮合中介或掮客，将原来相互认识熟悉的个人或机构之间个别的网上银行转账借贷关系进行规范化，扩展到陌生人之间，由P2P网贷平台承担网上银行借钱转账时的供求信息中介服务和对于借款人的信用调查服务。即使是设立资金池的P2P平台也是先将投资人的资金通过传统网上银行转入到平台的网银账户中，再将平台网银账户中的资金转给借款人。

众筹是创业者或企业通过互联网进行产品预销售（实物回报众筹）、发行股票、发行债券或募捐，投资人或捐赠人通过网上银行转账付款给筹资人，众筹平台提供了资金的供求信息中介服务，并提供筹资者的信用调查服务。等协议期满，股票与债券众筹的筹资人将股利、利息本金通过传统银行的网上银行转账给投资人。多人通过P2P平台用网上银行转账给一个借款人的过程与企业通过众筹平台发行债券的过程在借贷本质上基本一样，都是多个个人网银账户转账给一个网银账户。如果把个人通过P2P平台借款的标书称为债券，P2P网贷与债券众筹的本质区别很小。

电商小贷是电商平台根据积累的电商企业交易数据给商家发放小额贷款，资金从电商平台的网银账户转账到电商企业的网银账户，还款时的转账方向相反。余额宝借助于传统银行的网银业务，将众多储户在传统银行的网银账户中的钱转账到余额宝在传统银行的网银账户之中，余额宝在传统银行网银账上的资金通过获得更高的协议存款利率再返还部分给余额宝用户。

比特币在发行过程中（俗称挖矿赚比特币）不涉及网银转账问题，但比特币一旦产生，卖给传统银行网银持有人时，购买者将自己在传统银行网银账户中

① 姜欣欣．中国金融的深度变革与互联网金融［N］．金融时报，2014－02－24.

的钱转给比特币所有者的网银账户。

由此可见，本质上，传统银行的网上银行业务稍微扩展一步就可以实现互联网金融的所有业务，但传统银行保有垄断利润而缺乏创新意识导致它们未能实现互联网金融的创新。互联网金融企业通过与传统金融机构合作，并以传统银行的网银业务（金融互联网的核心）为基础，拓展了传统网银业务的价值链条，开创了所谓的互联网金融，这也倒逼传统银行等金融机构不得不面对互联网金融的挑战而进行变革。但如果政策进一步开放，允许民间资本和互联网企业自由举办银行，那么互联网金融企业拥有自身的存贷款业务和提现业务（从 D 完全跨界到 B，从而拥有 D、B 两类业务），其结果相当于传统银行拓展互联网金融业务（从 A 变革到 C，从而拥有 A、C 两类业务），各自都能够拥有独立生存的机制并且横跨传统金融与互联网金融，那时的互联网金融才是真正完整的互联网金融。

但是，这种完整的互联网金融似乎违背了专业化与分工程度越来越高的本质。目前，传统金融机构、电信运营商、电商企业、互联网企业、金融产品搜索引擎、众筹平台、P2P 网贷平台、第三方基金销售平台、金融信息服务提供商、IT 公司等类型的企业都涉足（广义）互联网金融领域①，各自承担了互联网金融分工网络中的某一个专业角色，每种角色的生存和发展都离不开其他角色的配合，不可能存在着独立生存的互联网金融②。

综上所述，互联网金融来源于金融互联网，并依靠金融互联网，是金融互联网发展的高级阶段，其本质仍然是金融。因此，互联网金融风险仍然是一种金融风险，互联网金融监管仍然是一种金融监管。

第二节　互联网金融风险的界定与分类

研究任何一个概念，要从内涵与外延两方面进行。而对于内涵的研究分为下定义和结构分解两部分③。对于互联网金融风险的研究，也要对其下定义，然后分析其构成要素，最后是划分其种类。

① 徐庆炜，张晓锋．从本质特征看互联网金融的风险与监管［J］．金融理论与实践，2014（7）．

② 上述争议其实源于“独立生存”这一术语的含义，但不确定的是，这里的独立生存到底是指“自给自足式的独立生存”，还是指在分工社会中具有较大的谈判能力，从而在分工合作剩余收益的分配份额中能够占据较大份额。

③ 就像对于“人”这一概念，其内涵研究分为两部分，下定义为“会使用语言能思考能制造工具的高等动物”，结构要素上分成头、颈、躯干、四肢四个部分；在外延上分为男人与女人两类，等等。

一、互联网金融风险的界定与构成要素

闫真宇认为“互联网金融风险是基于互联网金融业务所产生的不确定性和不可控性，并造成损失的可能性”①。这是现有文献中对于互联网金融风险仅有的定义性表述。这一表述实际上是将互联网金融风险的界定归结于互联网金融的界定。由于互联网金融这一术语指称的复杂性，因此导致互联网金融风险这一术语在含义上的复杂性。

根据前面对于互联网金融的界定，互联网金融分为三个层次，相应地互联网金融风险这一术语所指也分为三个层次。

第一层次的互联网金融是指“互联网 + 金融”，因此，凡是涉及互联网的金融风险都是互联网金融风险，包括表 1 – 1 中 A、B、C、D 四部分金融业务所涉及的金融风险，这是最广泛的互联网金融风险的含义。

第二层次是狭义的互联网金融，又分为两种含义：一是机构法界定的互联网金融，在这种含义下，互联网金融风险是指非传统金融机构以互联网为基础开展金融业务引发的风险，这种含义的互联网金融风险是目前大多数文献所谈论的互联网金融风险；二是业务形态法界定的互联网金融，在这种含义下，互联网金融风险是指使用大数据等互联网新技术开展金融业务所引发的风险，无论是传统金融机构还是互联网金融机构都可能涉及，这种含义的互联网金融风险在现有文献中讨论得很少。

第三层次是纯粹的互联网金融，这一含义下的互联网金融风险是非传统金融机构以大数据等互联网新技术开展金融业务时所引发的风险，这一含义的互联网金融风险在目前实际上并不严重，还远未充分暴露，因此也很少研究。目前的大部分互联网金融风险实际上发生在 B 领域，即互联网金融企业跨界涉及传统金融业务而导致的风险，它并非是纯粹的互联网金融 D 所具有的风险。

风险的根源在于不确定性，其核心是损失。风险本身是一个中性的概念，它可以指任何主体在面临不确定性时遭到损失的可能性。如在黑暗中飞行的蚊子面临被蜘蛛网捕获的风险。开展互联网金融的企业大多数是民营企业，互联网金融的迅速发展，使得中国传统国有金融机构面临失去垄断地位的风险；民营资金借助于互联网金融进入金融领域，使得中国政府面临失去金融垄断控制的政治风险。中央银行发行货币，使得社会面临通货膨胀的风险；金融当局加强监管，使互联网金融企业面临法律风险，也使得社会面临金融压抑的风险。“黑客”进入

① 闫真宇．关于当前互联网金融风险的若干思考［J］．浙江金融，2013（12）．

互联网数据中心，修改数据，使得投资者的资金和隐私信息面临风险，等等。

风险必然意味着损失的可能性，而这种损失分为两种，一是既有利益的损失，二是潜在利益或剩余收益的损失，或称机会损失。两个人赌博，每个人都有赢钱或输钱的可能性，输钱是既得利益的损失。一个人本来可以通过 P2P 平台将钱贷给另一个人，双方都有好处，但假设 P2P 平台的交易被取缔，结果对于双方都有好处的交换不能实现，产生了对于社会而言的潜在利益损失，或社会机会成本损失。互联网金融的发展使得传统银行的存款减少，这是传统银行既有利益的损失；而互联网金融监管的加强，可能由于金融压抑导致社会本来可以获得的、潜在的资金交易的剩余收益不能充分实现，从而导致社会的机会损失，这是一种潜在利益的损失。互联网金融交易平台安全技术的漏洞，使得“黑客”入侵导致投资人血本无归，这是投资人既有利益的损失；同时使得其他投资人不敢再将资金投在互联网平台上，使得本来可以存在的资金交易带来的潜在剩余收益不能实现，导致互联网平台和其他投资人的潜在收益损失。

任何风险损失必有承担的主体。风险承担主体可以是个人、企业、政府、利益集团、社会，甚至世界经济整体。社会是虚拟的经济主体，当我们说社会遭受损失时，是指多于一个人、多于一个企业、多于一个组织机构受到损失。

风险来源于不确定性，不确定性与确定性相对。不确定性产生的原因有自然原因与人为原因两类：自然原因，比如说可能发生地震也可能不发生地震，结果具有不确定性。人为原因，比如说借款人可能主动还款也可能拖延还款甚至逃避还款，这取决于借款人的还款能力和道德水平，结果也具有不确定性。

综合上述分析，风险具有以下要素：损失、损失的承担主体、导致损失的原因、损失发生的概率。因此，当我们说到风险时，一定要具体指明谁承担风险、损失是什么、导致风险的不确定性和原因是什么，否则泛泛地讨论风险将不得要领。而风险的类别，主要就是根据风险的要素来进行划分的。

二、互联网金融风险的分类

互联网金融风险可以从许多角度来进行分类。前面对于互联网金融风险概念的界定，实际上也是一种分类，即根据从事金融业务的机构类型和业务形态可以分为 A、B、C、D 四类业务所面临的风险。下面再通过几个角度对互联网金融风险进行分类，以有助于全面弄清楚互联网金融风险。

（一）既有文献对于互联网金融风险的分类

表 1－2 总结了我国学术界关于互联网金融风险的归类。

表 1－2　　当前学术界关于互联网金融的风险归类

定义者	风险类别	具体释义
张玉喜[①]	安全风险	由于银行系统计算机系统停机、磁盘列阵破坏、网络外部的数字攻击，以及计算机病毒破坏等因素带来风险
	技术选择风险	由于技术选择带来的兼容性差，或被技术变革所淘汰等带来的风险
	信用风险	网络金融交易者在合约到期日不完全履行其义务的风险
	流动性风险	网络金融机构没有足够的资金满足客户兑现电子货币的风险
	支付结算风险	网络金融支付结算系统的国际化运作所带来的结算风险
	法律风险	网络金融立法相对落后和模糊而导致的交易风险
	其他风险	市场风险，即利率、汇率等市场价格的变动对网络金融交易者的资产、负债项目损益变化的影响，以及金融衍生工具交易带来的风险
赵继鸿等[②]	征信风险	由于客户信用评估体系不健全，难以对客户的资信进行全面有效的判断，从而为互联网金融业务的开展带来征信风险
	信用风险	指交易主体无法履约带来的风险
	流动性风险	电商或网贷平台由于资金流动性不足所带来的经营困局、无法兑付
	信誉风险	指互联网金融运营主体推出的产品或服务无法正常实现；客户信息泄露造成用户的质疑
	操作风险	由于不完善或有问题的内部操作过程、人员、系统或外部事件而导致的直接或间接损失的风险，此类问题涉及客户在网络申请的账户的授权使用、安全管理和预警、各类客户间的信息交换、电子认证等
	技术风险	网络技术的稳定性、安全性可能带来的系统性风险
	收益风险	主要是指传统银行开展金融业务可能带来的成本投入增加，从而面临成本收益风险
	纵向竞争风险	指互联网金融业务各经济主体之间由于相互竞争引发的经营风险
	法律风险	由于法律法规、行业制度，业务运营主体容易出现违法、违规情况，从而带来的法律风险
	破产关停风险	由于经营不善带来的平台关闭，导致严重的经济和社会问题

续表

定义者	风险类别	具体释义
王汉君[③]	操作风险	指由于系统在可靠性和完整性方面存在重大缺陷带来操作上的风险
	传染风险	由于互联网信息传播的快速高效，某一环节出现的风险损失带来的波及面会更广，风险传染的更快
	法律风险	由于互联网金融相关立法的滞后所带来的如消费者权益保护、涉嫌非常洗钱、隐私得不到有效保护等问题
	声誉风险	机构自身经营不善，金融交易的技术故障、欺诈，外部“黑客”攻击等行为造成声誉上的损失
	流动性风险	指互联网金融机构以合理的价格销售资产或者借入资金，满足流动性供给的不确定性
闫真宇[④]	法律政策风险	针对互联网金融新业务的市场准入、资金监管、交易者的身份认证、个人信息保护、电子合同有效性的确认等方面缺乏明确法律规定带来的风险
	业务管理风险	由于互联网金融业务经营者缺乏金融风险的足够重视，且缺乏完备的风险防范措施，从而带来经营风险
	网络技术风险	由于计算机网络系统的缺陷带来的潜在风险
	货币政策风险	互联网金融的虚拟性将对货币层次、货币政策中间目标产生影响，通过创造具有较高流动性和现金替代性的电子货币，从而影响传统金融市场的运行及传导机制
	洗钱犯罪风险	电子支付行业法律体系不健全、监管体制不完善带来了网络洗钱风险
徐庆炜、张晓锋[⑤]	监管主体缺失风险	互联网金融行为仍然没有明确的监管主体，这就容易形成监管“真空”
	信用违约风险	当经济形势下行时，违约导致
	期限错配风险	如果某些投资项目资金周转不过来，到期无法偿还，这些就容易形成短期投资产品长期化发生资金链断裂，这种击鼓传花的方式就无法完成
	法律制度风险	目前互联网金融行业尚处于无门槛、无标准、无监管的“三无”状态

续表

定义者	风险类别	具体释义
徐庆炜、张晓锋[⑤]	货币政策调控风险	互联网金融企业不受法定存款准备金体系的约束，实质上导致了货币乘数的放大，使得货币流通速度的变化空间变大，这样就很难确定 M_2 理论值，影响了货币政策取向
	信用信息滥用风险	互联网金融企业通过数据挖掘和数据分析得到的客户信息目前却没有什么约束机制，如果滥用将会对个人和企业造成损失
	信息不对称风险	互联网金融的业务模式一般在虚拟的网络空间实现，对于客户的交易身份、信用评价等方面存在很大的不确定性
	技术手段风险	互联网企业往往处于开放式的网络通信系统中，TCP/IP 协议自身的安全性面临较大的非议
	信息安全风险	互联网金融支撑保障体系的发展速度远远落后于互联网金融业务运营的发展，甚至还没有国家层面的互联网金融信息安全保障机制

注：① 张玉喜．网络金融的风险管理研究［J］．管理世界，2002（10）．

② 中国人民银行开封市中心支行课题组．基于服务主体的互联网金融运营风险比较及监管思考［J］．征信，2013（12）．

③ 王汉君．互联网金融的风险挑战［J］．中国金融，2013（24）．

④ 闫真宇．关于当前互联网金融风险的若干思考［J］．浙江金融，2013（12）．

⑤ 徐庆炜，张晓锋．从本质特征看互联网金融的风险与监管［J］．金融理论与实践，2014（07）．

资料来源：孙宝文主编．互联网金融元年：跨界、变革与融合［M］．经济科学出版社，2014：185.

可以看出，表 1－2 对于风险的分类，主要依据是风险的产生原因。

孙宝文等认为互联网金融风险可以分为信息安全风险、政策法律风险、操作风险、流动性风险、信用风险。其中，信息安全风险是互联网金融与金融互联网面临的共同风险，而互联网企业开展金融业务所面临的风险，主要包括政策法律风险、操作风险、流动性风险和信用风险等[①]。黄震、邓建鹏[②]对于互联网金融的法律风险进行了系统论述，其主要视角是互联网金融平台可能涉嫌违反现行法律法规，从而面临被指控或起诉的风险。互联网金融的法律风险如表 1－3 所示。

① 孙宝文．互联网金融元年：跨界、变革与融合［M］．北京：经济科学出版社，2014：183－220.

② 黄震，邓建鹏．互联网金融法律与风险控制［M］．北京：机械工业出版社，2014.

表 1－3　　互联网金融的法律风险

互联网金融模式	风险类型	风险描述
P2P 网贷	贷款人资金合法性风险	贷款人资金不合法，涉嫌洗钱
		贷款人资金来自银行贷款，涉嫌高利贷转贷
	黑名单信息披露风险	黑名单披露与消费者权益保护法相冲突
	泄露客户信息的法律风险	由于自然、人为等原因导致客户信息泄露
	信息技术安全风险	"黑客"入侵导致信息泄露
	非法吸收公众存款罪的风险	债权转让模式、自融、天标、秒标、资金池等网贷经营模式涉嫌非法吸收公众存款罪
	集资诈骗罪的风险	P2P 平台卷款跑路涉嫌集资诈骗罪
众筹	非法吸收公众存款罪风险	众筹平台涉嫌非法吸收公众存款罪
	擅自发行股票、公司、企业债券罪的风险	股权类、债权类回报众筹平台涉嫌擅自发行股票、公司、企业债券罪
	集资诈骗罪风险	众筹平台设立资金池，一旦运营出现问题或卷款跑路，涉嫌集资诈骗罪
互联网直销基金	虚假宣传指控的风险	互联网直销基金对于投资人的风险提示不充分，涉嫌《反不正当竞争法》禁止的虚假宣传
比特币	助推洗钱的风险	比特币具有匿名、跨境流通的特征，容易成为洗钱的手段
	恶化金融秩序的风险	当本国金融秩序出现动荡时，人们纷纷将本币兑换成美元或比特币，容易恶化金融秩序
	容易被个人、机构或某个国家操控的风险	开始以极低成本获得大量比特币的个人、机构或国家在比特币成为全球货币之后，可能以比特币为工具索取全球财富，操纵世界金融
	持有比特币的风险	持有比特币被盗是否可以获得法院保护具有不确定性
	比特币交易平台的法律风险	比特币平台涉嫌非法吸收资金

续表

互联网金融模式	风险类型	风险描述
互联网保险	网络安全的风险	互联网保险平台信息泄露、篡改、删除
	信息不对称风险	投保人可能隐瞒信息，未尽如实告知的义务
	产品设计风险	在互联网保险中，由于没有保险营销员对客户仔细讲解产品含义，导致客户不能理解产品
	履行书面协议困难的风险	电子保单合法性如何保障
第三方支付	网络与信息安全的风险	第三方支付平台在经营中形成的大量数据，如交易记录、银行卡资料、客户资料等在采集、存储和使用过程面临安全隐患
	交易安全的风险	当网贷平台卷款跑路时，第三方支付机构在收到投资人申请诸如冻结托管账户等要求时，存在不当作为的风险
	信用卡套现风险	持卡人与商家合谋通过虚构交易、虚开价格、现金退货等方式向信用卡持卡人直接支付现象，涉嫌信用卡诈骗罪
	在途资金管理的风险	第三方支付平台面临在途资金利息归属纠纷

资料来源：黄震，邓建鹏．互联网金融法律与风险控制［M］．机械工业出版社，2014.

从不同学者对（互联网）金融风险的诸多分类来看，目前学术界缺乏一个权威的分类体系。就算是同一个学者对互联网金融所作的分类，也不满足子项不兼容、划分要周延等逻辑要求。可见，对于互联网金融风险的分类，其实是一个远未完成的任务。

（二）按照风险的根源与防范分类

在许多有关互联网金融风险的文献中，都讨论了所谓的“政策法律风险”。看来对于“政策法律风险”进行深入的逻辑辨析应该是互联网金融风险界定和分类的重要组成部分。

“政策法律风险”这一概念在现有文献中有两种不同的含义：一是互联网金融相关的法律政策监管缺失导致 P2P 网贷行业野蛮生长并跨界进入表 1 – 1 所示 B 区域导致的风险。这表明“缺乏风险防范本身构成了一种风险”，这实际上是将风险防范制度视作金融系统正常的、必要的组成部分，它的缺失会使得由于自然和人为原因导致的金融风险得不到有效控制而扩大。二是互联网金融企业的有些操作涉嫌违反现行法律法规政策，从而可能面临违法甚至犯罪指控或起诉的风险，这样互联网金融企业及相关负责人就可能面临牢狱之灾。黄震、邓建鹏的《互联网金融法律与风险控制》一书主要就是从互联网金融企业如何规避法律风险（避免遭受违法指控）的角度来撰写的。

对于上述第一种含义的“法律政策风险”，显然指的是“缺乏恰当的法律政策监管”而不仅仅指“缺乏法律政策监管”，即不可能是指“缺乏不恰当不合理的法律政策监管”。但对于上述第二种含义的“法律政策风险”，却可能存在两种情况：第一，现行法律政策监管是恰当的，但互联网金融从业者的行为违背了法律和政策，使得他们面临（正当）指控的风险。第二，现行法律政策监管是不恰当的，互联网金融从业者进行的活动并非恶意诈骗而且在经济上是有效率的，他们也尽量善意地努力防止各种风险产生最终并未引发任何人损失，仅仅由于现行法律政策的不合理规定而使他们受到（不正当）指控。

为了区别这两种情况，我们不妨将“法律政策风险”划分为三种：第一种，缺乏“恰当的法律政策监管”带来的风险；第二种，互联网金融从业者涉嫌违背“恰当的法律政策监管”而受到（正当）指控的风险；第三种，“不恰当的法律政策监管”可能使得互联网金融从业者遭受不恰当的法律指控，从而抑制金融发展的风险。第三种法律政策风险在发展经济学上称为“金融压抑”，是由麦金农和肖两位经济学家提出来的。

考察缺乏“恰当的法律政策监管”带来的风险，假设人们都无恶意侵犯他人产权、信息完全，对自然损害有足够防范，此时即使没有恰当的政府监管，也不会产生金融风险。因此，政策法律缺失并非产生金融风险的真正根源，产生金融风险的真正根源是人们的恶意动机、非恶意操作失误、自然损害、信息不对称，等等。防止金融风险的“法律与政策”并非第一性的风险来源，而是假定事实上已存在风险或者假定未来可能发生风险时，而采取的风险防范措施，因而是第二性的。没有监管政策与法规时，P2P 平台可能非法吸收资金并卷款跑路，但即使存在监管政策与法规时，P2P 平台仍然可能非法集资和诈骗，因此是否存在监管政策法律，并非产生风险的根源，而只是改变了风险发生的可能性。

考察违反“恰当的法律政策”带来的法律指控的风险，恰当的法律政策也并非风险产生的根源，违法者的行为才是产生这种风险的根源。因为即使法律法规再严格，也不可能完全禁止互联网金融创新活动的开展，只要互联网金融从业者严格遵守恰当的法律，不涉嫌诈骗，那么就无此类风险可言。

考察“不恰当的法律政策导致金融压抑的风险”，这些不恰当的法律政策在制定初衷上肯定不是故意为了金融压抑而是因为发展中国家金融体系刚开始发展，其脆弱性大大高于发达国家成熟的金融体系，为了防止金融风险因而不得不规定得死一些，限制得多一些，这使得可能存在经济效率的互联网金融行为得不到法律的认可，从而面临遭受指控的风险。这种风险可以说是“风险防范过度导致的风险”。即使法律政策规定过死，不恰当，但如果互联网金融企业不涉及非法吸储、非法集资底线，那么互联网金融企业就不会面临此类法律风险。因此，所谓“政策法律风险”并非针对产生风险的根源而是针对风险的防范而言，而金融风险的其他种类，如信息安全风险、信用风险、操作风险、流动性风险等都是针对产生风险的根源而言。

因此，我们可以按照产生风险的根源和风险防范（见表1-4）将互联网金融风险划分为两大类：第一类是从产生风险的根源来讲的风险，包括信息安全风险、信用风险、操作风险、流动性风险等；第二类是从风险防范制度来讲的风险，即所谓的政策法律风险，包括政策法律与监管缺失的风险和互联网金融主体涉嫌违反现行法律法规从而遭受指控的风险。

表1-4　　互联网金融风险的根源与防范

	风险类型			
产生风险的根源	信息安全风险	信用风险	操作风险	流动性风险
风险防范	缺乏防范的风险	政策、法律、监管缺失的风险		
	风险防范引起的风险	互联网金融主体涉嫌违反现行法律法规而遭受指控的风险		互联网金融主体不良行为遭受指控的风险
				金融压抑的风险

由于传统金融机构已受到监管当局的严格监管，因此机构法金融互联网A、C并不面临政策法律风险，而机构法互联网金融B、D由于缺乏监管而面临政策法律风险。

（三）共同风险与特殊风险

互联网金融风险可以分为共同风险与特殊风险，共同风险是所有互联网金融活动都面临的风险，而特殊风险是部分互联网金融活动所面临的风险。

广义的互联网金融就是“互联网+金融”，而互联网的核心风险是信息安全风险，金融的核心风险是信用风险，因此，表1-1中所有四种类型的金融业务

A、B、C、D 都面临信息安全风险和信用风险。操作风险（operating risk）是金融机构办理业务时出了差错；内部人员恶意监守自盗，外部人员欺诈得手；电子系统硬件软件发生故障，网络遭到“黑客”侵袭；通信、电力中断；地震、水灾、火灾、恐怖袭击，等等。显然，所有 A、B、C、D 四种业务都可能面临操作风险。因此，信息安全风险、信用风险和操作风险是互联网金融和金融互联网都面对的共同风险。

无论是传统金融还是互联网金融，都可能面临转贷和洗钱的风险。一些机构可能瞒过银行的贷款审核系统，或者利用自己的某种优势从银行贷款，再将银行贷款转贷给急需钱的小微企业，或者将银行贷款通过互联网金融平台转贷给小微企业，从中赚取利差。转贷本来只是一种套利行为，其原因在于金融市场上的风险与利率不平衡，给人们提供了套利机会，中国用高利转贷罪来禁止这样的套利机会是为了减少由此造成的市场混乱。一些不法资金可能通过传统金融系统和互联网金融平台进行洗钱，这些风险不妨归入操作风险。

P2P 网贷和众筹平台如果不涉及资金池，则此时业务位于区域 D，此时并不存在传统的流动性风险，因为流动性风险是传统银行业务才具备的风险类型；设立资金池的 P2P 和众筹平台，还有余额“宝”类的互联网基金平台，如果约定投资人可以随时撤回资金，则面临流动性风险，此时业务位于区域 B。

可以看到，纯粹的互联网金融 D 面临共同风险——信息安全风险、信用风险、操作风险，但并不面对流动性风险，因此其风险种类并不比传统金融风险更多，反而比纯粹金融互联网 A 所面临的风险种类更少，因为 A 除了共同风险之外，还有流动性风险。由此可知，纯粹的互联网金融 D 的风险要远远小于区域 B 的风险，而区域 B 的风险完全是互联网金融企业跨界过大，不仅涉足纯粹互联网金融领域 D 而且设立资金池或借贷分离（先借后贷或先贷后借）产生类银行业务之后才引发的巨大风险。

但是，互联网金融面临大数据技术带来的特殊风险。以阿里小贷为例，阿里金融决定是否给予淘宝、天猫、阿里巴巴会员以小额借款，完全基于电子商务平台积累的大量数据，根据一定的数量模型得出一定的评价指标，由大数据计算系统自动判定是否决定贷款，因此每天发放贷款次数可以高达 1 万多次。如此频繁的交易，不依靠大数据技术而主要依靠人工审核的传统银行是做不到的。但是阿里金融对贷款申请进行审核的数量模型，经过长时间的试错，或者内部人员的透露，最终有被外部小微企业或个人知晓的可能，申请贷款的小微企业可以对照这些标准来行为以使自己符合贷款标准，从而可能导致阿里小贷的坏账率上升。另外，淘宝、天猫商家的实力可能两极分化，那些实力强的企业符合贷款的数量模型审核标准，但他们不需要贷款；而那些实力逐渐弱小的企业需要贷款却满足不了数量模型的审核标准，申请不到贷款。这样，阿里小贷就面临失去市场的风险，这正是逆向选择的结果。但是，目前这种大数据技术风险还远未真正暴露，而这种风险是业务法互联网金融面临的特殊风险。

从目前 P2P 暴露的风险来看，P2P 跨界进入 B 区域操作存在的风险大致有以下几种模式：

（1）P2P 平台设立资金池，通过虚假宣传，设立秒标、天标，借新债还旧债开展旁氏骗局，或者通过假标将投资人资金骗到资金池中以挪作己用（自融）。这是一种恶意的诈骗，既非 P2P 业务，也非传统银行业务和融资担保业务。这种风险虽然与恶意诈骗有关，但也与法律监管缺失有关，因此是一种政策法律缺失风险。

（2）P2P 平台也可能一开始没有恶意诈骗，但通过给投资人担保，在借款人违约后，P2P 平台不得不先行垫付投资人的本金甚至利息，当平台资金不充足时，最后导致 P2P 平台资金链断裂，P2P 平台为逃避责任干脆一走了之。这对 P2P 平台而言属于经营不当的流动性风险而非恶意诈骗。P2P 为投资人提供本金和利息担保，本意是为了吸引投资人，但当借款人违约之后，P2P 平台垫付投资人的本金和利息，这种担保在性质上与传统银行对存款的担保性质类似。

（3）P2P 平台设立资金池，先借后贷或者先贷后借，并且允诺投资人可随时撤回资金，这实际上从事的是传统银行业务，由于自身资本金不充足，结果当投资人挤兑时，导致流动性风险。

上述三种模式众筹平台也可能存在，但目前众筹平台暴露出的这三种风险远远小于 P2P 平台。出现这三种情况，其根源在于 P2P 平台或众筹平台经营者（或诈骗者）追求自身利益的冲动，外在原因是监管缺失，对于 P2P 与众筹平台的市场准入没有设定门槛，对其业务类型没有严格限制。反过来讲，P2P 平台与众筹平台在未取得银行牌照和金融担保公司牌照时开展类银行业务和金融担保业务，可能面临违法指控的风险，这是一种政策法律风险。

综上所述，互联网金融与金融互联网 A、B、C、D 面临的共同风险是信息安全风险、信用风险、操作风险，而机构法金融互联网 A、C 面临流动性风险，互联网金融 B 面临流动性风险和政策法律风险，业务法互联网金融 C、D 面临大数据技术风险，纯粹互联网金融 D 面临大数据技术风险和政策法律风险。表 1 - 5 总结了表 1 - 1 中 A、B、C、D 四个区域面临的风险。

表 1－5　共同风险与特殊风险

	共同风险				特殊风险	
A	信息安全风险	信用风险	操作风险	流动性风险	—	—
C	信息安全风险	信用风险	操作风险	流动性风险	—	大数据技术风险
B	信息安全风险	信用风险	操作风险	流动性风险	政策法律风险	—
D	信息安全风险	信用风险	操作风险	—	政策法律风险	大数据技术风险

大数据技术风险，严格来讲也属于业务流程不完善导致的操作风险，但由于它是互联网金融所特有风险，是伴随大数据技术新出现的风险，因此这里将它独立出来。

（四）按照损失主体划分互联网金融风险

互联网金融相关主体有可能面临损失。从损失主体的角度，互联网金融风险可以分为互联网金融投资人面临的风险、互联网金融平台面临的风险、互联网金融借款人面临的风险等。

1. 第三方支付相关主体面临的风险

第三方支付用户（包括商户和消费者个人）的风险：（1）《非金融机构支付服务管理办法》规定，第三方支付机构必须为客户保守商业秘密和个人信息，否则可能面临 1 万元以上 3 万元以下罚款。但如果有人愿意出 3 万元以上向第三方支付机构购买其搜集的用户信息，那么用户信息就面临被不正当使用的风险。（2）即使第三方支付机构主观上没有出售客户资料的动机，但如果“黑客”入侵，而第三方支付机构的安全技术未能有效阻止，结果用户资料仍然面临被盗用的风险。（3）账号被不法分子通过计算机病毒盗窃，损失资金。（4）第三方支付平台可能卷款跑路。近年来，国有银行等金融机构都出现过内部人士卷款跑路的情况，作为私人企业的第三方支付平台或其内部人士也有可能卷款跑路，导致用户的资金损失。

第三方支付平台的风险：（1）许多网贷平台通过第三方支付平台完成资金支付，如果网贷平台出现卷款跑路时，投资人可能要求第三方支付平台冻结托管账户，但根据中国法律，享有冻结他人账户的权力仅有公、检、法、国安、海关、税务等公权力机构，而第三方支付机构并非公权力机构，其冻结账户的行为构成违法。但同时《非金融机构支付服务管理办法》第 38 条规定，支付机构的高级管理人员明知他人实施违法犯罪活动仍为其办理支付业务的，中国人民银行将可能禁止其继续进行支付业务。第三方支付平台在这里面临极大的法律风险，两难困境，作为不是，不作为也不是。（2）信用卡套现风险。（3）资金账户管理的风险。对于客户备付金和两次结算之间在途资金的孳息，目前其归属无明确规定，第三方支付平台面临孳息归属的法律纠纷。（4）“黑客”入侵第三方支付平台的风险。（5）用户的资金系非法资金，通过第三方支付进行洗钱。第三方支付平台面临帮助洗钱的法律风险。（6）用户数量少，经营失败的风险。

2. P2P网贷相关主体面临的风险

投资人的风险：（1）当实行资金池模式的P2P平台实际控制人卷款跑路，投资资金收不回。（2）借款人逾期不归还贷款，P2P网贷平台不给予担保，导致投资人资金损失。（3）“黑客”入侵P2P平台，盗取投资人信息资料和资金。（4）账号被不法分子通过计算机病毒盗窃，损失资金。

P2P网贷平台的风险：（1）投资人通过P2P平台洗钱使平台受连带责任的风险，有可能受到洗钱共犯的指控。（2）为投资人担保带来的风险，当借款人逾期不归还贷款时，P2P平台按照担保合同购买贷款人的债权，借款不还钱的风险从贷款人转移给P2P平台。（3）投资人的资金有可能来自银行贷款，投资人将银行贷款通过P2P平台转贷获取高额利息，面临高利转贷罪，P2P平台可能受到牵连。（4）黑名单信息披露面临法律风险，如果P2P网贷平台将恶意借款人信息公布，恶意借款人可能借《消费者权益保护法》、《电信和互联网用户个人信息保护规定》起诉P2P平台。（5）“黑客”入侵导致用户资料外泄，P2P面临用户索赔的风险。（6）非法集资的法律指控风险，以宜信为代表的P2P平台采取债权分割和转移的经营模式，可能发生先吸收投资人资金再放贷的情况，这种情况涉嫌非法集资的法律风险。（7）没有顾客光顾，经营失败的风险。

借款人的风险：借款支持的项目失败，无法偿还本金和利息，遭受贷款人和P2P平台起诉的风险。

3. 众筹相关主体面临的风险

投资人面临的风险：（1）项目发起人的项目失败，投资人达不到投资目的的风险。（2）项目发起人实质上是以项目名义诈骗投资人资金。（3）众筹平台卷款跑路。（4）“黑客”入侵导致资金被盗，而众筹平台又不给予偿还的风险。（5）个人账号被不法分子通过计算机病毒盗窃，损失资金。

众筹平台面临的风险：（1）项目发起人拿到钱后跑路，导致众筹平台信誉损失。（2）实物众筹平台面临非法集资指控的法律风险。（3）股权回报众筹面临擅自发行股票指控的法律风险。（4）捐赠众筹平台面临违反《中华人民共和国公益事业捐赠法》的法律风险。（5）“黑客”入侵导致项目资金被盗的风险。（6）投资人与项目发起人太少，平台经营失败的风险。

项目发起人面临的风险：（1）项目无法按照原来计划顺利进行，导致项目失败，遭到投资人投诉。（2）公益众筹发起人面临违反《中华人民共和国公益事业捐赠法》的法律风险。（3）实物众筹发起人面临无预售资格证的法律风险。（4）股权众筹发起人面临擅自发行股票罪指控的法律风险。（5）债权众筹发起人面临擅自发行债券罪指控的法律风险。

4. 互联网直销基金相关主体面临的风险

投资人面临的风险：（1）被理财基金销售平台的广告所误导，以为没有风险，结果当基金经营不善导致收不回本金和利息。（2）“黑客”入侵基金网上销售平台，导致资金损失的风险。（3）个人账号被不法分子通过计算机病毒盗窃，损失资金。

基金销售平台的风险：（1）“黑客”入侵导致资金和客户信息资料被盗的风险。（2）缺乏对客户的风险提示，或者给客户收益许诺，当基金亏损时，违背客户期待和遭受法律诉讼的风险。（3）投资人同时要求赎回本金的挤兑风险。（4）投资人注资太少，基金平台经营失败的风险。

三、互联网金融风险的特点

闫真宇认为互联网金融风险具有传播性强、瞬时性快、虚拟性高、复杂性大等特点①。孙宝文等认为互联网金融风险的特征是高累积性、易突发性、强传染性②。我们认为互联网金融和金融互联网，都是基于互联网这一技术平台，摆脱了传统的面对面交易的局限性，使得资金交易超越了地理空间，在大大降低了交易费用的同时，各种欺诈、侵权行为等导致交易网络协调失败的风险也大大增加。

第一，互联网金融和金融互联网是远程操作和交易，无法获得像柜台面对面交易那样的信心。互联网金融不像传统金融那样通过人际接触进行征信数据采集，当对方违约之后远距离追究难度很大。因此，人们对于互联网金融的信心要低于对传统柜台交易的信心。而信心缺失是金融风险传递的核心要素。

第二，互联网与传统的信息网络不同，互联网可以进行远程控制、远程入侵，完全没有空间的界限，当无线互联网出现之后，互联网还可能被远程无线入侵，这大大增加了追究违约责任和寻找不法之徒的难度，从而使得互联网金融的信息安全风险大大高于传统金融。

---

① 闫真宇．关于当前互联网金融风险的若干思考［J］．浙江金融，2013（12）．

② 孙宝文．互联网金融元年：跨界、变革与融合［M］．北京：经济科学出版社，2014：190.

第三，根据马柯维茨的资产组合理论，资产组合的风险取决于单个资产的风险，单种资产金额所占比例以及不同资产之间的相互关联。而夏普等人研究表明，地理上的分散有助于减少不同投资之间的风险关联性，从而达到降低风险的目的。但对于互联网金融而言，由于超越了地理空间的限制，地理分散不再有效，因此互联网金融风险比传统金融风险有更大的聚集性和传染性。

第四，互联网的信息传播非常快速，当不利于金融稳定的突发事件发生时，人们通过有线和无线互联网中的各种通信工具迅速将消息在整个网络上传播，从而导致人们的信心很快崩溃，进而所有债权人同时收回资金，有可能导致整个互联网金融交易网络瘫痪。因而互联网金融风险比传统金融风险传播更快。

第五，互联网金融相关证明文件主要是电子文件，其作为法庭证据的可靠性远不及传统纸质文件，因此这导致互联网金融风险的法律防范和监管更加困难。

第三节 互联网金融风险的形成和传导

信息安全风险、信用风险、操作风险、流动性风险、政策法律风险、大数据技术风险之间既有相对独立性，又相互关联。而这些风险之间的相互关联有两种情况：一是上述几种风险类型的概念外延在界定时存在交叉重叠，由于概念界定不完全精确、清晰，使得不同风险类型之间在逻辑上存在重叠性关联；二是并非由于概念界定重叠，而是由于金融业务机制相关联而导致不同类型风险之间的关联。因此，这里先相对独立地阐述上述六种风险的产生与传导机制，再讨论它们之间的相互关系。

一、信息安全风险

信息安全风险是互联网面临的主要风险，任何互联网系统都面临信息安全风险。根据中华人民共和国国家标准《信息安全技术、信息安全风险评估规范》，信息安全威胁来源如表 1-6 所示。

表1－6　信息安全威胁来源

<table>
<tr><th colspan="2">来源</th><th>描述</th></tr>
<tr><td colspan="2">环境因素</td><td>断电、静电、灰尘、潮湿、温度、鼠蚁虫害、电磁干扰、洪灾、火灾、地震、意外事故等环境危害或自然灾害，以及软件、硬件、数据、通信线路等方面的故障</td></tr>
<tr><td rowspan="2">人为因素</td><td>恶意人员</td><td>不满的或有预谋的内部人员对信息系统进行恶意破坏；采用自主或内外勾结的方式盗窃机密信息或进行篡改，获取利益。外部人员利用信息系统的脆弱性，对网络或系统的保密性、完整性和可用性进行破坏，以获取利益或炫耀能力</td></tr>
<tr><td>非恶意人员</td><td>内部人员由于缺乏责任心，或者由于不关心或不专注，或者没有遵循规章制度和操作流程而导致故障或信息损坏；内部人员由于缺乏培训、专业技能不足、不具备岗位技能要求而导致信息系统故障或被攻击</td></tr>
</table>

资料来源：GB/T 20984—2007，信息安全技术信息安全风险评估规范。

针对表1－6的威胁来源，国家标准按其表现形式将这些威胁分类如表1－7所示。

表1－7　一种基于表现形式的信息安全威胁分类

种类	描述	威胁子类
软硬件故障	对业务实施或系统运行产生影响的设备硬件故障、通信链路中断、系统本身或软件缺陷等问题	设备硬件故障、传输设备故障、存储媒体故障、系统软件故障、应用软件故障、数据库软件故障、开发环境故障等
物理环境影响	对信息系统正常运行产生影响的物理环境问题和自然灾害	断电、静电、灰尘、潮湿、温度、鼠蚁虫害、电磁干扰、洪灾、火灾、地震等
无作为或操作失误	应该执行而没有执行相应的操作，或无意执行了错误的操作	维护错误、操作失误等
管理不到位	安全管理无法落实或不到位，从而破坏信息系统正常有序运行	管理制度和策略不完善、管理规程缺失、职责不明确、监督控管机制不健全等
恶意代码	故意在计算机系统上执行恶意任务的程序代码	病毒、特洛伊木马、蠕虫、陷门、间谍软件、窃听软件等

续表

种类	描述	威胁子类
越权或滥用	通过采用一些措施，超越自己的权限访问了本来无权访问的资源，或者滥用自己的权限，做破坏信息系统的行为	非授权访问网络资源、非授权访问系统资源、滥用权限非正常修改系统配置或数据、滥用权限泄露秘密信息等
网络攻击	利用工具和技术通过网络对信息系统进行攻击和入侵	网络探测和信息采集、漏洞探测、嗅探（账号、口令、权限等）、用户身份伪造和欺骗、用户或业务数据的窃取和破坏、系统运行的控制和破坏等
物理攻击	通过物理的接触造成对软件、硬件、数据的破坏	物理接触、物理破坏、盗窃等
泄密	信息泄露给不应了解的他人	内部信息泄露、外部信息泄露等
篡改	非法修改信息、破坏信息的完整性使系统的安全性降低或信息不可用	篡改网络配置信息、篡改系统配置信息、篡改安全配置信息、篡改用户身份信息或业务数据信息等
抵赖	不承认收到的信息和所作的操作和交易	原发抵赖、接收抵赖、第三方抵赖等

资料来源：GB/T 20984—2007，信息安全技术信息安全风险评估规范。

可见信息安全风险的来源非常多样，这些信息安全威胁都可能影响互联网金融的正常开展，导致各种损失。从数据信息的角度来看，这些安全威胁可以归纳为四个方面：一是信息丢失；二是信息篡改；三是信息泄密；四是信息抵赖。在互联网金融活动中，最重要的就是确保正确的数据信息，因为投资人、互联网金融平台、借款人之间的资金来往，都表现为数据信息的记录和修改。如果数据信息发生错误，就可能导致相关主体之间的财产纠纷和经济损失。无论互联网金融活动中的信息安全风险发生的来源如何，最终都可能导致互联网金融平台的声誉受损，或者平台资金受损，或者投资人的资金损失。借款人声誉可能受损，但借款人的资金一般不会受到损失。信息安全风险的传导如表 1－8 所示。

表 1－8 信息安全风险的传导

风险来源	风险传导	可能损失
软硬件故障	软件硬件故障→金融数据破坏→投资人、平台、借款人之间的财产纠纷	金融机构信誉损失、金融机构资金损失、金融消费者资金损失
物理环境影响	物理环境事故→软硬件故障→金融数据破坏→投资人、平台、借款人之间的财产纠纷	
无作为或操作失误	错误操作→金融数据错误→投资人、平台、借款人之间的财产纠纷	
管理不到位	管理不到位→金融数据错误→投资人、平台、借款人之间的财产纠纷	
恶意代码	木马病毒/陷门/间谍软件/窃听软件→账户密码被盗→非法访问→账户资金被盗→投资人、平台、借款人之间的财产纠纷/资金被盗 蠕虫→金融数据遭受破坏→投资人、平台、借款人之间的财产纠纷	
越权或滥用	内部人员越权访问→投资人账户密码信息被盗→非法访问→账户资金被盗 内部人员越权访问→信息被盗→信息泄密	
网络攻击	网络攻击→账户密码被盗→非法访问→账户资金被盗→投资人、平台、借款人之间的财产纠纷/资金被盗	
物理攻击	物理攻击→金融数据遭受破坏→投资人、平台、借款人之间的财产纠纷	
泄密	内部人员恶意操作/内部人员越权访问→信息被盗→信息泄密	
篡改	外部攻击/内部人员→修改付款账号或账户金额→账户资金被盗 外部攻击/内部人员→修改账户信息→投资人、平台、借款人之间的纠纷	
抵赖	电子信息认证困难→互联网金融平台抵赖→投资人资金损失 电子信息认证困难→借款人抵赖→互联网金融平台或投资人资金损失	

抵赖导致的信息安全风险既与电子信息认证相关，也与相关主体的信用有关。管理不到位也可以划归到操作风险。

二、信用风险

信用风险是由于违约引起的风险。在金融活动中，一方违约可能造成另一方损失，这是信用风险的基本含义。信用风险是最基本的金融风险，任何金融活动都面临信用风险。在表1－1A、B、C、D四个业务区域中，都存在信用风险。表1－9概括了可能发生的信用风险。

表1－9　　信用风险产生机制

业务区域	信用风险产生与传导机制	可能损失
A	借款人不能及时、足额偿还银行贷款→银行坏账损失→相关传统金融机构损失→银行流动性不足→大量存款人损失	债务链条上的相关企业和个人都可能受到损失
	债券发行企业不能及时支付债券利息→债券投资人损失→债券投资人不能及时归还自己的债务→债券投资人的债权人坏账损失→债务链条上相关主体均受到损失	
	股票发行企业不能及时支付股利→股东损失→股东出售股票→股市下跌→更多股票投资者损失	
B	P2P平台或众筹平台设立资金池→承诺高回报吸引资金→P2P平台无力偿还承诺的本金和高利息→大量投资人资金受损	P2P平台和投资人都发生损失
	P2P平台或众筹平台为投资人本金和利息提供担保→借款人不能及时、足额偿还→P2P平台根据担保支付投资人本金和利息→P2P平台自有资金不足以应付支付→P2P平台为减少损失跑路→大量投资人无法追回投资	P2P平台和投资人都发生损失
	P2P或众筹平台恶意诈骗→设立资金池→自融性秒标、日标、假标＋高利率吸引资金→投资人受到诱惑投入资金→前期少数投资人获得高利率回报→更多投资人投入资金→资金池积累到一定数量→P2P或众筹平台跑路，不再支付本金和利息→投资人受到损失	投资人发生损失
C	借款人不能及时、足额偿还传统金融机构贷款→传统金融机构损失	传统金融机构坏账损失
	借款人不能及时、足额偿还贷款→通过传统金融机构开设P2P平台投资的投资人资金损失	传统金融机构存款人损失

续表

业务区域	信用风险产生与传导机制	可能损失
D	P2P 平台提供借款人信用证明→借款人不按时还款→投资人损失	投资人资金损失、互联网金融平台信誉损失
	众筹平台发布筹资人信用信息→投资人投入资金→筹资人违约→投资人损失	

从债务人违约的角度来看属于信用风险，但是从债权人风险控制的角度来看，又可以看成是风险控制程序不恰当引起的操作风险。

三、操作风险

巴塞尔银行监管委员会对操作风险的正式定义是：由于内部程序、人员和系统的不完备或失效，或由于外部事件，造成损失的风险①。巴塞尔委员会规定操作风险包含了法律风险，但不包括策略性风险和声誉风险。

巴塞尔委员会将操作风险分为七类：（1）内部欺诈风险：有机构内部人员参与的诈骗、盗用资产、违犯法律以及公司的规章制度的行为。（2）外部欺诈风险：第三方的诈骗、盗用资产、违犯法律的行为。（3）由于不履行合同，或者不符合劳动健康、安全法规所引起的赔偿要求。（4）客户、产品以及商业行为引起的事件：有意或无意造成的无法满足某一顾客的特定需求，或者是由于产品的性质、设计问题造成的失误。（5）有形资产的损失：由于灾难性事件或其他事件引起的有形资产的损坏或损失。（6）经营中断和系统出错，例如，软件或者硬件错误、通信问题以及设备老化。（7）涉及执行、交割以及交易过程的操作风险，例如，交易失败、与合作伙伴的合作失败、交易数据输入错误、不完备的法律文件、未经批准访问客户账户，以及卖方纠纷等。

操作风险实际上是一个界定并不清晰的概念，如巴塞尔委员会所列举的七种操作风险中，第（3）种不履行合同也可能属于信用风险，第（6）种软件硬件错误也可以属于信息安全风险。如表 1－1 所示，A、B、C、D 四个业务区域都面临操作风险，特别是以（1）（2）（7）三种情况为代表的典型的操作风险。典型操作风险类型如表 1－10 所示。

① 张松等．互联网金融下的操作风险管理研究［J］．金融监管，2013（9）．

表 1－10　　操作风险典型类型

操作风险类型	发生机制	损失
（1）内部人员欺诈的操作风险	金融机构制定风险控制程序→内部人员熟悉风险控制程序漏洞→内部人员利用风险控制漏洞违规操作→金融机构或投资人损失	金融机构或投资人损失
（2）外部人员欺诈的操作风险	金融机构制定风险控制程序→外部人员熟悉风险控制程序漏洞→外部人员利用风险控制漏洞实施诈骗→金融机构或投资人损失	
（3）执行、交割等的操作风险	金融机构制定操作控制程序→内部工作人员大意导致操作失误→相关业务发生错误→金融机构或投资者损失	

在互联网金融活动中，由于风险控制程序不当出现的损失都属于操作风险。

四、流动性风险

流动性风险是指具有存款业务的金融机构不能完全满足客户提现的要求而导致的信用风险。流动性风险本质上是一种违约导致的信用风险。由于银行存贷款业务本来就基于并非所有存款人都同时提现的假定，因此当所有客户或许多客户同时提现并超过准备金数额时，必然会导致流动性风险。

流动性风险在表 1－1 的业务区域中，只出现在 A、B 两个区域。因为按照定义，业务法互联网金融 C、D 不包括传统银行存款业务，因此不存在流动性风险。传统银行、设立资金池开展类银行业务的 P2P 和众筹平台可能面临流动性风险。流动性风险发生的一般机制是，某一个特定的事件导致人们对于银行或者 P2P 平台提取资金能力的怀疑，从而导致一部分客户从银行或 P2P 平台中提取资金，导致银行与 P2P 平台的准备金不足，导致银行或 P2P 信誉受到损害，进一步导致更多客户提取资金，银行或 P2P 平台由于不能履行提取资金的承诺而违约，最后导致金融机构倒闭或关门。

五、大数据技术风险

大数据技术的核心是通过互联网收集到相关主体的大量详细信息，以便为企业的营销策略、客户管理和金融机构的征信管理提供有价值的信息参考。通常情况下，大数据技术有两个基础，一是大量数据的积累，二是数量决策模型的建立。目前中国的互联网金融在大数据技术的利用上还面临诸多困难，一是数据库建设严重滞后，二是数量决策模型构建和管理的困难，其中前者是主要困难。从现实情况来看，真正利用了大数据技术的互联网金融案例并不多，基本上只有阿里小贷给淘宝商家提供的小额贷款这一案例。而大量的 P2P、众筹，并非利用大数据技术进行征信管理，而是利用线上提供身份证扫描件、房产证扫描件等，线下进行核实的方式进行征信管理。但是大数据技术本来是一个过程，这些 P2P 和众筹平台的经营过程，会慢慢地积累数据，而这些数据在将来会成为大数据计算所依据的数据。

这里所讲的大数据技术风险是指在克服大数据计算的各种困难之后，真正在大数据库的基础上通过数量决策模型来进行借贷决策可能面临的风险。大数据技术的风险主要有三种：一是直接伪造数据的风险；二是数量决策模型构建错误的风险；三是数量决策模型被对方识破，而为满足模型要求人为制造达标，从而形成间接伪造数据的风险。

六、政策法律风险

政策法律风险有三种类型：一是缺乏政策法律规范导致（P2P）诈骗横行的风险；二是互联网金融机构违反现行法律政策可能导致法律指控的可能性；三是金融压抑的风险。归根结底，由于传统金融机构已受到现行法律的严格监管，政策法律风险主要是新兴互联网金融业务 B、D 才涉及。而之所以互联网金融风险引起社会广泛关注，主要是因为业务区域 B，即互联网金融机构涉嫌诈骗或者跨界太大进入传统金融领域才引起的。其基本机制如下：

（1）诈骗机制：缺乏对互联网金融市场准入规则→诈骗团伙轻易伪装成 P2P 或众筹平台→平台设立资金池→设立高回报率假标→部分投资者在高回报诱惑下投入资金→部分投资人在前期获得本金和利息→吸引更多投资者和更多资金投入→当诈骗团伙获得的资金达到一定数量“见好就收”卷款跑路→投资人资金损失、发现受骗并报警→缺乏法律依据且案例众多→大多受骗资金难以追回。

（2）互联网金融机构违法风险机制：现行法律规定非法吸储非法集资属于犯罪→P2P 和众筹平台设立资金池→通过拆标、先借后贷或先贷后借等手段使得平台作为投资人与借款人的中介→大量客户向平台注入资金→平台犯有非法集资或非法吸储罪→平台负责人可能遭受法律指控。

“金融压抑”在现行文献中主要并非作为一种互联网金融风险而存在，而是作为对过于严厉的金融政策进行批评的学术观点而存在。但如果将金融压抑当成我国互联网金融发展中可能面临的一种风险，那么其产生机制如下：《刑法》等规定非法吸储和非法集资→众筹等互联网金融平台发布实物回报、债券、股票、捐赠等众筹项目→这些项目符合非法集资的法律要件→众筹业务涉嫌非法集资→

众筹从业者涉嫌非法集资遭受起诉→为避免起诉有些众筹平台关闭→有效率的众筹模式遭到不恰当的清除→社会潜在剩余收益受到损失。

七、不同互联网金融风险之间的关系

金融风险的传染性至少有两个含义：一是不同金融风险的发生和传导链条发生交叉，导致不同类型的风险之间相互作用而放大；二是金融风险从一个企业传递到另一个企业，导致许多企业都受金融风险的影响。

例如，“木马病毒/陷门/间谍软件/窃听软件→账户密码被盗→非法访问→部分账户资金被盗→部分投资人、平台、借款人之间的财产纠纷/资金被盗”。这本来是信息安全风险传递链条，但部分投资人资金被盗之后，可能引起其他投资人提取现金，导致挤兑引起的流动性风险。这实际上是信息安全风险与流动性风险的传递链条相互连接，引起了更大的风险。前述信息安全风险、信用风险、操作风险、流动性风险、政策法律风险、大数据风险在各个金融机构和个人之间的传递链条都可能发生交叉重叠，从而形成一个风险产生和传导的网络。事实上，互联网金融风险的发生和传导是一个有向网络图（图论术语），人们依据特定的视角从这个风险传递网络中选取特定的传递路径，从而给风险进行分类。正是由于不同的人们选择的风险传递路径不同，从而使得不同学者对互联网金融所作的分类也不相同。

第四节　互联网金融风险的影响

互联网金融风险对于金融消费者、金融机构和金融行业都存在重大影响，甚至影响到实体经济，并造成一定的社会和政治后果。目前互联网金融风险还远未充分暴露，特别是大数据技术本身还处于发展初期，远未成熟，大数据技术风险还只是处于萌芽之中，因此互联网金融风险的影响只能做部分推测，以便进行恰当的监管以作预防。互联网金融风险的实际影响必须等到事后才可能完全知晓。事前的理论推测和一定监管可以改变其作用机制，从而改变互联网金融的事后影响。因此，互联网金融、互联网金融风险、互联网金融监管、互联网金融风险的影响，四者是一个动态的、复杂的相互作用过程，在理论上难以建立精确的模型。

一、互联网金融风险对于经济、社会和政治的影响

互联网金融风险对于实体经济有重要影响，这些影响可能会扩展成为重要的

社会影响，甚至有可能在政治上具有一定的负面意义。

（一）互联网金融风险的经济影响

互联网金融风险对于经济的影响，其主要路径是：互联网金融风险→部分经济主体损失→部分经济主体受损的信息在社会上得以传播→受到损失的互联网金融参与者、未受到损失的互联网金融参与者、潜在的互联网金融参与者都对进一步参与互联网金融活动持更加谨慎的态度→本来有利的互联网金融活动减少→社会潜在剩余收益减少、社会经济发展受到损害。

从经济性质上，互联网金融风险导致的损失大致可以分为两类：一是寻租行为导致不正当的社会财富再分配（意味着一些经济主体财富损失而另一些经济主体不当得利）和社会财富净损失；二是社会经济发展的潜在剩余收益不能充分实现的机会损失。第二类损失既可能相对独立产生，也可能由第一类损失间接引起。

“黑客”、互联网金融平台、政府、借款人都可能发生寻租行为。寻租行为是指不通过增加社会财富总量，只是进行既有社会财富再分配，使得既有社会财富分配份额有利于行为主体自身的行为，如“黑客”入侵互联网金融平台偷盗资金、平台实际控制人卷款跑路、政府通过监管维持国有金融机构垄断利润、借款人恶意拖欠债务等行为，都是不能增加社会财富总量，只是改变既有社会财富分配份额使之有利于行为主体的行为，因而是典型的寻租行为。寻租行为导致既有社会财富不正当的再分配，从而导致一部分人的财富损失；同时，寻租行为主体为遮掩寻租目的和逃避追责而采取的自保手段，浪费了社会资源，形成社会财富净损失，因为这些社会资源本来可以用来进行生产性活动，创造剩余收益。

互联网金融中的寻租行为大致有两类，一类是侵权行为，另一类是政府依法进行的过度监管行为。“黑客”入侵互联网金融平台网站偷窃资金、互联网金融平台卷款跑路、借款人逾期不归还贷款导致投资人收不回本金和利息，这些都是一些经济主体侵犯另一些经济主体的财产权利导致另一些经济主体的财产损失。根据我国《民法通则》和相关法律规定，这是一种侵权行为。但从整个社会来看，上述侵权行为发生时，除去少量的寻租成本和遮掩成本外，社会财富总量并没有太大的直接损失。但是这些侵权行为使得人们参与互联网金融的担忧更多，从而会使得一部分原本计划参与互联网金融交易的人放弃参与互联网金融，特别是使得投资人不再向互联网金融平台提供资金，使互联网金融成为无源之水，从而使社会潜在的交易不能充分实现，导致社会潜在剩余收益的机会损失，有害经济增长与经济发展。

无论上述侵权行为发生的具体原因是什么，都与互联网金融平台的信息安全管理、经营管理和自律意识息息相关。“黑客”入侵是互联网金融平台的安全技术管理不严格，互联网金融平台实际控制人卷款跑路是平台的自律意识不强、恶意动机过于强烈所致，借款人逾期不归还贷款和借与平台的征信管理不严格有关。互联网金融交易网络是一个以互联网金融企业为中心的交易网络，机会主义对策行为和寻租行为导致的侵权行为都与互联网金融企业这一交易中心有着必然的关联。因此，互联网金融企业严于自律，保障投资人的财产利益，既是维护自身信誉，也是维护行业信誉和行业发展的基础；同时，也是促进互联网经济健康成长和发展，避免社会潜在剩余收益机会损失的必然要求。

互联网金融中的另一种寻租行为涉及既有法律中不适合现代金融发展的条款，如众筹可能面临“非法吸收公众存款或者变相吸收公众存款罪”指控的风险，这在《刑法》和最高人民法院的一些司法解释中有明确界定。2010 年《最高人民法院关于审理非法集资刑事案件具体应用法律若干问题的解释》第 1 条指出：违反国家金融管理法律规定，向社会公众（包括单位和个人）吸收资金的行为，同时具备下列四个条件的，除刑法另有规定的以外，应当认定为刑法第 176 条规定的“非法吸收公众存款或者变相吸收公众存款”：

（1）未经有关部门依法批准或者借用合法经营的形式吸收资金；

（2）通过媒体、推介会、传单、手机短信等途径向社会公开宣传；

（3）承诺在一定期限内以货币、实物、股权等方式还本付息或者给付回报；

（4）向社会公众即社会不特定对象吸收资金。

按照上述《解释》，互联网金融中的“众筹”基本上满足了“非法集资”的全部四个条件。第一，大部分众筹平台并未经有关部门批准有吸收资金的资格；第二，众筹平台显然必须借助于至少是互联网这一媒体向社会公开宣传；第三，我国的众筹平台大多承诺给予投资人以实物回报；第四，众筹既然是众筹，本来就要向广大的网民吸收资金而非私下向特定对象吸收资金。对于第三点，一些众筹平台声称网友对项目发起人的注资是预付购买而非投资，类似于购买期房和事业单位集资建房，这确实值得争议。但销售期房的房产商取得了正式的预售批文而众筹却没有取得预售批文。因此，按照《解释》，众筹基本上属于“非法集资”行为，从而政府可以运用《刑法》和《解释》拿众筹开刀问斩，取缔众筹这一互联网金融创新模式。

但是，众筹作为一种在理论上能够创造许多潜在交易和剩余收益的互联网金融模式，可能为社会财富的创造作出巨大贡献，因而在理论上实不应武断取缔。假若政府武断取缔众筹，那么政府就具有利用权力进行寻租以维持政府控股金融机构垄断利润的嫌疑。事实上，政府既是行政法规和监管政策的制定者，也是国有垄断金融机构的控股者和实际所有者，从而既是市场经济游戏规则制定者，也是市场经济游戏的参与者。这种双重角色使得政府长期以来，利用《刑法》、行政法规和相关司法解释对于民间金融进行严厉打击，这都有为维护政府控股金融机构垄断利润的寻租嫌疑。但从法律上讲，这种寻租行为并非侵权行为，而是合法行为。政府监管的寻租性质不仅导致国有金融机构获取垄断利润，而且可能导致民间金融不发达，从而使得民间金融和互联网金融本来可能创造的交易剩余收益不能充分实现，导致互联网金融风险的第二类损失，即潜在剩余收益的损失。

（二）互联网金融风险的社会影响

互联网金融风险所引起的经济损失可能会慢慢扩展成为不良的社会影响。可能的不良社会影响归结起来可以分为四个步骤：

一是会鼓励社会投机心理，鼓励许多人走上借互联网金融行骗之路，诚实劳动被人视为傻。就如同传销刚引入中国时一样，社会上许多人心中燃起了通过传销迅速发财致富的不切实际的幻想，结果许多人在陷入传销网络之后不可自拔，在自己受骗之后不思悔改，反而进一步去欺骗别人，甚至连亲戚朋友也骗。在互联网金融缺乏准入门槛和严格监管时，一些犯罪集团和投机心理严重的人产生通过假借 P2P 平台行骗的心理。而且从曝光的实际情况来看，许多 P2P 平台从一开始其目的就是行骗。这些所谓 P2P 平台根本没有金融从业经验的管理人员，他们通过设立资金池，以高回报为诱饵，通过自融性周标、日标甚至秒标，本质上就是假标，引诱投资者将资金投入他们控制的资金账户，等到资金聚集到一定数额，他们便卷款消失。互联网金融神话与传销一样，很容易在社会上形成一种诚实劳动太傻，而走歪门邪道才聪明的社会心理误导。

二是导致许多上当受骗的人逐渐对于互联网金融甚至现实社会产生极端的负面看法。在互联网金融中损失金额小的人可能会慢慢原谅社会，但损失大的人可能从此丧失对社会的信任。从整个社会而言，对于互联网金融的态度可能会发生极端变化，从最初的参与、期待和宽容可能导致最后的憎恨，就像传销在中国的发展一样。多层次直销在国外作为一种正规的营销方式，引入中国后发生异化，最后成为影响社会和谐稳定、人人喊打的过街老鼠，这是今天的互联网金融需要吸取的教训。这可能使得互联网金融作为一种可能提高实体经济生产效率、传统金融有益补充的社会工具不能在中国社会生存下去，从而使中国金融深化的有利机会白白浪费。

三是使社会的诚信度大大下降，人与人之间更加不信任，使得我们的社会更加不和谐。虚拟的世界本来就比可见的世界更容易欺骗，互联网金融风险使得人们更加不相信互联网虚拟世界，甚至也进一步对现实社会的诚信产生怀疑，这使得本来就已遭受市场经济不良侵蚀的社会诚信进一步向深渊跌落。互联网金融风险的存在会加剧中国人对社会的“习惯性怀疑”心态，从而加剧中国的社会病态[①]。

四是使得社会团结更加困难重重，社会离心力加大，社会分裂加剧。当前社会诈骗案件频发，人与人之间的信任严重缺失，更有甚者，利用自己的社会优势行骗，整个社会在不公正的道路上越走越远，使得社会团结失去最重要的基础——社会公正和诚信，最后使得社会溃败。

（三）互联网金融风险可能的政治影响

互联网金融风险导致的损失，在慢慢扩展为社会影响之后，有可能进一步发展成为政治离心力，使得社会的政治和谐受到损害。

第一，虽然查处了一批行骗的 P2P 平台和相关人员，但是近 3 年来平均每个月有 10 个左右 P2P 平台关门跑路，政府显然不可能处理所有这些涉嫌诈骗的 P2P 平台和相关人员。有些 P2P 平台诈骗案件涉案资金高达数亿元，有的投资者损失甚至高达上百万元，数额如此巨大，而政府却并不能帮助他们追回全部损失。那些在相关事件中遭受损失的投资者，对于政府的安全保障能力产生怀疑，甚至有些投资者会认为是政府有意放任社会骗局，将自己对于骗子的憎恨投射到政府身上，将加剧官民对立和对政府的“习惯性怀疑”，这使得政府的公信力进一步受到损害。

第二，互联网金融风险导致的损失涉及人员众多，即使不能形成群体性事件，但如此众多遭受损失的投资者可能会通过网络相互串联，形成各种维权群体，给政府的形象和社会治理造成危机。互联网金融涉及的绝大多数是现有网民，人数众多。这些人大多文化水平较高，对于互联网比较熟悉。这些人一旦由于互联网金融风险而遭受损失，即使损失不多，他们也会怀疑政府对社会的治理能力，从而导致对社会政治权威的怀疑。他们会因为在互联网金融活动中遭受的损失而在网上论坛等各方面表现出来，不仅限于对社会诚信的不满，也可能影响到他们的政治理念和政治信仰，由此催生对政治现状的不满。这就像温水煮青蛙，一开始是渐变，但慢慢积累就可能会形成突变。这可能会促进未来的网络政治运动，而中国政府显然不希望看到任何网络政治运动出现。因此，政府应当对

---

① 人民论坛问卷调查中心．当前社会病态调查分析报告［J］．人民论坛，2014（9 月上）．

互联网金融风险等互联网风险相当警惕，使用类似于网络维稳的方式来进行互联网金融的严密监管，使得互联网金融诈骗无处可逃。

第三，如果有政府工作人员涉及参与互联网金融诈骗，一开始会很有“信誉”，会吸引更多民众参与投资，但当骗局曝光之后，对于政府形象和权威的损害不可估量。也可能一些企业勾结政府工作人员，设立互联网金融平台公开为自己企业融资，甚至最后卷款跑路，这会使得社会形成一种官商勾结欺骗社会民众的心理。这些社会心理会逐渐形成政治离心力，对于政府的政治统治形成威胁，从而增加政治治理的成本。政府工作人员参与诈骗链条也说明政府对于自己内部人员缺乏约束能力，说明了政府治理能力的下降。从中国历史来看，正是点点滴滴治理成本的增加，逐渐导致政府治理能力减弱，最后导致政治动荡和改朝换代。

对于政府而言，互联网金融作为一种金融创新，如果能够引导其健康地发展，对于打破传统国有金融机构的垄断，促进小微企业融资，降低社会融资成本和提高普通消费者存款收益，缓解由于金融垄断导致的各种矛盾，使中国更好地履行金融领域全面开放的“入世”承诺，促进民生和社会公正，都将具有积极的政治意义。而互联网金融的各种风险得不到有效化解，就有可能使得政府利用互联网金融来实现金融深化、打破利益集团对金融的垄断以实现普惠金融、促进民生和社会公正的政治目的难以实现。因此，互联网金融风险对于政府而言具有负面的政治意义。政府及时实施恰当、公正的互联网金融监管，不仅具有积极的经济与社会意义，也具有积极的政治意义。

二、互联网金融及其风险对于金融宏观调控的影响

金融宏观调控是以货币政策为核心的，是影响传统金融机构、互联网金融企业、非金融企业、居民、外国人等微观主体的行为，进而影响利率、汇率、物价，调节总供求关系的一系列制度、规则、工具和行为的总和。金融宏观调控的主体一般是中央银行，在我国即中国人民银行。按照经典的 IS－LM 模型，金融宏观调控的政策变量是货币供给量（M_1 和 M_2），基本政策工具有公开市场业务、调整准备金比例、调整再贴现利率三种，此外我国政府还经常实施信贷控制、利率管制、汇率管制等辅助政策工具。基本政策工具主要影响基础货币数量、货币乘数和货币派生过程，影响货币供给量，从而改变货币市场供求均衡，影响均衡利率的变动。而利率变动最后将影响投资，从而影响总需求，最终影响到国民总收入和 GDP。信贷控制直接影响货币派生过程，利率管制直接控制利率，影响货币需求和投资，最终影响国民收入。

2010 年年底，中央经济工作会议首次提出“保持合理的社会融资规模”，国务院总理温家宝在部署 2010 年一季度工作时也强调“保持合理的社会融资规模和节奏”。2011 年 1 月初，中国人民银行召开年度工作会议，提出“保持合理的社会融资规模”，1 月 30 日央行公布《2010 年第四季度货币政策执行报告》进一步提出，“在宏观调控中需要更加注重货币总量的预期引导作用，更加注重从社会融资总量的角度来衡量金融对经济的支持力度，要保持合理的社会融资规模，强化市场配置资源功能，进一步提高经济发展的内生动力。”

本章考察互联网金融风险对于金融宏观调控的影响的基本思路，是先考察正常的互联网金融对于货币流通速度、货币乘数、货币供应量、利率、社会融资规模的影响，然后考察互联网金融风险使得上述影响机制如何偏离。实际上，互联网金融风险对于上述政策变量的影响与互联网金融的影响是相反的，互联网金融风险会从反方向削弱互联网金融对于上述政策变量的影响。但是互联网金融对于上述政策变量的影响程度和互联网金融风险从反方向削弱影响的程度，很难进行定量估算，定性地弄清楚其影响方向和削弱影响的方向是本节的目的。

（一）互联网金融对货币流通速度、货币乘数和货币供给量的影响

沈毅舟、李逍迪认为，由于互联网金融使用电子货币，从货币的交易需求、投机需求和预防需求来看，都使得现金需求减少而电子货币存款需求上升，从而导致货币乘数上升①。屈庆认为，互联网金融提高了货币流通速度，同时使货币乘数增大；但同时互联网基金使得人们把更多的货币用作投资，从而降低了货币的交易需求②。邹新月、罗亚南、高杨认为，互联网金融改变了货币需求的结构，使得部分预防性需求向投机性需求转变；互联网金融提高了货币流通速度；同时互联网金融相当于在央行之外增加了基础货币，产生存款派生能力③。

第三方支付，使得网上购物更加安全，因此提高了网上购物的频率，从而提高了电子货币的流通速度，这一点基本成立。

由于货币乘数与货币供给量涉及存款派生过程，因此我们必须仔细分析互联网金融业务是否存在存款派生过程。

---

① 沈毅舟，李逍迪．互联网金融对货币乘数的影响和对互联网金融监管的思考［J］．知识经济，2014（4）．

② 屈庆．互联网金融对金融市场的影响［J］．金融市场研究，2014（2）．

③ 邹新月，罗亚南，高杨．互联网金融对我国货币政策影响分析［J］．湖南科技大学学报（社会科学版），2014（7）．

由$\left(\frac{1+cu}{re+cu}\right)'_{cu}=\frac{re-1}{(re+cu)^2}<0$可知，随着通货－储蓄率 cu 的增加，货币乘数会减少；反过来，随着通货储蓄率 cu 的减小，货币乘数会增大。而互联网金融可能改变公众的行为模式，使得人们持有现金与电子货币存款的比率 cu 更小，因此，互联网金融能够使货币乘数增大。事实上，传统金融机构的网上银行才是减少通货－储蓄比 cu 的基础性服务，而互联网金融只是加强了这一趋势。但是无论如何，基础货币由中央银行控制，互联网金融只是意味着金融行业的竞争更加激烈，但绝不可能改变由中央银行控制的基础货币数量：银行的纸币准备金和公众手中持有的纸币现金。互联网金融风险的存在使得人们对于互联网金融的参与更加谨慎，这会削弱互联网金融使货币乘数增大的程度，风险越大，削弱的程度越大。

下面逐一分析互联网金融的主要模式对于货币供应的影响。先看第三方支付，由于电子商务交易双方均在传统银行开设网银账户，第三方支付公司本质上仍然是在银行体系开设账户，在电子商务交易过程中，买方将资金从自己的银行账户转移给第三方支付公司的银行账户，第三方支付公司通知卖方发货，等买方收到货物后，第三方支付公司将货款从自己的银行账户转移到卖方的银行账户。在这个过程中，由于全部采取电子货币转账方式，银行体系中的电子货币和存款余额并没有变化，因此，第三方支付只可能增加电子货币的流通速度，但是对于银行体系的存款余额没有影响。第三方支付只是加强了传统银行的网银服务减少通货－储蓄比的趋势，离开了传统银行的网上银行服务，第三方支付就成为无源之水。因此，第三方支付并不改变银行体系的存款余额，只是通过加强传统银行网银服务减小通货－储蓄比的趋势来帮助货币乘数扩大。第三方支付本质上只是传统银行的转账支付功能在电子商务交易中的进一步延伸，它本身并非增加存款贷款的信用扩张，因此对于货币供应量的影响大可不必担心。而第三方支付可能具有的风险，将使得人们对第三方支付持更加谨慎的态度，这会使得第三方支付增大货币乘数的程度得以削弱。

对于 P2P 网贷和众筹业务，无论是资金池模式还是第三方托管模式，投资人、借款人、P2P 平台、众筹平台、托管人（如果不是银行的话）都要在银行开设网银账户。当投资人的资金借给借款人时，如果不通过 P2P 平台的资金池，投资人账户上的电子货币存款直接转账到借款人的账户上；如果 P2P 平台设立资金池，则投资人账户资金先进入 P2P 平台账户，再进入借款人账户；如有第三方托管，也仅仅是由托管人对电子货币存款账户多一份监督，投资人资金先进入托管人账户，再由托客人账户进入借款人的银行账户上。上述三种方式，都涉及银行账户之间的资金转移，但对货币乘数和货币供给量的影响，依赖于借款人是否提现导致传统银行体系现金漏出。一个基本的区别是，普通投资人通过 P2P 平台将钱贷给借款人与银行将钱贷给借款人，对于货币供给量所产生的影响是不同的：银行将钱贷给借款人，银行存款只可能增加而不可能减少，因为借款人还可以将借款再存入银行，而银行原来的存款并没有减少，从而导致银行存款增加，这正是银行存款货币的派生过程；但普通投资人将钱贷给借款人时，银行存款只可能减少而不可能增加，因为当投资人账户上的钱转移到借款人的账户之后，即使借款人不提现而将借款全部存入银行，银行存款也不会增加而是维持不变，但若借款人提现，则银行存款就减少。

设原来货币供给量为 $M = Cu + D$，其中，Cu 为公众手里持有的通货，D 为公众存入银行的存款。基础货币 $Mb = Cu + Rd + Re$，其中，Rd 为法定准备金，Re 为超额准备金。法定准备金比例为 Rd/D，货币乘数 $mm = M/Mb = (Cu + D)/(Cu + Rd + Re)$。设借款人通过 P2P 平台借出的资金为 A，提取现金的数量为 B，其中 $A - B$ 仍然存入银行，此时，银行存款变为 $(D - A) + (A - B) = D - B$，准备金变为 $Rd + Re - B$，通货变为 $Cu + B$；法定准备金要求为 $(Rd/D)(D - B) = Rd - B(Rd/D)$，基础货币 $= Cu + Rd + Re$ 不变，货币供给量 $= Cu + B + D - B = Cu + D$ 不变。此时，准备金比率 $(Rd + Re - B)/(D - B) <$ 原来的准备金比率 $(Rd + Re)/D$。准备金 $Rd + Re - B$ 与法定准备金要求 $Rd - B(Rd/D)$ 相比，有两种情况：

（1）准备金 $Rd + Re - B >$ 法定准备金要求 $Rd - B(Rd/D)$，即 $Rd + Re - B > Rd - B(Rd/D) \Leftrightarrow Re + B(Rd/D) > B$，这表示借款人提取的现金 B 小于超额准备金 Re 与存款减少 B 所减少的法定准备金要求 B（Rd/D）之和。此时，银行准备金能够满足法定准备金要求，如果银行不希望像原来那样维持超额准备率，那么银行不用任何操作，货币供给量维持在 $Cu + D$ 不变，货币乘数也不改变。如果银行要维持原来的超额准备金比率，则可以通过两种手段：一是向央行申请贷款，这增加了基础货币，但不改变货币供给量；二是收缩信用贷款，这会减少存款从而增大准备金比率，直到等于原来的超额准备率为止，但不会改变基础货币。如果商业银行向央行申请借款增加准备金以维持超额准备率，设维持原来超额准备率需要准备金为 R1，则满足方程 $R1/(D - B) = (Rd + Re)/D$，则 $R1 = Rd + Re - (B/D)(Rd + Re)$。从而应该增加的准备金为 $R1 - (Rd + Re - B) = [1 - (Rd + Re)/D]B$。如果商业银行收缩信用以维持超额准备率，设银行存款为 D1，满足 $(Rd + Re - B)/D1 = (Rd + Re)/D$，$D1 = D - BD/(Rd + Re)$。则银行需要收缩信用贷款为 $D - B - D1 = BD/(Rd + Re) - B$。

（2）准备金 Rd + Re - B < 法定准备金要求 Rd - B(Rd/D)，即 Rd + Re - B < Rd - B(Rd/D) ⇔ Re + B(Rd/D) < B，这表示借款人提取的现金 B 大于超额准备金 Re 与存款减少 B 所减少的法定准备金要求 B（Rd/D）之和。此时，银行准备金不能够满足法定准备金要求。这种情况下，银行首先必须达到法定准备金要求，有两种手段：一是向央行申请贷款刚好满足法定准备金要求，这增加了基础货币，但不改变货币供给量；二是收缩信用贷款，不改变基础货币，但减少银行存款直到满足法定准备金要求为止。如果向央行贷款 Rd - B(Rd/D) - (Rd + Re - B) = B - Re - B(Rd/D)，准备金刚好达到法定准备金要求的 Rd - B（Rd/D）。如果收缩信用，设要求银行存款为 D2，满足（Rd + Re - B)/D2 = Rd/D，则 D2 = D - D(B - Re)/Rd，信用贷款收缩量为 D - B - D2 = D(B - Re)/Rd - B，此时，货币供给量为 Cu + D + B - D(B - Re)/Rd。由于 Re + B(Rd/D) < B 等价于 B - D(B - Re)/Rd < 0，因此货币供给量 Cu + D + B - D(B - Re)/Rd < Cu + D。

上述各种情况的货币分布变化如表 1 - 11 所示。

表 1 - 11　　P2P 平台借款人提现引起的货币变化

	P2P 平台发生借贷之前的货币分布			
通货	Cu	Cu	Cu	Cu
准备金	Rd + Re	Rd + Re	Rd + Re	Rd + Re
银行存款	D	D	D	D
基础货币	Cu + Rd + Re	Cu + Rd + Re	Cu + Rd + Re	Cu + Rd + Re
货币供给量	Cu + D	Cu + D	Cu + D	Cu + D
货币乘数	(Cu + D)/(Cu + Rd + Re)			
	P2P 平台借款人提现后的货币分布			
通货	Cu + B	Cu + B	Cu + B	Cu + B
准备金	Rd + Re - B	Rd + Re - B	Rd + Re - B	Rd + Re - B
银行存款	D - B	D - B	D - B	D - B
基础货币	Cu + Rd + Re	Cu + Rd + Re	Cu + Rd + Re	Cu + Rd + Re
货币供给量	Cu + D	Cu + D	Cu + D	Cu + D

续表

	借款人提现少时,商行维持超额准备率		借款人提现多时,维持法定准备率	
	Re + B(Rd/D) > B		Re + B(Rd/D) < B	
	向央行贷款	收缩信用	向央行贷款	收缩信用
通货	Cu + B	Cu + B	Cu + B	Cu + B
央行贷款量 = 准备金增加量	[1 - (Rd + Re)/D]B	0	B - Re - B(Rd/D)	0
准备金总量	Rd + Re - (B/D)(Rd + Re)	Rd + Re - B	Rd - B(Rd/D)	Rd + Re - B
银行存款减少量	0	BD/(Rd + Re) - B	0	D(B - Re)/Rd - B
银行存款总量	D - B	D - BD/(Rd + Re)	D - B	D - D(B - Re)/Rd
基础货币量	Cu + B + Rd + Re + (B/D)(Rd + Re)	Cu + Rd + Re	Cu + B + Rd - B(Rd/D)	Cu + Rd + Re
货币供给量	Cu + D	Cu + D + B[1 - D/(Rd + Re)]	Cu + D	Cu + D + B - D(B - Re)/Rd
货币乘数	减小	减小	减小	减小

综合上述分析可知，P2P 网贷和众筹平台的借贷业务将减少货币乘数，但对基础货币和货币供给量的影响比较复杂，因为受借款人提现数量、商业银行准备金政策和信用政策的影响。表 1 - 12 概括了这些情况。

因此，P2P 网贷和众筹对于金融宏观调控的影响，取决于银行的准备金政策和借款人提现的比例。但无论如何，P2P 网贷平台和众筹不可能产生额外的货币派生，由于新的借款人可能提取现金导致现金漏损，因此货币供给量只可能减少不可能增加。

表 1－12　　　　　P2P 网贷对货币供应量的影响

类型	准备金变化	银行的准备金和信用政策		对货币供应量的影响
P2P 借款人不提现或提现较少	借款人提取的现金 B 小于超额准备金 Re 与存款减少 B 所减少的法定准备金要求 B（Rd/D）之和	维持原来的超额准备金比率	商业银行向央行贷款增加准备金	基础货币增加，货币供给量不变
			收缩信用	基础货币不变，货币供给量减少
		减少超额准备金比率		基础货币不变，货币供给量不变
P2P 贷款人提现较多	借款人提取的现金 B 大于超额准备金 Re 与存款减少 B 所减少的法定准备金要求 B（Rd/D）之和	传统银行从中央银行借款增加准备金	银行维持原来的超额准备金比率	基础货币增加，货币供给量不变
			银行只维持法定准备金比例	信用不收缩，基础货币增加，货币供应量不变
		传统银行回收贷款	银行维持原来的超额准备金比例	信用收缩，基础货币不变，货币供应量减少
			银行只维持法定准备金比例	信用收缩，基础货币不变，货币供应量减少

如果 P2P 或众筹平台设立资金池，并且通过假标等方式实行借贷分离，看起来其业务类似于银行存贷业务，但 P2P 和众筹平台仍然不具备传统银行的现金经营业务，其资金池本质上不过是传统银行的一个账户。当借款人从 P2P 或众筹平台借出电子货币之后，如果再存入 P2P 或众筹平台上，本质上仍然是将电子货币又转入到 P2P 或众筹平台在传统银行开设的网银账户之中；而借款人在 P2P 或众筹平台的账户上记录的资金并不能得到社会公众的认可，不具有支付能力，因此，借款人从 P2P 或众筹平台所获得的资金，不可能又存回 P2P 或众筹平台，而必定是存入其在传统银行的网银账户中。也就是说，P2P 或众筹平台即使设立资金池，也不可能产生传统银行才具有的货币派生能力，资金池只是使得借贷分离，使得本来是直接融资的 P2P 或众筹变得有点儿像间接融资。因此，资金池的设立本身并不会改变传统银行系统的现金漏出量，从而不会改变货币供应量。P2P 或众筹平台通过将资金池中的资金卷款跑路（对于投资者而言是巨大风险），如果不从传统银行中提取现金，那么仍然不会改变货币供应量；但如果 P2P 或众

筹平台在卷款跑路时提取大量现金，则将使得传统银行系统的现金漏出量增加，从而减少货币供应量。

当P2P和众筹平台发生风险时，可能减少人们参与P2P和众筹平台的金融活动，或者促使人们提取更多现金，因此P2P和众筹平台的风险可能使得货币供给量减少，但不会使货币供给量增加。

再看互联网基金对于货币乘数和货币供应量的影响。以余额宝为例，假设余额宝的投资人、支付宝、余额宝、天弘基金均在银行开设有网银账户，并假设天弘基金在获得投资人的资金后，仍然保持电子货币存款存入银行体系中，在将基金用于投资组合之后，假如最终的基金使用人仍然不提取现金，那么银行体系的准备金并无减少。如果互联网基金将小微个人存款积聚起来，仍然存入银行，获取高等级的协议存款利率，那么钱就没有流出银行体系，互联网基金只是改变了传统银行的负债结构，将众多低利息率的个人存款变成了高利息率的企业和机构协议存款，这样只是增加了银行的利息成本，但并未改变银行存款总量。这样做，只是余额宝等互联网基金帮助个人和小微企业的小微资金形成集体合力，与传统银行争夺资金交易的剩余收益而已，对于货币供应量的影响不大。我们要注意的一点是，互联网基金仍然属于直接金融，当互联网基金平台将众多投资人的资金吸引到基金时，这些投资人在传统银行中的存款减少，他们把这些存款转移到基金公司在银行的账户中，从而只是改变了传统银行所吸收的存款在不同客户的账户中的分布，对于存款总量没有影响；如果基金公司将吸引的部分资金提现，会减少存款总量，但不会改变货币供给量。只要投资人在基金公司开设的账户上的资金没有传统银行账户资金的支付能力，那么从基金公司获得资金的企业不会将资金存回基金公司而是存放在传统银行所开设的账户上，这样一来，基金公司的业务就不能产生货币派生。如果互联网基金出现风险，那么会减少人们投资于互联网基金的热情，本质上只会减少人们将银行账户上的资金转移到基金账户，这对于货币供给量将没有影响。

综上所述，互联网金融的业务并非传统银行业务，不能产生货币派生过程，最多可能增加银行系统的现金漏出量从而减少银行存款；银行的准备金政策可能增加基础货币或减少货币供给量，从而使得货币乘数减小。互联网金融风险只是使得上述影响减弱，对于货币供给量没有实质性的影响。

（二）互联网金融对利率市场化的影响

目前大部分学者认为，互联网金融正倒逼我国金融市场进行利率市场化改革。

中国人民银行从1948年12月1日成立之后就成为制定利率的国家机构，自此中国政府对利率实行全面管制。1996年中国政府开始放开银行间同业拆借利率，此举被视为利率市场化的突破口。此后，我国利率市场化改革经历了“先外币、后本币，先贷款、后存款，先大额、后小额，先长期、后短期”的改革路径①。

1999年10月，实现了银行间市场利率、国债和政策性金融债发行利率的市场化，同年，人民银行连续三次扩大金融机构贷款利率浮动幅度。2000年9月，放开外币贷款利率和300万美元（含300万美元）以上的大额外币存款利率；300万美元以下的小额外币存款利率仍由人民银行统一管理。2002年3月，人民银行统一了中外资金融机构外币利率管理政策，实现中外资金融机构在外币利率政策上的公平待遇。2003年7月，放开了英镑、瑞士法郎和加拿大元的外币小额存款利率管理，由商业银行自主确定。2003年11月，对美元、日元、港币、欧元小额存款利率实行上限管理。2004年1月1日，人民银行再次扩大金融机构贷款利率浮动区间。商业银行、城市信用社贷款利率浮动区间扩大到［0.9，1.7］，农村信用社贷款利率浮动区间扩大到［0.9，2］，贷款利率浮动区间不再根据企业所有制性质、规模大小分别制定。扩大商业银行自主定价权，提高贷款利率市场化程度，企业贷款利率最高上浮幅度扩大到70%，下浮幅度保持10%不变。2004年10月，贷款上浮取消封顶；下浮的幅度为基准利率的0.9倍，还没有完全放开。

与此同时，允许银行的存款利率都可以下浮，下不设底。2006年8月，贷款利率浮动范围扩大至基准利率的0.85倍；2008年5月汶川特大地震发生后，为支持灾后重建，人民银行于当年10月进一步提升了金融机构住房抵押贷款的自主定价权，将商业性个人住房贷款利率下限扩大到基准利率的0.7倍。2012年6月，央行进一步扩大利率浮动区间。存款利率浮动区间的上限调整为基准利率的1.1倍；贷款利率浮动区间的下限调整为基准利率的0.8倍。7月，再次将贷款利率浮动区间的下限调整为基准利率的0.7倍。2013年7月，进一步推进利率市场化改革，自2013年7月20日起全面放开金融机构贷款利率管制，取消金融机构贷款利率0.7倍的下限，由金融机构根据商业原则自主确定贷款利率水平，并取消票据贴现利率管制，改变贴现利率在再贴现利率基础上加点确定的方式，由金融机构自主确定。②

到目前为止，基本上只剩下存款利率上限仍然处于管制之中。在利率逐渐市

① 崔爽．中国利率市场化改革进程及风险应对建议［J］．经营管理者，2014（1）．
② 中国利率市场化进程回顾［N/OL］．中国证券报，2013－07－21．

场化的政策背景下，以余额宝为代表的互联网基金，通过提高收益率，吸收了大量资金。余额宝中的资金，用途灵活，可以随时转到支付宝，也可随时用于购物和支付宝转账。余额宝申购金额下限1元，无上限。在处理时间上，与传统证券和基金不同，余额宝不存在工作日的限制，只要能够上网，随时能够转入和赎回，给予用户极佳的服务体验。余额宝中的资金在使用便利性方面与活期存款无本质差异，但却能够获得超过活期存款10~20倍的收益率，当然引起了社会的广泛关注和大量资金的进入。余额宝吸收的资金，90%左右回到银行体系，成为基金公司在银行中的协议存款，但利率要远远高于基准存款利率，改变了银行的负债结构，大大提高了银行的负债成本。除了互联网基金，P2P网贷和众筹的回报利率也要远远高于银行存款利率。

互联网金融无疑掀起了一场与银行争夺存款的大战，将会迫使银行只有提高存款利率才能留得住存款，如果银行不提高存款利率，越来越多的存款会转移到互联网基金，而互联网基金把这些钱再存回银行时，银行将会支付更高的协议存款利率。这些协议存款利率通常参考1个月的银行同业存款利率，高达6.6%，但由于同业存款不需要准备金，据此银行实际支付的利率成本要低于6.6%，据测算也达到5.61%[①]。在余额宝获得协议存款利率6.6%之后，即使给用户6%的利率后，自己也获得0.6%的利率，对于1万亿元的资金量，其利润也可达到60亿元，这也是非常可观的。假设互联网基金将钱全部重新存入银行获得协议存款利率，本质上只是改变了银行的负债结构和负债成本，银行的存款余额并无根本改变。从经济学性质来看，似乎可看成是原来银行众多分散的小额储户，由于集体行动的困难，无法形成一个集体与银行进行利率谈判，现在相当于通过余额宝将大量小额资金组织起来，作为一个资金集体与银行谈判获得高存款利率。这一转换过程，其实质不过是让余额宝投资人从原来享受的较低活期利率变成享受较高的协议存款利率。这一高额存款利率要得以存在，必然以银行更高的贷款利率作为基础。由此可见，传统银行的贷款利率与存款利率存在多大的差距。传统银行贷款利率与存款利率的巨大差距，成为传统银行获得垄断利润的关键，传统银行之所以能够获得巨大的存贷利率差和垄断利润，主要原因是政府的利率管制，这里不乏权力寻租因素。

由此可见，互联网金融相当于提高了存款利率，打破利率管制（作为一种价格管制）形成的银行垄断，逼迫传统银行参与利率市场化的竞争。这场战役，有人称之为金融民主化，有人称之为普惠金融。从金融民主化的角度来看，互联网

---

① 施丹．互联网金融和利率市场化对商业银行的影响［J］．特区经济，2014（3）．

金融无异于是在向利率管制的垄断体制和权力寻租发起挑战，即使可能遭受监管的风险，但极佳的用户体验造就了民间广泛的支持，监管当局不可能不考虑金融民主化的这种底层呼声。从普惠金融的角度来看，互联网金融使得普通储户都能够分享社会经济发展带来的实际利率收益的好处，使得原来必须要大额资金才能享受的存款利率优惠能够被普通的消费者所享有，这无疑符合金融发展要使广大民众普遍受惠的目的，打破长期以来，金融发展只使得传统垄断性金融机构特别是国有银行获得高额垄断利润的格局。因此，互联网金融的发展，不仅推动存款利率市场化进程，使得稀缺的资金能够得以更加合理地配置，而且在社会经济发展上逐渐使普通大众受益，其伟大的社会意义可能只有等到多年以后才能完全显现。

对于余额“宝”类互联网基金推动存款利率的上升，央视证券资讯频道执行总编辑兼首席评论员钮文新认为，余额宝是趴在银行身上的“吸血鬼”，典型的“金融寄生虫”，因为它抬高了整个中国实体经济，也就是最终的贷款客户的成本，而这一成本最终会转嫁到每个人身上。它们并未创造价值，而是通过拉高全社会的经济成本并从中渔利。它们通过向公众输送一点点蝇头小利，为自己赢得了巨额利润，同时让全社会为之埋单。具体来说，假定余额宝4000亿元规模平均收益6%，利润240亿元，余额宝和货币基金大约获得利润80亿元（4000亿元的2%，但阿里小微金融服务集团首席战略官舒明则回应说余额宝对应的天弘基金的管理费率为0.3%，托管费率是0.08%，销售服务费是0.25%，三者相加只有0.63%，），其他余额宝客户分享160亿元。钮文新认为，传统银行获取暴利，是通过贷款的风险管理而获得，而余额宝则几乎不面临任何风险就分得巨额利润。要消除银行暴利，也应该是让利于实体企业而不是让利给余额宝。据此，钮文新呼吁监管层抑制余额宝。

阿里小微金融服务集团首席战略官舒明认为，货币基金只有约1万亿元的市场规模，只占居民存款（约50万亿元）的2%，全部人民币存款（约100万亿元）的1%，因此其高利率吸收“存款”的策略并不可能影响到存款市场利率。舒明认为，贷款可获得性与国家信贷政策、资金环境和金融机构的竞争格局相关，而与市场利率高低关系不大。因此，余额“宝”类互联网货币基金不可能提高全社会的融资成本。

上述争论其实回避了社会合理的利息率应当如何决定的关键问题。利率到底应当完全由市场自由浮动决定，以满足最大化资金资源配置效率的需要，还是应当由政府管制，服从于政府投资主导的城镇化和工业化的经济发展模式？较低的存款利率有助于银行（特别是国有银行）低成本获得大量资金，也有助于政府通过各种渠道融资以主导城镇化运动。通过压低存款利率，确实在一定时期能够降低生产性资本的成本，有助于经济增长与发展。但是较低的存款利率，加上货币供应增长较快引起的通货膨胀，使得国内投资渠道狭小，大量资金被挤往房地产和股市，导致股市和房地产泡沫，从整个社会而言，可能引发严重的经济危机与社会危机。

按照马克思主义的政治经济学理论，利息最终来源于工人劳动创造的剩余价值；按照西方经济学理论，利息最终来源于社会经济发展带来的剩余收益。金融行业的利润，从经济学理论上讲主要来自利息收入。我们可以比较中国银行业的利润与全社会工资收入的比值和发达国家银行业利润与工资收入的比值，就大致可以知道中国银行业的高利润率是否存在剥削社会大众的问题了。按照马克思主义的政治经济学理论，合理的利率应该使得金融企业的利润率与非金融企业的利润率趋于一致，或者说合理的利息率应当使得全社会所有行业的资本净回报率大致相等，使得所有资金的净实际回报率趋于相等。因此，只有比较了传统银行利润率、工业资本的利润率、商业资本的利润率和居民储蓄的回报率之后，才可以合理地评价什么是适当的利息率。

表 1 – 13 是 2014 年中国 500 强中利润率最高的 40 家公司，从中可以看到，利润率排名前 10 的公司中，银行占了 7 个。而且，最为关键的是，排在第 10 名的银行，其利润率也达到 40%，这是银行活期存款利率的 114 倍，是 5 年期定期存款利率 4.75% 的 8.4 倍，是 1 年期定期存款利率 3.25% 的 12 倍。银行业存在如此高额的利润率，除了银行业管理风险的劳动强度和辛苦程度大大超过其他所有行业之外，关键原因之一是政府将存款利率控制在一个低水平上，从而大大降低了银行业的运营成本。存款利率是一种资金价格，存款利率越高，表明资金交易的剩余收益分配越有利于储户；存款利率越低，表明资金交易的剩余收益分配越有利于银行。将存款利率控制在低水平的政策，实际上是设定资金交易的剩余收益的分配更有利于银行而不是有利于储户。利率作为一种价格，具有分配社会剩余收益的功能。政治哲学和经济学理论 2000 多年的主题之一就是研究什么是公正的交换价格。大致有两种公正理论，一是贡献论，二是自由公正论。贡献论认为公正的交易价格应当使得剩余收益的分配份额与交易双方为交易所做贡献的比例相当；自由公正论认为，公正的交易价格应当是双方在充分信息基础上进行自由议价所确定的价格。那么目前的存款利率到底符合哪种公正理论呢?

表 1-13　　2014 年中国企业 500 强利润率前 40 名

500 强排名	公司名称	净利润率
327	SOHO 中国有限公司	50.53%
169	贵州茅台酒股份有限公司	48.72%
427	徽商银行股份有限公司	48.43%
461	网易公司	48.32%
5	中国工商银行股份有限公司	44.54%
175	北京银行股份有限公司	43.89%
415	南京银行股份有限公司	42.92%
9	中国建设银行股份有限公司	42.20%
48	上海浦东发展银行股份有限公司	40.92%
85	中国光大银行股份有限公司	40.91%
222	中国长江电力股份有限公司	39.96%
33	招商银行股份有限公司	39.02%
416	海通证券股份有限公司	38.59%
12	中国银行股份有限公司	38.51%
352	宁波银行股份有限公司	37.98%
29	交通银行股份有限公司	37.88%
42	兴业银行股份有限公司	37.71%
45	中信银行股份有限公司	37.47%
295	重庆农村商业银行股份有限公司	36.72%
38	中国民生银行股份有限公司	36.48%
10	中国农业银行股份有限公司	35.95%
123	华夏银行股份有限公司	34.29%
321	江苏洋河酒厂股份有限公司	33.29%
417	泸州老窖股份有限公司	32.96%
166	百度股份有限公司	32.93%
299	中信证券股份有限公司	32.54%
213	宜宾五粮液股份有限公司	32.25%

续表

500 强排名	公司名称	净利润率
110	平安银行股份有限公司	29.18%
452	合景泰富地产控股有限公司	29.04%
408	杭州海康威视数字技术股份有限公司	28.54%
142	东风汽车集团股份有限公司	28.25%
86	中国海外发展有限公司	27.94%
93	腾讯控股有限公司	25.65%
383	宁波港股份有限公司	24.92%
113	大秦铁路股份有限公司	24.72%
364	合生创展集团有限公司	24.62%
198	中海油田服务股份有限公司	24.02%
435	北京京能电力股份有限公司	21.81%
130	中国信达资产管理股份有限公司	21.28%
144	广州富力地产股份有限公司	21.05%

资料来源：新浪财经。

2013 年四大国有银行净利润总和达到 8000 亿元，交通银行净利润 622 亿元，仅次于四大国有银行。8000 亿元的净利润大约占 2013 年 568845 亿 GDP 的 1.5%。而 2013 年中国互联网三巨头阿里巴巴全年净利润约为 177 亿元，腾讯净利润为 156 亿元，百度净利润则为 104 亿元①，三者加在一起净利润不如银行业排在第五名的交通银行的净利润 622 亿元。由此可见，互联网企业和互联网金融的利润与传统银行相比不属于一个数量级别。

虽然互联网金融的净利润不能与传统银行相提并论，但互联网金融特别是余额"宝"类直销基金的飞速成长和获得民众的强烈支持，使得存款利率市场化的问题再一次暴露在公众面前，从而给宏观金融调控和社会经济发展提出了一个严肃的问题和挑战，那就是，社会经济转型中的利率政策应当如何制定，才可能既保持以政府投资为主导的快速城镇化过程和维持国家主导的经济发展模式，同时又能够通过公正的交易价格体系充分开发人民大众的创新潜力并缩小社会财富分配的差距。金融宏观调控只有从社会经济转轨和发展的全局着眼，才可能制定

① 数据来源于 Wind 资讯。

合理的目标和具体的政策手段。互联网金融，不仅在金融行业形成“鲶鱼效应”，增强了金融行业的竞争，而且把金融宏观调控和国家发展战略推到了一个十字路口。

互联网金融风险的存在和蔓延，可能使得人们降低对于互联网金融推动利率市场化改革的期望。互联网金融发展初期的乱象，使得人们没有注意到互联网金融对于利率市场化改革的倒逼作用，而只是注意到其可能产生的对市场利率的扰乱作用，从而人们可能在呼吁政府对互联网金融高利贷进行监管的时候而忽视了利率管制是利率市场化改革的对象。

（三）互联网金融对社会融资规模的影响

社会融资规模是全面反映金融与经济关系，以及金融对实体经济资金支持的总量指标。社会融资规模是指一定时期内（每月、每季或每年）实体经济从金融体系获得的全部资金总额。近年来中国的社会融资规模如表 1－14 所示，可以看到，作为间接融资的人民币贷款占社会融资的比例基本逐年下降，这表明我国以间接融资为主体的金融格局已经改变，到 2013 年间接融资的人民币贷款占社会融资规模的比例达到历史新低，为 51%，预计贷款占比很快将会下降到 50% 以下，这表明中国金融不久将正式步入直接金融为主的时代。而互联网金融正是直接金融的新星，以目前飞速发展的势头来看，未来将在中国直接金融领域占据重要一席。

表 1－14　　　　中国近年社会融资规模

指标＼年份	2013	2012	2011	2010	2009	2008	2007	2006	2005	2004
社会融资规模（万亿元人民币）	17.29	15.76	12.83	14.02	13.91	6.98	5.97	4.27	3.00	2.86
人民币贷款社会融资规模（万亿元人民币）	8.89	8.20	7.47	7.95	9.59	4.90	3.63	3.15	2.35	2.27
人民币贷款占社会融资总量的比例（%）	0.51	0.52	0.58	0.57	0.69	0.70	0.61	0.74	0.78	0.79

通过比较互联网金融的各种模式，实体经济通过互联网金融获得资金的模式主要是 P2P 网贷、众筹、机构小贷（如阿里小贷）等，而互联网货币基金的主

要投向是银行协议存款，这里不算成是对于实体经济的直接支持。

零壹财经发布《中国P2P借贷服务行业白皮书2014》，指出2013年中国P2P行业规模近2000亿元，而中国电子商务研究中心则预测2014年中国P2P行业规模将达到5000亿元。2014年上半年，中国众筹领域发生融资事件1423起，募集总金额18791.07万元。表1-15是网贷天眼网站所提供的近几年中国网贷业交易规模的数据。由此可见，从目前互联网金融对实体经济的支持力度来看，占社会融资规模的比例仅有0.5%，根本不能与传统金融相提并论，明显还处于发展初期。

表1-15　　近年P2P网贷交易规模

年份	2013	2012	2011	2010
交易规模（亿元）	897.1	228.6	84.2	13.7
增长率（%）	292	171	515	—

但从P2P网贷交易规模的增长速度来看，网贷处于飞速发展期，它对于实体经济的支持力度在未来会不断增强。从金融宏观调控的角度来看，国家政策应当引导和规范P2P网贷的发展，促使P2P网贷成为传统金融的有益补充，培育其逐渐成为小微企业融资的主力军团。互联网金融风险的存在，可能会削弱互联网金融增加社会融资规模的效果，但它不可能使社会融资规模绝对下降。

（四）互联网金融有助于改善宏观调控

互联网金融的创新和发展，既有助于改善宏观经济和金融调控的效果，而缺乏监管的初期乱象也可能给宏观经济和金融调控造成一定的负面影响。但从总体上讲，在我国经济形势有下行风险的情况下，培育和鼓励互联网金融创新，能够活跃网络经济和实体经济，改善国家宏观调控的效果，促进经济增长和经济发展。既然互联网金融风险可能会削弱互联网金融对于改善宏观金融调控的正面意义，因此，通过恰当的互联网金融监管来消除互联网金融风险就非常必要。

三、互联网金融风险对于金融行业发展的影响

互联网金融及其风险对于银行、证券、保险、信托等金融行业有重要影响。

（一）互联网金融对于金融行业发展的影响

互联网金融是在传统金融的夹缝中成长起来的，它自然对传统金融形成一定的冲击。互联网金融在理论上将成为传统金融的竞争对手，但在现实中由于互联

网金融还处于发展初期，其对传统金融的冲击还不足以动摇传统金融的主体地位。互联网金融通过改变传统银行的负债结构，增加了传统银行的经营成本，减少了传统银行获得的利差。另外，互联网金融对于传统金融的冲击也并非坏事，它打破了传统金融的垄断，对于传统金融形成“鲶鱼效应”，倒逼传统金融机构进行变革，有助于提高传统金融机构的经营效率。

同时，互联网金融也是传统金融的有益补充，它填充了传统金融无法完全顾及的小微企业贷款需求。互联网金融的发展，使得小微企业与大中型企业一样能够获得贷款等金融服务，改变了中国长期以来借款需求的满足不平衡的问题，有利于实现普惠金融。

（二）互联网金融风险对于金融行业发展的影响

金融系统是国民经济的中枢，金融风险不仅导致金融系统的失灵，而且会拖累实体经济，影响经济增长。这里主要讨论表 1－1 中 B、D 区域，即机构法互联网金融的特殊风险对于金融行业的影响。B 区域风险主要是互联网金融企业不规范经营导致的，而 D 区域的风险包括大数据技术风险和政策法律风险。

互联网金融平台不规范经营主要包括：（1）违法经营，主要涉及诈骗、非法集资、洗钱和高利转贷。（2）P2P 与众筹平台设立资金池。（3）P2P 和众筹平台担保本金和利息。这些不规范经营行为如果涉及人数、机构和金额较少，则对于金融系统的影响可以忽略不计。但是如果涉及人数、机构和金额较大，则对于金融行业的正常经营活动可能造成较大的冲击。

如果 P2P 平台诈骗涉及人数、互联网金融平台数量较多，金额较大，受骗民众必然会报警，并要求相关政府部门进行救济。此时政府相关部门会进行调查，由于互联网金融活动是以传统银行的网银服务为基础，因此必然涉及监控众多银行账户的资金来往情况，这对银行的正常业务可能造成一定的影响，增加银行的经营成本。但如果银行在诈骗过程无过错责任，那么对于银行的信誉并无影响，影响的只是 P2P 平台的声誉，从而导致 P2P 行业不受公众信任而发展受阻。但通常诈骗者为逃避追踪，会将所骗资金提现潜逃，因此诈骗金额较大时，可能会导致银行提现较大，从而减少银行的准备金，这有可能对于银行造成流动性风险，增加传统银行的运营成本。因此，互联网金融平台诈骗从总体上讲，不利于互联网金融和整个金融行业的发展。监管当局应当对互联网金融进行监管，防止诈骗导致的各种损失，实现社会公正，有利于实体经济和金融行业的发展。

如果互联网金融平台涉及非法集资，其对金融行业发展的影响与金融监管当局的监管政策有关。如果监管当局网开一面，不进行追诉，只进行业务规范，那么这对于互联网金融和整个金融行业的发展并无负面影响。但如果监管当局严格管控，则可能会涉及相关法律诉讼，这对互联网金融必将构成一定的打击，从而会延缓互联网金融的发展速度。

如果互联网金融洗钱容易，洗钱者通过各种操作技巧未引起反洗钱监管当局的注意，那么短期将可能有许多非法资金通过互联网金融漂白或流向境外，这会促使互联网金融的业务火爆，使得地下金融发展迅速。但对于实体经济和社会公正将有不利影响，实体经济的不振反过来会减少金融系统的正常合法业务，最终从长期来看不利于金融行业的发展。因此，当局应当对于洗钱行为进行严格监管。

如果互联网金融涉及高利转贷金额较大、数量较多，这说明银行的贷款审查肯定出现漏洞，因此有助于提醒传统银行改进贷款审核程序和标准。如果高利转贷是由于小微企业无法从银行获得贷款，而大中型企业从银行获得贷款后再到互联网金融平台上转贷给小微企业，这说明整个金融系统存在极大的分隔，对于小微企业存在极不公平的融资环境，虽然短期来看互联网金融可能交易量大，有一定发展，但从长期来看，不公正的融资环境导致小微企业生存困难，最终伤害了互联网金融生存的基础，从而不利于互联网金融的长期发展。高额利息使得互联网金融平台和转贷企业面临很高的信用风险，这些风险可能转嫁给银行，最终对银行造成坏账风险，从长期来看也不利于传统银行业的发展。因此，合理的信贷配置体制对大中企业和小微企业合理分担利息成本，促进实体经济和金融行业的发展具有重要意义。

P2P 和众筹平台设立资金池，将投资人和借款人之间的借贷关系相分离，改变了 P2P 和众筹平台在欧美起源时的本来目的，在性质上有变直接金融为间接金融的嫌疑。资金池在缺乏政府严格监管的时候，容易诱导诈骗、卷款跑路等各种风险，危及整个金融行业的稳定性。这使得 P2P 和众筹平台涉嫌非法集资和非法吸储，扰乱政府规定的金融秩序，一旦政府决定整顿清理，整个金融行业都可能为此增加法律诉讼、文件传送、数据准备、人员接洽等经营成本，从而不利于金融行业的发展。

P2P 和众筹平台为本金和利息提供担保，使得 P2P 和众筹平台涉嫌融资性担保业务，改变了 P2P 和众筹作为纯粹交易掮客的身份，改变了 P2P 和众筹平台经营的性质，将投资人遭受借款人违约的风险转嫁到了经营平台，这增加了 P2P 和众筹平台本身的经营成本，隐藏着巨大的亏损风险和流动性风险，从而不利于互联网金融轻装上阵、正常发展。P2P 和众筹平台提供担保的经营模式，本质上加剧了融资性担保行业的竞争程度，使得传统的融资性担保机构受到竞争的压力，也可能扰乱原有的正常秩序。但从本质来看，如果P2P和众筹平台的注册资本和实力足够强大，能够在提供担保的时候不发生经营危机，那么这种模式虽然改变了欧美P2P和众筹平台的原来做法，但也并非完全不可取，这说明P2P和众筹传入中国之后在中国发生了融合创新。这样一来，P2P和众筹平台提供担保的经营模式对于互联网金融和整个金融行业未来走向的影响将具有不确定性。但担保模式在现实中的问题在于，平台提供担保的目的是增加平台对于投资人的吸引力，一旦吸引的资金数量远远超过平台的注册资本，并且大面积发生坏账时，平台自身的实力不足以应对巨额的坏账，平台只好卷款跑路，从而导致更多投资人的损失，其实际后果与诈骗导致的后果无异。这样就不利于互联网金融和整个金融行业的长远发展了。因此，担保模式对于金融行业的影响，取决于P2P和众筹平台本身的资金实力和风险控制能力。而目前由于对P2P和众筹平台在注册和风险控制上缺乏监管，所以实际结果更倾向于坏的影响。但如果加强监管，担保模式也并非洪水猛兽，也许能够成为一种互联网金融领域的中国特色而为互联网金融的发展注入强大的动力。

由于目前互联网金融平台仍然处于大数据的积累阶段，大数据技术本身还远未发展成熟，从而大数据技术的风险现在还远未充分暴露。但可以推测，在互联网金融积累起足够大的数据库之后，传统金融机构、互联网金融机构与中央银行可能共享部分征信数据，互联网金融与全国性的征信系统共同发展，最终使得大数据技术越来越成熟。但随之而来大数据计算的处理程序会受到信息安全威胁和人们的试错求解，一旦大数据计算的模式被探测出来，由于基于大数据技术的信贷操作由电脑程序自行控制，每天交易数量成千上万，当人工监控发现问题时，也已经出现了成千上万的不良交易，最终导致互联网金融出现大量的坏账风险，从而影响大数据技术的应用和互联网金融的发展。而那时，由于互联网金融与传统金融结合是如此紧密，传统金融机构也难以幸免。因此，大数据技术在发展初期，就应当预防可能伴随的各种风险。

总体上讲，互联网金融风险不利于互联网金融和整个金融行业的长远发展。因此，引入恰当的互联网金融监管，控制互联网金融风险，对于金融行业的稳定和长期发展极有必要。

四、互联网金融风险对于消费者权益保护的影响

从2012年12月到2014年上半年已有超过122家P2P网贷平台跑路，P2P跑路第一案发生于2012年12月，上线于2012年8月的优易网，4个月便关停，受害投资人60人，涉案金额2000万元。2014年8月360公司发布《2014年上半

年中国网购安全报告》指出，2014 年上半年 P2P 网贷平台的受害人数占各类理财诈骗受害人数的 61.6%。虽然 2014 年以来，涉嫌 P2P 诈骗被公安局立案的已达几十家，但由于网络取证困难等各种原因，使得进入公开审判的 P2P 平台只有几家。这些情况表明，互联网金融诈骗给众多金融消费者带来巨大的损失，已成为金融风险的“头号杀手”。

金融消费者在互联网金融体系中处于弱势地位，互联网金融风险对于金融消费者的利益损害最大。互联网金融风险导致消费者的损失大致可分为：第一，对于投资者而言，互联网金融风险会让他们的资金损失；第二，对于借款人而言，如果由于互联网金融风险的发展导致互联网金融平台严格征信条件，使得一些诚信的潜在借款人可能因无法满足条件而不能获得贷款，从而导致严重的逆向选择问题。

互联网金融风险给消费者权益保护提出了严峻的新问题，但 2014 年 3 月 15 日起执行的新《消费者权益保护法》规定，只保护因生活消费购买商品和服务的消费者，不保护金融服务的消费者。金融服务的消费者从某种意义上讲是投资者，但目前我国还没有建立《投资者权益保护法》，因此 P2P 平台诈骗的受害者只能通过其他法律如《合同法》来维护自己的权益。互联网金融风险愈演愈烈，立法、司法、政府等部门都应当重视，尽早落实互联网金融监管，以更好地保护互联网金融的投资者和借款人的权益，促进互联网金融健康发展。

互联网金融监管的理论分析

互联网金融监管理论要回答的主要问题是：互联网金融监管是否有必要；互联网金融监管的目的与目标是什么；互联网金融监管的有效性有多少，互联网金融监管有什么成本和负面影响；什么是恰当的或最优的互联网金融监管方式。这些问题合起来，其核心问题就是“恰当的互联网金融监管为什么必要”。而要理解“恰当的互联网金融监管为什么必要”这一问题，必须先理解“互联网金融为什么会产生或存在”这一问题。因为“互联网金融为什么会存在”的理由正是“恰当的互联网金融监管为什么必要”的正面原因，“恰当的互联网金融监管”正是为了保证使“互联网金融为什么会存在”的条件得以满足；反过来，互联网金融的不当监管（监管不及时、不恰当、监管过度等）可能导致“互联网金融为什么会存在”的理由得以削弱，从而将减少互联网金融所能够创造的社会剩余收益。

第一节　互联网金融产生的理论解释及其对监管的启示

互联网金融是互联网产业与金融产业相互融合的产物，这种金融创新既来自于技术进步的支持，也源于对金融压抑的规避，从而有力地推动了金融自由化进程。互联网金融在更多的资金供给者与需求者之间建立起中介联系，媒介了更多的、特别是小额资金交易，为资金交易提供新的专业服务。但互联网金融中介具有的种种优势和提供的专业服务，并不会消除其可能具有的技术风险和道德风险，仍然需要通过公正的监管来尽可能避免相关的风险损失。本书从金融压抑和金融深化理论、金融创新理论、金融中介理论、产业融合理论和专业化分工学演进理论等视角对互联网金融的产生进行分析，并考察它们对于互联网金融监管的启示。

一、金融压抑与金融自由化

1973年，罗纳德·麦金农（R. I. Mckinnon）教授和爱德华·肖（E. S. Show）教授分别出版了意义深远的《经济发展中的货币与资本》[①] 和《经济发展中的金融深化》[②]（英文版）两本书，提出了金融抑制理论和金融深化理论。这两本书以发展中国家的金融体系对经济发展的意义为研究对象，提出发展中国家扭曲的金融体系对于经济发展起到了阻碍作用，因此有必要进行金融自由化改革，促进金融深化。

这种扭曲的金融体系麦金农教授称之为金融抑制（Financial Repression），其基本特征在于政府不当和过度干预金融体系，导致金融体系不能自发高效地形成储蓄和有效地将储蓄转化为投资，导致金融体系的效率低下，从而使得整个国家经济都产生资源配置的扭曲，经济效率低下，经济增长和经济发展最终受到损害。经济发展受阻又使得金融发展失去动力，从而金融抑制与经济抑制形成恶性循环。政府干预金融体系的主要方式是人为压低利率和人为干涉汇率使本币升值。政府控制的低利率与发展中国家通常较高的通货膨胀使得实际利率为负，导致储蓄短缺，许多企业得不到贷款，政府使用信贷配给制，只可能那些有特权的国有企业或私营企业才可能获得信贷支持。同时，政府还利用一些特殊的信贷机构进行金融抑制，将廉价的信贷资源引向一些特别的银行，这些银行以非均衡利率支持出口、小农和某些工业。这种扭曲的金融被肖称为表层金融。

要改变表层金融的状况，就要实行金融自由化，让利率反应资本稀缺程度，使利率成为投资者放弃消费和抵消消费厌恶等待的情绪的机会成本。金融自由化的结果是金融深化，金融深化意味着金融与经济的关系更为紧密，金融体系占经济整体的比例更大，人们参与金融的程度加深，人均金融资产更多。当实现金融深化时，实际利率高，而不同利率之间的差别，如存贷利差，有组织的市场利率与场外交易利率差距缩小；金融产品丰富，不同金融产品满足人们不同的金融需求；地方金融市场融合为统一的金融市场，金融机构的种类将大大扩展，以提供各式各样的金融服务。

---

① ［美］罗纳·麦金农．经济发展中的货币与资本［M］．上海：上海人民出版社，1997.

② ［美］爱德华·肖．经济发展中的金融深化［M］．北京：中国社会科学出版社，1989.

《经济发展中的货币与资本》和《经济发展中的金融深化》这两本书所描述的发展中国家的情况，经过与现实对照，可以发现在中国也多多少少地存在过和存在着。例如，对利率的人为压低，通货膨胀导致实际利率为负；分割的市场，在政府规定的银行信贷之外地下金融和民间金融非常兴盛；对新兴工业的关税保护，腐败和垄断特权[①]，等等。

在金融抑制的背景下，企业有通过金融创新来规避政府管制以寻求生存和发展的内在冲动。中国互联网金融的产生，既是对国外互联网金融的模仿，也是对传统金融格局的不满。传统金融格局通过政府的强力维持，民间资本难以进入，在无法进入传统金融所构造的垄断格局的情况下，互联网企业只能在传统金融所未进入的全新领域展开创新。

中国互联网金融发展初期，看似野蛮的生长，其实反映了社会对于金融压抑的逃避和对于金融自由化的渴望。由于人性之中有恶的和自私的一面，缺乏监管的金融自由化最终将演变成为金融失序和金融崩溃。公正的金融监管是实现金融自由化的制度保障。但金融压抑的历史教训使得我们在考虑互联网金融监管的时候，一定要防止金融压抑的再次来临，为此金融监管当局一定要对互联网金融创新施以包容和鼓励的态度。

总之，从金融抑制理论可以看到，金融自由化将是中国金融发展的必由之路，而金融创新与金融监管的相互博弈将是中国金融自由化过程中的常态。

二、金融创新理论

金融创新是一个非常广泛的概念，至少包括以下几个方面：（1）金融产品的创新；（2）金融工具的创新；（3）金融技术的创新；（4）新市场的开拓；（5）金融管理与组织的创新；（6）宏观金融制度的创新。

邵传林认为传统的金融创新理论包括：（1）技术推进论；（2）货币促成论；（3）财富增长论；（4）金融中介论；（5）约束诱导论；（6）制度创新论；（7）规避管制论；（8）交易成本论。邵传林同时认为，现代金融创新理论包括：（1）不完全市场论；（2）金融创新一般均衡模型；（3）理性效率和群体压力假设理论。[②]

技术推进论认为金融创新的主要推动力是技术进步。不可否认，在互联网金融创新中，互联网技术的进步是其主要推动力之一。事实上，互联网金融的创新经过了两个阶段：第一阶段是传统金融的互联网化，或称为金融互联网，主要是

① ［美］罗纳·麦金农．经济发展中的货币与资本［M］．上海：上海人民出版社，1997：28.
② 邵传林．西方金融创新理论演变综述［J］．山东工商学院学报，2007（10）.

传统银行开展网上银行业务，这是互联网金融创新的基础；第二阶段是互联网金融，是在网上银行业务基础上衍生出 P2P 网贷、众筹、互联网直销货币基金、第三方支付等互联网金融模式。互联网网络技术和大数据技术是互联网金融模式产生的必要条件。但是技术推进论只强调技术的进步不能解释为什么传统金融机构未能率先开展 P2P 网贷、众筹、余额宝这样的金融业务。

货币促成论的代表人物弗里德曼认为，金融创新是为了应对货币因素导致的通货膨胀和利率波动。不可否认，中国互联网金融的产生的确与中国自 2008 年以来货币超发引致的通货膨胀有关，因为通货膨胀加上政府管制的低存款利率，使得实际的存款利率为负，使得网民们具有寻求更高实际投资回报率的投资渠道的强烈愿望。但是这种愿望不仅是近几年才有，中国改革开放 30 多年来，中国人恐怕一直存有提高存款利率的愿望，为何 2013 年才被称为互联网金融元年呢？

财富增长论认为，社会财富的增长是促使金融创新的动力，随着财富的增加，人们规避金融风险的欲望增强，有利于规避风险的金融创新随之产生。不可否认，近十几年来中国人的财富确实是增加了，但是 P2P 网贷自产生之后就乱象众生，许多 P2P 平台实际控制人卷款跑路，这说明 P2P 平台的风险极大。因此，互联网金融的产生绝对不是因为规避风险，财富增长论不能解释互联网金融创新。

西尔柏（William L. Silber）① 的约束诱导型金融创新理论认为，金融创新是追求利润最大化的微观金融组织，为消除或减轻外部对其产生的金融压制而采取的“自卫”行为。金融压制来自两个方面：其一是外部约束，主要是政府等监管机构的管制；其二是内部约束，即金融企业制定的利润目标、增长率、资产比率等。这两个方面的金融压制，特别是外部条件发生变化而产生金融压制时，实行最优化管理和追求利润最大化的金融企业将会从机会成本角度和金融企业管理影子价格与实际价格的区别来寻求最大限度的金融创新。这种理论可以解释中国传统金融机构的金融互联网化的创新活动，以及传统银行的产品创新，但不能解释互联网金融创新。

凯恩（E. J. Kane）的规避型金融创新理论认为，当外在市场力量和市场机制与机构内在要求相结合，回避各种金融控制和规章制度时就产生了金融创新行为。这时，规避看起来是合法的，至少不是法律所禁止的。规避管制的金融创新会导致新的管制，政府会制订新的经济规章制度来监管创新的金融活动。制订经济规章制度的程序和被管制人规避的过程相互作用相互影响，逐渐形成了比较成

① William L. Silber; The Process of Financial Innovation, American Economic Review, May, 1983.

熟的和切实可行的规章制度。对金融的控制和因此产生的规避行为是以辩证形式出现的，从金融机构和政府的决策角度看，则可认为是自由与管制的博弈。为了获得最大化的利润，金融企业在运行过程中会通过创新来逃避政府的管制，但当金融创新危及金融制度稳定时，政府又会加强管制，这种管制将导致新的一轮创新。金融制度的静态均衡几乎是不存在的，管制和规避引起的创新总是不断交替，形成一个动态的博弈过程。① 凯恩的这一理论能够解释中国互联网金融创新和即将到来的监管，以及这二者之间的相互作用和相互影响。但中国互联网金融创新不是金融企业发动的，而是民间非金融企业进入金融领域发动的。

希克斯和尼汉斯（J. R. Hicks and J. Niehans）的交易成本创新理论认为，金融创新的支配因素是降低交易成本。降低交易成本是金融企业提高利润的内在要求，金融创新则是对科技进步导致交易成本降低的反应。交易成本创新理论能够很好地解释互联网金融创新在中国的产生，互联网技术的发展使得降低金融交易成本成为可能，由此互联网金融表现为两种形式：一是传统金融业务的互联网化降低了交易成本；二是互联网金融业务与传统金融相比，通过大数据技术，能够以更低的交易成本进行征信管理，推动小额贷款，满足小微企业的资金需求。而传统银行由于对小微企业的征信管理成本太高，因此放弃了小微贷款的广阔市场。

戴维斯（S. Davies）、诺斯（North）、沃利斯（Wallis）等为代表的制度学派金融创新理论认为，作为制度创新的一部分，金融创新是一种与经济制度互为影响、互为因果的制度变革。制度学派的金融创新理论可以用来分析中国的互联网金融创新在中国经济转轨过程中的意义。中国自改革开放以来采取的经济发展战略，一是国家投资拉动经济的发展战略（包括政府主导的城镇化与工业化），二是鼓励出口拉动经济的发展战略。中国从计划体制向市场经济体制转轨过程中，对于传统国有企业的策略是“抓大放小”，在进入 21 世纪之后，最终形成“国进民退”的基本格局，由国家垄断资本控制最重要的国民经济领域，包括金融、教育、医疗、石化、军工、钢铁等最赚钱的行业。最终民营资本发现，在互联网这一最具有“开放、平等、协作、分享、创新”精神的领域展开创新最为容易，于是中国的互联网金融由民营企业推动，展开了如火如荼的创新活动。可以预见，互联网金融创新最终将引发整个金融制度的革新，成为推动金融自由化和中国经济结构转型的强大动力。互联网金融创新和经济制度创新的相互关系，可能要在多年以后才完全看得出来。

---

① Edward J. Kane, Accelerating Inflation, Techno logical Innovation and the Decreasing Effective ness of Banking Regulation, The Journal of finance, May, 1981.

综上所述，我们认为，金融压抑和技术进步共同导致了中国的互联网金融创新活动，金融抑制是中国互联网金融创新的外在压力，而互联网技术进步则是互联网金融创新的科技基础，旺盛的互联网金融需求则是互联网金融创新的根本动力；互联网金融创新初期的无序发展必然会影响金融秩序的稳定，从而必然会迎来互联网金融监管；但互联网金融监管不可能前瞻性地考虑到所有可能性，因此在互联网金融监管的缝隙中，会有新的互联网金融产品和模式不断涌现。

三、金融中介与金融脱媒

金融中介概念有狭义与广义之分，狭义的金融中介是指帮助间接融资的银行，广义的金融中介不仅包括银行，而且包括证券公司、证券交易所等帮助直接融资的机构。金融脱媒又称金融非中介化，是指资金需求者与资金供给者绕过商业银行，直接通过证券市场实现资金融通。很明显，广义的金融中介概念与金融脱媒概念存在逻辑冲突，金融脱媒并非要去掉所有的广义金融中介，而只是去掉类银行金融中介，使得社会资金的融通从以间接融资为主变成直接融资和间接融资并重。由此，狭义的金融中介概念与金融脱媒在逻辑上是协调一致的。

由于互联网金融机构中的P2P网贷平台和众筹平台在性质上主要属于直接融资机构而非间接融资机构；互联网基金销售平台（如余额宝）在性质上主要属于间接融资机构而非直接融资机构；第三方支付平台（如支付宝）在性质上只是一种支付中介而非融资中介；比特币系统本身只提供一种自由兑换型局部货币而非融资中介服务。因此，互联网金融的性质非常分散，不能使用狭义的金融中介理论和金融脱媒理论来进行解释。但是，互联网金融机构总是属于广义的金融中介，因此，可以借鉴广义的金融中介理论来解释互联网金融的产生与发展。本节以下所称金融中介为广义的金融中介，包括从事间接融资和直接融资的所有金融中介机构，如P2P网贷平台和众筹平台如果不存在资金池，在理论上只是一种帮助直接融资的信息平台，这是一种金融信息中介。

正如企业理论的中心问题是解释“企业为什么会存在”一样，金融中介理论的核心问题是解释“金融中介为什么会存在”。但传统的金融中介理论关注的重点是作为间接融资机构的“银行为什么会存在”这样的问题，因此难以用于解释“互联网金融为什么会存在”这样的新问题。解释“银行为什么存在”的金融中介理论主要有“交易成本观”（银行能够获得交易的规模经济以降低交易成本）、“信息优势观”（银行能够通过专业的征信管理来降低借款人与贷款人之间的信息不对称）、“流动性保险功能观”（银行能够为存款人提供流动性保险）、“风险管理功能观”（银行的大额资金有助于形成大规模的投资组合以分散投资风险)、“参与成本观”（银行与投资基金才能够支付得起投资于各种股票和金融工具的固定学习成本或参与成本)、“价值增加观”（金融中介提供了价值增值服务)[①]。虽然这些理论不能直接用于解释“互联网金融为什么会产生”，但是其中“交易成本观”、“信息优势观”、“参与成本观”、“价值增加观”四种理论有助于理解“互联网金融为什么会存在”。

从“交易成本观”来看，互联网金融节省了资金供求者之间的交易成本，特别是节省了小额资金的交易成本。从“信息优势观”来看，互联网金融机构通过大数据分析技术，具有传统金融机构不可比拟的信息优势，能够节省征信管理的成本，减轻资金供求双方的信息不对称程度，在小额贷款领域具有极大的优势。从“参与成本观”来看，互联网金融机构使得小额投资者不必花费巨大的学习成本而能够参与巨额投资组合才能带来的较高回报，这在“余额宝”身上体现得非常完美。从“价值增加观”来看，互联网金融实际上使得原来许多无法实现的潜在交易得以实现，实现了潜在的剩余收益，使得相关交易主体实现价值增值，从社会而言实现了帕累托改进，增加了社会福利水平。

从金融脱媒的角度来看，互联网金融目前还远远没有达到动摇我国间接融资主体地位的程度，但互联网金融确实有助于金融脱媒的发展，使得金融脱媒成为未来不可逆转的趋势，因此才在金融行业中引起了鲶鱼效应，刺激了传统金融机构转变经营方式和业务创新。

但是互联网金融中介的这些优势，并不能自动抵消它们所具有的技术风险和道德风险，中立的互联网金融监管仍有必要；反过来，互联网金融监管应当鼓励金融中介的产生和发展，鼓励互联网金融中介的创新活动，不能因为互联网金融中介所具有的技术风险和道德风险而压制互联网金融中介的发展。

四、产业融合理论

产业融合（Industry Convergence）是指不同产业或同一产业不同行业相互渗透、相互交叉，最终融合为一体，逐步形成新产业的动态发展过程。产业融合可分为产业渗透、产业交叉和产业重组三类。产业融合是伴随技术变革与扩散过程而出现的一种新经济现象。较为准确和完整的含义可表述为：由于技术进步和放松管制，发生在产业边界和交叉处的技术融合，改变了原有产业产品的特征和市场需求，导致产业的企业之间竞争合作关系发生改变，从而导致产业界限的模糊

① 施薇薇．金融中介理论的评述和思考［J］．华东经济管理，2008（2）．

化甚至重划产业界限[①]。技术革新和放松管制是产业融合的主要原因[②]。互联网金融正是互联网产业和金融产业在新技术条件下的产业融合。

互联网金融既融合了金融产业与互联网产业的技术特征和产业优势，也融合了金融产业和互联网产业的风险。比如“黑客”入侵互联网基金账户盗取众多投资者资金的风险，这种风险不同于盗窃传统银行金库的风险，因为传统盗窃必须是零距离盗窃，而互联网盗窃则是远程盗窃；这种风险也不同于传统的互联网技术风险，传统互联网技术风险是修改和盗取信息而不是盗取电子货币，而金融互联网和互联网金融涉及的盗窃则是盗窃电子货币。互联网金融既然融合了金融产业和互联网产业的风险；因此，互联网金融监管也有必要考虑将金融监管和互联网产业监管的某些措施和特征融合起来。

产业融合一方面是经济管制放松的结果，另一方面也可能导致新的管制。概念清晰、定义明确的经济管制通常不可能涉及所有潜在的产业，因此当产业融合产生新的产业之后，传统的经济管制力所不及，就会产生对公正监管的社会需求。反过来，互联网金融监管应该鼓励产业融合，避免对可能存在的产业融合不断深化产生抑制作用。

五、专业化与分工演进的理论

杨小凯的新兴古典经济学的基本分析思路是，用政治制度、经济制度、法律环境、运输技术与通信条件等解释交易效率的高低，然后又用交易效率的高低解释专业化与劳动分工水平的高低。随着劳动分工的发展演进，会出现如下几十种伴生现象：产品种类数增加，中间产品种类数增加，市场种类数增加，贸易品种类数增加，贸易额增加，贸易化或商品化程度上升，生产集中度上升，市场一体化程度上升，生产的迂回链条长度增加，生产力水平上升，专业化水平上升，技术水平上升，人均真实收入（效用）上升，人均消费量上升，每人贸易量上升，自给自足率下降，市场需求与供给增加，市场容量增加，保险业产生，工业化发展，城市出现，城市化程度上升，社区个数减少或每个社区人数增加，人与人之间依赖程度增加，有效率的产权结构会出现，企业会出现，企业制度会越来越复杂，协调失灵的风险增加，总的交易费用增加，内生交易费用增加，专业化商人会出现，交易分层结构会出现，有效率的景气循环和失业会出现，货币会出现，货币制度趋于复杂，经济会出现增长，经济不断发展，经济组织的拓扑结构会发生变化，贸易结构多样化程度会增加，会确定最优的产权模糊化程度、最优的竞

① 马健．产业融合理论研究评述［J］．经济学动态，2002（5）．

② ［日］植草益．信息通讯业的产业融合［J］．中国工业经济，2001（2）．

争程度、最优的预算软约束程度，等等①。

互联网金融的出现验证了新兴古典经济学理论解释的合理性和理论预测的准确性。首先，目前中国的制度环境显然不同于 1950 ~ 1970 年的计划体制时代，国家和政府对于民间的交易创新，不可能再以阶级斗争为纲像“割资本主义尾巴”一样实行彻底消灭的政策；也不同于 1980 ~ 2000 年对于民间资本进入金融领域实行严格限制和严厉打击的政策，多起非法集资的死刑案例及其引起的争议可以说明这一点。由于各种原因，如 WTO 协议要求我国对于金融等垄断领域必须逐渐对外资和民间资本开放，传统金融机构不能很好地满足小微企业资金需求这一客观事实，使得政府对于民间金融放松严厉打击的政策，也开始有步骤地鼓励和引导民营资本进入金融领域。这些政策转变，以及信息技术的进步，使得民营资本从事互联网金融活动的交易成本大大降低，或者反过来说，使得交易效率大大提高。

交易效率的提高引起了专业化与分工网络的发展。互联网金融交易网络是一种新的专业化分工网络。互联网金融产生了许多新的专业，如 P2P 平台征信管理、利用大数据进行风险估计等，而 P2P 网贷平台、众筹平台等本身即是新类型的“生产—消费者”和专业化中间商。同时，互联网金融风险还要求出现新的互联网金融监管者（如要求金融监管当局设立新的监管机构或分配新的专业人员从事互联网金融监管）。互联网金融产生了许多新的交易，如通过 P2P 网贷平台的资金交易、通过众筹平台的资金与实物回报的交易，这些新的交易也是新的市场。

专业化与分工网络的发展也使得网络协调失灵的风险增加，协调失灵的风险与网络的大小成正比。保险业的出现降低了分工网络协调失败的风险，从而推进了专业化与分工发展。保险业是用市场的方式重新分配风险，并且提高了交易效率，从而提高了生产力水平，相对地降低了风险；而互联网金融监管则试图用政府的方式来绝对地减少风险而非重新分配风险。互联网金融监管的目的就是要提高交易效率，从而促进专业化和分工网络的发展。

第二节　互联网金融监管的必要性

一般来讲，金融监管的目的有以下几种：预防金融风险、确保金融体系的稳健性；保护金融消费者的权益；规范金融机构的行为，促进公平竞争；提高金融

① 杨小凯．经济学［M］．北京：社会科学文献出版社，2003.

和经济体系的效率。金融监管的目的启发我们在预防金融风险、保护金融消费者的权益、规范金融机构的行为、提高金融和经济体系效率等几个方面来说明互联网金融监管的必要性。本节讨论金融监管理论时在狭义上使用金融监管一词，第四节讨论金融监管的理念原则模式时在广义上使用金融监管。

一、经济行为的有限理性和损人利己

人性具有两个方面的属性：一是其效率属性，现代伦理学和现代经济学对于人的理性能力的认识逐渐从理性人假设转变到有限理性的假设；二是其道德属性，王海明教授的新功利主义理论详尽地论述了经济行为道德属性的双重性——为己利他的基本善行和损人利己的基本恶行。行为人的效率属性和道德属性决定了人类一切经济活动（和一切社会活动）的基本结局，它是理解社会矫正（道德矫正、道德教育、法律惩罚、经济监管、金融监管等）的哲学基础。

（一）经济行为的道德属性

王海明的《新伦理学》对于人的目的和手段、动机与手段进行了详细区分。根据人的目的将人的伦理行为分为目的利己、目的利他、目的害己、目的害他四种；根据人的手段和行为分为手段利己、手段利他、手段害己、手段害他四种；行为目的和手段结合起来，伦理行为又分为十六种。十六种伦理行为再根据其道德价值归结为六种基本类型：无私利他是最高的善；为己利他是最基本的善；纯粹利己是最低的善；纯粹害己是最低的恶；损人利己是最基本的恶；纯粹害他是最大的恶。这样王海明建立起了一个十分完备的人性理论。王海明的人性理论指出：每个人的行为，必定恒久为己利他或损人利己——如果恒久为己利他，则必偶尔损人利己；如果恒久损人利己，则必偶尔为己利他——而只能偶尔无私利他、单纯利己、纯粹害人和纯粹害己①。为己利他与损人利己是最基本的人性，也是经济行为的基本属性。

我们认为，经济行为的基本属性通常来讲就是合作与竞争，而合作的伦理本质即是为己利他，竞争的本质即是损人利己。经济行为的基本特点在于多人参与分工、合作、交换，创造剩余收益，从而使得社会财富总量增加。这种行为在经济学上称为寻利行为，在伦理学上正是为己利他的基本善行。损人利己的伦理行为在经济学上分为两种：一是不增加社会财富总量，只改变社会财富分配份额的寻租行为，即一些人侵占另一些人的既有财富的行为，这是对存量利益的重新分

① 王海明．道德哲学原理十五讲［M］．北京：北京大学出版社，2008：125.

配；二是在分工、合作、交换过程中，对所创造的剩余收益进行争夺的行为，即对增量利益的竞争也是此消彼长、损人利己的。寻租行为作为恶行的性质要比对剩余收益的争夺更加严重，因为寻租行为是非帕累托改进，而争夺剩余收益是合作各方对于帕累托改进的方式有争议。

分工、合作、交换的经济行为总是同时具有为己利他和争夺剩余收益的损人利己两重属性，不仅如此，经济人还总有侵占他人存量利益的损人利己（寻租）倾向。人们的损人利己倾向可能使得帕累托改进的分工、合作和交换不能实现，从而导致效率损失或内生交易费用。

人们在认识到损人利己行为倾向可能导致的两败俱伤的结局时，就有必要建立或委托社会管理机构来试图纠正损人利己行为导致的社会不利结局，这就是经济监管。经济监管要求监管当局超然于利益有冲突的各方之外，公正地分配各方的权利和义务，最终实现帕累托改进的社会合作。

（二）经济行为的有限理性

传统经济学对于人的能力的标准假设是理性人假设，其基本思想是说，每个人都能够在局限条件下理性地计算做任何事情的成本和收益，以做出最有利于自己的选择。对于理性人假设的质疑不绝于史。阿罗最早提出有限理性的概念，他指出人可能有意识地希望做到理性行事，但事实上由于能力有限等原因难以做到真正的理性。西蒙后来进一步在有限理性基础上抛弃了经济人假设，采取管理人假设，他认为“管理人”追求满意决策而非“经济人”所追求的最优决策。最近 30 年发展起来的行为金融学认为，在金融市场上人们的投资行为并非完全理性，甚至也非有限理性，而是非理性的从众行为，导致金融市场上普遍存在的“羊群效应”。

导致人们的行为有限理性或非理性的根本原因在于人的能力的有限性，它表现在以下几个方面：第一，不同的人掌握着不同的信息来源，而这些信息来源可能对于公正的分配剩余收益达成合作都是至关重要的。由于人们都有寻租和争夺剩余收益的损人利己倾向，人们在分工、合作与交换过程中尽量隐瞒对别人有利的信息而向他人提供对自己有利的信息，这会加剧信息不对称程度。第二，人们不可能确切地知道经济行为的后果，未来具有不确定性。不确定性的本质中决定行为后果的因素成千上万，每个人所知信息有限，同时其处理信息的能力有限，导致行为的结果不受人们的控制。第三，绝大部分经济行为涉及多个人或许多人的决策的相互作用、相互影响，由于人们之间的信息不对称，人们的信息不完全，导致每个人都无法准确预知事情的发展趋向。即使所有人的信息加总起来能够准确决定事情的结果，但由于人们的信息不对称、不完全，人们不能掌握使事情具有确定结果的完全信息。第四，缺乏公正的第三方机构及时有效地纠正社会不公，或者即使存在一个公正的第三方机构希望纠正社会不公，但这个公正的第三方机构也缺乏完全的信息和能力来纠正社会不公。

互联网金融活动本身涉及的平台、投资人、借款人，金融体系的构成者包括传统金融机构和金融监管机构，都可能由于有限理性和能力不足导致帕累托改进的分工、合作与交换不能实现。人们的有限理性和能力不足，有必要建立或委托社会管理机构来试图克服个人有限理性和能力不足，这使得经济监管成为必要。

（三）有限理性和损人利己导致诈骗横行

诈骗的本质是，诈骗者给受骗人以获得利益的诱惑或利益损失的威胁，让受骗人出于逐利甚至贪婪的本性自愿输送利益给诈骗者。如果受骗人与诈骗人彼此相互熟识，则诈骗通常难以进行，因为受骗人很容易找到诈骗人返还诈骗的财产，从而纠正诈骗导致的社会后果。为了防止诈骗，社会有必要建立司法系统，以社会监管机构的权威力量来纠正诈骗。纠正诈骗的社会制度的运作能力越强，诈骗就越少，反之就越多。由于互联网超越了空间和面对面人际交往，纠正互联网诈骗的成本与纠正线下人际交往成本相比更高，也更加困难。在互联网金融涉及的诈骗案件中，往往是 P2P 或众筹平台设高利率回报吸引投资人，同时在诈骗初期确能实际返回投资人高额利率回报，投资人的有限理性导致其不能识破骗局，让投资人出于逐利甚至贪婪的本性自愿将资金输送到 P2P 或众筹平台，当资金积聚到一定程度，P2P 或众筹平台卷款跑路。诈骗人损人利己、侵占他人财富的行为动机是互联网金融诈骗开展的动力源泉。在互联网的诈骗中，受骗人通常不可能找得到诈骗人，连诈骗人的真实身份都难以核实，而社会监管机构纠正诈骗的能力薄弱，鼓励了诈骗人的行为。互联网金融监管的基本目的不是在诈骗发生之后进行纠正，而是在诈骗发生之前对 P2P 和众筹等互联网金融平台进行监督和管理，同时对投资人进行风险教育，预防诈骗的发生。

（四）有限理性和损人利己导致金融风险

金融风险发生的原因有自然原因，但人为与社会原因占绝大部分。金融风险的发动者通常是损人利己的，而金融风险损失者则是有限理性，无法准确预知和防范风险，可能导致金融风险的发生。

（五）有限理性和损人利己导致不公平竞争

在竞争规则不公平，或者竞争规则公平但行为人的损人利己行为可能导致不公平竞争。竞争规则不公平是由制定引起的，其原因不外乎两个：一是制定规则的人本身能力有限，对于公正的意义理解有限，这属于有限理性的范畴；二是制定规则的人希望实现某种利益倾向，达到损人利己的目的。如果规则本身是公平的，但参与竞争的人若损人利己而规则执行不力，则导致损人利己的目的得以实现，导致不公平竞争。如果规则只对一部分人执行而对另一部分人不执行，或者对不同竞争者执行的程度不一，即规则的选择性执行，也会导致竞争不公平。规则的选择性执行是规则执行者本身的机会主义行为倾向。

（六）有限理性和损人利己导致内生交易费用

内生交易费用是指人们为争夺在分工、合作与交换中的剩余收益份额，最终使得潜在的分工、合作和交换的剩余收益不能充分实现，导致偏离帕累托最优所致的经济效率损失。内生交易费用的原因主要有两种：一是有限理性；二是人们损人利己的机会主义行为倾向。传统经济学研究了垄断、外部性、公共产品、信息不对称加损人利己的机会主义行为所带来的内生交易费用，从本质来看，这些理论仍然是理解经济效率损失的基础。

二、预防金融风险

互联网金融监管的首要目的和原因是防止互联网金融风险。互联网金融既具有互联网的虚拟性，也具有金融的脆弱性，因此互联网金融风险本质上是由互联网虚拟性与金融脆弱性二者相结合的产物。互联网金融监管既要对抗互联网的虚拟性，又要对抗金融的脆弱性，因此监管难度就超过单一的互联网监管或单一的金融监管。

（一）互联网交易的虚拟性

互联网打破了空间局限性，使得信息网络和社会网络具有全球性，但个人的有限理性无法管理具有全球性的互联网，个人理性的有限在互联网面前更加真切地显示出来。互联网信息量的巨大使得个人无法窥其全貌，面对巨量信息，个人的信息处理能力难以使其辨别真假。

最为根本的问题是，互联网上的信息交流并非面对面进行，即使视频聊天也容易通过技术手段造假，因此通过互联网伪造信息的成本很低，而识别假信息的成本却很高。互联网的信息分享性质可能会抵消部分上述倾向，但并不能从根本上扭转上述倾向。

互联网交流时，身份信息很容易伪造，无法通过外貌、语音等特征辨别对方身份。互联网必须借助于网络实名制和数字认证等手段来确认用户身份，但网络终端和数字认证本质上只是与电脑硬件终端有关，即使将每个人的电脑编号与其个人身份证绑定，但电脑和身份证均可能丢失。互联网交易的虚拟性使得网络实名制和电子文档数字认证技术等远程监管成为必要，除远程监管之外，定期的现场监管也成为必要。

（二）金融脆弱性

系统的金融脆弱理论源于美国经济学家明斯基。传统的金融脆弱论主要是从银行系统所具有的脆弱性来进行立论，其理由主要有两个方面：一是银行系统将短期存款用于长期贷款容易引起流动性不足；二是不同银行之间复杂的同业拆借关系使得挤提风险容易在银行系统中传播。从互联网金融来看，传统银行的脆弱性仍然存在，同时互联网金融还具有自己特殊的脆弱性，一是互联网技术漏洞容易导致系统遭受入侵；二是互联网金融平台上资金转移较传统金融更加迅速；三是互联网上信息容易传播，更容易出现羊群效应；四是互联网交易是远程控制和不见面交易，更容易出现机会主义对策行为，从而互联网金融风险更容易发生和扩散。互联网金融系统的脆弱性使得外部监管很有必要。

（三）金融风险传递网络理论

一些西方学者提出了金融网络风险传染理论，例如：（1）Diamond（2010 年诺贝尔经济学奖得主）和 Dybvig 在 1983 年的银行挤提模型中认为，在消费者存在流动性偏好的情况下，由于消费者的流动性偏好具有不确定性，银行之间通过交换存款来增加流动性，但这样一来银行也增加了风险传染的可能性。（2）Leitner 认为，银行的投资收益取决于它在金融系统中的地位和与其他金融机构的关系，由于损失分布的随机性，使得一个投资者没有足够的准备金来弥补损失，金融体系就可能剔除没有偿付能力的机构来保全整个金融系统，以减少金融系统风险的危害。（3）Minguez 和 Shin 认为，银行之间的联系越紧密，发生风险的几率越小，但风险一旦发生，其危害也非常大。（4）Lagunoff 认为，银行的投资组合的收益率取决于其他银行的投资组合，当一个银行遭受外部冲击时，必须重新调整投资组合，使得原来的业务联系可能中断，导致风险发生，并传染给其他金融机构。总之一点，传统的金融网络风险传染理论是从不同金融机构之间的业务联系，如相互持股、存款关联、投资关联等，导致一个机构发生风险会导致风险在金融系统之间传播从而发生系统性风险。

金融风险传递网络理论从两个方面来说明金融风险传播的网络性特征。第一，不同的风险有不同的传播途径，而不同的风险传播途径之间有交叉节点，这样一来，一种金融风险在传播时就可能产生另一种金融风险，从而使得不同金融风险之间产生相互作用、相互影响，形成复杂的金融风险网络。第二，不同的金融风险在不同地区、机构和人群之间传播，形成传播网络。互联网金融风险有信息安全风险、信用风险、操作风险、流动性风险、政策法律风险、大数据技术风险等，这些风险的传导路径之间可能出现交叉，编织在一起，形成一个复杂的互联网金融风险传播网络。风险传播路径网络与传播地区、机构和人群的网络合在一起，构成一个非常复杂的风险产生和传播的网络机制。互联网金融监管的关键有两点：一是消除风险产生的根源；二是切断风险传导路径，切断风险传播网络，使风险传播网络的范围缩小。

导致金融风险网络性传染的原因在于：（1）现代金融行业内部不同金融机构之间复杂的业务关系。（2）风险有关的信息会在金融机构、投资者和消费者之间传播，导致不必要的恐慌，这也是由于人的有限理性所导致的。在互联网金融风险可能存在网络性传染的情况下，实行严格的监管，切断风险传染的途径是有效防止风险传染的基本手段。为此，监管当局应当了解不同金融机构之间的业务联系，从而在风险发生后，通过清理不同机构之间的业务联系来切断风险传染；同时，监管当局应当适当控制风险相关的信息传播，稳定信心，减轻金融风险可能造成的系统性振荡。具体来讲，互联网金融监管机构有必要了解 P2P 平台、众筹平台、互联网基金、第三方支付公司之间是否存在复杂的业务关系。按照互联网金融的直接金融属性，除互联网基金可能通过投资组合与传统金融机构之间发生复杂的业务联系之外，P2P 和众筹平台只是连接中小投资者和小微借款者之间的中介，与其他金融机构没有必要发生复杂的业务联系。因此，互联网金融机构可以通过界定 P2P 和众筹平台的直接金融性质，来避免它们与其他金融机构之间复杂的业务往来导致的风险传染的可能，同时监管互联网基金的投资组合情况。

三、保护互联网金融消费者权益

互联网金融服务的消费者众多，既有小微企业等机构消费者，也有个人消费者。一旦发生互联网金融风险，涉及的人数众多，可能影响社会稳定并酿成政治事件。因此，互联网金融监管的基本目的和理由是保护众多的互联网金融消费者的合法权益。互联网金融的投资者主要是个人投资者，数量众多，他们缺乏专业的风险分析和识别能力，结果使得 P2P 和众筹平台很容易通过高利率诱惑而吸引大量个人投资资金。由于缺乏监管，近两年以来，P2P 平台涉嫌诈骗个人投资者资金超过10亿元，有时一个平台就诈骗1亿元。当个人投资者遭遇诈骗时，由于相互之间联络的交易费用很大，很难付诸于集体行动进行维权，此时需要公正的第三方介入，帮助个人投资者维护权利，而金融监管当局的介入就非常必要。为了防止众多个人投资者遭受诈骗，金融监管当局有必要对互联网金融机构设定准入门槛、规范经营过程、规范退出机制等监管措施，以保护中小投资者，特别是个人投资者的合法权益。

互联网金融监管也能有效维护借款人的利益。如果没有互联网金融监管，将使得投资人对于P2P和众筹平台的信心下降，使得互联网金融平台能够吸引的资金下降，这会增加合法借款人的借款难度和利率成本。一个规范的互联网金融市场，通过诚信的竞争，将使得借款人承担的实际资金成本较为合理，避免高利贷的剥削。

四、规范互联网金融机构的行为

（一）P2P与众筹的本来面目

P2P与众筹产生于欧美。美国第一大P2P借贷平台Lending Club公司只是作为贷款人与借款人的信息中介，为借贷双方提供信息中介服务和征信调查服务，但不对客户之间的贷款承担担保义务。客户的资金也并不进入P2P平台的账户，而是进入第三方托管账户。2009年美国网站Kickstarter成为最早设立的众筹平台。众筹平台只为资金筹集者提供一个展示项目的平台，投资者的资金进入第三方托管账户，并不进入众筹公司的账户。国外P2P与众筹平台纯粹只提供借贷信息中介服务，不设立资金池，一般也不做债权拆分转让。而P2P与众筹到了国内之后，显然染上了中国特色，涉嫌诈骗的P2P平台无疑都设立资金池，实行借贷分离和债权拆分，并用高利率吸引资金，这些做法显然与P2P和众筹产生时的本来面目不相吻合。

（二）引导互联网金融公平竞争

中国的P2P和众筹平台背离了其在欧美产生时的本来面目。通过设立资金池，实行借贷分离和债权拆分，确实在经营方式上更加灵活，但这些经营方式明显是未经过像传统银行类似的准入审核，也没有传统金融机构所面临的经营过程监管和退出机制的监管。因此，从某种意义上讲，这些未经准入审核和缺乏监管的P2P和众筹平台实际上在与传统金融机构的竞争中，处于一种无拘无束的优势之下，违背了公平竞争的原则。因此，只有将互联网金融活动也纳入与传统金融机构相类似的监管之中，才能贯彻公平竞争的市场经济基本原则，才能促进整个金融市场长期稳定、健康发展。

五、提高金融和经济体系的效率

传统经济学将垄断、外部性、公共产品、信息不对称等作为市场失灵的原因，这些因素使得市场经济运行结果产生背离帕累托最优的效率损失。互联网金融监管的一个基本目就是提高金融系统的经济效率，促进社会成员利益的增加和整个社会福利的最大化。

（一）金融行业的垄断性

中国的金融行业长期以来由国有金融机构高度垄断，并由政府实行利率管制，从而导致金融行业的效率低下，许多小微企业难以获得信贷支持。互联网金融的产生正是对传统金融垄断的反抗。互联网金融监管，一方面规范互联网金融那些违反市场竞争公正原则和效率原则的行为；另一方面也能够从政策法律上确认互联网金融的市场地位，有助于打破传统金融机构的垄断，维护互联网金融消费者的合法权益，促进互联网金融的健康发展，最终促进整个金融行业更有效率。

经济理论认为，垄断企业制定高价格、低产量，使得很大一部分市场需求不能满足，同时产品和服务质量低下，最终损害了社会利益。而互联网金融实际上满足了传统垄断金融机构不愿意满足的市场需求，实现了帕累托改进。互联网金融监管就是要确保互联网金融这一积极的、提高经济效率的角色地位，能够持续存在和进步，从整体上提高我国金融系统的效率。

（二）互联网金融的外部性

外部性有正外部性与负外部性之分，正外部性是指社会收益大于私人收益，负外部性是指社会成本大于私人成本。互联网金融既具有正外部性也具有负外部性。从正外部性来看，互联网金融为实体经济提供的利益远远超过互联网金融企业和投资者获得的利益。从社会来看，社会对于互联网金融的需求远远超过其提供的现有服务。但是，互联网金融的成长却受到互联网金融参与者利益最大化逻辑的限制。在面临各种风险损失的条件下，互联网金融参与者形成的交易规模受到限制，从而远远不能满足社会对其金融服务的需求。也就是说，互联网金融从事者按照自身利益最大化决策所决定的互联网金融交易量达不到对社会而言的最优交易量。

从负外部性来看，互联网金融风险的制造者绝对不可能考虑其行为对互联网金融导致的损失，并进而给实体经济带来的损害。如“黑客”入侵互联网金融平台，导致部分互联网金融投资者出现损失，而这一消息会刺激众多投资者要求撤回资金或者潜在投资者望而却步，从而使得这些冗余资金所有者与资金需求者之间的本来有利可图的交易不能实现，从而使得那些需要通过互联网金融获得资金的实体企业得不到发展，最终损害了实体经济。随着网络技术的发展，以及上网人数的增多，互联网金融的现实与潜在参与者越来越多，互联网金融风险的负外部性越来越大。P2P 平台资金池控制者在卷款逃跑的时候绝对不可能考虑到其行为对互联网金融和实体经济的损害：由于他的卷款逃跑，导致许多现实和潜在的投资者对互联网金融心存疑虑和芥蒂，从而缩小了本来可以更大的互联网金融交易规模，并使得一些本可以从 P2P 平台获得资金支持、嗷嗷待哺的小微企业濒临最终倒闭。甚至这些负面信息可能进一步漫延，导致互联网基金、众筹等互联网金融模式的参与者的信心受挫而提前取回资金或本打算进入的潜在投资者持币观望。这些都使得实体经济受到极大的伤害。总之，互联网金融风险导致的社会成本将远远大于互联网金融系统本身的部门成本，互联网金融风险存在极大的负外部性。

（三）互联网金融的公共产品性质

互联网金融服务与大多数网络服务一样，具有公共产品的性质。公共产品是指具有非排他性和非竞争性的物品。从非竞争性来看，互联网金融的技术特征使得任何消费者只要能够上网，在互联网金融平台服务器同时访问数量限制之内，能够同时使用互联网金融提供的各项服务；从非排他性来看，所有消费者都能够使用互联网金融提供的各种服务，此项权利不受他人干预。特别地，对于投资者而言，使用互联网金融提供的各种服务是完全免费的，互联网金融平台收取的手续费等费用最终全部由借款人支付的利息所承担。因此，互联网金融对于全社会而言，具有公共产品的属性。特别是对于余额“宝”类的互联网基金，本质上融合了货币基金与储蓄存款两者的属性，其中作为储蓄存款的公共性质体现得更为明显，任何人都可以使用余额宝的储蓄增值功能，同时还能够随时将余额宝中的资金用于网上购物，而在利用这些功能时，消费者不需要支付任何费用。

公共产品的私人供给通常达不到帕累托最优数量，而其私人需求则通常大于帕累托最优数量。互联网金融服务供给从目前发展态势来看，确实远远达不到社会所要求的最优数量，只有这样，互联网金融才可能处于飞速成长的阶段。互联网金融服务的需求，则远远超过从社会来看的最优数量：从投资者角度来看，在

P2P 平台存在许多非理性的投资行为，这表明投资者对于互联网金融的需求数量超过合理的限度；从借款人角度来看，在互联网金融业务出现之后，存在过度的借款需求，许多小微企业和个人都希望能够从互联网金融平台获得借款，如国内许多众筹网站的筹资申请人数量众多，但最终审核通过并获得款项的数量只占申请数量的较小比例。

（四）互联网金融中的逆向选择和道德风险

互联网金融与传统金融相比，在征信管理上既有优势，也有劣势，仍然存在诸多信息不对称的情况。互联网金融的征信管理主要通过大数据技术来实现，其实质是通过记录和分析借款人在网络上一切交易的痕迹，来估算其违约概率。而这需要各个网站合作，将借款人在各种网站上活动的信息进行搜集、整理和分析，这对于那些以电子商务平台为基础的互联网金融企业来说，具有天生的优势。因为其电子商务平台能够记录客户在过去通过平台进行交易的一切信息，从而比较容易通过一定的风险模型来估算其信用等级。但是，希望通过互联网金融平台借款的小微企业或个人，可能以前在网络上活动数量少，因而其活动信息不足以用来估算其信用等级；或者即使在网络上活动数量大，但是不同网站之间的信息合作不足，导致一些互联网金融机构难以取得借款人以往的信息。因此，互联网金融中平台对于借款人或筹资人的征信管理仍然面临信息不对称的挑战，借款人的真实信用特征难以被充分揭示。实践中，存在一些中小企业伪造信用骗取互联网金融贷款的案例。

另外，投资人与互联网金融企业之间，投资人具有信息劣势，而后者拥有信息优势。互联网金融平台的风险管理能力、高层管理人员个人阅历等信息都可能做假，导致投资人上当。这在近年多起 P2P 网贷平台实际控制人卷款逃跑的案例中已经显现出来。

总之，外部性、公共产品和信息不对称等引起市场失灵的因素在互联网金融中都不同程度地存在，因而公正合理的外部监管对于纠正市场失灵，实现社会冗余资金合理配置具有重要的意义。

第三节　互联网金融监管的有效性与特殊性

金融监管是否真正有效，近半个世纪以来，经济学家们进行了广泛的争论。无论这些争论的合理性如何，对监管有效性进行质疑的这些理论能够让我们认识到行将进行的互联网金融监管可能存在的问题，从而打消可能存在的盲目乐观，也据此使全社会对互联网金融监管抱以更加宽容的态度，减少不应有的期许，并为加强市场化自律建设奠定理论基础。互联网金融监管仍然是一种金融监管，一方面，应该能从金融监管理论中获得启发；另一方面，互联网金融有自己的特殊性，传统的金融监管理论不一定能够完全指导互联网金融监管。

一、互联网金融监管的有效性

（一）有限理性和机会主义倾向是互联网金融监管局限性的基本原因

金融监管本质上是一种社会矫正，是对个人有限理性和损人利己行为倾向可能导致的不幸结局的社会矫正。但金融监管也需要由人组成的机构来执行，而任何人都具有有限理性和机会主义倾向，因此金融监管当局并非是神：一是可能能力不足，监管人员可能本身对于互联网金融缺乏完备的调查和认识，监管机构在人员配备、监管经费等方面可能不足而不能对如此众多的互联网金融机构与活动进行全面监管；二是可能其监管规则并非完全公平，监管人员本身也可能滥用职权、谋取个人私利，部分被监管对象可能与监管人员合谋进行权力寻租，等等。这些因素都是导致互联网金融监管局限性的根本原因。

（二）政府掠夺论和特殊利益论

政府掠夺论（Roe，1990，1996）认为，政府组成人员特别是决定政策的政治家都是经济人，他们制定监管政策的目的可能为了自己的私人利益。特殊利益论（佩茨曼，1976）认为，政府是由各种利益集团组成的，他们制定监管政策的目的是利益集团政治斗争的结果。虽然这两种金融监管理论是以西方发达国家为背景提出来的，但在发展中国家仍然可能具有借鉴意义。如果把中国国有垄断金融机构视作利益集团的话，那么以往中国的金融监管政策还真有维护国有金融机构垄断利益的作用。因此，政府掠夺论与特殊利益论启示我们应该理性看待即将到来的互联网金融监管，敦促金融监管当局加强自律，实行公正公开的互联网金融监管。

（三）管制失灵论

市场失灵的相对面是政府失灵。政府作为一个机构，同样存在自己的私利，其组成人员与私人企业的组成人员在人性上完全相同，都具有有限理性和损人利己的机会主义行为倾向；政府管制所需要的信息也不可能完全具备。这些因素都导致了管制失灵。

1. 管制供求论

斯蒂格勒（G. J. Stigler，1971）运用新古典经济学供求理论来分析金融监管，政府是监管的供给者，而社会特别是金融产业则是监管的需求者，金融管制本质上只是财富在不同的利益集团之间转移。本质上，互联网金融监管是一种公共产品，政府是这种公共产品的供给者，而金融行业则是这种公共产品的需求者。金融行业之所以对监管有需求，原因在于监管能够给互联网金融的发展带来好处。但管制的供给与需求曲线很难画，因而很难求解供求管制的均衡是什么，这一理论在现实中难以实证。如果用供求理论框架来分析，监管给互联网金融带来的成本可视为需求价格，而监管的成本可视为供给价格，而且随着监管的加强，互联网金融行业付出的边际代价应该越低才符合通常的需求曲线递减的特征，但这一点显然在现实中难以满足。即使如此，但管制导致社会财富在不同利益集团之间转移的观点的成为质疑金融管制有效性的基础。

2. 管制寻租论

塔洛克（Gordon Tullock）在1967年最先分析了国际贸易中的寻租问题，而克鲁格（A. Kruger，1914）在1974年定义了寻租的概念。寻租理论由此蓬勃发展起来。寻租理论用于金融监管，就形成了管制寻租理论。管制寻租理论认为政府通过金融管制增加了金融行业中的寻租机会，产生了政府及其代理人的租金创造和抽租行为，使市场竞争更加不公平，加剧了社会财富分配的不平等。这一理论启示我们，要抑制互联网金融监管中的寻租活动，关键是要求互联网金融监管程序和监管信息完全公开透明。信息不公开不透明，是寻租机会存在的关键。

3. 管制俘获论

管制俘获论以管制供求论和管制寻租论为基础，认为政府监管部门一开始可能是为了公共利益对金融行业进行监管，但后来监管部门逐渐被它所监管的行业所控制和主导，被监管对象则利用监管来增加自己的利益。这一理论启示我们，互联网金融监管机构任何时候都要保持独立性，防止被互联网金融企业所控制和主导，从而只是维护互联网金融企业的利益而忽视了广大互联网金融消费者的利益。互联网金融监管不仅要维护企业的利益，更要维护消费者的利益，互联网金融消费者保护，特别是投资人保护应该是互联网金融监管的核心。

4. 管制成本论

管制成本论认为，金融管制存在直接成本和间接成本。金融管制的直接成本是管制机构的人员工资、办公费用等，间接成本是指管制不当导致金融行业的损失。金融管制的收益则是管制所能够避免的金融风险损失。管制成本论的结论非常明了，当管制成本大于管制收益时，管制应当减少；当管制成本小于管制收益时，管制应当增加。具体到互联网金融监管，监管成本包括监管当局的直接成本（人员工资、培训费用、办公费用等）和间接成本，间接成本是不当监管导致互联网金融的潜在剩余收益的损失。监管收益是公正监管所避免的互联网金融风险所导致的两类损失。

（四）市场纪律、金融自由化与监管

上述对于金融管制有效性进行质疑的各种理论，最后都强调要加强金融行业的市场纪律，充分利用市场竞争来减少金融机构可能存在的高风险行为。市场纪律能够约束无恶意的互联网金融企业，但是无法约束恶意诈骗的互联网金融平台，也无法约束恶意的“黑客”和借款人。除了每个互联网金融企业要加强个体自律，互联网金融企业还可以通过行业协会来进行集体自律，让互联网企业自由加入行业协会，并由协会向公众公布各企业的部分信息，相当于由协会向公众提供担保。行业协会可以制定自律规范，要求互联网金融企业在消费者信息保护、投资人资金安全保护、借款人信用管理、信用数据共享、纠纷解决机制和善后处理等各方面遵循规范，否则可以予以公开通报。

行业自律是从事互联网金融的企业之间通过契约给自身制定的规则。这些规则应该是在行业企业充分讨论的基础上，充分考虑到各种风险的基础上自愿制定的，因而能够最大程度上照顾每个互联网金融企业的利益。这不会对金融自由化进程构成阻碍，能够避免政府监管可能带来的负面效应或政府失灵。

自亚当·斯密以来，经济与金融自由化一直是自由主义的一贯主张，约翰·斯图亚特·密尔认为自由的限度应该是，只要其行为不对他人构成伤害，那么其行为就不应当受到政府干预和限制，概括即为自由的程度要尽可能大，而对自由的限制要尽可能小。密尔作为功利主义思想家，其主张最大化自由的原因在于它能够最大化社会福利，这一原理成为现代自由主义经济学的哲学基石。市场竞争的相互影响是指以市场价格为中介进行的相互影响，而外部性则是不通过市场价格作为中介的相互影响；外部性理论认为通过市场竞争价格为中介的相互影响是合理的、有效率的，而不通过竞争性价格的相互影响则是不合理的，会降低经济效率。对外部性的研究表明，在现代经济的专业化分工网络中，一个人、一个企业、一个行业的生产经营行为不可避免地将对其他个人、企业、行业造成外部影响；一个经济主体的行为很难不对其他经济主体构成“间接伤害”，而这种“伤害”不完全是通过市场竞争价格中介进行的。这样一来，密尔的自由原则如果适用，那么一定的政府干预似乎就顺理成章。

密尔的自由原则只是模糊地主张自由尽可能多，而对自由的限制尽可能少，但在经济网络相互影响的情况下，到底如何在自由与干预之间划定一条界线，即使现代经济学都远未得出清晰的结论。具体到互联网金融监管，如何既确保互联网金融创新，并促进金融体制改革，又确保互联网金融不产生系统风险和危及整个金融体系，无论在理论上还是实践上都缺乏完全精确和清晰的认识，最终只能是摸着石头过河，增加了互联网金融监管的难度。

（五）互联网虚拟性和金融复杂性

互联网金融具有互联网在技术上的虚拟性、远程性，互联网精神的“开放性、平等性、协作性、分享性、创新性”，同时还具有金融网络的复杂性和脆弱性，这使得互联网金融监管比传统金融监管更加困难。原因在于：第一，互联网金融监管所需要的信息更多，不仅包括金融活动相关的信息，还包括了互联网相关的技术安全信息。第二，互联网金融监管的范围更加广泛，互联网金融机构在两三年时间内就增加了几千个，数量如此巨大的互联网金融机构增加了监管当局的监管成本，或者说监管机构很难对几千个互联网金融机构都进行严格监管，容易造成监管的漏洞。第三，互联网的虚拟性和远程性决定了互联网金融监管涉及的地理范围广泛、人员复杂，网络身份容易伪造，真实身份难以确认，即使由各地监管分支机构协作工作，也难以面对面进行现场监管，调查取证成本高昂，责任追究难以进行。第四，互联网金融监管机构需要与工商、税务、公安、国安、法院、检察院等机构协调工作，协调成本巨大；传统的金融监管人员可能缺乏互联网金融相关的技术和监管经验，而且也需要相关机构具备既懂互联网技术又懂金融技术的工作人员，需要大量培训和招聘，这增加了互联网金融监管的难度，降低了互联网金融监管的有效性。第五，互联网的“开放、平等、协作、分享、创新”精神容易导致一部分普通民众对于互联网金融监管的抵制和反感，增加了互联网金融监管的社会成本。第六，互联网金融既涉及新兴互联网金融机构，也涉及传统金融机构，特别是传统银行，互联网金融监管既要维护互联网金融创新的开展，倒逼我国金融体制进行变革，实现我国金融体制升级转型的战略目标，又要照顾传统金融机构的利益需要，面对传统垄断金融利益集团的挑战。总之，互联网金融监管需要协调的社会因素更多，监管的成本较传统金融监管更高，难度更大，涉及的监管技术更加复杂，这使得人们有充分理由怀疑互联网金融监管的有效性。

二、互联网金融监管的特殊性

互联网金融是“互联网＋金融”，这使得互联网金融监管与传统金融监管相比，具有自己的特殊性。概括起来，互联网金融监管具有以下特点：

第一，在监管的目的上，互联网金融监管既要防止互联网安全技术风险，又要防止金融风险；既要提高互联网经济的效率，也要提高金融系统的效率。而传统金融监管主要是防止金融风险，并提高金融系统的效率。

第二，互联网金融监管必须充分掌握互联网技术，掌握互联网信息的传播规律，特别是要掌握互联网信息的监控技术和安全技术。这要求互联网金融的监管人员同时具备互联网相关专业知识和金融专业知识，提高了对于互联网金融监管的人员素质要求。

第三，在监管模式上，互联网金融监管是远程监管为主，现场监管为辅。传统金融监管则是现场监管为主，远程监管为辅。我国传统的金融监管是机构监管为主，功能监管为辅。但互联网金融机构成千上万，如果单单实行机构监管，将使得监管成本上升很快。同时，互联网金融的创新发展，将可能使得传统的分业经营的区分越来越模糊。因此，互联网金融监管应该在实行机构监管的同时，考虑其他监管模式。

第四，互联网金融监管要求建立大数据库。传统金融监管对象只涉及有限的几百个金融机构，传统金融涉及的借款人主要是大中型企业，因此其监管资料数据库可以说是小数据库。由于信用卡的普及使得个人征信也越来越重要，为了控制金融风险，以人民银行为中心建立个人征信数据库也越来越重要。而互联网金融不仅涉及几千个互联网金融机构，而且目前涉及七八亿的可能成为互联网金融消费者的众多网民，而且这个数量还在不断增长，同时互联网金融经营模式与传统金融机构不同，因此必须建立新的大的监管数据库，这个数据库之所以绝对是“大”数据库，因为它应当包括所有大、中、小、微型企业和个人的经营和消费信息。为了对互联网金融进行精确监管，以人民银行为中心的大数据库建设十分必要，要将监管机构和金融机构的数据库连接起来，最终使得监管数据库能够适时反映成千上万个互联网金融机构的经营现状和七八亿网民的消费现状，这是控制互联网金融风险的终极武器。

三、以人性弱点为基础的互联网金融监管理论

金融监管是金融监督与金融管理的合称。金融监督是指金融监管当局对金融机构实施全面的、经常性的检查和督促，并以此促使金融机构依法稳健地经营、

安全可靠和健康的发展。金融管理是指金融监管当局依法对金融机构及其经营活动实行的领导、组织、协调和控制等一系列的活动。金融监管又有广义和狭义之分。广义的金融监管既包括一国（地区）中央银行或其他金融监管当局对金融体系的监督，也包括各金融机构的内部自律、同业互律性组织的监管、社会中介组织的监管等。

如前所述，传统的金融监管理论大致有五类：第一类是古典自由主义与新自由主义经济学的金融监管思想。主要包括亚当·斯密的真实票据理论、哈耶克的自由银行制度论、麦金龙和肖的金融深化和金融自由化理论。他们主张金融自由化，政府应该减少监管甚至完全取消监管，金融市场完全通过自发调节也能够实现资源的最优配置。第二类理论质疑金融监管的有效性和公正性。主要包括政府掠夺论、政府特殊利益论、管制供求论、管制寻租论、管制俘获论、管制成本论。他们认为政府并非完全代表社会公共利益，政府机构及其组成人员有自己的特殊私利，他们给金融提供管制是想获得自己的私利而非谋求公共利益。第三类理论是凯恩斯主义经济学的金融监管理论。包括市场失灵论与金融脆弱论，前者主张金融行业具有市场失灵的种种特征（如负外部性、信息不对称、公共产品、垄断），后者认为金融行业具有内在的脆弱性。他们主张金融监管非常必要，通过金融监管可以避免市场失灵和金融脆弱性所带来的负面影响。第四类理论是以信息经济学为基础的金融约束论和金融中介论。他们认为金融市场的信息不对称使得个人难以承担相应的信息成本，虽然金融中介通过专业化的信息处理能够降低借款人与贷款人之间的信息不对称，但仍然需要通过监管来进一步降低信息不对称性和金融中介本身的道德风险。第五类理论是行为金融学与复杂性科学从非理性人假设出发，认为“羊群效应”等非理性行为会导致金融系统不稳定，从而金融监管对于金融系统的稳定十分必要。[①] 从目前来看，恰当的金融监管已经基本上成为学界共识，不同学派的分歧主要在于监管的多少和程度。

从人性的角度来看，金融监管本质上只是社会矫正的表现形式，是对人性导致的社会不幸结局的矫正方式，而社会矫正并非说明一些人的人性优于另一些人，而只是说明许多人在一起相互竞争，可能使得人性的某些弱点得以削弱。任何社会矫正本身必须由人来进行，而矫正者本身同样存在人性的弱点。因此，人性弱点与社会矫正之间就存在着天然的张力。

在综合前人各种理论的基础上，我们提出一种以人性弱点为基础的金融监管理论。金融监管的本质是人性弱点的社会矫正，人性弱点导致互联网的虚拟性和

---

① 余建强．金融监管理论发展的文献评述［J］．商业时代，2012（15）．

金融系统的脆弱性（这些技术特性本质上来源于人性弱点），并形成金融风险、金融诈骗、金融体系不公平和金融体系经济效率低下。金融监管就是从社会角度来矫正人性弱点导致的这些不幸社会结局。人性的弱点在金融监管者身上同样存在，这正是金融监管局限性的根源，它成为人们质疑金融监管有效性的基础。

我们的理论目的是要将金融监管的理论基础直接建立在现代伦理学之上，不是从效率与平等的动态平衡中来寻求社会最优的权衡，而是从人性弱点和社会矫正之间的张力之中来寻求社会最优的权衡折中。我们的目的是从伦理学和人性理论出发来建立一个综合统一的金融监管理论，始终要从人性弱点与社会矫正的张力平衡来理解互联网金融风险、竞争不公平、效率低下和互联网金融监管的必要性和局限性，我们不是列举各种金融监管理论，而是利用人性弱点与社会矫正的张力平衡来统一理解各种理论观点。

第四节　互联网金融监管的理念、原则与模式

互联网金融监管的理论需要体现为一定的监管理念、原则和模式，而监管理念、原则和模式需要进一步落实为具体的监管细则，最终才能实现对互联网金融的监管。本节主要提出互联网金融监管的理念、原则和模式，至于监管的细则建议在后面各章节具体提出。

一、互联网金融监管的理念

互联网金融监管的理念应该是自律、包容和创新。互联网金融体现了“开放、平等、协作、分享、创新”的互联网精神，作为互联网金融监管理念的“自律、包容、创新”对于监管方和被监管方而言也是平等的、相互的。

（一）自律

自律是指自我约束、自我反思，不断检讨自身的问题和过错，促使自我遵守通行的道德和法律。

从自律的主体来看，互联网金融监管的自律有两层含义：第一，金融监管当局应当鼓励互联网金融企业通过风险防控、自我审查、自我申报、组建行业协会等方式进行自律，同时教育互联网金融的消费者提高风险意识和风险防控能力；第二，互联网金融监管当局有权不许任性，应提高监管能力并不断反思自己的监管是否做到及时与公正。在金融监管领域，通常自律被认为只适用于被监管对

象，而忽视了金融监管当局仍然需要自律。显然，不仅互联网金融企业需要自律，以降低风险、节省成本、提高效率；互联网金融监管机构同样需要自律，及时研究互联网金融发展状况，关注互联网风险暴露情况，及时制定公正的监管措施，帮助互联网金融行业健康发展，并在监管过程中接受金融消费者、互联网金融企业和媒体的监督，依法监管，抵制寻租的诱惑，远离权力腐败。

从自律的内容来看，作为互联网金融监管理念的自律也有两个含义：一是互联网金融活动的参与者与监管者等各个主体提高防控风险的能力；二是道德自律，是反思自身行为的损人利己的机会主义动机，自觉从损人利己的恶行转变成为己利他的善行。

表2－1列出了互联网金融监管的自律理念所涵盖的范围。

表2－1　互联网金融监管的自律精神

自律的内容 / 自律的主体		提高能力	道德自律
		提高风险防控能力	避免损人利己倾向
私人主体	投资者	提高风险意识	不要被高利率所诱惑
	互联网金融企业	提高风险控制能力	诚实经营
	借款人	提高还贷能力	信守承诺，及时还款
监管主体		提高监管能力和监管效率、降低监管成本	贯彻公正、平等原则，杜绝腐败和权力寻租

互联网金融监管需要以自律理念作为指导思想，是由人的有限理性和自利行为动机所决定的。首先，人的理性能力是有限的，即使一些人组成企业或机构，能够通过分工合作产生“1＋1＞2”的效果，但是多人组成的企业或机构在互联网金融风险的防控和提高互联网金融效率方面仍然存在局限性，并非万能。作为互联网金融的最大投资群体的普通网民，不具备专业的风险分析能力和风险识别能力，需要不断接受风险教育，提高风险识别能力。作为互联网金融的借款人，主要是一些小微企业和个人，他们需要不断地努力提高经营能力，以赚取足够收益和利润，保证能够及时偿还贷款，避免因自身经营问题而无法偿还贷款，导致连锁性信用风险。互联网金融平台的风险控制能力参差不齐，随着互联网金融的快速扩张，许多互联网金融平台缺乏高水平的风险管理技术人员，缺乏高水平的经营人才，缺乏完善的风险控制程序和技术保障。因此，需要不断努力，加强人员培训，提高经营管理水平，不断积累管理经验和大数据。作为互联网金融监管机构的人民银行、证监会、银监会、保监会，以前没有互联网金融的经验，缺乏

相关的既懂互联网技术又懂金融技术的监管人才，因此需要加强人才培养，并不断积累监管经验和监管数据库。

从人性来看，绝大多数从事互联网金融活动和监管活动的人员并非无私利他的圣人，而是具有自利动机和机会主义行为倾向的经济人。他们追求自身利益最大化而不惜损害他人利益，或至少关心他人利益是出于利己的目的。作为互联网最大投资群体的普通网民，绝大多数人都经受不住高利率回报的诱惑而可能上当受骗。高利回报加重了借款人的负担，实际上是对借款人的剥削。因此，试图获得高利回报（如20% ~30% 的利率）的心态，实际上是一种试图不劳而获的食利者心态，这种心态在道德上并非善良的心态。作为道德的自律，投资人应当降低自己投资获得回报的期望值，按照劳动光荣和劳动创造价值的心态，获取合理的投资回报（20% 以下，甚至 12% 以下），这样才不会被 P2P 平台高额回报率所诱惑而上当受骗。作为借款人，大多希望能够赖账不还，相当于白白拿别人的钱财，这种心态使得只要有可能，借款人就可能赖账不还，或者拖延还款期限，损害贷款人利益。因此，作为道德的自律，借款人不要有侥幸赖账的心理，赖账是一种侵占他人财富的不道德行为，借款人要按照“有借有还讲信用”的正确心态及时足额归还贷款，消除互联网金融的信用风险。

互联网金融平台是连接投资者和借款人的信息中介，有可能通过设立资金池、借贷分离、债权拆分和转让等方式，暗中挪用客户资金，或者进行自融以解决自身资金困难，甚至卷款跑路，这些行为在近两年成为互联网金融风险的主要根源。作为道德的自律，要求互联网金融平台诚实经营，不设立资金池，不挪用客户资金，不进行自融，严格按照 P2P 和众筹的本来面目进行经营，维护互联网金融的声誉。互联网金融平台的道德自律，是减少互联网金融风险成本最低的方式，利国利人利己，最终实现各方共赢。

互联网金融监管机构及其组成人员，同样是具有利己动机的经济人，可能不具备公正和无私精神，他们可能进行权力寻租，如向互联网金融企业索贿，或者选择性执法，或者滥用职权，或者拖延监管甚至行政不作为导致重大后果等。作为道德的自律，互联网金融监管机构及其监管人员，应当具备公正和平等精神，公正、公开地运用自身掌握的公共权力为社会谋取利益，并接受社会和媒体监督，杜绝权力寻租的思想念头，杜绝腐败，用自己为社会服务的行为获得道德自豪感。互联网金融监管的道德自律，是防止金融压抑和扭曲的成本最低的方式，对于促进互联网金融进一步健康发展具有重要的意义。

（二）包容

从包容的主体来看，作为互联网金融监管理念的包容有两个含义：第一，金融监管当局应当包容互联网金融领域的创新和问题，不因为互联网金融领域出现许多风险和问题而过分限制互联网金融的发展，不实行过度监管；第二，对于金融监管当局在互联网金融发展初期的缺位，不能及时提供有效的监管服务，互联网金融企业和消费者应该包容，允许给金融监管当局一定时间进行调研，最终形成公正、合理的监管原则和监管细则。

从包容的内容来看，作为互联网金融监管理念的包容具有三个含义：一是对于人的有限理性导致的能力不足的包容；二是对利己动机驱使导致的违反现行不合理的政策法律规定，但无善意损人利己和诈骗的行为进行包容；三是对于创新探索精神和行为的包容。

表2－2列出了互联网金融监管的包容理念所涵盖的范围，具体内容下文详细讨论。

表2－2　互联网金融监管的包容精神

<table>
<tr><th colspan="2">包容的内容
包容的主体</th><th>能力不足</th><th>违反规定</th><th>创新</th></tr>
<tr><td rowspan="3">私人主体</td><td>投资者</td><td>(1) 投资者要包容监管主体不能及时监管导致的损失</td><td>(4) 投资者要包容监管主体利用现行不合理法律导致的投资风险</td><td rowspan="3">(7) 私人主体对于监管机构的创新要进行包容</td></tr>
<tr><td>互联网金融企业</td><td>(2) 互联网金融企业要包容监管主体不及时监管导致的损失</td><td>(5) 互联网金融企业要包容监管主体利用现行不合理法律进行管制</td></tr>
<tr><td>借款人</td><td>(3) 借款人要包容监管主体不及时监管导致不能获得贷款</td><td>(6) 借款人要包容监管主体利用现行不合理法律进行管制</td></tr>
<tr><td colspan="2">监管主体</td><td>(8) 监管主体要包容投资者风险意识不足；(9) 互联网金融企业风险管理能力不足；(10) 借款人还款能力不足</td><td>(11) 监管主体要包容投资者获得高利回报；(12) 互联网金融企业创新超出不合理法规范围</td><td>(13) 监管主体对于私人主体的创新行为包容</td></tr>
</table>

作为自律主体的自律关系只涉及一个主体与自身的关系，每个自律关系只涉及一个主体，因此四类主体只涉及4个自律关系。而作为包容主体对被包容主体

的包容关系却涉及两个主体，因此投资者、互联网金融企业、借款人和监管主体相互的包容关系涉及 12 个包容关系。但作为互联网金融监管理念的包容精神，只涉及三类私人主体与监管主体之间的 6 个包容关系，不涉及私人主体之间的 6 个包容关系。下面主要讨论私人主体与监管主体之间相互的 6 个包容关系。

先看私人主体应当对于互联网金融监管主体持以包容精神。

（1）最近两三年，参与互联网金融的投资者遭遇 P2P 平台诈骗或卷款跑路而承受损失，这些损失既与 P2P 平台无良经营有关，也与互联网金融监管机构未能及时、公正的监管有关。但互联网金融监管机构并非万能的神，他们要开始互联网金融监管，必须要有一段时间进行调研和培训人员。因此，投资者应当对互联网金融监管未能及时跟进抱以包容的态度。投资者要看到金融监管当局自从互联网金融风险出现之后，就一直在努力学习和调查研究，并于 2014 年基本落实了监管的机构和原则，并且最近几个月公安局立案侦查、法院开庭审理了几十起 P2P 诈骗相关的案件。

（2）由于互联网金融监管未能及时跟进，那些诚实经营、按照 P2P 和众筹本来面目进行纯粹互联网金融经营（表 1 - 1 的 D 区域）的互联网金融企业，在竞争中还敌不过那些搞假标、债权拆分转让、借贷分离等不规范经营的互联网金融平台（表 1 - 1 中的 B 区域），从而使得这些诚实规范经营的互联网金融企业在短期内遭受市场损失。但互联网金融企业应当对互联网金融监管当局抱以包容的精神，他们要看到金融监管当局已经着手调查了解互联网金融平台的各种经营模式，试图清理那些设立资金池、假标高回报诱惑等不良经营行为。

（3）由于互联网金融监管未能及时公正地跟进，导致一些互联网金融平台征信审查更加严格，以减少经营规模来控制风险，使得一些诚实经营的小微企业和个人不能获得 P2P 或众筹平台的贷款，这不能不说是互联网金融监管缺失导致的一个副产品。借款人对此应当持以包容精神，等待互联网金融监管逐渐生效，他们可以到更多的 P2P 平台申请贷款。

（4）我国法律规定，从银行获得的贷款不能转贷。这使得一些投资人包括大中型企业从银行获得贷款之后，又将部分贷款投资于互联网金融的行为面临法律风险。不能转贷的规定本来是希望银行贷款都用于实业投资，从而促进实体经济增长。但我国僵化和垄断的金融体系导致许多小微企业无法从传统银行体系获得贷款，而一些有实力的大中型企业能够从银行获得贷款，但他们可能并不需要多少银行贷款，这时他们利用自己的实力从银行获得贷款，再通过互联网金融平台将这些贷款转贷给不能直接从银行获得贷款的小微企业。对此，互联网金融监管机构将进行禁止并惩罚。为此，作为投资者的大中型企业要包容监管机构的行为，因为监管机构按照现行法律规定进行查处是合法行为，虽然这些行为本身的经济效率意义值得进一步讨论。

(5) 互联网金融企业在表 1-1 所示的 B 区域经营，互联网金融监管机构可能进行干预，如对众筹违背现行法律涉嫌非法集资的行为进行清理。对此，互联网金融企业应当对监管机构的行为进行包容，因为监管机构只是执行现行法律，虽然现行法律关于非法集资的规定可能并不合理。

(6) 借款人特别是一些小微企业无奈支付高利（高于银行贷款利率 4 倍及以上）回报以获得互联网金融平台的贷款，互联网金融监管机构可能对此进行干预，因为这涉嫌法律不保护的高利贷行为。这可能断绝了一些处于困境中的小微企业获得资金的唯一路径，实际上可能直接导致一些小微企业的死亡。涉微企业作为借款人要包容互联网金融监管机构禁止高利贷的行为，因为这毕竟是执行法律，虽然有关禁止高利贷的规定本身不一定合理。

(7) 监管主体可能在互联网金融的监管过程中出台一些具有创新性质的政策规定，而这些在监管主体看来是具有创新探索意义的政策规定，却可能侵犯私人主体的权益。对此，私人主体应当以一种包容的态度鼓励监管主体的创新探索。但对于一些不当的政策规定也应当提出建议，以帮助监管机构改进工作。

互联网金融监管机构应当对私人主体的行为持以包容精神。

(8) 许多个人投资者之所以遭受诈骗而损失巨大，原因在于他们既贪心，又缺乏风险意识，甚至缺乏利率回报的基本常识，在高利回报的诱惑之下不断地往 P2P 平台输送资金，最终被骗。对此，互联网金融监管机构应当包容投资者贪婪的心态和风险意识的缺乏，联合相关执法机构，尽量帮助投资者追回本金或减少损失。

(9) 有些 P2P 平台倒闭并非诈骗而是风险管理能力不足，或者缺乏高水平的管理人才，或者是注册资本不足，抗风险能力较差。对此，互联网金融监管机构应当抱以包容的态度，要加强对互联网金融平台的监管，既要监管又要服务，帮助互联网金融平台提高管理水平和防控风险的能力。

(10) 有些从互联网金融平台获得贷款的借款人之所以违约，并非恶意欺诈，而是经营能力不足，或者遭受市场变化的风险。此时，互联网金融监管机构或执法当局应当对此抱以包容态度，不在道德上矮化借款人，而是要求其改善经营，诚实经营，尽力偿还贷款。

(11) 有些投资者通过互联网金融获得高利回报，超过法律规定的银行贷款利率 4 倍以上。对此，互联网金融监管机构虽然可以严格执法，但也应当抱以包容的态度。因为，中国反高利贷反了几千年而不绝，不仅因为人心的贪婪，而且因为制度的不合理，使得一些小微企业对于资金十分饥渴而又不能从传统金融渠道获得资金，他们无奈只好从民间借贷或互联网金融获得高利率成本的资金，而贷款人虽然获得了高利回报，可以说是贪婪又剥削，但毕竟可能因此而救了一个企业。

（12）在表1－1所示B区域，许多互联网金融企业的经营背离了P2P和众筹的本来面目，如P2P平台设立资金池、借贷分离、债权拆分和转让、为投资者提供担保等各种形式，涉嫌非法集资、高利贷、非法吸储等违法名目，可以说是互联网金融的中国特色或中国式创新。对此，互联网金融监管机构应当进行清理，以减少和防控互联网金融风险，但也应对这些创新持以包容的态度，因为我国政府长期以来对于金融领域管制太严。但这些管制也带来我国金融的僵化和传统金融机构的垄断，导致资金配置的低效率，可以说是违背金融自由化的世界潮流。如果管制太严，可能使得互联网金融创新难以持续，从而损害我国金融体系的长远利益，导致金融压抑的不利结局。

（13）监管主体应当对互联网金融在中国的本土化创新发展持包容态度，允许中国的互联网金融企业结合中国的实际情况，将互联网金融模式本土化。当然，对于本土化的互联网金融模式，如果在广泛和严格的论证之后，确有不适合增进中国社会福利的，应当进行限制或禁止。

（三）创新

从创新主体来看，作为互联网金融监管理念的创新，有两个含义：一是监管主体和行业协会的创新；二是被监管对象即互联网金融企业的创新。从创新的内容来看，同样有两个含义：一是监管的理论、理念、方式、方法的创新；二是互联网金融企业风控的创新。两者合起来，创新就包括以下内容：

（1）互联网金融监管主体应当在监管理念、监管技术和手段上进行创新，不断节省监管成本，提高监管效率。互联网金融的许多经营模式确属于创新，在原来并不存在。与此相对应，金融监管当局对于互联网金融以前也并不熟悉，因此金融监管当局原来并不存在与互联网金融相关的监管理论、监管理念和监管手段。因此，需要在监管理论、理念、手段等方面进行开拓创新，既要保护互联网金融业务的创新发展，又要维护金融系统的稳定，防止系统性金融风险。特别强调的是，互联网金融监管应适当鼓励和保护那些虽然违背互联网金融模式（如P2P和众筹）在国外的本来面目而本土化成中国特色，但不违背基本道德和法律底线的互联网金融创新模式。

（2）监管当局应该鼓励互联网金融企业不断进行业务创新，并保护创新，促进互联网金融和整个金融体系的发展。互联网金融创新从整体上讲，能够倒逼传统的、僵化的、垄断的金融体制进行改革，打破传统金融机构的垄断地位，提高资金的配置效率，促进小微企业获得正规、合法的资金来源，促进普惠金融的实现。因此，互联网金融监管不是限制互联网金融的发展，而是鼓励互联网金融创新，保护创新、规范创新，本质上是保护我国金融体系改革的顺利进行和健康发展。互联网金融的一些经营模式是规范的、风险较小的，而另一些经营模式则是不规范的、较容易引起风险。互联网金融监管当局不能对所有互联网金融经营模式一刀切，而应当区别对待，保护那些规范的、诚实的经营模式，即主要是位于表 1－1 的 D 区域中的经营模式，而限制和规范那些涉嫌诈骗、风险大的经营模式，即主要是位于表 1－1 的 B 区域中的经营模式。

（3）从事互联网金融活动的私人主体主要是互联网金融企业，应当在监管框架之下进行业务创新，扩大互联网金融的业务范围，增加服务对象，促进资金配置的高效率。从互联网金融的主要类型来看，第三方支付、P2P 平台、众筹、互联网基金、互联网保险、自由兑换型网络虚拟货币等确实是金融领域的创新。但每一类互联网金融，在具体的经营模式、业务流程、风险控制程序等方面都仍然存在巨大的创新空间，这就要求互联网金融企业在不违背现有法律政策的前提下，在互联网金融监管的框架之下，努力进行业务创新，不断创新互联网金融交易模式，创造更多的交易剩余收益和社会财富。同时，创新风险管理方法，避免不必要的损失。创新既能够提高每个企业各自的利润水平，促进互联网金融行业的良性竞争，也能客观上促进整个资本市场与货币市场的资金配置效率，使得资金流向其最有价值的地方，为整个社会实现潜在的剩余收益，实现帕累托改进，并增进整个社会的福利水平。互联网金融创新之所以应当尽量在现有法律和监管框架之下进行，是为了避免不必要的麻烦，即使现行法律政策的一些规定不尽合理。但如果监管当局严格执行现有政策法律，则必将扼杀创新，给互联网金融企业带来巨大的损失。

互联网金融监管只有秉持自律、包容、创新的理念，才能促进互联网金融的良性发展，最终促进我国金融体系的优化改革和结构升级。

二、互联网金融监管的基本原则

我们认为，互联网金融监管应该遵循五项原则：公正原则、效率原则、适度监管原则、精确区分原则、金融消费者保护原则、信息保护和公开原则。其中公正原则与效率原则是两个最基本的原则，适度监管原则是效率原则的具体表现。

（一）公正原则

1. 公正的定义和分类[①]

主要的公正理论有两种：一是贡献公正论，认为公正是指每个人所得与贡献的比例都相等；二是自由公正论，只要大家都自愿同意的就是公正的。这两种公正理论对于互联网金融监管都有指导意义。先看贡献公正论，王海明在其《新伦理学》中将公正定义为“等利害交换”，分为积极公正与消极公正，积极公正即等利交换，消极公正即等害交换。公正有不同的分类方法：（1）根据等利害交换的重要性程度，可以将公正原则分为根本公正（即权利和义务等价交换的原则）和非根本公正（非权利义务相交换）。在一切等利交换的行为中，最根本、最重要、最主要的交换是权利与义务的交换。（2）按照公正行为的主体，公正可以分为社会公正与个人公正。社会公正是社会行为主体的公正，而社会行为是由社会管理者和领导者所代表，因此社会公正归根结底是社会管理者和领导者的管理活动的公正，是社会管理行为的公正。个人公正则是被管理者、被领导者的行为公正。（3）公正还可以分为制度公正与行为公正。社会公正本质上体现为社会制度公正，主要是法律与道德公正。行为公正是指行为人在具体行为过程中体现出的公正。（4）程序公正与实体公正。程序公正是指行为过程的公正，是具有一定时空顺序的行为过程的公正。实体公正是指行为过程导致的行为结果的公正。贡献公正论认为，公正原则即贡献原则，即社会应该按照贡献分配权利，按照权利分配义务；社会分配给每个人的权利应该与他的贡献成正比而与他的义务相等。将贡献原则运用于具体的权利就得到社会公正的根本原则本质上是平等原则，包括基本权利完全平等、非基本权利比例平等两部分，具体的平等原则包括政治平等原则、经济平等原则和机会平等原则。

再看自由公正论，自由公正论认为只要大家自愿同意的就是公正的。按照自由公正理论，公正的政府和社会管理机构是社会契约的产物，因此政府和社会管理机构的行为应当得到公民的授权，政府和社会管理机构要求公民遵守的义务和公民应当享有的权利应当是社会契约的结果，获得公众的同意。

2. 作为互联网金融监管的公正原则

公正是监管得以合法存在的基本理由。公正原则要求政府不能倾向地扶持一部分经济主体而压制另一部分经济主体，或者倾向性地扶持一个行业而压制另一

---

① 本小节内容全部根据王海明《新伦理学》（商务印书馆，2008）的公正理论部分内容进行摘录或改写，具体章节页码未详细注明。在此特别鸣谢王海明教授的伦理学思想及其著作《新伦理学》对于作者写作的贡献。

个行业。公正原则与倾向性的产业政策背道而驰，一直是自由主义经济学家所追求的理想。将伦理学或道德哲学上一般的公正理论与公正原则运用于互联网金融监管，可以得出下面几点。

第一，互联网金融活动的参与者都是国家公民，都是国家的纳税人，因此从社会契约论和自由公正论看来，互联网金融监管机构作为社会管理机构，与被监管对象包括互联网金融企业、投资人和借款人之间的关系是平等的社会契约关系。互联网金融监管机构有权力对互联网金融活动进行监管，但同时也要履行为互联网金融活动服务的义务，监管本身既是权力也是义务；互联网金融监管机构代表社会对互联网金融活动进行监管，应当征求被监管对象的意见，维护被监管对象的合法权利。

第二，互联网金融监管中的社会公正，就是作为社会权威代表的互联网金融监管机构的监管活动的公正，并进一步体现为监管制度公正和监管行为公正。监管制度公正意味着监管规则平等规定每一个金融机构的权利和义务，公平地对待传统金融机构与互联网金融机构，公平地对待国有金融机构、股份制金融机构和民营金融机构，公平地对待所有互联网金融企业，公平地对待金融消费者（包括投资人与借款人）。行为公正意味着互联网金融监管机构在执法过程中，不能选择性执法，而必须一视同仁地对所有金融机构应用监管规则。

第三，互联网金融监管的程序公正意味着，在监管规则的制订过程中，应当广泛听取社会各界的意见，特别是听取传统金融机构和互联网金融企业的意见，听取金融消费者代表的意见。在监管规则执行过程中，应当履行必要的、公正的法律程序，过程公开透明。互联网金融监管的实体公正意味着，监管规则执行的结果，能够惩恶扬善，使每个互联网金融企业、投资者和借款人都因为遵守政策法律而获得肯定和奖励，因违反政策法律而获得惩罚。避免那些恶行而得奖励，善行而得惩罚的不公正结果。

第四，平等原则意味着互联网金融企业、传统金融机构、投资者和借款人在法律面前完全平等，国有企业不得拥有超越民营企业的权利，民营企业也不能承担超过国有企业的义务。每个人和企业都能大致按照自己的贡献而获得利益分配。要打破传统国有垄断金融机构凭借国家权力给予自己的垄断地位而获得垄断利益的基本格局，要让国有金融机构与民营金融机构一样面向市场，要给予互联网金融企业充分的经营自由权利，放手让互联网金融企业与传统金融机构进行竞争。

第五，机会平等原则意味着，要逐渐放开金融领域对于私人资本的限制，要让国有资本与私人资本在所有领域享有同等的机会进行竞争，取消通过国家权力扶持国有金融机构形成垄断地位的传统做法。这既能提高国有金融机构的工作效率，也能通过竞争使得整个金融系统的效率提高。只有通过公平的竞争，才能让国有金融机构提高投资效率，减少坏账水平，并给私人资本和互联网金融开辟一个广阔的发展空间，提高整个国民经济的活力，改变以政府投资为主拉动经济增长和经济发展的中国传统模式，让民营经济逐渐在国民经济中扮演更重要角色，进一步推动市场化改革。

3. 公正能够提高社会效率促进社会和谐

公正原则之所以是社会治理和互联网金融监管的首要原则，原因在于，只有公正才能提高社会和经济运作的效率，只有公正才能促进人们的心态平静和社会和谐。公正原则作为等利害交换，确实不如无私利他那样高尚，但是公正原则却远比无私利他对于社会更加重要。

美国著名管理学家亚当·斯密经过研究发现，在一个企业内部，只有公平的报酬制度才能激励员工努力工作，员工不仅看绝对报酬是否公平，而且主要是看相对报酬是否公平，看自己的所得与付出之间是否成比例，如果成比例就认为是公平的，能够激发员工努力工作。对于一个社会而言，公正原则同样是激励人们努力工作的基本原则。在今天的中国，不同的行业的收入存在很大的差别，特别是垄断性行业与竞争性行业的平均真实收入存在巨大差别，而这些差别不全是由于不同行业的努力程度和社会贡献决定的，这在根本上影响到整个社会的工作积极性和工作成就感。公平就是效率，公平是最基本的激励。

互联网金融监管只有首先遵循公正或公平原则，才能提高工作积极性，金融行业从事人员的工作热情才能从根本上激发出来，从而提高整个金融系统的工作效率，提高金融行业的劳动生产率，最终促进实体经济增长和经济发展。

公正不仅是提高效率的根本原则，也是促进社会和谐的根本原则。虽然无私利他是最高善行，但是无私利他的行为在整个社会中只占很少比例。基本的善行是为己利他，目的为自己，手段为别人，这是大多数人大多数时候的行为属性。这从根本上决定了只有通过公正的等利交换，社会才能实现基本的善。公正是社会治理的最根本原则，它从根本上决定了一个社会人们的心态是否平和。因为不公正的利益分配会导致许多人会受到委屈，他们会逐渐对社会产生不满，不公正会逐渐积累起社会怨恨，而这些社会怨恨是社会冲突的源泉。一个社会是否真正的和平，关键是看每个机构、每个人是否真正的自信。而公正是使一个社会真正自信与和平的基础。有时表面上的稳定虽然压住了人们心中的怨恨，但一旦社会控制稍微放松就会产生巨大的反弹，甚至引发社会动荡，这样的社会并非真正的和平。现代和平学认为真正的和平是每个人内心都是平静的，对社会是基本满意的，即使缺少社会管理机构的强力维稳，社会也不会产生剧烈冲突和动荡。社会和平的根本保证是公正，只有社会制度从根本上讲是公正的，人们才会发自内心真正地支持社会管理，才会减少怨恨，相互之间和睦相处。只有社会公正才能从根本上消除社会冲突，从而减少强力维稳导致的高社会成本，把人们的精力平和地引向创造财富、发展科学技术和文化艺术上来，最终创造社会繁荣。

（二）效率原则与适度监管

互联网金融监管有其必要性，或者说互联网金融监管能够带来社会收益。互联网金融监管也有社会成本，包括对社会自由的干预和导致金融压抑。恰当的互联网金融监管就要求权衡监管的收益与成本，适度监管，增进整个社会的净收益，提高整个社会福利，或者说提高经济效率。因而，适度监管原则实际上是效率原则的具体体现。

1. 互联网金融监管的成本和收益

互联网金融监管的主要收益是能够防控互联网金融风险，保护消费者的合法权益，促进社会经济领域的公平竞争，提高金融体系的效率，最终促进经济增长和经济发展。互联网金融监管的成本主要有两个方面：一是监管本身的行政成本；二是可能导致社会不自由、不公正，并造成金融压抑的结局。一般来说，扩大金融监管的程度，其边际收益先递增后递减，而其边际成本先递减后递增。如图 2 –1 所示。

先看互联网金融监管的边际收益。互联网金融监管本质上仍然是一种生产活动，生产的产品是监管服务。没有理由认为互联网金融监管服务的生产函数规律不同于一般生产函数的规律。因此，我们仍然假定监管服务的生产函数符合通常的规律，即边际收益先递增后递减。对于监管服务的成本函数，我们仍然假定符合成本函数的通常规律，即边际成本先递减后递增。互联网金融监管服务的生产与通常产品的生产一样，并非生产得越多越好，也并非生产得越少越好，而是有一个最优的生产数量，这就要求互联网金融监管要适度，在图 1 –2 中的 B 点所示，就是最优的监管数量。

互联网金融监管的最终目的是实现社会福利最大化，直接体现为促进整体经济增长与发展。如果没有互联网金融监管或者监管不足，则由于互联网金融风险的孳生，对于经济增长与发展的促进作用较小；监管过度，会由于金融压抑导致经济增长与发展的促进作用也较小，可以用图 2 –2 来表示。

总之，互联网金融监管必须要适度，这是由促进整体经济效率和社会福利最大化的终极要求决定的。

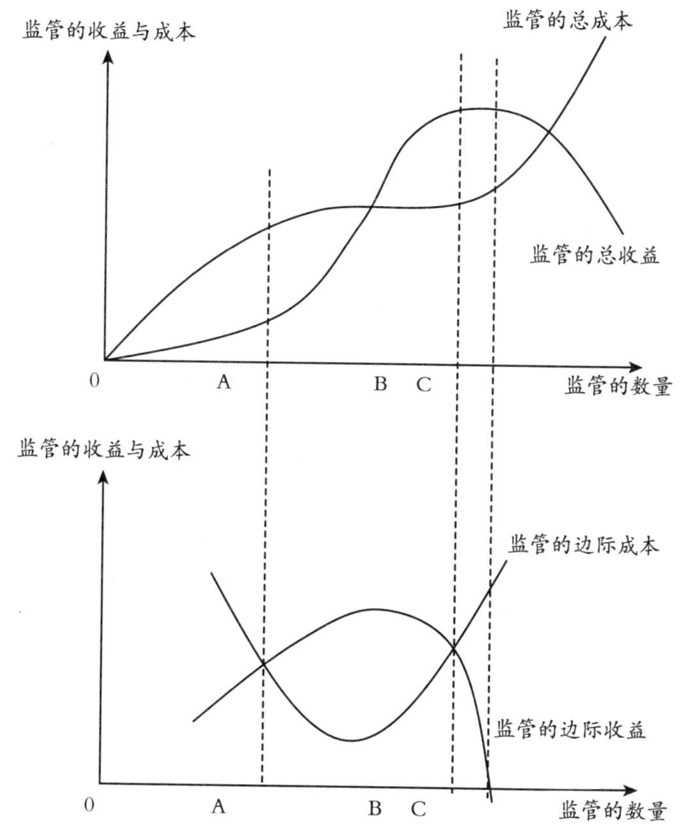

图 2－1　互联网金融监管的成本与收益

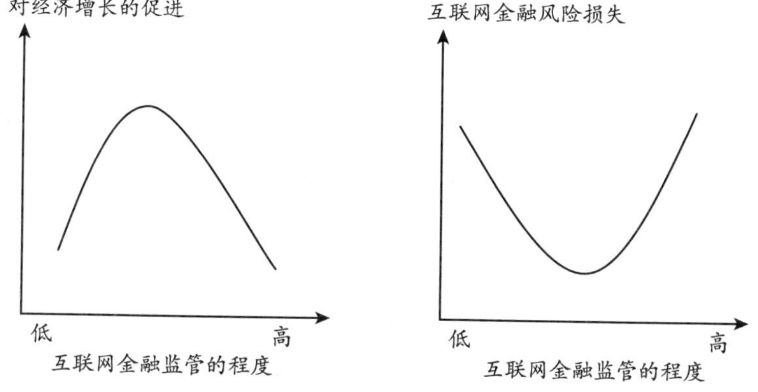

图 2－2　互联网金融监管的适度

2. 适度监管原则

互联网金融监管要适度，适度的标准是监管的社会收益减去社会成本之后净收益最大化。大多数社会权衡本质上都是一个成本与收益，或者说好处与坏处权衡的过程。适度监管原则实际上是追求社会整体利益最大化的体现。适度监管包括两个含义：（1）监管要及时，监管严重滞后会导致互联网金融风险严重泛滥，不仅导致投资人巨大损失，还可能引发政治与社会风险。（2）监管机构对于互联网金融行业的干预要适度，干预过少可能放纵一些互联网金融平台不规范经营，扩大了互联网金融风险；干预过多可能导致金融压抑，抑制了互联网金融的活力，进而使得我国金融领域僵化的垄断格局难以打破，金融效率难以提高。

（三）区分对待原则

互联网金融在近两年的飞速发展，参与者成分复杂，既有诚实经营者，也有坑蒙拐骗者；对于同一个主体，既可能有诚实经营行为，也可能有坑蒙拐骗行为。区分对待原则实际上是公正原则的具体化，区分对待原则要求互联网金融监管当局应当区分诚实经营行为和欺蒙拐骗行为，对于违反法律的行为应当进行追究，对于诚实经营的行为应当进行鼓励。

具体来讲，对于表 1 – 1D 区域中的经营行为应当进行鼓励和扶持，对于 B 区域中的经营行为应当进行限制和规范。D 区域中的纯粹互联网金融代表了互联网金融的核心本质和发展方向，对于只涉及 D 区域纯粹互联网金融的企业应进行鼓励，但要进行审慎监管，特别是对其大数据技术业务进行审慎监管。对于涉及 B 区域的互联网金融企业，要对其经营过程进行认真鉴别。对于那些涉嫌诈骗的 P2P 平台和涉及非法集资、非法吸储并造成严重社会后果的平台要进行清理整顿，并要求其赔偿投资人的损失，必要时应当责令停业，甚至诉诸法律。

对于设立资金池、设立假标、秒标进行自融的要责令其停业并赔偿投资人损失。对于设立资金池，实行借贷分离，通过债权分拆和转让扩大业务量但不涉及诈骗的 P2P 平台，应当责令其取消资金池，资金委托第三方托管。对于债权拆分，可只允许借款标的拆分为多个小标的以供多个投资人竞标，不允许一个标的包括多个借款人一个投资者，因为多个借款人一个投资者的情况可以直接拆分成多个标的。不允许 P2P 平台实行借贷分离，因为借贷分离改变了 P2P 直接融资的本来面目，且容易形成假标。

对于 P2P 平台给投资者提供本金和利息担保的，可进行风险教育和审慎监管，而不宜进行停业整顿，符合融资担保业务条件的担保 P2P 平台可以同时发给融资担保业务的许可证。应严禁投资人或借款人从 P2P 平台提取现金，因为这涉嫌传统银行业务，容易导致 P2P 平台参与货币派生过程。客户能够从 P2P 平台提取现金，P2P 平台无异于银行，客户在 P2P 开设的账户就具有信用支付功能，从而 P2P 平台就彻底变成了银行。如果互联网金融平台从事银行业务，也可以按照银行的标准进行监管，对于不符合银行从业标准的 P2P 平台要清理整顿。对于符合银行从业标准的互联网金融平台，可以要求其按照银行从业标准进行申请银行牌照，这是银行业向私人资本开放的一种方式。

（四）金融消费者保护原则

金融消费者保护原则是保护弱势群体的法律原则的体现，从某种意义上也体现出了一定的公平含义。

1. 消费者主权与消费者弱势

消费者主权理论有两种形态：一是实证层面；二是规范层面。即消费者主权是事实还是应当提倡的社会理想。在一个自由民主的社会，人民真正成为国家的主人，国家权力导致的经济垄断基本上不存在，经济体制趋于充分竞争的利伯维尔场体制，这时每个人都是消费者，消费者的偏好真正决定了竞争性企业的生产和经营决策，此时消费者主权就成为现实。但是在一个存在着较多经济垄断的社会经济中，许多垄断性大企业左右着产品设计和定价，消费者就可能成为弱势群体，无法与垄断企业相抗衡。因为消费者虽然人数众多，但是由于奥尔森所说的集体行动的困难，消费者要联合起来维护自己的权利，交易费用太高而难以奏效。

从社会理想来看，消费者主权应当成为规范性目标，因为每个人都是消费者。评价道德好坏和经济效率的终极标准在功利主义看来就是增加每个人的福利，在每个人都是消费者的情况下，增加每个人的福利就是增加每个消费者的福利，即增加每个消费者的利益。政府提供的公共服务的消费者仍然是人民大众，消费者主权也包括了消费者对于政府提供的公共服务的主导地位，即政府应当根据人民的需要提供恰当的公共产品和服务。因此，消费者主权本质上与人民主权是同一的。

但政治上的人民主权与经济上的消费者主权也有区别，一个政治上自由民主的社会，仍然可能在经济上存在着不易消除的垄断，就像美国在 20 世纪初期一样。此时，必须由代表人民主权的政府来消除经济垄断，还消费者以权利，这就是美国在 20 世纪初期的反托拉斯运动和进步运动。

因此，现实中到底是消费者主权还是消费者弱势，关键是看是否存在难以消除的经济垄断。而经济垄断是顽固存在还是存在潜在竞争，关键是看经济监管当局是否有决心进行反垄断和反不正当竞争。作为理想的互联网金融监管原则的消费者保护原则，必然要求互联网金融监管当局将保护广大消费者的合法权益放在首位，由国家站在现实中具有弱势的消费者一边，从而使得消费者与企业之间的关系达成某种均衡态势。

2. 金融消费者保护原则

互联网金融监管的消费者保护原则有三个基本要求：一是在消费者和互联网金融企业发生法律诉讼时，要求互联网金融企业有更多的举证责任；二是在出现风险损失时，对消费者赔偿应当放在首位；三是要求金融行业的充分竞争，利用市场竞争使得传统金融机构和互联网金融企业都能够以消费者为中心提供金融服务，减弱损人利己的机会主义行为倾向。这就要求互联网金融监管要坚决反对垄断，不仅要反对互联网金融企业形成垄断，而且要反对传统金融机构形成的垄断。互联网金融提高了投资者的收益率，像余额宝这样的互联网金融产品实际上瓦解了传统银行较高的存贷利率差，有利于消除由于垄断带来的传统银行的食利现象。作为互联网金融监管的消费者保护原则，就要增进金融行业的竞争，保护余额宝等互联网金融产品的合法权益，保护余额宝给消费者带来的巨大利益。

（五）信息保护和公开原则

信息保护和公开原则包括：一是哪些信息不能公开，监管当局应该为被监管对象的哪些信息负有保密义务；二是哪些监管信息必须公开、如何公开，《中国政府信息公开条例》可以作为基本依据。

1. 信息保护和公开原则

一方面，互联网金融监管当局有义务保护互联网金融企业的商业秘密和消费者的隐私。在互联网金融监管过程中，监管当局要确保其所收集的互联网金融企业和消费者的私人信息不能向社会公开，要履行保密义务。这是被监管对象信任监管当局并向其提供信息的依据。

另一方面，信息公开原则要求互联网金融监管当局在制定监管细则和执行过程中，及时公开相关信息，让互联网金融企业和相关经济主体能够充分了解政府在做哪些事情，是怎么做的。这一原则同时要求监管当局信息发布要公开进行，让所有利益相关者都有机会接触了解信息，避免在信息发布之前小道消息在部分利益相关者之中流传，避免部分互联网金融企业通过内幕消息实施不正当竞争，获取不正当利益。

2. 监管信息的权力特征及寻租可能性

之所以互联网金融监管必须遵循信息保护和公开原则，原因在于：

第一，不同的互联网金融企业拥有自身的私人信息，这些私人信息的主要部分是商业秘密。互联网金融监管当局为了实施监管，有可能要求互联网金融企业提供自身的全部信息包括商业秘密，而其他金融企业没有理由提出如此要求。因此，要求互联网金融企业提供详细经营信息是国家权力的一种运用。但是由于每个人都可能具有利己动机下的损人利己行为，监管机构或人员或者将互联网金融企业的私人信息拿去出售给竞争者，类似于互联网金融企业可能将投资者或借款人的私人信息拿去出售一样。因此，互联网金融监管在要求互联网金融企业妥善保管客户私人信息的同时，监管当局也有义务妥善保管被监管对象的私人信息。被监管对象的部分私人信息不能被监管当局向社会公开，这是商业秘密法的基本要求，类似于隐私法对于消费者信息的保护要求一样。

第二，监管当局有权获取被监管对象的私人信息，互联网金融监管必然要求监管当局掌握互联网金融企业等私人主体的完备信息，以便做出公正的鉴别并实施公正的监管措施，同时，监管者的行为可能影响到互联网金融企业的切身利益。根据权利与义务相平衡的公正原则，监管当局必须公开自身的监管行为信息，如监管程序、监管事件、调查结论、奖惩决定等相关信息，以便于被监管对象根据这些信息维护自身权利。

三、互联网金融监管的模式

金融监管模式是金融监管机构和金融监管法规的一系列制度安排，它定义了金融监管机构之间、金融监管机构与被监管对象之间的相互关系。金融监管模式的核心是划分监管权限，监管权限的划分与金融行业的机构和功能划分是否相适应是金融监管模式合理性的根本。

（一）金融监管模式的分类

根据中央政府与地方政府在金融监管中的权力划分，可以分为一元模式和双元模式。一元模式即由中央政府统一负责金融监管，双元模式即中央政府与地方政府拥有相对独立的权力对金融进行监管。一元监管模式有助于政令统一，但容易导致中央政府的腐败，增加寻租成本，且不能兼顾地方特色。双元模式能够有助于地方政府根据实际情况实行因地制宜的监管，但可能存在相互抵触和重复监管，从而增加监管成本。

根据金融监管机构监管内容可以分为分业监管与混业监管。分业监管是不同监管机构负责不同类型金融业务的监管；混业监管是同一个监管机构对银行、证券、保险等多种金融业务同时负责监管。金融监管模式与金融行业经营模式有关系，但非必然联系。金融行业的分业经营模式是指同一个金融机构不能同时从事银行、证券、保险等多种金融业务，而只能从事其中某类金融业务。金融行业的混业经营模式是指同一个金融机构可以同时从事银行、证券、保险等多种金融业务。通常情况下，分业经营模式要求分业监管模式，混业经营模式要求混业监管模式。但这种关系并非必然要求，例如，美国金融业实行的是混业经营，但美国的金融监管却主要实行分业监管。分业监管能够提高监管机构的专业化水平，但可能由于不同金融模式之间的相互影响和融合，导致相互推诿或重复监管。混业监管有助于金融业务融合创新，但专业化水平不足。

根据金融监管机构的数量及其相互之间的权力划分关系，可以分为单头监管和多头监管。单头监管通常在每个行政层级只有一个金融监管机构监管所有金融业务，而多头金融监管在每个行政层级存在多个金融监管机构。单头监管权力集中，政令统一，行政效率较高，但可能因为缺乏相互制衡导致严重的腐败（谁来监管监管者呢?）。多头监管能够相互牵制，有助于防止腐败，但可能存在重复监管和相互推诿。

按照监管权限的划分，金融监管可以分为机构监管、功能监管、目标监管、单一监管等。机构监管是指以提供金融产品和服务的不同机构作为划分监管权限的依据，某类金融机构的所有业务活动均由其所归属的监管机构监管；功能监管是指以金融机构从事的不同业务（提供不同类型的产品和服务）或者说履行的不同功能作为监管依据，同类金融业务由相同监管机构监管，不论从事该业务的是何种金融机构；目标监管是指以金融监管要实现的不同目标作为设置监管机构和划分监管权限的依据，而不论金融机构的性质或者金融业务（产品）的功能如何；单一监管则是由单一监管机构全面负责金融市场上所有机构和业务的监管。[①] 在分业经营的条件下，机构监管与功能监管是重合的。但在混业经营条件下，机构监管与功能监管是分离的。

按照前面三种划分标准，金融监管模式可如表 2 – 3 进行划分。

---

① 廖凡．金融市场机构监管与功能监管的基本定位与相互关系［J］．金融市场研究，2012（1）．

表 2－3 金融监管模式

<table>
<tr><th colspan="4" rowspan="2">金融监管模式</th><th colspan="2">金融业务关系</th></tr>
<tr><th>分业监管</th><th>混业监管</th></tr>
<tr><td rowspan="4">中央、地方监管权力关系</td><td rowspan="2">一元监管</td><td rowspan="4">监管机构</td><td>单头监管</td><td>一元单头分业监管</td><td>一元单头混业监管</td></tr>
<tr><td>多头监管</td><td>一元多头分业监管</td><td>一元多头混业监管</td></tr>
<tr><td rowspan="2">双元监管</td><td>单头监管</td><td>—</td><td>—</td></tr>
<tr><td>多头监管</td><td>双元多头分业监管</td><td>双元多头混业监管</td></tr>
</table>

双元单头监管模式在逻辑上不存在，因为双元监管模式下，中央政府与地方政府各有一套自己的监管机构，肯定属于多头监管而非单头监管。

美国金融监管模式可称为双元多头分业监管，联邦政府与各州政府都有自己的金融监管机构，而且联邦与州政府都有多个金融监管机构能够同时与金融行业行使监管权，并且美国的金融行业实行混业经营，多个金融监管机构可能对银行、证券、保险等多个业务实行监管。美国的混业经营与分业监管之间的矛盾一直被学界所批评，有人认为这正是美国金融危机发生的原因之一。

德国金融监管模式可以称为一元单头分业监管，德国联邦金融局负责对全国金融机构进行监管。德国是全能银行制，即金融行业实行混业经营。但德国联邦金融局下设银行、证券、保险三个监管局，对德国的全能银行实行分业监管。

英国金融监管模式可以称为一元单头混业监管。1998 年，英国整合了所有的金融监管机构，建立了金融服务监管局，统一对全国金融行业实行混业监管。

日本金融监管模式也是一元单头混业监管。1997 年，日本政府进行了金融改革，取消了原来对银行、证券、信托子公司的分业限制，允许设立金融控股公司进行混业经营。2000 年，设立金融厅，对全国金融行业实行监管。2001 年，大藏省改名为财务省，负责全国金融行政管理。金融厅成为单一的金融监管机构，从而形成了日本单一化的混业金融监管体制。

中国目前实行的金融监管模式可以称为一元多头分业监管模式，金融监管机构为“一行三会”，它们是国务院下属的平级监管机构。1983 年，中国人民银行开始专司中央银行职责。1992 年证监会成立，1998 年保监会成立，2002 年银监会成立。这样，形成了人民银行负责货币政策，证监会负责证券行业监管，保监会负责保险行业监管，银监会负责银行业监管，“一行三会”既相互分工又相互合作的一元多头分业监管格局。

（二）机构监管与功能监管的比较

自20世纪80年代以来，我国的金融监管模式为机构监管和分业监管。这种金融监管模式与改革开放以后我们金融行业分业经营的实际状况基本适应，此时机构监管与功能监管本质上是重合的。但随着金融行业的创新和发展，金融机构的业务逐渐多元化，逐渐超越了传统的银行、保险、证券的基本划分，不同金融机构之间的业务相互交叉融合，如传统银行越来越多地设计和销售各种理财产品，而这些理财产品在本质上具有证券特性，这使得严格清晰的分业经营模式受到挑战，以分业经营为基础的机构监管有些力不从心。金融创新和业务交叉融合呼唤功能监管。

机构监管与功能监管相比较，机构监管的优势正是功能监管的劣势，而机构监管的劣势正是功能监管的优势。机构监管相比于功能监管，主要优势在于能够更好地进行审慎监管，因为机构监管要综合考虑一个金融机构整体的经营状况和风险状况，功能监管则主要着重于每种金融业务本身的安全性，而同一金融机构多元业务之间的相互关系，可能导致高风险业务传染到同一个金融机构的低风险业务，而单纯的功能监管对此难以防范。功能监管相比于机构监管而言，其优势在于：一是有利于提高金融监管的专业性和针对性，而在混业经营条件下，机构监管缺乏金融监管的专业性和业务针对性；二是同一业务类型适用完全相同的监管政策有利于促进监管更加公平，而机构监管可能对不同金融机构的同一业务适用不同的监管政策；三是能够促进不同类型金融业务之间的交叉融合从而有利于金融创新，机构监管通常趋于限制不同金融机构的业务相互交叉融合与创新；四是有利于促进金融市场统一竞争，提高资金的配置效率，而严格的机构监管导致金融行业存在业务壁垒，不利于金融市场对资金的统一优化配置。机构监管与功能监管既可以一致也可能相互冲突，关键就在于现实金融机构是实行严格的分业经营还是存在混业经营；如果实际的金融行业实行严格的分业经营，那么机构监管与功能监管就是一致的；如果金融行业实行混业经营，那么机构监管与功能监管就是相冲突的。

而现实的金融行业，必定会逐渐地创新发展，从严格的分业经营向混业经营过渡。严格的分业经营使得金融风险主要是在不同金融机构的不同金融业务之间传染，而混业经营导致金融风险更容易在一个金融机构内部传染，且并不降低金融风险在不同金融机构之间传染的可能性，因此混业经营使得金融风险更具传染性。但混业经营使得金融机构之间的竞争更加公平，使得社会资金的配置效率更高。因此，严格的分业经营与混业经营之间存在两难冲突。分业经营与混业经营之间的两难冲突导致机构监管与功能监管的两难冲突难以避免。机构监管本身有助于维持分业经营的市场格局，从而可能阻碍混业经营的发展和金融行业的创新；功能监管本身不利于对金融机构实行审慎监管，容易导致风险的扩散。这些两难冲突的存在可能使得一个国家的金融监管模式摇摆于机构监管与功能监管之间，永远难以有一个最佳的监管模式。这类似于自由放任主义与政府干预主义之间总是风水轮流转，从历史的长河来看，很难绝对分出高下。

（三）我国现有金融监管模式对于互联网金融的影响

互联网金融是互联网技术与金融的融合，在本质上属于从严格的分业经营向混业经营过渡的阶段，代表了金融在未来的发展方向之一。我国现有的分业监管与机构监管，对于防止金融机构的风险发生与相互传染具有积极意义，但它不仅对于传统金融机构的金融创新已经起了抑制作用，对于互联网金融创新也可能产生一定的阻碍。具体来说，在表 1 - 1 中的 B 区域涉及的业务，按照目前分业经营与机构监管的基本框架，大多数是可以取缔的。例如，P2P 机构设立资金池的行为类似于银行，按照目前的监管框架实际上是禁止的，因为设立资金池背离了 P2P 的本来面目，实际上是银行业务与欧美 P2P 业务融合产生的具有中国特色的变体。但是，如果对 P2P 平台设立资金池的行为按照巴塞尔原则进行审慎监管，这种经营模式说不定能够成为金融行业的新的增长点，这可以成为民营资本进入银行业和金融业的一种方式。至少从目前来看，好的与坏的发展可能性都存在着，而如果按照目前的监管框架，虽然可以抑制风险，但也可能失去了金融业务创新发展的机会。

同时，互联网金融发展初期的监管缺位与我国现有分业监管与机构监管的基本框架有关，表现有二：一是在互联网金融发展初期，对于互联网金融机构的性质认识不明确，因而无法及时确定各种互联网金融机构的监管部门；二是互联网发展初期，不要说对于互联网金融业务的性质认识不明确，即使对于互联网金融业务的性质认识与定位明确，但由于互联网金融业务不能严格按照传统的金融业务划分来确定分业监管的监管部门，在功能监管和目标监管缺位的情况下，导致了互联网金融监管的不及时，从而在近两三年放大了互联网金融风险。换句话说，如果我国金融监管实行的是功能监管与目标监管的基本框架，那么对于互联网金融的监管就可能更加及时和准确。如果由于功能监管与目标监管的缺失导致互联网金融风险扩大，导致严重的社会问题而最终被迫取缔互联网金融，那么互联网金融的命运就可能类似于传销发展在中国的命运一样。传销一开始也是因为缺失必要的监管和引导，甚至是放任自流，导致最后几近失控，传销组织遍布中国各地，与人性中那种走捷径、发大财的机会主义幻想相结合，导致引诱亲友家人上当受骗的情况比比皆是，制造了许多人间悲剧，最后政府不得不完全禁止传销在中国的存在。从而最终使得一个在国外发展非常正常和理性的营销模式，在中国“水土不服”而寿终正寝。这样的教训非常深刻。互联网金融在目前只是处于发展初期，互联网技术与金融相结合，创新潜力巨大。如果由于监管体制失当导致监管不及时，最后风险扩散失控使得政府被迫禁止互联网金融创新，那么如何摆脱下面的指责呢——政府为了消灭互联网金融创新而故意先放纵使之为社会广泛诟病，然后再以正义之名禁止。

分业监管与机构监管的基本框架，如果严格执行，就会限制金融企业的混业创新，限制不同传统金融业务之间的交叉与融合。互联网技术，使得传统金融业务之间的交叉与融合的技术成本更低，如以余额宝为代表的互联网基金，本质上结合了传统的银行储蓄业务与基金证券业务，而互联网技术使得这一结合非常容易实现。当互联网技术在促进传统金融业务之间交叉与融合创新的同时，分业监管与机构监管的基本体制却可能抵消互联网技术对于金融业务交叉与融合创新的正面意义，从而阻碍互联网金融的持续创新与不断发展。

（四）互联网金融监管的模式

按照目前我国的分业监管与机构监管体制，互联网金融的不同模式，在金融行业内部分属不同的子行业，从而分别归属最接近其性质的监管部门监管。第三方支付功能类似传统银行的支付功能，2014 年 4 月已划归银监会监管。余额宝等网络直销基金本质上是货币基金，按照“一行三会”的分工，目前归证监会监管。众筹有实物回报众筹、股权众筹、债权众筹等形式，这在性质上与证券发行类似，已确定归证监会监管。而 P2P 网贷在本质上只是资金借贷的掮客，目前已确定归银监会进行监管。2014 年 7 月 8 日，中国银行业监督管理委员会创新监管部主任王岩岫在 2014 中国银行发展论坛暨第二届银行综合评选颁奖盛典上发言表示 P2P 网贷监管将遵循以下几个原则：（1）P2P 机构应明确定位于民间借贷的信息中介。（2）P2P 行业应有一定的行业门槛。（3）P2P 行业应充分信息披露、提高透明度。（4）探索更好地发挥行业自律组织的作用。在分业监管的格局之下，上述监管分工基本上体现出互联网金融不同模式的本质特征，值得肯定。

但是，上述监管权限的归属，有两个问题值得注意。第一，如果把互联网金融在目前的发展当成一个静态的存在，那么上述监管权限归属基本成立，并且在不禁止的情况下能够促进互联网金融在监管框架限定的模式下进一步发展。但机构监管和分业监管的基本体制并未考虑到互联网金融模式本身在未来的创新，可能超出金融子行业的传统区分。或者说，机构监管与分业监管的基本框架只能在互联网金融创新之后，并经过相当于长时间对其性质充分界定之后，才能确定其监管部门之归属。而混业监管、功能监管、目标监管体制却可能前瞻性地界定互联网金融在未来的创新模式所归属的监管部门，从而更加及时地提供监管。也就是说，在机构监管与分业监管的体制之下，虽然互联网金融在目前的发展模式的监管归属基本上划清了，但随着互联网金融的进一步创新发展，未来仍然面临新的互联网金融模式的监管权限归属不确定的问题。第二，目前有关 P2P 监管的基本意见实际上禁止了表 1 - 1 中 B 区域的大部分 P2P 经营模式，虽然有充分的理由，也符合 P2P 的本来面目，但这实际上认定 B 区域中大部分具有中国特色的 P2P 经营模式非法，取消了 P2P 在中国本土化创新发展的可能性。这种监管理念和思路，与马克思主义理论在中国本土化创新发展获得完全颂赞的待遇完全不同，这似乎体现出了一种非常深刻的歧视，即对官方的创新持全面颂赞态度而对民间创新持谨慎区分态度。

一个良好的互联网金融监管模式，不仅应当规范互联网金融在当下的发展，而且应当适应互联网金融模式在未来的创新发展。或者说，一个良好的互联网金融监管模式，应当具备相当的包容性和开放性，这种包容性既能够允许互联网金融模式的持续创新，又能够为互联网金融持续创新的模式前瞻性地提供规范。面对全球性的金融创新和金融自由化浪潮，特别是以互联网技术为基础的混业经营和金融业务交叉融合创新的浪潮，我国的金融监管体制似乎应当做出更积极的反应，以推动我国不仅成为经济大国，而且成为金融大国与金融强国。

第三章 互联网支付的风险防范与监管

支付是经济活动的起点和终点，是其他金融服务得以开展的基础和平台。互联网支付的大发展促进了互联网经济的繁荣，同时也由于技术因素、经济社会环境因素、法律因素等带来了交易风险，并在融入以传统金融业为主体的金融体系中引来了行业的监管问题。创新是互联网支付发展的不竭动力，然而在创新发展过程中注重企业自控和行业自律问题，则是进一步保障和促进整个行业大发展的重要基础。本章将在分析当前互联网支付发展状况的基础上，进一步研究互联网支付风险，探讨互联网支付的自律和监管问题，并借鉴国外对互联网支付的监管经验，以期为我国当前互联网支付的监管提供参考。

第一节 2014 年互联网支付的发展状况

支付活动与互联网技术的结合促使了互联网支付的诞生。互联网支付的最初业态是网上银行，随着网络经济的深入发展和信息技术的不断进步，在适应互联网经济突飞猛进的发展中，我国的互联网支付行业也发生了革命性的创新，出现了第三方支付、移动支付等模式，支付方式也出现了 NFC 近场支付、二维码支付以及声波支付等。本节将首先全面分析互联网支付模式、流程以及特征；其次概况介绍当前我国互联网支付行业的现状，并基于 SCP 范式对当前互联网支付行业的市场结构、市场行为等特征进行深入分析；最后总结介绍 2014 年互联网支付行业的典型事件，这些事件的出现和最终走向极大地关系到整个行业的发展。

一、互联网支付概述

（一）我国互联网支付的发展历程

支付作为金融活动重要的组成部分，信息是其核心，而以信息技术和网络技术为基础发展起来的互联网，则与金融活动具有天然的结合性。自从1995年互联网开始引入我国，作为一种新技术，已经开始不断影响我国的金融业。1997年招商银行率先在国内成立“一网通”品牌；1998年中国银行完成第一笔网上支付业务。自此开始，国内银行业的网上银行如雨后春笋般开始纷纷上线，网上银行作为新平台，大大延伸了银行业务特别是支付业务服务内容、时间和空间。

同时，在我国互联网支付的发展过程中，银行之外的非金融机构，也成为互联网支付发展的重要力量。1999年成立的首信易支付，作为国内第一家第三方支付平台，基于多家银行网银接入，成为众多网银的网关接口，提供了多卡种的一站式支付服务，拓展了服务的内容和效率，同时大大节约了支付成本。2003年成立的支付宝，更由于因网购交易而诞生，而又因交易快速发展而壮大，发展至今已成为我国最大的第三方支付平台，提供了除交易、转账支付之外的生活缴费、手机充值等几十种支付拓展服务，被称为网上的“银联”。当前，互联网支付移动化——移动支付正日益成为产业创新和投资的热点，将成为未来金融服务领域的生力军。

我国互联网支付发展状况及标志性事件，如图3－1所示。

（二）互联网支付定义与模式

1. 互联网支付的定义

根据国际清算银行的定义，“支付是付款人向收款人转移可以接受的货币债权。货币债权通常表现为现金、商业银行或中央银行存款等形式”，以此定义为基础，互联网支付，即是以互联网平台为主要媒介，运用现代化的信息技术、电子化等手段在付款人和收款人之间进行的货币债权转移。在此，应该引起注意的是，当前我国以第三方支付为代表的非金融机构，提供的支付服务扩展和丰富了传统支付的内涵和外延，在现金、商业银行或中央银行存款形式之外创造了新的债权形式，即“预付价值”①。

① 欧阳卫民．非金融机构支付市场监管的基本原则［J］．中国金融，2011（40）．

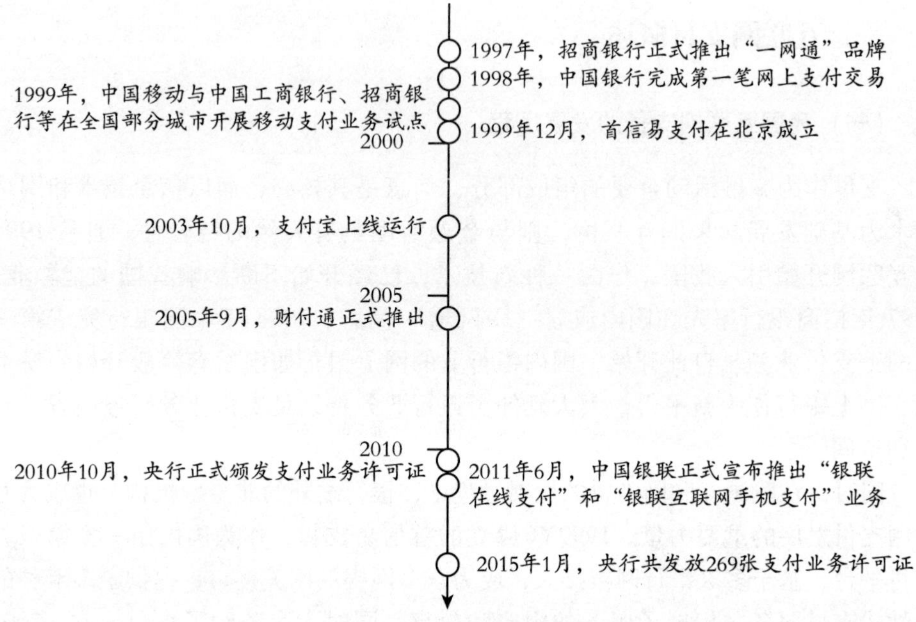

图 3－1　我国互联网支付发展状况及标志性事件

2. 互联网支付的模式

（1）以业务主体为标准进行的划分。如果以开展互联网支付业务的主体为标准（见表 3－1）进行划分，可基本分为网上银行和第三方支付（见表 3－2）两种基本形式，而移动支付又分别是两种基本模式演进的高级阶段。其中，网上银行的开展主体为银行金融机构，可以说是传统银行机构通过网络平台的延伸；第三方支付是非金融机构基本互联网平台开展的支付业务，是构建于网上银行基础之上，服务于网上交易的个性化支付系统，其具体又可以分为独立型第三方支付平台、非独立型和纯网关型支付平台。

表 3－1　以业务主体为标准的互联网支付模式

	业务主体	构建基础	业务内容	移动化趋势
网上银行	传统金融机构	央行支付清算系统	转账、汇款、生活缴费等	可向移动支付拓展
第三方支付	非金融机构	商业银行网上银行系统	支撑电子商务交易、转账汇款、生活服务等	可向移动支付拓展

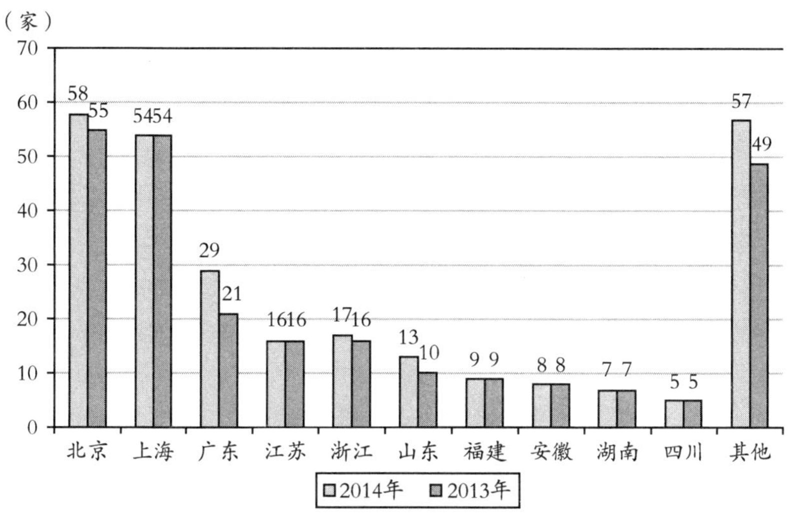

图 3－3　2014 年非金融支付业务地区分布

从交易规模上看，2013 年，中国第三方支付交易规模为 17.2 万亿元，同比增长 38.7%。随着第三方支付的业态逐步稳定，在现有格局下，全行业将进入稳定增长时期，预计未来 3 年均会保持 35% 左右的增速。

未来推动行业爆发新高速增长的因素有以下两个方面：一方面，是移动支付和 O2O 等新型商业模式的发展；另一方面，是近场和远程支付方式技术的进步。

图 3－4 展示了 2010～2017 年中国第三方支付交易规模。

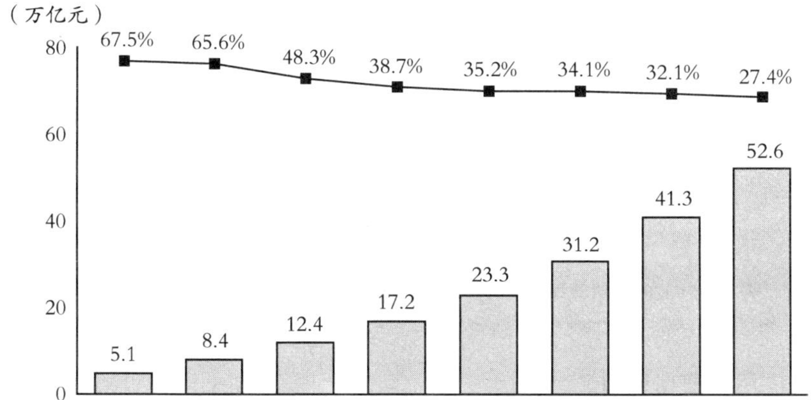

图 3－4　2010～2017 年第三方支付交易规模

资料来源：艾瑞咨询。

在第三方支付市场中，整体市场规模出现较大的集中度，以线上和线下支付综合来看，银联商务、支付宝、财付通仍然是较大的市场占有者，如图3－5所示。如果只考虑线上支付，则支付宝、财付通、银联商务是排名前三位的支付厂商，如图3－6所示。

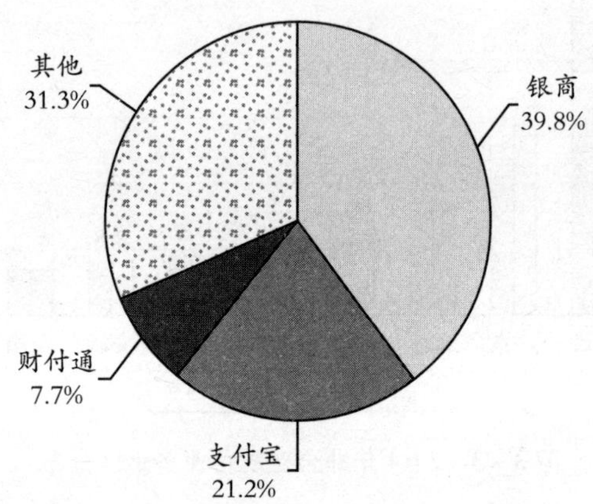

图3－5　2013年我国第三方支付核心企业交易规模市场份额（线上线下综合）

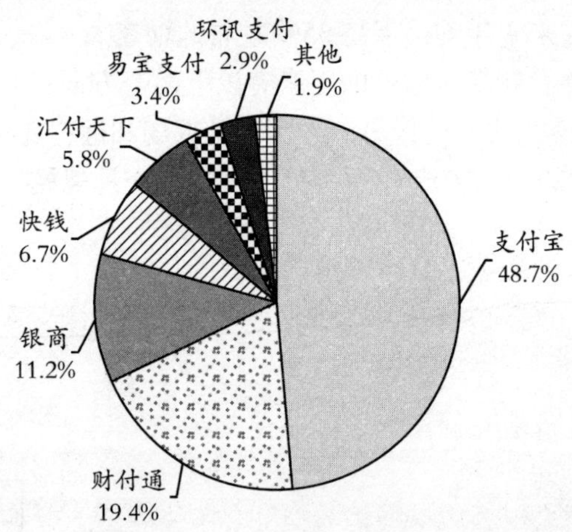

图3－6　2013年我国第三方支付核心企业交易规模市场份额（线上）

（二）用户使用行为

对比近两年用户使用互联网支付的行为可以看出，用户的互联网支付行为呈现出了新的特点，如图3－7所示。

通过图3－7可以看出，在2012年，用户最常使用的互联网支付方式是网上银行直接支付、第三方支付方式、ATM 机支付，而 2013 年，发生细微的变化，第三方支付成为网民最常使用的互联网支付方式，这与 2013 年第三方支付平台推出的互联网理财服务以及其他更个性化丰富的服务有很大关联。

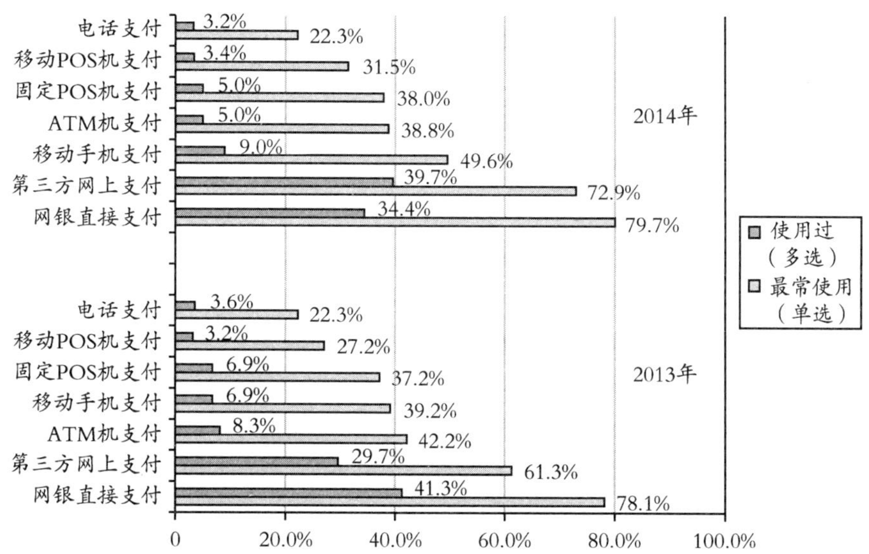

图 3－7 2013 年和 2014 年中国互联网支付用户使用过与最常使用的支付方式对比

资料来源：艾瑞咨询。

从图 3－8 可以看出，第三方支付、移动支付已经逐渐成为目前用户最期待的支付方式。在 2014 年，互联网支付应用中，第三方支付的移动化趋势明显，快的打车和嘀嘀打车的烧钱之战，背后所体现的是支付宝和微信支付的较量；同时，在这一年，年初京东白条和年末支付宝“花呗”个人信贷业务的上线，将在更大程度上引爆第三方支付的应用。

三、互联网支付的 SCP 范式分析

深入了解互联网支付的市场结构及市场行为等因素，有助于更好地为行业发展提出相应的对策建议。就目前的互联网支付来说，第三方支付市场已经发展趋于成熟，并形成了较为稳定的产业格局；而移动支付方面，目前市场格局尚待发展，就具体的行业发展来说，尚未形成主流的移动支付模式。故在此主要基于 SCP 范式对第三方支付市场进行分析。

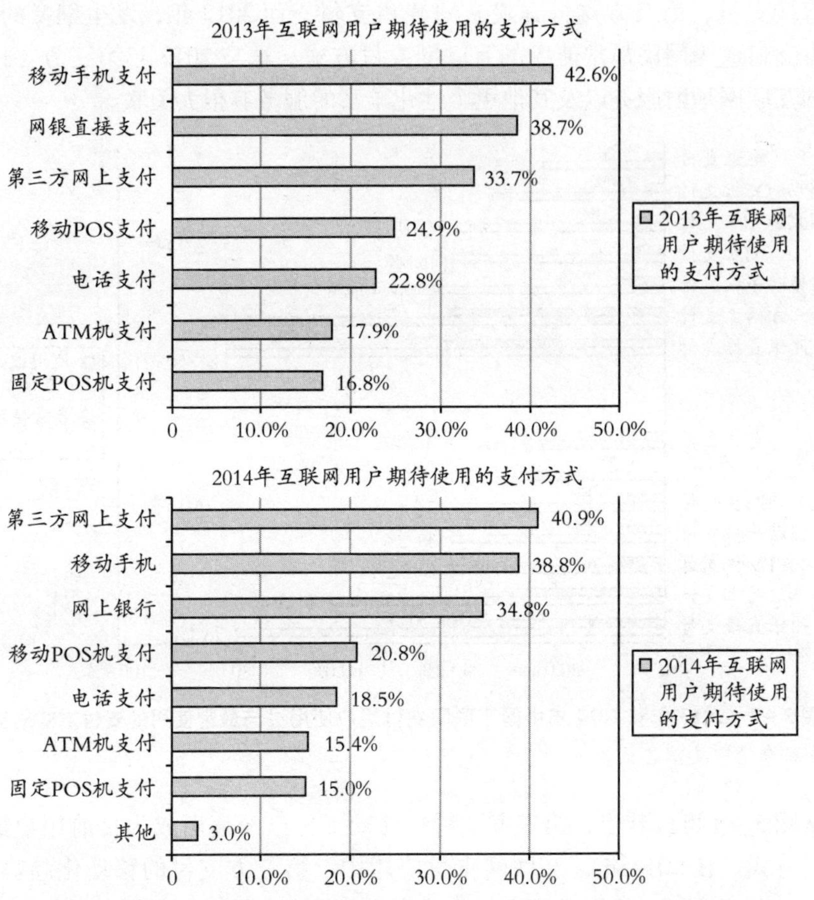

图3-8　2013年和2014年中国互联网支付用户期待使用的支付方式对比

（一）产业组织学SCP范式

产业组织理论产生于20世纪30年代，哈佛大学的梅森和贝恩是这一理论的主要开创者。产业组织理论以价格理论为基础，通过对现代市场经济发展过程中，产业内部竞争与垄断及规模经济的关系与矛盾的具体考察分析，着力探讨某种产业组织状况及其变动对产业配置效率的影响，从而为维护合理的市场秩序和经济效率提供理论依据和对策途径。

产业组织理论的核心内容是结构（Structure）——行为（Conduct）——绩效（Performance）分析范式，即所谓的SCP分析。市场结构通过对卖方集中度、买方集中度、产品差别化程度、进入的条件等指标的分析，主要考察卖者之间、买者之间、买者和卖者之间以及现有卖者与潜在进入者之间的四种基本市场结构。市场行为也主要包括四个方面：卖方的价格和产量决策；卖者的产品和销售费用决策；卖者的掠夺性行为和排他性行为；企业作为买者时的市场行为。而作为企业行为的最终结果——市场绩效的考察主要涉及以下六个方面：受产量、企业规模和过剩生产能力所影响的相对技术绩效；相对于长期边际成本和平均成本的价格水平以及价格——成长差额；长期边际成本和价格相等条件下最大可能产出规模与实际产业产出水平的比较；生产成本与促销费用的比较；生产或产品的特点，如设计、质量和多样性等；产业在产品和生产工艺的进步状况，及其与可以达到的最优成本水平的比较。贝恩强调市场结构是企业行为的决定因素；在一个给定的市场结构中，企业行为又是市场绩效的决定因素。

产业市场结构是指企业市场关系的特征和形式，本质上讲，市场结构反映的是市场竞争与垄断的关系，主要包括以下几点：卖方（企业）之间的关系，买方（企业或消费者）之间的关系，买卖双方的关系，市场内现有的买方、卖方与正在进入或可能进入该市场的买方卖方之间的关系。根据不同产业的市场垄断与竞争程度将市场划分为四种不同的结构，即完全竞争市场，完全垄断市场，寡头垄断市场，垄断竞争市场。寡头垄断市场是一种常见的市场结构形式，也是产业组织理论重点研究的一种市场结构。垄断竞争市场是一种比较接近现实经济状况的市场结构，介于完全竞争与完全垄断之间，偏向完全竞争。

贝恩、植草益等又在研究本国的市场中将市场类型划分为实用性更强的不同等级的竞争型和寡占型市场结构。

1. 行业集中度

指行业内规模最大的几位企业的有关数值可以是产值、产量、销售额、职工人数、资产总额等占整个市场或行业的份额。计算公式为：

$$CR_n = \frac{\sum_n (X_i)}{\sum_N (X_i)}$$

式中：CR_n——产业中规模最大的前 n 位企业的行业集中度；X_i——产业中第 i 位企业的产值、产量、销售额、销售量、职工人数或资产总额等数值；n——产业内的企业数；N——产业的企业总数。

表 3 - 4 是贝恩的市场集中度结构分类。

表 3-4　　贝恩的市场集中度结构分类

集中度 结构类型	CR_4（%）	CR_8（%）
寡占Ⅰ型（高度寡占）	$CR_4 \geq 85$	—
寡占Ⅱ型（高度集中）	$75 \leq CR_4 < 85$	$CR_8 \geq 85$
寡占Ⅲ型（中上集中）	$50 \leq CR_4 < 75$	$75 \leq CR_8 < 85$
寡占Ⅳ型（中下集中）	$35 \leq CR_4 < 50$	$45 \leq CR_8 < 75$
寡占Ⅴ型（低度集中）	$30 \leq CR_4 < 35$	$40 \leq CR_8 < 45$
竞争型（原子型）	$CR_4 < 30$	$CR_8 < 40$

2. 赫芬达尔—赫希曼指数

赫芬达尔—赫希曼指数，是指一个行业中各市场竞争主体所占行业总收入或总资产百分比的平方和，用来计量市场份额的变化，即市场中厂商规模的离散度。计算公式如下：

$$HHI = \sum_{i=1}^{N}\left(\frac{X_i}{X}\right)^2 = \sum_{i=1}^{N} S_i^2$$

式中：X——市场的总规模；X_i——企业的规模；$S_i = X_i/X$ 表示第 i 个企业的市场占有率；N——该产业内的企业数。

HHI 指数综合地反映了企业的数目和相对规模（见表 3-5），能够反映出行业集中度所无法反映的集中度的差别。

表 3-5　　以 HHI 值为基准的市场结构分类

市场结构	寡占型				竞争型	
	高寡占Ⅰ型	高寡占Ⅱ型	低寡占Ⅰ型	低寡占Ⅱ型	竞争Ⅰ型	竞争Ⅱ型
HHI 值 0/1000	HHI > 3000	3000 > HHI > 1800	1800 > HHI > 1400	1400 > HHI > 1000	1000 > HHI > 500	500 > HHI

（二）互联网支付产业的市场结构分析

1. 我国互联网支付产业的市场集中度分析

表 3-6 反映了我国第三方支付行业市场集中度状况。

表 3－6 2011～2014 年我国第三方支付行业市场集中度状况

年份	前四名市场份额情况				CR_4/%	HHI
	支付宝/%	财付通/%	银联商务/%	快钱/%		
2011	49.0	20.4	8.4	7.5	85.3	3017.91
2012	49.2	20.0	9.3	6.9	85.4	3021.08
2013	48.7	19.4	11.2	6.7	86.0	2975.6
2014（Q2）	48.8	19.8	11.4	6.8	86.8	2999.3

资料来源：艾瑞咨询历年发布的研究报告。

据艾瑞咨询发布的历年市场份额可以看出，从 2011～2014 年第 2 季度，支付宝、财付通、银联商务、快钱一直是第三方支付市场份额最大的四家，CR4 的集中度一直处于 85% 以上。对照贝恩的产业垄断和竞争类型划分标准，我国第三方支付市场属于高度寡占型，并且从 2013 年开始，市场呈现加速集中趋势（见图 3－9）。这说明随着第三方支付市场的整体市场规模的扩大，已有竞争者利用自身的竞争优势不断推出新兴的服务，如自支付宝推出余额宝以来，各支付工具纷纷推出了理财产品，2014 年国庆长假支付宝海外退税成了国人海外购物的首选。

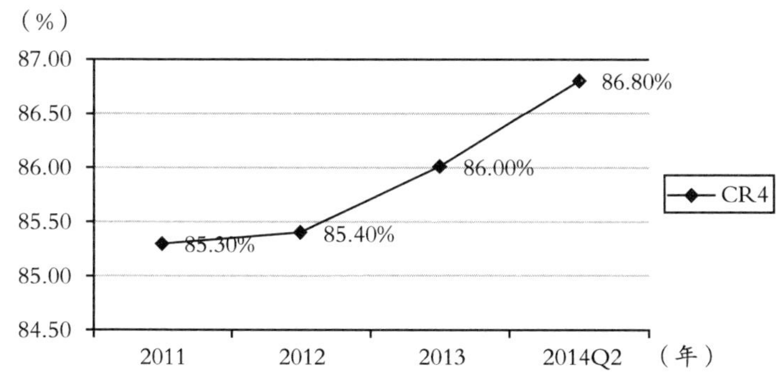

图 3－9 我国第三方支付行业近 4 年 CR4 指数变化趋势

从图 3－10 可以看出，趋势的变化反映出我国第三方支付市场的集中度在降低后又重新增高。2013 年是一个拐点，这一年支付宝的市场份额有所下降，与行业出现的一些事件有较大关联。2013 年 8 月，支付宝官方微博发布消息，"由于众所周知的原因，将停止所有线下 POS 业务"，而这一原因被指是中国银联董事会所做的内部决定，"2014 年 7 月 1 日之前，银联逐步将非金融机构银联卡交易全面迁移至银联网络。这意味着银联开始正式与第三方支付争夺直连市场"。

然而2013年支付宝在理财市场、互联网平台贷款领域的遍地开花，也让其继续引领第三方支付市场的发展。2014年2月，京东依托其第三方支付工具推出的“白条”功能，实现了网络虚拟信用卡功能，该种创新带来了第三方支付市场的进一步创新竞争，未来市场的集中度将呈现进一步的集中趋势。

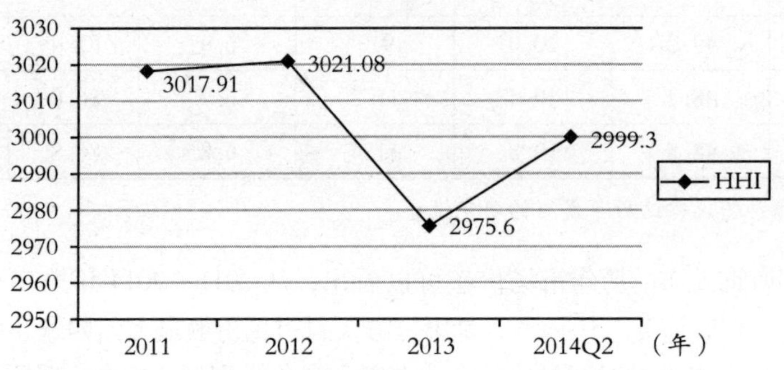

图3-10　我国第三方支付行业近4年HHI指数变化趋势

2. 产品差异化

从目前我国第三方支付所提供的服务来看，主要是基础服务和扩展服务。基础服务主要是作为平台类第三方支付提供的担保交易服务，主要是支付宝和财付通，该类服务使得提供服务的第三方支付工具具有较强的用户黏性，也形成了对其他第三方支付工具的壁垒；其次是扩展服务，如跨行转账、信用卡还款、手机充值等，该类服务基本是第三方支付平台均可提供的服务，所不同的只是合作签约银行的多少。而另外一部分扩展服务则是平台类第三方支付工具的专利，如依托客户交易纪录开展的放贷业务，虽然第三方支付工具只是放贷资金流通的渠道，但却是其他非平台类第三方支付平台所无法开展的业务。

因此，产品差异化程度较低决定着第三方支付市场竞争的激烈，价格战是难免的占领市场的手段。

3. 进入壁垒

目前的第三方支付市场，所表现的行业规律与互联网所表现的赢家通吃有极大的相似性，整个市场对于新加入者来说，存在相当的壁垒。就目前我国第三方支付市场来说，市场份额主要集中在支付宝、财付通、银联商务及快钱等4家。截至2014年8月，央行所颁发的269张支付牌照中，有105家具有互联网支付的业务许可，而对于支付宝和财付通将近70%的份额，其他具有互联网支付业务的公司来说是无法进入的，因其两者与平台的关联性，决定着众多公司只能分食剩余的30%的份额。

4. 市场增长率

据艾瑞咨询最新发布的第三方支付市场的预计，未来我国第三方支付市场仍将保持年均30%的增长率。这主要是得益于：一方面，移动支付和O2O等新兴商业模式的发展，就目前我国的移动支付市场来说，尚未形成主流的支付方式，未来新兴模式的出现必将促进整个行业的发展；另一方面，近场和远程支付方式技术的进步和整合发展，未来移动支付的核心在于线上线下快速同时快捷支付，将近程的方便、即时、真正的移动属性，远程的品种选择广、时间自由、不受地理限制特点，全部融合起来，这理所当然就是支付的终极形态。

（三）互联网支付的市场行为分析

1. 价格策略

就目前第三方支付的价格策略，主流的第三方支付工具已基本告别了免费时代，支付宝自2009年即开始收费。进入2013年，为了引导在移动终端的使用，支付宝推出了移动终端的免费政策，而PC端则除正常购物外，其他扩展服务则需收费，如信用卡还款。同样，财付通也基本实行了收费政策。这表明，随着市场集中度的增加，市场中的主体已经开始进行收费以获取正常的利润，而其他第三方支付工具实行的免费政策，较难撼动在位者的地位。

2. 非合作行为

随着第三方支付市场的竞争变化，主要竞争者之间的竞争行为日趋白热化，如银联通过相关手段，限制第三方支付的快捷支付界限和限额，要求转接入银联网络等，都会对市场造成一定的冲击。

四、2014年互联网支付领域典型事件回顾

（一）2014年互联网支付行业大事记

2014年，我国互联网支付行业可谓是风起云涌，年初支付宝与微信开启打车软件之战，目的是未来移动支付的入口之争；各大巨头纷纷布局互联网支付，京东和支付宝纷纷上线网上个人消费信贷业务，支付宝开户海外退税业务以争夺未来的潜在市场；与此同时，百度也正式进军互联网支付和互联网金融。在互联网巨头发力互联网支付的过程中，也因行业问题引来了监管层的关注，也在业务开展的过程中与传统金融机构产生了诸多摩擦，最典型的就是银联关于业务迁移的通知。

2014年，中国互联网支付行业大事记，如图3－11所示。

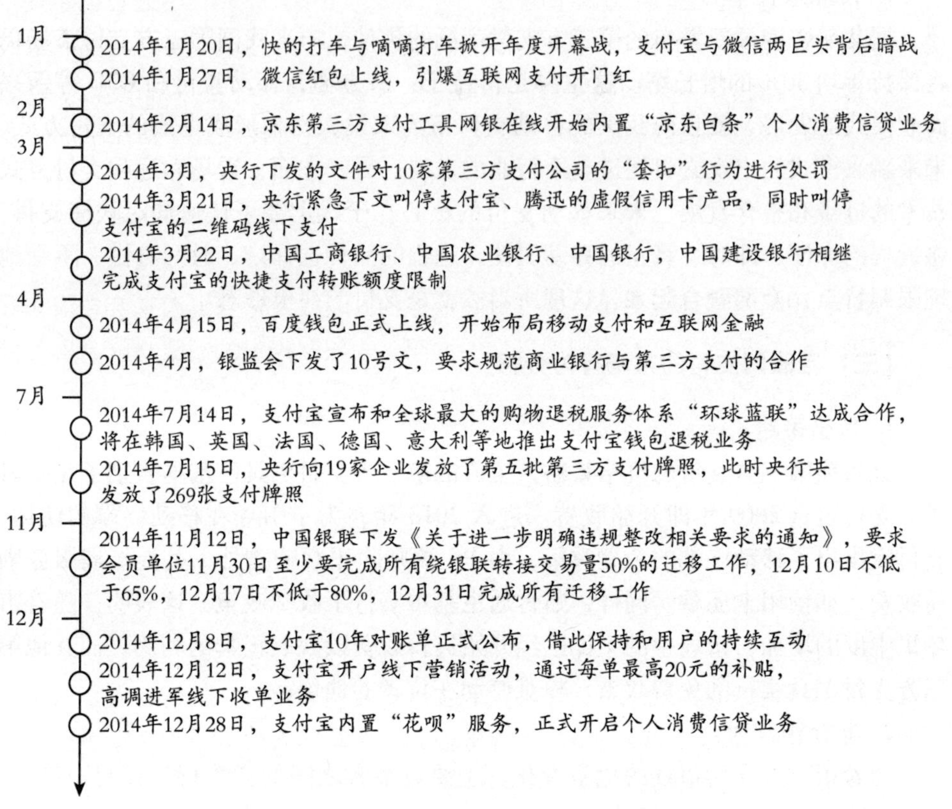

图 3－11　2014 年中国互联网支付行业大事记

（二）互联网支付典型事件回顾

1. 信用卡预授权事件

信用卡预授权事件，是指从 2013 年年底开始，浙江、福建等省部分持卡人通过向信用卡内存入大额溢缴款，利用预授权完成交易需在预授权金额 115% 范围内予以付款承兑的业务特性，与部分支持预授权类交易的特约商户勾结，合谋套取发卡银行额外信用额度。

2014 年 3 月，央行下发《中国人民银行关于银行卡预授权风险事件的通报》，对包括分别汇付天下、随行付、易宝、盛付通、卡友、北京科海融通、捷付睿通、富友等 8 家支付机构进行处罚，另需自查的有两家：银联商务和广东嘉联。

针对此次非法套现事件，业内也有观点认为，此次事件跟银联的预授权规则存在的巨大漏洞有关。简单来讲，预授权交易就是先冻结信用卡内部分资金用作押金，随后按实际消费金额结算的交易。这本来没什么问题，但银联偏偏设计了个“超限”功能：通过预授权交易，信用卡最高能刷可交易额度的115%。举个例子，假设一张信用卡透支额度是1万元，存20万元进去，可用额度变成20万元，那么通过预授权就可以交易23万元。这么一来就直接绕过了信用卡的透支额度限制。

不少业内人士认为，产业链各方包括商业银行、银联和支付机构都应该进行反思，而不是一板子打在支付机构身上。

简评：预授权事件说明第三方支付在业务的开发以及运营方面还存在诸多漏洞，但就事件的根源上来看，制度存在的漏洞——银联规定的超限功能是事件的根源，而此次处罚仅针对第三方支付机构略显不公平。

2. 支付宝VS银联

2014年3月13日，央行下发紧急文件《中国人民银行支付结算司关于暂停支付宝公司线下条码（二维码）支付等业务意见的函》，暂停支付宝、腾讯的虚拟信用卡产品，同时叫停的还有条码（二维码）支付等面对面支付服务，并要求支付宝、财付通将有关产品详细介绍、管理制度、操作流程等情况上报。

而央行给出的理由是安全问题。央行通知表示，线下条码（二维码）支付突破了传统终端的业务模式，其风险控制水平直接关系到客户的信息安全与资金安全。虚拟信用卡突破了现有信用卡业务模式，在落实客户身份识别义务、保障客户信息安全等方面尚待进一步研究。

而业内人士分析认为，央行之所以叫停的重要原因是，支付机构拟推出的线下支付的模式绕开了银联的通道，使银联潜在分成收入被划走，从根本上触动了银联的利益。这一事件是继2013年8月，支付宝对外宣布，“由于某些众所周知的原因”，将停止所有线下POS机业务以来，银联与支付机构的又一次交锋。

不仅如此，2014年11月12日，中国银联下发《关于进一步明确违规整改相关要求的通知》，要求会员单位11月30日至少要完成所有绕银联转接交易量50%的迁移工作，12月10日不低于65%，12月17日不低于80%，12月31日完成所有迁移工作。针对中国银联的上述行为，央行支付清算司副司长樊爽文在11月20日的中国互联网大会上指出：“银联充其量与传统的国外银行卡机构一样，只是一个行业或会员性质的组织，加入这个会员就要遵守相应的规则，我觉得这可能是很正常的一件事情。如果说支付机构或者其他的会员单位加入银联的时候已经认可了这些规则，它们应该是要被遵守的，这个是一种商业的行为，没有任何的异议。”

银联与支付机构的恩怨由来已久，从2004~2011年，银联和以支付宝为代表的支付机构发展迅速。银联的主要目标是通过银联跨行交易清算系统，实现商业银行系统间的互联互通和资源共享，保证银行卡跨行、跨地域和跨境的使用，然而直到2012年，线上互联互通一直没有很好的完成。而2004年成立的支付宝则为了满足线上支付的需求，从成立之初，通过与商业银行直接谈判的方式，采取直联绕过银联的方式实现了跨行的清算，但直到2011年，银联和支付宝之间并没有直接的竞争，然后随着2011年支付许可证的颁发，银行卡收单业务也成为支付机构的许可业务，支付宝等支付机构开始将业务触角向线下延伸，这一业务发展从根本上触动了银联的利益，将分走银联的市场份额。

简评：根据WTO的裁定，中国应该在2015年8月29日前开放人民币转接清算市场，也即开放其他卡组织进入中国市场。2014年10月29日，国务院常务会议的决定，要求放开银行卡清算市场，符合条件的内外资企业，均可申请在中国境内设立银行卡清算机构。而目前我国的人民币转接清算市场仅存在中国银联一家卡组织，第三方支付通过业务创新变通实现了人民币的转接清算，其向线下的业务发展，有利于促进我国人民币转接清算市场的竞争，而将第三方支付全面接入银联网络，无疑从某种程度上加强银联的垄断地位，不利于未来直面国际卡组织进入中国人民币清算市场后的竞争。

第二节　互联网支付的风险分析

支付风险是基于信息技术和计算机技术为基础的互联网支付所必然面对的，相对于一般网上银行来说，提供互联网支付服务的主体之一是非金融机构，这就使得互联网支付风险会更具复杂性。本节将回顾分析目前学术界对互联网支付风险的研究，在总结2014年我国互联网支付领域风险现状的基础上，提出互联网支付风险的分析框架，并针对风险提出不同的解决对策，为后续章节的分析奠定基础。

一、互联网支付风险的来源

本书的互联网支付主要包括第三方支付和移动支付两种，故本书将从两个方面对互联网支付的风险进行分析。

（一）当前学术界对互联网支付风险的分析

美国学者魏兰脱（A. H. Willet，1901）最早给出风险的概念，认为风险是关于不愿发生的事件的不确定性之客观体现。奈特（F. H. Knight，1921）则分析了风险和不确定性的关系，将状态概率可以测定的不确定性定义成严格意义上的风险，将状态概率不能测定的不确定性定义成真正的不确定性。研究风险因素是进行风险管理，提出监管措施的重要前提。

1. 当前学术界对第三方支付风险的分析

当前学术界对于第三方支付开展了丰富的研究，有基于发展阶段进行风险识别的，有基于风险识别工具进行分析的，也有通过案例分析进行深入研究的，代表性的研究有：魏先华等（2001）结合我国支付系统发展所处的阶段，分析了我国支付系统中存在风险，主要包括法律风险、运行风险、安全风险和不同形式的经济风险。[①] 李敏（2007）对在线第三方支付进行评价研究时，将第三方支付的风险具体识别为法律风险、政策性风险、信用风险、在途资金风险、流动性风险和市场风险等六个方面，并基于当时第三方支付所处的市场环境，分析风险产生的原因是市场竞争激烈、利润空间狭窄、监管空白、信用模糊[②]。赵德志（2007）基于头脑风暴法、德尔菲法等风险识别工具，认为第三方支付存在法律风险、法律定位不清、政策风险、金融风险等四个方面[③]。谢众（2008）通过支付体系视为由支付系统、支付工具、支付服务组织及支付体系监督管理等四个要素组成的有机组合，对各部分的风险进行了具体分析，支付系统风险主要包括信用风险、流动性风险和系统性风险三个方面的风险；支付工具风险则存在主观上的道德风险和客观因素造成的支付工具风险；支付服务组织风险主要表现为操作风险；支付制度安排风险主要表现为与支付制度相关的法律风险[④]。

饶林等（2008）认为第三方支付的风险主要体现在法律风险，即法律地位及经营业务范围的法律性质不明确；运行风险，主要涉及系统安全和管理安全；欺诈风险，即第三方支付平台自身的诚信问题[⑤]。吴越（2009）研究认为，第三方支付风险主要分为法律风险、技术风险和道德风险[⑥]。杨彪等（2012），基于宏观角度深入分析了第三方支付的运行机制，分析揭示其存在的宏观经济风险，主要表现为外部性风险及部分货币创造功能的顺周期风险，并基于此提出宏观审慎监管。应该说，该文的分析更偏重于宏观方面的分析，没有系统分析第三方支付面临的各种风险[⑦]。

---

① 魏先华，李雪松．支付和清算系统的风险分析［J］．金融研究，2001（12）．
② 李敏．网络第三方支付风险评价与控制研究［D］．东北财经大学硕士学位论文，2007.
③ 赵德志．第三方支付公司的发展与风险研究［D］．北京邮电大学硕士学位论文，2008.
④ 谢众．我国支付体系风险研究［D］．西南财经大学博士学位论文，2008.
⑤ 饶林，周鹏博．有效实现第三方支付风险监管的几点建议［J］．金融理论与实践，2008（9）．
⑥ 吴越．第三方支付风险分析与对策建议［J］．时代金融，2009（4）．
⑦ 杨彪，李冀申．第三方支付的宏观经济风险及宏观审慎监管［J］．财经科学，2012（4）．

吴晓光（2011）对第三方支付机构的信用风险进行了定性分析，认为第三方支付机构的信用风险主要包括交易双方的信用风险，此外，还存在资金风险、法律风险和洗钱风险等①；郑秋霞（2012）基于对第三方支付金融创新的分析，认为第三方支付主要存在以下风险，即新技术带来的操作风险，风险转移带来的信用风险，中介渠道的创新带来的新的市场风险，并基于此提出了监管建议②；王舫（2013）基于对支付宝的案例分析，将第三方支付的风险识别为信用风险、非法经营风险、操作风险、金融市场风险、在途资金风险和法律风险等六个方面③；高飞燕（2014）认为第三方支付市场存在的风险类型主要包括金融风险和宏观环境风险，其中金融风险包括市场风险、信用风险和操作风险④。

也有部分学者针对第三方支付的特定风险展开相关研究，如范如倩等（2008），王振等（2011），文京等（2012）对第三方支付的洗钱风险进行了深入研究；宋仁杰等（2009）对第三方支付的套现风险进行了研究，指出第三方支付流程的不规范，为资金的非法转移提供了隐蔽的渠道，应当加强监管；李二亮（2006）、中国人民银行海口中心支行课题组（2007）、才斌（2011）、苏晓雯（2012）、李倩（2013）等对第三方支付的沉淀资金进行了深入研究，认为沉淀资金是第三支付特定的支付流程造成的，沉淀资金关系到第三方支付的安全和客户利益，应当引起监管层的注意；周少晨（2010）、乐毅（2011）、尹晓娟（2012）、汪文进（2013）、邢越等（2013）等对第三方支付跨境业务风险进行了研究分析，指出第三方支付跨境交易有可能构成非法倒卖外汇或非法转移境内资金的犯罪行为，为境内外不法分子跨境转移“黑钱”提供便利通道，这些行为会对我国外汇管理体系造成影响，应当进行有效监管。

2. 学术界对于移动支付风险的研究

目前学术界对于移动支付风险基于支付模式、发展现状等进行了多角度的研究，代表性的研究有：郁红（2010）通过对移动支付的分析认为，移动支付的风险主要集中在政策风险、技术风险、法律风险、信誉风险等四个方面⑤；韩飞飞（2012）基于我国移动支付发展的实际，指出当前我国移动支付发展过程中的风险因素主要有标准规范缺失、监督管理欠缺、技术风险、信用风险、智能终端安全风险和操作应用风险⑥；郭旭（2013）在分析移动支付模式的基础上，探讨了

① 吴晓光．第三方支付机构的信用风险评估研究［J］．新金融，2011（3）．
② 郑秋霞．基于第三方支付的金融创新与金融风险研究［J］．浙江金融，2012（3）．
③ 王舫．第三方支付的风险控制研究［D］．西南财经大学硕士学位论文，2013．
④ 高飞燕．第三方支付的风险度量与风险控制研究［D］．苏州大学硕士学位论文，2014．
⑤ 郁红．移动支付的风险分析与安全策略［J］．华南金融电脑，2010（10）．
⑥ 韩飞飞．浅谈制约我国移动支付发展的风险因素与解决措施［J］．河北金融，2012（9）．

消费者的信任风险问题，指出消费者面临的风险因素主要有操作风险、信用风险和支付系统风险等[①]。表3－7和表3－8对当前学术界第三方支付风险和移动支付风险研究进行了归类。

表3－7　当前学术界第三方支付风险研究归类

定义者	风险类别	具体释义
魏先华等（2001）	法律风险	支付系统应当构建在完善的法律框架之下，以规范支付系统的运营秩序，处理可能在交易过程中出现的纠纷
	运行风险	由信息技术和机构故障引起的系统不能行使功能的风险，包括更广范围基础设施出现的故障
	安全风险	系统可能存在的欺诈或滥用，如支付系统的使用者或操作员干扰传输数据或交换票据的完整性
	信用风险	支付系统的参与者违约，支付结算系统缺乏风险分摊机制，以及可能存在本金损失
	流动性风险	可能由于付款方或系统的技术问题引起的资金无法支付到位，导致接收方出现流动性困难
李敏（2007）	法律风险	由于法律法规方面不健全，使第三方支付的经营主体资格的合法性、经营范围存在争议，给未来业务的开展以及消费者带来不确定性；同时，由于特殊的支付流程，容易使得第三方支付平台成为网上洗钱和非法套现的温床
	政策性风险	由于国家政策及监管行为改变所导致的风险
	信用风险	指第三方支付中各方无法或无力履约的风险
	连带责任和反欺诈	指互联网金融运营主体推出的产品或服务无法正常实现；客户信息泄露造成用户的质疑
	在途资金风险	由于第三方支付平台业务的特殊性，使得资金会滞留平台一段时间成为在途资金，该部分资金的不当挪用会带来风险
	流动性风险	行业竞争激烈使得第三方支付平台营利能力有限而难以为继，出现经营性困难进而产生流动性风险
	市场风险	由于第三方支付市场竞争者的原因，给业务经营带来的各种风险

① 郭旭．移动支付模式下的消费者信任风险及对策探析［J］．商业时代，2013（20）．

续表

定义者	风险类别		具体释义
谢众(2008)	支付系统风险	信用风险	支付系统中的信用风险，是指系统中某个当事人既不能在预期时间也不能在以后的任何时间完全清偿其在系统范围内的债务所构成的风险
		流动性风险	流动性风险，是指系统中某个当事人在预期的时间，没有足够的资金清偿其在支付系统中的债务所构成的风险
		系统性风险	某个参与者不能清偿其债务或者系统本身的破坏，可能导致系统中其他的参与者或者金融系统中其他部分的金融机构不能在期满清偿其债务所构成的风险
	支付工具风险	道德风险	指持票人或银行因自身的道德标准和行为规范违反票据的有关法律法规，通过伪造、变造票据、信用卡等手段骗取他人资金或拒付他人款项而导致的资金风险
		信用风险	某支付工具，如信用卡资信调查不严，从而导致信用风险发生
		欺诈风险	电子支付具有方便、快捷、超越时空的特点，使其越来越成为不法分子利用来进行诈骗、洗钱等违法犯罪的工具
		技术风险	技术、通信或系统出现故障，将会出现信息传送或资金汇划错误，带来较大风险
		法律风险	法律制度未能适应市场环境的变化，导致电子支付业务主体从事相关业务面临着政策不明朗和不确定风险
	支付服务组织	操作风险	人员风险（如操作失误）、流程风险（如流程执行不严格）、系统风险（如系统失灵）和外部事件风险（如外部欺诈、突发事件）等造成的风险
	支付制度安排	法律风险	健全的支付体系法规制度是一国支付体系安全、高效运行的基础。支付系统的法律风险是指导致或者恶化信用风险或流动性风险的不合理法律框架或者法律上的不确定性所构成的风险

续表

定义者	风险类别	具体释义
赵德志（2007）	法律风险	由于法律对于电子支付、第三方支付的定位不清，从而带来相关风险
	法律定位风险	第三方支付平台本身法律定位不清，在交易中的法律责任缺乏明确的立法，存在风险
	政策风险	监管措施的滞后、缺失使得行业运营存在风险
	支付风险	支付机构由于技术手段、监控机制等不足，导致账户被盗、网站被入侵产生风险
	金融风险	主要是通过第三方支付平台开展的洗钱、金融欺诈等风险
郑秋霞（2012）	操作风险	由于第三方支付平台的漏洞、“黑客”攻击、钓鱼网站、服务器攻击以及硬件系统故障等带来的风险
	信用风险	由于信息泄露给用户带来风险和直接的经济损失，会引发第三方支付机构的信息危机
	市场风险	第三方支付流程使得交易具有匿名性、隐蔽性，成为洗钱、非法套现的渠道，带来新的市场风险
高飞燕（2014）	市场风险	第三方支付市场风险具体包括：银行拒绝合作的风险、客户流失的风险、潜在进入者的风险、替代品及其他企业竞争的风险、行业内现有企业的竞争风险以及流动性风险
	信用风险	交易双方没有按时履约而给第三方支付产生额外的运营成本和征信成本，同时第三方支付挪用在途资金带来的信用风险
	操作风险	由于第三方支付机构内部流程不完善、系统失灵、人为错误、操作人员操作不规范、违规、控制失效等给第三方支付机构带来损失的风险，具体包括洗钱风险、套现风险、技术风险和法律风险等

表3－8　当前学术界移动支付风险研究归类

郁红（2010）	政策风险	由于行业规范缺失，如准入政策、监管政策等，给行业正常发展带来了障碍
	技术风险	包括技术安全风险和技术开展风险，造成数据传输、密码被攻破、病毒木马等风险
	法律风险	相关法律规范的缺失，使得纠纷一旦发生，交易各方产生纠纷
	信誉风险	通信故障或银行系统的不完善可能带来客户资金损失，带来客户不信任，引发信誉风险
韩飞飞（2012）	标准规范缺失风险	通信运营商、金融机构、非金融机构等推出不同的支付标准和模式，支付的差异性容易造成支付安全的风险漏洞，带来资金风险
	监督管理欠缺	监管主体不明确、监管法规缺失，使得行业运营过程中各参与主体的权责划分不明、消费者权益保护不力，由此产生各种风险
	技术风险	移动技术标准不统一、移动加密技术、支付流程设计等存在的漏洞可能带来风险
	信用风险	移动支付行业诈骗事件、资金被盗、垃圾短信、手机号码管理不善等会产生诚信危机，影响整个行业发展
	智能终端安全风险	智能手机丢失带来关键信息泄露、智能手机操作系统存在系统后门、漏洞导致恶意软件危害，带来各种风险
	操作应用风险	由于消费者安全意识淡薄或支付流程不熟悉，用户的有意操作、无意误操作形成资金诈骗
郭旭（2013）	操作风险	由于移动支付技术的不完善性，以及有问题的内部操作流程设计等因素导致移动支付业务流程中当事人操作纰漏，进而致使消费者遭受直接或者间接损失的风险
	信用风险	由于物理空间隔阂以及支付模式法律体系不健全，从而带来消费者的信用风险
	支付系统风险	移动系统可能存在的安全性漏洞，造成用户关键信息泄漏，“黑客”或不法分子利用漏洞发动攻击，使得用户资金被盗带来风险

（二）当前我国互联网支付领域安全现状

了解当前我国互联网支付领域的安全现状，对于分析互联网支付的风险具有很强的现场参考意义。以下分别通过金山安全中心发布的《2013～2014 中国互联网安全研究报告》和易观智库发布的《中国移动支付安全研究报告 2014》了解当前互联网支付领域安全状况。当前互联网支付领域的安全形势呈现以下特征：

1. 传统电脑病毒仍然猖獗

据金山安全中心统计，2013 年全年收集可疑样本达 1.2 亿个，比 2012 年增长 1.8 倍。其中，鉴定为病毒的文件占到 34%。2013 年日均中毒电脑台数在 200 万～500 万台，全年仍呈上升趋势。

2. 钓鱼网站依然严重泛滥

图 3－12 是 2013 年各钓鱼网站的类型分布。

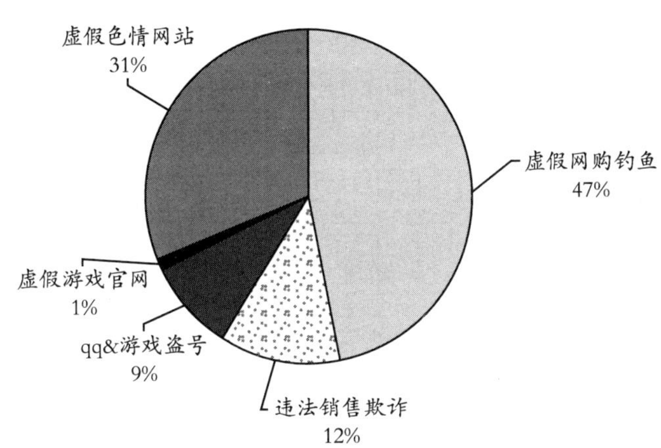

图 3－12　2013 年我国互联网钓鱼网站类型分布

资料来源：金山安全中心。

2013 年，钓鱼网站持续快速增长，监测显示每天有接近 600 万网民会访问各种不同类型的钓鱼网站，与网购有关的钓鱼网站对网民的威胁最为严重。同时，针对手机用户的钓鱼网站呈加速上升趋势，这是因为在手机或平板电脑上，钓鱼网站更加难以分辨，一旦错误地在钓鱼网站提交个人信息，就可能造成严重损失。

3. 移动支付技术和场景不断丰富，但安全问题未有效解决

移动支付安全问题成为用户是否接受移动支付的关键因素。目前手机操作系统漏洞较多，容易受到病毒木马的攻击。此外用户的安全防范意识较为淡薄，成

为导致支付风险发生的潜在因素。金山安全中心的报告显示，安卓应用软件滥用系统权限的情况并无明显改善，很多应用软件被发现在滥用手机定位和获取手机号码。同时，移动支付强调便利性和随身性的特点，使其无法像互联网支付那样，通过外接移动数字证书和动态口令卡硬件设备的方式去防范风险。

4. 互联网支付的安全体系仍需要不断完善

互联网支付安全问题的解决，有赖于一个完善的生态系统，需要整个支付生态系统中的各方共同努力，其中的银行、商户、用户、第三方支付厂商以及公安机关等环节应共同形成产业联盟。目前特别是在移动支付领域，法律法规仍不健全，存在诸多空白；相关的技术标准和加密算法无自主知识产权，发展受到很大限制；行业内也缺乏统一标准。这些都呼唤行业自律和政府监管的加强来共同构建互联网支付安全体系。

（三）互联网支付风险分析框架

通过分析和对比上述互联网支付风险方面的研究，结合当前互联网支付领域安全现状，得到互联网支付风险的分析框架，如图 3－13 所示。

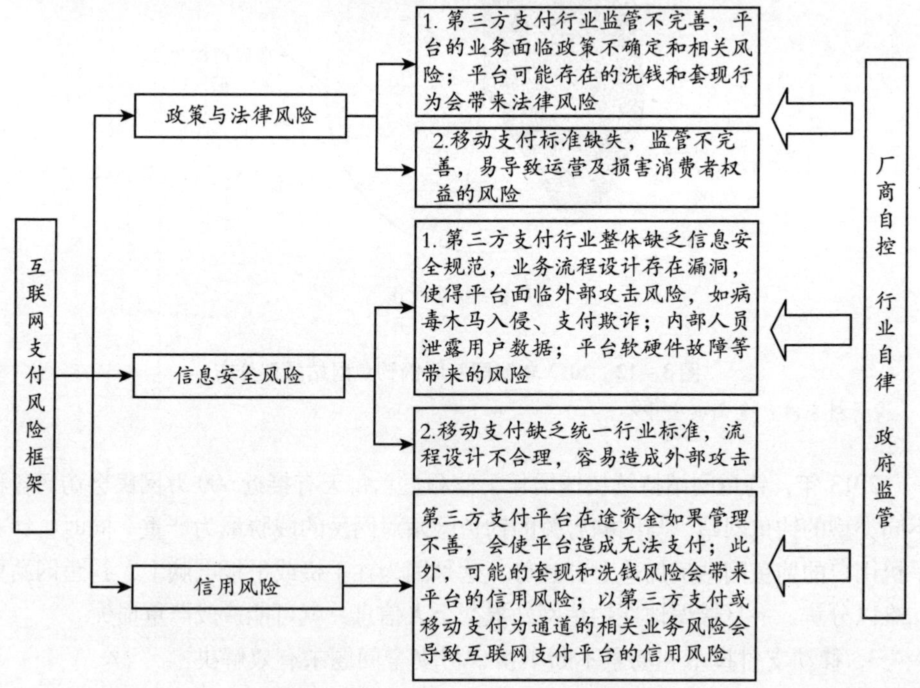

图 3－13　互联网支付风险分析框架

1. 政策法律风险

政策法律风险是由于国家针对互联网支付行业法律法规、安全标准的缺失，使得行业经济主体的行为无法得到有效约束，如针对第三方支付、移动支付的具体业务规范、安全标准缺失，致使有些第三方支付平台违规运营，带来运营风险。此外，移动支付方面，由于整个行业利益链比第三方支付更长，安全标准的统一是关系移动支付安全的重大问题。

专栏 3 - 1　标准缺位移动支付陷安全瓶颈

金山安全公司技术总监、助理总裁林凯在接受《中国企业报》记者采访时表示，目前移动支付的安全防控主要是身份认证和通信加密，支付环境的安全防范比较薄弱，传统的黑名单方式也难以跟上急剧增长的病毒增长，对于潜在的高级持续性攻击（IPT）更是大打折扣，解决这些问题需要包括支付企业、安全厂商在内整个产业链的共同努力和通力合作。

安全标准缺位是根源。整个行业缺乏统一的安全标准和体系，这给安全制度的推广造成了困难。例如，高级别安全认证工具的推广应用，就因为数字证书应用缺乏统一的硬件标准下的兼容性问题。

“移动支付的安全不是孤立的安全，总的来讲包括终端安全和业务安全，终端安全又包括设备安全、应用安全和数据安全，每一个环节的安全者需要相应的企业各司其职，同时又需要上下游之间充分沟通和协同，这样才能保证整个体系的安全。”刘刚说。

林凯也表示，移动支付涉及产业链的各个环节，包括银行、公安、手机厂商、运营商、手机安全厂商等应该全产业链联手，包括用户信用意识的建立，共同推进移动支付业务产业发展，金山安全已经与多家移动支付企业展开合作商谈。

财付通相关人士也透露，财付通已联合腾讯手机管家、QQ 浏览器，共建安全的移动支付生态圈。财付通还在积极与安全厂商、手机厂商、移动支付提供商等企业进行沟通合作，以完善移动支付生态链的搭建。

资料来源：郭奎涛．标准缺位移动支付陷安全瓶颈［N］．中国企业报，2013 - 05 - 14.

通过以上案例可以看出，行业法规、相关标准是保障行业持续发展的关键。就当前的互联网支付领域来看，特别是在移动支付领域，由于整个利益链的相关主体过多，就使得从一开始协调统一、共同构建全行业的安全标准更加重要，各自为政，标准不统一，只会带来重复建设和资源的浪费。

2. 信息安全风险

信息安全风险是指人为或自然的威胁利用信息系统及其管理体系中存在的脆弱性导致安全事件的发生及其对组织造成的影响①。在这里具体是指，在互联网支付业务开展的过程中，无论是第三方支付，还是移动支付，现代信息技术、信息系统广泛应用于业务处理过程中，由于信息系统自身的脆弱性、信息技术和相关协议的内在漏洞，来自于自然的因素如硬件、系统故障等，以及人为的因素如内部人恶意破坏、外部“黑客”、病毒及木马入侵等因素带来的风险及损失。目前互联网支付一个重大的趋势是，“黑客”攻击的重点正从互联网支付转向移动支付②。

(1) 互联网支付信息安全风险威胁来源分析。深入分析互联网支付系统信息安全的威胁来源，是进行风险防范和系统加固改造的重要基础，表3-9是信息安全评估威胁的具体分类。

表3-9　　信息安全评估威胁分类

来源		描述
环境因素		断电、静电、灰尘、潮湿、温度、鼠蚁虫害、电磁干扰、洪灾、火灾、地震、意外事故等环境危害或自然灾害，以及软件、硬件、数据、通信线路等方面的故障
人为因素	恶意人员	不满的或有预谋的内部人员对信息系统进行恶意破坏；采用自主或内外勾结的方式盗窃机密信息或进行篡改，获取利益。外部人员利用信息系统的脆弱性，对网络或系统的保密性、完整性和可用性进行破坏，以获取利益或炫耀能力
	非恶意人员	内部人员由于缺乏责任心，或者由于不关心或不专注，或者没有遵循规章制度和操作流程而导致故障或信息损坏；内部人员由于缺乏培训、专业技能不足、不具备岗位技能要求而导致信息系统故障或被攻击

资料来源：GB/T 20984-2007　信息安全技术信息安全风险评估规范。

从目前发生的典型案例看，互联网支付系统面临的主要信息风险威胁来自于恶意人员包括内外部分人员带来的人为因素影响，其基本的实施路径有以下两种：一是外部人员利用互联网支付平台特别是移动支付系统、手机操作系统的脆

① GB/T 20984-2007，信息安全技术信息安全评估规范［S］. 2007.

② 易观智库. 中国移动支付安全研究报告2014［R］. 2014.

弱性和漏洞，利用病毒或木马等手段，对网络或系统的保密性、完整性、可用性进行破坏；二是内部人员利用管理或流程上的漏洞，故意泄露用户隐私数据，从而带来相应风险。

（2）信息安全风险的具体分析。

风险之一，互联网支付平台系统存在漏洞、流程设计不规范使得易遭受外部攻击。

我国的互联网支付最初起源于20世纪90年代末的网上银行，后来经历了第三方支付野蛮生长式的发展，现在正以加速化的形态向移动支付演进。在整个发展过程中，国家对于网上银行的建设和监管相对比较完善，已经出现了相应的国家级的安全标准。但对于第三方支付，中国人民银行只是在2012年1月5日发布了《支付机构互联网支付业务管理办法》征求意见稿：支付机构开展互联网支付业务采用的信息安全标准、技术标准等应符合中国人民银行关于信息安全和技术标准的有关规定，这就使得第三方支付平台在进行系统建设的过程中，无技术规范可依。而对于移动支付，目前的技术规范标准基本处于缺失状态。

专栏3-2 男子接诈骗短信回复手机中病毒银行卡被盗刷12次

收到带网址的陌生短信你会怎么处理？打开？回复？不理？可能你有一定的警惕性，不会直接打开，以防手机中毒；但如果你出于好奇，认为回复一下没事，那么就“恭喜”你中招了!!

这个未知号码发送来的短信内容是：“耿某某老同学，你的照片”后面是一个网址，发送时间是12月19日21：40，耿先生出于谨慎，并没有去点开这个网址，而是回了一条：“你是?”回复时间是22：25。

耿先生回复后对方没回信，他也没在意，因时间太晚，就睡了。没想到，就在短短的不到30分钟内，他银行卡上的钱就被转了12次，每次480元，共5760元。耿先生把这条短信给警方看，警方让他看看手机上是不是多了一个“APP”，耿先生这才发现，手机上果然多了一个绿色的机器人形状的APP，下面写有“体检”二字。而且这个程序顽固得很，怎么删都删不掉。

警方提示，手机短信木马病毒是一种新型病毒，骗子在病毒链接前一般加上一句话，诱导你点开网址链接，诸如“聚餐照片”、“老同学照片”等，都是以“熟人”为切入点，让接收方在不知不觉中随手点开病毒链接，植入了木马病毒。

而这种恶意程序，会优先运行，能盗取手机上一切跟账号、密码有关的资料，因此，只要是接收到类似短信，切记不点、不回，要马上删除。如果删除不掉，就马上关机，然后找专业人士刷机。

资料来源：李英锋．男子接诈骗短信回复手机中病毒银行卡被盗刷12次［N］．法制晚报，2015-01-02.

专栏3-3　移动支付安全隐患不容忽视

在央视曝光的移动支付诈骗案例中，受害者淘宝店主余小姐在网络上与“买家”聊天时，不小心扫描了“买家”提供的二维码，并根据对方的要求将手机号提供给了“买家”。随后，余小姐就发现用自己的手机怎么也登录不进自己的淘宝账号，电脑登录后发现支付宝里的3000元没了，另外一张绑定的银行卡中2000元也被转走了。

二维码是怎样成为盗取账户密码的工具呢？支付宝公司安全工程师张浩然揭开了谜底：原来余小姐用手机扫了二维码之后，木马也就随之被植入用户手机。“短信盗取”木马可以盗取用户接收到的所有短信。包括银行、支付宝等发来的验证信息，不法分子截取验证码短信后，就可以修改支付账户的登录密码和交易密码，从而轻易盗取用户的账户财产了。

据了解，目前支付宝账户被盗的用户远不止余小姐一人。对于这些情况，支付宝公司也并不否认。支付宝4月9日公布的一份数据称，2013年全年，支付宝联合国外反钓鱼组织以及各浏览器厂商，共计屏蔽钓鱼网站约15万个。同时，支付宝联合公安部门，打击作案团伙16个，抓获犯罪嫌疑人35名，涉案总金额超过1000万元。

360互联网安全中心此前发布的《中国移动支付安全报告》也表明，诈骗短信、手机丢失成为移动支付安全的严重威胁，二维码木马钓鱼诈骗和电子密码器升级诈骗等则是目前针对移动支付流行的典型网络骗术。

移动支付安全专家李晓东说，目前看来，要完成一次在移动支付端的账户盗刷，仅仅依靠手机验证码而没有身份信息，还无法完成修改账号密码的操作。因此，消费者除了要谨慎扫描二维码和点击不明网址，还要注意保护好个人信息，如个人身份信息、手机号及密码信息等。百度手机卫士安全专家提醒用户，除了提高手机安全防范意识，安装一款专业的手机安全软件，及时发现、查杀手机中的病毒、木马也非常重要。因为移动支付诈骗陷阱虽然形式花样繁多，但最终都是要通过各种手段将病毒、木马植入用户手机来实施。

资料来源：周重耳．移动支付安全隐患不容忽视［N］．中国消费者报，2014-04-14.

通过以上案例可以看出，手机操作系统的安全漏洞极易被不法分子利用来盗取用户的资金，如果此类问题一再发生，必将影响人们对于移动支付的接受度，而解决上述问题，不但需要用户自身注意安全，更需要全产业链上的各个环节共同来抵御安全风险。

通过总结分析收集到的互联网支付平台安全事件案例，互联网支付系统被攻击的原因及路径主要有以下几种情况，如表 3-10 所示。

表 3-10　　互联网支付系统风险原因及攻击路径分析

被攻击原因	攻击路径	具体影响
用户中木马病毒	木马窃取密码→非法访问→账户资金被盗	资金被盗，可通过杀毒或用户教育避免
用户缺乏安全知识，被诱骗上当	仿冒官方客服骗取密码→非法访问→账户资金被盗	
	通过短信或邮件诱骗用户登录钓鱼网站→骗取密码并非法访问→账户资金被盗	
支付协议漏洞	木马远程控制→截获传输数据→篡改目标付款账户→账户资金被盗	资金被盗，如系统不修复，较难避免再次被盗
系统流程漏洞	远程侵入目标账号→非法重置账户关键信息→账户资金被盗	

第一种方式是木马病毒窃取用户密码等信息实施盗取。具体过程是，在用户购物和浏览的过程中，通过邮件或 QQ 传递藏有木马病毒的文件使用户感染，然后通过木马远程操控或截取，将用户关键信息如登记密码、支付密码等发送至“黑客”，“黑客”利用得到的密码非法登录账户，对资金实施盗取，从而使客户遭受损失。

第二种方式是用户缺乏安全知识，被诱骗上当。此种情况一般是不法分子冒充官方客服发送短信、打电话或发送邮件等方式，声称系统升级或账户异常需要进行实时保护，骗取用户的密码、手机验证码等信息，或通过发送短信诱使用户登录钓鱼网站，骗取用户的密码等信息，然后非法登录账户进行盗取。

第三种方式是支付协议存在漏洞。用户在支付的过程中，受到木马病毒劫持，传统过程中的关键信息如支付金额、付款账户等被非法篡改，从而在用户很难发觉的情况下，支付资金被非法转移到了他处。

第四种方式是支付流程设计存在隐患。主要表现在某些关键环节如密码重置、更改关键信息等过分依赖于手机验证，或是更换手机、实名认证等流程未进行强身份认证，从而使不法分子进入账户后，非法篡改账户关键信息，重置密码信息，更改登记手机等对账户资金进行盗取。

风险之二，内部人员泄密用户资料。

内部人员泄露客户资料，是指互联网支付平台相关内部人员，利用职务上的便利，蓄意将客户资料透露给第三方，从而造成用户的损失。该种情况是很难通过管理和技术的加强来避免的。

专栏3-4　支付宝内鬼泄密20G海量用户信息被盗卖

2013年11月27日，从事电商工作的张某因“涉嫌非法获取公民个人信息罪”，而被杭州市公安局西湖分局刑事拘留，羁押于杭州市三墩镇振华路看守所。

张某案发，由李某牵出。李某系阿里巴巴旗下支付宝的前技术员工，其利用工作之便，在2010年分多次在公司后台下载了支付宝用户的资料，资料内容超20G。李某伙同两位同伙，随后将用户信息多次出售予电商公司、数据公司。

经阿里巴巴廉正部查悉，下载支付宝用户资料的行径或为李某所为，并在杭州报案。杭州警方将上述4人予以控制。犯罪嫌疑人张某系李某团伙的第一个“客户”，其以500元的代价，从李某处购得3万条支付宝用户信息。

资料来源：仇子明．支付宝内鬼泄密20G海量用户信息被盗卖［N］．经济观察报，2014-01-04.

通过对收集到案例的具体分析，互联网支付平台内部人员泄露用户关键信息从而使用户资金被盗的路径如表3-11所示。

表3-11　互联网金融系统内部人员泄密致使用户损失路径及原因分析

被攻击原因	攻击路径	具体影响
内部管理流程漏洞	内部人员利用工作之便泄密至不法人员→不法人员采取穷举或暴力破解方式非法访问用户账户→账户资金被盗	资金被盗

以上案例显示，此种情况下，内部人作案更多的是外部案例牵连破案，内部管控较难发现。因此，对于互联网支付平台来说，需要谨慎设计内部流程，最大化的防止内部人作案。

3. 信用风险

信用风险是指互联网支付平台在经营过程中，特别是第三方支付平台，由于大量用户沉淀资金的存在，如果出现沉淀资金与平台自有资金混同，或平台挪用沉淀资金，当到达一定程度带来流动性风险时，就会带来平台的信用风险。目前针对互联网支付中沉淀资金，央行已经出台专门的规定，但具体的实施有待加强。

二、互联网支付风险的传导路径

对传导（conduction）现象的研究更多地集中在自然科学领域，如热学中的热传导、电学中的电传导、医学中的神经传导等，社会科学中对传导的研究主要是对知识的传导和金融现象传导的研究。尽管每种传导现象依赖的传导路径和借助的载体不同，传导结果不同，但不管是哪个领域的传导的发生，都需要在一定的条件下进行。一方面企业可以疏通已有的风险；另一方面可以从源头开始，隔断企业风险传导的渠道，缩小风险活动的范围，达到提高风险管理质量，最终控制支配风险的目的。对于互联网支付行业来说，作为易发生风险以及与金融系统高度相关，其风险的产生和传导具有较快的速度，并且具有较大的负外部性。因此，有必要对互联网支付的风险载体和传导路径进行深入研究，从而进行有针对性的风险控制。

（一）互联网支付传导的风险载体

1. 互联网支付风险传导的人员载体

互联网支付风险传导的人员载体包括互联网支付平台的内部员工和用户。类似于银行系统中的内部员工，除受有限理性约束外，多数操作风险事件的产生都与其非理性或主观故意有关①。同样在互联网支付平台，内部人员的非理性或主观故意会产生操作风险，这种风险一旦发生，会通过服务失败、用户信息泄露、资金被盗等形式传递给用户，而用户会通过互联网平台向外部扩散，从而将带来互联网支付平台的信誉风险。

2. 互联网支付风险传导的技术载体

风险传导的技术载体是指互联网支付平台由于自身软硬件、网络传输技术、通信技术等可能存在的漏洞，使得用户信息在业务运营过程中，由于内部员工非主观原因造成隐私泄露、用户资金被盗等风险，该风险会通过一定途径向外扩散。如“黑客”故意在互联网平台炫耀使得关键信息散布于互联网平台，用户知晓信息或资金被盗后散于各类论坛等，使得风险向外进一步扩散。

---

① 费伦苏，邓明然．商业银行操作风险的传导载体、路径及效应分析［J］．现代经济探讨，2007（7）．

3. 互联网支付风险传导的业务载体

业务载体是指互联网支付业务流程设计上的缺陷或内部业务处理上的割裂导致操作风险在平台内部以及外部传导。具体表现为第三方支付平台某些流程，如证书的申请和关闭缺乏强身份认证使得“黑客”关闭数字证书进行远程攻击、移动支付验密环节存在漏洞等，业务流程的上述设计不当会使风险向外部传递。

（二）互联网支付风险的传导路径

互联网支付风险的传导路径是指互联网支付内外部一定的风险源通过一定的载体，沿着特定的交易或业务路径对互联网支付平台或一般用户产生的影响——风险或使风险加剧的过程。

1. 政策法律风险的传导路径

政策法律风险主要来自于互联网支付平台外部，由于行业监管政策变动或调整，或相关法律事件发生，通过互联网平台的信息传播，会直接影响互联网支付平台业务的开展，以及用户对互联网支付工具的选择；此外，平台发生大规模套现或洗钱非法行为，会引发监管层的业务关注，严重者可能会引发内部整顿或吊销支付业务许可证，直接影响互联网支付平台的发展，造成用户流失。其具体的传导路径，如图 3－14 所示。

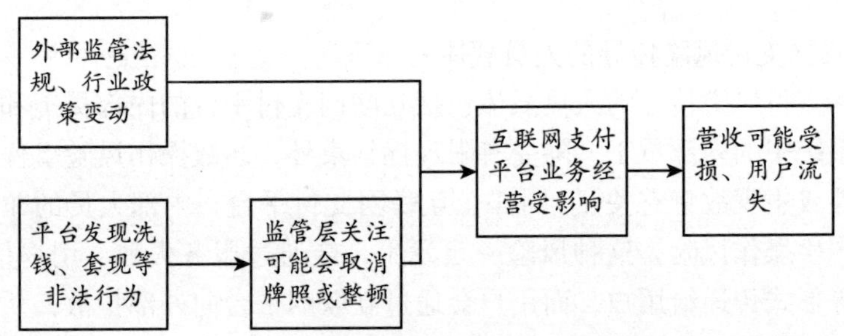

图 3－14　互联网支付政策法律风险传导路径

2. 信息安全风险的传导路径

信息安全风险是当前互联网支付平台面临的重要风险，因为互联网平台通常表现为信息系统。当前，无论是第三方支付行业还是移动支付行业，面临的同样问题是行业缺乏统一的安全规范。这样，就使得各平台运营商在平台建设上存着各自为政，技术水平参差不齐；硬件故障、业务流程设计不规范等会带来系统失灵；而不合理系统设计，加上“黑客”通过内部人员泄密等方式得到用户的关键信息，就可对用户的第三方账户进行攻击，这种攻击可能发生在业务开展的过程，也可能发生于非操作时间，极易造成用户账户资金被盗。上述种种安全事件一旦发生，必然会影响平台自身的信用风险，如果达到一定规模时，可能引发整个互联网支付行业的信任危机和系统性风险（见图3－15）。

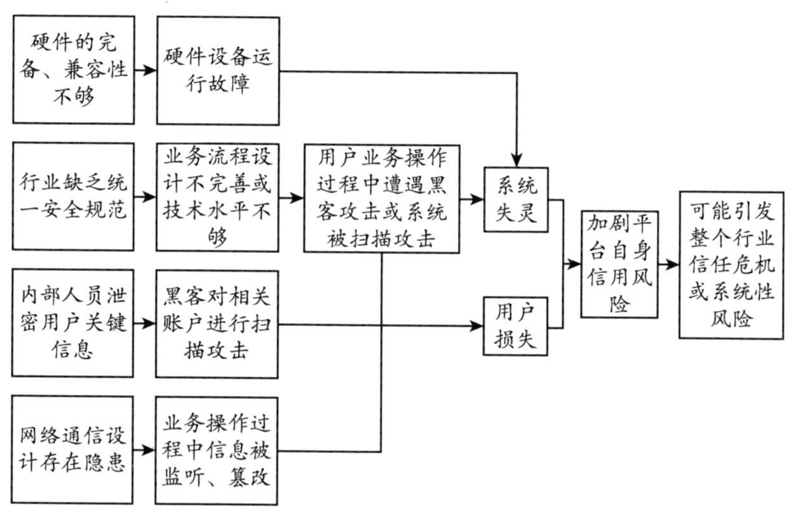

图3－15 互联网支付信息安全风险传导路径

3. 信用风险的传导路径

信用风险直接表现在交易支付平台的流动性困难和外在声誉。具体体现为第三方支付平台中沉淀资金若被挪用带来的流动性不足，无法完成客户的最终支付，从而影响互联网支付平台的信用。此外，目前互联网支付业务已经不再简单的是交易支付通道，许多互联网金融创新业务均通过第三方支付平台进行，如余额宝、P2P相关业务，而这些业务发生的业务风险会连带相关的第三方支付平台，使其信用受到影响（见图3－16）。

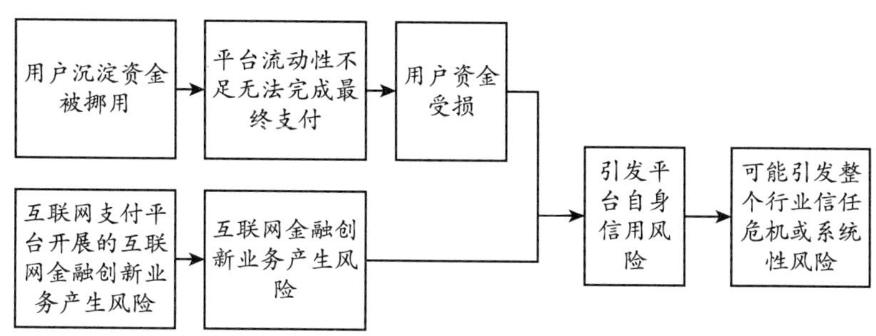

图3－16 互联网支付信用风险传导路径

三、互联网支付的风险特征

（一）难防范性

互联网支付的难防范性体现在两个方面：一是互联网技术日新月异，新技术不断出现，人们在适应这些技术的同时不能完全驾驭。人类思维的非完备性决定了计算机系统漏洞的永远存在，技术的两面性决定了技术可能被不法分子利用从而带来互联网支付系统的风险，甚至有些风险根本无法提前预知，无法进行有效防范。此外，由于互联网支付的全天候，给人们带来方便快捷的同时，也给不法分子更多的作案时间。二是互联网支付产业，相对于银行系统来说，是一个产业链条相对较长的经济生态系统，在这一系统中，支付风险的化解是需要全产业链协调行动，共同防御，这在一定程度上增加了支付风险防范的难度。

（二）易突发性

互联网支付风险的易突发性是因为基于互联网开放的平台，技术的不断更新使得人们要不断去适应新技术，支付系统的使用者在防御知识和手段没有及时更新的情况下，面临威胁的技术手段和水平却在不断提升，使得在支付系统某些脆弱的环节上，极易发生安全事件。如专门对支付宝进行攻击的“支付宝大盗”病毒，“浮云木马”病毒，以及到最近又出现的“验证码”病毒，这些病毒的出现及不断变种，很容易引起互联网支付系统的风险。

（三）强传染性

互联网支付风险的强传染性体现在，当前互联网化普及的迅速，使人们通过社会工具、信息平台形成了一个极其广泛的网络，信息的大量传播和随意传播的习惯，使得不良信息很容易在网络中传递，同时将风险传向更多的群体。支付平台发生的安全事件将很快扩散到其他平台，引发公众的恐慌，会带来使用者对于支付平台的信用危机，在严重的情况下，有可能会产生挤兑事件，甚至带来整个行业的系统性风险。

四、互联网支付的风险防范

互联网支付的风险防范是一个系统性的问题，在当前互联网支付系统中，参与的主体有：用户、银行、第三方支付厂商、终端硬件生产商、安全软件提供商等。因此，互联网支付系统的风险应对应该是多方协调、共同努力才能完成的。

基于此，提出互联网支付的风险防范框架，如图 3－17 所示。

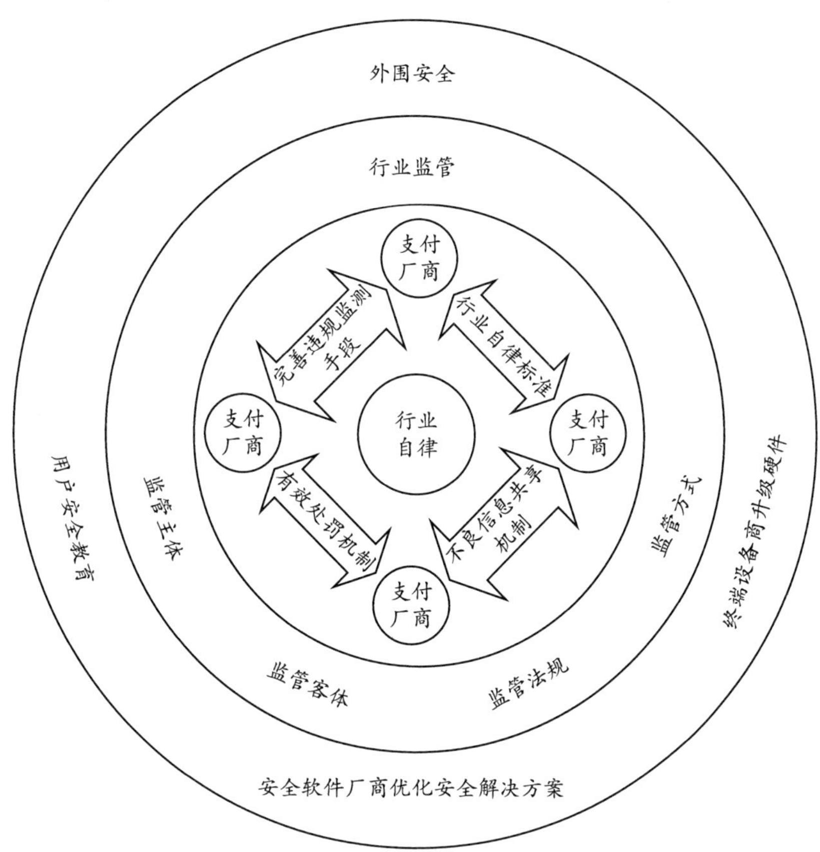

图 3－17　互联网支付风险防范分析框架

从图 3－17 可以看出，对于互联网支付风险防范来说：

首先，支付厂商应该加强风险的自控。作为支付厂商，应该根据技术的变化和安全事件的反馈，及时更新升级支付系统，加强支付系统软硬件的防护，加强系统审计安全管理，优化支付流程特别是加强支付环节主体的强身份认证。支付厂商应充分利用新兴技术手段加强对风险的主动监测和管理，对潜在的洗钱、套现等风险进行主动监测和处理。只有这样，才是防护支付风险的根本所在。

其次，应该加强支付行业的行业自律。互联网支付行业所开展的业务具有金融属性的同时，也极具互联网的创新属性。当前在互联网支付领域的创新层出不穷，使消费者应接不暇，特别是对于移动支付来说，行业跨度大、产业链长是其显著特点。现实经验证明，任何一方很难凭借一己之力推动移动支付产业长足发展。只有在开放合作的基础上，在联网通用的大局中，通过行业自律可以使支付厂商开展积极有序的竞争，才有利于移动支付产业形成标准统一、产业协调、服务融合的局面，在业务开展的过程中兼顾消费者权益保护。

再次，政府监管是互联网支付业务健康运行和防范的重要外在力量。只有不断加强监管，才能使行业稳定运行和消费者权益保护两大目标真正得到落实，而行业监管法规、技术安全标准、业务协调规范等的制定必须由政府主管部门完成。

最后，加强对消费者的安全教育。安全服务提供商、终端厂商更新硬件平台等是应对互联网支付风险必不可少的环节，只有这样才能实现共同防范互联网支付风险的目的。

下面将就厂商的风险自控、行业加强自律、政府加强监管这三方面进行深入分析。

第三节　互联网支付的风险控制

互联网支付的风险控制，承担第一位责任的应该是互联网支付服务提供商，对于提供在线支付服务的网上银行来说，国家有相对成熟统一的安全和技术标准，而对于第三方支付和移动支付来说，尚无统一的标准可参考，只是央行在2012 年 1 月 5 日发布的《支付机构互联网支付业务管理办法》征求意见稿中指出，支付机构开展互联网支付业务采用的信息安全标准、技术标准等应符合中国人民银行关于信息安全和技术标准的有关规定。

当前整个互联网支付业务中，网上银行和第三方支付已经出现主流的支付模式，而移动支付多体现为当前网上银行以及第三方支付工具的移动化，国外较为流行的 NFC 刷卡模式并未形成主流模式。因此，本节将首先简要介绍国家关于网上银行信息安全的评估标准《网上银行系统信息安全保障评估准则》GBT20983－2007 的相关内容，然后再简要介绍当前我国主流第三方平台在企业网络支付安全进行自控采取的措施。

一、网上银行系统信息安全保障评估准则简介

网上银行系统信息安全保障评估准则于 2007 年 10 月 1 日正式实施，是国家建设、评估信息系统安全保障的基础性和框架性标准，给出了对信息系统安全保障体系的通用要求。因此对于第三方支付和移动支付系统的建设具有较强的参考意义。

（一）网上银行信息安全保障目标

网上银行系统信息安全保障涵盖以下几个方面：

（1）网上银行系统信息安全保障应贯穿网上银行系统的整个生命周期，包括规划组织、开发采购、实施交付、运行维护和废弃五个阶段，以获得网上银行系统信息安全保障能力的持续性。

（2）网上银行系统信息安全保障不仅涉及安全技术，还应综合考虑安全管理、安全工程和人员安全等，以全面保障网上银行系统安全。在安全技术上，不仅要考虑具体的产品和技术，更要考虑网上银行系统的安全技术体系架构；在安全管理上，不仅要考虑基本安全管理实践，更要结合组织的特点建立相应的安全保障管理体系，形成长效和持续改进的安全管理机制；在安全工程上，不仅要考虑网上银行系统建设的最终结果，更要结合系统工程的方法，注重工程各个阶段的规范化实施；在人员安全上，要考虑与银行系统相关的所有人员包括规划者、设计者、管理者、运营维护者、评估者、使用者等的安全意识以及安全专业技能和能力等。

（3）网上银行系统信息安全保障是贯穿全过程的保障。通过风险识别、风险分析、风险评估、风险控制等风险管理活动，降低网上银行系统的风险，从而实现网上银行系统信息安全保障。

（4）网上银行系统信息安全保障的目的不仅是保护信息和资产的安全，更重要的是通过保障网上银行系统的安全，保障网上银行系统所支持的业务。从而达到实现组织机构使命的目的。

（5）网上银行系统信息安全保障是主观和客观的结合。通过在技术、管理、工程和人员方面客观地评估安全保障措施，向网上银行系统的所有者提供其现有安全保障工作是否满足其安全保障目标的信心。因此，它是一种通过客观证据向网上银行系统所有者提供主观信心的活动，是主观和客观综合评估的结果。

（6）保障网上银行系统安全不仅是系统所有者自身的职责，而且需要社会各方参与，包括电信、电力、国家信息安全基础设施等提供的支撑。保障网上银行系统安全不仅要满足系统所有者自身的安全需求，而且要满足国家相关法律、政策的要求，包括为其他机构或个人提供保密、公共安全和国家安全等社会职责。

综上可以看出，网上银行系统的建设是一个复杂的系统工程，需要巨大的人力、财力和物力才能保障系统的充分安全性。作为互联网支付服务的一部分，第三方支付和移动支付系统的建设，与网上银行建设具有同等重要的意义。相对于银行雄厚的实力和建设经验，第三方支付以及移动支付信息的提供商，多为互联网企业，如何保障足够的投入来保证系统的安全性是各互联网支付服务提供商所共同面对的问题。

（二）系统及子系统级策略简介

系统及子系统级策略服从于高层安全策略所制定的网上银行系统的总体安全保障目标。它指导具体技术控制措施和管理控制措施的选用和实施。在网上银行系统，这也是用户在使用互联网支付系统时所能感受到的安全策略，典型的系统及子系统级策略主要包括以下方面：

（1）标识与鉴别策略。网上银行系统应能够对每个授权网络用户（包括人、设备和过程）进行唯一的标识；在允许任何用户执行任何操作（事先定义好的操作除外，如浏览公共网站）之前，网上银行系统应能够鉴别每个用户（人或其他的信息系统）身份；如果采用口令进行鉴别，网上银行系统应该能够主动维护“强壮”口令设置，而不允许使用单词、代表日期的数字或其他弱的、易猜测的口令。如果口令还不能提供足够的鉴别强度，在允许任何用户执行任何操作（事先定义好的操作除外，如浏览公共网站）之前，网上银行系统应能够提供更强的鉴别机制对用户身份进行鉴别；口令应该设置使用期限，过期的口令不能重复使用等。

（2）访问控制策略。访问控制包含登录安全、口令、用户界面、远程办公和远程访问。例如，网上银行系统应该对网络用户实施强鉴别机制；网上银行系统应能够在达到管理员预设的失败登录尝试次数后自动锁定用户账号；网上银行系统应该在用户登录时依据上级机构的要求显示标准的“登录警告旗标”。

以上控制策略对于第三方支付和移动支付建设具有重要的指导意义。

专栏3-5　主流第三方支付工具数字证书取消环节的身份认证对比

依据网上银行系统信息安全保障评估准则，在允许任何用户执行任何操作（事先定义好的操作除外，如浏览公共网站）之前，网上银行系统应能够提供更强的鉴别机制对用户身份进行鉴别。在主流的第三方支付平台当中，数字证书的安装和关闭环节，对于账户的安全来说，起到至关重要的作用，所以在证书的安装和关闭环节，应该对用户的身份进行强身份认证，只有这样，才能保证在操作的过程中，不会被“黑客”实施远程关闭本地数字证书服务，然后利用盗取的用户名和密码在远程进行进一步的危害操作。

下面以主流第三方支付工具阿里巴巴的支付宝和腾讯的财付通为例，演示其数字证书关闭环节的身份认证情况（见图3-18～图3-24）。

一、支付宝本地证书的取消流程

图3－18　本地支付宝账户数字证书安装情况

点击图3－18页面中的“取消数字证书”按钮，进入图3－19。

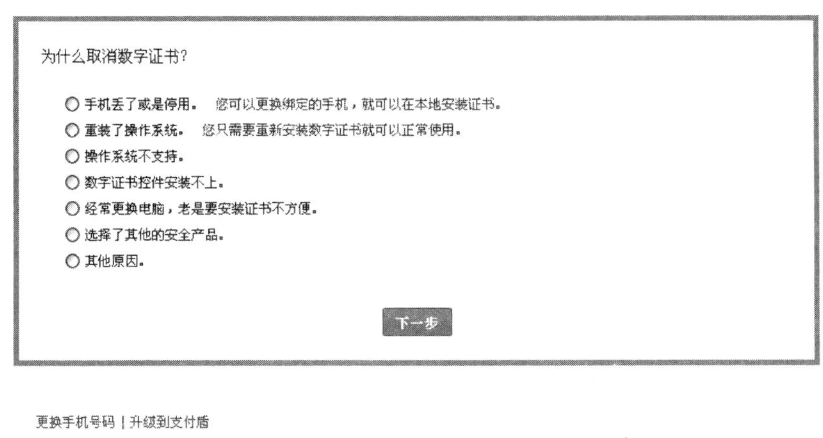

图3－19　本地支付宝账户数字证书取消流程询问页面

点击“下一步”按钮，进入取消确认页面。

在图3－21中，点击确定后，完成本地支付宝账户数字证书的取消，见图3－22。

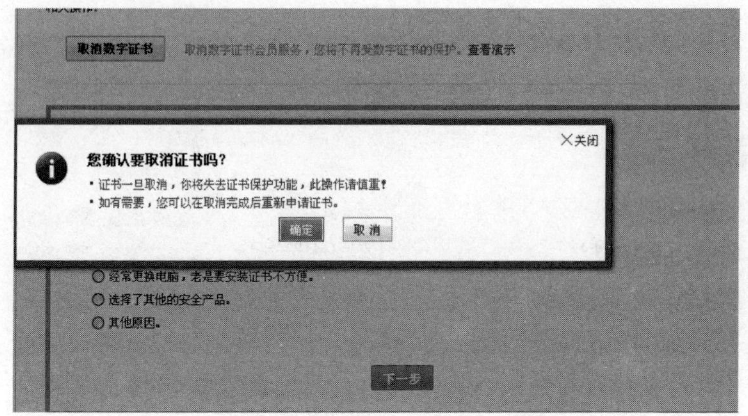

图 3－20　本地支付宝账户数字证书取消确认页面

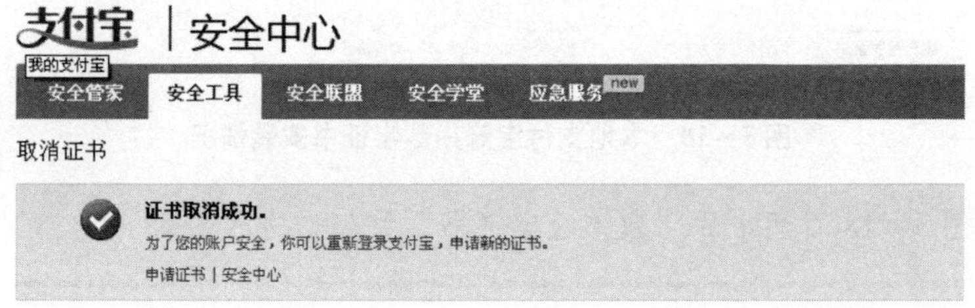

图 3－21　本地支付宝账户数字证书成功取消页面

二、财付通本地证书的取消流程

图 3－22　本地财付通账户数字证书安装情况

点击图3-23中的"关闭证书服务"按钮后，进入图3-24。

数字证书
功能介绍
管理我的证书
历史记录
关闭数字证书后，账号安全等级将下降，请您慎重考虑。
请您勾选关闭数字证书的原因，我们将做得更好。
手机换号了
经常更换电脑，安装证书不方便
需要使用手机令牌、财付盾
其他
确定关闭
返回上一页

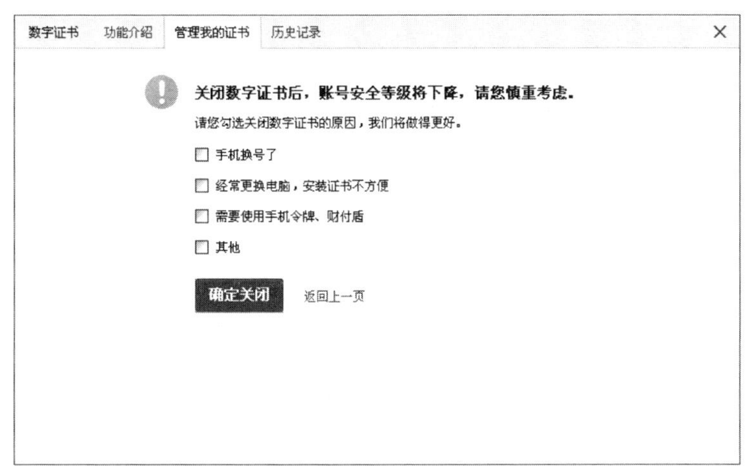

图3-23　本地财付通账户数字证书取消确认页面

点击图3-24的"确定关闭"按钮后，进入身份认证页面。

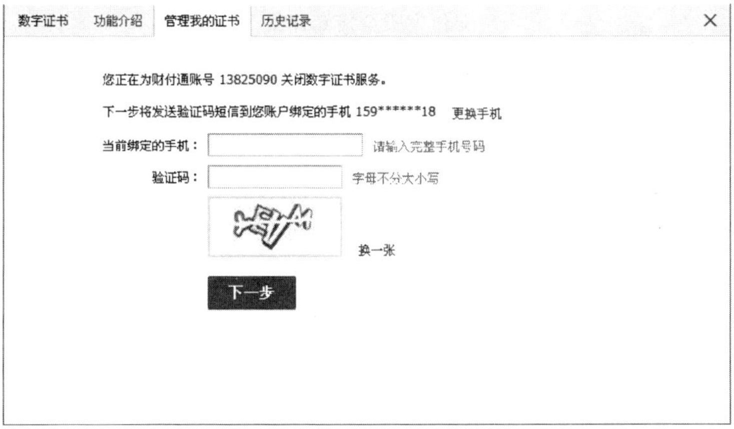

数字证书
功能介绍
管理我的证书
历史记录
您正在为财付通账号 13825090 关闭数字证书服务。
下一步将发送验证码短信到您账户绑定的手机 159******18
更换手机
当前绑定的手机：
请输入完整手机号码
验证码：
字母不分大小写
换一张
下一步

图3-24　本地财付通账户数字证书取消身份验证页面

由图3-24可以看出，在数字证书最后的取消环节，需要手机验证码，这就有效阻止了不明原因实施的远程关闭数字证书操作。

通过以上对比可以看出，在涉及账户的关键操作上，应该进行强身份认证，只有这样，才能有效地保护账户的安全。

资料来源：笔者自测，最后测试时间为2015年1月3日。

二、当前主流第三方支付平台网络安全建设

纵观当前主流的第三方支付工具，支付宝在网络支付安全方面表现突出，在联盟合作、安全宣传、赔付机制等多个方面均明显优于其他支付企业，支付宝联合安全生态系统各环节参与者成立安全支付产业联盟并提出“快捷支付72小时全额赔付”承诺，在更大程度上保证网络支付安全的同时，给用户树立支付安全信心、安全合作和宣传方面的经验值得其他厂商借鉴。财付通在网络支付安全方面有效利用腾讯集团内IT安全、QQ等集团资源，但在安全投入和外部资源合作方面仍有较大提升空间。

快钱在安全宣传和安全资源投入两方面表现突出，线上线下相结合的安全推广活动以及资金和人员方面的投入均高于行业平均水平，但联盟合作和组织架构对安全的重视程度上略显逊色。

（一）支付宝

表3－12是对支付宝安全措施的介绍。

表3－12　　支付宝安全措施介绍

安全策略	支付宝对资金支付实行全方面的安全保障：业务安全（交易和账户安全）、合规安全、系统安全、信息安全等
系统安全	符合央行标准的安全系统、“智能实时风险监控系统”、工行备案的资金托管账户
安全产品	密码安全控件、图片校验码、防钓鱼解决方案、数字证书、支付盾、手机护航、宝令、双密码、双因子验证、个人隐私认证系统、实名认证（2014年5月27日起要求强制实名认证），登录实时手机短信提醒
信息安全服务	资金变动短信通知、邮件通知、异常情况的运营人员提醒、旺旺提醒、手机终端异地登录提醒
赔付机制	快捷支付有“72小时全额赔付的承诺”
安全宣传	专门网站安全提醒页面、大众媒体审传、商户交流活动中安全介绍、线下网络支付安全主题宣传
安全合作	在央行、工信部、公安部指导下，支付宝联合银行业、第三方支付公司、IT安全业等百家企业成立国内首个针对电子支付安全的产业大联盟，专注于网购各环节的安全保障

（二）财付通

表3－13是对财付通安全措施的介绍。

表3－13　　财付通安全措施介绍

安全策略	对资金实行全方位、全过程的实时监控，把安全打造成企业的核心竞争力
系统安全	符合央行标准的安全系统、风控系统、资金管理制度
安全产品	QQ安全中心、手机密令、财付盾、数字证书、短信验证码、安全控件、敏感信息保护、实名认证
信息安全监控	短信通知、QQ邮件通知、实时QQ通知
赔付机制	引导用户报案；遇到钓鱼用户及时反馈可拦截交易并退款；责任赔偿机制
安全宣传	专门网站安全提醒页面、QQ宣传
安全合作	与QQ管家、腾讯安全中心、金山网络密切合作，并与所有合作银行和政府相关监管部门紧密合作

（三）银联在线

表3－14是对银联在线的安全措施介绍。

表3－14　　银联在线安全措施介绍

安全策略	区别于其他第三方支付平台，银联在线支付不针对商户和用户设立专门的存在资金沉淀的支付账户。用户在进行消费时直接验证其预留在发卡机构的银行卡验证信息（如密码、有效期、CVN2. 身份证、手机号码、姓名等），验证通过由发卡机构授权，并直接使用银行卡账户支付。所以银联在线支付的安全策略在于：（1）不断推出安全便捷的支付产品；（2）制订和发布业务规则和风险规则，约定各方职责，各司其职；（3）积极推动产业链合作，共同打击银行卡犯罪
系统安全	银联身份认证体系；防范账户信息泄露体系；通过技术标准促进参与各方全面了解交易信息
安全产品	安全控件、数字证书、第三方认证、双因素认证等
信息安全服务	资金变动短信通知

续表

赔付机制	主要通过差错及争议处理规则来约定，并通过银联差错处理平台来实现。对于符合处理规则的，持卡人可通过发卡机构进行拒付，拒付提交后T+1日资金即清算到发卡机构。银联自身也提取了充足的风险拨备，用于需由银联承担的相关赔付
安全宣传	与门户网站设安全提醒页面
安全合作	与200多家银行进行风险信息共享；与谷歌、360奇虎科技、瑞星、趋势科技等10余家网络安全厂商有密切合作；与银行卡检测中心、中国反钓鱼联盟以及安全主管部门密切合作

（四）快钱

表3－15是对快线的安全措施介绍。

表3－15　快钱安全措施介绍

安全策略	针对公司的支付及清结算业务，通过全面的技术与管理措施保障客户的数据安全、账户安全、交易安全和资金安全，推动整个支付行业的安全与信誉建设。(1) 网络系统安全（用户认证安全、网络交易安全、信息存储安全）；(2) 商户管理安全（严格的商户准入标准、完善的防钓鱼安全体系、实时反洗钱监控机制）
系统安全	央行的支付服务业务系统检测认证、每年第三方独立的系统检测与评估；风险监控平台；PCI－DSS认证、ISO27001认证、银联卡账户信息安全合规认证等
安全产品	口令卡、快钱盾、数字证书、第三方数字、短消息验证码、安全控件、实名认证、验证码、页面欢迎语
信息安全监控	资金变动短信通知、邮件通知、后台监控服务
赔付机制	过错赔付机制
安全宣传	专门网站安全提醒页面、商户交流活动中安全介绍以及每年一次的主题安全媒体宣传活动
安全合作	长期与合作银行保持密切安全合作，并与ATSEC、绿盟等安全厂商紧密合作

三、互联网支付风险防范分析——以支付宝为例

综上，各主流第三方支付厂商在安全建设方面都取得了卓有成效的成绩，并且各具特色。以下将选取当前我国最大的第三方支付工具——支付宝为例，就互联网支付风险防范作深入的分析。

（一）政策法律风险的防范

政策法律风险更多的应该是行业协会以及政府监管部门出面应对的，作为支付服务提供商的支付宝，发挥行业龙头老大的优势，因势利导、积极倡导行业内的自组织联盟，促进行业共同关注安全风险。

2011 年 6 月，国内最大的第三方支付服务提供商——支付宝牵头成立了国内第一个支付联盟——“第三方支付联盟”。初始联盟成员包括中国工商银行、建设银行、农业银行、招商银行，以及微软、赛门铁克等反病毒厂商。联盟的目的在于共享安全方面的技术、数据和情报，加强行业间安全方面的合作。2012 年 5 月，支付宝与国内领先的 9 家第三方支付公司联合发起组建了第三方支付安全合作联盟。第三方支付企业将充分发挥整体效应，共享行业信息，共御行业风险，合作探索更多层面、更丰富手段的联防机制，建立更加健康有序的行业安全经营环境。2012 年 9 月，支付宝牵头成立国内首个互联网商户安全联盟，美团、大众点评、汇元网等多家电商加盟，这意味着电子商务产业安全阵线的进一步完善。联盟将通过开放联防标准，配合安全技术、防控方案和安全产品，帮助电商防御传统的木马、钓鱼安全威胁。

以上厂商自发形成了支付联盟，具有半协会性质，这种行业内共享行业信息、共享安全技术等方式，在一定程度上防范了行业内的支付风险。

（二）信息安全风险的防范

支付宝作为目前我国最大的第三方支付服务提供商，构建了较为完善的风险防控体系，有效地对信息安全风险进行了防范，其具体的风险防控体系如图 3－25 所示。

1. 严密的后台监控体系

为保障支付宝用户安全的交易行为，支付宝建立了完善的后台监控系统。智能实时风险监控系统（CTU 系统）是由支付宝自主研发的，于 2005 年 8 月 1 日正式发布上线，并不断优化升级，是目前国内最先进的网上支付风险实时监控系统之一。能够通过数据分析、数据挖掘等技术进行案件学习并与一般用户正常行为特征进行比对，建立一整套的规则体系来捕捉异常的或者有风险操作的账户，

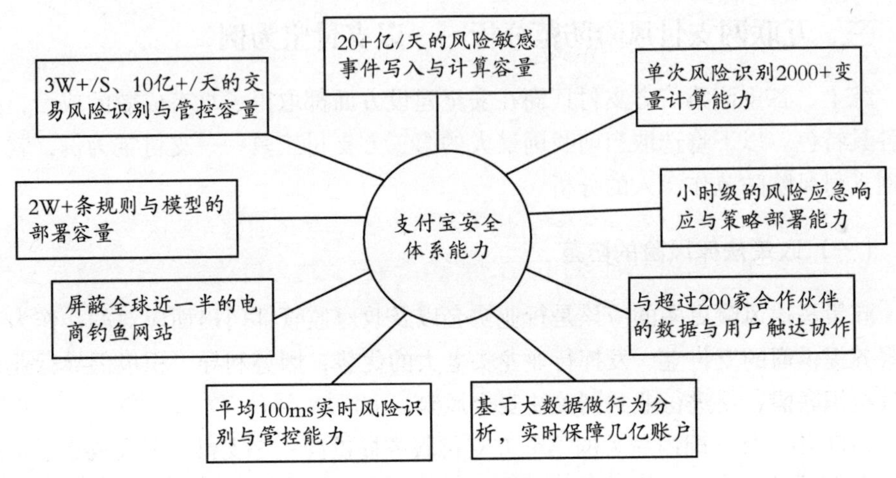

图3－25　支付宝安全防控体系

开发并不断更新整套CTU规则体系，用于风险嫌疑数据的抓捕，发现异常的或有风险的操作行为，根据风险级别不同进行不同的处理。同时辅助人工核查，能够有效防控网上支付风险。

2. 完善的内部管理

为加强支付宝的内部资金管理，支付宝设立了“客户提现两级复核制度”、“刀片环境”、“录频软件机制”、“大额资金调拨授权机制”等，从制度上保证了客户资金安全。以“刀片环境”和“录频软件机制”为例。“刀片环境”是指客户资金管理部的员工电脑中有两套环境：一套是可以与外网相连接的；另一套则是虚拟的环境，在该环境中员工只能登录网银的后台，而不能与外网相连接。两套环境不能内外相通，实际操作人员也不能进行数据导出等操作。而“录频软件机制”，即只要登录了刀片环境，该操作人员所做的所有事情都将记录下来，并且这些记录都能够自动保存。

3. 丰富的安全产品

为保障用户的资金安全，支付宝推出了丰富的产品线，目前为数不多地推出了在线登录的实时短信提醒，此外还推出了密码安全控件、图片校验码、防钓鱼解决方案、数字证书、支付盾、手机护航、宝令、双密码、双因子验证、个人隐私认证系统等技术防范措施，这些措施在很大程度上保证了用户的账户安全。

4. 周到的用户权益保障措施

在用户宣传方面，支付宝有专门的宣传页面，并以非常个性化的短信提示语“打死都不能告诉任何人”来提醒用户注意安全。此外，针对快捷支付，支付宝提出了“你敢用，我敢赔”的口号，并向所有快捷支付用户免费赠送一份资金保障险，该保险由平安产险承保，所有保费由支付宝承担，用户在使用快捷支付过程中产生的损失将由平安产险给予100%赔付。

（三）信用风险的防范

在第三方支付系统中，容易引起信用风险的是客户的备付金，即用户支付过程中的沉淀资金是否被平台挪用。支付宝在客户备付金方面实行了严格的管理，为了控制客户资金风险，专门成立了与财务部完全独立运营的客户资金管理部。客户资金与企业自有资金完全独立运营，客户资金和自有资金有两套印鉴，用两套账户进行管理。从2006年5月开始，支付宝备付金全部安全存放在工行的托管账户中，工行每月出具资金托管报告，客户资金产生的利息也没有动用过。此外，在反洗钱方面，法务及合规部作为反洗钱工作的合规管理部门，负责制定反洗钱内部控制制度，制定客户身份识别、可疑大额交易报告、客户身份资料和交易记录保存等方面的内部操作规程。这些措施有效地防止了支付宝作为支付运营商可能产生的信用风险。

总之，对于风险防范来说，互联网支付服务提供商应该紧随技术的发展，不断提高防范水平，做到第一时间对安全事件的防备，对安全漏洞的堵塞，对用户的安全教育。只有这样，才能树立起行业支付风险防备的第一道防线。

第四节　互联网支付的行业自律

2012年1月，温家宝总理在全国金融工作会议谈及“加强金融基础建设，改善金融发展环境”时，提出要“积极发挥行业协会的自律作用”，这在每五年一次的全国金融工作会议的报告中尚属首次，对国内金融类行业协会的工作具有重要指导意义。当前我国的行业自律正处于初级阶段，自律文化仍需加强，自律是行业内在的自我调节和完善，行业监管是行业自律的前提和保障，行业自律是行业监管的延伸和完善，对于防范互联网支付行业的风险具有重要的屏障作用，加强互联网支付的行业自律对于行业的整体发展来说具有重要意义。本节将在简要回顾我国支付行业自律的基础上，结合中国支付清算协会的成立，探讨当前支付行业自律建设，最后简要介绍一下当前我国支付行业自律性组织的情况。

一、互联网支付行业自律的重要性

行业自律是私人部门的特定产业或职业，为了满足消费者需求、遵守行业道德规范、提升行业声誉及扩展市场领域等目的，对自我行为进行的控制，“是企业的志愿协会对企业集体行为的控制[①]”，同时也是执行私人权威的一种手段。可以被定义为受制于正式管制的（组织）自我设计并执行规则的一种努力[②]。

在市场经济成熟国家，行业自律管理是市场监管的重要力量，发挥的作用相当广泛[③]。行业协会是市场经济发展的必然产物，是市场经济体制的重要组成部分。随着市场经济体制的不断完善以及政府职能的转变，行业协会的地位更加重要。从发达国家实践看，自律组织在推动市场创新和发展、规范市场行为、维护市场秩序、防范市场风险等方面具有重要作用。如英国、加拿大、新西兰、中国香港等发达经济体，以及菲律宾、印度尼西亚等发展中经济体均设立了不同形式的协会组织，以作为政府监管的有益补充。完善支付服务市场机制，依靠行业参与者之间的沟通协商、自律联合来更有效地促进市场稳健发展。因此，应该结合我国当前支付行业的发展现状，因势利导成立行业协会性组织，促进互联网支付行业的持续健康发展。

二、我国支付行业自律历史回顾

我国支付行业的自律最早发端于 1993 年开始的金卡工程，为规范国内银行卡市场的发展，中国人民银行先后出台了《银行卡业务管理办法》及其他一些规章制度。作为发卡主体的商业银行在人民银行的领导下，开始探索行业自律的路子，当时建立的以人民银行指导，各商业银行共同参与的银行卡联席会议制度可谓是支付行业自律的雏形，对银行卡的发展起到了积极的作用。

2002 年 3 月，中国银联成立，我国银行卡产业迎来发展“拐点”，在人民银行的领导和国家有关部门的指导下，中国银联积极发挥银行卡组织的职能和优势，站在银行卡产业全局高度，建立了由各商业银行和中国银联有关专业人员组成的银行卡业务、技术、市场、风险管理委员会，制定、发布了一整套银行卡业务、技术、市场、风险规则，并采取措施加以落实，成为推动支付行业自律的主要平台，我国支付行业的自律达到了新的水平，但此时并未形成真正的自律性

---

① Andrew A. King and Michael J. Lenox. Industry Self - regulation without Sanctions: The Chemical Industry's Responsible CareProgram. Academy of Management Journal, 43 (4), 2006.

② Renée de Nevers. (Self) Regulating War?: Voluntary Regulation and the Private Security Industry. Security Studies, 18 (3), 2009.

③ 李克，蔡洪波 . 国内外支付清算行业发展及自律管理［J］. 中国金融电脑，2013 (2).

组织。

然而随着近几年互联网经济和支付产业的飞速发展和支付市场主体不断扩容，特别是自1999年开始提供支付服务的非金融机构终于在2010年获得了非金融机构支付许可牌照，我国支付产业发展出现新的形势、新的格局，这就需要在原有行业自律机制的基础上，探索新的行业自律道路。2011年，在人民银行的组织推动下，由支付市场有关主体参加的中国支付清算协会成立，标志着我国支付行业自律进入新的历史时期，即在政府和市场中间，由行业协会在监管部门的指导下，牵头协调、推动各市场主体开展行业自律，更好地把行政手段和市场手段有机结合起来。

三、我国互联网支付行业自律建设的分析

当前，随着中国支付清算协会的成立，我国支付行业的自律发展进入了新的水平，但整体上来说，我国支付行业的自律水平还处于初级阶段，突出表现在成员的自律意识不强，自律机制还存在运行不畅，有待进一步理顺（见图3－26）。借鉴国外自律行业的经验值，对于我国的支付行业的自律应该做好以下几点工作。

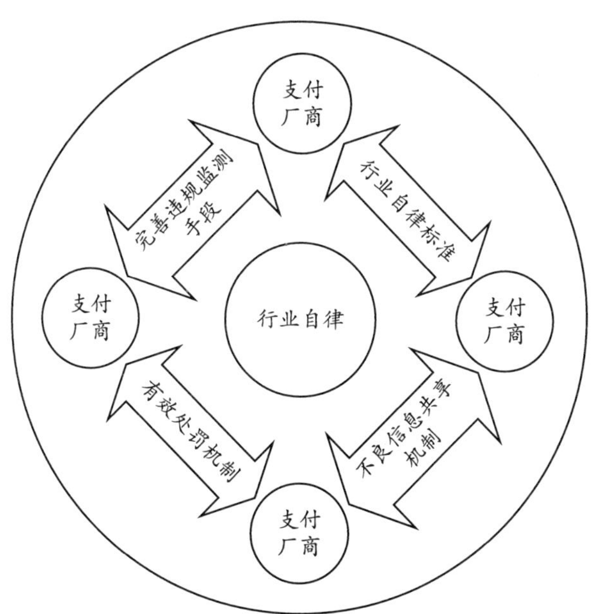

图3－26　我国互联网支付行业自律分析

首先，应该进一步完善行业自律标准。标准是协会成员所必须遵从的规范，应该根据我国当前支付行业的发展实践，考虑到各协会成员的利益和现状，积极制定适合所有成员的自律公约。而当前现有支付行业自律标准主要是由中国银联牵头制定，其针对的主体主要是银行卡支付和中国银联的成员机构，因此有必要制定适用所有行业成员，覆盖支付产业各个链条的自律标准。

其次，应该完善违规监测手段。支付行业既具有金融属性，又具有互联网行业的创新属性，当前技术的进步也带来了支付方式、支付创新的突飞猛进，但有些创新存在着在边界上游走，违规方式越来越隐蔽。因此，必须利用先进的监测系统和监测技术，建立科学合理的监测指标，设计高效、完善的监测规则，只有这样，才能有效地建立规范的市场秩序，防范全行业的支付风险。

再次，探索有效的处罚机制。当前我国支付行业处于飞速发展的新时期，尤其是2010年非金融机构作为支付服务的主体正式加入行业正规军，但整体上来讲，非金融机构开展金融业务存在着无序经营、恶性竞争的情况，特别是线下银行卡收单市场上。因此，在完善违规监控的基础上，应该进一步探索建立面向所有支付机构，力度更大，效果更佳的违规处罚机制（如罚款、退单、惩罚性清算等），并且花大力气切实落实这些机制。

最后，应当建立健全行业不良信息共享机制。随着支付行业主体越来越复杂，原有以银联为主体开发的银行卡不良信息共享系统，其中共享了商业银行和中国银联定期提供的不良商户和持卡人信息，但随着非金融支付机构的加入，这一信息共享系统急需扩容。同时，尽快建立健全违规举报、投诉机制，将违规机构企业信息及其不良行为记录纳入共享系统，为行业自律服务。

四、当前我国互联网支付行业的自律组织介绍

（一）中国支付清算协会

1. 协会简介

中国支付清算协会是经国务院同意、民政部批准成立的非营利性社会团体法人。协会以促进会员单位实现共同利益为宗旨，对支付清算服务行业进行自律管理，维护支付清算服务市场的竞争秩序和会员的合法权益，防范支付清算服务风险，促进支付清算服务行业健康发展。协会业务主管单位为中国人民银行。

2011年5月23日，中国支付清算协会成立大会在北京隆重举行。国家开发银行行长蒋超良当选协会第一任会长。北京市政协副主席、市金融工作领导小组常务副组长黎晓宏，各银行业机构负责人、主要非金融支付组织负责人等与会祝

贺。相关行业协会代表和中国支付清算协会近百家会员单位的代表参加了会议。

支付清算协会的成立，是我国支付体系发展的一件大事，也是推动金融业市场化发展的重要举措和实践。支付体系是经济金融基础设施最重要的组成部分，直接决定各类经济金融活动的安全和效率，对金融、经济的稳定和发展至关重要。

2. 协会组织机构

目前支付清算协会，最高设有会员代表大会，下设理事会和监事会，常务理事会下设银行卡基支付、网络支付应用、预付卡、移动支付、技术标准、票据、互联网金融专委会等7个工作委员会。协会秘书处设立综合部、会员服务与培训部、法律与权益保护部、业务协调一部、业务协调二部、业务协调三部、技术与标准部，共7个部门，并根据工作需要增减职能部门。

3. 协会成员单位

中国支付清算协会的成员单位包括协会监事单位、协会常务理事单位、协会理事单位、协会会员和观察员单位等。其中，协会监事单位包括中国银行、中信银行、中央国债登记结算有限公司等11家；协会理事单位共60家，其中中国工商银行、国家开发银行、支付宝（中国）网络技术有限公司等30家为协会常务理事单位；协会会员、观察员名单包括中国人民银行清算总中心、中国银联等315家单位。

（二）中国支付清算协会网络支付委员会

中国支付清算协会网络支付应用工作委员会成立于2011年12月28日。网络支付应用工作委员会的宗旨是维护成员单位的合法权益，完善网络支付服务自律管理体系，规范网络支付业务经营行为，推动网络支付服务的推广应用，促进网络支付服务行业的持续、健康发展。

网络支付应用工作委员会的基本工作原则是公平公正、民主集中。

网络支付应用工作委员会的最高权力机构为全体成员会议。常务委员会为全体成员会议的执行机构，负责在全体成员会议闭会期间领导工作委员会开展日常工作。网络支付应用工作委员会办公室负责日常事务，办公室设在中国支付清算协会秘书处。

网络支付应用工作委员会的主要职责：（1）研究、建立网络支付应用业务规范和自律体系，组织制定行业自律公约，并推动实施和执行；（2）研究、制定网络支付应用业务管理规则，规范并促进网络支付应用业务的发展；（3）引导会员单位加强内控制度建设，完善风险管理机制，保障安全运营；（4）推广运用国家及行业标准，或依据相关政府规章，制定完善行业标准及工作指引，并推动其实施；(5) 调查、收集网络支付应用业内意见和建议，与监管机构或其他业界组织进行沟通与协调；(6) 组织网络支付应用业务研讨及国际交流等活动，借鉴国际网络支付应用运作模式，促进网络支付应用业务创新和推广；(7) 完成中国支付清算协会委托的其他事项。

（三）中国支付清算协会移动支付委员会

中国支付清算协会移动支付工作委员会成立于2012年11月21日。移动支付工作委员会的宗旨是维护成员单位的合法权益，完善移动支付业务自律管理体系，规范移动支付服务行为，推动移动支付产业的持续、健康发展。

移动支付工作委员会的基本工作原则是公平公正、民主集中。

移动支付工作委员会的最高权力机构为全体成员会议。常务委员会为全体成员会议的执行机构，负责在全体成员会议闭会期间领导工作委员会开展日常工作。移动支付工作委员会办公室负责日常事务，办公室设在中国支付清算协会秘书处。

移动支付工作委员会的主要职责包括：(1) 组织推广、应用移动支付国家规范和标准；(2) 组织研究移动支付行业相关的政策与法规，制定自律性业务规范和工作指引，并推动实施和执行；(3) 完善移动支付业务自律管理体系，协调解决成员单位存在的问题或纠纷，推动移动支付服务持续、健康发展；(4) 跟踪移动支付市场的创新情况，促进行业规范的建立；(5) 引导成员单位加强内控制度建设，完善风险管理制度，防范业务风险；(6) 研究国内外移动支付发展趋势、运营模式、技术应用与标准化进程，为成员单位提供咨询建议和信息服务；(7) 调查、收集、反映移动支付推广应用中的问题和建议，与监管机构或其他业界组织进行沟通与协调；(8) 组织移动支付业务国际交流与合作，促进成员单位移动支付业务的创新和发展；(9) 完成中国支付清算协会委托的其他事项。

五、当前我国互联网支付行业的自律建设

自中国支付清算协会成立以来，结合当前我国支付行业发展的实践，先后于2011年12月成立了网络支付工作委员会，于2012年11月成立了移动支付工作委员会。相关委员会成立以来，纷纷出台了自律性公约，网络支付委员会相继于2012年3月16日出台了《网络支付行业自律公约》，2013年3月7日出台了《支付机构互联网支付业务风险防范指引》；移动支付工作委员会于2012年12月11日出台了《移动支付行业自律公约》。这些行业自律公约的出台对于加强行业

的自律建设起到了积极的作用。

（一）网络支付相关自律公约简介

1. 网络支付自律公约

《网络支付行业自律公约》，致力于促进我国网络支付行业的健康发展，维护网络支付服务市场公平、有序的竞争秩序，保护消费者合法权益。总体来说，该公约主要涉及是业务管理、客户权益保护、监督协调等三个方面。

首先，在规范业务管理方面该公约倡导有序竞争，科学合理定价、避免恶性竞争，在开展业务过程中，应该严格识别客户资质，加强对特约商户的管理，严格执行客户备付金管理相关规定，规范备付金的存放、使用和划转；同时，应该积极完善交易监控体系，及时发现可疑交易，构建全面风险管理体系，及时发现和处理网络支付业务风险等。

其次，在消费者权益保护方面，公约要求成员单位通过加强备付金的管理，建立完善的客户信息系统和客户档案管理制度，建立长期稳定、方便、有效的客户服务体系，及时受理和解决客户咨询、查询、申告和投诉等方面的问题；同时，应当向客户公布支付服务操作规程、收费标准、风险提示等信息，充分保障客户的知情权、选择权及其他合法权益。

在监督协调方面，公约要求各成员单位，本着互谅互让的原则，优先采用自主协商方式解决，并自愿接受协会的调解；并应对本公约的执行情况进行自查，对发现的问题及时整改。

2. 支付机构互联网支付风险防范指引

《支付机构互联网支付风险防范指引》（以下简称《指引》），目的是为引导成员单位提高互联网支付业务风险防范意识，有效识别、防范互联网支付业务风险，保护成员单位及消费者的合法权益，促进互联网支付业务的健康发展。《指引》分为10个部分，涵盖了支付网络支付机构风险管理体系、用户风险及防范、商户风险及防范、资金安全管理、系统信息安全管理、支付机构反洗钱和反恐怖融资管理要求、风险信息共享和风险事件处理等内容。

（1）维护用户合法权益。《指引》注重对用户合法权益的保护，提高支付机构对用户支付安全的全面保障水平。为了确保用户支付安全，《指引》明确了覆盖用户注册审查、用户服务协议、用户交易身份认证、用户账户与交易监控、用户账户及交易信息安全、用户安全教育服务和业务投诉、差错及争议管理等各个用户风险管理环节的操作规范，进一步提升行业安全高效服务水平。

一是进一步落实实名制，有效保障用户账户安全。用户风险防范的首要环节是用户注册审查环节，包括实名制要求、用户身份信息审核、用户申请资料保存等。《指引》要求支付机构对客户身份信息的真实性负责，不得为客户开立匿名、假名支付账户，同时要求留存用户有效身份证件的复印件或影印件，提高了账户资料核实的安全系数，保障了用户的账户安全。

二是强化用户身份认证，防止用户信息被冒用、盗用。通过提供安全可靠的身份验证和支付授权方式，提供密码、令牌、动态口令、安全证书、手机校验码等具体技术手段，可充分识别是否为用户本人的真实性交易操作，防范不法分子冒充用户进行交易，充分保障了用户的交易安全。

三是明确了支付机构与用户的权责，有助于解决相关争端和纠纷。引导支付机构通过用户服务协议进一步明确支付机构与用户双方的权利与义务，有效防范法律风险；同时从用户权益角度出发，要求支付机构建立业务争议、投诉处理机制，并加强用户安全教育服务，保障用户的合法权益。

（2）保障客户资金安全。针对客户资金安全这个用户最为关切的问题，《指引》根据监管机构的相关规定，提出具体落实要求，明确相关操作规定。包括对备付金银行账户管理的要求、支付机构资金管理岗位的设置与权限、商户资金结算流程、资金退回及交易退款的要求、手续费、资金差错处理、风险准备金计提等一系列流程和环节。

一是严格备付金账户管理，保障客户备付金账户资金安全。明确备付金账户的管理要求，完善备付金存管银行对客户备付金的管理，规范风险准备金计提制度，有效防范非法挪用或挤占客户备付金、非法利用客户备付金账户进行洗钱等风险，充分保障了客户备付金安全。

二是规范资金管理与差错处理，保障客户合法权益。《指引》对支付机构资金管理岗位的设置与权限、商户资金结算流程、资金退回及交易退款、资金差错处理等提出了相关要求，从制度设置、流程规范、资金服务等方面扎实有效的保障了客户合法权益。

三是要求建立账户与交易监控系统，对支付交易全过程实施 7 × 24 小时监控。明确了重点监控指标和异常交易的识别、调查与处置程序和要求。

（3）共同抵御风险事件。《指引》将协同调查、联合防范作为风险信息共享的首要目标，建立行业风险信息共享机制，明确支付机构风险信息共享和风险事件处理的基本原则和工作机制。在风险事件的处理方面，《指引》提出了重点风险事件的划分标准，借助风险联系人机制，提出对有关风险事件进行调查协助的要求。

（二）移动支付行业自律公约介绍

移动支付行业自律公约，目的是为促进移动支付行业健康发展，维护移动支付服务市场公平、有序竞争秩序，保护成员单位和消费者合法权益；公约共有五章32条，主要涉及移动支付行业业务管理、用户权益保护、监督协调管理等三个方面。

1. 业务管理

公约提倡成员单位平等自愿、公平竞争的拓展业务，维护市场良性发展，避免恶性竞争；同时在均衡相关方利益的前提下，科学合理定价；在开展业务的过程中，鼓励成员单位开展产品和服务创新，通过制度、技术保障等有效手段防范和控制风险；并应贯彻客户身份制度要求，落实移动支付账户的实名开立，建立完备的特约商品管理机制，落实特约商户准入、建档、定期回访等制度；加强备付金的存放、使用和划转，接受存管银行的监督。

公约提倡建立在业务开展过程中注意风险防控，建立全面风险管理体系，提升风险识别能力；同时建立有效的公司机制，健全内部控制和内部审计制度，规范移动支付业务运营。

2. 用户权益保护

公约要求成员单位在保护消费者合法权益的前提下，合理制定产品和服务定价；在业务开展过中，应当加强备付金管理切实保障客户资金安全；建立完善的信息管理系统保护客户的交易信息。

3. 监督协调管理

公约要求各方本着互谅互让的原则，优先采用自主协商方式解决，并自愿接受协会的调解；并应对本公约的执行情况进行自查，对发现的问题及时整改。同时，成员单位应积极配合监管部门、协会的监督检查，以及司法机关等部门的协查工作。

通过以上可以看出，当前我国互联网支付行业协会组织的建设进入了调整发展时期，结合当前的热点领域——第三方支付和移动支付，已经成立了相关的工作委员会，并制定自律公约。随着互联网支付行业发展的不断成熟，行业协会建设也会随着互联网支付的发展在行业自律监管方面起到越来越大的作用。

第五节　互联网支付的监管思路

自从2010年非金融支付机构开始纳入到央行整个监管体系中开始，说明整个支付行业已经到了需要通过监管才能正规持续健康发展的时期。当前，我国银行卡市场、互联网支付市场，竞争格式、业务创新、商业模式等已经发生了极大的变化，作为新兴支付业务的互联网支付，在业务开展的过程中，与传统商业银行、传统金融监管产生了诸多摩擦和冲突，如市场竞争秩序的规范、支付风险的防范、产业各方利益的平衡，都是当前以及未来需要充分考虑的问题。如何根据当前我国互联网支付行业发展的实践出发，在合规发展和促进创新的平衡中合理规划当前互联网支付的监管是全行业不得不思考的问题。

一、互联网支付行业发展态势

（一）新兴与传统的冲撞

代表传统支付的中国银联与代表新兴支付的支付宝，是当前我国支付领域线下和线上支付市场的业界巨头，这两股分别代表传统与创新力量的角逐目前正引发了关于支付市场监管和发展的思考。

2013年8月，支付宝宣布“由于众所周知的原因，停止做线下收单POS机业务”，看似只是与中国银联表面上的业务冲突，背后却暗藏了深层次的博弈。自支付宝诞生以来，依托互联网创新精神，在线上支付这个几乎完全竞争的市场，第三方支付取得了长足的进步，并且完全按照市场规则形成了市场化的定价机制以及利益分配格局，支付宝被称为“线上银联”。而中国银联自2002年成立以来，在行政干预和市场力量共同作用下，逐步发展成当前我国最大的线下支付清算组织。基于历史和现实的原因，我国线下清算市场实行的是政府定价的模式，而在当前互联网支付飞速发展的时期，线上支付厂商线下业务的拓展受到了影响，加之2015年年底我国全面放开支付清算市场的挑战，中国银联似乎在新兴市场力量的冲撞下，市场化接轨慢了半拍，未来将不得不面临一个深层次的问题，即在长期行政管理的背景下，中国银联如何进行市场化转型从而达到与市场磨合至融合的过程。

2013年出台的《银行卡收单业务管理办法》已经表达了人民银行的市场化发展导向。市场化机制是尊重市场主体商业合作、促成产业多方利益平衡与共赢的良性机制，而这一机制将体现新兴与传统市场力量的市场冲撞中达到一种平衡，寻找这一平衡的过程也是探索行业监管之路的必经之路，但可以肯定的是，未来的行业监管走向应该是促进整个互联网支付行业的市场化创新发展。

（二）新兴市场力量的市场乱局

自《非金融机构支付服务管理办法》颁布后，新兴非金融收单机构正在逐渐改变收单市场格局。支付机构机制灵活，市场反应快，填补了银行收单市场的空白领域，扩大了收单业务的内涵和外延，促进了整个银行卡产业的创新发展。但是，部分支付机构内控水平不高，风险管理机制不完善，在价格管理、商户风险管理等监管制度执行上存在不足。一方面，由于相关法规制度还在不断健全，制度执行还有待进一步落实，部分支付机构尚未完全整改规范到位，在业务系统、风险防控技术、人员和内部管理等方面还有所欠缺，给市场秩序带来一些不稳定因素。另一方面，部分支付机构内控合规意识有待加强。部分支付机构还处在“跑马圈地”的发展阶段，往往以低成本、高便捷度的服务抢滩市场份额，忽视了支付安全管理，忽略了可能带来的市场风险。而要化解上述风险，则必须通过引入并加强监管来解决。

（三）传统的监管边界在变化

当前，在我国的互联网支付市场上，电子信息取代卡片的“无卡支付”时代发展是目前银行卡支付创新的方向。此外，随着移动互联网技术持续发展和智能手机、平板电脑等移动智能终端的不断普及，支付终端“移动化”趋势逐步显现，移动支付将成为银行卡创新应用的新兴领域，是未来零售支付的发展方向。

无卡化和移动化趋势将给以往基于不同交易渠道和交易介质的监管思路提出重大挑战。在技术创新与市场需求的推动下，渠道、介质、交易等支付要素融合发展，使支付工具功能日益叠加、边界日益模糊，给原有监管体系带来挑战，传统的监管规则、监管方式、监管理念等都将发生根本性的变化。在新的市场形势下，监管部门将坚持与时俱进，不断调整监管思路，从复杂的业务形态中抽离具有共性的业务本质，从防范风险、保护消费者权益的角度引导和规范市场创新。

综上，当前的市场发展动态决定，必须改变旧有传统监管模式，找到适合互联网支付与传统支付行业共同发展的监管之路。

二、互联网支付监管的必要性分析

为什么要对互联网支付进行监管？互联网支付监管的具体目标是什么？如何

确定互联网支付的监管取向？这是互联网支付监管基础性的理论问题。在此将借鉴银行监管相关理论，讨论互联网支付监管的必要性。

银行监管理论认为，保护存款人利益、银行倒闭的外部性是政府对银行监管的两个重要原因①，这是由于：一方面，存款人在对银行的监管上存在搭便车行为，同时作为个体很难对银行进行有效监管，所以政府监管机构有必要代表存款人对银行进行监管；另一方面，银行倒闭可能引起连锁反应，甚至引发银行体系危机，具有巨大负外部性，因此政府有必要监管银行确保银行体系的稳定。而对于互联网支付，特别是目前发展较为成熟的第三方支付来说，同样存在上述问题。

（一）消费者权益保护

当前在我国互联网支付领域，第三方支付是目前解决网上支付交易过程中担保交易的重要手段，部分第三方支付平台与交易平台的依附性，决定了用户对某些第三方支付工具选择的必然性。然而，众多分散的用户，根据集体行动的理论（Olson，1965），在监管第三方支付机构的过程中肯定存在着搭便车行为，单纯依靠市场力量无法有效监管第三方支付机构。因此，监管机构有必要代表用户对银行进行监管。同时，相对于第三方支付机构来说，用户的力量非常弱小，且诉讼存在固定成本，单个用户较难运用法律武器来保护自己的利益。因此，政府有必要监管第三方支付机构。

（二）互联网支付机构倒闭的外部性

互联网支付中，特别是第三方支付机构，由于其流程的特殊性，决定了在进行某些交易类型过程中，付款和交货必然存在割裂，资金将在第三方支付平台留存成为沉淀资金，沉淀资金作为第三方支付安排的必然结果，从而使得货币债权转移可以在中央银行和商业银行体外进行，这就给支付体系和金融安全带来新的不确定因素②。在缺乏有效监管的情况下，某些第三方支付平台由于道德风险的存在，可能对该部分资金挪用，当挪用资金到达一定程度无法维继交易时，就会产生平台的流动性风险，进而带来用户的资金损失。当风险进一步增大，即会通过一定的传导路径带来社会对于第三方支付平台的恐慌，放弃使用或产生挤兑风险，进而影响到整个行业或支付体系，而第三方支付平台倒闭造成的社会总成本将超过私人成本。基于此，政府有必要监管第三方支付，确保整个行业以及支付

① 类承曜．银行监管理论——一个文献综述［J］．管理世界，2007（6）．
② 欧阳卫民．非金融机构支付市场监管的基本原则［J］．中国金融，2011（4）．

体系的稳定性。

三、互联网支付的监管目标

确定互联网支付监管的目标关系到互联网支付行业监管政策导向，互联网支付作为一种基础金融活动，其监管目标的确立，有必要借鉴参考当前银行监管、金融监管的目标来确定。

（一）当前银行监管目标研究

对于银行监管目标，学术史上曾经出现过基于新古典经济学的传统银行监管目标论认为，银行监管的主要目标是保护公共利益和维护银行体系的安全与稳定。随后，来自于特殊利益论的观点对于传统银行监管目标提出了质疑，最初起源于Stigler的《监管的经济理论》，认为监管政策应该更倾向于保护生产者的利益；而后的新自由主义则认为，银行体系存在内在的稳定性，并且可以实现社会最优目标，所以应该将监管水平降到最低甚至取消监管（Cypher，1996）。

当前，国内多名学者也对银行监管的目标进行了深入的研究，宓丹（2007）通过分析金融监管促进经济增长的路径认为，银行监管的终极目标就是推动银行体系更好、更充分地发挥作用；而中间目标应该是维持一个健全有效的银行体系；具体目标中应包括，维护公众对银行系统的信心，保护金融消费者利益①。杨忠君（2011）基于新巴塞尔协议为背景的分析认为，当前我国银行监管应当更加注重系统稳定性目标的实现②。而中国银监会提出的四个具体监管目标包括：保护广大存款人和消费者利益；增进市场信息；增进对风险的识别；维护金融稳定。

而关于中国支付体系发展（2011～2015）的指导意见中指出，我国支付清算体系确立的是“安全”和“高效”的监管目标。

（二）互联网支付监管目标

对于我国互联网支付行业来说，第三方支付、移动支付是基于商业银行支付服务之上提供的更加个性化的支付服务。相对于基础性的国家支付系统提供的支付清算服务来说，互联网支付所提供的服务创新性、变化性更大，其最终目的是为互联网交易和传统领域交易提供安全高效的支付服务。因此，确立互联网支付监管目标如下：

---

① 宓丹．银行监管有效性分析［D］．四川大学博士学位论文，2007.

② 杨忠君．巴塞尔协议框架下的中国银行业监管［D］．西南财经大学博士学位论文，2011.

1. 维护互联网支付行业的安全稳定

这是互联网支付监管的首要目标，只有维护支付行业的安全稳定，才能尽可能减少互联网支付行业的外部性，减少其对基础银行支付体系、国家支付体系的影响；才能有效保护消费者的权益。

2. 保护消费者权益

互联网支付服务的根本任务是为互联网经济和实体经济交易提供支持。交易者在使用的过程中，如果支付利益受到损害，到达一定程度，必然会引发对互联网支付行业的信任危机，以及整个行业的系统性风险，并且有可能涉及更低层的银行支付系统和国家支付系统。

3. 促进互联网支付的创新发展

相对于银行支付服务来说，互联网支付服务位于整个支付体系的最外层，其随着互联网技术发展，也处于不断的变革之中，往往出现创新突破法规监管的情况。因此，监管政策应当适度考虑互联网支付的内在创新性，在保证安全和权益的情况下，最优化地促进互联网支付的创新。

四、互联网支付的监管原则

确定互联网支付的监管原则，有助于依据监管目标确定具体的监管政策。研究表明，有效的监管体系应当是对市场机制的补充而不是替代①，而最优的银行监管体系应该模仿完善市场的机制，支持市场的监督、约束和治理机制，同时给银行提供正确的激励②。因此，对于互联网支付行业来说，应坚持以下原则。

（一）坚持安全与效率并重原则

确保互联网支付系统的安全是首要考虑，应确保系统业务处理稳定可靠，防止系统漏洞、故障等因素带来服务中断。同时，要注重效率，在保障安全的情况下，监管层应当鼓励互联网支付服务提供商采取新兴互联网技术、通信技术开辟新的支付模式，提高支付效率，从而降低整个社会的交易成本。

（二）坚持创新和规范兼顾原则

就我国目前互联网支付的发展，特别是第三方支付行业，走了一条先发展后

---

① Caprio, G. , and D. Klingebiel. Does Financial Re－form Raise or Reduce Saving?, *The Review of Economics and Statistics*, 1996, 82 (2): 239－263.

② Klein, M. F. A Perspective on the Gap Between Curriculum Theory and Practice. *Theory into Practice*, 1992, 31 (3): 191－197.

规范的路，如果没有无监管时代的野蛮生长式进步，也不会有今天我国互联网支付发展的迅速。因此，在进入法律规范之后，应当允许互联网支付模式的不断创新，从而为虚拟经济和实体经济交易服务。

（三）坚持公平竞争和全面发展的原则

互联网支付作为支付服务提供的后起之秀，在个性化支付服务方面走在了传统银行金融机构前面，特别是2013年以来互联网金融的大发展，第三方支付逐渐从支付领域向金融其他领域跨界发展，从线上向线下扩展市场，这带来了与传统银行金融机构的直接正面交锋。而原有金融机构的垄断性地位有可能对整个互联网支付市场的公平竞争带来极大危害。因此，监管屋应当充分规范新兴互联网支付服务提供商与传统金融机构之间的竞争，采取市场化的手段解决竞争，从而最大化的促进全面发展。

（四）坚持统一准入和分类监管的原则

互联网支付行业采取准入制是当前世界范围内普遍采取的措施，这样有助于从市场入口开始规范发展。然而，对于我国互联网支付来说，不同的服务商之间提供的服务差异较大，提供主体存在着上市公司与非上市公司。因此，应当有限的监管资源用于更需要监管的业务上来。基于此，对互联网支付业务要以业务特点进行有效分类，对于风险较大的业务进行重点监管，而对于风险较小的业务进行非重点监管，在这一过程中，有效的分类指标体系是不可或缺的。

（五）坚持政府监管、行业自律、自我约束的原则

从目前互联网支付业务开展的情况看，互联网支付业务在相当大程度上弥补了银行支付服务在个性化和细分化方面的角色缺位以及服务时间和方式的局限，很好地满足了公众日益增加的多样化支付服务需求，打破了支付业银行垄断的格局。它们应市场需求而产生，并在充分的市场竞争中发展壮大。要鼓励其发展，就应继续坚持市场主导和市场选择原则，优胜劣汰。加强监管不等于简单地予以限制。监管的主要目的是保护消费者的合法权益，维护金融体系安全、效率，这是大方向，这是基本原则。此外，应坚持市场主导，行业自律方针。要借鉴国际经验、立足国情，尊重市场，提倡创新，坚持政府监管、行业自律、自我约束并重的原则。一方面，人民银行要继续推进法制建设，加强监督管理；另一方面，支付机构要加强自我约束，要相互沟通和协调，形成有效、合理、行业共同遵守的自律公约，培养良好的支付清算纪律，自觉维护支付市场秩序。

第六节　互联网支付监管的国际经验借鉴

国内外的第三方支付起步几乎同步于20世纪90年代末，但国外自20世纪70年代，特别是2000年以来，欧美等发达国家和地区先后制定了一系列有关电子支付以及非银行金融机构和金融服务的法律法规，至今已形成一套适应本国第三方支付机构发展的法律框架与监管模式①。

一、当前国外主要国家对互联网支付的监管

1. 美国对于互联网支付的监管

美国总体来讲，沿用现有法规对大多数汇款及非银行机构的支付业务实施行业监管，此类业务通称为“货币服务业务”，监管的重点放在交易的过程②，因此对第三方支付实行的是功能性监管，并对行业准入、沉淀资金、反洗钱等方面做出了明确的规定，具体见表3-16；而对于移动支付，近年来美国NFC移动支付过去几年也根本没有发展起来。美国的问题是，NFC移动支付这个大平台由谁来控制：运营商，信用卡商，还是谷歌、苹果这种硬件生产商。但在法律法规方面美国有《电子资金划拨法》以及美联储颁布的与之配套的“E规则”③。

表3-16　　美国对于第三方支付监管的内容和相关规定

监管内容	监管规定
行业准入	需由监管机构发放牌照，明确规定其初始资本金、自有流动资金、投资范围限制
行业定性	不是从事银行业务的金融机构
沉淀资金	第三方平台的沉淀资金视为负债，需要放在商业银行的无息账户中，上限为10万美元
消费者保护机制	1974年通过《隐私权法》，禁止联邦机构在未获得消费者本人书面同意的情况下，将存储在计算机系统内的个人信息透漏给没有关联的第三方。2009年通过的《美国金融改革法》，明确规定了金融机构最低限度的个人数据保护标准

① 巴曙松，杨彪．第三方支付国际监管研究及借鉴［J］．财政研究，2012（4）．

② 朱绩新，章力，章亮亮．第三方支付监管的国际经验及其启示［J］．中国金融，2010（12）．

③ 中国人民银行．我国移动支付发展现状、问题及政策建议［R］．2014．

续表

监管内容	监管规定
监管法律法规	《金融服务现代化法》、《统一货币服务法案》、《美国金融改革法》、《隐私权法》、《统一商法典》4A 编和《电子资金转移法》等法律法规，也从不同角度规范了第三方支付机构的电子支付清算活动

2. 欧盟对于互联网支付的监管

总体来说，欧盟对于第三方支付的监管采取的是机构监管，有别于美国的功能监管模式，先后颁布了《电子签名共同框架指引》等若干法律对整个行业进行规范。而移动支付的监管则被涵盖在欧盟委员会发布的《电子货币机构指令》中，其中指出大多数电子支付工具，包括卡基软件子钱包方案、充值卡、账户、互联网支付机制等。这意味着提供这类电子支付服务需要普通的银行执照或申请 ELMI 执照，相当于准入资格监管①。欧盟对于互联网支付监管的情况如表 3-17 所示。

表 3-17　　欧盟对于第三方支付监管的内容和相关规定

监管内容	监管规定
行业准入	只有获得银行或者电子货币机构营业执照才能从事相关业务，要求必须具备 35 万欧元以上的初始资本金（《2009/110/EC 指令》的规定），而且必须持续拥有自有资金
行业定性	将网上第三方支付媒介定性为商业银行货币或电子货币，并依据对电子货币的监管对第三方支付进行监管
沉淀资金	第三方平台的沉淀资金视为负债，对其投资项目和投资额度进行了严格的限制
消费者保护机制	1997 年发布的《增进消费者对电子支付手段的信心》和 1998 年发布的《反对非现金支付工具的欺诈和伪造行动框架》通告，制定了消费者保护的政策
监管法律法规	《电子签名共同框架指引》、《电子货币指引》、《电子货币机构指引》、《关于电子货币机构业务开办、经营与审慎监管的 2000/46/EC 指令》、《境内市场支付服务指令》、《境内市场支付服务指令》(2007/64/EC 指令)、《关于电子货币机构业务开办、经营和审慎监管的 2009/110/EC 指令》

① 张莉．国外移动支付业务监管现状分析与启示［J］．西部金融，2010（11）．

二、国外互联网支付监管的分析

（一）国外支付监管的法规形式值得借鉴

从以上分析可以看出，国外主要发达国家，在规范互联网支付业务发展的法律法规方面，均是立法层面的法规，特别是美国，还会有联邦立法和州立法两个不同层面法律的约束，较高的法律层级决定着较高的法律效力。而我国目前的法规多以央行、银监会部门规章制度、办法的形式出现，从法律外在形式上，需要改进。

（二）国外的准入门槛更适合互联网业务的开展

从目前欧美的监管经验看，设置准入门槛且规定一定的资本金，对于业务开展和规避风险都起到了良好的作用。然而我国对于第三方支付开展互联网支付业务的准入资本金为1亿元人民币，这一数额显著超过了国外的准入门槛，虽然巨大的资本金更能保障支付行业的安全，然而这也将成为行业持续发展的阻碍。

（三）消费者权益保护机制较为健全

从表3-16和表3-17可以看出，目前欧美发达国家对于支付领域消费者权益保护的立法相当完善充分，这就使得在交易形式的过程中，消费者的权益能得到充分的保障。而目前我国在互联网支付领域的规章制度尚不健康，长远来讲，是不利于行业发展的，这也是未来在监管立法层面、行业自律层面都应当考虑的问题。

三、当前主要发达国家支付清算协会介绍

（一）美国纽约清算所

纽约清算所（New York Clearing House）成立于1853年，是美国最早的清算机构。其创立的目的在于简化银行间的结算、解决纽约市银行间混乱的交易情况、建立金融市场秩序。在1913年之前，纽约清算所一直致力于稳定货币市场的流通波动，并在震荡期维持金融体系的运作。在1913年美国联邦储备委员会成立之后，纽约清算所则开始运用自己的技术和组织能力来满足银行系统内部日益分化和交易量不断扩大的要求。随着科学技术的发展，纽约清算所于1970年建立了纽约清算所银行同业支付系统（Clearing House Interbank Payments System,

CHIPS)，代替原有的纸质支付的清算方式，为企业间和银行间的美元支付提供清算与结算服务。1975 年，纽约清算所更名为纽约自动清算所（New York Auto - mated Clearing House)，2000 年更名为电子支付系统（Electronics Payment Network)。在美元的清算系统中，最重要的是美国联邦储备电子调拨系统（FEDWIRE）与 CHIPS。前者属于美国联邦储备委员会所有，是一个实时的、全额的、贷记的资金转账系统。后者则是一个由纽约清算所拥有并运行的私营支付系统，实行与实时全额结算不同的净额结算，即要累计多笔支付业务的发生额，并在日终进行净额结算。CHIPS 的参与者可以是商业银行、国际条例公司和纽约州银行法所定义的投资公司或在纽约设有办事处的商业金融机构的附属机构。如果一个非参与者想要通过 CHIPS 进行资金转账，必须雇用一个 CHIPS 参与者作为其代理者。

（二）英国支付管理有限公司

英国支付管理有限公司（UK Payments Administration Ltd）创建于 2009 年 7 月 6 日，它的前身是英国支付清算服务协会（Association for Payment Clearing Services，APACS)。如今它已不是一个会员制组织，而是一个为英国支付行业提供人员、设施和专业知识的服务公司。英国支付管理有限公司现有员工 150 余人，拥有被世界各方认可的支付领域的专家。其服务范围涵盖支付的各种类型和领域：大小额支付的银行监管、现金、支票、CHAPS 支付、信用卡、借记卡、跨境支付、快捷支付（Faster Payments)、移动支付、网上银行、金融诈骗的防范等。该公司的专家会在所有这些领域内进行有关政策、公共事务、统计、标准的各种研究。英国支付管理有限公司至今已成功开发并推出了数项支付创新产品，例如，在 1994 年委托 BACS 有限公司开发了银行间数据交换（Inter-Bank Data Ex-change）的联网服务，以方便会员银行之间的支票清算；在 20 世纪 90 年代后期和 21 世纪初，协助英国全面采用了 Chip and PIN 这种信用卡和个人标识码结合的支付方式；2005 年 12 月，推出快捷支付服务（Faster Payments Service)，有效促进了商业交易的速度；推出 Card Watch 服务，旨在提高防范信用卡欺诈行为的意识，现在该服务已被英国防范金融诈骗行动（Financial Fraud Action UK）取代。作为一个服务公司，英国支付管理有限公司的客户包括英国 BACS 公司、CHAPS 系统（英国结算所自动支付系统)、支票和信用卡结算公司、英国银行卡协会、环球银行金融电讯协会（SWIFT）的英国办事机构等。

P2P 网络借贷的风险防范与监管

互联网技术的发展与金融市场需求的融合，造就了 P2P 网络借贷等新兴商业模式，极大地缩短了需求发现与供给推送间的沟通链条，积极提升了社会资源效率。在提升资源效率的同时，不容忽视对新兴商业模式的适度监管，特别是互联网与金融的结合，对现有的监管理念与监管模式提出了新的挑战。这种挑战来自互联网技术创新、金融业务创新，以及二者间相互依存的衍生创新。积极创新为促进经济活力，提升经济内在价值具有重要意义，然而依附创新之下有悖法律法规的行为应当加以监管与制止，如非法集资、洗钱等传统金融违法行为借道互联技术进行演变，账号盗取、个人隐私敲诈等传统互联网违法行为借道金融业务进行演变。本书将从 2014 年 P2P 网络借贷的发展状况、P2P 网络借贷的风险分析、P2P 网络借贷的风险控制、P2P 网路借贷的行业自律、P2P 网络借贷的监管思路，以及 P2P 网络借贷的国际监管经验借鉴六个方面进行阐述。

第一节　2014 年 P2P 网络借贷的发展状况

P2P 网络借贷之所以在我国有巨大的发展空间，是源于中小企业资金短缺和投资者高收益需求的双向推动。一方面，尽管国家出台了鼓励中小企业融资的措施，但是依然难以融到资金，这给 P2P 借贷提供了巨大市场空间；另一方面，对于普通投资者来说，投资渠道依然缺乏，P2P 较高的收益，吸引了众多投资者。随着 P2P 网络借贷市场机会的显现，主流金融机构如银行、保险、基金等通过并购、参股等方式积极参与P2P网络借贷，更利于P2P网络借贷行业规范发展、降低行业总体风险水平，为改善我国金融结构，推进资本市场多层次建设发挥了积极作用。

一、2014 年我国 P2P 平台发展的总体状况

P2P网络借贷是一种依托于网络而形成的新型金融服务模式，性质上属于小额民间借贷，其方式灵活、手续简便，为个人提供了新的融资渠道和融资便利，是现有银行体系的有益补充。P2P网络借贷最早兴起于2005年3月英国的Zopa平台，我国于2007年8月在上海创设首家P2P网络借贷平台。自2010年开始，我国的P2P网络借贷平台迎来了大发展时期，同时也带来了诸多问题。

截至2014年10月，P2P网络借贷平台（后文简称P2P平台）继续呈现快速发展势头，从2013年的800家左右增长到1400家左右，贷款余额超过700亿元，到2014年底累计成交额超过3000亿元，是2013年的3倍。根据网贷之家不完全统计显示，截至2014年10月，P2P平台投资人的数量约为65万人，月均成交量近270亿元。其中，不乏千万级百万级的投资人。为了识别与监控P2P平台的风险，外延出来的各类第三方服务中介也是2014年P2P平台行业发展中的一大亮点。

伴随P2P平台的快速发展，出现提现困难、停业、逾期跑路和诈骗跑路的平台增多。根据网贷之家的不完全统计，截至2014年10月，1474家P2P平台中，出现问题的平台总数达到234家，占比为15.9%。根据零壹数据的不完全统计，截至2014年10月底，1367家P2P平台中出现问题的平台总数为258家，占比为18.9%。由于我国个人信用体系不健全、相关法律法规缺失和行业自律性较差在一定程度上阻碍了金融创新，所以P2P网络借贷在发展初期遇到一些问题是难以避免的，在对其进行规范的同时，应给予其一定的发展空间。

从P2P平台的利率来看，在统计的355家平台中，年利率36%以上的有85家，30%～36%的有58家，24%～30%的有75家，12%～24%的有129家，有8家平台综合收益率小于12%。P2P平台的主流利率在12%～24%，显著高于银行理财的利率水平。

总的来看，2014年P2P平台的发展主要体现在平台数量、交易数量与规模的快速增加，随着信用资质较好的上市公司、国企、基金和银行进入P2P，利率呈现下降趋势；P2P平台的问题主要体现在提现困难、停业、逾期跑路和诈骗跑路等问题的出现。

二、2014 年 P2P 平台增长与区域分布

根据零壹数据不完全统计（见图4－1），截至2014年10月31日，纳入统

计的P2P平台有1367家，与2013年的637家相比增长了76.4%。2014年前10个月，各月新增平台均在70家以上，8月新增平台突破90家，平台保持快速增长态势。

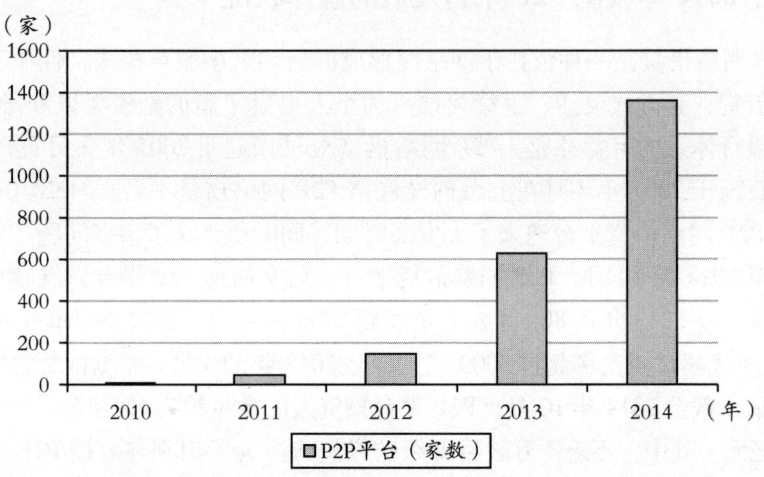

图4-1　2010~2014年10月P2P平台数量变化趋势

从P2P平台的地域分布来看（见图4-2），在统计的1227家P2P平台中：广东244家，占比为19.9%；浙江178家，占比为14.51%；北京126家，占比为10.27%；山东110家，占比为8.96%；上海91家，占比为7.42%。这五大区域中的P2P平台总数占到全国平台的近60%。

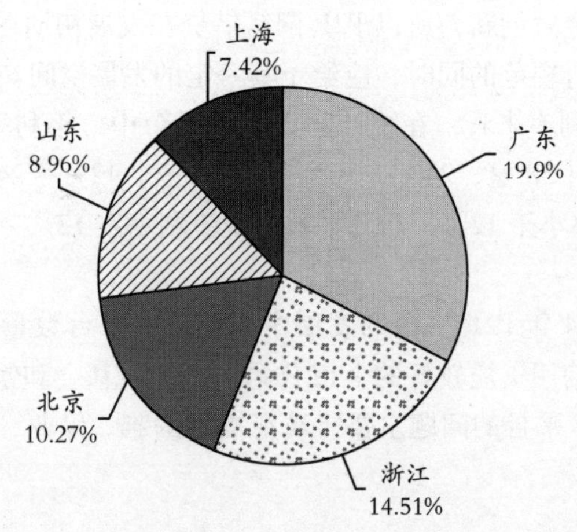

图4-2　截至2014年9月P2P平台数量变化趋势

三、2014 年 P2P 平台交易数量、规模与利率

根据艾媒咨询（iiMedia Research）发布的《2014 上半年中国 P2P 平台市场研究报告》显示：2014 年上半年 P2P 贷款平台数量达 1208 个。2014 上半年总成交金额达 861.4 亿元，预计 2014 全年成交量将达 2126 亿元左右。截至 2014 年 6 月末，投资规模达 45.3 万人，借款规模达 19.3 万人。根据以上数据可以推知，2014 年前 6 个月平均每个平台成交金额为 7131 万元（预计全年平均值为 1.35 亿元），每个投资人贷出 19 万元，每个借款人借入 44.6 万元。

根据“网贷之家”的统计数据显示：2014 年上半年，P2P 平台成交金额约为 818.37 亿元，月复合增长率为 6.57%。截至 2014 年 6 月末，投资人数 44.36 万人，借款人数 18.9 万人。各月成交金额如图 4－3 所示，2014 年以来 P2P 平台成交增长缓慢，主要受到“倒闭潮”、监管趋近的影响。此外，还受到经济发展规律和市场资金面的影响。

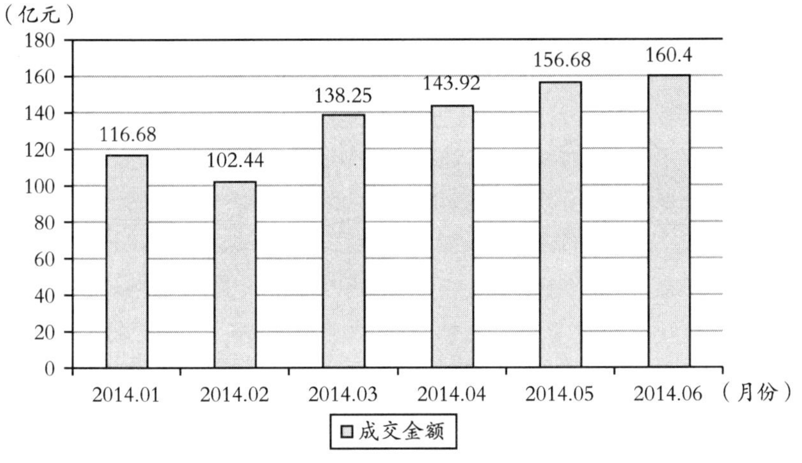

图 4－3 2014 年上半年 P2P 平台成交金额变化趋势

根据“网贷之家”的统计数据显示（见图 4－4）：2014 年上半年成交量居前五位的广东、浙江、上海、北京和江苏占全国总成交量的 87.74%，其他地区占比为 12.26%，具有典型的“二八”特征。在居前五位的区域中民营经济都很发达，这表明 P2P 平台在一定程度上满足了民营经济发展中的融资需求。

根据“网贷之家”的统计数据显示：2014 年上半年，P2P 平台综合利率为 20.17%，且呈下降趋势（见图 4－5）。这是因为越来越多的信用资质较高的上市公司、国企、基金和银行等进入 P2P 平台，加之此类平台交易量较大，最终导

致 P2P 平台的综合利率下降。

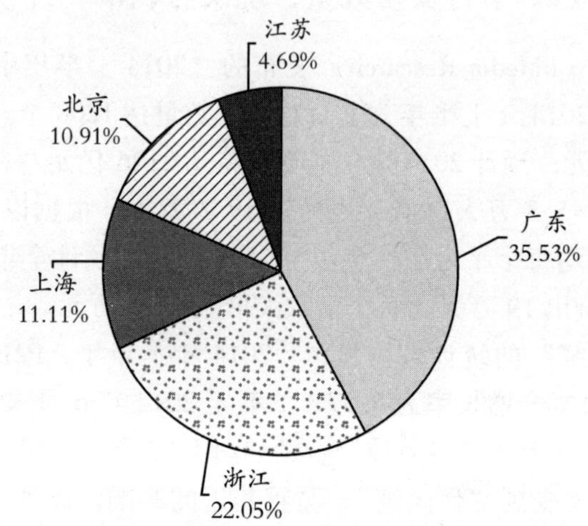

图 4-4　2014 年上半年 P2P 平台成交金额占比区域分布

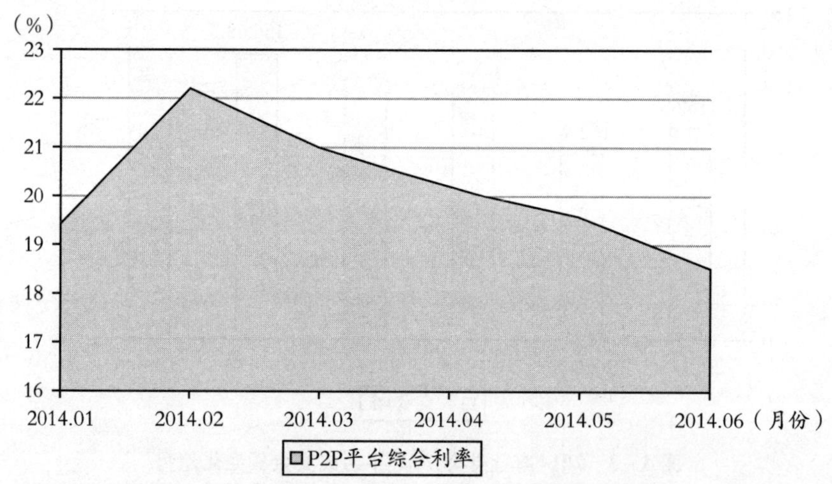

图 4-5　2014 年上半年 P2P 平台综合利率变化趋势

从 P2P 平台项目的融资期限来看，期限多是 4～6 个月，这与 P2P 平台中借款人信用资质较低有很大关系。为了弥补信用资质过低而具有的潜在风险，P2P 平台大多通过短期限的方式来吸引投资者参与。

四、2014 年 P2P 平台问题统计

尽管 2007 年我国首家 P2P 平台成立，但 P2P 平台的大发展始于 2010 年，这

与股市、房市的衰落，互联网理财的兴起密切相关。P2P 平台的赚钱效应，吸引了更多的投资者进入，P2P 平台发起者从最初的互联网行业背景，发展到了金融行业背景，再到互联网和金融行业背景融合。P2P 平台数量从最初的 10 余家，一跃突破了百家，发展至今已有 1400 家 P2P 平台。随着 P2P 平台基数的增加，积累的成交金额不断扩大，也逐渐暴露了 P2P 平台相关风险，特别是 2013 年以来，随着前期上线项目还本日的临近，迎来了 P2P 平台“倒闭潮”。与此同时，行业监管的日趋临近，对基础薄弱的 P2P 平台构成巨大压力，缺少行业自律与职业操守的劣质 P2P 平台相继出现问题。根据零壹数据的不完全统计，截至 2014 年 9 月底，1367 家 P2P 平台中，出现问题的平台总数达到 258 家，占比为 18.9%。

从 2014 年 1 ~ 8 月新增 P2P 平台中问题 P2P 平台占比来看（见图 4 – 6），2014 年 2 月和 2014 年 3 月问题率最高，分别为 12.5% 和 16.39%，但都低于累积的 17.2% 的水平。从变化趋势来看，2014 年 1 月 ~ 2014 年 8 月，P2P 平台问题率呈现下降趋势，这与上市公司、国企、基金和银行等信用资质较高的机构的进入 P2P 平台密切相关。这也在一定程度上说明，P2P 平台正在从单纯依赖互联网技术的模式，向着互联网与金融业务相结合的模式发展。基于此，可以预见随着 P2P 平台参与群体的专业化、高级化，P2P 平台的发展将进一步趋于成熟与稳健。

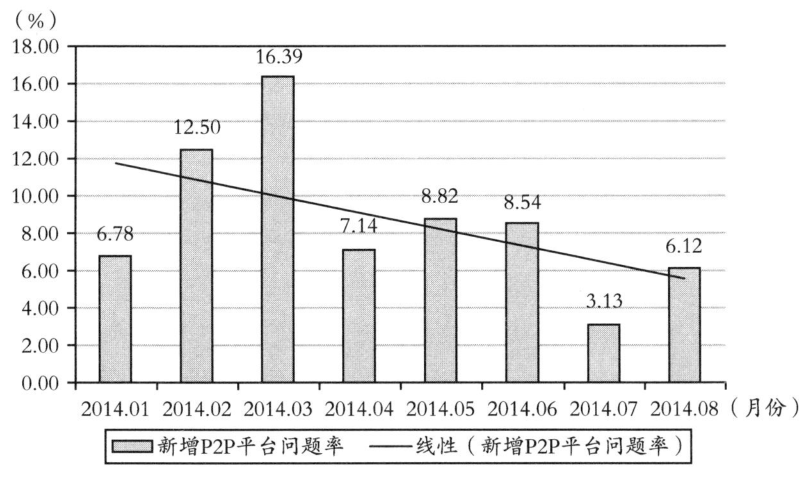

图 4 – 6　2014 年 1 ~ 8 月新增 P2P 平台问题率变化趋势

如图 4 – 7 所示，2014 年上半年，在成交量居前五位的广东、浙江、上海、北京和江苏中，P2P 平台出现问题率最高的是江苏，为 29.17%；其次是上海，为20.73%；北京最低，为11.76%。

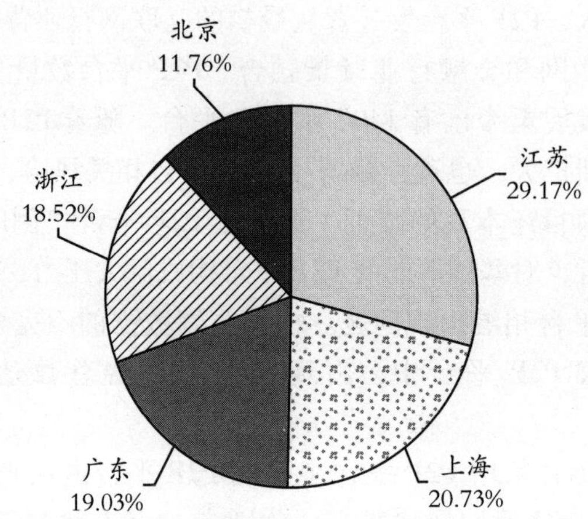

图4－7　2014年上半年P2P平台问题率区域分布情况

从P2P平台暴露的问题看，以2014年8月出现的15家问题P2P平台为例，诈骗跑路占比最大为67%，其次是停业和提现困难占比各为13%，逾期跑路的占比为7%。显然，在行业监管缺失的情况，没有建立有效的行业自律和职业操守导致了诈骗跑路的P2P平台频发，反而对于因信用风险误判而出现的提现困难和逾期跑路的P2P平台数量较小。随着行业监管的建立，P2P平台准入门槛的提高，因信用风险误判而出现的提现困难和逾期跑路的P2P平台数量将会大幅增加。

五、2014年P2P平台的第三方中介发展情况

P2P平台作为连接借款人和投资人的纽带，其平台本身的风险需要公开、透明的信息加以判定。随着P2P平台的发展壮大，外延出了多家第三方中介机构对P2P平台的相关信息进行收集、整理，以辅助投资者对P2P平台进行风险识别。如零壹数据、贷出去、火球网、数信网等网络平台收集了大量的P2P平台的公开信息，包括但不局限于P2P平台信息、项目信息、投资人信息等方面。这极大地方便了投资者对P2P平台进行风险识别。这些第三方中介都得到了风险投资基金的关注与注资。特别值得关注的是，随着P2P平台数量攀升，积累的债权项目也日益丰富，为满足投资者流动性交易，项目债权转让也逐渐成为新兴业务点，如火球网等开始涉足P2P平台债权转让交易平台。

此外，为了防止P2P平台上项目信息不真实、不透明，有些P2P平台积极寻求第三方信息托管合作，以提升P2P平台的透明性，如积木盒子引入第三方中介

机构——“绿狗网”对融资项目的相关合同进行审查，从而确保合同真实存在且签署合法，可以实现“合同审查”、“证据托管”和“维权触发机制”等三方面的保障措施，在一定程度上规避互联网投资中电子版合同给投资人带来的疑虑。此外，还有第三方中介机构提供“网贷黑名单”，在一定程度上可以规避违约风险的出现。与此同时，P2P 行业也在积极寻求建立违约信息共享平台，改善信息不对称对 P2P 平台的冲击影响。

从现有的第三方中介发展来看，所收集的信息或者提供的服务，都是缺少行业规范和行业标准的，并且信息的来源多样化，有效性和真实性的甄别难度较大，也需要相关监管机构介入，特别是围绕 P2P 平台相关的信用信息的建立、使用与保护。随着 P2P 平台监管细则的落实，相关信息披露也将得到进一步规范，对于提供信息披露机构的准入、行为准则也将起到积极的促进作用，对于理顺 P2P 市场，提高信用资源效率与价值都具有重要意义。

六、2014 年 P2P 平台监管动态

P2P 平台的诞生，特别是随着规模壮大，诈骗跑路现象日益突出。乱象丛生的 P2P 行业，无论是市场还是监管当局，都要求对 P2P 平台实施监管，既保护投资人利益，又鼓励 P2P 行业健康发展。

关于 P2P 监管的讨论，自 2013 年持续到 2014 年，从监管理念的讨论，到监管原则初定，包括准入门槛、信息披露、资金池托管等，从无到有，从虚到实。但总的来看实质性的推进远远慢于市场预期。究其本质，P2P 行业发展动力及未来演变趋势对传统金融监管理念提出了巨大挑战。

P2P 网络借贷的快速发展，是因为它借助互联网渠道改变了传统银行的运营模式：银行通过向储户借款，以自身信用做背书，然后发放贷款，赚取利差，并承担了资产端风险；P2P 平台则通过互联网技术，通过债权拆分，将借款人和融资者直接联系起来，自身不承担信用风险，投资人通过分散投资实现风险控制。显然，互联网技术让分散投资成为可能。除此之外，P2P 网络借贷借助互联网技术，缓解了传统金融市场所无法解决的金融抑制。正如美国、英国的 P2P 诞生，在支持个人消费和中小企业发展，满足信贷需求方面发挥了积极作用，从而提振了经济活力，促进了就业。

显然，P2P 作为创新型机构，由于短时间难以定性并纳入现有的监管框架，监管滞后、监管空白和监管套利难以避免。就监管介入时机而言，因为对未知风险的担忧，监管当局缺少动力主动介入新领域的监管。特别是监管授权不明，或者缺乏有效的监管工具，在监管人力和监管资金有限的情况下，监管

当局会在监管成本和监管效益之间做权衡。此外，监管当局要在机构监管、功能监管和目标监管之间做调整，因为P2P平台创新形式多样，特别是融合了互联网技术手段和新型融资需求，对现有的监管机构而言，监管归属的定性成为难题。毫无疑问，一种有效的监管，应该具有动态调适的弹性。对于P2P网络借贷等创新型机构的监管，是否适用既有的对传统金融机构的监管框架，需要思考。

七、P2P平台未来发展趋势

正如前文提及，P2P网络借贷是在弥补传统金融市场无法满足融资需求的背景下快速发展起来的。特别是在中国金融过度抑制，资本定价扭曲，使得P2P网络借贷发展异常迅速。从最初的提供借贷双方信息对接，发展到泛P2P平台，都在表明P2P平台在弥补传统金融服务不足中发挥了越来越重的作用。2014年P2P行业发展呈现以下几个发展趋势：

1. 市场规模进一步扩大，融资成本趋于下降

2014年P2P网络借贷规模持续增长，但与此前增长量主要由老平台带动不同，经历2012年和2013年两年的扩张，部分老平台将把更多精力放在存量贷款的维护和自身能力的完善上，其增长速度可能放缓。2013年和2014年新成立的平台将在更大程度上引领2014年的涨势。

一些具备相当实力的小贷、担保、典当等民间金融机构，以及银行、保险、基金等传统金融机构已经对P2P借贷展示出强烈兴趣，积极谋划转型为P2P借贷平台。这些机构一旦成功转型，将给市场带来不小的冲击，推动P2P借贷规模大幅度上升。随着市场规模的扩大，融资成本将有所下降，这一趋势在2013年已经得到体现，2014年仍将延续。

2. P2P网络借贷市场风险加剧，倒闭平台数量增加

2013年年底已经出现了一波平台倒闭潮，2014年这一趋势仍将延续，原因在于：（1）2013年以来新成立的平台数量极多，由于成立时间短，大部分平台的首期借款尚未到期，平台的风控能力未经过检验。一旦首批借款集中到期，风控能力差的平台可能出现大面积违约，导致平台倒闭。（2）市场竞争加剧，尤其是在经济较发达的地区，P2P借贷平台已经出现竞争白热化，经营不善的平台将无力应对竞争，最后要么降低标准导致累计的风险爆发；要么逐渐丧失业务，被淘汰出局。（3）中央和地方政府已经逐步加强对P2P借贷行业的监管，一些经营不规范的企业会被清退或关闭。（4）经济下行带来的系统性风险也可能会影响一些平台的业务，导致违约率上升。

3. 借款区域将向中小城市扩散

目前一线城市的竞争非常激烈，北京、上海、深圳成为 P2P 网络借贷竞争的焦点，平台数量超过百家。大部分平台正在二、三线城市抢夺增长点。2014 年，更多的 P2P 借贷平台会介入三、四线城市市场。

4. 借款者由个人向企业扩散

P2P 借款人一般为普通个人或个体工商户、小微企业主，单笔借贷金额低，信用评估主要针对个人。从 2012 年开始，部分 P2P 借贷平台开始向中小型企业主提供贷款。2013 年，这一趋势得到明显增强，成立了一些专门向中小企业主提供贷款的平台（称为 P2B 模式），信用评估主要针对企业，单笔借款额达到数百万乃至数千万人民币，业务增长率显著高于整个行业。进入 2014 年，此趋势愈演愈烈，一些老平台也开始介入此项业务。无论是第三方支付公司、担保公司还是机构投资者都对该业务表示出强烈的关注。

P2B 模式因为单笔借款额高，运营成本被有效摊薄，综合费率普遍较个人信用借贷费率低。但是该模式在一定程度上改变了 P2P 借贷的风险结构，要求运营者具备强大的企业信用评估能力，并通过担保和反担保建立完善的风险缓释机制。该项业务客观上也将促进某些 P2P 借贷平台向正规化发展。

5. 市场细分与整合两种趋势并存

信用风险是所有借贷业务的核心风险之一，在中国的现实国情下，为防范该风险，P2P 平台经常需要承担线下销售与尽职调查工作，造成极高的运营成本。为降低该项成本，一些新平台将对市场进行细分，专门为某一区域、行业或特征的人群提供借贷服务，利用对该类人群的良好了解、自身经验积累和更具针对性的信贷技术，实现更具性价比的风险管理效果。与此同时，已经在某些细分市场积累了充分经验的老平台将开拓新的市场，以便对自身的业务资源进行更有效整合。

6. 领先的 P2P 平台完善征信技术，向正规化发展

为了有效应对信用风险，打造核心金融能力，领先的 P2P 平台开始完善征信技术，包括征信渠道的多样化、征信数据的综合化、信用评估的自动化，并强化风控流程的各个环节，形成正规化的金融队伍，获得真正的产品设计能力。在这种趋势下，将导致：（1）一些 P2P 平台成立专门的征信公司，直接介入第三方征信市场；（2）更多 P2P 借贷公司开始向商业银行、村镇银行输出信贷技术，形成所谓的 P2F（个人对金融机构）模式；（3）大数据征信、行为征信等新兴征信技术受到重视，拥有该技术的公司与 P2P 借贷平台合作，甚至被后者收购；（4）部分 P2P 借贷平台将加大从银行等金融机构引进人才的力度。

7. 泛 P2P 平台属性增强，部分 P2P 借贷平台将拓宽业务范围

一些平台将向纵深化发展，尝试涉足第三方征信、信贷技术输出、第三方支付等业务。另外一些平台将横向拓展业务范围，把自身转化为连接资金供给方与需求方的泛平台，而不仅仅局限于 P2P 借贷。例如，某些线上平台开始销售信托产品；另外一些平台试图把系统后台开放给小贷公司、担保公司等机构，使其可以利用该平台直接从线上获取潜在借款人；还有一些平台试图打造第三方交易平台，作为泛平台允许小贷公司进驻，独立经营；部分平台开通众筹频道，尝试介入股权众筹等。

8. 民间金融线上化趋势

除了小贷、担保公司开始向 P2P 借贷靠近、转型，其他的民间金融机构（如典当、保理等）也开始关注 P2P 借贷，希望能够打开新的资金通道。而 P2P 借贷平台同样关注此类机构，希望能够在平台上销售其资产，甚至开始尝试接入委托债权、企业产权等“另类”资产。民间金融的线上化，对了解各种金融产品运作、熟悉拥有相关法律法规、拥有金融产品设计经验的复合型人才，产生迫切需求。

9. 机构投资趋势

2013 年，曾出现多起投资人组团投资 P2P 借款项目的案例。这些投资团一般瞄准新平台，对新平台进行一定的“调查”（甚至包括实地考察）后，与中意的平台协商，依靠较强的资金实力获得一些定价优势，结合新平台的促销活动，可获得较高收益，同时也承担较高风险。由于该模式追求快进快出，经常对平台造成不利影响，也增加了后期接棒者的风险，网贷组团曾遭受质疑，活跃度大大降低。

“网贷组团”预示了 P2P 借贷的机构投资趋势，这一趋势在美国的 P2P 借贷平台上已经成为现实，并占据主流。在 LendingClub 上，机构投资人经常快速抢走信用利率较高的借款，使得普通投资人无标可投，LendingClub 曾为此专门道歉，并采取措施帮助普通投资人“抢标”。我国的 P2P 借贷平台也很可能出现或明或暗的机构投资人，如私募基金乃至信托计划。

10. 投资便捷化、移动化

为了满足投资人的胃口，P2P 借贷平台纷纷加强投资端产品的设计，强调投资的理财化、便捷化，甚至以定期、不定期理财产品作为包装，帮助投资人自动投标。一些平台开发了手机应用支持投资人随时随地抢标，进行“碎片化”理财。甚至还有一些软件开发者编写第三方投标工具以便快速争抢热门平台上的借款项目。2014 年，这一趋势扩展至更多 P2P 借贷平台。

第二节　P2P 网络借贷的风险分析

P2P 平台作为网络借贷行为的主要载体，实现了借贷关系的金融业务在互联网技术平台上对接与展现，显然 P2P 平台集成了互联网技术风险和金融业务风险，以及二者融合过程中的风险演变。基于监管的视角，在对 P2P 网络借贷进行风险分析时，首先明确 P2P 风险的定义与分类；其次分析 P2P 风险的传导机制，特别是在互联网传导渠道下，传统金融风险以及衍生金融风险的传导机制是如何演变的；最后具体分析 P2P 风险带来的影响。

一、P2P 平台风险的定义和分类

基于监管的视角，将 P2P 平台风险大致分为信用风险、技术风险、资金池风险、法律边界风险和退出风险。

（一）信用风险

P2P 平台诞生的逻辑是借助互联网技术，弥补了传统金融市场无法满足的融资需求，特别是个人消费和中小企业经营中的信贷需求。显然，信用风险是传统金融机构和 P2P 面临的共同风险。与传统机构不同，P2P 平台撮合的信贷交易多是信用资质较低，信用增进不足，因此面临更大的信用风险。P2P 平台作为投融双方的撮合平台，也存在信用风险，正如统计数据显示，出现问题的 P2P 平台多来自诈骗跑路，因借款主体信用风险导致的问题 P2P 平台占比较小。P2P 平台信用风险主要表现为：（1）通过虚假项目，吸收投资人资金，演变为非法集资行为。当前 P2P 平台问题暴露最多的是诈骗跑路，如 2012 年被披露的优易贷涉嫌“卷款跑路”事件，涉案金额达 2000 万元，还有淘金贷等诈骗性网站，都为 P2P 平台发展敲响了警钟。（2）P2P 平台的建立是为实现借款人和投资人资金的有效对接，在这一过程中 P2P 平台赚取了通道利差，如实现借款人的项目融资，可以收取 1% ~3% 不等的佣金。显然，随着 P2P 平台上累积实现的成交规模越大，P2P 平台盈利空间越大。基于这样的盈利模式，P2P 平台会通过各种方式去做大成交规模。为了做大成交规模，P2P 平台可能通过不实宣传，如与银行、担保机构等合作提升了 P2P 平台信用资质，以吸引投资人参与 P2P 平台投资；为促成交易，采用房产二次抵押，可能故意高估房产价格，以吸引投资者参与项目投资。（3）P2P 平台可能会设置虚假投资人模拟，并加快投标进程，以此诱导投资人快速参与投标，以实现成交规模的快速积累。

（二）技术风险

贷款需求是P2P平台运营的根本动力，竞争优势来自于互联网技术，提供的流量数据可以降低对传统金融渠道的依赖。这也导致P2P平台除了面临更高的信用风险之外，也面临来自技术风险的冲击。众所周知，P2P平台利用互联网技术实现了借款人和融资人的对接，显然技术风险是P2P平台首要面对的风险。发展至今，P2P平台暴露的技术风险主要有以下三个方面：

第一，P2P平台被倒闭。第一财经日报《财商》调查显示，自2013年10月以来，大量的P2P平台都遭受了“黑客”攻击，如人人贷、网贷之家等。敲诈钱财和恶性竞争是“黑客”攻击的主要动机。遭受“黑客”攻击的P2P平台，被切断了平台和用户之间的纽带，用户登录不了，容易导致用户恐慌，迅速撤资，挤兑一旦形成，资金链断裂的风险大增，直接导致P2P平台的倒闭，如2013年的网赢天下、及时雨等P2P平台发生倒闭的事件都是“黑客”攻击的直接结果。

第二，账户被盗，资金被提。多数P2P平台都有“同一账户”原则，即用户提现的银行卡必须是本人的银行卡，这也是“黑客”攻击动机之一。第一财经日报《财商》调查显示，曾经发生过一起典型的案例，就是“黑客”入侵到P2P平台的数据库中，盗取了投资人的身份证图片（P2P平台实名认证时都需要上传身份证正反面图片），然后把此图片打印出来，再做身份证复印件，到银行开户。这时“黑客”就拥有了一张用投资人个人信息开户的银行卡，而这张银行卡其实是被作案人掌控的。“黑客”再将这张卡添加到投资人的P2P账户中，就可以直接用这张卡提现了。当然，在这个环节中一些银行的失职最终导致风险出现。不过作为P2P平台是不可能去杜绝银行可能的漏洞的，它们只能想其他的办法保证用户信息安全。为了规避这一风险，几乎所有P2P平台的实名验证环节都要求上传身份证图片，并建议所有投资人上传身份证时候，务必在上面打上水印，注明“此身份信息只供网贷开户使用”。此外，多数P2P平台都不允许投资人更改提现账户信息，如果一定要更改，就必须联络客服来更改。可见，在P2P平台投资交易中，账户和资金的安全需要格外关注。

第三，个人隐私被盗。想要参与P2P平台投资，要经过烦琐的信息认证，如姓名、地址、工作单位、身份证号、手机号、私人邮箱等个人信息。这些重要的个人信息，一旦没有被P2P平台保护好，就会外流，将对个人隐私产生重大的安全隐患。尽管多数P2P平台在存储信息的过程中都会加密，如姓名、身份证号等都不会全段显示，但是如果数据库被入侵，对 P2P 平台的冲击是致命的，因为一个 P2P 平台所有的核心数据、投标记录、充值记录等都在数据库中。可想而知，如果一个 P2P 平台的后台数据被格式化，那么平台根本不知道谁投了标，投给了谁。基于此，很多有实力的 P2P 平台都做了异地备份，尽可能降低数据库被入侵带来的损失。

（三）资金池风险

P2P 平台风险的焦点在于实现了信用交易，特别是低门槛、快速的信用折现，这就导致了 P2P 平台资金池风险。对 P2P 平台资金池风险而言，是 P2P 平台的核心业务，也是防控 P2P 平台风险的关键。P2P 平台在资金管理方面通常采用三种方式，即自建资金池、资金第三方托管和伪资金托管。自建资金池是指投资人将交易资金存放于 P2P 平台开设的制定账户，P2P 平台对这些资金有绝对的管理权限，包括但不限于资金池的流动性再造、结构性产品设计等。资金第三方托管是指投资人资金经由银行或符合资质的第三方托管机构进行存管，交易来往的资金与 P2P 平台完全隔离，这也是监管层支持的资金管理模式。伪资金托管是指投资人资金经由与 P2P 平台存在密切关联关系（如与 P2P 平台是同一个实质控制人）的支付公司或第三方资金托管平台，其本质仍属于自建资金池范畴，没有将交易资金与 P2P 平台完全隔离，没有起到控制风险的作用。资金管理模式直接影响投资人的交易资金安全，随着 P2P 平台交易规模的增长，在利益的驱动下，P2P 平台会通过多种方式来提高其平台交易资金的盈利能力，如 P2P 平台可能将筹标期，但未满标项目的资金流动性再造：投资项目、二次放贷等，当项目满标后需要放款时，其他筹标中但未满标的项目资金就可以先行放款。这种通过时间配置上的流动性再造可以利于积累的交易资金为 P2P 平台带来额外的可观收益。显然，这种期限配置存在很大的风险，一旦遇到期限错配或者投资人挤兑，P2P 平台无法及时筹措资金应对，将随时面临因流动性紧张而导致崩盘风险的发生。所以，某些平台为了规避这一风险，通过设置提现额度和时间限制来实现积累资金池额外收益的挖掘。

（四）法律边界风险

根据我国目前法律的规定，债权转让又称债权让与，仅存在于合同当中，即合同权利的让与，指合同一方将合同的权利全部或部分地转让给合同以外的第三人。P2P 债权转让是指债权持有人通过将持有 P2P 债权挂出转让，并与购买人签订债权转让协议将所持有的债权转让给购买人。P2P 债权转让能提高投资人流动性，当投资人需要流动资金时可以通过出售所持有的 P2P 债权，将其转让给其他投资人以获得流动资金。由于 P2P 属于纯粹的资金借贷关系，一般不存在《合同法》规定的不得转让的情形，因此，不同模式的 P2P 平台在运行的过程中都不同程度地利用了债权转让制度。

从 P2P 债权转让模式来看，大致分为 P2C 和 P2B2C，P2C 是指在同一个 P2P 平台上，投资人为了获得流动性资金，将所投资的项目挂牌转让。P2B2C 是指某一平台将（单个或打包）债权项目转让给第三方债权转让平台，第三方转让平台结合自身转入的债权项目经过结构性等产品设计，再将债权转让给投资人。

1. P2C 模式

P2C 模式按照运用模式可以分为直营模式和加盟模式，按照借款对象可以分为综合性债权转让和细分领域债权转让（如车贷等），但都没有脱离个人对个人的债权转让模式。P2C 债权转让模式可以发挥两个方面的作用：第一，当普通投资人在借出资金后至贷款到期之前发生紧急的状况时，可以提前收回资金。在海量的借贷案例当中，这种情况难以避免，为了满足投资人的这一需求，也为了使投资人有更好的客户体验，绝大部分 P2P 平台都为这样的投资人提供了债权转让的通道，在实现债权转让的同时也为新的投资人提供了更多不同期限投资机会的选择。第二，当借款出现逾期以及损失的情况下，一些 P2P 平台通过附条件强制“债权转让”的方式，由 P2P 平台负责此笔贷款跟踪与催收，或者由 P2P 平台合作的担保公司偿还投资人本息，同时受让债权人债权。所谓附条件一般是指借款 30 天逾期未归还。这种情况下的债权转让不是普通合同法意义上债权转让，而是法定的债权转移或称清偿代位。债权转让与清偿代位虽然在设立目的、产生根据以及债权范围上有所差别，但在普通的 P2P 借贷领域中体现出的区别并不大，因此都被笼统称之为债权转让。

在 P2C 债权转让模式中，最值得关注的是债权转让后是否能及时通知债务人，只有通知债务人，该债权转让才能对债务人发生法律效力。现实中，大部分成熟的 P2P 平台都通过站内信或者债务人登录页面信息等方式通知债务人。《合同法》第 11 条明确规定：书面形式是指合同书、信件和数据电文（包括电报、电传、传真、电子数据交换和电子邮件）等可以有形地表现所载内容的形式。《合同法》第 16 条规定：要约到达受要约人时生效。采用数据电文形式订立合同，收件人指定特定系统接收数据电文的，该数据电文进入该特定系统的时间，视为到达时间；未指定特定系统的，该数据电文进入收件人的任何系统的首次时间，视为到达时间。同时，我国《合同法》当中并没有规定债权转让通知的具体形式，P2P 平台的站内信通知具有明确通知债务人之意思，符合书面形式的特征，因此，就通知形式而言，这些 P2P 平台的通知已经满足法律要求。而且，在正常情况下，债务人在每月支付利息时都要登录 P2P 平台，因此，应当参照《合同法》第 16 条，推定该债权转让通知在发送至债务人在 P2P 平台账户时，该通知就送达债务人。此外，我国债权转让制度采取的是债权意思主义，这意味着即使转让通知没有及时送达债务人，但债权转让在让与人和受让人之间已经生效并完成。与此同时，债务人还款基本也是按照 P2P 平台的指示来完成，在大多数情况下，债务人有无知晓债权转让事宜对其履行对受让人还款义务并没有产生大的影响，因此也可以倒推，以债权意思主义来解释理解我国的债权转让制度是符合国情和实践的。

2. P2B2C 模式

P2B2C 模式，是指单一 P2P 平台因借款人构成、借款项目期限、投资人数量以及成交量的限制，很难在单一 P2P 平台上实现债权转让，转而寻求第三方服务平台实现债权转让需求。显然，债权转让既可实现投资人的应急性流动性转换，同时还可以帮助新增投资人实现投资产品的结构化设计，特别是当可选的债权转让项目在数量、期限、规模、行业、地区和利率上足够丰富，将吸引机构资金介入，增强 P2P 平台借贷项目的流动性和交易深度。

最早开展 P2B2C 模式的是宜信公司，该公司通过将资金出借给借款人获取债权，然后对其进行分割，再通过债权转让形式让其他投资人参与进来，获得借贷资金。由于业务量庞大带来的金额和期限错配，宜信一度陷入“资金池”的争议。从债权转让的法律角度来看，宜信所谓“双向拆解”的风控模式在发挥正面作用的同时，实际上很难完成将债权拆分转让事宜通知债务人这一使债权转让对债务人生效的行为。当然信贷资产证券化可以豁免通知义务，但是宜信的这种债权转让显然还不具备包括设置发起人的风险隔离、设置 SPV 通道、担保增信等在内的资产证券化的条件。因此，这种债权转让模式可能在债权转让本身还存在瑕疵。此外，在债权的金额和期限错配情形中，具体的借贷行为已经难以分清是不是先有债权存在再行转让，还是先转让不存在的债权，然后再借贷产生债权。宜信通过平衡系数即保证对外放贷金额必须大于或等于转让债权的方式来规避非法集资的红线，但在具体借贷关系中这仍然涉及将来债权转让的法律问题，同时也并没完全消解社会舆论的疑虑。

针对 P2B2C 存在的重大法律风险，并吸收宜信模式的经验，新兴债权转让平台对债权转让环节做了完善。如拾财贷的主要运营模式是由其有合作关系的小贷公司先贷款给经过小贷公司审核认可的中小企业，而后小贷公司通过拾财贷平台将债权分拆转让给网上的投资者。在此过程中如贷款出现逾期，小贷公司有回购债权的义务，担保公司和小贷公司股东还需承担连带保证责任。就其实质而言，这种模式与开鑫贷模式并无实质区别，但它巧妙地通过债权转让这一《合同法》规定的制度，又利用小贷公司的放款资格，避免了直接踩踏非法集资红线。在这种模式当中，债权转让的标的明确、债务人明确、债权让与人明确、债权受让人也比较明确，可以形成较完整的合乎《合同法》规范债权转让链条。但是，这种模式在实践运作中仍会产生一些《合同法》债权转让规范尚未囊括的内容，如债权的多重转让的问题，这样份额化的债权能否在此平台上展开交易、债权拆分部分转让拆分有无限制、与信贷资产证券化有何异同等问题。

（五）P2P 平台退出风险

随着我国民间借贷市场的发展，推动了 P2P 平台快速发展，但不断暴露出的 P2P 平台风险事件，市场开始关注 P2P 平台面临关停等退出风险时，如何才能保障借贷双方的合法权益。据不完全统计：2013 年倒闭的 P2P 平台有 77 家，涉及资金规模超过 15 亿元；截至 2014 年 8 月倒闭的 P2P 平台已有 55 家，涉及资金规模超过 6 亿元。由此可知，2013～2014 年 8 月，因 P2P 平台倒闭涉及的资金规模超过了 21 亿元。以网贷之家统计的 P2P 平台 2013 年成交规模 1058 亿为基准，2013 年因 P2P 平台倒闭而涉及资金规模占比为 1.42% 。随着 P2P 平台在期限配置失衡、风险控制能力不足等问题的暴露，因 P2P 平台倒闭而涉及资金规模将会继续扩大。

然而，当前关于 P2P 平台如何退出，如何保障借贷双方的合法权益，都没有具体的法律依据。可见，当面临 P2P 平台退出时，借贷双方将面临很大风险。值得关注的是，2014 年年初，深圳在“两会”期间，第一个提交了关于“P2P 网贷行业的建议和提案”，建议行业应建立平台强制退出机制，对于那些运营严重不规范，甚至进行违法犯罪活动、败坏行业声誉的平台，征得所在地区 80% 以上其他平台的同意，可以强制驱逐出 P2P 网络借贷行业，并上报深圳市市场监督管理局予以注销。这表明，随着相关法律与机制的健全，P2P 平台退出风险将得到缓释。

二、P2P 平台风险的传导机制

P2P 平台诞生之初是作为连接融资人和投资人的第三方平台，随着市场需求的演变平台本身的功能日趋多样化。基于 P2P 平台连接的市场主体有投资人、融资人、第三方支付、信用增级，这些主体间的业务往来构成了 P2P 平台风险传导基本路径（见图 4－8）。

从 P2P 平台风险传导路径来看，围绕投融资业务的实现关联六大风险主体，涉及七大风险点，关键风险源来自 P2P 平台、借款人、信用增级和第三方支付。

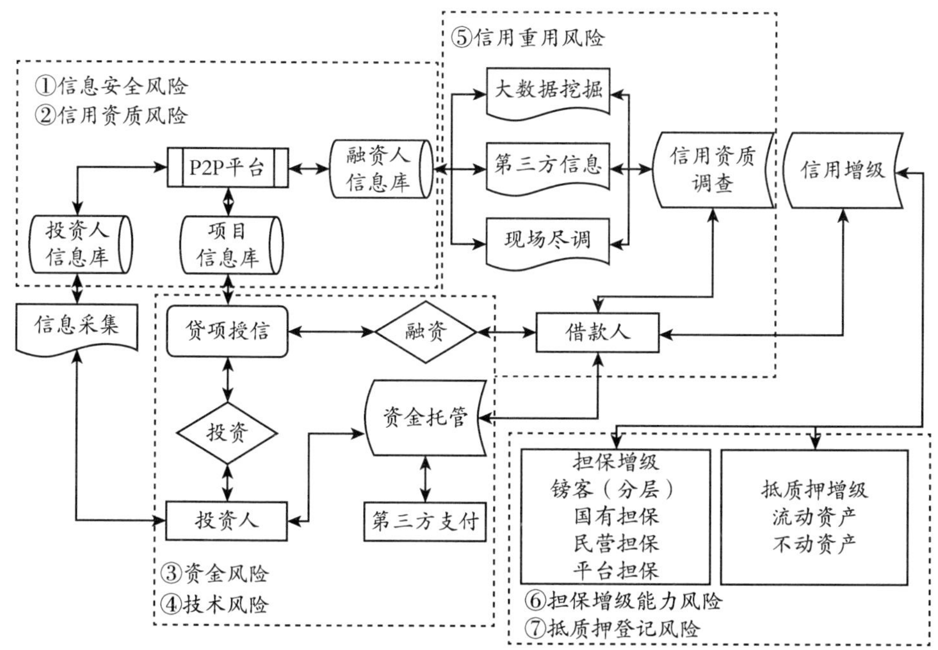

图 4－8　P2P 平台风险传导路径

（1）P2P 平台。核心业务是要实现投资人和融资人线上对接，基于此积累了投资人信息库、融资人信息库和项目信息库，显然信息安全风险是 P2P 平台持续发展中面临的主要风险，特别是融资人为了获得融资向 P2P 平台授权获取的隐私性信息。P2P 平台对这些隐私性信息的使用应有明确的约束，这就要求 P2P 平台满足一定的信用资质。P2P 平台作为信息中介，还承担着项目累积风险和聚集风险：累积风险表现为系统性违约对 P2P 平台的冲击影响，聚集风险表现为区域或行业风险对 P2P 平台的冲击影响。当前，由于 P2P 平台线上业务渠道单一，在渠道上的分散度不够，很容易出现累积风险和聚集风险，特别是某些 P2P 平台为了吸引投资人，项目利率超过 20%，融到的资金多流向了利率不敏感的房地产等行业，而这些行业面临着结构性调整，一旦流动性缺失，将极大增加 P2P 平台的运营风险，破产跑路的可能性增加。

（2）借款人。在 P2P 平台上寻求融资的借款人，与传统金融机构借款人相比，信用资质较低，面临的信用风险较大。因此 P2P 平台对借款人的信用风险评估将面临更大的挑战，这种挑战不仅是对借款人融资准入门槛的审定，还要对借款人重复性融资的风险进行审核。因此，借款人的信用重用风险是 P2P 平台面临的最大风险，尤其是在当前 P2P 行业无序竞争的状态下，需要建立借款人备案制度，以消除借款人信用重用风险。

(3) 信用增级。信用增级可以帮助信用资质较低的借款人低成本获得融资。信用增级主要来自担保增级和抵质押增级。对担保增级而言，多是来自国有担保、民营担保和平台担保。由于我国担保市场的发展仍不成熟，对P2P平台项目的担保效力明显不足，存在虚假担保、担保责任不清、边界混淆等现象。对抵质押增级而言，抵质押品的估值是否合理，违约清偿顺序与执行条款等方面界定不清，极大地削弱了抵制押增级对借款人的信用增级效力。

(4) 第三方支付。由于P2P平台作为信息中介实现投资人和融资人的有效对接，所以为了防止P2P平台自建资金池干扰投融资交易，同时消除投资人的资金安全顾虑，多数P2P平台通过与第三方支付平台合作，实现资金流转。电子转账面临资金账号被盗用的技术风险，同时在一定程度上增加了洗钱风险。

三、P2P平台风险的影响

在对P2P平台风险的传导机制进行梳理后，基于监管视角，需要关注P2P平台风险带来了以下几个方面的影响。

第一，信息安全。P2P平台通过借款人授权可以获得隐私性信息，这些隐私性信息结合大数据，可能对借款人隐私生活带来不利影响，同时也增加了借款人资金账号被盗用的风险，如某些借款人为了获得融资，授权第三方机构自动获取邮箱或短信中银行卡消费记录。需要通过设置备案制度或者登记制度来约束P2P平台对隐私性信息的使用。

第二，信用重用。由于同一借款人可以向不同P2P平台融资，而P2P平台的借款人信息不共享，这就导致借款人信用重用，增加了融资诈骗风险。因此，需要从国家层面建立征信系统，以规避信用重用，防止融资诈骗。

第三，信用增级。无论是P2P网络借贷，还是债券市场，都面临信用增级市场不健全的局面，导致信用增级效力不足。特别是传统的担保机构，由于监管不到位，使得担保机构的担保行为乱象丛生，近来的信托市场、债券市场违约，已经暴露出担保市场对风险管理的局限性。

第三节　P2P网络借贷的风险控制

针对P2P网络借贷具有的显著风险特征，本节将从三方面对其风险控制进行阐述。第一，资金第三方托管。可以实现投资人控制资金转移的主动权，清晰看到资金流向，提高 P2P 平台造假或挪用资金的成本，降低了 P2P 平台挪用交易资金的可能性。第二，风险保障模式选择。通过选择不同的风险保障模式，可以缓解信用风险发生时对平台及投资人的冲击影响。总的来看，风险保障模式主要有四大类：风险保证金模式、担保公司担保模式、保险公司承保模式和信用违约互换（CDS）模式。第三，风险内控体系建立与完善。P2P 网络借贷行业作为银行间接融资模式的有益补充，其借贷关系间的业务模式必然要求 P2P 平台有一定的风险识别与风险定价能力。显然，有效的风险内控体系的建立可以有效地辨识、减少 P2P 平台风险的发生。

一、资金第三方托管

资金第三方托管是指资金运行在投资人、借款人和 P2P 平台之外的第三方，可以避免 P2P 平台因经营不善导致挪用交易资金而给投资人和借款人带来的风险。在资金第三方托管模式下，投资人和借款人分别在具有第三方资金托管资质的机构（如银行、支付公司）开设账户，可以看到整个过程中的资金流向；P2P 平台也在具有第三方资金托管资质的机构开设账户，只能对投资人和借款人的资金执行解冻和退款两种操作，而不能执行转账与提现操作。当某一项目满标后，资金即会从投资人的托管账户进入到借款人的托管账户；当某一项目流标后，投标资金会直接退回到投资人的托管账户。辨别 P2P 平台是否具有资金第三方托管的最简单、有效的方法就是投资人、借款人、P2P 平台是否都在第三方具有资金托管资质的机构开通账户。

就具有资金第三方托管资质的主体而言，目前主要有银行托管和第三方支付托管两种，它们之间具有显著不同。银行托管不要求注册独立的账户，投资人、借款人的资金进入 P2P 平台所托管银行开的银行账户内。P2P 平台不能通过 U 盾操作这个托管账户进行自主网银转账，账户内的资金转出前，P2P 平台必须先提交一份《托管账户资金转出申请表》扫描件到银行，银行核对扫描件公章真实性后，将资金从平台托管账户内转移到扫描件上指定的收款人银行账户内，代表性银行有招商银行、交通银行和平安银行等。第三方支付托管要求投资人、借款人、P2P 平台、担保公司等都要注册一个单独的账户，设置自己的登录密码和支付密码，充值资金都保存在自己的账户内。投标、还款前要验证自己的支付密码（自动投标和自动还款除外），代表性第三方支付有支付宝、财付通等。

资金第三方托管在遏制 P2P 平台擅自挪用交易资金上设置了防火墙，但并不能从根本上杜绝交易资金被 P2P 平台擅自挪用。因为无论银行托管还是第三方支付托管都有一个免责声明，即不负责资金来源方和接收方的业务真实性和资金往来的合法性，也就是说P2P平台通过某些操作，最终还是可以挪用交易资金的。但资金第三方托管实现了投资人控制资金转移的主动权，可以清晰地看到资金流向，提高了P2P平台造假或挪用资金的成本，降低了P2P平台挪用交易资金的可能性。

二、风险保障模式选择

P2P平台发展至今，为了缓解信用风险发生时对平台及投资人的冲击影响，通常选择不同的风险保障模式。总的来看，风险保障模式主要有四大类：风险保证金模式、担保公司担保模式、保险公司承保模式和信用违约互换（CDS）模式。其中，前两种模式应用的比较多，但存在诸多问题，第三种模式尚处于起步阶段，第四种模式是最具发展潜力，是在第三种模式基础上演变而来，显然它的发展依赖于资本市场深度发展。

（一）风险保证金模式

风险保证金模式是大多P2P平台采用的风险保障模式，通常根据融资规模总量提取一定比例的风险准备金（如4%左右），以保证违约风险发生时，启用风险保证金及时偿还投资人本息。这种模式对单个项目融资额较小（如几万元至几十万元规模间）的P2P平台是可以发挥作用的，但当单个项目融资额（如几百万元至上千万元规模间）较大时，风险保障金不足以缓释违约风险。当然，有些P2P平台为了弥补风险保证金的不足，还通过自身投入一定比例资金的方式，以提升风险保证金的抗风险能力。

尽管风险保证金在一定程度上可以缓释违约风险，但由于风险保证金缺少第三方托管，在逐利目标的驱动下，风险保证金很可能被擅自挪用，不能发挥缓释违约风险的作用。因此，要真正发挥风险保证金缓释违约风险的作用，与P2P平台运营资金有效隔离，实施第三方托管是必要的选择。

（二）担保公司担保模式

担保公司担保模式是借贷行业中最普遍的模式，在P2P网络借贷中也是最受欢迎的模式，这是因为借助于担保公司担保不仅可以提升P2P平台信用资质吸引投资人积极参与项目投资，还可以在一定程度上降低借款人的融资成本。现实中，P2P平台选择的担保公司有两大类：与P2P平台自身关联的担保公司和独立的第三方担保公司。与P2P平台自身关联的担保公司，如陆金所与其原来合作的担保公司平安融资担保有限公司同属平安集团旗下，这种担保模式存在很大的关联性风险。独立的第三方担保公司由于资质参差不齐，发挥真正的担保效用有限，如《证券时报》报道，在 2013 年的企业年检中，四川省数十家融资性担保公司陷入破产深渊；12 家担保公司因不合格被注销，不得继续开展融资性担保业务；另有 23 家公司被列为整改类公司。广东已有 30 多家担保公司退出了融资性担保市场。可见，由于担保行业自身发展的不足，不能对 P2P 平台提供有效的保证担保以缓释违约风险。

就目前担保行业格局而言，大致分为三大类：第一类是纳入监管体系的融资性担保公司；第二类是非融资性担保公司；第三类则是以担保公司名义开展担保和非担保业务的中小型金融机构。由于融资性担保业务高风险、高资本要求的业务属性，监管部门对其监管力度较非融资性担保业务更为严格。特别是《融资性担保公司管理暂行办法》颁布以来，对促进融资性担保业务的规范发展发挥了积极作用。对于第二类和第三类担保公司而言，不能真正发挥担保作用，经常出现担而不保的现象。现实中，很多 P2P 平台宣称与担保公司合作，剔除大量伪担保和超额担保，其实具有真正担保效用的屈指可数，起到缓释违约风险的作用有限。

（三）保险公司承保模式

保险作为抵御风险的重要手段，为各行各业提供了多样的保险服务。对于新兴的 P2P 网络借贷行业而言，保险公司承保无疑是可选的缓释违约风险的模式。实践中，财路通就是选择保险公司承保模式的典型案例：由保险公司对财路通的核心业务系统、信用评级体系以及风控系统进行综合评估，再由财路通将投保范围内的借款人信息以及风控批核的依据，通过系统对接的方式同步到保险公司。保险公司对财路通的 P2P 平台风控环节进行全程监控，而当 P2P 平台上的借款人出现逾期情况时，保险公司通过核实信息后，会对财路通平台进行理赔。当出现理赔需求时，保险公司将根据最初确定的保险方式处理理赔事宜。总的来看，保险公司承保模式是通过如下方式实现违约风险缓释的：当 P2P 平台是被保险人时，借款人发生逾期后，P2P 平台先行实时垫付本息，再由 P2P 平台发起报案和理赔流程。

保险公司参与到 P2P 网络借贷业务环节中，一方面利于提升 P2P 平台自身风险控制能力；另一方面有助于降低投资人风险，提升 P2P 平台信用资质。作为一种创新型风险保障模式，保险公司承保平台的发展值得持续关注，特别是财险公司正在积极寻求非车险意外的业务，信用保证保险的发展前景对其吸引力巨大。

（四）信用违约互换（CDS）模式

信用违约互换（Credit Default Swap，CDS）是国外债券市场中最常见的信用衍生产品。交易过程中，规避信用风险的一方称之为信用保护购买方，提供信用风险保护的一方称之为信用保护出售方。购买方向出售方定期支付一定费用，一旦出现信用风险时，购买方有权将债权以面值移交给出售方，从而有效规避信用风险。国际互换和衍生品协会（International Swaps and Derivatives Association，ISDA）于1998年创立了标准化的CDS合约，在此之后，CDS交易得到了快速的发展。信用违约互换的出现解决了信用风险的流动性问题，使得信用风险可以像市场风险一样进行交易，从而转移担保方风险，同时也降低了企业发行债券的难度和成本。统计数据显示，CDS市值规模占全部信用衍生工具市场的97%以上，是最为重要的风险缓释工具。

CDS参与方主要有银行、对冲基金、证券公司、共同基金、养老基金、保险公司、进出口代理商和普通公司。其中，银行和保险公司是CDS主要出售方，即信用风险转移的主要承接方。鉴于P2P网络借贷是对银行传统借贷模式的替代与互补，考虑到信用风险同质化的特征，银行不具备作为P2P平台CDS出售方的客观条件。相比而言，保险公司是P2P平台CDS出售方的合理选择。可见，基于CDS模式的P2P平台违约风险缓释是在保险公司承保模式的基础上，更深层次的发展。保险公司参与P2P平台承保的深度和广度，直接影响CDS模式对P2P平台违约风险的缓释作用。

三、风险内控体系建立与完善

P2P网络借贷行业作为银行间接融资模式的有益补充，其借贷关系间的业务模式必然要求P2P平台有一定的风险识别与风险定价能力。显然，有效的风险内控体系的建立可以有效地辨识、减少P2P平台风险的发生。总的来看，P2P平台风险内控体系的建立应当覆盖借贷业务全流程，即贷前审查和贷后管理。贷前审查主要按照业务受理、资信调查、信息录入、初审、评级、终审意见来决定项目能否上线融资。贷后管理主要按照监督体系，对融资项目进行还款逾期、经营业务异动、行业生态异动、重大风险事件进行检测，以防止违约的发生与损失的扩大。与贷前审查和贷后管理相匹配，应建立合理的组织架构、信贷政策原则、客户信用评级体系和数据信息系统等。

（一）组织架构

P2P 平台应按照现代企业管理制度的要求合理设置各级部门体系，以达到部门协调和部门监督为一体的绩效管理目标。基于信贷业务特征，部门体系分设前、中、后：前台负责业务开拓，如融资项目的推送；中台部门负责风险控制，下设贷前项目审核和贷后管理两个功能部门，前者重点依据信贷政策审核项目能否上线融资，后者重点依据信贷政策管理贷后项目，做好风险监测与预警；后台部门负责整个 P2P 平台的审计与监督。

（二）信贷政策原则

信贷政策原则的制定是从定性上对信贷风险总体上把控，包括确定目标人群、借款产品准入政策、核批政策、反欺诈政策、催收政策、风险定价等，并固化到决策引擎系统和评分卡。当前，很多 P2P 平台基于自身发展需要，设置了不同的借款产品，如经营贷、周转贷、个人信用贷等，不同的借款产品相应的核批政策和催收政策不同。

（三）客户信用评级体系

目前，一些较大的 P2P 平台已经通过各自的不同手段在逐步完善征信和评级，如房产抵押和实名认证、线下沟通、保险担保、与国外征信公司合作等方式，来提高平台的信誉度，尽量减少违约问题。然而，信用评级体系的建立仍面临很多问题，如信用数据库不完善、缺少央行信用系统使用权限、线下审核方面存在较大疏漏等。

尽管中国在信用评级方面仍然是起步阶段，但随着信用卡消费习惯的建立，互联网金融的深入发展，将逐步形成完整、有效的信用评级数据。正如美国等其他信用系统完备的国家，通过时间积累与沉淀建立了完整的个人信用档案，形成了较为完善的信用系统，涵盖了整个社会上几乎所有可能发生借贷行为，有效约束了违约行为的发生，对于防止信用风险的发生提供了有力的保障。

（四）数据信息与大数据挖掘

建立完备的数据信息系统可以帮助识别 P2P 网络借贷风险，如通过数据挖掘可以实现对逾期客户进行特征分析、产品盈利分析等。特别是互联网时代下，大数据的应用能够从更多的维度对借款人及 P2P 平台进行风险识别。如在大数据视角下，将个人信用分解为朋友信用、爱情信用、事业信用、其他社会信用和金融信用等，可以通过不同信用间的相关性来辅助判定金融信用，辨识信用风险。

当前成功应用大数据进行风险控制的案例有：阿里小贷和证监会。阿里小贷通过卖家海量的交易信息和流水，在几秒钟内完成对商家的授信；证监会通过海量的交易信息挖掘出关联交易，捕捉老鼠仓的基金经理。这两个案例可以应用大数据进行风险控制的共性：一是数据可以做到即时更新；二是平台本身对用户有约束力。这两点是大数据运用于风控成功的原因，也被人们称为闭环的数据。显然，当前 P2P 平台及其相关领域尚未形成有效的闭环数据，想要基于大数据进行有效的风险控制还需要积累。但随着互联网金融的发展及数据信息的积累沉淀，将不断丰富不同信息纬度上对 P2P 网络借贷风险辨识手段与风控依据。

四、案例：拍拍贷风控体系介绍

拍拍贷网站（www. ppdai. com）于2007 年8 月正式上线，目前运营网站的主体是“上海拍拍贷金融信息服务有限公司”，公司位于国际金融中心——上海，是中国第一家 P2P 网络借贷平台。拍拍贷是通过互联网方式提供 P2P 无担保网络借贷信息中介服务平台，主要帮助小微企业主获得生产经营性民间借款及小微客户获得消费性民间借款，旨在提高社会闲置资金的配置效率且为投资者增加投资渠道。

目前拍拍贷注册用户超过 400 万人，遍布除港澳台地区以外的全国各省、自治区、直辖市。截至 2013 年年末，通过拍拍贷平台，已经帮助近 10 万余家小微企业主和个人完成超过 16 万笔的融资服务，融资总额近人民币 16 亿元，平均单笔借款金额约人民币 1 万元。①

作为撮合出借人与借款人的网络中介平台，拍拍贷风控体系是通过贷前的风险评估与定价、贷中的管理和信息披露及贷后的催收来实现。

（一）贷前——信息采集与审核

1. 借款用户信息的登入和数据采集

传统银行对于个人信用类贷款（如信用卡申请），主要依赖申请资料，本行信贷历史，以及央行征信报告作为风险建模的数据基础，在开发出相应风险模型后，再结合信贷政策，来最终决定是否放贷。

相比于传统银行，P2P 行业在征信报告和信贷历史数据上有着先天的劣势。拍拍贷作为目前全国唯一一家纯线上的 P2P 平台，其所有借款申请过程中的征信也都是在线上完成的（见图 4 –9），所以相对于传统银行，互联网可以提供针对

① 本案例由拍拍贷提供，感谢拍拍贷公司副总裁陈平平女士。

每个借款人的庞大的、碎片化的、种类繁多的信息；互联网的高效性和爆发性能使我们以较低的成本，在较短的时间内，积累大量的用户数据，为分析建模提供足够的样本；大样本量，多维度，非结构化的数据非常适合各类大数据分析处理和机器学习技术的运用。通过充分利用互联网的优势，贷前完成申请资料数据的收集与核实。

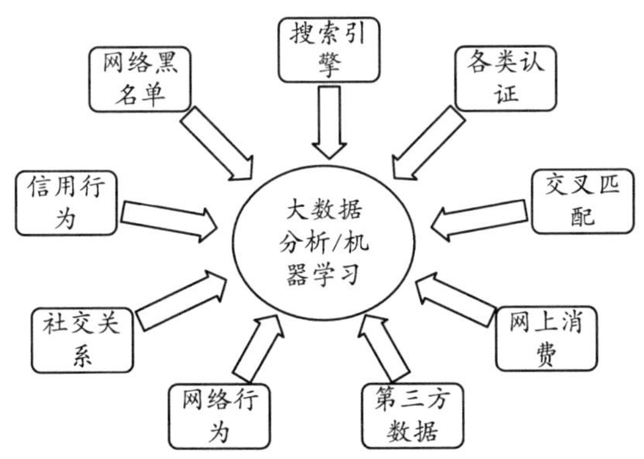

图 4－9　拍拍贷的信息录入和数据采集

2. 欺诈检测体系

拍拍贷采用神经网络的自动的欺诈检测报警机制，配以人工检测的双重保险来防止欺诈。拍拍贷将借款用户提交的各类数据结合风控规则和“黑白名单”的检查来评估是否欺诈以及欺诈的可能性。拍拍贷每周完善和修改风控规则，并不间断更新黑白名单，充分保障借款用户和借款列表的可靠性。

3. 信用评级与风险定价

拍拍贷以互联网技术和大数据为基础，自行研发和搭建了创新的网络信贷审核体系，通过对借款人的多种类、多维度数据进行搜集、挖掘，做出对其行为、习惯等方面的多重分析，结合第三方权威机构的数据比对，分析判断其还款能力、还款意愿、违约概率等，并以评级的方式对用户进行最终呈现。

拍拍贷实时更新记录每个借款人 2000 多个字段的信息，存入数据库。更新的记录包括：用户提交的电子化信息（如身份证、营业执照、房产证、学历证、工资单、银行流水等），第三方权威机构的查询信息（如公民身份证查询中心、教育部学历中心、法院诉讼信息查询中心等可查询信息），还包括了大量的碎片化的海量互联网数据，如用户在淘宝、京东、支付宝等电子平台的交易信息、微博等社交网络数据，百度搜索引擎数据等。用户每次登录拍拍贷，在每个页面逗留了多久，修改了哪些个人信息，每次充值、提现都会作为字段被记录存储（见图 4－10）。

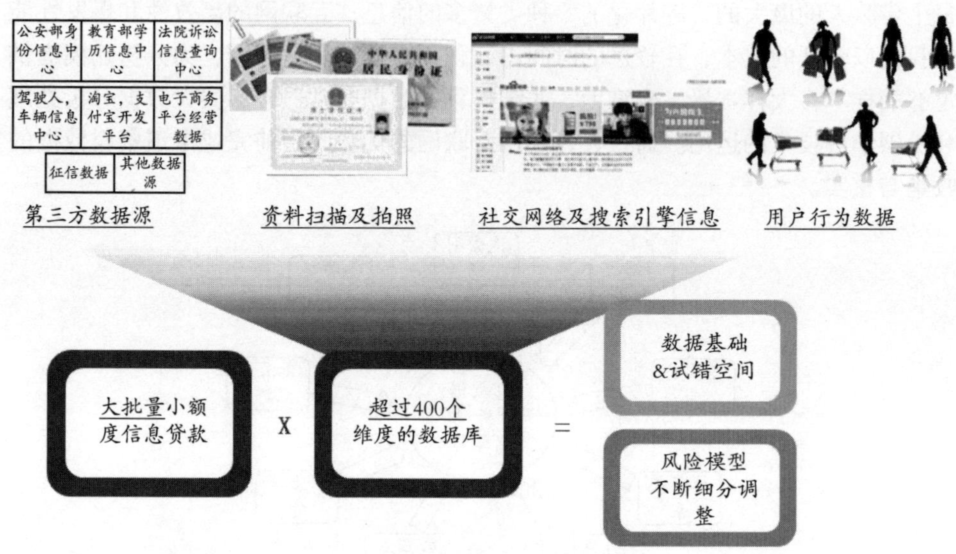

图 4-10　拍拍贷的信用评级与风险定价

在数据库的基础上，对于每个借款人，我们建立近 400 个特征维度。这些维度不但包括风险的相关数据，也包括了许多其他能够描述一个人的数据——我们称之为借款人的 DNA。从这 400 个维度中我们进一步提炼了近 100 个跟风险有关的维度。这些维度将作为风险变量，也就是模型的初始变量。

最终我们通过各类机器学习技术，风险建模将开发出针对每个借款人和每笔贷款的信用评分。这些评分会被用来做风险评级和定价（见图 4-11）。

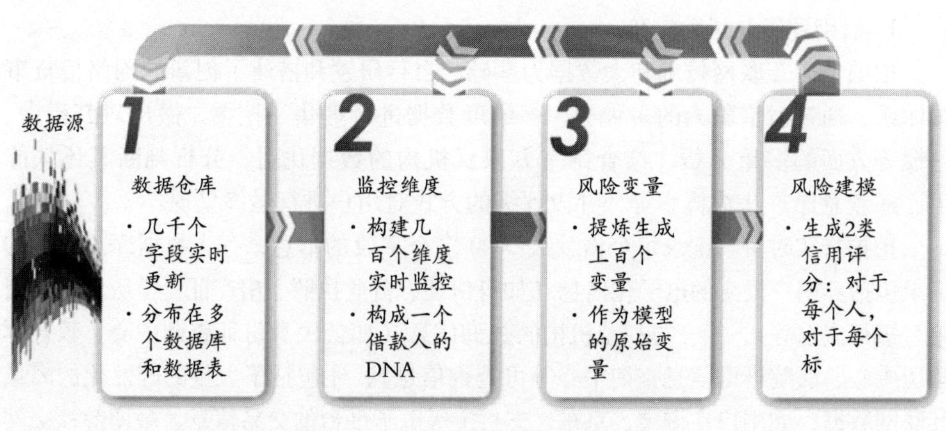

图 4-11　拍拍贷的风险建模过程

（二）贷中——信息追踪与风险控制

拍拍贷通过贷前的反欺诈和信用情况分析，给每一位借款人进行信用等级并制定与之相对应的利率区间。借款人一定时间内在拍拍贷平台发布借款信息并公布相关的借款用途、借款金额、借款期限、借款利率等信息，拍拍贷对借款人的身份信息、学历信息、诉讼情况、历史还款情况（非一次借款用户）等做审核认证。出借人根据风险分散投资、个人投资偏好原则进行相应的投资。在整个借款撮合期限中，当借款金额已满，交易成功，资金将会自动从各个出借人方通过第三方支付平台或长沙银行账户汇入到借款人账号，整个过程中拍拍贷不接触任何资金，确保借款人和投资人的资金安全。交易完成后，平台会及时提醒借款人每月按时还款并在每月还款日提醒投资人注意查收账款。

（三）贷后——催收管理

逾期后的催收措施：

（1）“黑名单”曝光机制：对于无理由长期逾期（逾期 30 天及以上）借款用户，拍拍贷系统将其自动编入曝光“黑名单”列表，逾期信息可在各大搜索引擎查询。一旦用户还款，将会从此曝光“黑名单”中移除。“黑名单”曝光机制的建立大幅提高了借款用户的还款意愿，降低了逾期概率。

（2）催收机制：对于逾期用户拍拍贷实行电话催收和委外催收两种方式，对于短期逾期用户由拍拍贷催收团队采取电话联系其本人或家属的方式进行催收；对于长期逾期用户拍拍贷交由专业的第三方资产管理公司进行催收处理，如信函催收、实地催收等。催收机制大力保障逾期借款实现回收，有效提高投资人收益。

（四）拍拍贷风控案例

一位来自湖南某四线城市的借款人在拍拍贷平台上发布了一笔 3000 元的借款需求。根据拍拍贷对于发布借款列表的规定，借款人上传了一些基本的个人资料，包括身份证、户口簿、学历证书等。拍拍贷通过对接多个第三方数据源，对借款人的基本信息进行了匹配和验证，结合平台上的一些其他数据，首先排除了该借款人欺诈的可能性。接下来，系统会自动进入信用评级阶段，根据借款人的信息来源，对借款人的信用进行一个基本的界定且判定是否可以发放借款需求，但由于发现这个借款人是学生身份，暂没有稳定的收入来源，同时在风控模型所需的其他维度的表现上也很一般，最终模型给出的判断是无法通过审核，所以该借款人的贷款需求被拒绝。

当得知借款需求没有得到批准时，这位借款人主动授权给拍拍贷，希望通过提供更多网络信息以供拍拍贷参考。鉴于此，拍拍贷获取了借款人在新浪微博上的相关信息，通过社交类数据获得一个更加完整的借款人信息维度，因为相比于一些静态数据，社交类数据能够更加反映一个人的行为、习惯以及道德状态。

通过一些基本新浪微博字段：关注人数，被关注人数，发微博数，以及是否加V，拍拍贷可以对借款人的风险有一个更加清晰的基于大数据的分类。风险模型通过分析该借款人的新浪微博数据，降低了先前对于这笔贷款的风险预测，最终拍拍贷审核通过了这笔贷款，与此同时也调整了其费率以反映他新的风险预估（见图4－12）。

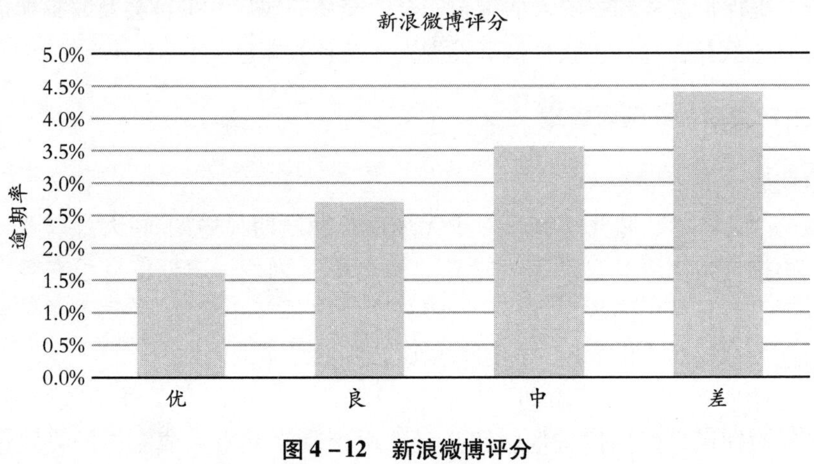

图4－12　新浪微博评分

在成功贷款以后，该借款人按期按量的归还了借款，并成为拍拍贷的稳定借款人之一，因为之前的历史数据，关于该借款人的数据积累越来越完善，借款人的借款成本也随之降低。

第四节　P2P网络借贷的行业自律

P2P网络借贷行业经历了7年的快速发展，由于无准入门槛、无行业标准、无监管机构，导致了行业基本生态充斥着各种违规、违法行为。P2P行业是一个新兴金融中介行业，发挥着促成并规范民间借贷的作用。随着P2P行业的发展与影响力的深入，市场及监管机构逐渐认识到行业自律、行业监管对P2P行业发展的重要性。

一、行业自律与行业规范

从全国范围来看，除了正在筹建的广东省 P2P 行业协会，P2P 行业的自律组织主要有 2011 年在北京成立的中国小额信贷服务中介机构联席会，2012 年在上海成立的网络信贷服务业企业联盟。而中国小额信贷联盟也在其内部设立了“P2P 小组”，下辖 5 个执行机构，负责对近 40 家 P2P 机构会员的自律情况进行检查和监督，并定时汇总和整理各 P2P 机构的业务数据。

P2P 行业自律组织可以制定自律公约、按时披露信息、规范日常经营。除此之外，还可以通过建立内部“黑名单”，或与外部征信平台合作，建立和完善 P2P 行业的数据库。P2P 行业自律组织的建立：一方面可以形成行业规范，约束恶性事件对行业的负面影响；另一方面可以与监管层进行沟通、协调，提出行业发展诉求，推动行业健康有序发展。

国内现有的 P2P 网络借贷行业自律组织有中国小额信贷服务中介机构联席会[①]、中国个人对个人（P2P）小额信贷信息咨询服务机构行业委员会、中国担保协会 P2P 工作指导委员会。中国小额信贷服务中介机构联席会于 2011 年 10 月 19 日发布了《小额信贷服务中介机构行业自律公约》，中国个人对个人（P2P）小额信贷信息咨询服务机构行业委员会 55 家成员单位于 2013 年 8 月 27 日签署了《个人对个人（P2P）小额信贷信息咨询服务机构行业自律公约》，中国担保协会 P2P 工作指导委员会则于 2013 年 1 月份发布《中国 P2P 行业自律公约》对 P2P 网络借贷平台运营中涉及的诸多问题提供自律依据，并于 2014 年 11 月进行了修订。上海市网络信贷服务业企业联盟于 2013 年 12 月 18 日发布了《网络借贷行业准入标准》，为 P2P 网络借贷行业试了准入标准和经营规范。行业协会的成立和行业准则的发布，对加强 P2P 网络借贷平台运营的自律管理、保证平台交易量的真实性、防止集资诈骗和非法集资方面起到了一定的积极作用。另外，行业协会的成立也有利于组织成员与政府有关部门进行对话，寻求政策和法律上的支持。但就我国目前的情况而言，P2P 网络借贷服务行业内尚未形成统一的行业标准，各协会众说纷纭、莫衷一是，致使业内自律标准混乱，难以形成良好的行业秩序。同时，行业协会的自律规则也因缺乏相应的实施机制和配套的惩戒措施而流于形式，无法实际起到约束其成员的作用。

---

① 2012 年 12 月 20 日，上海金融信息服务业年度峰会暨网络信贷服务业企业联盟成立。该峰会是在上海市经济和信息化委员会、杨浦区人民政府指导下，由上海市信息服务业行业协会主办；上海陆家嘴国际金融资产交易市场股份有限公司、上海拍拍贷金融信息服务有限公司、上海融道网金融信息服务有限公司协办；组织了首批上海陆家嘴国际金融资产交易市场股份有限公司、拍拍贷、融道网、诺诺镑客、财金金融、维诚致信、资金管理网、融 360、你我贷、畅贷网等 10 家网络信贷服务业企业。

二、行业监管监理与相关监管法规完善

对于新兴的 P2P 行业，没有法定的、明确的监管主体，银监会、人民银行、工商行政管理部门、工信部等都在自己的职权范围内“试探性”地对 P2P 行业进行监管。银监会于 2011 年 9 月发布了《中国银监会办公厅关于人人贷有关风险提示的通知》。其中针对我国 P2P 行业的运作现状和我国金融行业的整体状况提示了七大风险，包括：影响宏观调控效果；容易演变为非法金融机构；业务风险难以控制；不实宣传影响银行体系整体信誉；监管职责不清、法律性质不明；贷款质量低劣和房地产二次抵押业务存在风险隐患。人民银行没有对 P2P 公司直接进行监管，但央行管辖的征信系统与 P2P 行业关系最为紧密。现实中，P2P 平台无法对接央行的征信系统，既不能直接进入征信系统查询借款人的信用记录，也不能将借款人的信用记录纳入征信系统，不能很好地提升 P2P 平台信用审核能力。工商行政管理部门对 P2P 行业的定位不清晰，注册企业性质理解存在偏差，分为两大类，即网络技术类的电子商务公司和投资咨询公司，前者注重线上业务，后者注重线下业务，没有对 P2P 行业设定特殊的准入条件和门槛。工信部对于 P2P 平台的监管主要是对准入的要求，而且非常宽松，也不完善。申请成立 P2P 网络借贷平台者只要申领了工商行政管理机关颁发的营业执照，即可向工信部申请颁发《电信与信息服务业务经营许可证》，即《ICP 许可证》；在取得《ICP 许可证》后再向工商行政管理机关申请增加“互联网信息服务”的经营范围，然后在当地工商行政管理部门办理经营性网站备案后，即可进行网络经营。对于日常运营，工信部对网站的监管偏重于对非法内容的屏蔽，基本不涉及对 P2P 公司经营业务的具体审查。可见，我国 P2P 网络借贷平台是在一定的法律框架下成立并进行运营的，但就其业务来说，并没有实质的监管主体来引导和调控该行业有序化、制度化、合规化发展。需要建立与 P2P 行业发展相适应的监管体制，并完善相关监管法规以推动 P2P 行业的健康发展。

三、充分发挥行业自律的作用

与我国民间借贷几万亿元和银行存款几十万亿元乃至上百万亿元的存量相比，P2P 网络借贷行业 300 亿元左右的存量规模并不算大，尚未发展到需要金融监管部门进行审慎监管的地步。而从促进 P2P 行业发展的角度来看，也不宜在其兴起的初期，各种问题尚不明确的时候就贸然制定法律或采取简单粗暴的方式将其管得过死、过严。我国 P2P 网络借贷行业的自律监管事实上已经走在了法律监管的前面，因此，在我国的法律尚不能充分监管 P2P 网路借贷之时，通过发挥

P2P 网络借贷自律组织的作用来规范行业发展的办法是十分可行的。行业协会的自律监管，能够在政府监管与 P2P 网络借贷中介服务行业发展中起到良好的缓冲和调节作用。同时，行业协会通常是致力于维护本行业的利益，可以协调行业内各成员的行动，弥补行业公共产品供给的不足。行业协会进行自律监管，首先就是应当建立行业内的信息共享平台，尤其是征信信息共享、用户“黑名单”公示机制以及行业内共享常态备案机制。其次是要建立风险预警机制，督促成员按年度提交经营报告和风险指标数据，以便对行业内风险及时做出预测和应对。再次要与政府部门建立良好的联动机制，实现政府监管与自律监管的良性互动与配合。最后要有相应的惩罚机制，对于违反行业协会自律规则的成员应当给予相应的惩罚。包括：警告、通报批评、罚款、降低资质评级和市场禁入等。还应当建立记录不遵守行业规则或者有违法行为的 P2P 网络借贷平台的“黑名单”，并定期向社会公示。通过这种方式，完善自律规则的执行机制，将行业自律落到实处，充分发挥自律组织对 P2P 网络借贷平台的监管作用。总的来看，P2P 网络借贷行业的自律透明要求主要包括以下五个方面。

（一）必要财务数据的透明

行业部分从业者强调其自身平台安全性的同时，对核心数据尤其是流动性指标和坏账率指标讳莫如深。在不涉及商业机密，但与投资者资金安全相关的数据上，P2P 网贷平台及专业放贷人应该及时做出说明。

（二）运营关联性的合理切割

该合理切割包括小贷担保模式中的网贷平台业务和担保关联业务的切割，以及与关联担保公司的切割；债权转让模式中的资产评级业务必须与专业放贷人及其关联机构进行风险隔离，保持充分的独立和透明，而非内部循环。这样的切割是为了建立防火墙机制，未必是股权上的彻底切断。

（三）投资者风险说明工作

小额贷款在信息不充分对称的情况下，原本就是高风险业务。行业部分从业者为了吸引更多的投资者，片面地夸大了其安全性是不合适的。P2P 网贷平台应该做好投资者风险说明工作，并努力挑选和培养具备风险识别和风险承担能力的合格投资者。

（四）独立意见机构的监督管理

P2P 机构应该加强与独立意见机构的合作，包括：（1）第三方支付机构。资金交易结算都通过第三方机构实现，不能使用平台自身账户进行托管结算，切断资金线和业务线的联系，平台也不能享有在三方账户中资金的支配权。（2）独立审计机构。定期审计，尤其是对合规性、坏账率和流动性进行审计，保持信息公开透明。（3）独立律师事务所。定期审计公司收入的状况，检查债权债务关系，抽查留底文件尤其是流转文件，核实相关数目、事项。（4）独立资产评级机构。用其来避免“自评自卖”行为。

（五）行业自律组织与行业标准

首先，业内建立信息共享平台，尤其是征信信息共享和“黑名单”公示机制，最好和行业平台达成共享的常态备案机制；其次，应当考虑对授信共享机制形成共识和初步行业标准；再次，成立必要的自律性组织，承担道义监督和警示责任。目前小额信贷联盟、互联网金融相关组织已经开始着手此类工作，要实现严格的行业标准和行业自律，还需长时间的多方努力。

行业自律管理要做到：一是合法合规经营。二是服务出资人的基本原则是充分、及时地提供真实、准确的信息，至少包括：准确的风险指标；严格的资金管理；清晰的债权匹配；充分的资金储备。三是服务借款人的基本自律原则是完整、公开地提供真实、准确的贷款成本，保证没有其他任何隐藏成本，至少包括：较低的信贷额度；清晰的利率水平；合理的服务收费；借款人的借款、还款信息应主动纳入统一的征信体系。四是行业管理要求。至少包括：客户权益保护；业务公开、透明；信息披露规定；客户资金分账管理；风险控制；建立安全可靠的 IT 系统支撑；反对不正当竞争；行业从业人员自律与管理；从业企业退出机制。

四、负面清单管理

由于 P2P 网络借贷行业的发展是融合了互联网技术和金融业务，其发展方向和模式具有多样性，如以拍拍贷为代表的线上模式，以宜信为代表的线下债权转让模式，以及陆金所、有利网、积木盒子、爱投资和万惠投融等采用的“P2P 网贷平台 + 融资性担保公司或小贷公司等”线上线下相结合的 O2O 模式。鉴于此，传统的金融牌照监管模式不适合目前 P2P 行业的发展，业界广泛赞同针对 P2P 行业采用负面清单管理模式，即监管层划定一些红线，规定哪些不能做，清单之外的业务能自由开展。如果说实行严格的牌照制，或者规定单笔借款金额的上下限，或者限定每个借款标的投资者人数，就会限制行业的发展，不利于业务创新。

第五节　P2P 网络借贷的监管思路

作为一种新型的民间借贷模式，对 P2P 网络借贷进行风险管理是摆在监管部门和法律面前的新课题。P2P 网络借贷本身的特点：规模小、进入门槛低、跨界融合、监管缺失，使 P2P 网络借贷本身不仅不可能做好风险控制和维护消费者权益，同时也有可能会危害整个国家金融安全和经济社会的稳定。因此，必须对这一新兴的民间借贷模式做出回应，尽快出台相关法律法规和措施对其进行监管和规制，以保证 P2P 网络借贷正常健康发展。

传统“法与经济学”的观点认为，金融合同发生在成熟、老练的发行商和投资者之间，精明的当事人能够广泛地利用各种合约安排来维护其权益，不需要监管。但是，对于我国来说，存在信用制度不完善、金融市场还不是特别发达等特殊情况，适当的政府监管是一种有效的替代性制度安排。

一、明确 P2P 网络借贷的法律地位和监管主体

目前，由于 P2P 网络借贷还没有明确的监管主体，其资金运作游离于政府部门的监控之外，政府部门无从掌握 P2P 网络借贷的资金数量、投向及运营情况。业界呼声很高的《放贷人条例》也迟迟未推出，央行和银监会又始终未将 P2P 网络借贷平台纳入其监管范畴。因此，工商局负责注册并查有没有违法经营，银监局查贷利率是否违规，公安局查有没有发高利贷，“都想管，又都怕管”的监管格局使得想规范发展的 P2P 网络借贷始终面临着政策风险。因此，要规范发展 P2P 网络借贷平台，明确监管主体应是最先启动的监管流程。

P2P 网络借贷平台的注册涉及工商，网站本身的运行又须向工信部门备案，加上 P2P 借贷平台实质上从事的是金融服务。因此，我国对 P2P 网络借贷平台的监管应采用多个部门联合分工监管的模式，具体操作为：在设立之初，银监会及其派出机构对 P2P 网络借贷平台的设立进行前置审批，工商行政管理机关对其注册登记，审查其作为一家工商企业是否拥有足够的手续及合法经营，工信部门则对其备案进行管理；在设立之后，由银监会对其进行业务上的管理，由工信部门对网站内容的合法性进行监督。

二、确保审慎监管原则

审慎监管是当前金融监管领域的普遍原则，是从原来的严格监管体制下演化

而来的。它区别于过去简单粗暴、带有明显计划经济和行政强制色彩的监管模式，是金融监管体制的进步，体现了对公民融资权的尊重，是保护公民的生存、发展权这一重要基本人权的应有的内容。P2P 网络借贷平台上的借款具有小额、分散的特点，不吸收存款，因此不会对金融体系和社会稳定造成大规模的损害或者引发系统性金融风险。从降低监管成本，促进金融创新的角度来看，对于 P2P 网络借贷平台运营公司这样的准金融机构，不宜适用审慎监管原则，即不应对其资本充足率、注册资本、流动性等做高门槛强制性规定。在维护金融体系稳健和保护消费者利益的同时，要注意监管的手段和范围并保护民间资本投资积极性，做到适度监管。

三、细化 P2P 网络借贷市场准入标准

细化 P2P 网络借贷平台市场准入标准，完善 P2P 网络借贷行业的市场准入制度是构建 P2P 网络借贷平台监管制度的起点。对 P2P 网络借贷行业设置合理的准入标准能够起到筛选作用，是一种事前的监管措施。结合分析，P2P 网络借贷行业的市场准入门槛不宜设置得过高。过高的市场准入条件将形成行业壁垒，削弱 P2P 网络借贷行业在整个资本市场上的竞争力，阻碍整个行业的发展。另外，由于 P2P 网络借贷平台业务类型有所不同，承担的风险也有差异，可以对不同业务类型的平台的运营公司在准入标准上有所区别。对于类似于拍拍贷这种单纯中介网络借贷平台，由于其仅从事借贷信息发布与匹配，并不涉及借贷担保、抵押等线下业务，故而承担的风险较小，对其运营公司市场准入的要求应当适当放宽。而对于销售理财产品、兼营线下业务的平台，由于风险性较高，则需要对其运营公司设置相对严格的准入标准。

在资本金方面，对于单纯中介型 P2P 网络借贷平台的运营公司，其设立可以参考《公司法》的规定，不对其资本金额做具体要求，只要有符合公司章程规定的全体股东认缴资本即可。对于提供担保、兼营线下业务的平台，其运营公司设立可以参考《融资性担保公司管理暂行办法》的规定，应当以 500 万元为底线规定不同级别的注册资本，同时必须是实缴货币资本。在 P2P 网络借贷平台运营公司的发起人、控股股东、实际控制人的身份方面，应当规定保险公司、信托公司、商业银行、事业单位、基金公司、证券公司不得设立网络借贷平台。在公司董事、监事和高级管理人员的任职资格方面，应当参考《公司法》和《商业银行法》的相关规定做出一定的限制。在从业人员方面，P2P 网络借贷平台运营公司应当配备或者聘请经济、金融、法律、网络技术等方面具有专业资格的人才。在设备、设施方面，由于 P2P 网络借贷平台对互联网有高度的依赖性，因此对网

络借贷平台使用的软件系统要设定一定的安全性标准。

四、完善 P2P 网络借贷市场退出机制

金融业本身的高风险性和公共性决定了其不是一个完全竞争的行业，在对 P2P 网络借贷平台进行规制之初，除了建立市场准入机制，还需要设计好合理的退出机制。只有建立了退出机制，P2P 网络借贷平台在进入金融市场前，才会清楚地知道如果出现了退出的条件就要被关闭。资金的出借方也会为了保护自己的投资安全而主动监督 P2P 网络借贷平台的行为，能充分发挥市场的各种约束机制。P2P 网络借贷平台的退出可以分为自动退出和强制退出两类。前者是 P2P 网络借贷平台自身意志的指示，如拥有将近 10 万会员的“哈哈贷”公司，因“中国市场的信用问题”及“运营资金的短缺”等原因于 2011 年 7 月 21 日宣布关闭。后者是指因不符合继续运行的条件，被相关机关宣布不具有 P2P 网络借贷平台的运营资格的情形。P2P 网络借贷平台退出时，都要对其各项债权债务进行清理，自动退出的，一般不会引起系统性的风险，只需要由 P2P 网络借贷平台自行清理即可，而对于被强制退出的 P2P 网络借贷平台则需要相关监管部门或者聘请专业的机构组织清算。

五、加强对 P2P 网络借贷交易过程的监管

（一）利用现有的征信系统提升用户信用评级的可靠性

2011 年 1 月，中国人民银行办公厅为防范信贷风险，促进信贷业务的发展，保障企业和个人信用信息的安全和合法使用，发布了《中国人民银行办公厅关于小额贷款公司接入人民银行征信系统及相关管理工作的通知》（下称《通知》），对小额贷款公司接入人民银行征信系统的办法从组织管理、流程管理、接入征信系统的模式以及接入征信系统后的业务管理四个方面做出了具体规定。P2P 网络借贷平台风险防控，离不开可靠地用户信用评级，但我国目前并没有建立科学、系统的个人信用评级体系，而这一体系的建立，并非一朝一夕之功。应当允许 P2P 网络借贷平台参照《通知》的规定接入人民银行征信系统，以保证 P2P 网络借贷平台上用户信用评级的可靠性，提升 P2P 网络借贷平台融资的安全性，降低平台的坏账率。

（二）建立资金托管机制

P2P 网络借贷平台可以仿效《中华人民共和国证券投资基金法》的规定建立

资金托管制度。具体操作为：P2P 网络借贷平台运营公司要建立相互之间严格分离的两个账户，其中一个作为公司账户专门存放公司的运营资金，另一个则专门存放用户资金。用户资金需要由依法设立的商业银行、金融机构或者第三方支付机构托管，由托管人根据用户的指令完成用户之间的资金流转。托管人也要对用户资金提现做出一定的限制，只有在融资过程完成以后，才能依据相关的证明允许用户提现。在整个融资过程中，平台只能查看账户明细而不能处分用户资金。从而严格禁止 P2P 网络借贷平台处分用户资金，避免资金转移先于投资行为的发生，防止出现资金挪用、诈骗和自融现象。

（三）建立破产隔离制度

破产隔离制度在美国的网络借贷平台的运营中已经获得了实施。2012 年 12 月 27 日，美国 SEC 批准了 Prosper Funding LLC 的注册申请。Prosper Funding LLC 成立后，Prosper 所有的贷款都会从原来的法律实体 Prosper Marketplace Inc.（PMI）转移到 Prosper Funding 的资产负债表中。在 Prosper 之前的运作模式中，Web Bank 在发放贷款后会将其债权卖给 PMI，而现在 Prosper Funding 取代了 PMI 成为受让人。Prosper Funding 作为独立法人，拥有独立于 PMI 的资产，即使 PMI 破产了，其债权人也没有权利要求 Prosper Funding 清偿，因此 Prosper Funding 能够在最大程度上弱化平台用户受到 PMI 破产的影响，保护平台用户的利益。我国也可以借鉴 Prosper 的做法建立破产隔离制度，即在 P2P 网络借贷平台运营公司之外成立独立的法人，将平台上的涉及借贷、担保业务的资金转移给新成立的法人，用以达到破产隔离的效果。需要注意的是，为强化新设立公司的独立法人地位，其董事会成员中应当有非 P2P 网络借贷平台运营公司的成员。

（四）建立风险拨备金制度

风险拨备金制度原意是指商业银行为抵御资产风险而提取的用于补偿未来可能发生的资产损失的准备金。这一制度现已为多种类型的金融机构所借鉴、采用，目前国内也已经有 P2P 网络界借贷平台采取了这种方式来提升自身的风险抵抗能力。风险拨备金制度能够缓解各种风险对平台正常运营的冲击，阻止风险的蔓延。应当在 P2P 网络借贷行业建立强制性的风险拨备金制度，监管机构应对风险拨备金的计提方法、覆盖率以及管理和使用办法做出具体规定。参考《贷款损失准备计提指引》、《融资性公司管理暂行办法》以及目前已建立风险拨备金账户的 P2P 网络借贷平台的实际操作情况，风险拨备金制度内容应包括：首先，P2P 网络借贷平台应当按月提取专项风险拨备金，以每项资产的风险评级确定计算权重和计提比例，无担保的借款余额、担保的借款余额以及理财资产的计提比率应有所区分，依次提升。其次，平台需按季提取一般准备金，并且一般准备金的余额不应低于年末担保责任余额的 1% 。最后，P2P 网络借贷平台的风险准备金余额应当定期在平台上公布，以方便平台用户查阅。

（五）建立信息披露制度

P2P 网络借贷平台的运营，具有一定的复杂性和隐蔽性，用户难以依靠自身力量对其进行充分了解。因此，需要建立信息披露制度，强制平台向公众披露相关信息。具体而言，披露的信息应当包括：公司章程、注册资本及其变动情况、股东和高级管理人员的组成及变动、产品说明书及风险提示、公司的经营情况等。P2P 网络借贷平台的董事、监事、高级管理人员应当对平台公布信息的真实性、准确性和完整性负责。另外，从加强 P2P 网络借贷平台运营监管的角度出发，也需要其履行向监管机构报告的义务，包括定期报告和临时报告。报告的具体内容可由银监会规定，但不宜过多、过细。

（六）建立动态的风险防控制度

银监会及其派出机构应建立起对 P2P 网络借贷平台运营公司风险指标的动态监控制度，以确保在平台在运营过程中，其运营公司能够满足持续性经营的各方面条件。银监会及其派出机构应当通过定期采集有关数据、进行现场检查等方式掌握平台的运营情况、风险状况，一旦发现潜在的风险，要及时对平台做出风险提示并督促其采取应对措施。特别是要对资本充足率、杠杆率、担保收益率及稳健程度、财务稳定性进行评价，要将平台担保业务的杠杆率严格控制在 10 倍以内，以防止担保能力与杠杆率不匹配所引发的风险。除此之外，P2P 网络借贷平台运营公司的重要事项的变动，如变更名称、组织形式、注册资本、住所以及调整业务范围等，也应当经由银监会的审查批准方能进行，以便银监会能及时掌握其经营信息，并进行风险防控。

第六节　P2P 网络借贷监管的国际经验借鉴

P2P 网络借贷最早兴起于英国的 Zopa（网上互助借贷公司），该公司是老牌的网络银行巨头，发展至今已经有超过 50 万的会员，达成融资额超过 1. 3 亿英镑。随后美国的 Lending Club（借贷俱乐部）的成立，极大地推动了 P2P 网络借贷行业的发展，特别是对中国 P2P 网络借贷有着标志性的借鉴意义。因为 Lending Club 建立了符合美国法律和监管要求的运营框架，这为 P2P 网络借贷深远发展奠定了基础。P2P 网络借贷在国外市场的发展经历了 10 余年的时间，相关监管实践对我国开展 P2P 网络借贷有重要借鉴意义。为此，下面将从金融市场环境、P2P 业态发展、P2P 投资者结构和 P2P 监管制度四个角度对 P2P 网络借贷在美国和英国的发展进行梳理。

一、金融市场环境

“金融脱媒”是推动 P2P 网络借贷快速发展的内因，互联网技术的发展仅是实现手段而已。“金融脱媒”是指在金融管制的情况下，资金绕开金融机构，直接输送给投资方和融资方，实现资金的体外循环。随着经济金融化、金融市场化进程的加快，特别是金融工具与产品的创新，“金融脱媒”是必然趋势。

P2P 金融模式自诞生以来，在世界范围内得到了广泛的应用与发展，是因为实现了投融资快速对接，提高了融资效率。但因金融市场深化不同，P2P 发展规模也不同。欧美金融市场经过长久发展，已经成熟化，金融产品与金融服务相对完善，所以 P2P 网络借贷的发展也相对有限。相比而言，中国金融市场正处于快速发展期，由于存在对外政策保护，对内行业垄断的金融管制，使得中小企业、微型企业面临融资成本高、融资渠道匮乏等融资难问题，个人或机构面临储蓄率过低、投资渠道匮乏等投资难问题。在这样的背景下，P2P 金融模式的出现使得 P2P 网络借贷的发展空间和发展规模远远超过欧美发达的金融市场。

处于快速发展的金融市场成就了中国 P2P 网络借贷发展的广阔前景，但与欧美金融市场相比，中国信用体系的不完善，是诱发 P2P 网络借贷风险最重要的因素。欧美 P2P 网络借贷快速发展与其成熟、规范的个人信用体系分不开。它们普遍使用以商业征信公司为基础的社会信用管理方式，向社会提供包括资信调查、资信评级、资信咨询、商账追收等有偿服务，完全实行市场化运作。商业征信公司对政府部门、公共机构、私人部门以及法院判决的信息进行分类、计算、分析、评估，最终形成征信产品，有力促进了征信市场的发展。在美国的 P2P 网站，借款人只需输入身份证号，就可以获得个人信用记录。而我国的全国信用评价体系尚未建立，网络借贷平台的信用数据库也未与银行连通，央行的征信报告则不对中介平台开放。因此，中国 P2P·平台获取客户个人信用资料的成本较高，真实性难以保证，使借贷风险增加。在中国，P2P 平台都在通过各种方式强调其真实性、可靠性，以增强投资者的信任感，正如几乎所有的 P2P 平台都有一个保本机制，以此来吸引投资人。

二、P2P 业态发展

欧美 P2P 网络借贷平台根据用户群体和运营模式不同，可分为单纯中介型（Prosper）、公益型（Kiva）和利率制定—借款匹配的复合型（Zopa）。

Prosper 成立于 2006 年，是美国繁荣市场公司（Prosper Market）的简称，为现在全球最大的 P2P 借贷网站，拥有约 130 万注册会员，成功的贷款已经超过 3 亿美元。具有真实社保账号以及大于 520 个人信用评分的美国公民可以注册成为平台的正式用户。Prosper 网站上借款人的借款额度在 2000 ~ 25000 美元，而投资人的最低竞标额度为 25 美元。需要资金的人在提交借款请求后会生成独立的借款页面；投资者参考借款人的信用评级以及财务情况等，以自己能承受的金额和利率竞标，在借款结束后，利率较低的投标会中标，其余的投标无效。Prosper 是纯粹的中介型借贷平台，需要完成的工作主要是传递信息，完成交易。经过数年的发展，Prosper 的借贷机制相对来说已较为完善。

Kiva（非营利私对私小额信贷机构）成立于 2005 年，与 Prosper 不同，它是非营利的网络借贷平台，主要服务于落后 HI 家低收入的企业和家庭。从 2005 年至今，来自 60 个国家的将近 80 万的出借人在 Kiva 上累计借出近 3 亿美元。在贷款规模大幅增加的同时，网站采用了“小额投资 + 批量出借人”的模式来控制风险，贷款偿还率达到 98.94%。Kiva 上的每一笔借款都要求提供详细的借款人的家庭状况、借款理由以及还款时限等内容。由于借款对象主要是世界各地低收入的家庭，因此平台需要依赖当地合伙人（Field Partner）来进行贷款管理。目前 Kiva 的合伙人包括约 150 个组织，分布于越南、蒙古国、秘鲁等各个国家，他们通常是当地的微金融服务机构（Micro-Finance Institute），负责联系和跟踪借款人，当然也包括借款成功后的资金发放和回收，他们会把到期的还款汇集后交给 Kiva 后再返还至出借人。由于 Kiva 的借款人和出借人都来自不同地区，因此现在也更注重群体（comiimnity）的概念，用户可以根据宗教、国家和家庭特征自发组成群体，以便互相联系或者分享借贷经验。

Zopa 于 2005 年成立于英国，全称为英国 Zopa 网上互助借贷公司。年满 18 岁并且拥有至少 3 年信用记录的英国公民才能注册成为正式用户。Zopa 网站现有约 50 多万人成功借出了 1.6 亿英镑的资金，并开始在美国日本和意大利推广。网站把借款人分为 A *、A、B、C 和 Y 五个信用等级，出借人首先选择特定等级的借款区域，然后再根据借款目的和借款期限提供资金。Zopa 的责任包括借款人的审核、利率制定和借贷双方匹配等。Zopa 平台内的出借人以自己理想的利率和金额投资，为了减少网络借贷的风险，网站特别提供了一个系统设置：若出借人提供的资金高于 500 英镑，系统也会自动将其划分，保证至少覆盖到 50 笔借款，这样做是为了充分分散风险。

当前，P2P 网络借贷的发展模式还处于探索期，总的来看已基本形成四种模式：第一，无担保线上交易模式。此模式接近美国 P2P 网贷，即平台只充当“牵线人”，披露信息，不担保，风险由投资者自担。第二，有担保线上交易模式。这类 P2P 网贷平台不是单纯的中介，而是与担保机构合作，负责核实借款人信息，并管理资金，平台既是担保人，也是联合追款人。第三，线下交易模式。类似于民间借贷，线上的网络平台负责提供信息，最后线下完成交易，一般借贷方需要有抵押品，从纯信用贷款到抵押贷款，大大降低了风险，不过线下交易受到区域制约。第四，线上线下结合方式。这是目前较为理想一个模式，小额交易线上完成，超过一定数额则线下交易，并要求有抵押物，这种模式比单纯的线上或线下交易更具优势。

三、P2P 投资者结构

在欧美市场中，P2P 平台积累了良好的运营业绩，其高回报率正在吸引更多的机构投资者参与，特别是 2012 年以来机构投资者参与 P2P 平台项目投资的比例大幅提升，如 Lending Club 设立了全资子公司 LC Advisor，接受机构投资者的投资，每笔最低额度为 10 万美元，2012 年提高到了 50 万美元。LC Advisor 为投资者提供了两个基金，信贷基金（BBF）投资于所有等级的贷款，而保守信贷基金（CCF）则是只投资于评级为 A 和 B 的贷款。

Prosper（投资低风险借款人）也做了很多努力去吸引机构投资者。在 2011 年年中，一个机构投资者公开宣称，将在未来数年间在 Prosper 上投资 1.5 亿美元，这是迄今为止 P2P 借贷平台披露的最大一笔投资。在 2013 年年初，Prosper 聘请了富国银行前执行董事和美林证券的全球销售总监 Ron Suber 作为 Prosper 全球机构销售总监，进一步体现了 Prosper 吸引机构投资者资金的努力。

随着越来越多的机构投资者进入这个行业，P2P 平台上的贷款额度不断增大。个人投资者开始担心被机构投资者挤出 P2P 市场，为此，两个 P2P 平台都已经公开表示机构投资者和个人投资者是同等重要的。Lending Club 已经实行这样一个做法，随机挑选 20% 的贷款在前 12 个小时内为机构投资者独占，在 12 个小时之后对所有人开放投资。Prosper 在 2013 年年初也实行了类似的做法。

机构投资者参与 P2P 平台，对高风险高收益有深刻理解，基于此对提升 P2P 平台运营透明性、合规性和稳定性具有重要意义。在中国，参与 P2P 平台投资的多数是个人，缺少对高风险高收益的深刻理解，往往单方面追求高收益，低收益不予理睬。为了迎合投资人需求，某些 P2P 平台通过高收益吸引投资人，平台综合利率超过了 20%，显然不利于 P2P 平台的持续、稳定发展。显然，与欧美市场相比，参与中国 P2P 平台的投资者需要加强风险教育，有成熟的投资者才有成熟的行业，才有成熟的市场。发展至今，已有部分机构投资者开始试水 P2P 平台投资，这对整个 P2P 行业稳健发展具有重要意义。

四、P2P 监管制度

随着 P2P 行业的发展，欧美形成了各自的监管制度：英国的 P2P 监管机构是金融市场行为监管局（Fianancial Conduct Authority，FCA），针对 P2P 行业的具体规则进行公众意见征询，并明确指出该行业的具体风险及功能特性。FCA 将纳入监管的众筹分为两类：借贷型众筹（Crowdfunding based on loan，即 P2P 借贷）和股权投资型众筹（Crowdfunding based on investment），并制定了不同的监管标准。从事以上两类业务的公司需要取得 FCA 的授权，捐赠类众筹（Donation-based crowdfunding）、预付或产品类众筹（Pre-payment or rewards-based crowdfunding）则不在监管范围内，无须 FCA 授权。美国的 P2P 监管机构是美国证券交易委员会（Securities and Exchange Commission，SEC），对 P2P 平台的注册要求设立了很高的市场参与门槛，有效阻止了那些没有优秀运营模式的新参与者加入。在接受 SEC 监管之后，P2P 平台每天都要至少一次或者多次向 SEC 提交报告。

与英国的 FCA 实施的特制的量化的方法不同，美国一直是允许可能潜在适用于 P2P 平台的多层法律来监管这个行业，并没有提供行业内具体的监管措施和指导。此外，可行监管制度的缺乏也遏制了行业的新加入者，降低了行业的竞争力。这就导致个人对企业（P2B）贷款在美国几乎是不存在的，但是在英国却很流行。P2B 贷款为面临资金困难的小企业和初创企业提供了良好的融资渠道。与美国 JOBS 法案提供的新型资本融资渠道相比，P2B 贷款可能是风险较低的一个选择，但是受恶劣的监管制度影响，P2B 平台很难开展规模经营。

对比英美对 P2P 行业的监管，可以看到美国对 P2P 行业监管采用了蛛网模式，法律依据来自 1933 年证券法案、1934 年证券交易法、1940 年投资公司法案、1940 年投资顾问法案、2010 年多德 - 弗兰克法案，以及各州各政府部门的监管制度。为了满足不同监管制度要求，P2P 平台不得不采取复杂的发售模式，正如 Lending Club 形成了非常有特点的运营框架，核心参与者有四类：Lending Club、投资人、借款人和 Web Bank（见图 4 - 13）。其中，Web Bank 是一家在犹他州注册、受存款保险公司保护的商业银行。SEC 是 Lending Club 的主要监管者。SEC 将 Lending Club 向投资人发行票据视为证券发行。SEC 监管的重点是

Lending Club 是否按要求披露信息，而不是检查或监控 Lending Club 的运作情况，也不是审核票据的特征。

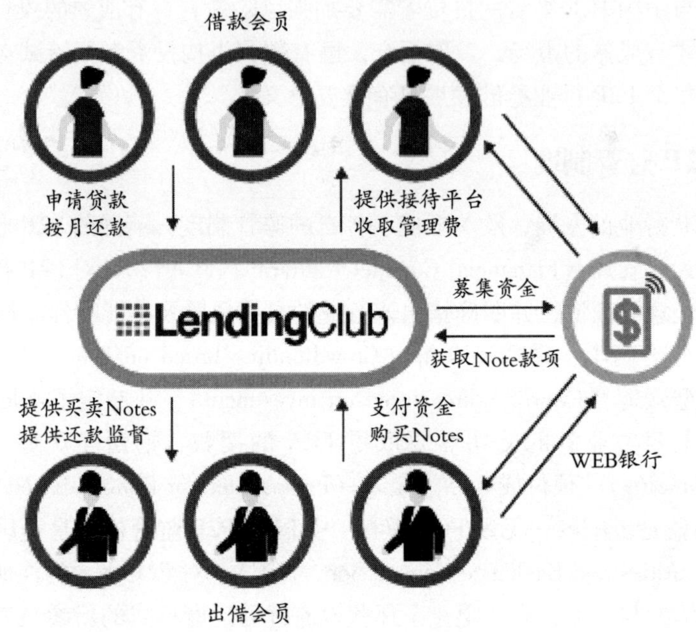

图 4－13　Lending Club 运营框架

Lending Club 采用了暂搁注册方式（shelf registration），通过发行说明书（Prospectus）向 SEC 登记注册发行证券的意向。发行说明书要详细披露 Lending Club 的运营机制和公司治理结构，票据的基本条款，并向投资人无保留地提示所有可能出现的风险。在具体发行时，Lending Club 要向 SEC 说明相关票据的信息（sales reports），包括对应贷款的条款以及借款人的贷款目的、工作状态和收入等匿名信息。此外，SEC 还要求 Lending Club 每季、每年披露财务报告。Lending Club 披露的这些信息，都可以在 SEC 的 EDGAR 系统和 Lending Club 网站上查到。

英国对 P2P 行业监管采用了流线型模式，不依赖于先期并没有考虑 P2P 的老制度，而是重新审视这个新生行业，拟订平衡投资者保护和经济健康发展之间关系的监管制度。监管制度安排从最低资本要求、客户资金规则、续投贷款安排服务、提供用户取消投资的权限、信息披露要求、争议解决条款和持续报告要求几方面展开。

最低资本要求：FCA 要求 P2P 平台具有一定的资金数额，以确保其能承受一定的金融冲击。其要求 P2P 平台以平台借贷资产总规模为依据，其基础资金数额具体标准如下：（1）平台发行借贷资产总规模在 5000 万英镑以下的，为借贷资产总规模的 0.2%；（2）平台发行借贷资产总规模在 5000 万英镑以上，2 亿英镑以下的，为总规模的 0.15%；（3）平台发行借贷资产总规模在 2 亿英镑以上，2.5 亿英镑以下的，为总规模的 0.1%；（4）其他平台发行借贷资产总规模的，则为总规模的 0.05%。

客户资金规则：P2P 平台关于客户资金这块必须严格遵守相应的规则，包括平台集资时需要做到不混淆各类资金，一旦出现问题，平台还需做好相关调停工作。

续投贷款安排服务：P2P 平台必须确保其有一个强有力的后备计划，以便在发生破产或者停止运作时继续对已存续的款项合理服务。

提供用户取消投资的权限：P2P 平台必须允许投资人在一定的条件下，一定的时间范围内取消其投资。这基本上符合英国法律，也符合欧盟法规。

信息披露要求：P2P 平台需向用户提供相关的精准的信息，其目的是为了不让用户负荷过多的细节信息，直接获取有用的信息（这也是英国监管制度安排最有效的地方，相比而言美国的 SEC 关于信息披露长达 800 页，生怕有所遗漏）。英国的信息披露必须要公平、清晰、无误导倾向，在平台网站上任何投资建议细节都被视为金融销售行为，需遵守金融销售的相关规定。

争议解决条款：投资者有权先向平台公司投诉，在向平台投诉无法解决的情况下，可通过金融申诉专员（FOS）投诉解决纠纷，整个纠纷解决过程都有一套标准的流程。

持续报告要求：平台要定期向 FCA 报告诸如相关审慎数据、财政状况、客户资金情况、客户投诉情况、上一季度贷款情况等信息。

众筹的风险防范及监管

互联网金融的众筹融资模式，与传统商业银行的融资模式产生了根本变革。为此，我们首先理清互联网金融的众筹融资模式的起源、分类、现状以及国内外众筹融资发展比较分析。其次，通过归纳与辨析众筹融资存在的风险特征，并在众筹融资平台的风险自控基础上，借鉴美国、英国等国外对于众筹融资市场和项目的监管经验，提出我国众筹融资的行业自律措施。最后，依据中国众筹融资平台自控、行业自律、国家辅助的监管特征，发挥市场决定众筹融资未来发展方向的作用，由此形成一套多层次、全方位、宽领域的众筹融资市场监管思路。

第一节　2014 年众筹融资的发展概况

自 2014 年以来，微投网、云筹、天使客、人人投、5Sing 众筹、遇见天使等一批新的众筹网站纷纷上线，与众筹网、追梦网、天使汇、大家投等较有名气的众筹网站，一道实现众筹融资模式的“捞金”梦。继 2013 年 P2P 融资模式之后，2014 年众筹融资模式成为互联网金融发展的新“花旦”。因此，本节将对 2014 年众筹融资的发展概况进行全面梳理，主要深入分析众筹融资的起源与分类，众筹融资的基本模式与交易流程，众筹融资的总体规模与发展趋势三个方面。

一、众筹融资的起源与分类

（一）众筹融资的起源

众包（Crowdsourcing）一词直接的中文翻译是凝聚资源，众包来源于企业在生产或销售产品时，为了提高生产效率，增加产品销售数量，将某一具体任务利用网络公开的方式外包给大众群体，用集体的智慧创造更多价值。众筹（Crowdfunding）则继承了众包含义中用集体合作方式来提升工作效率的思维。随着互联网络的不断普及，这种众筹思维、传统投融资服务和互联网技术的三方碰撞与融合，最终产生出一种新兴的互联网金融融资模式——众筹融资，它帮助很多有创意、有理想或有完备规划方案的个体或中小微型企业，在无任何抵押的条件下，向社会公众寻求小额捐助或投资，以实现个体理念或企业发展目标。

根据相关资料、书籍的记载，Artistshare（艺术众筹网）是全球最早的众筹网站，它始建于2001年，网站从2003年开始建设众筹融资项目，不仅开启美国现代众筹网站的先导，乃至全球的互联网众筹融资时代。Artistshare众筹网站主要面向社会发布与音乐有关的众筹项目，如资助唱片、制作演唱会专辑等，这也符合西方多数青年音乐艺术家的想法。网站CEO明确表示，建立Artistshare希望得到喜欢音乐的人们支持，众筹资助青年或有志向的音乐艺术家们出专辑、唱片等。艺术家们通过在Artistshare线上发起出唱片的众筹项目，对此感兴趣的、喜欢音乐的人们将以现金投入项目，随后投资项目的人可以看到艺术家录制唱片的整个过程，并获得一张原版唱片。Artistshare众筹网站的音乐众筹项目越来越受到广大热爱音乐的人们赞誉，网站在艺术家和支持音乐的人们的基础上，利用新颖的原创音乐众筹项目，创造出一个又一个优美的音乐唱片，并成为音乐支持者的根据地。网站产生出优秀的西方音乐作品有，美国作曲家Schneider（玛丽亚·施耐德）创作的“Concert in the Garden”专辑，获得最佳大爵士乐团专辑奖和4项格莱美提名，这张专辑也是网站第一个非常成功的音乐众筹项目。①

从2005年开始，美国出现了一些为企业和个人提供众筹服务的网站，Kiva是美国首批为大众提供众筹业务的网络平台。直到2009年以后，美国众筹网站Kickstarter（创意方案众筹平台）的诞生，英国众筹网站Crowdcube（股权众筹平台）成立，中国首家股权众筹网络平台点名时间的出现等，全球众筹融资市场已经驶入众筹融资项目发展的“快车道”。据统计，2011年全球众筹网站的众筹融

① 零壹数据．众筹服务行业白皮书（2014）［M］．北京：中国经济出版社，2014.

资项目规模为15亿美元；2012年这个数字实现翻番，达到27亿美元；2013年全球众筹融资网站达到889家，较2012年增长38.7%，全球众筹融资项目约为51亿美元，世界银行预测到2025年，全球发展中国家的众筹融资项目奖达到960亿美元，中国有望达到460亿美元。同时，2014年全球众筹交易规模预计达到614.5亿美元，到2016年，全球众筹融资规模将近2000亿美元，众筹融资平台将达到1800家①。众筹融资是一种不同于传统融资模式的全新网络融资模式，它需要项目发起者通过众筹网站展示项目信息，探寻对项目感兴趣的投资者注资帮助。可见，众筹项目已基本具备了传统投资银行的融资功能，部分众筹融资平台突破了商品和公益性质的众筹项目，逐渐拓展到现在的股权和债权融资业务，这对传统商业银行的融资业务带来了巨大影响。

（二）众筹融资的分类

1. 众筹融资的界定

根据《互联网金融元年：跨界、变革与融合》对众筹相关概念的客观阐述，我们认为，众筹（Crowdfunding）是企业或个人为了达到自身需求和发展目标，面向大众介绍筹资目的与未来规划的方式发起募资行为，以获得个人或组织的汇聚资金支持。目前，国内外多数众筹项目都是以互联网络作为载体，通过搭建互联网众筹平台，在信息公开和时间较短的情况下，促成低门槛、宽领域、多途径的众筹融资项目。该项目基本跨越了时间、年龄、身份的限制，达到资本市场中资金资源的合理配置。

2. 众筹融资的特征

众筹融资的基本特征可以概述如下：

（1）互联网的覆盖。众筹融资的项目发布、信息沟通、交易执行等环节都是通过互联网平台进行操作，基本不涉及线下的物理传递。

（2）社交网络的撮合。众筹融资的项目推广和宣传基本得益于社交媒体，项目募集人通过社交媒体接触在线社区中的成员，对其项目进行营销以获得更多的捐献者或投资者。

（3）高效与低成本的融合。募资者和投资者通过进度更新和反馈机制频繁进行交互，显著减少了信息的不对称，提高了投融资双方的沟通和交易效率。同时，与传统融资方式相比，互联网金融中众筹融资的突出优势就是低启动成本，低营销成本和低交易成本。

---

① 中国互联网协会．中国互联网金融报告（2014）［R］．金融世界，2014.

3. 众筹融资的分类

随着全球众筹融资网站数量的剧增，网站类型也不断发生变化。从所有众筹融资项目的商业角度来看，众筹融资项目可分为非投资类型和投资类型两种。非投资型的众筹融资项目多数以商品类的项目为主，商品类众筹项目又可分为三种运作模式：第一种是固定模式，是指众筹项目的筹款期结束后，筹款金额达到项目预期的筹款金额，募资者就能获得所有筹款资金，反之，筹款资金悉数退回每位投资者，筹资项目失败；第二种是灵活模式，主要说明不管众筹资金是否超过项目预期的筹款金额，募资者都有权获取筹资，当然，募资者认为所得筹资不能发挥项目启动的作用，可以选择把资金退给投资者；第三种是悬赏模式，与前两者不同的是，这种模式属于多对多的投资行为，并重点观察项目完成情况，项目启动后只要哪位募资者最先完成项目，投资者的所有投资资金就归他。众筹融资网站也能支持三种模式组合运行的情况。另外，投资类型的众筹融资项目的模式包括酬金、股权、债权等。

然而，依据投资者不同的注资目的，美国把众筹划分为捐赠众筹（Donation-based Crowdfunding）和股权众筹（Equity-based Crowdfunding），前者的投资者主要是处于公益目的，不向募资者要求任何回报；后者的投资者则主要出于单纯的资本增加目的，初创企业或创业者会用股权与投资者的资金进行交易，投资者也以企业股东身份参与企业未来决策与发展规划。

总之，学术界的专家、学者们从不同视角，对众筹融资模式进行分类（见表5－1）。我国众筹融资虽起步较晚，但延伸的种类繁多，现有分类难以涵盖与解释众筹融资发展的全貌。因此，本书根据众筹融资项目中回报方式的不同，把我国众筹融资模式划分为股权类众筹融资、商品类众筹融资、捐赠类众筹融资和债券类众筹融资四种，如图5－1所示。

表5－1　众筹融资模式分类的文献统计表

作者	视　角	分　类
李雪静（2013）	从运营方式的角度	捐赠的众筹；基于奖励或事前销售的众筹；基于股权的众筹；基于贷款或债务的众筹；收益共享；实物融资；混合模式七种
胡吉祥等（2013）	从募资形式的角度	捐赠模式；借贷模式；股权模式三种
曹祎遐等（2014）	从涉及领域的角度	科技类众筹；设计类众筹；文化类众筹三种

续表

作者	视角	分类
孟韬等（2014）	从运行的复杂程度、涉及的利益相关者的数量和法律环境的角度	捐赠与赞助模式；预售模式；借贷与股权投资模式三种
朱玲（2014）	从项目发布方式的不同角度	凭证式众筹；会员制众筹；股权式众筹三种
李昊（2014）	从投资标的法律性质不同角度	以物为投资对象的众筹；以借贷债务为投资对象的众筹；以股权为投资对象的众筹三种

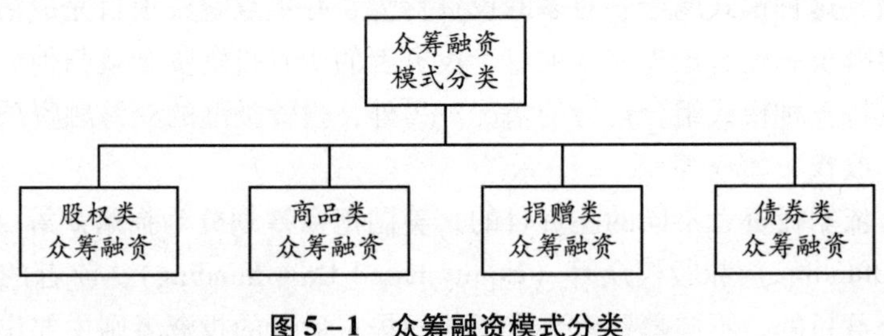

图5-1　众筹融资模式分类

二、众筹融资的基本模式与交易流程

众筹融资模式分为：股权类众筹融资、商品类众筹融资、捐赠类众筹融资和债券类众筹融资。本节将分别对四种模式分类展开基本模式与交易流程的详细探讨。

（一）众筹融资的基本模式

1. 股权类众筹融资

国内股权众筹类型的众筹融资平台主要是为初创企业或创业者解决企业资金问题。平台向审核之后的投资者推荐融资项目，也向申请审核通过的募资者提供投资机会。国内首家股权众筹网络平台天使汇还直接为融资项目进行直接投资的业务。平台除了能办理线上项目投融资业务外，还为投融资项目成功的企业提供线下有限合伙企业设立、工商登记、入股协议促成等服务。显然，国内部分股权众筹类型的众筹融资平台为了吸引更多的投资者和融资者，制造一系列的服务商机。根据清科集团旗下的私募通统计数据显示，2014 年上半年，中国众筹领域股权类众筹项目 430 起，募集金额 15563 万元，其中，2014 年第一季度，股权众筹实际募资金额 4725 万元，单个项目成功融资 16.88 万元。2014 年 4 月，6 个项目完成融资 950 万元，单个项目融资规模近 160 万元。2014 年 5 月，单个项目融资规模65.41万元，较4月份有所下降。2014年6月，单个项目融资规模为69.1万元，较5月份略有上升。从投资人单笔投资金额来看，单个投资人每笔投资金额为12.63万元，2014年4月为17.92万元，2014年5月16.35万元，2014年6月为14.5万元。[①] 趋势表现为单个项目融资规模有较小幅上升，但投资人单笔投资金额却出现稳步回落迹象。

为了减少融资风险，缩短融资项目启动时间，国内首家股权众筹类型的众筹融资平台天使汇，推出了“快速合投”与“领头+跟投”的业务模式。前者主要是对每个融资项目都设置了30天的较短投资周期；后者则是不仅需要符合一般投资者的认证标准，还需要拥有投资领域丰富的投资经验，较强的风险承担能力，经过平台特别的资格审核后，这种投资者将成为该项目的“领投人”（一般平台根据以往的投融资记录、至少有一个项目推出、1年内领投项目不超过5个等一系列较为明确的数量指标，对项目“领头人”进行严格的资格认证），每个项目的“领投人”都要依靠自身经验，帮助“跟投人”在项目投资过程中判断较为准确的投资决策指导，以保证他们投资本金安全和整个项目正常运行。所以项目融资成功后，“领投人”需要获得“跟投人”部分的利益分成和融资者的股份奖励。与前者相比，“领头+跟投”的业务模式趋于平稳、安全，适合初进众筹融资项目的投资者。除天使汇外，其他一些类似股权众筹类型的众筹融资平台也对投资者逐渐开拓这种业务模式。

2. 商品类众筹融资

商品类型的众筹融资是指募资者对具有创意或创新的商品面向社会公开筹集项目启动资金，项目完成后，项目投资者可获得投资商品奖励作为投资回报的方式。事实上，这种奖励并不是商品增值的象征，也不是必须履行的责任，更不是对商品变相进行销售，而是基于商品兴趣的角度，投资者对募资者创造的商品或服务非常感兴趣，为了使商品服务于自己或社会，他们愿意出资事先订购或支付商品生产的成本费用，完成募资者创造商品的真正价值和目的。商品类型的众筹融资项目是商品奖励性质回报形式，项目设计电影、音乐以及技术商品等多方面。这种众筹融资模式在一定程度上可以替代传统的市场调研和进行有效的市场需求分析，把募资者在线发布的创意商品或服务信息进行事先预售，项目投资者除了能得到参与投资的商品或服务回报外，也能在商品真实销售时获得一定程度的价格折扣。所以，在众筹网站中商品类型的众筹融资项目越来越受到大众群体的关注。

依据清科集团旗下的私募通统计数据显示，2014年上半年，奖励类众筹事件

① 众筹网.2014年上半年中国众筹模式运行统计分析报告［R/OL］.清科集团，2014.

993起，募集金额3228.07万元，综合类众筹平台实际供给事件为708起，垂直类众筹平台供给事件为285起，综合类平台发生的实际供给事件数量约为垂直类众筹平台供给事件数量的2.5倍。奖励类众筹成功募资规模近520万元，根据2014年第一季度的众筹市场项目数量及投资人数推算，单个项目成功募资3.67万元，单个投资人每人投资近220元。2014年4月，每个项目可成功融资1.49万元，单个投资人每人投资162.13元。2014年5月，单个项目融资近2.5万元，投资者每人投资394.8元。2014年6月，单个项目融资金额3.8万元，投资每人投资337.6元。①

3. 捐赠类众筹融资

捐赠类型的众筹融资是指募资者在众筹融资项目发起过程中，向投资者说明募资的公益目的，项目完成捐赠类型的众筹融资后对投资者没有任何实质奖励的捐赠行为。随着众筹融资网站开设的捐赠融资项目不断增多，很多非政府组织（NGO）或非营利组织都采用捐赠众筹融资模式获得捐款，以帮助有需要的人。与传统的募捐活动略有不同，捐赠众筹融资模式通常基于互联网众筹融资平台进行项目启发、项目宣传和得到捐资，开始是为了解决那些在生活中遭遇不幸的人们，提供最为基本或保障他们在金钱和生活上的援助。后来，捐赠类型的众筹融资项目快速发展，帮助的对象也逐渐扩散开来，包括教育、社团、宗教、健康、环境、社会等方面。捐赠类型的众筹融资项目属于社会公益性质，项目操作环境都比较透明，NGO为了长期通过捐赠类型的众筹融资获得资金，每个捐赠融资项目的发起和运作过程都持续进行跟踪并基本对外发布相关信息，这样自愿捐赠的项目投资者非常愿意多次捐赠，且对整个项目保持更高的忠诚度。因此，多数投资者由于知道募资款项的具体用途，从而更愿意捐赠更高数额。NGO非营利组织发起的长期性捐赠融资项目，一直以来都获得很高的关注。

4. 债券类众筹融资

债权类型的众筹融资，早期在美国和欧洲其他地区发展，它不同于向传统商业银行借款行为，主要是指募资者（企业或个人）通过众筹融资网站发起融资项目，向社会公布募集项目的目标以及发展愿景，投资者根据项目发展和回报程度出借资金给募集者。

（二）众筹融资的交易流程

1. 股权类众筹融资

根据国内天使汇等几家股权众筹类型的众筹融资平台运营流程，一些中小型的

① 众筹网.2014年上半年中国众筹模式运行统计分析报告［R/OL］. 清科集团，2014.

融资项目，融资者大多数都是通过线上申请和审核，等项目成功后才与投资人线下办理增资手续。而一般大型融资项目的融资者都需要经历线上和线下两个阶段，主要流程从注册账号→填写个人基本信息→创建融资项目→上传融资规划方案，等待投资者的关注和访谈→与投资者线下面聊→面试成功后投资人通过网络平台进行投资→线下办理增资手续。图 5－2 是股权众筹类型的众筹融资平台运营流程图。

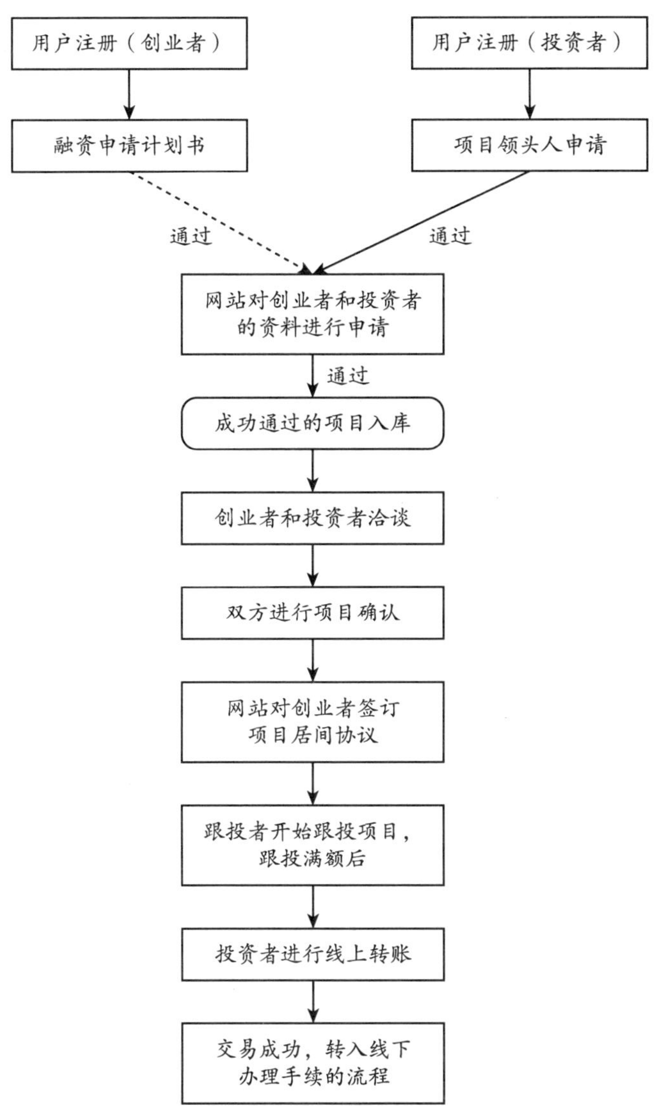

图 5－2　股权类众筹融资运营流程

图5-2的平台运营流程中，投资者审核环节较为重要。一般平台对外宣称通过审核的投资人基本都是拥有丰富投资经验的天使投资人，甚至更为夸张的贴上绝对用语的标。实际上，每一位投资者在网站填写注册信息时，平台针对一般投资者填写的内容标准较宽松，只需要投资者完成真实身份认证、真实身份证号码、联系手机号、所在公司名称和职位、过往投资项目的名称和网址简介，以及最大投资金额等信息就能注册成为网站投资者角色的会员（每个众筹网站对于注册会员需要填写的要求不一样），少数平台不需要投资者正式注册环节，只要投资者利用新浪微博绑定上传个人名片等资料的方式进行注册验证，如果未能提供相应的资料就不能成功注册会员，没有成功注册会员的投资者，仅能在网站查看融资项目的简单介绍。

一旦注册完成后，登录平台网站就能查询到页面上发布的众筹融资项目商业计划书、股东团队的出资情况、项目融资金额、融资企业或创业者基本情况等相关信息。投资者通过认真审视与匹配这些项目信息是否达到自身的投资目标，如果觉得某个项目不错就可直接跟投。总之，根据国内几家股权众筹类型的众筹融资平台的投资者注册实际情况对比分析，发现天使汇对投资者的资质有一定程度的风险判断力和风险承担能力，所以每位投资者的审核条件都较为严格，足以胜过其他平台的要求。

平台运营流程中项目审核也是重要环节之一。每个平台对于项目审核要求都大不相同。线上开展的项目审核工作，主要是根据项目基本信息介绍、项目参与人信息、融资规划方案三部分内容进行审核。通过国内几家平台注册信息的填写要求，发现多数平台的项目审核不是非常严格，没有涉及实质的审查环节。事实上，一些平台增加项目成功几率，减少募资者和投资者之间的信息不对称问题，把线下撮合投资者和融资者视为重要环节之一。活动中，融资者先花几分钟时间进行融资项目展示，随后投资者根据融资者演示的项目内容开展短暂的提问环节，双方交流过程中投资者对融资者项目的实施规划和未来发展前景做出富有经验的判别，同时融资者也受到投资者的经验点播不断完善项目缺陷，只要双方对项目都具有良好的发展期望，这个项目就基本撮合成功。

投融资合议达成后的投资人入资也是一个重要流程。这个环节中，平台应为投资者提供入资的相关协议和法律文件，如从2014年开始，天使汇将对每个平台项目的具体流程实施全方位服务，具体含有法律架设、公司治理的信息化托管、在线工商快速变更系统等服务内容。

2. 商品类众筹融资

与股权类众筹项目的运营流程略有不同，商品类的众筹融资项目中，募资者必须向众筹网站提交项目发起的详细资料，介绍每个项目的内容、开展方式、适合环境、必须产生的风险以及对投资者的回报。平台对项目募资者填写的资料进行严格审核，出于对信息资料的真实性判别，融资网站将会要求募资者针对相聚发起的详细资料，附上与项目商品相关的材料、募资者自身设计经历和经验证明、商品设计时所需原材料的购物清单等资料。只要通过网站的严格审核，项目就直接进入上线准备阶段，募资者就要根据每个众筹网站的页面布局要求，撰写项目商品介绍、商品美工设计、商品预售宣传片等。这些准备的资料都做完，项目可正式上线，面对社会公众公开招揽投资者。一旦项目受到多数投资者的关注或注资，项目募资完成时募集的金额达到项目预期设定的金额，项目商品就进入开始创造、生产的过程中，等商品制造完成后，项目投资者能获得投资商品的回报奖励。根据投资商品的性质不同，募资者还要对有些商品承担一定的售后服务工作。如果在募集时限内，募集资金没有超过项目预期金额，将导致商品无法正常生产，项目失败，所有投资者的投资金额全部退还给每位投资者。商品类的众筹融资项目的整个运营流程，如图 5 －3 所示。

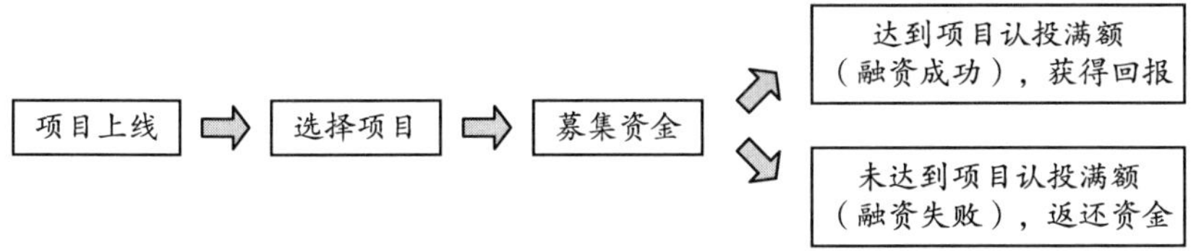

图 5 －3　商品类众筹融资运营流程

图 5 －3 中并不是所有的商品类的众筹融资项目都采取上述流程，视具体情况而定，有些众筹网站在某些环节上流程略有不同。例如，点名时间是国内首家综合型众筹网站，网站对于每个通过审核的项目，都具有一段时间的预备期，便于投资者讨论、思考、试探市场反应热度之后，决定是否真正参与项目的投资行为。同时，点名时间网站还能提供一种项目上线前的公开评审服务，主要是邀请国内具有丰富经验的天使投资人或资深行业分析师，为进入申请审核状态的项目开展公开评审，以确定项目是否拥有上线的实际价值。

3. 捐赠类众筹融资

作为捐赠类型的众筹融资项目的发源地，拥有美国最大捐赠类型的众筹融资项目的网站——Kickstarter 的创立，致力于支持和激励创新性、创造性、创意性的活动。通过网络平台面对公众募集小额资金，让有创造力的人有可能获得他们所需要的资金，以便使他们的梦想实现。据统计，Kickstarter 自从 2009 年 4 月上线以来，直到 2013 年 12 月底，网站拥有 300 万用户参与了总计 4. 8 亿美元的项目众筹，平均每天筹集130万美元资金，每分钟筹集913美元，有超过80万的用户参与了至少两次的项目众筹，并且又有8.1万用户支持了超过10个的项目，不过最终众筹成功的项目总共只有19911个。这些资金主要支持了电影、游戏、音乐、设计、科技、餐饮、舞蹈、摄影、戏剧以及出版等领域的个人或小微企业。

2011年7月国内第一家综合型众筹网站——点名时间的出现，开启中国版捐赠类型的众筹融资项目，网站对项目的申请资料获取、流程、操作方式等都非常近似于Kickstarter。截至2012年12月底，点名时间众筹网站共有6000多个项目提案，600多个项目上线，接近一半项目已筹资成功并顺利发放回报。其中，单个项目的最高筹资金额为50万元。截至2013年4月，点名时间累计筹资超过500万元。①

然而，淘梦网是国内首家垂直型非营利性众筹融资网站，网站基于互联网众筹融资方式，为爱好拍摄电影的人们提供拍摄电影所需的资金。项目募资者能通过该网站拥有资金的电影项目主页，向项目投资者分享拍摄电影的计划和电影的主题内容，只有能增加投资者的投资意愿，与投资者产生电影主题方面的共鸣，这样才能获得投资者的资金支持。与点名时间网站相比，淘梦网专注为具有拍摄电影梦想的人提供资金，这种垂直型众筹网站服务水平更为专业，网站上每个项目的筛选和控制都由该领域经验丰富的人来掌控，以保证每个项目都正常有序地进行。淘梦网的运营成本较低，只做电影拍摄方面的众筹融资项目，更容易简化网站的页面模块设计或后来数据库的信息处理成本。更有特点的是，投资者浏览网站发现感兴趣的项目，可以直接与募资者取得联系，无论线下见面约谈还是线上留言交流，都能提高每个项目的完成率。

近年来，一些捐赠类型的众筹融资网站中，项目发起者（募资者）由单一个体逐渐发展为创业者企业，捐赠类型的众筹融资模式可以帮助创业者解决企业开创所需资金的燃眉之急，又能灵活地处理好传统借贷的信息不对称问题，将提高资金资源的合理配置，缓解创业者融资困境。捐赠类型的众筹融资网站作为投资者和创业者之间的中介平台，针对创业者（募资者），网站给他们提供上传资料的场所，为他们寻找较多投资伙伴。而面对投资者，网站会把创业者的创意、实施策略和未来发展规划逐一展现，激发投资者资助的思想，触动投资者提供资金的行为，最终投资者对有创意产品或项目的创业者以小额支付的方式帮助他们走下去。捐赠类型的众筹融资的操作流程与股权类型、商品类型相似，创业者（募资者）必须在网站上填写工作所在单位、统一编号、联络人的姓名与电话、银行名称及账号等详细资料，经过网站对联系方式、银行账号、身份证号码等一

① 林小骥. 众筹网站“点名时间”中国的Kick starter［J］. 中国企业家，2012（4）.

系列信息进行验证后，才算是成功注册为网站会员，即可获得一个商家注册账号，登录网站主页，浏览主页信息或参与众筹融资项目的申请，项目整个申请流程如图5－4所示。

图5－4　创业者的捐赠类众筹融资运营流程

图5－4捐赠类型的众筹融资网站将资金需求方与资金提供方短时间、高效率的联系在一起，利用互联网络信息公开与信息共享的特点，消除传统融资过程中信息不对称问题。帮助创业者（募资者）发布创意性产品或项目，同时面对投资者制造很多线上投资机会，总之，捐赠类型的众筹融资网站，以公益性项目为核心，为创业者（募资者）与项目投资者之间搭建了一个“机遇桥”。

4. 债券类众筹融资

实际上，这就是互联网金融的P2P网络信贷模式。债权类型的众筹融资在项目还款过程中，分为投资者本金＋利息的回报和投资者仅本金回报两种模式。对于前者，众筹融资网站除了提供项目中介服务外，还额外给予投资本金担保、担当还款责任、小额贷款等服务。项目完成后，投资者除了拿回投资本金，还能得到高额的投资利息。而后者，募资者（企业或个人）众筹融资可能是为了企业或个人的自身发展，也可能是为了某个社会公益项目进行无利息的借贷融资，等项目完成时投资者只能拿回投资本金。

三、众筹融资的总体规模与发展趋势

（一）众筹融资的总体规模

截至2014年11月30日，国内已有122家众筹平台，其中至少18家倒闭或已无运营迹象，3家发生业务转型。这些平台中商品众筹73家（4家停运），纯股权众筹30家（1家停运），纯公益平台5家（1家停运），其余为股权及其他业务类型的混合型平台（2家停运），如图5－5所示。

另外，截至2014年11月30日，线上众筹平台已经遍布国内16个省市（不含港台澳地区），其中广西出现首家众筹平台。北京、上海、广东三地平台总数分别达到36、29和11家；其次为浙江和江苏两省，分别为10家和9家，这些地区已停运或倒闭的平台相对也较多，如图5－6所示。

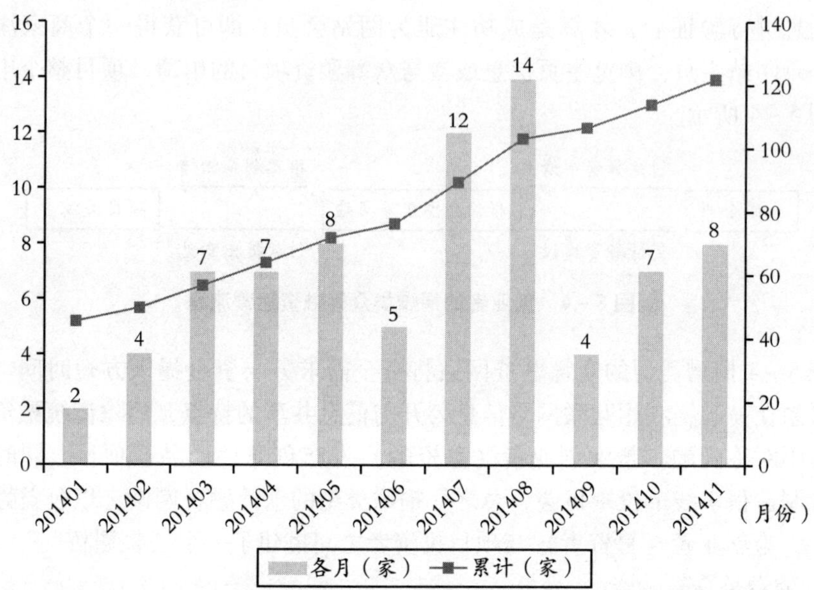

图 5－5　2014 年众筹平台数量走势

资料来源：零壹财经．众筹行业 11 月简报：房产众筹火爆登场［R］．中国企业家，2014.

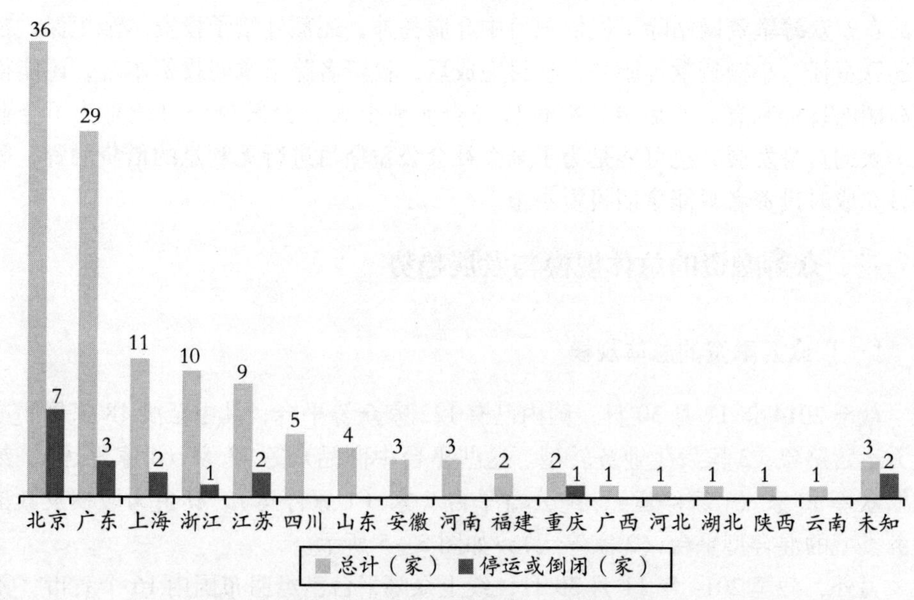

图 5－6　2014 年众筹平台地区分布

资料来源：零壹财经．众筹行业 11 月简报：房产众筹火爆登场［R］．中国企业家，2014.

（二）众筹融资的发展趋势

众筹融资虽经历短短几年，但发展飞速。本节将梳理国内外众筹融资的发展现状，通过比较分析国内外众筹融资的发展情况，判别出众筹融资的发展趋势。

1. 国外众筹融资的发展现状

（1）美国。美国是众筹最早出现的国家，也是后期发展较为成熟的国家。2005 年，美国加州圣弗朗西斯科，Kiva 的成立标志着美国最早出现为大众提供的众筹网站，该网站是一个资助贫困地区创业者的非营利性组织。基于互联网络，Kiva 已于全世界多数金融机构开展业务往来，一方面金融机构联系需要资金的创业者，收集他们的资料，并对他们筹资目的、未来发展规划和报告经营状况可信度等一系列信息进行严格的审核，把通过审核的信息提交给 Kiva 众筹网站。另一方面，Kiva 通过众筹网站平台，从审核合格的大众投资者中获取他们的投资资金，把资金转入相应的金融机构，再通过金融机构将资金打入创业者的银行账户里。创业者在归还借款本金和支付借款利息时，也需要经过由相应的金融机构转给 Kiva 众筹网站的过程，再由 Kiva 返还给项目投资者。

从众筹融资的真正意义而言，美国 Kiva 不能完全算是众筹网站，它只是建立于金融结构和大众投资者之间的信息交流平台。然后，2009 年美国成立的 Kickstarter 众筹网站，已经摆脱对传统金融结构的依赖，成为筹资人与大众投资者直接沟通、交易的平台。平台上的筹资项目虽涉及音乐、艺术、建筑、文学、电影等各个方面，但偏向于小型的创意项目，不提供股权和现金回报的大型商业项目，目的是为了避免金融法规的限制和 SEC 的监管。截至 2014 年 7 月，Kickstarter 平台已经为 65076 个项目成功融资 12 亿美元[①]。众筹平台成功的关键在于放权于大众，尤其是让融资过程更为民主化，允许初创企业或个人更加直接地与投资者进行交流，让更多的投资者关注募资者的产品和品牌。在项目约定的筹款时限内，项目发起人会利用奖励方式面向所有投资者募集资金。根据项目规定，项目运行过程中，投资者将获得募资者给予的非现金、现金及股权式的报酬。

（2）英国。英国是全球第二大众筹平台发展较为成熟的国家，截至 2013 年 12 月底，英国有借贷类众筹网站 25 家，2013 年平均借贷规模为 48000 万英镑，与 2012 年的同期相比增长 150%。其中，2013 年平台上个人借款为 28700 万英镑，较 2012 年增长 126%；企业借款为 19300 万英镑，较 2012 年增长 211%。借贷类众筹市场集中度高，其中最大的前 5 家平台占据了众筹市场借贷总额的

---

① 众筹平台 Kickstarter 十大最成功融资项目［J/OL］. 腾讯科技，2014.

95%。借贷类众筹的借贷违约率非常低，多数众筹平台的违约率不足1%。总之，借贷类众筹已成为英国除传统银行、证券、保险之外的一支重要的新型融资渠道。①

2011年1月15日，英国第一家正式上线的股权众筹融资网站——Crowdcube成立，Crowdcube允许项目募资者通过Online Portal发起股权众筹融资项目，这种发起项目的方式是遵守了英国现行的证券管理条例。经过3年的发展，截至2013年12月17日，Crowdcube一共拥有85个成功融资的项目，拥有注册投资者56000余人，已经成功融资近1560万英镑的款项，平均每个项目筹集的额度在17万英镑左右，是英国较大的股权众筹融资网站。

2012年7月Seedrs顺利上线，这是一个创业项目的众筹融资网站。它是一个面向创业者的投资融资众筹网站，每个项目的融资额度在10万英镑以内，让投资者可以直接通过Seedrs平台进行小额在线投资并占有创业公司相应的股份。同时，Seedrs是英国第一家获得英国金融行为监管局（Financial Conduct Authority，FCA）批准的众筹网站，从多位天使投资人手中获得了约130万英镑的投资款项。但与Crowdcube众筹网站相比，Seedrs的规模远不如Crowdcube，项目融资成功率只有大约14%，平均值低于Crowdcube约10%，网站注册投资者数量不足Crowdcube的一半。网站融资金额仅为Crowdcube的13.8%，每个项目的平均融资金额是Crowdcube的1/3。Seedrs在总体规模上还是比Crowdcube要小。

Seedrs融资项目的运作模式是，只要项目募资者在Seedrs上发起的项目资金成功融资后，Seedrs就会对项目募资个体或企业进行英国法律要求的尽职调查，并出具股权出让的所有法律文件，募资个体或企业按程序签字确认就行。在整个运作过程中，募资个体或企业按筹款总额的7.5%作为服务佣金支付Seedrs众筹网站，募资所需的所有法律程序以及相关费用，由Seedrs承担。另外，Seedrs还会帮助符合条件的募资企业获取参与"种子企业投资计划（SEIS）"的资格。

Seedrs诞生起初，只局限于英国本土的个体或企业开展线上众筹融资项目，直到2013年第才对外宣称将线上众筹融资项目拓展到欧洲大陆的其他几个国家。在此过程中，Seedrs为了满足自身开拓融资项目的步伐，基于Seedrs网站预设了一个众筹项目，拟出让8.81%的股权，将筹资到50万英镑的资金，可随着投资者的热捧，该项目的出让股权数已由8.81%上升到了12.66%，最终Seedrs众筹网站得到了75万英镑的款项。②

① 王钢，钱皓，张晓东．英国借贷类众筹监管规则及对我国P2P监管的启示［N/OL］．金融时报，2014-06-16.

② 零壹数据．众筹服务行业白皮书（2014）［M］．北京：中国经济出版社，2014.

总之，截至2014年6月30日，国外互联网金融众筹融资领域内共发生9起较为重要的融资事件，其中美国众筹融资网站有8起，以色列众筹融资网站有1起，如表5－2所示。

表5－2　　2014年上半年国外互联网金融众筹融资事件发生列表

融资事件汇总			
时间	事件主体	事件概述	事件详情
1.22	股权众筹网Indiegogo	获得B轮融资4000万美元	与Kickstarter不同，Indiegogo不进行项目筛选，可以为投资者提供开放的平台环境，同时使投资者享受股权投资的收益。自2008年创建以来，该平台已完成超过20万次筹资活动，并正在专注于扩展国际市场
5.22		再获得新一轮融资，融资规模未知	8位投资人分别为：Virgin Group创始人Richard Branson；PayPal联合创始人Max Levchin；GoogleX副总裁Megan Smith；Yahoo董事长Maynard Webb；Andor资产管理总裁Dan Benton；Draper Fisher Jurverson创始合伙人Tim Draper；Drugstore. com前任总裁Dawn Lepore；以及Visa前任董事长Hans Morris。此轮融资的重大意义在于投资人为网站带来的经验、建议和关系网络
3.27	股权众筹网CircleUp	股权众筹网站CircleUp获1400万美元融资	CircleUp是一家专注股权众筹的初创企业，能够帮助一些仍在创业初期，无法互动获得VC青睐团队（主要做消费级产品），快速获得足够启动的资金。本轮融资额1400万美元，已是该公司第二轮融资，由GoogleVentures，UnionSquareVentures以及CanaanPartners等领投
4.15	股权众筹网Seedlnvest	股权众筹平台Seedlnvest上线自己的A轮融资项目	Seedlnvest已经在线上募得37.5万美元，线下风投机构处募得200万美元，Seedlnvest联合创始人表示，平台在制度上进行创新，允许普通人和VC—同对公司进行股权融资行为。目前该公司A轮融资的领投者包括ScoutVentures，GreatOaksVentureCapital等
4.22	公益众筹网Crowdrise	公益众筹平台Crowdrise融资2300万美元	Crowdrise专注为第三方机构举办的慈善募捐项目提供在线筹资服务，并从中每笔汇款中抽取3%～5%的费用，由著名演员爱德华诺顿（EdwardNorton）等于2009年创建，本轮融资由FredWilson和UnionSquareVentures领投

续表

融资事件汇总			
时间	事件主体	事件概述	事件详情
4.29	以色列股权众筹平台OurCrowd	OurCrowd 获 B 轮融资 2500 万美元，创股权众筹融资最大规模	OurCrowd 称，该轮融资远超 A 轮融资的 550 万美元，并比 AngelList 2013 年 9 月的融资多出 100 万美元。投资方包括澳洲 InvestecBank 的前 CEO 和执行总裁 GeoffLevy，私人股本公司 MistralEquityPartners 的 CEOAndrewHeyer
5.28	全球最大公益众筹平台Fundly	网信金融战略入资 Fundly，投资金额未知	Fundly，2009 年成立于美国，是一家专注于公益项目和活动的众筹平台。截至目前，该平台已募集到 3.2 亿美金，促成了约 17.5 个项目，在过去的 9 个月中规模实现了 3 倍增长。网信金融负责人透露，在战略入股 Fundly 后，Fundly 的投资项目会在“原始会”平台上向投资者开放。此外，“原始会”将与 Fundly 展开合作，根据具体项目和领域的不同，探索出中国公益众筹发展的新模式
5.3	垂直类地产众筹网Fundrise	Fundrise 获 3100 万美元融资，领投方为中国社交网站人人网	该网站允许投资者以低达 100 美元的份额，通过网站平台参股商业地产项目。目前主要服务的地区为华盛顿特区、旧金山、西雅图以及少数其他城市，目前资本流水已经超过了 1500 万美元。本轮融资中人人网领投，其他投资者包括 Ackman-Ziff，Silverstein Properties 等，均为知名的地产集团。
6.24	垂直类众筹网Patreon	艺术家众筹网站 Patreon 获 1500 万美元 A 轮融资	该网站上线 1 年，已聚集了约 25000 名艺术家，其中一半是 Youtube 视频制作者，其余则包括了漫画艺术家、播客和作家。据说该平台的营收在过去 5 个月里增长了 10 倍以上。此轮融资由 Index Ventures 领投、17 家机构和个人跟投

资料来源：众筹网.2014 年上半年中国众筹模式运行统计分析报告［R/OL］. 清科集团，2014.

2. 国内众筹融资的发展现状

(1) 天使汇。2011 年 11 月 11 日，天使汇成为中国首家股权众筹网络平台。天使汇创办的初衷是创业的“红娘”平台，在降低融资门槛和分散投资风险的基础上，使得投融资信息公开、透明，提高了创业者和投资人的对接效率，如“拍它”、“滴滴打车”、“下厨房”等热门应用软件的首轮融资。天使汇里的项目都以互联网行业为主，含有在线购物、移动交友、移动医疗、求职网站等各种类型。2013 年 1 月，天使汇推出的“快速合投”服务，为音乐软件 LavaRadio，创下了 14 天内从 3 个投资机构，募集了 335 万元的新纪录，已超过预期的 250 万元。

天使汇作为国内首家股权众筹网络平台，涉及创业公司出让股权来获取资金支持的环节。该平台比其他团购商品或网络求职的众筹平台复杂得多，天使汇平台采取会员制，针对每个创业项目申请和投资申请，都要通过最为严厉的资格审核。不向公众募集，项目不得承诺固定回报，投资者人数也被严格限制。项目融资成功后，融资方还需给平台缴纳一定的费用。目前，天使汇已上线了千余项目，700 个投资人入驻，70 余个项目完成了 2 亿余元的融资额度，超过 8 成项目的融资额在 100 万 ~500 万元。而新版股权众筹平台的推出后，2013 年 7 月上线以来，已有 60 余个项目发布，2 个项目融资成功。2013 年 10 月，具有中国首家股权众筹网络平台的天使汇被中央电视台新闻联播报道，已成为互联网金融创新的典范。

（2）点名时间。2011 年 7 月，点名时间众筹网站成功上线，作为国内第一家综合型众筹网站，点名时间将效仿 Kickstarter 的众筹运作模式，众筹模式开始在中国萌芽。网站起初的规章制度、网页设计风格、项目申请流程等都参考了 Kickstarter。面对点名时间众筹网站的顺利启用，中国网民逐渐开始到该众筹网站中探寻融资和投资，当点名时间成功完成几个众筹融资的项目后，瞬间获得了国内知名网站和媒体的关注。

点名时间融资平台的特点是通过志同道合的投资人，为募资者的创意买单，满足募资者的需求，帮助募资者实现梦想。平台中，任何募资者都是利用平台免费申请和发起融资项目，基于互联网络技术，寻找一个或多个投资者，产生小众需求变大众化的现象，一旦项目在限定时间内募集到最初设定的启动资金，项目就能正常进行运转，等项目完成后，募资者可能运用实物或非实物来回报投资者。如果项目募资者在限定时间内未能筹集到足够的启动资金，平台也会把项目所有款项悉数退回给投资者。

随着点名时间众筹网站的融资业务不断发展与扩张，通过 3 年众筹网站的尝试和运营，经验已经让网站负责人清楚地意识到，点名时间不能效仿 Kickstarter 的众筹融资运作模式，Kickstarter 模式不能成功达到中国本土化的需求，下一步应立刻调整点名时间的未来规划。2013 年年初开始，点名时间众筹网站正式将融资业务重心和方向放在智能硬件领域，不再接受非智能硬件类的项目。2014 年 8 月，点名时间众筹网站宣布转型限时预售平台，未来众筹网站将首次做智能硬件的模式，尤其是智能硬件的预售电商。

（3）众筹网。与 Kickstarter 等国外知名众筹网站专注工业消费品和电子科技等领域不同，2012 年 12 月成立的众筹网，参与了大量文娱方面的项目。

电影众筹项目。2013 年天娱传媒在众筹网上启动了一个 20 天内募集 500 万元电影预售票房的众筹项目，该项目是以 2013 年快乐男声为主题拍摄的电影，项目被分为 60 元、120 元、480 元、1200 元四个不同等级。截至 2013 年 10 月，按照原定目标已募集到了超过 492 万元的电影预售票房，整个项目受到了 2.7 万人的支持，支持者在提交相应的资金后，立刻会得到不同数量的电影票、电影首映礼的入场券和参与抽奖环节。项目主要负责人表示，这个“2013 快乐男声主题电影”的众筹项目成功，将会推动电影后期制作的步伐，大概在 2014 年 2 月登陆全国各大院线。同时，为了保证每位支持者的资金安全，特意聘请一个专门做担保的公司，来监控整个众筹过程中资金运转的安全、可信，直到项目众筹成功后才会把所有的筹款打入项目发起者的账户。如果电影众筹项目没有在规定的时限内募集到目标金额，我们将所有的钱如数退还给每一位项目支持者。天娱传媒的电影众筹项目，既减轻了影片的票房压力，又做了一次免费的电影上映宣传，达到事半功倍的效果。

众筹出版项目。2013 年，一本名为《社交红利》的书，在众筹网上发起了一轮 10 万元预售募资的项目，为众筹支持者提供的回报是与书作者一起喝下午茶。项目在发起之后，受到了很多人的支持，书印刷之前就在众筹网上进行预售了 3300 本，最终实现了 1 个月加印 3 次 5 万本的好销量。针对这本书的高销售额，作者认为众筹有助于经管类书籍出版的发展，也对文史研究类书籍具有较大帮助。因为这几种书籍在研究和撰写过程是存在门槛的，很少有出版社愿意冒着风险出版研究性和专业性的书籍，毕竟能够购买这些书籍的人群占少数，致使此类书籍受到大规模搁置。而通过众筹平台，可以快速、跨地域地连接到这种书的更多支持者，提高了书的销售量，增加了撰稿人对自己作品的信心。

3. 国内外众筹融资发展的比较分析

众筹融资模式是互联网金融的一个典型模式，这种模式的发展将推动每个国家健全与创新投融资体系。与美国相比，中国社会融资体系中间接融资占据了总额的绝大多数①。如表 5-3 所示，截至 2014 年 6 月 30 日，美国国内众筹融资网站共发生募资案例近 5600 起，参与众筹投资近 281 万人，拟募资金额共 10426.99 万美元，实际募资金额 21508.61 万美元，募资成功率为 206.28%。而中国国内众筹融资网站共有近 1500 起募资案例，参与众筹投资近 110 万人，拟募资金额共 206276.38 万元，实际募资金额 18791.07 万元，募资成功率

① 刘珺．借助 P2P 平台实现中小企业融资［N/OL］．金融时报，2012-11-05.

为90.88%。

表5-3　　2014年上半年众筹领域内中美数据对比表

国家	项目数量（个）	已募集资金（万元）	参与人数（人）	预期募资金额（万元）
中国	1423	RMB 18791.07	109174	RMB 206276.38
美国	5513	USD 21508.61	2805553	USD 10426.99

资料来源：私募通。

总之，众筹融资网站是基于互联网信息公开透明度高、信息传播速度快等优势特征，网站给投资方和融资方提供最为直接的信息披露，一旦双方都同意相互提出的条件，第一时间就能进行交易，由此省去了金融中介机构烦琐的操作流程。再则，我国商业银行高门槛的保守态度，将绝大多数中小企业或创业者的融资需求绝之门外。

从中小企业或创业者的发展而言，众筹融资模式在中国虽起步较晚，但可以有效解决国内一些中小企业或创业者在短时间内的资金需求问题。同时，众筹融资网站也可以有效避免单一投资人承担的巨大风险。网站允许每个众筹融资项目都拥有多位投资者进行注资，每位投资者投资金额的多少决定其承担风险的程度，即使是大型企业的融资项目，只要企业自身条件良好，融资需求较为诱人，就能获得多数投资者的关注。

第二节　众筹融资的风险分析

根据《互联网金融元年：跨界、变革与融合》书中，对众筹融资风险的客观阐述，结合第一节2014年众筹融资的发展概况分析，本节将对众筹融资风险进行全面归纳，主要探讨众筹融资风险的界定和分类，众筹融资风险的特征表现、传导机制和产生影响两个方面。

一、众筹融资风险的界定和分类

（一）众筹融资风险的界定

根据国内部分学者对众筹融资风险的相关阐述，我们认为，众筹融资风险是指在众筹融资过程中，由于投资方、募资方或平台里的任意一方操作不当，给其余两方造成经济损失的行为，如信息不对称、诈骗募资、非法集资等。

（二）众筹融资风险的分类

如表5－4所示，国内多数专家、学者们从不同视角，对众筹融资风险进行分类，但现有分类难以较好地解释众筹融资风险产生、传导和发展的具体情况。因此，本书从参与角色的角度对众筹融资风险进行了重新归类，基本分为三类风险：第一类风险是处于众筹融资项目中募资者产生的风险，包括股权众筹项目违背《公司法》规定；商品众筹项目成果与预期不符，造成项目投资失败；商品众筹项目失败较多，增加募资者的隐形成本。第二类风险则是基于投资者遭受的风险，包含项目延迟，致使投资者难以收回本金；项目企业估值偏差，导致投资者无法获取投资收益；领投人与募资人的合谋诈骗，使得跟投人资金难保。第三类风险是从第三方平台面临的风险视角进行分析，提出平台股权众筹项目涉及非法公开发行股票、非法集资行为；项目失败频发，引起平台盈利难；平台的众筹融资可能出现非法沉淀众筹资金。具体的风险分析框架如图5－7所示。

表5－4　众筹融资风险分类的文献统计

作者	视角	分类
肖本华（2013）	从美国众筹融资风险的角度	股权众筹融资金额限制风险；投资者资金安全风险两种
胡吉祥等（2013）	从众筹交易过程中出现的综合风险角度	欺诈风险；投资者资金安全风险；非法金融活动风险；平台风险四种
杨东等（2014）	从股权众筹平台的法律风险角度	投资者审核风险；非法集资风险；合同欺诈风险；资金流风险；时间风险；金额风险；入资方式风险七种
汪莹等（2014）	从运作模式不规范产生的风险角度	法律风险；信用风险；知识产权风险；评估风险；经营风险五种
徐骁睿（2014）	从信息不对称产生的风险角度	项目失败风险；道德风险两种
李昊（2014）	从运营过程中产生的风险角度	法律风险；平台信用风险；投资者资金安全风险三种
张雨露（2014）	从英国投资型众筹活动产生的风险角度	初创企业失败的风险；没有经过许可的风险；优良项目被专业投资者选走的风险；没有分红与股权稀释风险；缺乏二级市场的风险五种

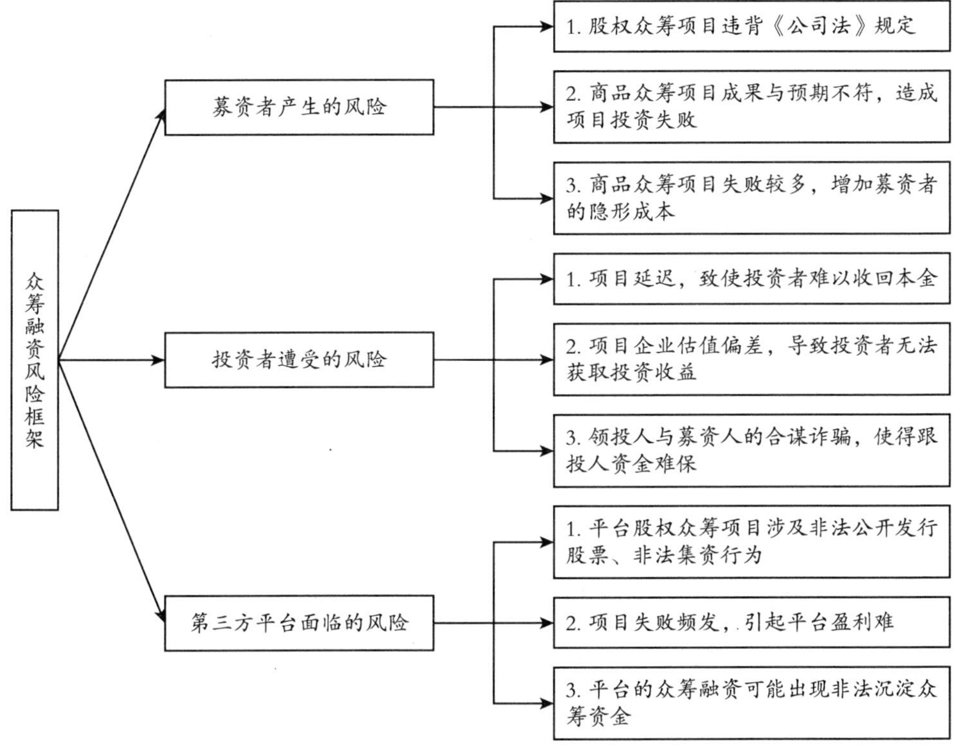

图 5－7　众筹融资风险框架

二、众筹融资风险的特征表现和传导机制

根据上述众筹融资风险的三种分类：募资者产生的风险、投资者遭受的风险、第三方平台面临的风险，分别深入解析风险的传导机制。

（一）募资者产生风险的特征表现和传导机制

1. 募资者产生风险的特征表现

（1）股权众筹项目违背《公司法》规定。根据《公司法》的规定，公司股东的上限为 50 人。但是，国内多数众筹融资网站中募资者发起的股权众筹项目，频频出现股东人数达到 80～120 人的问题，导致项目在经营决策过程中效率大大缩减，由此延缓项目进程。

专栏5-1　股东人数超过员工　众筹项目考验契约精神

2013年6月，“80后主题餐厅”在天津开业，和其他餐馆的投资不同，这家店是自发报名认购股权。创始人在接受媒体采访时称，最初在微博上发送了消息，计划招募100人，但很快就发现，100人实在太多，于是维持在了50人参与认购。而在股权的设置上，这家店对最高认购有限制，这也使店里没有绝对大股东的出现。不过，拥有如此多的股东，如何管理？这对创始人来说，也是个挑战。

挑战有多严峻？2012年以众筹的方式在长沙正式开张营业的“很多人咖啡店”已用自己的经历进行了无声的解释：有媒体报道称，这家拥有123个股东，注册资本60万元的咖啡店，面临着生意冷清、赢利如何为继的难题。

众多的股东带来的众多创意和想法的同时，也带来了企业管理的难题：股东多过员工的众筹项目如何管理？

资料来源：桂小笋．股东人数超过员工　众筹项目考验契约精神［N］．证券日报，2014-03-12.

（2）商品众筹项目成果与预期不符，造成项目投资失败。商品类型的众筹融资项目出现投资失败的事件悉数平常，可能是由于多数商品类型的众筹融资项目具有较高的创新性和唯一性。项目发起阶段募资者根据个人经验、技术基础、生产经验等客观因素进行一般性判别，但在商品实际生产或销售过程中，往往会有商品产量不能达到预期目标、创新性的商品经过一段时间的测试产生了问题、生产商品所需原材料发生质量原因等无法预知的外部因素，导致商品在项目完成后不能按期交货，整个众筹融资项目投资失败。缺乏道德的募资者为了能完成项目，给投资者创造商品已预售的假象。他们通过快递几件与预期不符的商品，回报于投资者，安抚投资者们的抱怨之心。再则，商品类型的众筹融资项目一直以来都缺乏投资者合理的退出机制，项目开展过程中没有任何退款手段，回报给投资者的商品也不承担售后服务与维修，投资者处于被动的地位，项目投资失败对投资者的信心形成极大打击。

（3）商品众筹项目失败较多，增加募资者的隐形成本。商品类型的众筹融资项目募资者在项目执行过程中，发现制造商品原材料的涨价、商品量产的经验成本不足、预期投资的金额不能使量产商品获得更多收益等主客观制约因素，助使商品众筹项目失败。这样不仅损害了投资者的权益，还加剧了募资者在该网站发起另一个众筹融资项目的难度，增加了募资者开展众筹融资项目的隐形成本。

专栏5-2　商品众筹项目很有可能无法正常发货

只有创始人或者创造团队明白了如何生产，项目才能正常运作，因为很多人在这方面的经验几乎为零。在中国混几天就想获得“空降生产”，想通过这样的手段来让自己的项目运作的团队几乎都失败了。不过，中国依旧是硬件方面的硅谷，但是事实上存在一个叫做“不在中国的成本开支”。这项开支指的是应该要规划好总体的规模，然后再计划改变。深圳也是一个巨大的快速迭代的基地原型。

抛开制造业不说，还有一些项目可能是因为不切实际导致了失败，或者导致了产品发货时间的推迟，令人大跌眼镜，又或者是这是一个彻头彻尾的骗局。我们称这些硬件为“异想天开硬件”、“拖沓硬件”、“跛脚硬件”和“欺诈硬件”。

没错，甚至是现在非常火的智能手表项目也会出现上面所说的这些情况。就像 kreyos 的创始人解释的那样，他们曾经因为一家非常不靠谱的 oem 合作商合作导致了在 indiegogo 项目上的众筹损失了近 150 万美元，而且导致项目一再跳票、延期、生产出了一些不符合标准的产品。这是一个很奇葩的案例，将“异想天开硬件”、“拖沓硬件”、“跛脚硬件”这三个倒霉的东西集结到了一起。

工程博士和硬件创业公司的创业者 evgeny lazarenko 也深受其害，他也这样警告我们：“支持者们应该深度调查和研究创始人和创作团队的背景。创始人已经完全理解他们注册的产品吗？业内资深人士和一个刚毕业的大学应届毕业生的区别非常大，或者几乎在‘基因’上就无法完成尽职的调查。”

资料来源：罗汶东．众筹失败往往有多个方面的因素［N/OL］．网易新闻网，2014-10-21.

2. 传导机制和产生影响

如表5-5所示，基于募资者产生风险的角度，因缺乏对股权众筹和商品众筹的有效审核与交易监管，导致法律风险、操作风险和道德风险的出现，造成投资者资金受损，募资者难以再次成功融资项目两个重要影响。

表5-5　　募资者产生风险的传导路径分析

具体表现	传导路径	产生影响
股权众筹项目违背《公司法》规定；商品众筹项目成果与预期不符，造成项目投资失败；商品众筹项目失败较多，增加募资者的隐形成本	股权众筹和商品众筹缺乏有效审核与交易监管→股权众筹违背《公司法》（法律风险）；商品众筹项目前评估漏洞（操作风险）、项目成果与预期不符（道德风险）	投资者资金受损、募资者难以再次成功融资项目

（二）投资者遭受风险的特征表现和传导机制

1. 投资者遭受风险的特征表现

（1）项目延迟，致使投资者难以收回本金。有些众筹项目出现逾期的原因是，项目在执行过程中筹资者常常会被一些琐碎的事情耗费太多时间，影响整个项目完成的进度，造成投资者利益受损。例如，Kickstarter 平台里的 Diaspora（“移民社群”——强隐私控制的新式分布式社交网络）项目研发成员马科斯·萨尔兹伯格，讲述了他们团队没有完成项目的原因，他们原以为利用暑假期间就能完成这个项目。实际上，项目启动以后，经常被回复投资者的邮件，以及为投资者制作纪念T恤等许多额外的琐事困扰。他们没有准备好应对这样的局面，这些零散事务占据了正常的工作时间，最终导致项目迟迟未能完成。

根据 Kickstarter 平台的相关负责人表示，虽然 Diaspora 项目的发起者在法律上有义务实现承诺，但该项目未完成，Kickstarter 平台不会针对项目能否按时完成负责，同时对投资者也没有任何退款机制。这样不仅未能发挥众筹募资的效用，增加项目开发者的负担，也损害了项目投资者的资金安全。①

（2）项目企业估值偏差，导致投资者无法获取投资收益。目前，国内对于中小企业资产、业务、财务等方面没有完整的数据存储库，企业财务报告公布的信息与现实信息又产生差异，再加上个人投资者难以对募资企业做出专业的尽职调查，造成一些项目企业通过在融资方案中提高企业估值，制造高投入、高产出、高收益的假象，吸引更多投资者进入。如果项目启动后，企业信息披露中的瑕疵不断放大，逐渐危及企业日常经营行为，致使企业资金链周转失灵，让投资者无法获取投资收益，情节严重的将直接影响投资者的投资本金。

（3）领投人与募资人的合谋诈骗，使得跟投人资金难保。目前，国内部分众筹融资网站都普遍采用“领头+跟投”的投资模式，平台负责申报、审核与

① 子萱．美国众筹模式：让梦想照进现实［N/OL］．中国文化报，2013-01-19.

批准投资者和募资者的材料是否达到设定标准。平台为了能稳定与增加融资项目的数量，推出“领头+跟投”的投资模式，主要是对于在投资方面富有经验的专业投资人，发挥他们专业水平与市场研判的经验，遴选出平台里一些好的融资项目，并带着缺乏投资经验和市场判断的“青年”跟投人进行投资。一方面，平台利用该模式能吸引更多投资人的投资热情；另一方面，减少了“青年”跟投人对投资项目盲目投资产生的资金安全风险。如果某个领头人正好与众筹融资项目的募资人之间有资金分成的利益关系，领头人为了获取最大投资佣金，必然会利用投资经验诱导更多的跟投人进入项目，最后跟投人投资失败，难以收回原有的投资本金。跟投人以单薄的投资经验极难察觉领头人与募资人之间合谋诈骗的行为，而领头人利用“不可预期的投资风险”为由撇开责任，跟投人只能自己承担冤枉的金钱损失。

专栏5-3　美版众筹网站“诈骗”记

就在数以千计的投资者们即将损失他们的钱财之前，美国众筹网站Kickstarter上的“神户红牛肉干”项目被叫停了。而在这个知名众筹网站上，诈骗已经不是第一次发生了。

Kickstarter最近在最后关头及时躲过了可能是该众筹平台成立以来最大的一桩诈骗案：一个名叫“神户红牛肉干”的项目承诺，向其投资者运送一种产自日本的牛肉干。并说这种日本牛是吃着100%有机食品、长期接受按摩成长起来的。而就在项目发起者即将成功骗得来自3239个投资者的120309美元资金时，Kickstarter网站在其目标达成前的1小时及时叫停了该项目。

用户陷入最大诈骗案

通常，Kickstarter网站依靠它的用户们来举报可疑的众筹项目，并非亲自去审核项目。而向Kickstarter举报了神户红牛肉干项目诈骗的，是一群致力于制作一部关于Kickstarter纪录片的电影制作人。

有一个视频展示了他们的发现。在视频中可以看到：来自假冒试吃者的虚假试吃报告，以及阿谀奉承般的媒体报道。而每当在Kickstarter新上线的项目能够打动网络论坛里的核心人群时，媒体都会紧紧跟随并大肆宣传。

Kickstarter网站在不断壮大的同时，也面临着一个问题：众筹网站管理上的放任态度使得各种项目可以得以展示，但这也给了骗子可乘之机。目前，Kickstarter已经上线102527个项目，其中43193个项目已经进入注资阶段。当用户变为投资者给项目注资时，骗子们也随之而来——虽然现在他们的数量还不算多。

诈骗项目五花八门

像这次一样的诈骗行为，在 Kickstarter 网站也并不是第一次发生了。

不过将诈骗项目和创建者疏于管理的众筹项目区分开来，也同样不是一件容易的事。最臭名昭著的一个例子非 ZionEyez 项目莫属。该项目声称，其产品使用者可以通过一副眼镜直接将流媒体视频导入到其个人微博中。它在 2011 年年底筹集到了 343415 美元，此后它的创建者只是偶尔会突然出现一下，并没有给该项目的投资者们带来什么回报或新价值。

而其他一些可疑的项目包括：一个在筹资阶段结束前就被叫停的角色扮演游戏，一个产品实际上已经存在，创建者试图通过 Kickstarter 重新销售该产品的项目。除此之外，还有一个滑板游戏项目也与之类似，该项目的创建者在筹到 22559 美元后就突然消失得无影无踪。

资料来源：马丹婷. 美版众筹网站“诈骗”记［N］. 消费者报道，2014－02－27.

2. 传导机制和产生影响

如表 5－6 所示，基于投资者遭受风险的角度，因缺乏对股权众筹、捐赠众筹和商品众筹的项目评估与交易监管，导致操作风险、信用风险和法律风险的出现，造成投资者资金受损、平台信用度降低。

表 5－6　投资者遭受风险的传导路径分析

具体表现	传导路径	产生影响
项目延迟；项目企业估值偏差；领投人与募资人的合谋诈骗	股权众筹、商品众筹和捐赠众筹缺乏项目评估与交易监管→商品众筹和捐赠众筹项目难以按期推出商品（操作风险）；股权众筹项目前评估漏洞（操作风险）；股权众筹项目领投人与募资人的合谋诈骗行为（信用风险、法律风险）	投资者资金受损、平台信用度降低

（三）第三方平台面临风险的特征表现和传导机制

1. 第三方平台面临风险的特征表现

（1）平台股权众筹项目涉及非法公开发行股票、非法集资行为。根据我国《证券法》规定，没有经依法核准，任何单位和个人不得公开发行证券。不得向不特定对象发行证券、不得向特点对象发行证券累计超过 200 人、不得采用广告公开劝诱和变相公开的方式发行证券，以及法律与行政法规定的其他发行行为。在现行法律条例和环境中，我国众筹融资网站是不能合法公开发行股票、证券，国内多数股权众筹项目也没有得到法律许可和保护。但天使汇、大家投等一些网站，通过互联网络，采用限制投资者资格、人数、投资金额等方式开展股权融资行为，根本不能合理、合法保护投资者的资金安全。实际上，我国大多数股权众筹类型的众筹融资平台都是一种私募或半公开的融资行为①。

另外，根据1998年6月30日国务院第五次常务会议通过的《关于取缔非法金融机构和非法金融业务活动中有关问题的通知》规定，单位或个人未依照法定程序经有关部门批准，以发行股票、债券、彩票、投资基金证券或其他债券凭证的方式向社会公众筹集资金，并承诺在一定时限内以货币、实物及其他方式向出资人还本付息或给予回报的行为属于非法集资范畴。众筹融资网站是基于互联网络面对社会公众，其中包括在投资领域有一定知识、经验和能力的个体与组织，也包含没有任何金融投资风险意识与判断力的个体，进行资金筹集的行为，但我国现行法律体系下，面向社会公众募集资金较为典型的方式是通过上市公司公开发行股票的行为，而对于股权融资形式面向社会大众的公开募集资金行为，严格意义上来说是属于非法集资范畴，应受到法律的严格控制和打击。

专栏5-4　众筹建房背后只筹钱没房子：疑涉嫌非法集资

众筹最近又成网络热搜词。这次，与它“亲密接触”的不是公益活动也不是图书出版，而是令更多人向往的集资建房。近期，南京一家房产投资基金公司打出“中国首家众筹建房投资平台”的旗号公开筹资建房，声称将使买房成本降低20%。

在开发商利润受挤压的房地产市场，众筹如何寻得让利空间？众筹建房是否合乎规范，风险几何？房地产市场新形势下，集资建房的概念再次被舆论托起，这背后是谁在消费刚需的期待？

“众筹建房”实际是房地产投资基金

近期，南京一家股权投资基金公司推出“众筹建房”项目，吸引投资人以众筹的形式“私人订制”比市场价便宜20%的房子，在网上引发了热议，有不少网友对众筹建房表示乐观。

该基金公司的发起人袁长喜告诉记者，他们的“众筹建房”项目采取会员

① 杨东．股权众筹是多层次资本市场的一部分［N/OL］．中国证券报，2014-03-31.

制，项目参与者必须是刚需，并要缴纳1000元会员费。目前，招募的第一期会员已有100多人。

在袁长喜等人的计划里，当会员达到足够的数量、预期的购房款总额达到一定规模时，就会启动谈判，会员将成立业主委员会，与该基金公司及其委托的房地产开发商一起讨论选地、购地及建房事宜。他反复强调，在拍板拿地之前，公司不会提前收取会员的资金。

“比市场价便宜20%”是这次“众筹建房”概念里最诱人的内容。按照这个项目的推算，“众筹建房”的模式可以帮开发商减免大量的财务、融资和营销成本，节省出来的费用加上开发商的利润大约能占到总房价的20%。

然而，这种“众筹”有点名不副实。袁长喜也坦承，“众筹”与“投资基金”的筹款方式有极大的不同，前者是公开的，而后者必须是非公开的。“众筹”建房名义上采取了“收费会员制”这种“非公开”的筹资形式，但会员却是通过互联网公开召集的。

该基金公司打算收取房价的1%～2%作为管理费，凭借低房价吸引投资做成规模，“利润也很可观”。“我们实际上做的是房地产投资基金，但用‘众筹’这个概念更吸引人。”袁长喜说。

资料来源：曾会生．众筹建房背后只筹钱没房子：疑涉嫌非法集资［N/OL］．新华网，2014－11－02.

（2）项目失败频发，引起平台盈利难。与中小型投资项目资金少、分账少截然不同，国内多数众筹平台在承接大项目过程中，都遇到过大项目筹资金额多、分账多，项目时间周期长，多数投资者不可能短时间回收投资本金和收益的问题，从而不能保证众筹平台大项目的高成功率。一旦平台出现项目的高失败率，将消退平台内支持项目投资者的参与兴趣，由此形成项目失败的恶性循环，引起平台项目逐渐减少，产生平台仅能获得少有的几个项目服务佣金，造成平台盈利困难的局面。

（3）平台的众筹融资可能出现非法沉淀众筹资金。众筹融资的项目流程主要涉及平台、募资人与投资人三个参与方。其中，平台负责整个项目的设置、交易和完成等重要步骤，募资人与投资人相对平台而言只是客观参与主体。每个股权融资项目从发起日期开始算，直到募资完成至少也要30天左右的时间，在此期间，项目投资人通过网银、转账、微信支付等任何支付渠道，向平台指定的账号进行汇款，等到募资期限已满，如果募集的资金未能达到项目发起前预期的募资额，平台有责任把所有募集的资金全部退还给所有投资人。反之，募集资金已符合项目发起前的预资金额，平台将募集资金成功转入给募资人的账户，整个众筹融资项目正式启动。而项目筹资过程中，平台账户不断有资金流入。随着筹资日期的增加，平台众筹融资项目的增多，投资人投资数量的增长，平台账户逐渐变成一个较大的资金池。目前，我国没有出台有效的防范众筹融资平台对资金正确管理与使用的约束机制，平台资金池属于非法沉淀众筹资金的范围，平台资金安全存在重大隐患。

2. 传导机制和产生影响

如表 5－7 所示，基于第三方平台面临风险的角度，因缺乏对平台股权众筹和商品众筹的第三方资金托管和法律监管细则，导致法律风险和操作风险的出现，造成投资者资金受损、平台信用度降低。

表 5－7　　投资者遭受风险的传导路径分析

具体表现	传导路径	产生影响
非法公开发行股票、非法集资行为；项目失败频发，引起平台盈利难；众筹融资可能出现非法沉淀众筹资金	股权众筹和商品众筹缺乏第三方资金托管和法律监管细则→平台股权众筹项目可能触碰法律红线（法律风险）；股权众筹和商品众筹项目的交易资金多数为平台代管制，平台可能存在非法沉淀的嫌疑（操作风险）	投资者资金受损、平台信用度降低

第三节　众筹融资平台的风险控制

根据第一节 2014 年众筹融资的发展概况分析和第二节众筹融资的风险分析，结合近期我国众筹融资平台发生的重要事件，本节将对众筹融资平台的自律措施进行全面整理，主要研究众筹融资平台的风控措施、众筹融资平台的风控案例分析、我国众筹融资平台的风控建议三个方面。

一、众筹融资平台的风控措施

众筹融资平台作为众筹融资活动的载体，主要是由于众筹融资平台的多边平台性质所决定的。众筹平台复杂的多边平台特征也决定了众筹融资平台的竞争策略。几乎所有的平台都希望尽量降低众筹项目的违约风险，从而吸引更多的投资者加入平台，进而通过平台的网络外部性吸引更多的筹资者。可以想象，相反的策略是完全不可行的：如果众筹平台希望通过降低对筹资者要求的方式来吸引更多筹资者使用平台，标准的下降将会导致违约率的上升，而高的违约率将会使得投资者离开众筹平台，进而使得起初被低标准吸引的筹资者也放弃该平台。[①]

为了降低违约风险、吸引更多投资者加入，众筹融资平台纷纷采用两种方式来加强信息发现机制。

1. 增加募资者的信息披露量

众筹融资平台要求筹资人披露更多的相关信息以判断其可信度，前面提到的社交媒体的相关信息就是典型的例证，还包括如房产情况、收入情况等其他信息。

2. 构建严格的项目筛选机制

众筹融资平台建立一套严格的筛选机制，以排除欺诈者，选取高质量的筹资者和项目以供投资者选择——这种情况下，众筹融资平台实际上扮演着信誉中介的角色，通过其自身的信誉为其线上项目的可信度提供保证。

总之，虽然众筹融资不受传统证券法强制披露制度的限制，但是依托于互联网的众筹融资平台将依靠着本身的社会属性、平台的社交功能以及风险控制措施抵御部分风险。

二、众筹融资平台的风控案例分析

（一）国内案例

表5-8和表5-9是国内众筹融资风控案例。

表5-8　　众筹融资平台的风险控制国内经典案例一

名称	创业咖啡
股东人数	近200人
股东投资数额	每人60000元人民币，相当于10股
规则	投资人以股东身份进入行业圈子为目的，无财务回报要求
投资人持股方式	协议代持
投资人退出机制	未明确退出机制，未来可以开放会籍买卖。近期，该案例已经拿到B轮融资，目前看，出售股份、管理层回购甚至上市都是可能的选项

① 徐骁睿．众筹中的信息不对称问题研究［J］．互联网金融与法律，2014（6）．

续表

名称	创业咖啡
投资人对于投资款项监管	投资款一次性到账，监管机制不够成熟
投前决策	项目资料简单，无须尽调，更多看项目发起人的圈子和感召力
投后管理	参与股东大会行使完全股东权力
适合项目类型	会所、餐饮、美容等高频消费的中高端服务场所。创业咖啡的众筹模式中设立的是一种非物质的回报，即互联网创业和投资的圈子和人脉。这也说明，众筹不同于其他融资之处，即回报并不一定是金钱利润

资料来源：众筹融资的架构、法律风险及监管．金融时报，2014－11－02.

表5－9　　众筹融资平台的风险控制国内经典案例二

名称	1898咖啡馆：自由人的自由联合
股东人数	未知
股东投资数额	每人30000元人民币，相当于1股
规则	投资人以股东身份进入行业圈子为目的，无财务回报要求
投资人持股方式	每位投资者都持有股份
投资人退出机制	未明确退出机制
投资人对于投资款项监管	投资款一次性到账，监管机制不够成熟
投前决策	项目资料简单，无须尽调，更多看项目发起人的圈子和感召力
投后管理	行使完全股东权力
适合项目类型	1898咖啡馆的众筹模式是一种非物质的回报，即投资的圈子和人脉，此类众筹不同于其他融资，即回报并不一定是金钱利润

资料来源：做让用户尖叫的产品：互联网金融创新案例经典。

专栏5－5　天使街风控案例“耳目网”

天使街（www.tsj123.com）于2014年6月正式宣布上线，是北京天使街网络科技有限公司旗下的产品，定位于国内领先的股权众筹平台与投融资社交平台。天使街致力于为小微创企业提供一站式投融资综合解决方案，帮助项目方迅速融到资金，推动快速发展，同时提供创业辅导、资源对接、宣传报道等优质增值服务。帮助投资人快速发现好项目，为其领投、跟投、资源输出、经验输出等提供依据，推动多层次的投资人群体协作发展。

1. 项目简介

耳目网定位于让残疾人工作的众包网站。“激活残友闲置智力，助其实现职业梦想”是耳目网使命。网址：www. ermoo. cn 融资额度：50W/10%。通过把残疾人闲置的智力/劳力资源集合起来，向有需要的雇主提供智力密集型、技术密集型的众包服务，并根据任务要求开发技能培训课件的方式，帮助残友掌握职业技能，创造个人价值，提高家庭收入。

2. 投前风控管理

(1) 初审：“耳目网”项目在天使街平台上提交项目计划书后由天使街投资经理根据计划书提供内容进行初审，从行业、财务、法务三个维度进行可行性分析，并通过查询工商注册信息，创始人个人信用信息及搜索引擎查询企业的信息是否真实有效。

(2) 面审：天使街投资经理约谈了“耳目网”创始人进行一对一的面审，通过和创始人的沟通，了解有关项目更全面的信息，并对项目可能存在的问题提出疑问和改善的建议。

(3) 终审：投资总监根据投资经理出具的投资报告，进行复审，最终确认“耳目网”项目成功上线。

3. 投中风控管理

(1) 尽职调查：天使街采用领投和跟投机制，由专业的投资人担任领投人的角色，“耳目网”领投人确认后，天使街投资经理配合领投人对“耳目网”进行了尽职调查，并出具了《尽职调查报告》，包括：公司的基本情况、创始团队背景调查、财务数据调查、运营数据调查，对项目本身的信息进行了比较全面的披露。

(2) 股东人数控制：截至融资结束，共有15名股东投资“耳目网”，超额募集70万元，经过和创始人协商，创始人愿意多出让4%的股份。股东人数严格按照法律规定进行控制。

(3) 资金风险控制：投资人将投资款打入由天使街、耳目网、领投人共同建立的三方共管账户。天使街平台不触碰投资款。

(4) 签订相关法律文件：天使街根据耳目网项目方与投资人达成的投资协议条款出具《耳目天使合伙企业增资协议》、《耳目网增资协议》，并交由天使街法律顾问机构国浩律师事务所审核，在协议内对双方的权利义务进行了约束。特别针对创始人的股权成熟期、股权反稀释条例、回购条款、股权退出机制都做了明确的规定。

4. 投后风险管理

（1）“耳目网”项目的领投人作为投资人的代表列席董事会，参与企业的决策管理过程。

（2）每3个月对“耳目网”做一次调查，进行信息披露。

（3）天使街每年请合作的财务公司对耳目网进行审计，“耳目网”提交当年的财务报表。

（4）每个月投资人召开一次投资人会议，进行信息交流。

（5）每半年投资人、“耳目网”召开一次全体大会，对企业经营状况、发展走向进行交流。

（6）天使街与“耳目网”创始人保持密切的沟通，定期了解项目的进展。

5. 总结

天使街通过股权众筹的业务流程操作程序，在各个环节上都设置了比较全面的风控体系，投前主要针对项目真实性，保证项目方提供的信息真实、有效。

投中通过尽职调查，全面深入地了解和披露项目具体信息，察觉可能存在的风险，并进行有效的处理和规避。通过法律协议的签订，明确投融资双方的权利和义务。在可能存在风险的环节，通过协议条款的约束，合理管控。

投后风险控制的核心在于完善的信息披露。天使街通过常规性管理，决策性管理，增值性服务等手段有效把握被投企业的实时动态信息，保证投资人和项目方信息通畅。

资料来源：本案例由天使街提供，感谢天使街创始人兼CEO黄超达先生。

（二）国外案例

表5－10和表5－11是国外众筹融资风控案例。

表5－10　　众筹融资平台的风险控制国外经典案例一

名称	Fundrise（房地产众筹网站）（美国）
股东人数	24033名成员
股东的认购数额	100美元及以上
持股比率	Fundrise投资有限公司是Fundrise有限公司的全资子公司
形式（合伙，有限公司，其他）	投资人从Fundrise投资有限公司购买项目支付票据，这些项目支付票据都与Fundrise投资有限公司所作的相应项目投资对应，项目支付票据的表现直接与相应的项目投资对应

续表

名称	Fundrise（房地产众筹网站）（美国）
期限	短期：成熟期1～5年
股东回报	年度回报率12%～14%。多数Fundrise投资均为夹层债和优先股权的混合结构。这意味着作为投资者既可以获得预期的季度分红支出的价值，也可以从升值中获得的潜在长期利益
决策/投票/委员会领导	Fundrise为一家网上投资平台，客户可以直接通过其服务投资商业地产——通过特定资产的份额——当一位客户在Fundrise的平台投资时，这一投资直接投资于项目支付票据，而非直接投资于资产。这一项目支付票据与Fundrise投资有限公司的特定项目投资绑定。Fundrise投资有限公司针对每一由出售给投资人的项目支付票据出资构成的单个地产项目设计债权及有限股权投资（“相应的项目投资”）。在Fundrise投资有限公司发起相应的项目投资之前，它会先向投资人出售项目支付票据，将这些票据的表现与相应的项目投资的表现直接绑定。每一组项目支付票据都是单独的，与项目投资的表现绑定，有特定的利率以及成熟期。如果Fundrise投资有限公司对某一系列的项目支付票据收到足额的认购，则其可以用于相应的项目投资出资。如果其没有收到足额的认购，Fundrise可以自行决定，或者可以终止该次发行，或者可以为剩余未认购部分寻找过桥融资
利益结构	项目支付票据是Fundrise投资有限公司向投资人出售的一种特殊的有限责任，其收入用于资助相应的项目投资。Fundrise投资有限公司从相应的项目投资中获得收益分配后，其会支付项目支付票据
如何设置购买行为	股东可以根据股东的偏好，包括职业网络、地址以及回报情况等浏览潜在的提议；股东可以完全在网上交易，包括电子法律文本、监管回顾、基金转让以及所有权记录等。Fundrise将投资人直接与网上的单独的资产联系。Fundrise的股东“了解”他们的投资——利用股东作为这些城市居民的内在市场知识，股东可以做出更明智的投资，可以支持这些股东认识并信任的开发商和邻居。股东在开发及重新塑造这些城市的过程中发挥着作用
股东间安排的特殊条款	投资者投资的管理项目的地产公司负责为投资人定期更新项目信息。报告包括对于项目进展、主要事件以及财务状态的更新。股东根据自己的状况进行投资——有单笔最少投资为100美元的。即便在总统签署JOBS法案之前，Fundrise已经向SEC以及州的监管者提交了本土的公开发行，允许所有的当地居民——不仅仅是认证投资者——可以做出少至100美元的投资。Fndrise让股东可以直接投资，减少了房地产开发过程中的中间商，降低了费用，增加了投资人的潜在回报。Fundrise打造了第一个线上的房地产产业的股票发行

资料来源：众筹融资的架构、法律风险及监管［N］. 金融时报，2014-11-02.

表 5－11　　众筹融资平台的风险控制国外经典案例二

名称	The House Crowd（英国）
股东数量	至少 1900 个投资人
股东的投资	（1）7.5% 收入投资模式：至少 3000 英镑；（2）收入及资产增值模式：至少 1000 英镑
股份比例	（1）7.5% 收入投资模式：股东在 House Crowd 的特殊目的公司的债券上投资。每一个特殊目的公司购买一处资产并将其转为高收益出租资产。这些资产位于英国的曼彻斯特。（2）收入及资产增值模式：股东投资于 House Crowd 的特殊目的公司的股份。在停止发行股份后，每一个特殊目的公司都购买一处资产并将其转为高收益的供出租的房产
形式（合伙、有限责任公司等）	英国的有限公司
条款	（1）7.5% 收入投资模式：18 个月，每 6 个月支付最低收入；（2）收入及资产增值模式：最低利润在出售资产后以 50%/50% 的比例分配
股东收益	两个投资模式：（1）投资于资产，仅获取收入（年化 7.5%）；（2）投资于资产以获取收入（年化 6%）以及资产增值
决策/投票/委员会领导	顾客加入 House Crowd 拥有的投资者集团，以获得关于特定投资的具体信息。House Crowd 设立单独的公司，收购每项资产，并只能向 150 个表达过投资兴趣的人递送投资的信息。投资者投资于公司的优先股，仅可以将关于投资的信息发送给表达了投资意向的 150 个人。投资人投资的优先股所在的公司购买 House Crowd 旗下的资产。在购买资产、募集基金及出租后，来自出租利益的红利以最低 6% 年化的利率付出
利益结构	（1）7.5% 的收入投资模式：股东在 House Crowd 的特殊目的公司以债券的形式投资，每个特殊目的公司购买一处资产，之后将其转换为高收益出租资产；（2）收入及资产增值模式：股东投资到 House Crowd 的特殊目的公司的股份中，每个特殊目的公司购买一处资产并将其转化为高收益供出租的资产。在后一情境中，所有的收益都在 House Crowd 及投资人之间以各 50% 的比例进行分配
如何架构购买	投资人完全不参与选择资产的过程。House Crowd 允许投资人选择投资的项目，但是 House Crowd 并未特地明确每个项目购买的资产
股东间安排的特别条款	不像在美国，在英国的 House Crowd 的投资人没有投资的数额限制，也没有每年交易数量的限制。House Crowd 也没有向金融监督局注册。在股东及 House Crowd 之间的特别安排条款是投资人的退出策略。一旦涉及的资产被出售，投资人的资金及收益会返还给投资人。House Crowd 一般意向上会根据市场状况持有资产 5 年左右。如果股东希望在 House Crowd 出售资产之前收回投资，其可以选择根据 House Crowd 指定的方式将其利益出售。House Crowd 会发出收购要约或者帮助其在 SPV 的有限公司中寻找一位收购人

资料来源：黄才华，董立阳，陈蕊．众筹融资的架构、法律风险及监管［R］．国浩律师事务所，2014－10．

三、我国众筹融资平台的风控建议

众筹融资的风险防范应当以保护投资者、促进中小企业募资目标为重点，开展众筹融资平台自查、自改与自控的有效措施。

（一）平台要自查投资者审核标准

根据从2013年6月1日起施行的《中华人民共和国证券投资基金法》相关规定，针对非公开募集基金中达到规定资产规模或收入水平，并具有相应的风险识别能力和风险承担能力，认购金额不低于规定限额的单位和个人①。上述是对如何成为合格投资者的总体描述，目前国内多数平台偏向于顾及众筹融资项目的数量，对参与项目投资者的审核标准层次不一，导致一些众筹融资项目存在较大风险，尤其是股权众筹融资项目。由此，为了降低众筹融资项目中投资者承担的风险，平台应对每一位投资者的投资资格申请进行严格审核，需做好三个方面的自查工作。

1. 收入水平的清晰化

平台要抽查网站上所有众筹融资项目对投资者收入水平的判断标准，把个体投资者和企业投资者的收入合格标准划分开，如考察个体投资者的合格标准，可增加投资者收入水平是否超过当地区域范围内的平均工资收入、是否超过人均最低消费水平要求等实际指标，投资者收入水平的分类制度，将出现前瞻性、基础性的判别标准。

2. 行业判断的细分化

平台要查找众筹融资项目中投资者所属行业的研判，为了不削减投资者审核环节对项目投资的积极性，需要增加投资者是否成功投资的案例、投资者从事行业是否能承担此次项目投资的行为两个标准综合评分，筛选合格的投资者。

3. 项目认购的平均化

平台要对以往成功启动和正在申请的众筹融资项目进行核查，努力做到每个项目的投资者不能过于分散或集中，导致项目利益权衡复杂，尤其是股权众筹融资项目。平台可以根据项目的不同需要，增加投资者人数的范围选项，力争做好每个众筹融资项目对投资者数量的严控标准。

（二）平台开展信息公开披露措施

1. 平台通过线下约谈制，强化融资双方的信息公开

---

① 鲁公路等．美国JOBS法案、资本市场变革与小企业成长［J］．证券市场导报，2012.

平台针对一些较大的、利益分配不清晰的众筹融资项目，尤其是股权众筹项目，为了增加项目成功几率，减少募资者和投资者之间的信息不对称问题，把募资者和投资者采取线下约谈制，募资者将向投资者进行融资项目展示，投资者也会根据募资者讲解的内容即兴提问，通过双方对项目未来规划、发展前景、遇到问题等方面展开详细交流，让他们真正了解对方的需求和要求。这种面对面约谈制虽增加了项目的交易成本，但避免了由于信息不对称所带来的少数领投人与募资者合谋欺诈跟投人的违法行为。

2. 平台开拓信息披露，防范项目风险

一方面，针对中小微企业的众筹融资项目，平台除了负责对众筹融资项目进展和中小微企业未来发展规划进行审核，更应要求募资的中小微企业承担一定的信息披露义务，包括企业的财务情况等，以防止募资企业错误估值，导致投资者利益受损。另一方面，平台应发挥中介作用，与可信任的第三方资金托管公司或银行进行合作，由募资者、投资者或平台向第三方资金托管公司支付一定的管理费用，并且及时通过网站公开披露募资者与投资者的相关信息情况，提高募资者与投资者之间资源配置的最优化，提升资本的使用效率，降低平台沉淀资金池、投资资金遭非正常手段挪用等安全风险，减少平台管理资金的成本。

（三）平台应加强监管众筹的交易流程

从整体上看，众筹肯定会扩大创业者的资本来源，并促进经济发展。众筹网站上应当发布明确的投融资警示信息，并严格监管投融资流程，保证投资人和融资者的互利双赢。

第四节　众筹融资的行业自律

根据第一节 2014 年众筹融资的发展概况分析和第二节众筹融资的风险分析，结合 2014 年以来我国众筹融资行业自律的相关事件，本节将对众筹融资的行业自律措施进行归纳，主要研究众筹融资的行业自律措施、我国众筹融资的行业自律建议两个方面。

一、众筹融资的行业自律措施

根据 2014 年 12 月 18 日中国证券业协会起草的《私募股权众筹融资管理办法（试行）（征求意见稿）》，针对股权众筹融资进行行业自律的监管措施。该办法的提出是为拓展中小微企业直接融资渠道，促进创新创业和互联网金融健康发展，提升资本市场服务实体经济的能力，保护投资者合法权益，防范金融风险。同时，也是为处理好政府监管和自律管理的关系，充分发挥行业自律作用的要求。行业自律对促使互联网金融服务于实体经济、发展普惠金融、维护市场公平竞争、保护消费者合法权益具有至关重要的作用。

该征求意见稿就股权众筹监管的一系列问题进行了初步的界定，包括股权众筹非公开发行的性质、股权众筹平台的定位、投资者的界定和保护、融资者的义务等，主要内容体现在如下几个方面。

1. 股权众筹融资的非公开发行性质

现行《证券法》明确规定，公开发行证券必须依法报经国务院证券监督管理部门或者国务院授权的部门核准，未经核准，任何单位与个人不得公开发行证券。通常情况下，选择股权众筹进行融资的中小微企业或发起人不符合现行公开发行核准的条件，因此在现行法律法规框架下，股权众筹融资只能采取非公开发行。鉴于此，《私募股权众筹融资管理办法》明确规定股权众筹应当采取非公开发行方式，并通过一系列自律管理要求以满足《证券法》第 10 条对非公开发行的相关规定：一是投资者必须为特定对象，即经股权众筹平台核实的符合《私募股权众筹融资管理办法》中规定条件的实名注册用户；二是投资者累计不得超过 200 人；三是股权众筹平台只能向实名注册用户推荐项目信息，股权众筹平台和融资者均不得进行公开宣传、推介或劝诱。

2. 股权众筹平台

《私募股权众筹融资管理办法》将股权众筹平台界定为“通过互联网平台（互联网网站或其他类似电子媒介）为股权众筹投融资双方提供信息发布、需求对接、协助资金划转等相关服务的中介机构”。对于从事私募股权众筹业务的股权众筹融资平台，主要定位服务于中小微企业，众筹项目不限定投融资额度，充分体现风险自担，平台的准入条件较为宽松，实行事后备案管理。

在股权众筹平台的经营业务范围方面，为避免风险跨行业外溢，《私募股权众筹融资管理办法》规定股权众筹平台不得兼营个人网络借贷（P2P 网络借贷）或网络小额贷款业务。

3. 投资者

鉴于股权众筹融资的非公开发行性质，投资者应当为不超过 200 人的特定对象。《私募股权众筹融资管理办法》对合格投资者的具体标准设定主要参照了《私募投资基金监督管理暂行办法》相关要求，同时投资者范围增加了“金融资产不低于 300 万元人民币或最近 3 年个人年均收入不低于 50 万元人民币的个人”。一方面避免大众投资者承担与其风险承受能力不相匹配的投资风险；另一方面通过引入合格投资者尽可能满足中小微企业的合理融资需求。

4. 融资者

《私募股权众筹融资管理办法》仅要求融资者为中小微企业，不对融资额度作出限制。该办法规定了融资者在股权众筹融资活动中的职责，强调了适当程度的信息披露义务。根据众筹融资企业，尤其是中小微企业的经营特点，《私募股权众筹融资管理办法》未对财务信息提出很高的披露要求，但要求其发布真实的融资计划书，并通过股权众筹平台向投资者如实披露企业的经营管理、财务、资金使用情况等关键信息，及时披露影响或可能影响投资者权益的重大信息。

5. 投资者保护

大众投资者投资经验少，抗风险能力弱，通常不允许直接或间接参与高风险投资。然而众筹融资的本质特征决定了大众投资者也是此类投融资活动的重要募资对象。为此，《私募股权众筹融资管理办法》作了三个方面的制度安排：一是明确并非所有普通大众都可以参与股权众筹，要求涉众型平台必须充分了解，并有充分理由确定其具有必要的风险认知能力和风险承受能力；二是以平台为自律管理抓手，要求其有能力判定投资者识别风险和承担风险的能力，有能力承担可能出现的涉众风险，实现投资者资金和平台资金的有效隔离；三是要求融资者适当程度的信息披露。

6. 自律管理

证券业协会依照有关法律法规及本办法对股权众筹融资行业进行自律管理。股权众筹平台应当在证券业协会备案登记，并申请成为证券业协会会员。证券业协会委托中证资本市场监测中心有限责任公司对股权众筹融资业务备案和后续监测进行日常管理。《私募股权众筹融资管理办法》明确列出各参与主体的禁止行为，划定业务“红线”，防止风险累积，鼓励行业创新和自由竞争。为了保护众筹融资参与各方的合法权益，《私募股权众筹融资管理办法》对违反法律法规及本办法的行为规定了责令整改、警示、暂停执业等自律管理措施和纪律处分。

7. 证券经营机构开展股权众筹业务

作为传统直接融资中介，证券经营机构在企业融资服务方面具备一定经验和优势，因此，《私募股权众筹融资管理办法》规定证券经营机构可以直接提供股权众筹融资服务，在相关业务开展后 5 个工作日内向证券业协会报备。

总之，众筹融资对于拓宽中小微企业直接融资渠道、支持实体经济发展、完善多层次资本市场体系建设具有重要意义，受到社会各界的高度关注。

二、我国众筹融资的行业自律建议

目前我国的金融投资环境并不成熟，国家对于众筹融资中保护金融投资者的法制尚未形成体系，防范众筹融资项目风险是传统金融改革、创新的关键。因此，本书提出创建行业协会，规范众筹融资市场；发挥“一行三会”的监管职能，分类监管众筹融资市场，推动我国众筹融资的行业自律建议。

（一）创建行业协会，规范众筹融资市场

众筹融资的产生冲击了传统公募和私募的基金业务，由于现阶段国家层面上没有出台专门针对众筹融资的相关规定，多数众筹融资网站都处于未能有效监管与引导的时期。众筹平台审核的非标准化，募资者筹集资金的焦急心态，投资者盲目地跟风投资，使得国内众筹融资市场风险四伏、危机重重。虽《公司法》、《证券法》、《中华人民共和国证券投资基金法》等部分法律规定，对众筹融资行为，无论从项目募资人数，还是投资者准入条件上都有严格规定。但众筹融资作为互联网金融的新型融资模式，由于融资项目涉及的受众人群较多，项目瞬间融资的数量较大，导致传统的法律规定在解释众筹融资方面存在局限。为此，单靠众筹融资平台的自身控制行为远远不能防范触及传统法律禁止的红线，需要通过类似于互联网金融行业协会的外部监管力量，有效推进募资者和投资者的信息公开披露制度，强化对众筹融资平台、募资者以及投资者做出整体上、原则上的规定，保障众筹融资项目在法律的框架内稳健运行。

（二）发挥“一行三会”的监管职能，分类监管众筹融资市场

2014 年 3 月 20 日，中国人民银行明确规定，互联网金融模式中众筹融资属于证监会监管范畴，年内证监会将出台明确细则。同年 6 月 29 日，证监会将对股权众筹融资的发展方向给予积极定位，股权众筹的监管细则将延迟至年底出台。借着证监会针对股权众筹制定新政之机，国内众筹融资市场应多鼓励中小微企业、小额融资和投资的项目，杜绝以众筹融资的方式进行非法集资和诈骗的行为；加强众筹融资网站的监管，支持券商进入众筹领域，用线上带领线下，线下助推线上的联动机制，健全社会信用体系，推动众筹融资市场的健康发展。以下五个方面是我国众筹融资市场需要完善的地方。

1. 众筹融资网站的准入机制

我国没有出台对众筹融资网站的准入标准，使得一些未备案或许可的中小型众筹融资网站频发违约事件，监管众筹融资市场的首要任务就是制定一套较为全

面的众筹融资网站准入细则。

2. 众筹融资网站募资者的资质审查

目前，国内对于众筹融资网站募资者的资质审查都由各自网站代为审核，某些中小型众筹网站为了保证自身众筹项目的数量，必然会降低对募资者资格审查的标准，为了确保众筹融资项目的规范操作，证监会需要明确对项目募资者做出严格的资质审查。

3. 投资人数和金额的限定

多数股权众筹融资项目频频出现投资者超出证券法规定的人数范围，为了解决这个缺陷，一些项目募资企业针对无法备案的股东，通过与公司签署“代持股协议”的方式，以保证如投票表决权等相关权益的兑现。① 但为了避免募资企业给投资人带来无法预测的投资风险，证监会应加强对股权众筹融资项目中投资者人数和投资金额的限制。

4. 投资人灵活的项目退出机制

现阶段商品类型的众筹融资项目只对投资人在项目发起期间有灵活的退出机制，而针对项目启动过程中，由于项目募资者具有商品产量不能达到预期目标、生产商品所需原材料出现涨价、创新性的商品经过一段时间的测试产生了问题等主客观因素，导致项目不能按期完成，项目投资人又不能抽资退出，所以，为了确保投资人的合法权益，证监会有责任制定投资人在项目执行过程中具有灵活的退出机制。

5. 募资人募集次数和资金额度的限制

众筹融资网站对于每位募资人具体的募资次数和资金额度没有非常明确的规定，使得有些募资者为了得到更多资金来支持自己研发的创新商品，他们可能会忽视商品是否对社会或个体带来帮助的问题，到不同众筹融资网站进行类似于某种商品的多次募资行为，一旦出现项目延误，投资失败，将对投资者的本金安全造成威胁。为了防范投资者资金的安全风险，证监会是否对众筹融资网站中项目募资人募集次数和资金额度实施限制，规范项目募资人的募资行为。

第五节　众筹融资的监管思路

无论是出台监管政策，还是企业的自律，无论是 P2P 网贷平台还是互联网金融企业，从野蛮生长到逐渐成熟再到逐步规范，建立起有效的行业标准，对于传

---

① 梁辰．“众筹式”微创业兴起，运营管理模式仍在探索［N/OL］．青岛日报，2012－10－23．

统金融业不失为有益补充。互联网金融在实践普惠金融的探索之路时，同样也以自身强大的创新力推动金融业的发展与创新，从自律、自控、监管各个层面而言，互联网金融发展的未来必定走上标准化、规范化之路。

一、众筹融资的监管理念

（一）灵活的监管方式

国际上普遍做法是，针对本质上属于发行金融产品提供金融服务的股权类众筹融资，发行单位要求获取相应的金融服务牌照，同时接受相应的《银行法》监管。但对提供金融产品与服务无关的捐赠类众筹融资，国家不需要对其进行监管。对债券类众筹融资的监管方式，每个国家开展的监管措施不一。例如，德国与西班牙规定债券类众筹融资受到《工商行业监管法》的监管；而英国与意大利对债券类众筹融资的监管相对严格。其中，英国要求债券类众筹融资与股权类众筹融资都需要接受英国金融行为监管局 FCA 授权才能开展，意大利则要求债券类众筹融资需接受《综合银行法》及相关法规的监管。

（二）多层的监管主体

不同类型的众筹融资模式，具有不同的风险特殊性，因此，监管应从全方位的视角，制订不同的监管制度。根据国际经验，股权类型众筹融资平台主要归金融市场部门监管。如果股权类型众筹融资要获取证券业经营牌照，并遵守证券法的相关规定，可由证监会负责监管。但债券类众筹融资项目至今还没有统一的监管主体。为此，德国实行混业金融监管体系，从而德国联邦金融监管局统一进行监管。在实行众筹融资分类监管的国家中，通常是由市场监管机构与银行监管机构统一进行监管。例如，美国的众筹融资，是由 SEC、FDIC 及各州的证券监管者等机构联合监管。

与股权类型众筹融资相比，债券类众筹融资涉及资金借贷与债权债务，应由中国银行监督管理委员会和中国人民银行牵头监管。如果涉及债券或资产证券化等证券活动，中国证券监督管理委员会就成为监管的主角。众筹融资将涉及网络安全、征信系统、虚拟货币、产业发展等重要问题，需要工业与信息化部、发展与改革委员会等部委共同参与监管。在各部委分工监管的基础上，需要进一步细化监管手段和措施。债券类众筹融资和股权类型众筹融资尽管有所区别，但极有可能出现投资、借贷共存的混合模式。这就需要逐步建立众筹融资监管体系，全面拓宽监管视角，统一加强监管力度，降低监管成本，提高监管效率，避免出现监管真空与重复。

（三）全面的监管视角

众筹融资的运作模式与一般的金融产品和金融服务存在较大的区别。一方面，众筹融资具有特殊性，欺诈风险较大、投资者保护难度较高，需要有一定的运作规范；另一方面，众筹融资在国内才刚起步，如果按照现有对成熟的金融产品与金融服务的尺度进行监管，可能将加大其运作成本，对许多潜在的参与者排除在众筹平台之外。所以，现有监管视角需要参考目前已有的金融产品和金融服务监管法律，制定专门针对众筹融资平台的法律规范，并遵守适度的监管行为，既要有效防范系统性风险，又要避免过于严格的监管阻碍其发展。

二、众筹融资的监管原则

根据《中国金融稳定报告（2014）》中提出的“鼓励创新、防范风险、趋利避害、健康发展”的总体原则，未来对众筹融资的监管应遵循监管创新性、监管一致性原则和消费者（投资者）保护原则，促进众筹融资在可持续的轨道上健康发展。

（一）监管创新性原则

众筹融资是互联网金融的典型形式，互联网金融机构和传统金融机构的竞争可能会给金融系统带来更强的功能和更高的效率。因此，监管当局对众筹融资的创新形式进行实时关注，应持监管创新性原则。众筹融资要以提高金融服务能力和资源配置效率为目的，坚持金融服务实体经济的本质要求，凸显平台功能，合理把握创新的界限和力度，不得变相搞资金池，不得以互联网金融名义进行非法吸收存款、非法集资、非法从事证券业务等非法金融活动，不能脱离金融监管。

（二）监管一致性原则

监管的不一致会带来监管套利问题。监管套利是指金融机构利用监管标准的差异或模糊地带，选择按照相对宽松的标准展业，以此降低监管成本、获取超额收益。目前债券类众筹融资和股权类众筹融资都没有相应的分管主体，在此情况下，难以避免监管套利的情况出现。例如，阿里巴巴发行“娱乐宝”产品，实际上是利用众筹方式进行融资行为，因为没有监管主体对阿里进行类似娱乐宝项目的监管，使得阿里在一定程度上规避了监管。所以，监管当局应确保只要是从事相同业务，不论是众筹业务参与互联网金融企业或传统金融机构，不论是从事线上业务还是从事线下业务，都要受到同样的监管。

（三）消费者（投资者）保护原则

在众筹过程中利用金融监管手段，来保护消费者（投资者）的权益不受损害的原则。当今社会诚信体系尚未完善的环境下，部分众筹融资项目损害了消费者（投资者）的根本利益，因此，金融监管中的消费者保护原则对维护金融市场稳定，为投资人（消费者）提供更多地参与创业投资的机会具有较大意义和作用。众筹融资平台启动各项众筹项目时，应有充分的信息披露和风险揭示，不得以直接或间接的方式承诺收益，误导消费者。每个项目启动前都应对消费者权益保护做出详细的制度安排。

三、众筹融资的监管模式

2013年是互联网金融发展的元年，互联网金融经历了飞速发展，第三方支付、众筹融资、P2P网络信贷、互联网理财产品等互联网金融产品种类迅速增加，尤其是众筹融资项目和P2P网络信贷项目，平台交易规模屡创新高，各平台自身也屡次获得投资机构的巨额融资，众筹融资网站、P2P网络信贷平台、第三方支付平台等互联网金融平台迅速在国内被熟知和广泛使用。与之快速发展相伴随的是行业监管问题，2014年是互联网金融监管的起年，众筹融资因与传统融资方式产生巨大变革的特殊运作模式，以及对众筹融资市场出现的诸多交易项目，已开始成为国内监管层监管和关注的重点。

根据上述国家对众筹融资市场的监管现状分析，一方面，表明中国人民银行、中国银行监督管理委员会等监管层认可了众筹融资市场，能有效弥补传统金融机构支持各阶层经济实体发展的不足，同时也承认了众筹融资的合法地位，提高了国家监管层保护投资者利益的决心。另一方面，虽然众筹融资项目屡次被提及涉及诈骗、非法资金池、吸收公共存款等法律边缘问题，但不同于美国、英国、澳大利亚等多层次完善的资本市场体系，在我国具有中国特色的社会主义经济背景下，众筹融资市场的发展也需要特殊的市场土壤和全方位的监管方式。中国证券监督委员会通过对众筹融资展开多次市场调研，以及各地屡次召开众筹融资座谈会后，他们清楚地意识到，众筹融资市场确实需要在中国式的市场环境中实施有效的监管措施，尤其是股权类型的众筹融资。这种监管多数以行业自律为主导，国家政策为辅助，市场决定为众筹融资未来发展方向，众筹融资项目只要不涉及法律上的红线问题，我国众筹融资市场发展前景将长期保持健康良性成长。

第六节 众筹融资监管的国际经验借鉴

众筹融资作为新兴的互联网金融模式，在国外的发展非常迅猛。本节将通过分析美国、英国、法国、意大利等国家对众筹融资发展的监管经验，并结合国内众筹融资的发展特征，提出加快我国众筹融资监管的建议。

一、众筹融资监管的国际经验

（一）美国

2012 年 4 月 5 日，美国总统奥巴马签署了 Jumpstart Our Business Startups Act（创业企业融资法案，简称 JOBS 法案），法案是为了减少中小型企业在融资过程中面临的程序、法规限制，推动中小型企业获得更多的投资机会。JOBS 法案提出，基于互联网络的众筹融资可以免于在美国证券交易监管协会（SEC）注册，企业通过众筹平台进行融资，1 年内筹资累计金额不能超过 100 万美元，筹资过程必须由一个合规的中介机构完成。法案条例中放宽了对众筹平台的发展限制，帮助众筹融资走上正轨，缓解了美国多数小企业或创业者融资难的问题。同时，JOBS 法案还制定了众筹融资的基本流程：首先，依然坚持信息公开原则，筹资者需要向 SEC 提交说明募资的真实情况，内容包括项目开展目标、实施过程、资金状况等。其次，众筹平台不能向投资者提供投资建议，不能购买自身网站上的证券，不能沉淀和挪用这些投资者提供的资金，JOBS 法案明确把众筹融资与非法集资划分开。

JOBS 法案通过后，美国又诞生了很多专注于提供个人或企业的众筹融资网站。针对个人众筹募资和投资暴露的种种问题，2013 年 3 月，美国众议院又通过了众筹立法。根据立法条文规定，任何人都能通过美国证券交易委员会（SEC）认证的众筹平台进行投资，每年法律将允许筹集高达 100 万美元的投资金额。如果投资人年收入或者净值低于 10 万美元的话，总融资额不能超过总收入的 5%；收入或净财产等于或大于 10 万美元，投资额不得超过年收入或净财产的 10%。针对个人隐私保护方面，法案要求众筹机构必须为投资者的个人信息提供保护，众筹将从根本上成为合法投资行为。①

① 子萱．美国众筹模式：让梦想照进现实［N/OL］．中国文化报，2013－01－19.

总之，美国对于众筹融资的监管非常重视，直到2012年4月颁布了JOBS法案。我们认为，美国透露出对众筹融资监管的三个方向。第一个方向是美国是从众筹本质出发，对众筹融资进行有效监管，并不是像其他一些国家的乱象出发。第二个方向是基于监管的正当性出发，美国的JOBS法案对众筹融资开展监管行为。监管为了防止投资人可能在众筹融资中，遭遇欺诈和丧失信息自由，因此，美国监管众筹融资的核心就是如何保障投资人的根本权利，法案不是帮助募资发起人卷钱跑路的“利器”。第三个方向是从美国对众筹融资监管的必要性出发。众筹融资虽是新兴的互联网金融模式，作为金融的本质属性，必然要接受国家的监管，尤其是众筹融资监管需要防范系统性风险，避免重蹈次贷危机的覆辙。实际上，美国众筹融资的目的是为了解决中小企业融资难问题，从发展的视角来看，众筹融资监管对中小企业资本的形成具有促进作用。

（二）英国

英国是最早拥有众筹行业协会的国家，Crowdcube和Seedrs众筹网站都是英国众筹协会成员。英国众筹发展的法律条例相对宽松，众筹融资项目的投资者除了能享受募资企业发展带来的收益外，英国政府对于中小企业都有相应的资金与政策支持，例如，在众筹融资网站发起的项目募集企业，有机会参加国家“种子企业投资计划（SEIS）”，将享受到强度非常大的税务减免政策。SEIS减税计划是英国税务机关执行和发起的，机关主要对国家公共服务提供资金支持，对有资金需要的个体或家庭给予帮助。所以，投资者和创业者在满足“种子企业投资计划（SEIS）”的条件下，可以获得税收减免福利。

根据英国税务机关对“种子企业投资计划（SEIS）”制定的相关规定，在众筹融资网站上的募集初创企业，股份没有在国家许可的交易所发行，并没有获得任何风险基金委托的支持。针对“种子企业投资计划（SEIS）”条件下募资个体或企业不能超过15万英镑的募资额度，项目投资者必须一次性以现金方式全额进行注资，投资者以现金换购的股份必须满3年，3年中每一年的投资金额可以冲抵当年个人收入所得税总额，3年后投资者获得的投资收益免缴个人所得税。由此，众筹融资网站的每位项目投资者只有符合上述条件，方可用项目投资金额申请冲销投资者申报的个人收入所得税总额，从而享受免缴部分个人收入所得税的国家优惠政策。

总之，英国行业众筹融资网站的规模要显著低于美国，但英国无论是国家还是行业协会，对众筹融资项目的政策扶持力度和立法完善程度都非常全面。与美国相比，众筹融资网站的生产空间与行业未来发展都要胜出一筹。Seedrs众筹融资网站的负责人对美国众筹融资行业的发展前景表示担忧，他认为美国众筹融资行业已经遇到了发展“瓶颈”，即使政府出台了众筹融资行业的相关立法条例，可对于股权众筹融资项目却一直没有完全放开，这将大大限制美国众筹融资行业的快速发展。

（三）法国

法国专门针对众筹制定了《参与性融资条例》。法令将源自英文的众筹（Crowdfunding）正式定义为“参与性融资”（Financement Participatif），将众筹活动分为有息或无息借贷型、捐助型和证券认购型三类。

法令共有四卷，第一卷对金融证券模式进行规定，第二卷对借贷或捐助模式进行规定，第三卷对各种模式的共同之处进行了规定，第四卷是对法国海外省的变通规定。根据规定，监管制度分为两大类：一类是证券模式的参与性融资，即俗称的股权众筹，要求从事股权众筹的平台注册为“参与性投资顾问”（CIP），并对其可提供的服务和可从事的行为进行了限制；同时，规定了在参与性融资范围内公开发行金融证券的条件，并授权 AMF 通过法令对如《说明书指令》下的说明书义务等相关豁免制定具体实施条件。另一类是借贷和捐赠模式的参与性融资，取消了银行对有息贷款的垄断，使 P2P 模式借贷合法化、便利化，要求此类平台注册为“参与性融资中介”（IFP）。在共同问题方面，条例对平台的说明义务、项目推销和广告的限制、资金收取与转账等进行了规定。此外，根据新条例进行注册的众筹平台可以使用“参与性融资平台”标志，并应标示于网站上，表明其合法身份。

法令正式生效前，法国金融市场监管局 AMF 和法国金融审慎监管局 ACPR（隶属法兰西银行）发表了一份联合说明，对众筹监管框架的实施进行了介绍，说明了各类众筹平台在开展业务或服务时可能会受到的监管情况，而有关发起人融资总额上限等具体条件，仍待 AMF 通过制定法令进行明确。业界预测，每个项目融资上限至少为 100 万欧元，年融资总额上限可能会达到 500 万欧元，数额将高于美国现行的限额。

总之，法国的这一条例首次全面覆盖了三大模式的众筹，并创制了两类不同法律地位的众筹平台及相应的注册制度，立法的水平和质量目前实属世界一流，既有利于法国众筹市场的发展，也对其他欧盟国家具有重要借鉴意义。

（四）意大利

近几年来，由于意大利国内经济状况不佳，一些青年的创业氛围淡薄。2012

年9月，意大利经济发展部的官员们，撰写并发布了名为《重新出发，意大利!》的报告，报告中详细谈到对于初创企业的定义、扶持政策等重要内容。同时，报告中提到众筹（包括网络借贷）作为给中小企业提供资金的重要来源。直到2013年6月，意大利证券交易委员会（CONSOB）发布了18592号条例，此次条例明文规定了《关于创新型初创企业通过网络平台融资的规则》，这是首个欧盟成员方针对众筹专门颁布的国家级法律。该法规主要是针对股权投资型众筹融资，设定每个项目的发起者限定为初创企业，为了激发国内青年的创业行为，法规没有覆盖众筹行业全貌，所以这条法规具有试验性和探索性。①

二、完善我国众筹融资监管体系的启示

通过美国和英国在众筹融资市场提出的监管措施和建议来看，两个国家监管措施各有特点，都是根据两国经济发展环境和社会资源分配情况，提高了风险防范等级。例如，美国和英国政府要求众筹融资项目增加中小型募资企业的信息披露程度，降低了募资企业的不透明和不确定因素，减少了投资者的投资风险。如果富有投资经验的投资者对众筹融资网站中募资企业的募资项目产生疑问，他们将有足够能力对募资企业进行实地调研，以确定是否参与募资项目。但随着投资者数量的增多，尤其是较低风险意识的投资者，无法有能力、精力和条件对募资企业展开详细审核，他们只能跟随富有经验的投资者进行投资。

实际上，我国众筹融资市场的监管原则，除了以行业自律为主导，国家政策为辅助，市场决定为众筹融资未来发展方向外，还需要鼓励众筹融资平台自身建立和完善项目申请、审批、完成等流程管理系统，严格监管和控制每个众筹融资项目的人数、金额、项目进展情况等；通过项目流程管理，推动创业者企业、中小型创业团队以及个体能公开、准确、及时地进行信息披露，从而提高众筹融资项目的募资效率、完成效果和资金安全，达到募资者、投资者、平台三方利益平衡的交叉点，真正实现国内众筹融资市场自主决定未来发展目标；行业协会采取全程监控，国家政策不断帮助众筹融资市场不触及法律红线；平台自身规范众筹融资项目募资者和投资者公开透明的操作流程，防范募资者项目失败、投资者本金难保，以及平台较难盈利的重大风险。

① 柴珂楠．欧盟众筹金融监管法律框架及评析［J］．南方金融，2014（7）．

第六章 互联网理财的风险防范及监管

互联网的长尾效应聚合个人用户零散资金，既提高了互联网理财运营商在商业谈判中的地位，也使个人零散资金获得更高的收益回报。随着互联网理财用户数量与资金规模的快速壮大，互联网理财的风险引发了业内的学术探讨，也引起了监管部门的高度重视，对互联网理财实施监管的声音层出不穷。集中爆发的互联网理财究竟有怎样的风险，其实质与特点为何？其风险的形成和传递机制又是什么，谁会成为风险的接盘者？在防范和应对风险的过程中，理财平台、行业协会以及监管部门又该如何扮演好自身的角色？有哪些国际经验可以借鉴？这些问题需要深入思考和研究。

第一节　2014 年互联网理财的发展状况

2014 年，在货币市场流动性相对宽松的背景下，互联网理财的代表——“宝”类产品未能延续上一年度的惊艳表现，新增资金规模和收益水平逐步下跌。在延续货币基金投向协议存款的基础上，票据理财等新的渠道成为互联网机构分享金融服务收益的新尝试。为了稳固互联网金融市场下自身的收益，传统金融机构也纷纷通过与电商的合作拓展其理财市场。

一、基本情况

（一）产品规模和收益率增速双双下滑

互联网理财主流产品收益率逐步下降。2014 年以来，在货币市场相对宽松的背景下，“宝”类产品未能延续上一年度的高收益率，收益水平逐步下跌，第三季度平均收益在 4.5% 左右，仅在各季度末期呈现短时间的收益率冲高现象。短期的收益率冲高与银行季度末考核存贷比指标有关，在短暂冲高后收益率迅速回落。从天弘基金发布的数据来看，余额宝不仅规模与用户数量增速回落，其 7 日年化收益率也降至 4.23%，微信理财通等其他“宝”类互联网理财产品收益率也持续下滑。自 2014 年第二季度以来，“宝”类产品的平均收益率如图 6－1 所示。

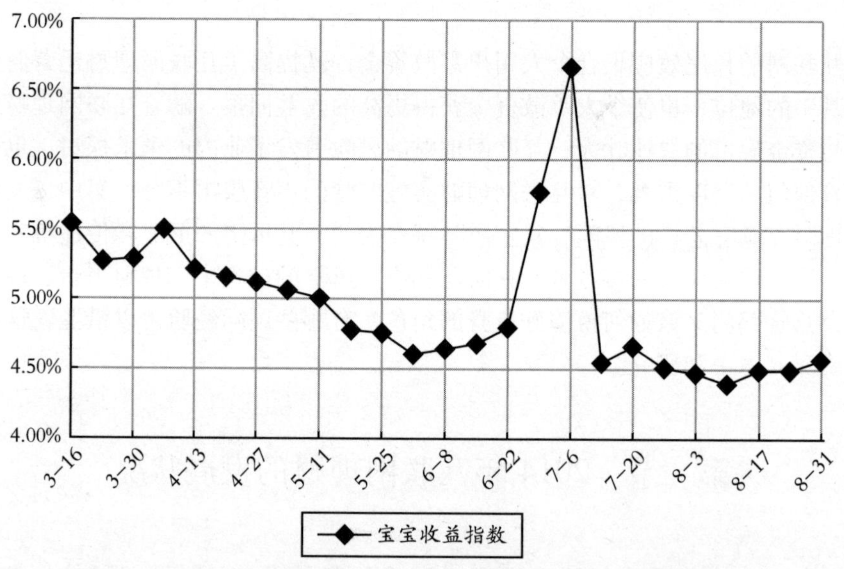

图 6－1　2014 年 3～8 月“宝”类互联网理财产品平均收益率走势

产品规模和收益水平已触及“天花板”。中国基金业协会统计数据显示，截至 2014 年 5 月底，我国货币基金规模达到 1.92 万亿元，相比整个公募基金 3.92 万亿元的规模，货币基金占比高达 48.93%，较 2013 年年底翻了一倍。相对于传统金融机构来说，第三方支付平台的基金销售没有太大发展余地，余额宝已经基本上做到极致了（吴晓灵，2013）。

（二）积极尝试拓展投资渠道

在央行通过窗口叫停“两率一致”的背景下，互联网理财平台积极尝试新的投资渠道，票据理财成为继银行协议存款之后新的尝试。票据理财产品，是指融资企业以其持有的银行承兑汇票提供质押担保，通过互联网平台发布产品，向个人投资者融资，票据到期后以银行兑付的资金作为还款来源。

自2013年11月第一款互联网票据理财产品上线至今，已经有大大小小近10家互联网理财平台推出类似产品，其中不乏阿里、新浪、苏宁等电商大腕。2014年4月，阿里巴巴上线4只票据理财产品；5月下旬，新浪旗下微财富也试水票据互联网金融理财产品；从8月11日起，苏宁云商金融公司推出系列票据理财产品，预期收益率在6%～7%，产品很快售罄；紧随其后，12日京东也上线票据理财产品“小银票”，同样销售火爆。

在“宝”类理财产品收益率持续下滑之际，票据理财产品接过了接力棒。产品收益较高、期限灵活且门槛、风险较低，而品种上也涵盖了不同期限、收益的票种，能够满足用户的各种理财需求，票据理财因此受到热捧。票据理财产品均承诺“银行无条件承兑本息，本息安全”，同时延续了“1元起付”的投资低门槛，而年化收益率几乎都在5%以上，部分产品甚至高达10%。

（三）成功牵手银行理财产品

在公募基金、券商资管、保险资管等产品纷纷“触网”，通过第三方网络平台进行销售时，银行理财一直处于沉寂状态。2014年9月中旬，京东金融率先取得突破，与招商银行开展合作，通过京东金融官网专属销售一款由招商银行发行的理财产品。银行理财产品难以通过网络进行销售，主要原因在于2012年1月起实施的《商业银行理财产品销售管理办法》中对银行理财产品销售实施“面签”的规定。①

京东金融充分利用了互联网的优势，通过在线测评的方式解决了银监会对银行理财产品实施“面签”的规定。一方面，这款产品严格控制在线销售的产品风险等级、准确核实和确认客户身份的做法，并在此基础上要求客户在线进行风险承受能力评估。评估内容按照线下的银行风险评估模板，为用户在线做评测，并在线上展示《销售协议书》、《产品说明书》、《风险揭示书》等文件，达到了

① 从2012年1月起实施的《商业银行理财产品销售管理办法》第28条规定，商业银行应当在客户首次购买理财产品前在本行网点进行风险承受能力评估。评估结果告知客户，由客户签名确认后留存，即“面签”。并且，理财产品的销售也不能进行委托和外包。

监管部门要求的充分揭示产品风险、核实客户身份、评测客户风险接受度、确保客户资金安全的目的。另一方面，在身份认证上，京东通过快捷的方式认证用户实名信息，核实用户身份。用户在使用银行储蓄卡支付时，银行也会通过银行间交叉身份认证，再次确认用户身份。在赎回时，资金做到了同卡进出，以确保购买人与认证人一致。

京东和招商银行关于银行理财网络销售的合作，清晰地体现了两者秉承各自优势和清晰的合作分工。招商银行作为银行理财产品的供给方，京东则发挥网络平台和大数据的功能优势，充当流量入口，作金融产品到最终消费者的渠道和中介。京东的渠道能力强于招商银行，招商银行的信用风险定价能力强于京东，类似的合作方式，促使双方实现共赢。

专栏 6－1 京东开卖银行理财产品，创银行理财网上销售先河

2014 年 9 月，京东创银行理财网上销售的先例，与招商银行合作，上线招商银行人民币岁月流金 546 号理财计划（产品代码：106346），期限为 32 天，起购门槛为 5 万元，属于保本浮动收益型，预期最高年化收益率为 5.8%，单纯从收益率比较，明显高于京东金融推出的大多数货币型、债券型公募基金产品。

资料来源：柳灯．银行理财触网如何突破“面签”？京东开卖招行近亿保本理财［N］．21 世纪经济报道，2014－09－20.

二、典型产品的发展

（一）阿里“余额宝”

1. 资金规模

作为互联网理财的开山之作，自 2014 年 6 月中旬开始上线不足 1 年时间，余额宝就将天弘基金的增利宝货币基金推向了全球十大货币市场基金行列，后者也一举成为中国最大的公募资金。余额宝的成功，被各界视为互联网企业进军金融产业的成功范例，颠覆了长期以来个人零散资金只能投资于收益率严重偏低的活期储蓄的现状。①

① 张明，杨晓晨．必读：余额宝：现状、镜鉴、风险与前景［N］．中国社会科学网，2014－04－29.

2. 产品运用

余额宝之所以能够成功，在于让用户充分利用自己的闲散资金进行投资，且操作简便。用户只需把钱存入余额宝，就默认自动购买了货币基金，且每日能看到资金收益状况。此外，余额宝的赎回还可以享受“T+0”交易的便捷。与传统购买货币基金的方式相比，余额宝利用支付宝平台沉淀的巨量资金为用户创造价值。由于产品收益率高，且不需要投资者专门花心思比较不同基金的业绩情况，因此吸引了大量网民加入。

3. 收益率

收益大幅高于银行活期存货利息是“宝”类产品的投资亮点所在。上线伊始，余额宝年化收益率最高冲上过7%。但2014年春节过后，收益率一路下滑，不足3个月，连续跌破6%和5%的关口。2014年下半年以来，长期在4%~4.3%之间徘徊，在对网络信息安全质疑声不断的情况下，虽然坐拥5000多亿元的基金规模，但余额宝对零散资金的吸引力也在不断下降。

（二）腾讯“理财通”

1. 资金规模

继2013年阿里巴巴推出“余额宝”在市场上形成迅速“吸金”的态势下，以社交平台为基础，微信支付在2014年1月推出了货币基金“理财通”。1月22日，微信理财通结束测试正式上线。此次上线，单个账户单日转入的金额限制也随之消失。截至2月21日，理财通上线试运行1月有余，其规模已经将近300亿元，用户规模突破百万元。“理财通”还增加了用户对货币基金的可选择性。继华夏基金和汇添富基金上线理财通后，4月17日，易方达基金旗下易理财货币基金也在理财通上线。

2. 产品运用

理财通的便捷性较为明显。用户点击微信“我的银行卡”之后，便可发现“理财通”栏目，打开“查看全部基金”，就可以看到易方达易理财、华夏财富宝、汇添富全额宝等基金产品，十分便捷。而多只基金的上线，也意味着可以在一个平台上挑选多只优秀的基金产品，能够更好地满足用户的多样化需求。

从流动性来看，理财通上线的三只基金申赎规则一致，均具备较佳流动性。易方达易理财在理财通上的普通赎回通常“T+1”日到账、不设上限，“T+0”快速赎回设单笔上限2万元、单户单日累计上限6万元，这一特点非常契合移动端客户管理小额流动现金。

3. 收益率

理财通旗下第一只基金华夏财富宝基金上线伊始，恰逢互联网金融一片大热之际，加之农历春节的因素，年化收益率一度超越余额宝，在7%以上。此后，随着“宝宝军团”规模的迅速扩大，在资金面基本宽松的背景下，年化收益率也呈现出迅速下调的趋势。5月，理财通旗下4只货币基金的收益率已经全线跌破5%。第三季度大部分时间，“宝宝军团”的7日年化收益率普遍位于5%之下，在4.5%左右浮动。这也造成了部分资金从互联网理财平台回流至银行存款。

（三）汇添富基金“现金宝”

“现金宝”是汇添富基金旗下互联网金融的专属货币市场基金，成立于2009年6月，除了具备基础的余额理财功能外，汇添富基金的现金宝产品更加注重基金财富增值及财富管理的本质，使基金首次既具备了金融的专业性，同时又非常重视用户体验，是基金行业走向市场的先驱。

汇添富基金在余额理财模式上的布局比较超前。自2009年推出现金宝以来，积累了大量的互联网基金销售经验，现在无论是电子商务团队还是技术团队都占领了先机。同时，除了余额理财模式外，汇添富基金先后在2011年和2012年创新实现货币基金信用卡还款业务和货币基金“T+0”交易，其中，货币基金信用卡还款业务首次打通了“货币”与“资产”之间的界限，是历史性的突破。①

2014年前三个季度，活期宝销量达1095亿元。截至2014年12月31日，汇添富现金宝管理的资金规模为262.52亿元，2014年全年收益率4.91%。

三、背景与发展趋势

（一）互联网理财存在的背景与意义

1. 互联网理财爆发的金融背景

（1）长期的金融压抑。在金融压制的背景下，小额零散资金无法得到有效的配置，一方面居民的理财需求无的放矢，追求资金合理回报的预期较为强烈，然而当前低额的存款利率没有反映社会真实的融资成本，小额零散资金发挥不了规模效应，只能通过银行聚少成多实现资金配置。另一方面是企业，尤其是小微企业的资金需求旺盛，但是却很难通过银行获取低成本的运营资金，通过社会融

① 新华社《金融世界》，中国互联网协会．互联网基金销售创新与发展研究［J］．互联网天地，2014（10）．

资渠道获取的资金成本较高，束缚了企业的发展。互联网理财平台的出现，实现了二者需求的有效对接，提高了居民手中小额零散资金的回报率，一定程度上降低了企业尤其是小微企业的融资成本。

（2）零售金融需求释放渠道的匮乏。虽然银行在零售金融领域占据了主导的地位，但是近年来，银行在盈利压力的驱使下整体将更多的资源投向高端客户，普通居民的小额账户无法享受到同等的金融服务。随着国民经济的持续发展，居民财富快速积累，财富保值增值的需求强烈，零售金融需求得不到有效的满足。互联网理财的定位找到了市场的痛点，通过互联网手段和互联网经营思维，经济有效地满足了这部分客户的需要，与传统银行形成了有效的补充。①

（3）海量非结构化金融相关数据处理能力的提升。传统金融机构只能靠一些结构化数据，互联网金融从信息层面入手，改造传统的金融，形成了处理大量非结构化数据的能力，如性别、年龄、身份、地址等。互联网金融具有一套收集、处理、计算、分配系统，在信息收集、处理、计算、分配上，比传统金融业更加有优势，使得信息成本大幅下降，提高了信用信息处理能力和风险管理的效率，促进了普惠金融的实施。

2. 互联网理财发展的积极意义

（1）释放大众的财富管理需求。近 10 年来，随着人均收入水平的不断提高，国民手中的财富日益增加，财富管理需求渴望得到释放。进入 21 世纪，加入 WTO 后的全球化融合、房地产的商品化、银行业的股改、股市的大起大落、高增长带来的居民收入迅速分化，种种因素都激发了中国人被压抑多年的财富渴望（杨涛，2013）。

互联网金融具有“去中心化”、“民主和分散化”等特点，新的信息与金融技术，可以使得财富管理需求者（资金供给者）与财富管理媒介更容易对接和配置，而且使原先只能被动接受金融机构财富管理服务的公众，尤其是不能满足传统金融机构投资门槛的普通人，能够有渠道进行财富管理活动。通过互联网理财，可以节省投资者的时间和交通成本，有助于其利用碎片化时间进行有效的资金管理。从而，越来越多的普通人可以把零散的资金投入其中。例如“余额宝”，就满足了许多网络购物者在资金待用闲暇之时，运用主动财富管理获得额外投资回报的需求。

（2）深入推进实施普惠金融。党的十八大报告提出，要深化金融体制改革，健全促进宏观经济稳定、支持实体经济发展的现代金融体系；加快发展民营金融

① 贺强．注意防范金融风险　促进互联网金融健康发展［J］．价格理论与实践，2014（3）．

机构，完善金融监管，推进金融创新，提高银行、证券、保险等行业竞争力，维护金融稳定。2013 年 9 月，央行行长周小川发表《践行党的群众路线，推进包容性金融发展》一文提出，深入推动普惠金融发展使现代金融服务更多地惠及广大人民群众和经济社会发展薄弱环节，发展普惠金融既有利于实现当前稳增长、保就业、调结构、促改革的总体任务，也有利于促进社会的公平正义，具有极其现实的意义。

由于利率管制，我国商业银行活期存款利率长期以来处于较低水平，同业市场利率是活期存款利率的十几倍。长期以来，同业市场利率由拥有大额资金的机构投资者独享。余额宝及其后发展起来的互联网理财产品是利率市场化实践中的有益尝试。余额宝、理财通等互联网理财产品不但收益率达到同业存款水平，而且门槛较低、流动性高，更适合中低收入群体进行投资。普通投资者可以借此享受银行间同业利率，一定程度上实现了普惠金融。

（3）促进金融资源的优化配置。传统货币市场基金由于成本原因其认购的起点额度较高，无法满足中低收入者的投资需求。以互联网理财为主的互联网金融模式很好地将线上低成本聚集资金与线下理财投资、快捷支付结合起来。一方面能够为小份额的储蓄者提供投资理财产品；另一方面能够根据企业的生产需求量身订做融资产品。通过网络发行理财产品，互联网金融公司利用低成本和人口聚集化的优势，在满足大量小额资金需求的同时也满足了互联网人群的零散投资愿望，节省了投资者的时间和交通成本，并且利用碎片化的时间进行了有效的资金管理（李炳、赵阳，2014）。

互联网理财通过线上模式吸收社会上的闲散小额资金，为企业筹集资金创造了良好的融资环境，实际上起到了把储蓄资金转化为生产资金的作用，为产业发展和经济增长提供了重要的资金来源，有效提高资金的使用效率。

（二）互联网理财未来的发展趋势

互联网金融这一业态是行业的创新和发展，也是对传统金融的重要补充，其零距离、低成本、参与的民主性和自由度等特点，决定了互联网金融具有旺盛的生命力、创新力和创造力（刘明康，2014）。[①] 互联网机构讲究的是平台模式，而平台模式一大重要特征是具有双边市场的性质，既有需求，又有供给。传统金融与互联网企业的比较优势见表 6 - 1。

---

① 陈建萍．互联网金融需要边发展边规范——全国政协经济委员会“规范发展互联网金融”考察综述［N］．人民政协报，2014 - 09 - 24.

表 6－1　　传统金融机构和互联网机构的比较优势

<table>
<tr><td rowspan="6">比较优势</td><td>传统金融机构</td><td>互联网机构</td></tr>
<tr><td>线下垄断</td><td>开放、平等、协作、分享的互联网精神</td></tr>
<tr><td>专业化的金融服务能力</td><td>大数据处理能力</td></tr>
<tr><td rowspan="2">雄厚的资本支持</td><td>长尾效应</td></tr>
<tr><td>平台模式</td></tr>
</table>

依靠货币基金的互联网理财模式即将触及“天花板”（吴晓灵，2014）。在当前相对宽松的资金面下，随着互联网理财产品同质化、白热化的竞争，货币基金规模发展的空间已经有限。在利率市场化逐步推进，以及中央连续发生降低企业融资成本的指导精神下，互联网理财产品持续的高收益率重现的几率微乎其微。因此，仅仅依靠货币基金实现投资的模式难以持续，未来，互联网机构和传统金融机构需要进一步运用各自优势，积极尝试创新以及合作模式。

四、监管的态度与举措

（一）主要监管机构的举措

2013 年 3 月 15 日，证监会发布《证券投资基金销售机构通过第三方电子商务平台开展业务管理暂行规定》，标志着基金销售机构电子商务技术应用进入新阶段，明确了基金销售机构通过第三方电子商务平台开展业务监管要求，对第三方电子商务平台的资质条件和业务边界作出了规定。

专栏 6－2　2013 年以来“一行三会”发表的互联网理财相关监管政策

2013. 3　证监会发布《证券投资基金销售机构通过第三方电子商务平台开展业务管理暂行规定》。

2013. 7　经国务院批示，央行牵头成立“互联网金融发展与监管研究小组”。

2013. 12　中国支付清算协会成立，互联网金融专业委员会启动行业自律。

2014. 1　国务院办公厅印发 107 号文《关于加强影子银行监管有关问题的通知》，将新型网络金融公司即互联网金融归入影子银行范畴；并且明确了央行的监管主体地位央行要求暂停二维码（条码）支付、虚拟信用卡等支付业务和产品，央行称相关支付产品安全性有待完善。

2014. 3　央行明确了互联网金融监管五大原则，并叫停货币基金提前支取不罚息优惠。

（二）业界的学术观点

1. 互联网理财的风险

互联网理财的快速走红，也引起了业内专家学者对其风险的探讨。谢平等（2012）认为，在当前我国金融体系架构下，互联网金融所处的发展环境是金融体系面临转型改革，相关法律法规不健全，监管体系存在漏洞，信用体系不完善，互联网金融的发展必然带来新的风险。①

赵继鸿等（2013）认为，互联网金融业务可能存在的风险，主要有征信风险、信用风险、流动性风险、信誉风险、操作风险、收益风险、技术风险、纵向竞争风险、法律风险、破产关停风险等十类。王汉君（2013）从金融稳定的视角研究认为，互联网金融的虚拟化决定了互联网金融运行中存在的风险不仅具有传统金融风险的特征，还有其特殊性，并具体指出主要风险有：高技术性带来的操作风险、高联动性造成的传染风险、法律不明确导致的法律风险、声誉风险、流动性风险、市场风险、信用风险等。② 孙宝文（2014）在综合分析已有文献的基础上，指出互联网理财存在四类风险：一是信息安全风险，如支付宝余额被盗；二是政策法律风险，如因互联网金融监管缺失导致互联网理财产品高收益承诺无法兑现所带来行业运营风险；三是操作风险，产品期限错配可能带来流动性风险；四是流动性风险，余额“宝”类互联网理财产品承诺高收益，但可能出现大规模刚性兑现难。③

杨晓晨和张明（2014）通过对余额“宝”类的产品发展进行梳理，并借鉴美国Paypal货币市场基金发展经验教训，构建余额“宝”类产品供需理论分析框架，并进一步指出互联网理财面临严重的期限错配，需要重点防范流动性风险。④ 也有研究者对互联理财最后贷款人提出了担忧，因为互联网企业不像传统商业银行有政府的隐性担保（张明，2013；李翔，2014）。

还有一些研究者分析指出，互联网理财面临的风险，主要是集中在法律风险、投资收益下降带来的刚性兑付风险、期限错配带来的流动性风险（王莹，

① 谢平，邹传伟．互联网金融模式研究［J］．金融研究，2012（12）．
② 王汉君．互联网金融的风险挑战［J］．中国金融，2013（24）．
③ 孙宝文．互联网金融元年：跨界、变革与融合［M］．北京：经济科学出版社，2014：176－177.
④ 张明，杨晓晨．必读：余额宝：现状、镜鉴、风险与前景［J］．中国社会科学网，2014－04－29.

2013；朱玛，2013）。[①]

2. 互联网理财的监管

针对互联网理财面临的风险，研究者从不同角度提出了防范和加强监管的对策。基于互联网理财这一新生事物，动态监管、协同监管成为学者普遍认可的原则。张晓朴（2014）认为，对于互联网金融这样一类新出现的金融业态，金融监管应当体现开放性、包容性、适应性；坚持鼓励和规范并重、培育和防险并举，维护良好的竞争秩序、促进公平竞争；构建包括市场自律、司法干预和外部监管在内的“三位一体”安全网，维护金融体系稳健运行。[②] 孙宝文（2014）指出，当前互联网金融监管存在监管主体不明确、法律法规不健全、社会征信体系不完善等问题；在借鉴国际经验的基础上，提出要明确监管主体、完善法律法规等措施。

盛松成和张璇（2014）分析指出，余额宝本质上是货币市场基金，余额“宝”类基金产品将绝大部分资金投向银行协议存款更使其具有存款特性。因此，货币市场基金也与存款一样面临流动性风险、涉及货币创造等问题。建议对货币市场基金实施准备金管理，可以以其存放银行的款项为标的，此举将缩小监管套利空间，让金融市场的竞争环境更加公平合理，让货币政策的传导更加有效。[③] 杨晓晨和张明（2014）分析指出，实施准备金管理可能达不到预期目标；展望未来互联网理财的发展方向，监管应该以疏导为主，在规范市场行为的基础上充分发挥互联网企业的创造力，倒逼传统商业机构改革。李恒和郝国刚（2014）在分析余额宝存在政策风险、商业银行封杀风险、产品自身风险和客户的认知风险基础上，指出互联网理财需要完善无风险管理体系和自身风险管理体系。[④]

第二节 互联网理财的风险分析

在国内大众理财供求关系长期失衡的背景下，互联网理财的出现成为释放需求压力的渠道之一，尤其是零散小额资金的投资需求。互联网理财平台“聚沙成塔”，集中大量的小额零散资金后，主要用于购买货币基金，目前的投向主要是

① 王莹．余额宝的流动性、收益性及风险分析［J］．中国商贸，2013（35）：65－66.
② 张晓朴．互联网金融监管的原则：探索新金融监管范式［J］．金融监管研究，2014（2）.
③ 盛松成，张璇．余额宝与存款准备金管理［N］．金融时报，2014－03－19.
④ 李恒，郝国刚．余额宝的风险及防范研究［J］．时代金融，2014（5）.

银行协议存款。大规模的资金运转直面的是多元化的金融风险，通过深入分析风险的发生、传导机理，才能形成及时有效的防范和化解风险的举措。

一、理论分析框架

（一）互联网理财产品的内涵

1. 产品内涵

互联网金融是借助于互联网技术而实现的资金需求者和投资人之间的“连接”，由此造成了对银行和交易所功能的部分或全部取代；因取代功能的不同，就形成了多种多样不同的互联网金融业态，有的更接近间接融资模式，有的则更接近直接融资模式①。互联网理财则是传统理财业务在互联网领域的延伸，最大的创新在于其充分借助了互联网这一快速、低成本的渠道。通过互联网发行理财产品，传统金融机构或互联网企业将募集资金用于投资，利用投资收益向理财产品持有者支付本息（张明，2013）。

中国人民银行发布的《中国金融稳定报告2014》（以下简称《报告》），将互联网理财界定为基于互联网的基金销售，并将其归属为互联网金融的六大类业态之一。《报告》提出，按照网络销售平台的不同，基于互联网的基金销售可以分为两类：一是基于自有网络平台的基金销售，实质是传统基金销售渠道的互联网化，即基金公司等基金销售机构通过互联网平台为投资人提供基金销售服务。二是基于非自有网络平台的基金销售，实质是基金销售机构借助其他互联网机构平台开展的基金销售行为，包括在第三方电子商务平台开设“网店”销售基金、基于第三方支付平台的基金销售等多种模式。其中，基金公司基于第三方支付平台的基金销售本质是基金公司通过第三方支付平台的直销行为，使客户可以方便地通过网络支付平台购买和赎回基金。②

2. 产品特征

“宝”类产品属于一种理财账户或者说是理财服务，将资金存入即为购买相应的货币基金的产品，并可享受诸如收益增值、快速取现、还款购物等附加服务。③ 余额宝属于典型的货币市场基金，其创新点在于充分运用互联网技术的创新，实现通过第三方电子商务平台的基金销售模式。这一点从其产品介绍中得以

① 鲁政委．互联网金融监管中美经验镜鉴［N］．中国证券报，2014－05－07.

② 中国人民银行金融稳定分析小组．中国金融稳定报告2014［M］．北京：中国金融出版社，2014：149.

③ 芮晓武，刘烈宏．互联网金融蓝皮书：中国互联网金融发展报告（2014）［M］．北京：社会科学文献出版社，2014：367.

体现："余额宝是支付宝最新推出的余额增值服务，把钱转入余额宝中就可获得一定的收益，实际上是购买了一款由天弘基金提供的名为'增利宝'的货币基金。余额宝内的资金还能随时用于网购消费和转账；支持支付宝账户余额支付、储蓄卡快捷支付（含卡通）的资金转入"。又如理财通是"财付通与微信携手基金公司推出的理财增值服务"；购买理财通，"相当于购买了货币基金，每天可获得比银行活期利息高 14 ~ 18 倍的收益；收益每天分配，且每天的收益计入本金，享受复利收益；支持资金随时购买赎回，快速到账，方便打理"。

"宝"类理财产品是将基金公司的销售系统内置到支付宝网站中，用户将资金转入余额宝的过程中，支付宝和基金公司通过系统的对接将一站式为用户完成基金开户、基金购买等过程，整个流程像是给支付宝充值一样。货币市场基金的投资主要是银行协议存款。以余额宝为例，其筹集的资金有 90% 以上投向银行同业存款。由于普通投资者无法进入这一市场，余额宝就起到了"团购"的作用。众多零散资金汇聚成庞大的规模，再由天弘基金以远高于一般存款的利率存为同业存款。这使普通投资者用少量资金也享受到同业存款的高额收益。①

3. 互联网理财的实质

互联网金融并没有改变金融的功能和本质，其创新的是业务技术和经营模式（张晓朴，2014）。对于传统金融而言，互联网金融的核心功能不变，金融契约内涵不变，金融风险、外部性等概念的内涵也不变。

因此，以"宝"类理财产品为代表的互联网理财，是一种由基金公司与互联网机构或传统金融机构合力打造的一项以互联网为平台、以货币市场基金为基础、以余额增值为特点的综合性金融业务。其中，理财产品的收益高低与其挂钩的货币基金收益密切相关，购入与变现的时间与合作机构及协议相关联，所享受的增值服务类型则取决于与基金公司合作的平台性质。

（二）互联网理财风险的类别

从风险管理的视角来看，传统金融风险仍然是开展互联网金融业务的企业主要面对的风险，而非金融风险在互联网金融的发展中也会显示出来。② 刘志洋、汤珂（2014）提出互联网金融企业面临的金融风险主要包括信用风险、流动性风险和市场风险，非金融风险则主要包括战略风险、声誉风险、法律合规风险、信息科技风险和操作风险。

---

① 杨晓晨，张明．余额宝：现状、镜鉴、风险与前景［N］．中国社会科学网，2014－04－29.

② 刘志洋，汤珂．互联网金融的风险本质与风险管理［J］．探索与争鸣，2014（11）.

具体到互联网理财，如果从风险的起源探讨，可以包括基于理财平台的风险，如信用风险、信息科技风险、操作风险等；基于理财产品的风险，如流动性风险、最后贷款人风险；基于理财环境的风险，主要有市场风险、法律合规风险、竞争风险等；基于投资者的风险，如可能引起洗钱行为的道德风险。

1. 信用风险

信用风险或者称为违约风险，即互联网理财产品能否实现其承诺的投资收益率，尤其是高额的收益率。承诺较高的市场收益率成为"宝"类理财产品普遍的宣传口号，也是其博取投资者眼球和吸引投资者进入的重要手段。然而，除非在市场流动性极其紧张的情况下，否则理财产品的本质决定其很难获得承诺的高额收益。

一方面，投资者未必能够获得产品承诺的高收益。从资金的投向来看，理财产品主要投资于国债、银行票据、商业票据、定期存款等固定收益型产品。实质上，"宝"类产品是把网上零散资金归集进来，然后再投资比活期存款更高一些收益的货币基金，本身并不创造价值。一般而言，这类产品的收益率仅仅是比1年期以上的定期存款利率略高，综合近几年市场利率的走势来看，其收益率在1年期定期存款利率上浮10%～20%是相对稳定的，但长期实现高回报的几率是较低的。

例如，阿里巴巴的余额宝当前的收益率低于5%，且余额宝的性质是货币市场基金。但百度百发的预期收益率高达8%，其最终投资的基础资产是什么？在全球经济增长低迷、中国经济潜在增速下降、国内制造业存在普遍产能过剩、国内服务业开放不足、影子银行体系风险逐渐显现的背景下，如何实现8%的高收益？除了给企业做过桥贷款，以及给房地产开发商与地方融资平台融资外，还有哪些高收益率的投资渠道？

另一方面，高收益的宣传干扰了投资者的选择。很多"宝"类产品承诺投资期内将获取若干倍于银行活期存款的回报。其实只是个动态时点数，投资者很难获得其宣称的高收益率。对于资金额度相对更高一些的投资者来说，如果对时间需求并不是很高，诸如定期存款、银行理财产品、债券基金等则是更好的投资标的。

票据理财产品同样存在信用风险。部分票据类理财产品出现的超高收益现象是不合理、不可持续的。银行票据贴现水平是票据理财产品收益的指南针。目前，半年期的票据贴现利率一般在3%左右，年化也不过6%左右。如果互联网票据理财产品收益高于7%，甚至达10%，主要还是互联网平台为了推广业务，自己贴钱来吸引投资者眼球。此外，票据理财往往带有一定期限，投资者一旦投入资金就需等到期满才能赎回，否则就无法享受收益。

2. 信息科技风险

因为互联网对金融的渗透，信息科技风险或者称为信息安全风险，在互联网理财行为中更为突出。尤其是与第三方支付捆绑的模式更容易加剧信息科技风险。例如，支付宝等超级账户体系不断壮大，对其后台防攻击的能力和客户信息操作风险管理的要求越来越高。如果客户信息和虚拟账户体系遭到失窃或盗用，将带来较大声誉风险和社会问题。

信息科技风险包括但不限于三个方面的因素：（1）系统性安全风险，计算机软件系统、互联网络技术等的安全性将直接影响互联网金融的有序运行；（2）技术选择风险，互联网理财机构出于降低成本等利益考虑，选择的技术解决方案可能存在某些技术欠缺，从而构成了企业的技术选择风险；（3）技术支持风险，企业出于降低运营成本的考虑，基本上采用的是技术外包策略，自身不拥有核心技术，一旦外部技术支持不能完全满足需求，将导致其不能及时有效地向顾客提供金融服务，形成企业的技术支持风险。①

3. 操作风险

刘志洋、汤珂（2014）提出，操作风险包括：（1）系统和交易的安全，如数据的保密性、是否对第三方进入进行授权、保证网站正常运行等。最为典型的是外包所带来的操作风险，外包将在一个业务流程中产生更多的服务链条，虽然有助于企业降低成本，但却降低了企业对外包项目的控制能力，增加了操作风险。（2）潜在客户数量预测的失误，如果对潜在客户数目预测偏少，企业就难以很好地满足客户需求；预测数目偏多就会增加企业经营成本。因此，如何尽可能地准确预测潜在客户数量对企业的风险管理是非常重要的。②

4. 流动性风险

保持良好的流动性，是金融机构和企业经营管理的一项基本原则。资金的期限错配是造成金融主体流动性不足的重要因素之一。作为一项投资行为，互联网理财也存在着期限错配风险。互联网理财产品投资资产期限往往较长，而负债期限很短，一旦负债到期不能按时滚动，就可能发生流动性风险。当然，金融机构的一大功能就是将短期资金转化为长期资金，因此金融机构都会面临不同程度的期限错配，而其中的关键是错配的程度。互联网理财产品在承诺高收益的同时，允诺投资者可以随时赎回，无疑加剧了流动性风险。

对于互联网理财而言，流动性风险主要体现在资金的大规模集中赎回。作为

---

① 刘约，徐超，于品显．互联网金融：缘起、风险及其监管［J］．社会科学研究，2014（3）．

② 刘志洋，汤珂．互联网金融的风险本质与风险管理［J］．探索与争鸣，2014（11）．

客户购买的基金产品，互联网理财不属于客户备付金的缴存范围，互联网机构就不必为转存的资金缴存备付金。在以转出或支付的形式赎回基金的过程中，互联网机构只能利用本公司的自有资金或客户备付金垫付基金赎回资金，才能实现实时到账。由于互联网理财产品往往与支付产品相绑定，因此节假日或是购物高峰期成为资金赎回的重要节点。近年来的“双十一”、“双十二”等购物高峰时段，在互联网企业承诺“T+0”交易机制下，往往将迎来资金的大规模集中赎回，成为互联网机构乃至协议存款金融机构的流动性风险。

5. 最后贷款人风险

尽管商业银行也面临期限错配风险、商业银行发行的理财产品也面临信用违约风险与期限错配风险，但与互联网金融相比的一个重要区别是，商业银行最终能够获得央行提供的最后贷款人支持。当然，这一支持是有很大代价的，如商业银行必须缴纳20%的法定存款准备金、自有资本充足率必须高于8%、必须满足监管机构关于风险拨备与流动性比率的要求等。

相比之下，互联网金融目前面临监管缺失的格局，因此运营成本较低，但如果缺乏最后贷款人保护，那么一旦互联网金融产品违约，理财用户很可能要为此埋单。

6. 市场风险

货币市场基金的收益很大程度上受到市场利率波动的影响。以余额宝为例，天弘基金掌控着余额宝5000亿元资金，只有通过投资才能为客户实现保值增值。但是，资金规模越大，基金越难以操作，投资损失的风险越大。因此，天弘基金只好将90%以上资金以协议存款方式存入了银行，以求规避投资风险。

由于互联网理财购买的主要是货币市场基金，而货币市场基金主要投向银行协议存款，而银行协议存款这种方式将直接受到利率波动的影响，因此，互联网理财的收益情况将很大程度上受到利率波动的影响。在社会资金偏紧，整体利率水平偏高，货币市场基金有机会博取较高的利差收益。如果利率实现了市场化，在利率波动较大时，一旦利率水平下降，货币市场基金就难以获得利差收益，各种“宝”类互联网理财产品也将无法应对广大的用户。

宽松的市场资金面限制了利率的大幅上升，进而限制了互联网理财产品的收益水平。进入2014年以来，在货币政策略显宽松的背景下，“宝”类产品收益率一路下跌，只高出1年期存款利率1个百分点左右。对比2013年互联网理财产品推出伊始7%、6%的“辉煌”收益率，2014年下半年以来，“宝”类产品收益率一路下滑，进入8月后，各类理财宝的7日年化收益基本低于5%。目前，“宝”类理财产品平均7日年化收益率在4.5%左右的水平，收益区间主要处于4%~4.5%。

专栏 6-3　利率扰动下“美版余额宝”的兴衰史

余额宝概念并非中国首创。早在 1999 年，美国 Paypal 公司就已经推出了类似的产品——Paypal 货币市场基金（Paypal MMF，下文简称 Paypal）。余额宝无论在产生背景还是运作方式上都与其非常相似。因此，对 Paypal 的发展历程进行简单梳理，有助于更深刻地理解余额宝的发展规律。

1. 诞生及兴盛

Paypal 作为美国市场上最大的支付公司，客户在交易过程中沉淀了大量资金。与支付宝不同的是，Paypal 用户甚至无须将资金转入另外一个账户，就可直接在支付账户中享受货币市场基金的投资收益。用户从体验上不会感到货币市场基金与支付账户现金的区别。当需要转账或支付时，对应的基金份额会自动赎回，无须用户手动干预。因此，Paypal 就在保持资产流动性的前提下实现了用户的资产增值。

在 Paypal 兴起的背后，体现了美国利率市场化进程的长期趋势。美国 1933 年颁布的《格拉斯-斯蒂格尔法案》和其后颁布的《Q 条例》规定，银行对活期存款不得支付利息，并对储蓄存款和定期存款的利率设置了最高限度。这使得个人投资者的零散资金长期处于闲置状态。1971 年，鲁斯·本特和亨利·布朗创建了美国储蓄基金公司，将个人零散资金收集后投资于高收益的大额定期存单市场，从而成功地绕开了 Q 条例限制，成为历史上第一只货币市场基金。

由于此类基金和银行储蓄存款之间的高额利差，加之美国自 20 世纪 70 年代开始的通货膨胀导致市场利率持续攀升，使得货币市场基金迎来了巨大的发展机会。由此美国的利率市场化进程也正式拉开序幕。此后虽然 Q 条例在 80 年代就被逐渐废止，银行储蓄存款利率也逐渐向均衡水平靠拢，但这依然没有阻挡货币基金的扩张脚步。1977 年，全美货币基金总资产仅为 40 亿美元，但到 1991 年就已达到 5000 亿美元，1997 年突破万亿美元，2001 年第一次超越储蓄存款的总规模，2008 年达到 3.5 万亿美元。

借助货币市场基金的迅猛发展，Paypal 的规模快速壮大，并在 2007 年达到了 10 亿美元的峰值。而且，互联网在节约成本方面的显著优势使得 Paypal 更容易维持高收益率。便利的申购赎回机制和较高的收益率令 Paypal 赢得了广泛赞誉，各类投资者购买情绪高涨。

与余额宝不同的是，Paypal 货币市场基金属于联接基金（feeder fund），其自身并不直接持有任何存款和有价证券，而是将资产交予另一家资产管理公司

Money Market Master Portfolio（简称 Master Portfolio）进行组合投资。这家公司实际的投资运作是由贝莱德基金顾问公司（BlackRock Fund Advisor）完成的。在该模式下，Paypal 是资金的筹集方和委托方，Master Portfolio 是受托方及存管方，贝莱德则是管理方。这种模式的好处在于，基金的资金安全不受 Paypal 和贝莱德双方的经营状况影响，两家公司对基金投资的成败也不必承担赔偿责任。

2. 衰败与终结

尽管 Paypal 货币基金甫一推出就成为市场明星，但其同样面临系统性风险和市场利率波动的不利影响。2001 年，互联网泡沫破裂引发市场流动性急剧萎缩。美联储被迫连续降息以刺激经济。从此开始，Paypal 的年收益率就经历了连续 4 年的持续下降，从 2000 年的 5. 56% 跌至 2004 年的 1. 37%，与同期银行存款利率的差距显著缩小。从 2005 年开始，美国房地产业的兴盛重新带动经济回归正常水平。Paypal 收益率在当年即反弹至 3. 27%，2007 年就回到了 5. 04% 的水平。

但好景不长，2008 年次贷风暴导致全球流动性危机。美联储启动了长期的量化宽松政策，使利率在相当长的时间内在零附近徘徊。受其影响，Paypal 在 2009 年的收益率骤降为 0. 12%。到 2011 年，收益率进一步下跌至 0. 05%。实际上，0. 05% 的收益率还是 Paypal 向用户补贴的结果，Paypal 公司为此承受了每年数百万美元的亏损。

最终，受到资金规模锐减和市场零利率的双重挤压，Paypal 公司不堪重负，主动终结了这一产品。回顾 Paypal 货币市场基金 12 年来的兴衰历程，不难发现，无论该产品是崛起还是衰落，市场利率的起伏都在其中发挥了决定性作用。众所周知，市场利率波动与宏观经济状况密切相关。作为市场利率的被动接受者，Paypal 必然要受到这一系统性风险的影响。因此，与其他投资一样，Paypal 类产品的高收益并不是持久而稳定的。

资料来源：根据《必读：余额宝：现状、镜鉴、风险与前景》（张明、杨晓晨，2014）整理。

7. 法律合规风险

法律合规风险是指金融机构或企业在经济活动中因违反法律而引致的风险。法律风险主要来自两个方面：一是法律环境因素，包括立法不完善，执法不公正，合同相对人失信、违约、欺诈等；二是金融机构或企业自身法律意识淡薄，对法律环境认知不够，经济决策不考虑法律因素，甚至违规违法经营等。[①]

① 周骏，王学青．货币银行学（第三版）［M］．北京：中国金融出版社，2011：367.

如果将同业存款纳入准备金管理，货币市场基金的收益将面临严峻局面。货币市场基金的投资主要是银行协议存款，与一般存款相比，同业存款不进入存款准备金管理体系，也就无须拨备高达20%的准备金。中国目前的法定存款准备金利率仅有1.6%，远低于6%左右的同业存款利率。若按照20%的比例计提准备金，则整体利率损失约为1%。因此，监管红利在余额宝的收益中占有相当比重。如果央行将同业存款纳入准备金管理，余额宝的高收益将面临严峻考验。

8. 竞争风险

互联网理财产品的竞争风险主要来自商业银行。“宝”类产品由于其客户群体的广泛性与操作的便利性，在小额投资方面有较强的吸引力。其发展一方面蚕食了银行的部分存款来源，另一方面与银行的理财产品形成竞争。“宝”类产品投向银行协议存款，使得银行的负债端由一般存款向同业存款转化，增加了银行的负债成本。

目前的监管思路一方面是限制额度，另一方面是维护市场公平竞争，不允许存在提前支取存款或提前终止服务而仍按原约定期限利率计息或收费标准收费等不合理的合同条款，未来还有可能对其采取类似银行准备金、存贷比等的更严厉的监管措施。这些监管措施将限制“宝”类产品的发展规模和资金投向，降低“宝”类的吸引力，使得银行的相对竞争力得到恢复与提升。

9. 道德风险

洗钱风险是道德风险由于操作流程相对简单便捷，客户身份可识别性不强，导致互联网理财增加了洗钱风险。尤其是互联网货币基金的无形性、隐匿性和便捷性可能被洗钱分子利用，从而基金投资成为非法收益的洗钱工具。

（三）互联网理财风险的特点

1. 负外部性

与P2P、众筹等模式相比，互联网理财的“长尾”效应更为明显，进一步拓展了风险的可能性边界与影响力。谢平等（2014）研究提出，互联网金融“长尾”特征导致其风险特征体现为：（1）互联网金融服务人群的金融知识、风险识别和承担能力相对欠缺，属于金融领域的弱势群体，容易遭受误导、欺诈等不公正待遇；（2）投资额小而分散，作为个体投入精力监督互联网金融机构的成本远高于收益，“搭便车”问题更突出，针对互联网金融的市场纪律更容易失效；（3）个体非理性和集体非理性更容易出现；（4）一旦互联网金融出现风险，从涉及人数上衡量（涉及金额可能不大），对社会的负外部性更大。①

2. 传染性

基于互联网“开放”和“即刻传播”的特征，互联网金融的风险特征还体现为“传染性”和“快速转化性”。② 阿西莫格鲁（Acemoglu）、厄兹达拉尔（Ozdaglar）和萨利希（Tahbaz-Salehi）的研究认为，在金融危机来临时，由于传染性的存在，金融风险反而传递更广泛，其载体则是信息。③ 由此，当金融体系处在动荡期时，信息的快速传导会使得消费者在同一时间做出同一决策，形成“个体理性加总不等于整体理性”的情形发生，加速传染的蔓延。

对于互联网理财而言，如果货币市场基金集中、大量提取协议存款，首先会直接对存款银行造成流动性冲击，产生流动性风险。继而会使具有类似业务或风险的互联网理财机构的债权人、交易对手怀疑自己机构的流动性状况，也会产生信息上的传染效果。

3. 快速转化性

由于“即刻传播”特性，互联网加速了不同风险之间的快速转化性。对于互联网理财产品来说，风险的快速转化性较为显著。刘志洋、汤珂（2014）以货币市场基金为例，分析了互联网金融风险的快速转化性特征。④ 互联网机构在制定经营战略后首先会面临战略风险，其战略决定了企业的市场风险，进而决定了可能遭受的市场冲击类型。

如果金融市场出现动荡，互联网机构遭受市场冲击，可能会造成企业偿付能力不足，信用风险开始增加，操作风险、信息科技风险以及法律合规风险也有可能迅速增加。这些风险信息会通过互联网快速传递给消费者，此时互联网机构的声誉风险随之增大。一旦出现集中、大规模的赎回现象，互联网机构就会面临流动性风险，如图 6 - 2 所示。

在经营中互联网企业与银行存在千丝万缕的联系，因此互联网企业的流动性风险会对协议存款银行的流动性产生压力，进而给银行带来流动性风险。一旦这种流动性风险在金融体系内传染，整个金融体系就会面临流动性压力，系统性风险爆发的可能性增加。

---

① 谢平，邹传伟，刘海二．互联网金融监管的必要性与核心原则［J］．国际金融研究，2014（8）．

② 刘志洋，汤珂．互联网金融的风险本质与风险管理［J］．探索与争鸣，2014（11）．

③ Dargon Acemogla, Aseman Ozdaglar, Alireza Tahlaz-Salehi. *Systemic Risk and Stability in Financial Networks*. NBER Working Paper, 2013.

④ 刘志洋，汤珂．互联网金融的风险本质与风险管理［J］．探索与争鸣，2014（11）．

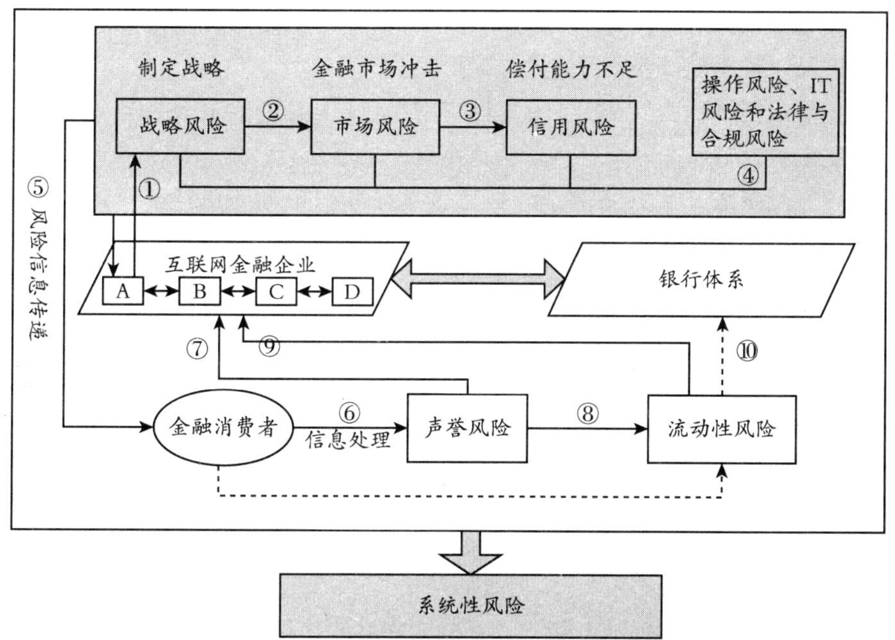

图6－2　互联网理财各类风险之间的转化

二、互联网理财风险的起源与传导

作为传统理财业务在互联网领域的延伸，互联网理财既具有类比于传统金融产品的风险，也存在由于创新后所呈现的独特风险。从风险发生的源头来看，风险的产生将主要基于理财平台、理财产品、投资者以及外部环境等方面。

（一）源自理财平台的风险

1. 信用风险

当互联网理财平台无法实现其所承诺的高收益率时，一方面造成投资者由于误导而加大了机会成本，另一方面也会造成互联网理财平台的声誉受到损失，从而影响其可持续性发作。

互联网理财平台宣称高收益率目的主要是通过赚取眼球，吸引个人投资者进入。其手段通常有两个，一是占用资金的机会成本，二是使用虚假预期。前者的操作手段打“年化收益率”的擦边球，拉长资金申购和赎回的时间。例如，宣称某理财产品年化收益率可达8%，存续期不设限，但是申购和赎回不实施“T＋0”或是“T＋1”等方式，大幅延长申购和赎回时间，相对于无偿占有投资者的资金成本，如果将申购和赎回时间计算在内的话，年化收益率可能会大幅下降。后者往往使用“最高”、“最优”等字眼，购买的则可能是风险水平相对更高的其他金融产品，甚至是一些非保本的金融产品。

信用风险很大程度上是由于互联网理财平台的过度甚至是虚假宣传，但直接误导的是个人投资者。因此，从资金成本这一角度来看，个人投资者往往是信用风险的直接受损者。尤其是对于一些资金额度相对更高的投资者来说，定期存款、银行理财产品、债券基金等可能是更好的投资标的。随着经济增速进入下行通道，应更注重的是资产质量和风险控制。因此考虑一款理财产品，收益率绝不是第一位的，而是要把本金不受损失放到第一位①。

在网络信息高度透明的状态下，信用风险将会通过投资者传递至互联网机构。在无法满足其初始承诺的高收益情况下，网络平台的声誉将遭受损失。信誉度下降，对于其后续的经营将造成不利影响，尤其是当前销售互联网理财产品的主体都是传统的电商。在电商竞争日渐白热化的趋势下，声誉风险会进一步影响其整体发展，很可能将客户的信任度和忠诚度拱手让与竞争对手。

2. 信息科技风险

与传统金融机构理财业务相比，互联网理财的基础之一是对互联网电子信息技术的高度依赖。因此，互联网生态环境的健康运转是互联网理财健康发展的必要前提。信息安全主要是要防范由于恶意攻击行为导致的投资者资产损失的情况。一旦用户的信息遭到损坏，投资者的经济利益损失首当其冲。如果信息安全问题是由于互联网理财平台的信息技术防范手段未能起到应有作用的话，互联网企业也将负有偿付责任。

3. 操作风险

在开展互联网理财业务的过程中，互联网理财平台会将一些业务进行外包，以降低企业成本。然而，由于外包将在一个业务流程中产生更多的服务链条，由此降低了企业对外包项目的控制能力。

外包带来的操作风险既存在信息外泄等非技术性风险，也存在外包企业遭受网络信息攻击的技术性风险。风险的产生都将从外包企业传递到互联网理财平台和投资者，造成企业的声誉损失和个人投资者的信息外泄，甚至是财产损失。

（二）源自理财产品的风险

1. 流动性风险

货币基金作为现金管理工具，经常要面对大量资金的流入流出，特别是在节

① 年化收益率跌到5%以下 专家提醒不要盲目追“宝”[N]. 京华时报，2014-05-29.

日、季末等特殊时点，资金单边流动往往较为剧烈。正是在这一现实的基础上，《货币市场基金管理暂行规定》对货币基金的资产变现能力、到期期限等作出了要求，包括投资资产必须限于具有良好流动性的资产、货币基金资产平均存续期不得超过180天等。监管部门对货币基金投资范围的相关要求，如表6－2所示。

表6－2　货币基金投资范围的相关要求

	允许投资	不允许投资
投资范围	现金、定期存款、存单、债券、债券回购、央行票据以及证监会和央行认可的其他具有良好流动性的货币市场工具	股票、可转换债券、证监会和央行禁止投资的其他金融工具
	单项资产期限	组合平均期限
期限规定	定期存款、债券回购、央票均限1年期内，债券限397天内	平均期限不得超过180天
评级限制	AAA级企业债	低于AAA级企业债
集中度要求	同一公司企业债券不超过净值10%；同一银行（有基金托管资格）定期存款不超过净值30%；同一银行（无基金托管资格）定期存款不超过净值5%；资金市场正回购余额不超过净值40%	

流动性风险产生于投资者的集中兑付，由于互联网理财平台不需要缴纳存款准备金，集中兑付造成的流动性风险较传统金融机构而言更为明显。投资者的集中兑付，首先对互联网理财平台造成兑付压力，由于互联网理财产品主要是货币基金，货币基金主要投向银行协议存款，如果提前支取银行协议存款罚息的情况下，互联网理财平台将首先遭到损失，互联网理财的运作模式与资金投向如图6－3所示。

2. 最后贷款人风险

最后贷款人机制类似于存款保险制度，是对投资者一项主要的保障机制。与传统金融机构的互联网理财产品相比，互联网机构缺失了最后贷款人机制。互联网机构既不需要向中国人民银行缴纳法定准备金，也没有建立存款保险金，更不需要受央行拨备指标、流动性指标等多方面的管制。然而，这些管制的缺乏恰恰形成了互联网机构经营互联网理财产品的重要风险隐患。

金融市场奉行“投资者自付”的逻辑，因此，一旦互联网理财用户购买的金融产品出现损失，理论上而言，用户要为此承担后果。换而言之，缺乏最后贷款人，意味着互联网理财用户要为自己的投资行为和经济损失自行埋单。

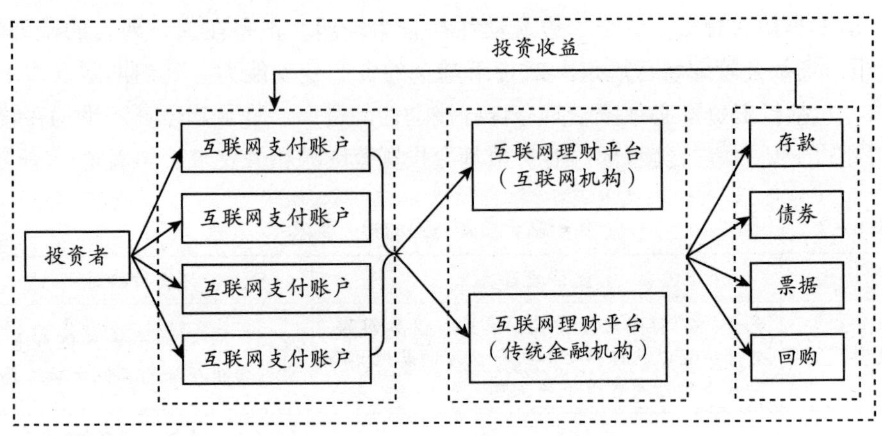

图 6－3　互联网理财资金运作模式

然而，“刚性兑付”的思维也可能将互联网理财平台拉入承担投资风险损失的名单。10 余年来，银行理财产品相对稳定的收益已经对理财产品市场树立了“刚性兑付”的思维定式。过往的案例也表明，理财产品的损失并非完全由投资者承担，往往是金融机构对理财用户实施补偿。

（三）源自外部环境的风险

作为外部环境造成的风险中，利率风险和法律合规风险的传导机制与影响模式具有较高的一致性。竞争风险由于主要产生于传统金融机构对互联网机构的影响。在互联网机构通过互联网理财向传统金融机构争夺资源的情况下，金融机构或者采取合作的模式，或者凭借其对金融市场以及监管部门的影响能力，来维护自身的利益。监管部门的态度与举措对于互联网机构而言也是一种法律风险。

环境风险首先影响的是网络平台的运营情况。以余额宝为例，其资产配置中持有的协议存款高达 80% ～90%，最高时达 95%。对货币基金收益水平影响最直接的将是市场利率水平，其次是对银行协议存款的相关管制。以协议存款提前支取罚息这一限定为例，如果货币基金支取不罚息的特权被取消，按照部分业内人士的分析，“宝宝军团”的最终年化收益率将回归到 3% ～4% 的常态，基本相当于商业银行 1 年期银行存款基准利率水平。由于银行存款显然更为安全和稳妥，互联网理财产品如此水平的收益率将对投资者失去吸引力。此外，如果按照传统金融机构存款的相关规定，对其计提存款准备金，将进一步提高其运营成本。在市场利率相对宽松的背景下，货币基金显然难以获得高收益。在扣除各种运营费用后，互联理财平台的收益也将难以保障。

环境风险的最终买单者主要是个人投资者。互联网理财类产品的重要吸引力之一是买入和赎回时间较为灵活，工作日以内甚至可以实现“T+0”的赎回。然而，存款准备金政策以及协议存款提前支取罚息政策都将影响个人投资者的预期，此类政策出台前后，将伴随大规模的资金赎回情况。然而，受理资金赎回申请以及实现资金赎回毕竟有时滞，提交申请赎回较晚的投资者面临收益和本金双重损失的可能性。

在“刚性兑付”的传统思维模式下，互联网理财平台也需要承担一定的风险。银行理财产品已然给个人投资者形成了一种“投资必获收益”的心理预期，“刚性兑付”已然成为常态化，即使是银行销售的“非保本型理财产品”甚至是“信托产品”都面临“刚性兑付”的尴尬局面。因此，一旦受政策影响出现投资受损，互联网理财平台可能也难以逃脱对“刚性兑付”的制约。

（四）源自个人投资者的风险

对于互联网理财，洗钱行为的风险主要出现在开户环节和交易环节。在开户环节，基金公司对投资者的客户身份识别完全依靠网络机构、银行等第三方机构，如果第三方的客户身份识别工作出现疏漏，甚至是被不法分子利用，那么将为其洗钱行为创造便利。当然，要想实现洗钱，在开户环节，还存在另外一个渠道，那就是用户虚假代理。这可以通过两种方式实现：一是不法分子可以购买或借用他人身份证件在不同银行开立多个银行账户，冒用他人真实身份信息注册多个基金账户，将非法所得存入多个银行账户，分别转入不同的基金账户，进行洗钱。二是在业务存续期间，互联网客户将自己开立的账户出租给不法分子使用。①

在交易环节，也存在洗钱的隐患，主要表现在三个方面。一是网络认证交易信息存在洗钱隐患，即互联网货币基金在虚拟环境中进行交易时，主要通过电子方式网络认证客户，使用银行卡支付密码和基金账户支付密码进行申购，这种非面对面的网络认证交易方式难以有效识别客户真实身份信息和辨别交易的真实性，为洗钱分子借助互联网货币基金洗钱提供了便利条件。二是基金公司无法判断由第三方机构转入的资金来源，进而也就难以识别洗钱行为。三是互联网理财账户链接的支付功能，也为不法分子的洗钱行为增添了渠道。

三、互联网理财风险的影响

互联网理财的普惠性使得参与者众多，一旦爆发风险，将造成范围更广破坏性更大的影响；加之金融业紧密的关联性，其影响将进一步扩散到传统金融业，造成经济社会的不稳定。

---

① 吴崇攀，王佳．互联网货币基金洗钱风险探究［J］．西部金融，2014（9）．

（一）对宏观金融调控的影响

互联网理财的流动性风险加剧了宏观金融调控的难度。互联网理财涉及大量用户，资金规模巨大，机构往往涉及支付清算等基础业务，出问题时很难通过市场出清方式解决，破产则可能损害金融系统的基础设施，增加宏观金融调控的难度与不确定性。

金融机构在遭受流动性危机时，通常会通过出售资产来回收现金，以满足流动性需求。短时间内大规模出售资产会使资产价格下跌。在公允价值会计制度下，持有类似资产的其他金融机构也会受损，极端情况下，甚至会出现“资产价格下跌—引发抛售—资产价格进一步下跌”的恶性循环。①

（二）对消费者权益的影响

金融消费者保护的背景是消费者主权理论以及信息不对称下互联网金融机构对消费者权益的侵害。其必要性在于，互联网金融机构与金融消费者两方的利益不是完全一致的，互联网金融机构健康发展不足以完全保障金融消费者权益。

与互联网金融其他业态相比，互联网理财的“长尾”效应最为明显，纳入了大量不被传统金融服务覆盖的人群。这一群体的金融知识、风险识别和承担能力相对欠缺，属于金融领域的弱势群体，容易遭受误导、欺诈等不公正待遇。现实中，由于专业知识的限制，这一群体对金融产品的成本、风险、收益的了解根本不能与互联网金融机构相提并论，处于知识劣势，也不可能支付这方面的学习成本。其后果是，互联网金融机构掌握金融产品内部信息和定价的主导权，会有意识地利用金融消费者的信息劣势开展业务。

与传统投资者相比，这一群体的投资额小而分散，作为个体投入精力监督互联网金融机构的成本远高于收益，一旦出现风险，从涉及人数上衡量（涉及金额可能不大），对社会的负外部性更大。②

第三节　互联网理财的风险控制

大众财富管理需求的大规模爆发，直接考验的是互联网理财平台的风险防范能力，与自控体系相对健全的传统金融机构相比，对于内控体系不完善，产品设

① 谢平，邹传伟，刘海二．互联网金融监管的必要性与核心原则［J］．国际金融研究，2014（8）．
② 谢平，邹传伟，刘海二．互联网金融监管的必要性与核心原则［J］．国际金融研究，2014（8）．

计单一化，资金运作能力和风险防范能力有限的互联网机构而言，形成了严峻的挑战。因此，互联网机构能否对相关风险的识别和防范，建立风险防范与自控的“防火墙”，是关键所在。“防火墙”的建立要考虑“双向控制”功能，一方面防范外部风险对企业经营行为的传递和影响；另一方面要尽可能切断企业自身风险向行业乃至金融市场和金融生态环境的扩散。

一、实施业务分离机制

（一）业务分部门管理

随着大数据金融的不断发展，除互联网理财以外，互联网机构会涉足第三方支付、P2P、众筹等多种业务板块。随着金融改革的社会和金融市场的不断完善，企业的自营能力和代客管理能力将不断增强，与中小银行、券商、保险等传统金融机构的竞争能力也在加强，经营范围不断扩大，经营牌照逐渐增多。这种情况下，可以借鉴传统金融机构的成功经验，将不同类业务化属为不同部门，以加强企业内部不同业务的风险分离，防范资金挪用等违规操作行为。

（二）前后台职能区分

互联网机构传统业务在于电商或是网络服务，金融业务相关的内部控制体系显然并不健全。在内控体系建设方面，要借鉴传统金融机构，实现前台部门与后台部门的职能分离。前台与后台业务分开，有助于后台对前台业务进行及时的核实和审查，以防止未经授权的交易行为，确保内部欺诈风险的最小化。

二、建立有效的风险监控体系

（一）建立内部交易实时监测系统

互联网理财模式下，产品的申购、赎回业务进出极为频繁，账户繁多，资金的投向和监控更为复杂，对资金、信息的准确、及时处理能力要求极高，任何一个环节出现问题，都可能诱发对互联网理财平台和理财用户带来巨大的损失。为此，互联网机构应立足于由小至大的不同层级的全面风险监控体系，利用网络信息技术实行有效监控和预警制度，确保将风险的发生控制在最小范围。

（二）建立外部风险识别防御体系

网络信息安全问题是互联网机构从事金融业务需要共同面对和解决的问题。

余额宝、理财通等“宝”类产品的案例体现出，管理数千万资产和过亿各账户的信息安全，对于任何一个机构而言都是严峻的挑战。随着互联网理财的不断创新，对互联网机构内部信息技术部门的要求更高，建立有效的防控体系保证系统瘫痪时不造成信息的遗失、系统延迟而产生的损失，以及因信息拥堵等各种原因造成的交易失败和客户财产损失等问题，是互联网机构建立外部风险识别和防御体系需要重点破解的管理和技术难题。

三、加强对投资者的风险提示

如果将互联网理财比作是股市投资，个人投资者更像是散户，投资知识的不足是首当其冲的风险，资金规模的限制以及信息获取能力的不足进一步削弱了个人投资者风险抵抗能力，加剧了投资损失对其的不利影响。

因此，互联网理财平台首先要按照《证券投资基金销售管理办法》的相关规定，就理财产品如实向投资者揭示风险，避免投资者形成货币市场基金永不亏损的错误预期。其次要如实披露理财产品的头寸分布信息，如包括证券品种、发行人、交易对手、金额、期限、评级等维度，以及资金的申购、赎回信息。

第四节　互联网理财的行业自律

在针对互联网理财相关的法律法规尤其是政府监管相对空白的当前阶段下，行业自律对于督促企业防范相关风险，促进互联网理财市场的健康发展尤为重要。相比于政府监管，行业自律的优势体现在作用范围和空间更大、效果更明显、自觉性更强（张晓朴，2014）。对于互联网金融这一市场自发形成的业态，行业自律比政府监管会更为灵活，作用空间会更大，效果会更明显，自觉性会更强。[①] 其中，大型互联网机构要在建立行业标准、服务实体经济、服务社会公众等方面，起到引领作用。

一、规范行业的准入资格与退出机制

（一）规范准入机制

恰恰因为互联网理财处于低门槛甚至是无门槛的状态，互联网理财平台的市

---

① 魏鹏. 中国互联网金融的风险与监管研究［J］. 金融论坛，2014（7）.

场准入就更为重要。只有推动形成统一的行业服务标准和规则，引导互联网金融企业履行社会责任，才有可能保障互联网理财市场的规范化、有序化。这一举措的积极意义体现在，从微观层面来看：一是可以保障投资者的基本利益，能够吸引更多的个人投资者进场；二是尽量避免不规范经营甚至是违法经营行为，以确保政府的管制柔性化，为企业以及行业的发展争取最宽容的空间。从宏观层面来看，规范发展下的互联网理财行为可以减少政府的严格限制，为企业乃至行业能够更为充分地参与金融改革，分享金融市场化改革的红利。

准入机制可以考虑以采取登记制，由互联网金融协会或是单独的互联网理财协会管理，互联网理财平台必须在被认可的一家自律性协会进行登记，并接受自律性协会的约束。进入标准以及从业规范参照监管部门对传统金融机构相关业务的规范要求，结合行业的实际情况确定。

（二）规范退出机制

规范推出机制的积极意义在于建立统一的推出标准和利益补偿机制，以充分保护投资者的利益。互联网机构的业务运营更为虚拟化，个人投资者对资金投向、资金流动难以有及时、全面的了解和掌握。运营企业在退出业务领域或是退出市场的情况下，需要遵循相关的规范和标准，由相关部门保留对利益追诉权，以对个人投资者的利益形成保障。

互联网理财平台下，绝大多数为零散的小额度资金，涉及的投资者众多，多数理财平台用户动辄达几百万以上，余额宝、理财通这种平台甚至都是几千万用户的级别，如此规模的互联网理财平台，如果没有规范的退出机制和明确的利益补偿机制，一旦引发风险，所引起的负面效应难以想象，也必将对理财行业的发展形成极为不利的冲击。

二、督促企业加强产品信息披露

加强信息披露的落脚点是以行业自律为依托，建立互联网金融各细分行业的数据统计分析系统，并就信息披露的指标定义、内容、频率、范围等达成共识①。行业协会应督促理财平台及时、全面地披露信息，包括金融产品的投向、预期收益、资金运作、相关风险等。一方面有利于投资者客观判断理财产品的收益与风险情况；另一方面有助于行业协会及时了解理财平台的资金运作状况，提前预判风险，做好引导工作，促进互联网理财市场的健康发展。

---

① 张晓朴. 互联网金融监管的原则：探索新金融监管范式［J］. 金融监管研究，2014（2）.

（一）加强理财产品信息披露

事前信息披露要求平台在发行理财产品时，应向投资者详细披露所有可能影响投资者决策判断的相关信息；事中信息披露要求在理财产品运作过程中，及时、准确地向投资者披露理财产品目前的运作情况和资产净值等重要信息，并且，当投资环境发生重大变化时，应及时向投资者预警；事后信息披露要求在理财产品运行结束后，向投资者披露理财产品存续期内的资金运作情况和收益分配情况。

（二）及时披露资金运用情况

投资者对理财产品的收益能力和风险水平做出判断的依据是理财资金运用管理信息的有效披露，这在投资者投资和调整投资的决策过程中显得尤其重要。互联网理财平台应如实报告理财产品运营中的资金如何往来，资产如何配置等产品运营核心信息，并及时准确地以书面形式告知投资者对理财产品各方面的咨询，让投资者充分了解产品运营情况。

（三）加强产品的收益分配、费用收取信息透明度

银行理财产品涉及的收费项目主要由申购费、赎回费、固定管理费、托管费和浮动管理费等组成。互联网理财的相关费用已经在收益中扣除。投资者对信息披露健全、透明度较高的理财产品能够清晰地了解理财产品的资金运营和收益，能够准确地预见到理财机构未来要收取多少管理费用和分成多少收益，这给投资者投资判断和决策提供了有利保障。商业银行应加强理财产品收益分配、费用收取信息的透明度，提高投资者对理财产品收益分配和费用收取的了解。

三、做好数据监测与风险分析工作

（一）构建风险预警体系

针对各项风险，行业协会可以基于大数据的优势，借鉴传统金融机构对理财活动的风险监测和分析指标，构建互联网理财风险预警体系。大数据也为实施全范围的数据监测与分析，加强对互联网金融风险的识别、监测、计量和控制提供了手段。在大数据时代，数据的大量积累和数据处理能力的不断提升奠定了互联网金融发展的技术基础。例如，相关公司从支付宝客户分散、客单量小、流量相对稳定等特点出发，充分借助大数据，对购物支付的规律，尤其是“大促”和节前消费等影响基金流动性的因素进行深度数据挖掘分析，对资金流动性进行预

估，促进了余额宝模式的安全运行。

（二）全面捕捉、监测、分析相关数据

行业协会要充分运用捕捉、处理大数据的优势，对网络平台尤其是资金流转等内外部相关数据做好监测、处理和分析工作，对互联网理财风险预警体系形成支撑。数据信息是分析互联网理财乃至互联网金融风险全貌的基础和关键，是防止监管缺位和错位的重要手段。为此，行业协会需要发挥自身优势，做好互联网理财的“预监管”工作，基于行业良好实践，提出数据监测、分析的指标定义、统计范围、频率等技术标准，对平台设计经营性指标和风险性指标的定期与实时报送和分析机制。通过数据监测、分析机制的建设，持续完善定期评估的指标，及时防范和处理新的风险。

对互联网理财产品，尤其是“第三方支付＋货币市场基金”产品，考虑通过压力测试估算投资者在大型购物季、货币市场大幅波动等情景下的赎回金额，并据此对货币市场基金的头寸分布进行限制，确保有足够比例的高流动性头寸。①

四、建立互联网理财行业征信平台

整合互联网络、电子商务、社交平台、政府征信资源（如工商、税务、法院、认证认可等）等数据信息，通过互联网理财行业共建机制，建设互联网理财行业共享的信用信息平台基础设施。考虑将该信息平台纳入人民银行征信系统的平台，面向互联网理财行业和消费者、投资者提供统一、权威、可信的征信服务，为互联网理财健康发展和保护消费者、投资者权益服务。②

第五节　互联网理财的监管思路

互联网理财有助于更好地释放大众的财富管理需求，促进实现普惠金融。鉴于此，金融监管总体上应当体现包容性、及时性，坚持鼓励和规范并重、培育和防险并举，以守住不发生系统性风险为前提，构建包括行业自律、司法干预和外部监管在内的“三位一体”的安全网，维护金融体系稳健运行。在 2013 年密集调研互联网金融之后，央行也在 2014 年年中表达了对互联网金融的支持态度，这体现出对互联网理财适当监管原则的印证。

---

① 谢平，邹传伟，刘海二．互联网金融监管的必要性与核心原则［J］．国际金融研究，2014（8）．
② 郑良芳．加强对互联网金融风险的监管研究［J］．区域金融研究，2014（10）．

一、加强监管部门的分工协作

（一）实施协同监管

我国金融市场现行采取分业监管模式，第三方支付由人民银行监管，互联网基金理财由证券业监督管理委员会监管。然而，互联网企业多为跨界经营，开展互联网理财业务的企业多涉及支付领域，各项业务之间存在大量关联性交易。此外，在金融产品的网络销售中，银行理财产品、证券投资产品、货币基金、保险产品、信托产品完全可以通过一个平台实现，因此，实施各部门的协同监管有助于消除监管真空。

余额宝就是一个跨机构和跨功能监管的典型案例：支付宝是由人民银行监管的支付机构；天弘增利宝基金是由证券业监督管理委员会监管的货币基金产品，两者撮合形成了互联网销售新模式；而余额宝的资金投向为银行业监督管理委员会监管的银行协议存款。

（二）重点面向资金

互联网理财的特点是资金规模大、流动性强，风险的产生往往来源于资金的流动环节，规模的不断增加放大了风险。因此，监管的重心应针对资金，包括资金账户的安全、资金的期限错配、大规模集中赎回等。考虑引入资本充足率、客户备付金等考核指标，提前预判、识别和化解资金运作风险，在确保盈利的同时，将流动性风险降到最低。

流动性属于资金监管的核心之一。互联网理财平台要明确理财产品所满足的平均期限、评级和投资集中度等方面的限制条件，确保有充足的储备来应付压力情景下投资者的大额赎回。

二、构建“负面清单”式的法规体系

（一）首期实施“负面清单”

互联网理财有助于更好地释放大众的财富管理需求，促进实现普惠金融。对于这金融业态，过早的、过严的监管会抑制创新，不利于金融效率的整体提高。因此，对互联网理财的监管应遵循的原则是鼓励创新、规范发展。互联网理财产品存在较大的发展盲目性，可借鉴的国外经验较为有限，而且国内的金融市场与监管体系尚不十分成熟，监管的确具有较大的现实困难。

借此，监管部门对互联网理财的发展应体现一定的包容性，考虑借鉴上海自由贸易区的监管方式，采用“负面清单”的方式，对欺诈等典型的违法违规金融行为重点监管，加大违法成本。对于清单之外的金融行为，动态跟踪和分析，视情况进行动态监管。

（二）逐步完善法律法规

互联网理财的发展和创新处于动态之中，因此要结合其发展，在防范重大风险尤其是在系统性风险的前提下，逐步出台监管条款，避免过度监管，及时完善相关的法律法规体系。

三、执行产品登记制度

（一）银行业监督管理委员会要求银行理财产品执行登记制度

按照银行业监督管理委员会《关于2014年银行理财业务监管工作的指导意见》（银监办发［2014］39号）要求，银行理财产品在指定系统登记才得销售。

按照上述文件要求，银行发售普通个人客户理财产品时，需在宣传销售文本中公布所售产品在“全国银行业理财产品登记系统”的登记编码，而客户可依据该编码在“中国理财网（www. china-wealth. cn）”查询产品信息，而未在理财系统登记的银行理财产品一律不得销售。

（二）产品登记制度有助于互联网理财产品信息披露和风险管控

登记和舆情监控都是出于监管机构对行业进一步深入了解和监控，对于推动互联理财行业健康发展和透明自律都有益处（石鹏峰，2014）。互联网理财产品登记将是积累金融消费者大数据的渠道，能更好地服务基于大数据的行业风控和监管。①

信息披露方面，互联理财平台要按照监管部门和行业协会设定的原则与标准，向监管部门和行业协会进行披露。资金方面，要考虑由第三方进行托管。对投资人来讲，平台信息的充分公开，有利于降低投资风险敞口，避开投资雷区。对于互联网理财平台来说，信息披露则是增信和有效体现风控的主要方式。

四、引入风险准备金制度

（一）风险准备金的功能

风险准备金是指期货交易所从自己收取的会员交易手续费中提取一定比例的

① 朱丹丹．P2P地方监管先行　北京拟推产品登记制度［N］．每日经济新闻，2014－10－24.

资金，作为确保交易所担保履约的备付金的制度。风险准备金的功能主要是为了应对一些极端情况，例如，基金公司提前支取定期存款而遭受损失，最终由基金公司自有资金进行赔偿，赔偿费用由风险准备金偿付。

货币基金提取风险准备金的做法，源于2006年6月19日证券业监督管理委员会基金部发布的《关于货币市场基金提前支取定期存款有关问题的通知》。该通知指出，货币基金因流动性管理的需要，因提前支取定期存款导致的利息损失由基金管理公司承担。《公开募集证券投资基金风险准备金监督管理暂行办法》规定显示，基金管理人应当每月从基金管理费收入中计提风险准备金，计提比例不得低于基金管理费收入的10%。

（二）建立风险准备金制度的意义

低门槛、高收益、高流动性的互联网理财产品在大规模吸引资金流入的同时，也造成互联网金融的风险快速集聚。

支付宝公司不对客户和基金之间的交易承担任何违约责任，只是通过余额宝为基金交易提供支付结算平台。由于货币市场基金存放银行的款项与一般存款适用于不同的管理政策，互联网理财产品购买的货币市场基金能够占据高收益、低成本的投资渠道，使得其在与银行存款的竞争中处于明显优势。借鉴央行对传统货币基金的管理模式，引入和实施风险准备金制度一定程度上可以降低流动性风险以及由此带来的投资损失。

风险准备金制度是一种备付制度。对于互联网理财平台，建立风险准备金制度的积极意义在于：一是应对大规模集中赎回带来的流动性风险；二是控制货币创造，提高货币政策有效性；三是保证市场公平竞争，压缩监管套利空间；四是使基金资产更多投向直接融资工具，促进金融市场的完善和发展（盛松成，2014）。

因此，为防范和控制金融风险，确保公平的市场竞争，实现整个金融体系的安全稳健和有效运行，货币基金等互联网理财平台也应考虑参照货币市场基金实施存款准备金管理。

五、实施动态监管

（一）定期评估互联网理财的发展状况与风险水平

根据互联网理财的发展动态、影响程度和风险水平，尤其是互联网理财产品的创新，监管部门应当定期评估不同互联网金融平台和产品对经济社会的影响程度和风险水平，根据评估结果确定监管的范围、方式和强度，实行分类监管。对于影响小、风险低的，可以采取市场自律、注册等监管方式；对于影响大、风险高的，则必须纳入监管范围，直至实行最严格的监管，从而构建灵活、富有针对性与有效性的互联网理财监管体系。

（二）加快建设和运用社会征信体系

推进互联网理财产品的统计监测和社会信用体系建设等有关基础性工作。通过加强对互联网金融平台资金流向的动态监测，强化对贷款利率的监督检查并对平台适当加强窗口指导，合理引导社会资金的有效流动，使相关金融业务符合宏观调控的要求。大力发展个人信用信息评级服务市场，解决互联网金融中双方信息不对称问题。

第六节　互联网理财监管的国际经验借鉴

尽管互联网理财并没有像第三方支付、P2P、众筹等互联网金融业态在美国、英国等国家获得长足的发展以及足够的重视，但是，发达国家针对互联网金融业态实施行业自律以及政府监管的思路、经验仍然值得研究和借鉴。在成熟的金融市场体系下，美国对互联网金融发展更主要依靠政府部门的监管和不断完善的法律法规体系，英国则更多地将责任寄予行业的自律。

一、美国的经验

美国是互联网金融产生最早的国家，始于20世纪90年代初网络证券的产生，此后20余年，互联网金融逐渐拓展到网络银行、网络保险、互联网理财，再到网络金融信息服务，逐步形成一个全方位、多元化的服务生态系统。

（一）多层级的监管机构体系

与成熟的金融市场体系对应的是多层次的监管体系。从监管体系来说，美国对互联网金融企业行使监管权限的机构众多。如果不属于金融机构，主要由联邦通讯委员会和联邦贸易委员会负责监管；如果属于金融机构（特别是银行），因美国联邦和州的双层金融监管体系的存在，属于联邦管辖的，则消费者金融保护局（2010年之后依据多德—弗兰克法案之后成立的机构）、美联储、联邦存款保险公司、货币监理署、美国证监管等都可能对其从不同角度施加管辖权；属于州政府管辖的，则在美国绝大多数州，其运作都需提前取得许可，并按牌照规定范围经营（鲁政委，2014）。

此后，2012 年 7 月，美国签署了《金融监管改革法案》，按新法案的设想，所有针对金融消费者的保护性措施都将由一家新成立的、独立的消费金融保护机构（CFPB）来执行。该机构的宗旨，是保护消费者和投资者不受金融系统中不公平和欺诈行为损害。[①] 2013 年 11 月，美国消费者金融保护局对 Cash America International（一家全美连锁小额贷款公司）发出 1.9 亿美元的巨额罚单，原因之一是这家公司没有依照注册所在州的法律规定审核重要贷款文件。

（二）普适性的法律法规体系

对互联网金融交易过程的风险控制方面，美国政府从网络信息安全、电子签名、电子交易等方面出台了一系列规则，包括《网络信息安全稳健操作指南》、《国际国内电子商务签名法》、《电子银行业务——安全与稳健程序》等。其中，《国际国内电子商务签名法》就规定，必须事前向消费者充分说明其享有的权利及撤销同意的权利、条件及后果等；消费者有调取和保存电子记录的权利，消费者享有无条件撤销同意的权利。[②]

针对互联网理财，美国金融监管当局没有建立互联网金融的专门监管框架，而是适用于一般性监管框架。其主要原因之一就是美国现有针对金融的法律法规已经较为繁杂，从而可以针对具体的金融业态，以及机构在从事业务中实际上所扮演角色的不同，来确定使用哪些监管规则。监管的原则是以金融产品的运营模式来界定监管的归属，目的在于最大限度地保护投资者的财产安全。由于对产品的定性、风险的揭示均有比较完善、透明的体系，加之美国是以机构投资者为主导的资本市场，比个人投资者有着更强的专业能力和相对稳定的投资理念。

（三）完备的征信体系

信用是金融发展的核心，互联网金融对信用的要求更高。美国拥有全球最完备的征信体系，信息架构是基于政府的大力支持之下，借力互联网技术在美国的迅猛发展而实现的。政府主导的征信体系构建在信息筛选、信息共享方面有更大的优势和更小的违约风险。

---

① 郑良芳．加强对互联网金融的监管研究［J］．区域金融研究，2014（10）．

② 陈秀梅．论我国互联金融市场信用风险管理体系的构建［J］．宏观经济研究，2014（10）．

（四）专门的信息平台

美国政府设立了专栏网站，实时更新互联网诈骗、消费者权益受损等案例，以应对通过互联网进行线上交易的金融业务中各类高科技网络诈骗行为。通过专栏网站，开展广泛的互联网消费权益警示教育，促进公众提高风险防范意识和自我保护意识，旨在降低互联网金融消费损失。

此外，美国联邦调查局和白领犯罪中心联合组建了互联网犯罪投诉中心，消费者一旦发现权益受到侵害，还可通过电话、电子邮件和上门等多渠道进行投诉。

二、英国的经验

与美国更加注重政府监管和立法规范模式有所不同，英国以及澳大利亚等国家对互联网理财监管思路的核心是行业先行，监管后行，行业自律与政府监管共同作用，相互补充（宋国良，2014）[①]。从而，对互联网理财的硬性监管较少，属于“轻监管”的方式（张晓朴，2014）。将行业发展和风险防范的职责更大程度上寄予行业的自律。

（一）规范的行业自律

英国的互联网金融发展更注重行业自律。行业协会管理很大程度上代替了政府监管。虽然目前对于互联网理财的行业自律尚未有相关的研究，但是随着P2P、众筹等互联网金融行为的迅速发展，英国快速成立了相关行业协会，来指导和规范企业的发展。

例如，英国的Zopa（网上互助借贷公司）、RateSetter（借存平台）和FundingCircle（借贷网络）于2011年建立了“P2P金融协会”，通过制定P2P信贷的行业准则规范业务模式和内控机制。同时，Zopa等P2P公司加入了英国最大的反欺诈协会，以期尽早地发现可能出现的欺诈行为。[②] 这些协会制定行业规则，实施行业自律，对整个行业规范、良性竞争及消费者保护起到了很好的促进作用。

因此，英国更加注重宽松的非审慎型监管，仅对投资者保护进行顶层设计，让行业自律发挥更大作用，平衡效率与安全问题，这种方法也使得2014年4月前的英国P2P行业获得了200%的年增长率。

---

① 宋国良，方静姝．互联网金融监管：靠自律还是靠政府［N］．中国经济导报，2014－02－13.

② 郑良芳．加强对互联网金融的监管研究［J］．区域金融研究，2014（10）.

（二）简明的监管框架

在以行业自律为主导的思路下，英国政府的监管框架相对较为简明化，只设金融监管局（FSA）负责所有金融监管。简明化的监管架构有助于提高监管效率，减少政策下达的滞后性。

（三）有效的征信体系

英国政府利用市场化的征信公司构建了完整的征信体系，可提供准确的信用记录，实现机构与客户间对称、双向的信息获取。[①] 目前英国征信体系以三家公司为主体架构，完全市场化运作，其数据系统庞大、可靠、专业。从事互联网金融的企业通过较低的成本即可购买客户信用信息。

此外，政府部门还同时与多家银行实现征信数据共享，将客户信用等级与系统中的信用评分挂钩，为互联网金融交易提供事前资料分享、事中信息数据交互、事后信用约束服务，降低由于互联网交易不透明产生的风险。

与美国相较而言，英国在互联网金融领域的监管属于“摸着石头过河”的阶段，监管经验尚浅。不过，其行业自律的主导思路、征信体系的建立值得学习和探讨。

三、经验借鉴

（一）引导企业加强自控意识

无论是以行业自律为主导的模式，还是以政府监管为中心的方式，企业自控都是首要的措施。企业自控最主要的意义之一在于，充分发挥市场对资源配置的优势，这也是新一阶段改革的核心命题之一。企业的自控可以发挥一种“双控”的功能，相当于建立了风险防控的“防火墙”。一方面，将风险尽量化解于网络平台的经营行为之外，避免风险对企业经营行为的干扰以及对盈利能力的影响；另一方面，一旦企业自身发生风险，还可以尽量避免风险传导至整个行业。

（二）深入发挥行业自律功能

规范的行业自律有助于引导和规范企业经营行为，减少行政干预，维护互联网理财市场的宽松发展环境。国际经验显示，宽松的市场环境有利于互联网理财

① 陈秀梅．论我国互联金融市场信用风险管理体系的构建［J］．宏观经济研究，2014（10）．

的快速和规范发展，这既要依靠企业做好经营和风险自控，又要依靠行业的自律，因为行业的自律程度将在一定程度上影响整个行业的发展。尤其是大型互联网机构要在建立行业标准、服务实体经济、服务社会公众等方面，起到模范引领作用。

（三）协调监管当局合作交流

互联网理财将金融的业务边界进一步模糊化。如果采用分业监管的监管方式，容易产生监管的缺位和错位，造成风险防范的漏洞或是监管的套利行为。分业监管下各部门间信息沟通不畅，信息传递延时，政策之间具有冲突性等问题也将影响到监管效果。

（四）注重保护投资者利益

美国和英国都有非常严格的消费者保护法。消费者在权益的分配方面处于弱势地位，是互联网金融的主要风险承受载体。金融发展最终应当服务于实体经济，服务于社会发展。因此，监管当局有必要重视消费者权益保护，维持金融市场的信心。

（五）完善征信体系建设

应从全社会层面加快推进征信体系建设，为互联网金融的信息核准提供技术支持。互联网金融依托互联网，既受益于大数据的信息容量，又有信息核准的技术限制。降低互联网理财形成的风险，需要加快社会征信体系的建设，健全机构和个人的信用体系，建立商业信用数据平台，推动信用资信认证、信用等级评估和信用咨询服务等的发展，使得市场更为高效和透明，进而提高金融市场资金配置效率。

网上银行的风险防范与控制

随着信息技术的高速发展，尤其是互联网、云计算、大数据的技术革新更迭，对传统银行的变革、转型升级带来了巨大的机遇与挑战。面对互联网金融的蓬勃发展，传统银行经营者能否洞悉网上银行发展要务、存在的风险与机遇，顺应金融变革的主旋律而掌控技术变革所引致的金融制高点。本章首先从网上银行（Internet bank or E-bank）的概念、模式、特征出发，阐明了网上银行发展历程及其存在的问题，其次介绍网上银行风险概念类型、成因识别，然后剖析网上银行风险控制、行业自律，最后，在包容性吸纳国外可借鉴经验的基础上，探索我国网上银行的行业监管思路。

第一节　网上银行发展状况

互联网在本质上是一种信息工具。作为一种社会化网络工具，特别是它的独特性能与特点，互联网引领了当前的第四次技术革命。这场革命从媒体业发展到零售业，继而革新到金融业，给我们的世界带来了翻天覆地的变化，甚至将颠覆或终结某些传统行业。面对互联网的变革，传统银行如果不主动迎接变革，可能就会像马云所指出的那样，“如果银行不改变，那我们就改变银行”。银行会成为“21 世纪的恐龙”吗？

一、网上银行概念、模式及特征

事实上，不管是发达国家还是作为发展中国家的中国，互联网金融都肇始于传统银行业的线下业务线上化。受长期金融抑制、金融市场细分不够、金融供需失衡等要素影响，传统银行业务网络化趋势并没有强有力的推进，由此在金融供需长期失衡引致的互联网金融化的强大冲击下，传统银行的互联网化才得以较快推进，并于2015年1月首家纯网上银行正式上线。

（一）网上银行是“互联网＋银行”吗

金融机构替代市场而存在的根源在于信息的不对称和交易费用形成的市场摩擦。信息的不对称导致资源配置效率低下，降低信息不对称可以减少用于收集、甄别、处理信息的成本，从而增加社会的净剩余。由于传统银行在降低信息不对称和交易费用方面具有规模、成本等优势，银行得以利用自身资产和信用的保证，在收集和处理金融交易信息中不断降低成本，发挥金融交易中介的作用。而在网络经济的环境中，传统金融理论的这一基本假定产生了新的问题。从信息收集处理的角度看，由于信息传播方式的改变，社会分工进一步细化，出现了信息收集和处理的专业机构，其专业化程度和技术优势甚至已经超过了银行本身。人们获取这种专业信息的服务，渠道更广、速度更快，传统银行的信息转换优势正逐渐消失。

网上银行作为一种新型的企业组织形态出现，其产生与网络经济的发展存在密切的关系。这正如拉坦所言：“动态技术与静态制度之间的辩证斗争与冲突，导致了经济组织的体系经历了历史的变迁与调整。”① 网上银行产生的背景是信息传播方式的革命和电子商务、电子化支付的迅速发展和普及，网上银行的出现也是“新经济”条件下社会分工的细化和金融组织形式变化的必然结果。显然，随着互联网革命的演进，逐渐对金融业，尤其对银行业的改变又是一场势在必行的金融革命。

然而，什么是网上银行呢？到目前为止，尚未有统一的概念，同时对网上银行的表述也存在不同的说法。有的把电子银行、网络银行与网上银行看作统一范畴的概念，此处不想对此展开争论，沿用这一说法。这样，网上银行就可以界定为通过网络和电子终端为客户提供自助金融服务的虚拟银行，内涵上囊括了微信银行、电话银行、手机银行、家庭银行、自助银行以及纯网上银行。

从概念来看，网上银行有两个层次：一是业务概念，即传统银行借助互联网、大数据、云计算等信息技术，为客户提供传统银行业务和因信息技术所引致的新兴业务。这一部分的网上银行服务，当前在中国得到了快速发展，基本

---

① ［美］R. 科斯. 财产权利与制度变迁［M］. 上海：上海人民出版社，2000：330.

覆盖了所有的银行机构。本章所谈到的国内网上银行，就属于这一范畴。二是机构概念，即借助 Internet 等信息网络所开设的银行。这类网络银行，属于纯网上银行（后面提到的网络银行都是这种类型），完全依赖互联网开展银行业务，没有线下的物理网点，也被称为“没有银行的银行”。2013 年阿里巴巴宣布申请设立网络银行之初，纯网上银行就曾引起市场巨大的关注和无尽的遐想①。

显然，不管从哪个层次来说，用户可以不受上网方式（PC、PDA、手机、电视机机顶盒等）和时空的限制，只要能够上网，无论身在何处，都能够安全、便捷地管理自己的资产和享受到银行的服务。网上银行以互联网为平台，业务不受地域、物理网点、营业时间等限制，可以随时随地在互联网上，甚至通过一个移动互联网终端就可以完成银行为主体业务的存款、贷款、结算、支付、理财等各类业务。由于网络银行没有物理网点，节省了巨额的网点运营费用和人员开支。据美国咨询机构 Tower Group 的数据，通过互联网金融方式办理的交易成本仅为传统柜面模式的约 1/50，是通过 ATM 方式的约 1/10。正因为如此，网上银行的便捷、高效等特性，必将成为我国银行业今后发展的重要方向之一。

（二）网上银行发展模式

由于网上银行具有虚拟化的基本属性和特征，网上银行对物理网点的依赖性大大降低。从网上银行的发展历程来看，按照经营组织方式划分，网上银行可以分为三类基本模式。

1. 纯网上银行

纯网上银行（Internet-only Bank）是一种纯虚拟模式。一种完全建立在互联网上的虚拟银行，采用此类模式的电子银行没有数量众多的分支机构和营业网点，只有一个办公地点。在这种模式下，所有的银行业务都依赖互联网来完成，通过互联网或电话等电子渠道来完成几乎所有业务，而需要人工处理的业务如现金存取、客户投诉等，通过采取委托代理机构、ATM 机等手段来解决。如美国安全第一网上银行（SFNB）就是一家典型的纯网上银行，也是世界上最早的一家采取了这种模式的网上银行。比较著名的还有 Egg（英国在线银行）、ING Direct（荷兰国际集团直营银行）、Bank of Indiana（印第安纳州网络银行）等纯网上银行。

① 李晓磊. 我国网上银行建设与发展 SWOT 分析——基于 668 家银行的调查［J］. 银行家，2014（9）.

2. 以互联网为主的银行

以互联网为主的银行（Internet-primary Bank）主要通过互联网来提供服务，但是配以有限的分支机构和自助设备，如业务亭（Kiosk）和自动柜员机等。这是一种过渡型的网上银行组织模式，采用的银行较少。

3. “鼠标加水泥”型银行

“鼠标加水泥”型银行（clicks and Mortar Bank）是以传统银行为基础，通过电子渠道使有限的营业网点延伸到无限的客户中去，实质上就是将银行业务拓展到互联网上完成的，从而使得有限的营业网点通过互联网延伸到无限的客户中去。比较典型的国外银行如美国的花旗银行和 Wells Fargo（美国富国银行）银行，国内银行如工商银行、招商银行等也采用这种模式。这也是目前网上银行所采取的主流模式。根据雷曼公司的调查，世界排名前 1000 家的大银行中，70% 以上设立了这种“鼠标加水泥”型网上银行，占网上银行的 80% 以上。

（三）网上银行的特征

网上银行的特征，我们可以概括为“5A”：为任何人（anyone）实现在任何时间（anytime）、任何地点（anywhere）与任何账户（anyhow）用任何方式（anyway）的安全支付和结算。在实践中，网上银行具有众多优点：提高工作效率、改善服务质量、有利于提供更多金融服务项目和支付手段、扩大更多客户、加速资金周转、提高经营管理水平，因而在世界范围内得到迅猛发展。

（1）网上银行业务脱媒化或电子化，服务个性化。网上银行主要借助网络技术，客户无须银行工作人员的帮助，就可以在短时间内完成账户查询、资金转账、现金存取等银行业务，即可自助式地获得网络银行高质、快速、准确、方便的服务。互联网向银行服务提供了交互式的沟通渠道，客户可以在访问网络银行站点时提出具体的服务要求，网络银行与客户之间采用一对一金融解决方案，金融机构在与客户的互动中，实现有特色、针对性的服务，通过主动服务赢得客户。

（2）网上银行业务将向多样化、创新化发展。网上银行的出现，表明传统银行正经历一场革新式的技术革命，银行业务将受到全面挑战。网上银行具有灵活强大的业务创新能力，不仅能延伸改造传统的业务，而且还会不断设计业务新品种，创新业务方式，满足客户多样化的需求。除了为企业、居民提供传统银行业务和理财等高级业务外，网上银行还利用现代网络技术，大力开展网上交易、网上支付和清单业务，拓宽业务范围、增加业务收入，拓宽技术创新空间和领域。

（3）网上银行呈现全球化、国际化发展趋势。随着经济全球化和金融国际化发展加快，世界各国银行业运用并购重组方式积极向海外扩张，采取“走出去，请进来”等多种途径、多种方式扩展业务，占领世界市场。随着网络整体水平的提高和综合实力的增强，它对国民经济增长的贡献会不断提高，它将成为一个行业，成为金融业发展的一种趋势。网上银行发展的潜力很大，市场前景广阔。

二、网上银行发展现状

从网上银行的概念来看，网上银行并非是新鲜事物。伴随互联网技术的快速发展，世界各国的传统银行都曾把信息技术应用到传统银行业务，呈现出了线下业务线上化的经历；而纯网上银行，美国最早在1995年，就诞生了全球第一家专门的网络银行SFNB，此后英国、日本等国家也都先后出现了专门的网络银行。

（一）国外网上银行现状

1995年10月18日，全球首家网络银行“安全第一网络银行”在美国创建。由于提供免费网上支付以及操作迅速等优势，网上银行得以迅猛发展，客户群在不断扩大。

不过，与网络银行刚刚诞生时被寄予厚望相比，过去20多年来国外网络银行的发展路径一直相当曲折。在SFNB银行之后，大批网络银行如雨后春笋般出现，但短短数年后，由于IT技术仍不发达、品牌认知度等原因，网络银行的客户基础并不稳固，导致许多网络银行先后倒闭，被其他金融公司所收购。SFNB银行就是因为客户战略失败、经营业绩恶化，最终于2002年8月被加拿大皇家银行（RBC）所收购，成为该行旗下的网络银行事业部。2004年以后，随着网上银行服务的日渐普及，再加上网络银行也开始纷纷采取与传统银行差别化的经营战略，网络银行逐渐步入稳步发展期。但此时，大部分网络银行的经营基础及财务状况仍较为脆弱。2008年全球金融风暴后，网络银行再次经受洗礼，部分过于激进的网络银行陆续倒闭，但亦有一些网络银行通过收购、兼并实现了做大做强。与此同时，传统银行也受到了金融危机的冲击，效益大幅下降，不得不收缩战线，再加上2008年以来，随着IT技术的不断进步，移动互联网逐渐普及，网络银行迎来了难得的发展机遇。可以说，经过近20年的试验和探索，网络银行的运营模式日渐成熟，尤其在美、日等发达国家，网络银行已经初具规模。

一份对美国22家主要网络银行的研究数据表明，截至2014年3月末，美国网络银行的总资产为4582亿美元，存款余额为3267亿美元，分别占美国银行业资产和存款总额的3.3%和3.1%。自2000年以来，美国网络银行的年均资产增幅和存款增幅分别高达19%和21%，远远快于传统银行。从收益情况看，除2008~2009年以外，美国网络银行的盈利均呈持续向好态势。2013年美国22家主要网络银行共实现7.4亿美元的营业利润，占美国银行业营业利润总额的5.3%。以3.3%的资产创造了5.3%的利润，以此也可以看出网络银行的经营效率要优于传统银行。

与发达国家的网上银行相比，亚非拉发展中国家的网上银行也获得飞速发展，在某些领域还超越了发达国家。这点，特别体现在以手机银行为形式的移动银行方面。手机银行最早诞生在捷克，20世纪90年代末由Expandia Bank与移动运营商Radiomobile联合创造的。之后，手机银行在非洲等地得到了广泛创新，成为很多经济落后地区的主要金融业务提供者。其中，“肯尼亚的手机银行M-PESA由移动运营商主导，已经成为全球接受度最高的手机支付系统，在肯尼亚的汇款业务已超过该国所有金融机构的汇款业务之和。”① 而南非的Wizzit（威兹特银行）和菲律宾的G-Cash（手机银行产品）也在全球网上银行中占有很突出的影响。

（二）国内网上银行概况

自1996年中国银行率先将网络技术与传统的金融服务结合以来，网上银行以其不受时空限制等优势在中国开始了快速发展。据艾瑞市场咨询有限公司的调查，2008年中国网上银行交易规模已达320.9万亿元，同比2007年增长30.6%。同样，根据艾瑞市场咨询公司的统计数据显示，2007~2010年中国网上银行整体交易规模保持着平均49.2%的增长率，至2014年中国网上银行的交易规模有望突破1100万亿元。

根据2014年上半年调查，对668家银行抽样130家，调查开办网上银行的数量为97家，开设比例达到74.6%（见表7-1），这说明中国境内银行业大部分银行重视并普及应用网上银行业务。②

---

① 谢平，邹传伟，刘海二．互联网金融手册［M］．北京：中国人民大学出版社，2014：39.

② 李晓磊．我国网上银行建设与发展SWOT分析——基于668家银行的调查［J］．银行家，2014（9）.

表 7-1　　中国网上银行情况调查

序号	银行机构类别	抽样数量（家）	开办网上银行数量（家）	网上银行所占比例（%）
1	政策性银行	3	3	100
2	国有商业银行	5	5	100
3	股份制商业银行	12	12	100
4	邮政储蓄银行	1	1	100
5	城市商业银行	32	31	96.9
6	农村商业银行	25	20	80
7	农村合作银行	10	8	80
8	农村信用合作社	20	14	70
9	村镇银行	12	0	0
10	外资银行（中国）	10	3	30
合计		130	97	74.6

网络银行在国内银行业得到了前所未有的发展，今后仍将会以更快的速度推进，出现与互联网金融其他模式的共融趋势。

一方面，互联网金融的趋势不可阻挡。移动互联网改变的不只有客户的消费行为，更重要的是改变了客户的消费体验。客户要求打破传统金融服务的时间限制、打破传统物理网点的地域限制、打破传统的以银行为中心的服务限制，要求银行能为其提供随时、随地、随心的金融服务。而网络银行作为金融和互联网高度融合的产物，恰好能很好地满足客户的上述需求，并能满足传统银行所无法企及的中小企业、草根的金融服务以及化解民间金融的高风险特性。

另一方面，网络银行在国内全面铺开的时机已经成熟。经过多年的探索，国外网络银行的模式已经基本成熟。从中国自身的情况看，除了传统银行业务的互联网化及信息技术应用带来的新业务外，在过去数年间以 BAT 为代表的中国互联网金融创新步伐走在了世界前列，P2P、网贷、众筹、余额宝等互联网金融产品先后崛起，而且国内已经出现了首家纯网络保险公司——众安在线。阿里巴巴等互联网电商企业，掌握了数据、客户、资金等资源，具备了强大的客户基础、品牌知名度和金融运营经验，有望从传统银行手中抢得一杯羹。2014 年 7 月，深圳前海微众银行获批；10 月 22 日宣布成立，12 月 28 日，其官网正式上线；2015 年 1 月 26 日正式营业，由此标志中国首家纯网上银行的诞生。

首家纯网上银行的设立，必然会在现代 IT 技术的应用下，对银行业的业务形态发生前所未有的影响。虽然国内电子商务有着巨大的潜在市场，但由于相关的管理条例及法规尚未出台，各银行原有业务的信息化程度不一样，因此选择了不同的应对策略。

相比四大股份制银行，招商银行虽然在规模上要略逊一筹，但互联网时代却给其提供了捷足先登的契机。从目前的情况看，招行网上银行的业务量在国内占绝对领先的水平，网上业务种类也领先于其他银行。当然，中国银行同样是较早就提出“科技兴行”发展思路的银行，国内第一张信用卡就是该行在 1985 年发行的，国内第一笔网上支付业务也是该行在 1998 年 3 月 16 日经办的。同时中国银行作为原来的外贸专业银行，海外分行网点多、经营规范，在国际金融市场中取得不少经验。因此该行在开发网上银行时，一开始就高投入、高起点，在网上支付系统中采用先进的 SET 标准。2004 年发起的“IT 蓝图规划”，2009 年已经在全行推广，到目前已经实现全覆盖。

建设银行是紧随中国银行、招商银行而推出网上支付业务的，网上支付较有特色的是提供退款功能。从建设银行现有及即将推出的网上银行业务来看，该行更注重面向 B2C 的业务，认为国内个人网上购物有着巨大的市场。从组织结构上看，建设银行成立了专门的业务部门，统一规划和开发。

事实上，网上支付只是网上银行众多业务的一种。一般来说，网上银行的功能从低到高分以下几个阶段：发布静态信息、发布动态信息、提供在线查询账户信息和提供在线交易。网上银行可以大幅度降低经营成本、提高银行的核心竞争力，其发展趋势极其明显。据 2014 年 12 月 CFCA 发布的《中国电子银行调查报告》，2014 年，在银行个人客户中，电子银行用户比例为 43.1%，同比增长 7.2 个百分点。同时，该报告还指出了 2015 年是电子银行普及年，显示出网上银行的未来发展态势。

三、网上银行面临的问题

网上银行以互联网为媒介，能够在任何时间、任何地点，以任何方式向网上银行用户提供全面的金融服务，并将成为未来金融行业发展的主流形式。但在高速发展的背后，网上银行也面临许多安全问题，除了传统的银行风险外，还会面临互联网时代特有的风险，尤其是安全问题成为制约网上银行发展的重要“瓶颈”之一。网上银行在我国发展中还存在众多制约因素和难点亟待解决。

1. 安全性不容乐观

由于网上银行是一种网络应用，它的所有内容都是以数字的形式流转于互联网之上，因此在应用中不可避免地存在着由互联网的自由、开放所带来的信息安全隐患。网上银行作为庞大资金流动的载体，更易成为非法入侵和恶意攻击的对象，安全风险同时关系到交易的双方。2007 年 1 月的中国互联网络发展状况统计报告（CNNIC）显示，在 13700 万中国网民中，有超过 35% 的人认为网上交易不安全；2014 年携程信息泄露事件中引致的银行卡安全性问题，充分反映出网上银行的安全隐患。最近，美国也发生了极其严重的信用卡“泄密事件”。

此外，由于网上银行涉及客户个人隐私和银行金融机密，所以网上银行的安全性是系统建设首先要考虑的问题。客户对网上银行的安全问题的顾虑并不是空穴来风。事实上，计算机及计算机网络系统不稳定，易发生软硬件和数据丢失等故障，并且也极易遭受“黑客”和病毒的袭击。目前的网上银行所采用的安全技术中，除了常见的防火墙、部署安全监控工作站和防病毒系统，来减少互联网带来的非安全因素之外，采用 SSL 协议以实现重要信息在互联网上的传输安全控制，则成为网上银行安全策略中最重要的方面。

2. 损害消费者权益与明确的法律法规缺失

尽管目前网上银行被盗的案例越来越多，很多用户也因此将银行告上法庭，但是结果都是让广大用户倍感沮丧，因为用户不能提供充分证据证明其存款被盗是因银行过错所引致的，因而纷纷败诉。银行方面称：网上银行系统没有问题，客户安全意识不强，没有保护好自己的账号、密码等重要信息，是导致存款被盗取的根本原因。这里，我们姑且不谈到底是谁的原因导致被盗，面对这么多用户被盗，难道银行就能一句话了事？事不关已、高高在上，让广大用户如何放心使用网上银行？

面对网上银行被盗，目前并没有相应的法律法规对此做出明确的规范和界定，这也是网上银行停滞不前的一个非常重要的原因。事实上，如果银行网络系统确实存在瑕疵，不能安全保护储户的个人信息，出现被盗事件，银行就应当承担责任。由于储户在这方面取证困难，因此诉讼时应使用举证责任倒置原则，由银行举证证明其网上银行是安全可靠的。但事实上，现在这种“举证倒置”原则真的执行了吗？这么多被盗的网上银行用户将银行告上法庭，但结果无一不是用户败诉，难道银行真的一点儿责任都没有？网上银行安全亟须立法保护。

3. 社会信用环境缺位

网上银行缺乏应有的信用环境，个人信用联合征信制度在西方国家已有 150 年的历史。而在我国，信用系统发育程度还很低，许多企业不愿采取客户提出的信用结算交易方式，而是现金交易、以货易货等更原始的方式退化发展。另外，互联网具有充分开放、管理松散和不设防护等特点，网上交易、支付时双方互不见面，交易的真实性不容易考察和验证。对社会信用的高要求迫使我国必须尽快建立和完善社会信用体系，以支持网络经济的健康、持续发展。同时，在网络经济中，获取信息的速度和对信息的优化配置将成为银行信用的一个重要方面。目前，商业银行网上支付系统各自为政，企业及个人客户资源零散不全，有关信息资源不能共享，其整体优势没有显现出来。

4. 缺乏统一的数字认证系统

同银行信用卡的情况相似，身份认证系统不完善、不统一，也影响了网上交易的保密性、真实性、完整性和不可否认性。网络银行数字证书能为电子商务双方提供三个保证：一能保证交易双方身份真实确定；二能保证交易数据完整、不可篡改；三能保证交易后双方不能抵赖。根据中国金融认证中心（CFCA）联合金融时报发布的《2006 中国网上银行调查报告》显示，2006 年现有网络银行用户中，使用数字证书的用户为46%，比 2005 年的 29.4% 增加了 16.6 个百分点；不知道数字证书的用户比例也下降为 0.9%。有 37.7% 的现有用户表示未来的一年将会使用数字证书（指占目前没有使用数字证书的用户中的比例）。到 2014 年 12 月发布的《中国电子银行调查报告》显示，数字用户有了明显提高，但从 2014 年新开户来看，仍有 26% 的人还在使用第一代数字证书。

数字证书的作用只是保证一对一的网上交易安全可信，而不能保证多家统一联网交易的便利。商业银行自建 CA（Certification Authority）认证中心系统不利于网络银行信用机制的形成，对网络银行用户而言是不公平的。目前，国内网络银行的安全认证系统多是由各银行自行开发建立的，银行自建 CA 系统的安全性虽然可以保障，但作为交易一方的银行，同时又是标准制定的一方，一旦银行与用户因网络银行业务产生纠纷，话语权将完全掌控在银行手中。因此，亟须独立于银行与用户之外的第三方安全认证机构来统一标准。

第二节 网上银行的风险分析

网上银行与传统银行有所不同，它无须承担经营实体的费用，同时也节省了员工费用的开支。网上银行的发展改变了传统银行运行机制，提高了银行业的运行速度和效率，提高了资本运营的效益，拓展了银行业的服务空间，加快了银行的发展，同时能为客户提供一个有效安全、方便快捷的操作环境。在此条件下，我国银行纷纷开展网上银行业务，当前已经成为它们发展的一个必然趋势。然而，网上银行的产生不仅给客户带来了可以足不出户、轻松办理业务的方便，同时网上银行的风险也在其不断发展的过程中，令人堪忧。所以，如何提高网上银行业务的安全性，增加消费者对网上银行业务的信赖程度，打消客户对网上银行风险的顾虑，已经成为网上银行发展的一个亟待解决的“瓶颈”。

规避风险和防范风险，一直是商业银行研究和探讨的重要问题，在尚不成熟的网上银行的业务中，更是如此。网上银行因为它所依托的是网络这一复杂的载体，不仅存在传统银行业所不可避免的业务风险以外，还存在着技术方面的相关风险，并且伴随着银行业务的不断发展和市场竞争的不断加剧，网上银行由于其自身的创新性，产生的风险也是复杂多变的。银行业是金融业发展的核心，随着人们对金融业风险认识的不断深化，对网上银行方面的风险防范增加了关注程度，同时对风险管理也提出了更高的要求。

一、网上银行风险的概念及特征

（一）网上银行风险概念

风险，一般是指可能的损失而导致预期收益的不确定性。风险具有两面性，一方面风险可以创造风险溢价，即所谓高风险、高收益；另一方面，风险可能带来损失，所以要加以控制。风险管理，就是商业银行通过设定一定的组织形式、实施一系列的政策和措施，对风险进行识别、衡量、监督、控制和调整，实现银行所承担的风险规模与结构的优化以及风险与收益的平衡①。风险管理使银行在风险最低的前提下，追求收益最大化；或在收益一定的前提下，追求风险最小化。它是一种机制，通过这种机制可以发现、评估主要的风险，然后制定、实施相应的对策，使风险被控制在银行所能承受的范围之内。

然而，网上银行风险，不仅包含传统银行所面临的金融业务特征所引致的风险，还包括基于互联网的信息技术自身的不安全性所引发的风险。针对网上银行的这两类风险，还可以对其进一步细分成：系统缺陷风险、安全性风险、数据集中风险、外包管理风险、内部管理风险、客户操作风险、法律风险和声誉风险等，这些都是构成网上银行的风险的主要方面②。简而言之，网上银行风险是指商业银行因开办网上银行业务，或已开办的网上银行业务在经营和运营过程中由于主观或客观因素诱发的，可能给银行带来资金、业务、声誉和法律损害，以及对消费者权益带来损失的事件。网上银行业务是以特殊的信息网络提供的金融服务，它不仅包含了传统商业银行业务所面临的各种风险，同时还具有服务渠道开放性所带来的独特风险。

---

① 刘元元．网络金融监管理论与监管模式［J］．管理现代化，2011（1）．

② 尹龙．对我国网络银行发展中监管问题的研究［J］．金融研究，2008（1）．

（二）网上银行风险特征

网上银行是以互联网作为交易的平台，以网络传输为渠道，以网络技术为手段。网上银行具有虚拟性，这将使网上银行风险具有以下特征。

1. 风险范围广、影响力度大

网上银行采用的是先进的信息科学技术，能够快速地处理业务，为客户提供高效、便捷的金融服务，然而数据传输的速度，导致了风险波及面更广。与传统银行有所不同，网上银行采用的是电子记账和电子化处理业务，所使用的也都是电子货币。其方式和金额都是不可预料的，这就给风险的防范和化解带来了更大的困难。如果风险在交易的某个环节中产生，将会难以识别和处置。不论是给客户，还是对银行都会造成巨大的损失。

2. 风险传染性强

传统金融机构在风险控制方面，都已具有一套相当成熟的措施来防范、化解。这些风险都是在常年的经营中所预料和分析出来的，并且这些风险在监管部门的量化下，可以将其划分确定其归属，将其定义为某一类风险并制定措施，防范风险的再一次发生。而网上银行则有所不同，由于其产品的特殊性和交叉性，金融机构在网上业务之间的关联性，导致风险也在此之间相互交叉感染，逐渐增加①。

3. 风险责任划分难

网上银行涉及的金融机构及客户众多，而且其网络的构建、技术的维护，都是分工协调配合的。风险的发生，很难准确地划分为哪一方面的责任，很难确定通过哪一方面的整改就可以起到降低风险的作用。它们直接都是相互关联和相互依托的。

二、网上银行风险识别

网上银行风险尽管覆盖了整个虚拟与实体领域，但主要来自两个层面——业务风险层面和技术风险层面。下面，我们从这两个层面入手，逐步对网上银行风险加以细化和分析。

（一）技术层面

1. 系统缺陷性风险

网上银行是以计算机为基础设施，以网络为传输媒介，从而使得网上银行风险也有很大一部分来自计算机系统和网络方面的安全性问题。

---

① 曾志耕. 网络金融风险与监管［M］. 成都：西南财经大学出版社，2011：128－132.

（1）信息系统被非法破坏，计算机系统受到病毒感染等都会影响到网上银行交易主体数据传输和信息的对称性。计算机系统的安全性，也成为网上银行安全的基本保障。由于网络的虚拟性和特殊性，对于以网络为介质的网上银行来说，不可避免在网络方面存在很大的安全隐患。

（2）互联网的通信协议采用的是 TCP/IP 协议，它更多的是考虑效益问题，而在安全问题方面考虑得不够全面。而且这些网络安全问题还会出现在网上银行的应用软件方面，如网上银行网络管理软件、灾难备份软件、应用许可软件等，如果网络方面出现了安全隐患会导致这些软件遭到破坏，这对银行来说面临着巨大的损失。所以对系统缺陷性的风险也需要进一步关注①。

（3）不仅计算机的软件系统会受到病毒的侵扰，其硬件设施也极易遭到破坏。硬件资源的自然失效、人为破坏、电磁辐射，以及外界电磁的干扰都会对计算机系统的正常运行产生负面影响。

2. 安全性风险

（1）网上银行依赖网络系统，在网络上发生交易，所传输的都是电子化数据，使用的都是电子货币，而且其所存储的都是客户用户名、密码、账户信息等高度保密信息，因此会面临很大的安全风险隐患。安全风险的主要形式有盗用客户的用户身份信息和“黑客”入侵等。网上银行与传统银行不同，它没有实在的物理主体，主要通过网络来完成双方交易。如果客户的身份信息被非法盗用，银行无法确认交易主体是否为真正的合法交易人，那就为犯罪分子留下作案空间，骗取客户的资金、信息等。

（2）“黑客”一直都是互联网的大敌，“黑客”群体都是由精通计算机的人群所组成的，他们运用自身所学习的知识，编制非法入侵金融机构的软件，非法窃取客户登录网上银行的用户名、密码等信息②。或者制作虚假网站，与网上银行的界面基本相似，引诱客户输入自己的身份信息，然后骗取客户账户中余额。他们作案的动机非常明确，技术之精通，是很难在短时间内被识别的。这也对网上银行的安全造成了巨大的安全隐患。

专栏 7－1　明明网络域名属银行　打开却是赌博网站

2013 年 12 月 13 日，从事网络工作的秦先生在电脑上输入一个名为 www.handanbank.cn 的域名后，却出现了一个涉嫌赌博的网站。“网站内，不光写有一

① 步山岳，张有东．计算机信息安全技术［M］．北京：高等教育出版社，2005：25－28.

② 李剑铭．浅析我国网上银行的操作风险管理［J］．商业研究，2008，（6）：12－15.

些涉嫌赌博内容，还有一些不雅的图片。”秦先生说，经过查询发现，这个网站域名的所有人竟是邯郸商业银行有限公司，“很有可能这个域名被人篡改了。”

随后，记者在电脑上输入秦先生提供的那个域名进行查询，杀毒软件提示：您访问的是博彩欺诈网站。当前网站含有虚假的赌博内容，为避免给您造成钱财和精神损失，建议您访问可信的彩票网站。

在一家查询网络域名的网站，记者输入 www. handanbank. cn，发现这个域名属于邯郸商业银行有限公司（现邯郸银行）。随即，记者联系了邯郸银行总部技术部。据该技术部负责人韩文科介绍，www. handanbank. cn 确实属于他们单位注册的域名之一。“经过查询，发现我单位所属的这个域名涉嫌被不法分子恶意篡改。”韩文科说，目前，他已联系了负责域名维护的运营部门，并且已经对域名进行了修复。

资料来源：http：//heb. hebei. com. cn/system/2013/12/16/013128805. shtm.

（3）病毒入侵，也是计算机系统安全性的一大隐患。由于病毒自身的传染性，一旦某台计算机感染上病毒，就会迅速传播，世界各地的计算机都会深受其害。因此，计算机病毒的侵害，也是网上银行风险防范的重要工作。

（4）电信诈骗成为新的犯罪形式。近几年来，犯罪分子利用手机短信、电话和互联网等实施诈骗犯罪，十分猖獗。

3. 数据集中风险

数据集中便于数据进行统一管理，为银行业的创新发展做出了巨大贡献。同时，数据集中使传输效率有了很大提高，为金融机构带来了巨大收益。然而，它的出现为网上银行风险带来了新的挑战。网络的飞速发展，网上银行进行交易的客户越来越多，使网上银行在不断满足不同客户群体的个性化需求的同时，金融机构也急切地在网上银行推出新的产品。网上银行的便捷性，可以使客户足不出户就可以自己办理业务，网上银行也可以实现产品之间的交叉销售。然而，技术系统不能满足业务的快速发展，要求系统具有较高的稳定性，在系统运行方面存在巨大的风险。传输数据流量是否均衡、网络宽带所能承受的容量、数据集中处理的核心主机能力等，都是需要考虑的风险因素①。

4. 外包管理风险

网上银行业务的快速发展，使银行全身心投入的业务迅速扩大，没有更多的精力、财力和人力来投入系统的开发和完善中。为了降低运行成本，银行便更多

① 吴庆田. 美国网上银行的风险控制分析与借鉴［J］. 湖南商学院校刊，2005（2）.

地发挥自身优势，而将信息技术的运作、开发，委托给服务商。外包服务主要涉及主机、小型机、网络等设备的安装和维护，主机、开放系统平台和部分第三方开发应用系统的运行维护支持等①。银行采用业务外包形式，虽然可以在自身弱势的方面部分或全部委托给具有技术能力的外包服务商，充分利用外部资源，同时还可以在降低成本方面增加收益，但是风险隐患也是不容忽视的。外包服务商如果在运行维护、技术支持使用外包服务时，留下缺陷或被"黑客"非法入侵，会给网上银行的安全造成威胁，其后果也是不堪设想的。

(1) 对信息系统的主动性缺失。信息系统的技术外包，使银行对于核心信息失去控制能力，主要依赖于外包服务商。在 IT 技术不断发展、创新的过程中，主要由外包服务商来不断地对系统进行更新。银行对信息系统的了解相对较少，这就使银行失去了对系统的主动性，只能接受服务商提供的一切服务。过分地依赖于服务提供商，这对于银行来说是极为不利的。

(2) 服务商所提供的服务与需求不符，无法满足银行的要求。主要有以下几个原因：

在选择外包服务提供商之前，没有对其人力、财力、技术等方面进行全面的评估，选择的服务商水平较低、实力较弱等。

合同履行期间，服务商的人员变动，尤其是负责 IT 外包的核心工作人员进行了变换，无法达到事先所制定的标准。

由于双方沟通不畅，使得外包服务商没能理解银行意图，未按照银行的要求来完成计划。服务提供商没有对网上银行进行全面的了解，无法对其可能产生的问题进行预测和制订相应的方案，一旦产生问题，银行将处在被动的地位。

外包服务标准及水平无法衡量，银行与服务提供商所签订的合同中没有对服务商的水平做出明确规定，也没有参照的服务标准，很可能出现失败的情况。

银行缺乏对外包服务提供商的监管，尤其是对 IT 的核心工作人员的监管。外包服务提供商对网上银行的认识并不专业，如果银行在这方面不重视，很可能对网上银行的服务产生巨大影响。

(3) 信息泄露所造成的风险。银行将信息系统的开发、运行、维护都采用外包的形式交由服务商来完成，其中很多的秘密信息可能会被泄露，存在一定的战略风险隐患。造成信息泄露的主要原因表现在以下几点：

外包服务提供商为了谋取自身的利益，将银行的商业秘密、所有权信息、客户信息等有意泄露给银行竞争对手。

① 相钟雷. 香港银行网上银行管理分析［J］. 西部经济管理期刊，2004（3）.

技术上的原因，使服务提供商无意间泄露了银行的信息。信息系统被非法破坏、第三方入侵、客户信息被非法窃取等都会对银行产生巨大的损失。

由此可见，采用外包服务的方式一方面使银行降低成本，提供专业的信息技术，可以帮助银行提高服务质量和服务效率；另一方面，如果没有很好地进行监管和管理，它所带来的风险隐患也是不容忽视的。

（二）业务层面

1. 内部管理风险

内控管理体系不够完善，也是网上银行所面临的主要风险之一。内控风险主要是指银行因未能遵循法律、监管规定、规则、自律性组织制定的有关准则，以及实用于银行自身业务活动的行为准则而产生的风险。银行在制定自身内部控制方面的约束机制时，没有全面地考虑可能产生的安全合规性，而产生风险①。银行内部的工作人员，对使用网上银行客户及其账户信息比较了解，利用自己职务之便，通过网上银行这一渠道，非法套取客户资金。伴随网上银行业务的迅速发展，通过网银购买理财产品的客户逐渐增多；银行的理财经理在维护客户权益的同时，也将一部分客户向网上银行理财业务转移，由于网上银行业务的特殊性，无须人工复核和授权，理财经理如果没有受到内部控制方面的严格管理，很容易将客户的资金进行转移。因此，对银行内部工作人员如果疏于管理，所存在的风险隐患也是很大的。工作人员更能利用自身的职务之便，了解到网上银行的风险漏洞，使作案手段更加隐蔽，这样不论给银行还是客户造成的损失都会更大。

2. 客户操作风险

网上银行所发生的安全风险问题，很大一部分来自客户的错误操作风险。犯罪分子利用客户的操作意识淡薄，疏于风险防范，对计算机的使用不太熟练，所以很容易从客户本身入手引诱客户，以达到自己的犯罪目的。常见的客户操作风险，有如下一些。

（1）登录网址不正确。犯罪分子根据与经常使用的网上银行相似的英文链接，来诱导客户。如访问中国银行网站时，假冒网站的域名在顶级域名“. tk”下注册，域名主体为“任意字母 + boc”或“boc + 任意字母”，包括：bococ. tk、bocb. tk、bocs. tk、bocv. tk、bockk. tk、rboc. tk、dboc. tk、bosc. tk、bocb. tk、oboc. tk、bboc. tk、eboc. tk、vboc. tk、bocob. tk 等。而中国银行的官方网址：http：//www. boc. com. 客户如果没有看清楚网址，很容易就上钩了。

---

① 常巍．国有商业银行风险研究［M］．北京：中国财经出版社，2007：31 – 32.

（2）未妥善保管用户名和密码。一些犯罪分子伪装为警察或银行工作人员以核对信息的名义套取网上银行用户名（登录卡号）和密码。他们还可能通过电子邮件、信函、电话、手机短信等方式向客户索要银行卡号、用户名和密码。客户没有这方面的经验，极易上当。一般情况下，客户都会根据自己的习惯来设定密码，选用容易猜测的数字或字母组合，如出生日期，或将动态口令牌（E-Token）和其他认证工具随处乱放，都会给犯罪分子留下可乘之机①。

（3）操作误区。一些客户在公共场所（如网吧、公共图书馆等）使用网上银行，而且在未退出网上银行服务前离开电脑，这些计算机很可能装有恶意的监测程序，或被他人窥视；这就使账户资金处于不安全状态。一些犯罪分子还会利用虚假电邮、网站（如经载于虚假电邮的超级链接）或者利用不同方法使有关电邮或网站看似真实，套用真实网站的图像将客户链接至真正的网站，让客户与有关的真正银行接通，而不知道其个人数据可能正在经过虚假网站。

3. 法律风险

随着金融市场的快速发展，商业银行的风险日趋复杂，法律风险在商业银行的风险组合中的地位不断上升，对风险总量的影响也越来越大。法律风险是指因银行经营活动不规范、不符合法律规定，或因外部法律事件所导致的与其期望达到的法律目标相违背的不利后果发生的可能性。而对于网上银行来说，几乎都是因为法律尚未明确所造成的风险。网上银行业务的迅速发展，而相关的法律法规尚不完善。网上银行面临的法律风险主要分为以下几点②：

（1）没有权威的认证机构。为了保证网上银行的交易在安全、公平、公正的金融环境下进行，成立第三方认证机构——中国金融认证中心③。网上银行大多采用数字认证的方式，然而认证中心在法律方面的地位却并不明确。认证中心只能在保证两家之间交易的安全性，对于多家的联网交易是难以保证的，还有待进一步完善。

（2）证据合法性的确定。在传统银行中，本人的亲笔签名，或者是法人的签名、签章，机构的公章都属于合同中的证明文件。而在网上银行中，这些都是无法实现的。电子签名法的确立，对网上交易的法律问题做出了一些规定，但仍不够完善。现在大多数网上银行都有自己的认证机构，在法律法规中却没有确立法定的电子认证机构，没有统一的管理和约束。一旦出现法律风险，银行可以提

---

① 陈静，刘永春．网上银行技术风险及其管理［M］．北京：人民出版社，2001：55－68.

② 张丽．我国个人电子银行业务法律风险防范［J］．合作经济与科技，2006（8）.

③ Iain. Functionality and Usability in Design for E-Banking Services［J］．Interacting with Computer，2007，（7）：12－13.

供很多有利证据，这些法律法规的不明确对客户来说是不公平的。

（3）责任的划分难。网上银行在交易中发生经济纠纷，其产生的原因是多方面的。这些因素的原因、责任方的确定以及产生的后果由哪方承担、怎样承担并不明确。在这方面还存在很多缺陷，需要逐步确立相应的法律法规。

4. 声誉风险

传统商业银行会受到声誉风险的影响，而对网上银行来说，声誉风险也是其面临的风险之一。声誉风险就是公众的舆论对银行所产生的业务、客户、经济等方面的负面影响。这将会影响到银行的业务往来，从而会损失一部分存量客户和可能新增的潜在客户。银行的发展是以客户为中心的，客户的减少必然会使银行的收益受到不同程度的损失，还有可能因此而产生一些法律纠纷①。声誉风险在网上银行中主要有以下几种表现形式：

（1）网上银行的发展还并不成熟，很多潜在的问题都是不可预料的，网上银行的业务发展也是在解决问题的同时而得以优化。如果客户在网上银行中遇到的问题正是银行现在所不能解决的，客户对此的不理解和不满意，直接会对银行产生声誉风险。

（2）客户的个性化需求是商业银行竞争的主要方式，但是，网上银行的一些服务目前还不能达到公众的期望值。如跨行汇款需要收款人的具体开户行名称或行号，客户觉得这样的步骤很烦琐，希望只提供账户就可以直入账，而这些还不能马上实现。又如某银行发出公告，需对银行系统进行升级，而在此期间不可以使用网上银行交易，就会引起很多客户的不理解，在社会上会产生不好的舆论，直接影响银行形象②。

（3）报纸、网络、电视等媒体的负面报道，对银行的影响也是很大的。客户的误操作使得非法分子利用假网站通过电子渠道骗取客户的资金，这样的事件一发生，媒体上就纷纷报道，使公众对银行失去了信心。声誉风险对银行的影响也是不容忽视的③。

三、网上银行风险的成因

网上银行与传统银行存在很大差距，网上银行是以互联网为载体，它不仅具有传统银行所有的风险，在网络技术方面的风险控制也是非常重要的。所以网上

---

① 钱明星．网上银行业务的法律规制与风险防范［M］．安徽：安徽大学出版社，2011：56－79.
② 马秀丹．银行网上银行风险管理研究［D］．郑州大学硕士论文，2013：10－13.
③ 郑燕．网上银行风险及管理对策研究［D］．兰州交通大学硕士论文，2013：10－18.

银行对风险的要求比传统银行要有更高的要求[1]。

1. 安全体系无保障

网络安全体系无保障，重点表现在两个方面：一方面，我国的网络普及程度不够高，一些客户在网吧、单位等公共场所里登录网上银行，在这种情况下，用户名或者密码极易被非法盗用；另一方面，我国在网络方面发展速度较快，网上银行业务开展也在逐步完善，但是相应的法律法规还没有健全，不能与网络发展同步进行，这就导致客户和银行不能有一个完善的安全体系作保障[2]。网上银行的交易规则并不健全，交易双方的权责该如何划分，还没有给出准确、详细的界定。这些就给客户带来很大威胁，导致客户在网上交易时有很多的安全顾虑和安全担忧，这样的风险因素同样制约网上银行的发展。

2. 网络自身弱点

网络是最基本的交互平台，它给金融交易的双方都带来了便捷性。网络具有开放性和创新性的特点，使用的人数特别多。但是，网络在提供更多金融信息的同时，自身的弱点也暴露了出来，这样的安全隐患是不容忽视的。“黑客”攻击、电信诈骗、使用假网站或钓鱼网站骗取客户信息等，都说明网络自身存在某种弱点[3]。而这样的风险由于其波及的范围较广，难以辨认信息渠道、方向和传输路径，也很难辨别犯罪行为。这对于风险的管理和防范，都提出了新的挑战。

3. 计算机病毒感染

计算机病毒是具有传染性的，一旦某台计算机感染病毒，就会导致整个计算机系统瘫痪，并且如果我们正在发生金融交易的时候，计算机感染了病毒，我们的系统会变得相当脆弱，一些重要信息就很可能被非法分子所盗用。这对网上银行的风险防范也是值得深思的。

4. 网络垃圾污染

网络垃圾，随着上网人数的增多而日益增加。尤其是对于一些广告商，抓住网络这个成本较低、所面对人群又较多的这一机遇，纷纷在网络界面上植入广告。这就占据了很多的网络资源，加重了网络运行的负担，降低了信息传输的速度，同时风险也会随之增加。一些犯罪分子非法窃取他人传输信息，或对传输的数据进行非法篡改，干扰数据传输渠道，严重影响双方的交易。

5. 运作方式内部不健全

由于网络发展的速度较快，各商家也纷纷在网上开展自己的业务。各家银行

---

① 刘廷焕，王华庆等．金融干部网上银行知识读本［M］．北京：中国金融出版社，2003：31－32.

② 杨力．网络银行风险管理［M］．上海：上海外语教育出版社，2006：32－36.

③ 殷永忠．电子业务发展与风险防范［J］．现代金融，2007：100－110.

之间的竞争，由传统银行方面逐渐转向网上银行。虽然网上银行所包含的业务越来越多，但是它的风险也越来越大。网上银行的发展速度之快，一方面银行业自身网络维护及安全防范人才缺乏，所以这也成为风险产生的原因；另一方面，银行内部控制方面的不健全也是风险产生的原因①。由此可见，要想防范风险，就要健全内部规避风险机制，而能够提供一个安全、健康的交易平台是亟须考虑的问题。

第三节　网上银行的风险控制

2015 年 1 月 23 日，中国人民银行副行长潘功胜明确表明，由人民银行牵头，和银监会、证监会、保监会等相关部门一道，制定了关于促进互联网金融健康发展的指导意见。从而，在政策层面上阐明了风控的指导性原则；但在实际操作上，业界内对于网上银行如何进行风险管理还处在探讨阶段，并未形成系统而完备的风险管理理论与方法。对于网上银行风险管理的研究，国内也刚处于起步阶段，对其认识还不够深入，目前也未能形成一套系统的风险管理制度。此外，由于网上银行所使用的一些硬件以及操作系统、数据库等软件大多数是从外国引进的，因此我国银行业对这些系统的性能等方面并未成功掌握，因而在控制网上银行风险方面有着诸多弱点。尽管随着信息技术飞速发展，商业银行网上银行业务也发展迅猛，但是商业银行网上银行的信息技术建设和风控人员专业素质仍存在滞后现象，技术标准等保障体系也不够健全。这些弊病必将导致国内网上银行风险防范出现大量问题，从而阻碍网上银行的健康快速发展。

如今越来越多的网上银行安全事故案例，更应该敲响银行加强网上银行风险管理的警钟。因此，银行必须加强其网上银行的风险监管及防范自控，采取必要的措施来预防网上银行服务中可能出现的各种风险，尽量降低银行在风险中遭受损失的可能，也最大限度地保护客户资金安全②。

一、网上银行风险技术层面自控措施

网上银行在技术层面上的风险控制主要是通过双防火墙、流量监测、入侵检测、安全过滤、防病毒网关、安全检查等诸多措施来实现的。当前，在我国网上银行风险技术层面自控措施中，做得比较好的应该是交通银行。

---

① 李少勇．网上银行的安全与风险控制［J］．中国金融电脑，2009（11）．

② 马秀丹．银行网上银行风险管理研究［D］．郑州大学硕士论文，2013：13－14．

交通银行采用的是国际上先进的、安全级别较高的操作系统。它选用了世界上最先进、最具稳定性的系列主机，从硬件上给予了保证，使其在互联网上传输的信息具有强加密特性。银行内部网络通信采用的是国家安全局指定厂商提供的加密机，同时采用了双层防火墙方案：在网络系统中采用了世界领先的美国思科公司交换机、路由器以及防火墙等设备，作为内部与外部网络的隔离设备，组成了防范来自网络攻击的第一道防线；同时在服务器和银行内网之间，采用的是华为公司的高性能防火墙，构建了双重安全体系。在数据安全方面，银行采用的是校验机制，有效避免了数据泄露以及被篡改的问题。此外，银行还利用多种手段防治病毒，设置在线报警系统，采用多层防毒保护，在网上银行系统的各个关键部位都安置了实时监控系统等，随时监控对网上银行数据的非法访问与其他攻击企图。核心机房实行全年不间断值班，从技术和管理两方面加强防范，保证网上银行的健康稳定运行。机房还设置 24 小时值班人员，一旦发现数据库遭到恶意攻击或入侵，实时监控系统或其他系统就会第一时间发出报警，并自动阻断攻击或入侵行为，为网上银行业务的顺利开展保驾护航①。

二、网上银行风险业务层面自控措施

在提高技术风险防范的同时，网上银行还在不断增强业务风险管理，实施持续、稳定的风险管理流程，以不断提高风险控制能力。

不管是传统银行，还是网上银行业务都是以“用户资金安全第一”为首要原则。国内商业银行，像中国、建设、工商、农业等上市银行都通过引进战略投资者等方式，在网上银行业务领域初步建立了全面的风险控制管理体系和风险防范工作流程。目前，交通银行等针对其自身的网上银行服务进行了客户体验测试，并通过不断加强管理，促进其稳定性，使风险控制能力不断增强，实现网上银行稳定性的监控与管理，并使稳定性与安全性得到持续，为树立财富管理银行的品牌形象奠定了基础。交通银行等灵活运用各项风险管理措施，为网上银行业务的稳健安全运行提供了有效保障。通过加强网上银行交易密码设置、加强用户限额管理、严格监控高风险交易等措施，在不同的交易流程中控制了各种风险的频发，保证了网上银行交易的安全发展，实现安全策略与业务开展的同时进行②。

三、网上银行风险管理自控措施

应对网上银行风险管控时，商业银行的网上银行业务还应从风险管理视角采

①② 马秀丹．银行网上银行风险管理研究［D］．郑州大学硕士论文，2013：15－16.

取以下相应的自控措施。

1. 操作风险管理

网上银行的操作风险主要源于安全性、系统开发、客户的误操作和银行内部的组织与管理等方面。其中安全控制是网上银行最重要的风险防范措施之一。

网上银行风险管理的自控主要通过加密、逻辑访问控制和物理安全、防火墙、病毒防护、内部管理等措施来实现的，内部管理则是最重要的。大量统计数据显示，对网上银行近60% ~70%的侵入来源于机构内部。内部人员了解系统或网络，因此有机会进行未授权的访问。对银行管理层来说，对新雇员、临时雇员和顾问进行背景调查，制定对雇员的恰当监视和内部控制程序、对雇员的业绩进行外部审计、对信用卡发放和管理进行有效控制、明确责任分工、对敏感数据的双重控制、对可疑交易或大额交易的跟踪以及通过其他渠道发布交易确认信息等措施，都是保证系统安全的重要防范措施。

2. 信誉风险管理

银行管理部门应该制订沟通计划和扩展战略，并定期进行测试，以便对因网上银行系统失效或其他问题而导致的负面客户反应作出迅速回应。银行应该提供客户支持，以完善网上银行服务，并降低银行的声誉风险暴露；制定相应的危机管理对策，以及时、有效地应对通过互联网传播针对银行谣言所造成的声誉危机。在实际操作上，网上银行可以采取如下一些措施：将谣言危机列入管理层的危机管理清单，制订专门的预警措施和应对方案，以避免危机出现时的混乱和延误时机；建立临时危机管理组织以调查谣言缘由、预测谣言传播的危害程度及实施有效的信息控制等；尽快向公众提供与其相关问题的信息，通过扩大信息量的方法来预防谣言的产生，同时应确保银行内部信息畅通无阻，传播口径一致；谣言过后，银行应继续运用公共关系手段来处理谣言所造成的长期负面影响，修复谣言给银行形象造成的破坏，同时还可以利用谣言传播危机创造的机会宣传银行的正面形象，以求与公众重建互信关系。

3. 法律风险管理

法律风险管理同其他管理一样重要，其管理措施一般包括：

首先，提供网上银行服务的金融机构必须在网站上清晰标明其法律名称和办公地点。在法律文件、存款证明、签名卡、贷款协议、账户声明、支票及其他类似资料中必须应用法律名称。

其次，遵守同网上银行相关的所有法律法规，包括客户隐私权法和信息披露法。银行网站上要有客户隐私声明，向客户公布银行的隐私保护政策和相应的安全措施，并定期对银行员工进行相关培训。在消费者信息披露中应当说明：客户的账户数据在什么情况下会面临风险以及银行采取了什么样的安全措施，必须使客户知道他们的权利和义务。信息的披露方式按照与客户的约定，可以采取电子形式，也可以是书面等形式。

再次，跨境网上银行业务使金融机构面临不同国家的立法要求。到底哪一个国家的法律可以适用，目前尚未明确。对此，银行应就不同国家的立法环境对工作人员进行培训。另外，银行管理部门应该向法律顾问进行咨询，以识别并考虑相关的法律问题。确定本银行的交易国家范围，并对来自交易区域以外的请求制定相应的响应策略。在现行法律对网络银行的适应性尚不确定的情况下，银行应该倍加谨慎，通过签订详细的合同，规定各方的权利和义务。

第四节　网上银行的行业自律

随着互联网无边界发展，网上银行的行业自律很大程度上可以说是互联网行业自律。伴随着云计算的广泛应用和大数据的深耕细作，互联网行业自律呼声越来越高。其自律方法、措施不断由文化引导到科技监督的路径发展，网上银行也应该逐步通过政策、法律、科技等手段方法，不断加强行业自律，渐趋塑造公平、透明、共享的网上银行金融生态环境。

一、网上银行行业自律的必要性

随着传统银行网上银行业务规模的迅速扩大，客户数量的爆炸性增长，以及网上银行业务在银行总体业务中所占比重的不断增大，网上银行这一年轻但具有巨大活力的脱媒化金融服务模式占据着越来越重要的地位，并成为银行加强竞争力、实现盈利以及树立品牌形象的重要渠道。伴随其成功的是网上银行日益凸显的风险管理问题。网上银行交易的安全性，对客户是否选择银行具有很大的影响。

网络安全性风险是近些年来比较常见的一种风险，主要包括内部员工非法侵入风险、数据安全风险、“黑客”攻击风险、病毒破坏风险等。如一些木马蠕虫等病毒非法入侵到系统中，会使服务工程中存在很大的风险。可能会使银行的系统瘫痪，客户的一些资料丢失或被盗，从而进行非法转账等违法行为，这些都会直接对客户和银行造成巨大的损失。

随着电子商务的爆炸式发展，网上银行行业保护客户资产、降低风险，应当作为银行风险管理的重点之一，也是行业自律的重要任务之一，稍有懈怠就有可能酿成祸患。尽管随着信息技术飞速发展，商业银行网上银行在最近几年间也发展迅猛，但是商业银行网上银行的信息技术建设和风控人员专业素质仍存在滞后现象，技术标准等保障体系也不够健全，这些弊病必将导致国内网上银行风险防范能力出现大量问题，从而阻碍网上银行的健康快速发展。

防范网上银行风险，保证客户资金安全，是银行贯彻以人为本、以客户为中心这个原则的体现。根据商业银行法规，保证客户资金安全是商业银行的责任，也是商业银行必须履行的义务。客户通过使用网上银行来办理相关业务，商业银行必须保证为客户提供一个安全的交易环境，除了便捷性之外，安全性将是客户选择银行网上银行的最主要原因。银行必须加强其网上银行的风险监管及防范，尤其是网上银行自律，采取必要的措施来预防网上银行服务中可能出现的各种风险，尽量降低银行在风险中遭受损失的可能，也最大限度地保护客户资金安全①。

二、网上银行内因（自身）视角

网上银行风险管控的关键问题是应促使银行构建自身健全的安全管理程序和风险监管体制。

1. 建立健全风险管控制度规章

（1）应该建立、健全网上银行的安全管理程序，包括制订技术方案、实施技术方案、度量风险、监控风险，旨在保证银行等金融机构识别、管理和监控电子银行风险的能力得到全面提升。

（2）建立、健全监管网上银行风险的相关法律法规和规章制度，建立怎样评估风险、具体的操作流程、工作人员的业务培训、岗位之间的交流学习、审计等各种规章制度，以监控各种类型的风险。

（3）应该在组织的基础上为有效监管网上银行实施提供保障，与此同时强化对监管人员的网上银行知识的培训和培养风险意识，提高监管人员的网上银行知识水平。

2. 建立和规范安全认证体系

资金在网上支付等，安全性是最大问题。发展网上银行业务，大量经济信息在网上传递。而在以网上支付为核心的网上银行，电子商务最核心的部分包括CA认证在内的电子支付流程。国内不少银行都在做网上银行业务，但都因为法律、管理等方面的原因，最后只能实行局限交易，也就是说国内目前的网上银行还不能算真正的纯网上银行，只有真正建立起国家金融权威认证中心CA系统，才能为网上支付提供法律保障。目前中国金融CA工程已正式启动，商业银行及

① 马秀丹. 银行网上银行风险管理研究［D］. 郑州大学硕士论文，2013：13－14.

有关金融机构进行电子商务的网上相关法规必须形成制度，逐步为网上银行的发展创造一个良好的法律环境。

3. 建立统一的支付网络体系，解决跨行结算问题

支付网关连接消费者、商家和银行，是商业银行系统与公共网络连接的桥梁，由于历史的原因，我国国有银行资金平衡能力脆弱，超负荷经营态势严重，直接制约了银行内控机制的建立和资产负债比例管理的实施。而这一问题的症结，在于银行系统内不同银行之间结算资金和资金收付而引起的债权债务的清算方式，为了彻底改革这种传统的联行业务体制，必须尽快建立资金汇划清算系统的高速公路，而建立这种支付网关，需要选择与各商业银行既紧密联系，又权威性、公正性，又可按市场化运作的第三方机构进行建设。可由中国人民银行牵头，建立会员制机构。

4. 建立健全自身的网络安全系统

首先，随着网上银行业务的快速发展，必然出现很多金融业务创新，也必将涉及现行金融管理体制和政策的空白领域或禁区。同时，计算机及计算机网络系统极易遭受"黑客"和病毒的袭击，内部技术和操作故障都难以避免，而由此产生的损失则因我国涉及网络交易方面的条款还不健全，各方的合法权益难以得到保障。在网络环境下，银行业一些传统业务的风险将被放大，使银行面临的风险更大。因此，银行应尽快建立计算机网络的安全体系，不仅包括防范计算机犯罪、防病毒、防"黑客"，还应包括各类电脑识别系统的防护系统，以及防止自然灾害恶意侵入、人为破坏、金融诈骗等各类因素。其次，建立健全科学、规范的网上银行风险监管程序，将有关网上银行风险监管的全部内容，如风险的识别评估、现场检查以及非现场的监控都要纳入银行监管部门进行风险监管的体系中。再次，应该构建一套完整系统的对网上银行风险现场检查和非现场监测的制度体系，建立科学、规范的检查程序和检查策略，以检查业务处理程序的规范性和技术支持系统的安全性等。对非现场监测，更应该关注的系统能否及时和真实地反馈交易信息，以及有关技术系统运行等重大事项的报告。

5. 重视网上银行风险管控人才培养

网上银行业务的顺利进行，不仅需要完备的金融知识，更需要具备充分的网络知识。在网上银行网站的建设和维护方面，要有具备计算机网络硬件知识的人才，在网上银行网页和网络金融新产品开发方面，要有具备计算机软件开发知识和具备银行业务支持的人士。目前，我国各商业银行不仅人才匮乏，如何解决人才短缺问题也是我国商业银行实施脱媒化风险控制中的重要问题。

我国银行业要重视网络人才的培养，特别是同时具备网络知识和金融知识的人

才培养。我们要建立高科技人才的培养战略，更新银行业高科技人才的激励与约束机制。要采取有效措施吸引和凝聚优秀科技人才，特别是青年人才，要从政策上稳定人才，充分发挥人才作用，为人才的发展提供宽松的环境和良好的外部条件。要加大对科技人员在业务和技术方面的培训，提供各种条件鼓励其参加境内外的培训与深造，并且积极吸收外部人才充实银行内部实力，为科技人才队伍注入新鲜血液，从而增强机构活力，为银行的脱媒化风险控制建设做好人才储备。

三、网上银行外因（环境）视角

1. 构建第三方金融认证中心

网上银行作为金融交易一方的银行，同时又是标准制定的一方，一旦银行与用户因网络银行业务产生纠纷，话语权将完全掌控在银行手中。这就需要独立于银行与用户之外的第三方安全认证机构来统一标准，需要有强有力的行业自律为交易保驾护航。

由于我国网上银行系统设计开发工作起步较晚，缺乏经验，因此，建设相关系统的规范化、标准化不一，没有形成一个详细、统一的总体战略和规范标准，如软件开发重复低效、认证体系及标准不统一、硬件设备的购置标准各异等，给网上银行的发展人为地制造了一定障碍。所以，尽快建立全国统一的金融认证中心，对我国的网上银行风险管理工作来说是至关重要的。

中国金融认证中心作为独立于交易双方的第三方，推出了 CFCA 网上银行数字证书，并与多家银行、券商建立业务联系，将通过建立第三道防线——网上银行数字证书，避免网上银行被盗事件的发生。十届全国人大常委会第十一次会议表决通过了《电子签名法》，审议并通过《电子认证服务管理办法》，确定了一个权威性公信力的第三方作为安全电子认证中心存在的法律地位。自 2000 年 6 月投放第一张网上银行数字证书至今，中国金融认证中心共发出证书 40 余万张，为国内 20 余家商业银行提供认证，证书发行量全国最大，相当程度确保了网上银行风险管理。

2. 构建大数据征信为基础的行业自律平台

近年来，随着互联网技术的发展，大数据征信越来越受到关注，其应用逐步渗透至多个行业，开启了全新的数据征信时代。数据是征信业务开展的基础资料，征信活动主要是围绕数据进行采集、整理、保存、加工，并最终向信息使用者提供。大数据不仅为征信业发展提供了极为丰富的数据信息资源，也改变了征信产品设计和生产理念，成为未来征信业发展最重要的基石。我国征信业发展尚处于起步阶段，在大数据时代存在征信法律制度和业务规则不够完善、征信机构数据处理能力有待提高等问题。未来征信业在网上银行风险自律方面，同样面临着机遇和挑战，网上银行行业自律如何构建大数据征信对行业发展具有重要意义。

3. 通过完善契约约束机制促进行业自律

在立法和司法实践方面，我国对网上银行的规定还处于起步阶段，所以银行在提供网上服务前应与客户签订《网上银行服务协议》，对网上银行可能产生的一系列权利义务事先予以明确确定。目前，我国大多数的商业银行都已相继开通了网上银行业务，但各自制定的《网上银行服务协议》内容均不一致，对此央行应尽快加以严格规范。

面对基于信息技术的金融创新产物“电子银行业务的监管”，中国银行业监督管理委员会主要目的是推动网上银行的发展，有效引导网上银行发展方向，树立一个比较好的行业标杆，促进各家银行加强在网上银行方面的投入，不断完善网上银行的风险管理水平。我们希望从各种渠道了解可能推动或有益于加快网上银行业务的所有措施、方法和思路，这些思路可能是其他国家历史上用过的。我们还将这些可能的措施经过整理，在访谈中反复向各方面专家进行求证，求证这些措施的有效性、应用方式、协同应用关系等。

4. 建立和完善社会信用体系。

要积极推行“银行信贷登记咨询系统”，在建立和完善企业信贷登记制度的基础上，尽快开发和推广个人信贷登记系统，逐步实现贷款信息共享。为防范信贷风险服务，还可以以居民存款实名制为基础，开发个人信用数据库，用以提供个人信用报告网络查询服务、个人信用资信认证、信用等级评估和信用咨询服务，逐步建立个人信用体系。中国人民银行应尽快组织进行个人信用评估体系建设，逐步建立健全社会个人信用体系。建立和完善社会信用体系，这是银行电子商务发展的两大支柱之一。电子商务发展以互联网等电子工具为经济活动的虚拟媒介载体，需要高度的信用机制支撑，而满足此要求，建立完善的社会信用体系就必须依靠政府的引导、政策的支持。

第五节　网上银行的监管思路

网上银行的快速崛起，给央行监管提出了一系列新的政策问题。如何规范、确保网上银行支付系统的效益性、安全性与稳定性，如何处理网上银行监管及与其他国家央行监管的协调合作，避免新的支付工具被用来逃税、洗钱等犯罪活动，等等。这些问题不仅需要网上银行内部针对风险做出制度上的调整和改进，还需要外部对银行进行一定的监管。

一、建立健全网上银行各类规章制度和司法制度

建立各项规章制度至少应该从如下两个方面入手：一是要建立健全各类相关的网上银行法律和管制措施；二是形成确保这些法律及管制措施得以有效执行的可信赖的执法机构。

1. 建立严格的市场准入机制

个别网上金融业务与传统金融业务相比，不仅仅是业务手段、方式上的创新，同时也是业务内容上的扩张，如果央行缺乏有效的监管，任其自由发展，网上金融业务在不断发展过程中不可避免地会带来一些新的、不确定的金融风险。因此，建立严格的市场准入机制，对网上银行的客户予以一定的限制，是一项防范风险的有效措施。

2. 逐步建立及完善网上银行监管法律法规

伴随互联网业务较快发展的同时，我国网上银行的发展仍然存在法律法规不健全、网络安全隐患多、信用体制缺失和网络人才匮乏等问题。银行电子商务的长期发展需要加快社会环境建设，这就需要政府的引导和全社会努力的双重作用来完成。

有必要建立规范完善的一整套网上银行的法律体系，以及从中央到地方的网上银行法规条例，专门规范高新电子技术、网络技术，传统生产、销售等商务和金融资金流动结合环节的经济行为，内容应涉及认证中心、数字签名、电子合同的法律效力、电子票据的合法性、信息安全、网上企业管理、隐私权与知识产权保护、网上银行业务的市场准入，以及网上交易的经济纠纷处理规程等法律问题。另外，国家还应逐步建立网上银行法、银行卡业务管理办法等其他金融相关立法，为网上银行与网上银行业务的发展创造良好的法律环境。

为了使网上银行业务健康、有序发展，应加快关于网上银行的相关法律制度建设，尤其是对电子货币支付交易相关各方权利和义务关系，应做出明确而清晰的界定。关于网上银行的法律涉及《合同法》、《票据法》、《银行法》等，应在现有法律规定的基础上进行修正和补充，如对以电子证明书和数字签名作为支付指令和认证中心的权威性加以确认合法，并认真研究制定针对网上银行犯罪的严厉处罚条例和办法。

二、督促各银行强化网上银行风险管控

1. 督促各银行健全网上银行电子支付安全管理组织制度

加强对安全管理人员的安全技术和安全规程培训；各支付系统的技术人员、

监管人员共同建立对话、磋商机制；在电子支付的风险防范和金融科技的资源信息共享等方面开展行业管理；加大宣传力度，增强使用电子支付系统的客户和商家的安全意识和安全保护知识。

2. 监督指导各银行严格把关签约时的身份认证

对于私人客户，银行应严格审查申请人的身份证件和开户材料，并保证签约柜台的双人临柜操作；对于单位客户应严格审查客户的营业执照和年审情况，并对单位提交的网上银行服务申请表上的单位公章和印鉴，与该单位在本行开户时的预留公章和印鉴予以核对。对企业印鉴的审查，银行应增设电子验印等先进验印手续，切实防范法律风险。

3. 督促各银行健全业务操作管理制度和权限制约原则

严格落实岗位责任制；明确规定系统操作人员的工作操作过程和权限，每一步的业务操作人员和技术人员必须分离，每个级别的人员都要受到权限控制；对操作密码要严格控制，指定专人定期更换，坚决杜绝未经授权而操作支付系统的核算程序；应由专人负责保管必要的系统操作记录，记载操作人、操作时间和操作内容等以备查。

三、通力合作加强国际间网上银行的监管合作

随着改革开放的不断深入，外资银行逐步进入国内金融领域。它们进入的方式不会选择使用传统的银行分销模式，而是会大量使用网上银行的方式进入国内市场。在这种情况下，我国现有的银行营业网点不会对外资银行的进入构成实质性的贸易壁垒。对此，央行应积极与各国金融监管当局通力合作，加强国际间的交流，在如何监管外资金融机构网上运作、怎样监管双方都有效率等方面探索出一条金融监管的新路子。因为，随着金融业务发展的全球一体化，央行监管也将走向全球一体化，未来的金融监管应由各国通力合作、共同完成。①

第六节　网上银行监管的国际经验借鉴

互联网源自西方，网上银行也起源于西方金融界，自然网上银行风险管控也就应该吸纳西方的成功经验。网上银行主要以互联网为传输通道和平台，其业务具有突出的跨国性、动态性、技术依赖性、客户导向性等特点，致使网上银行风

① 李良．中国电子银行风险评估研究［D］．大连理工大学硕士论文，2010：143.

险较之于传统银行业务，往往发生几率更高、范围更广、破坏性更严重，从而给银行业监管带来了新的挑战。而国外尤其是发达国家网上银行起步较早，在长期的监管实践中已逐步探索出一整套较为成熟的经验和办法，对我国极具借鉴意义。在欧洲、我国香港地区以及其他一些发展中国家均有值得借鉴的网上银行风险自控、自律、监管的宝贵经验。

一、网上银行风险监管的国际经验

1. 联动协同监管及信息共享机制

欧美监管机构之间普遍建立了网上银行监管协调机制，高度实现信息共享。在这方面，美国极具代表性。美国实行的是多元制的监管体系，负责网上银行监管的部门有美联储（FRB）、货币监理署（OCC）、联邦存款保险公司（FDIC）以及金融机构检查委员会（FFIEC）等。监管部门之间既有分工又有合作，相互协调配合，信息共享。FFIEC 的成员由各监管机构负责人组成，负责协调部门之间的监管工作，统一监管规则和标准，避免重复监管以及监管空白。

在美国，监管机构通过使用全国检察数据库系统和银行机构全国桌面系统来实现部门间的信息共享，其中全国检察数据库系统是美联储国家信息中心的一部分，OCC 和近 30 个州银行监管厅通过与其联网，随时可以调出监管对象的相关信息；银行机构全国桌面系统具有很强的数据共享性，通过功能设置增进监管部门之间的信息交流与合作，避免重复检查，提高监管效率。

2. 多样化的监管方式和手段

各国对网上银行的监管主要分为两个层次：一个是企业级的监管，即针对商业银行提供的网上银行服务进行监管；另一个是行业级的监管，即针对网上银行对国家金融安全和其他领域形成的影响进行监管。目前对网上银行的监管方式主要有市场准入、业务扩展管制、日常检查、信息报告等。大多数国家都对设立网上银行有明确的要求，需要申报批准。审查的主要内容有注册资本、银行规模、网络设备标准、技术协议安全审查报告以及风险处置预案等。

对于业务扩展的管制主要分为两方面：一是业务范围，除了基本的支付业务外，是否以及在多大程度上允许网上银行经营存贷款、保险、证券等业务；二是对纯网上银行是否允许其建立分支或代理机构等。

在日常检查中，侧重检查交易系统的安全性、电子记录的有效性和准确完整性、客户资料的保密与隐私权的保护等，并要求网上银行建立相关信息资料和独立评估报告的备案制度，及时向监管当局报告相关信息。

欧美发达国家均动用多样化的监管手段，包括现场检查、非现场分析与评级、技术提供商准入管理、发布IT技术规章和指导意见、推动外部评级和审计、IT风险信息披露等，以确保网上银行监管的全面性。

专栏7-2　菲律宾央行对手机银行G-Cash的监管

菲律宾央行对手机银行G-Cash的监管形成了一个相对完善的多层监管机制。第一，用户注册手机银行账户时，必须出示身份证件，提供姓名和住址等信息；第二，为保护存款人利益，菲律宾运营商Globe Telecom要按照1∶1的比例在其专用银行账户中保持与手机银行账户相等的资金；第三，G-Cash对每日和每月的交易额设置上限；第四，Globe Telecom每月必须向菲律宾央行提交业务报告，并且参加由菲律宾央行组织的反洗钱培训；第五，所有代理商都必须向菲律宾央行提出注册申请，代理商必须保留5年之内的交易记录。

资料来源：谢平，邹传伟，刘海二. 互联网金融手册［M］. 北京：中国人民大学出版社，2014：44-45.

3. 督导商业银行健全网上银行风险管理体系

在英国，金融管理局不仅要求各银行建立全面完善的制度体系以规范网银业务，而且责令设立网上银行合规部、风险部、审计部等专职部门，负责管控网上银行风险。在美国，监管当局一方面要求各银行在风险部、审计部等部门设立专门岗位负责网上银行工作，切实保障网上银行安全；另一方面还要求严格按照国家统一标准进行信息系统建设，确保硬件技术过关，并通过加密、访问控制列表等手段保证软件层面的技术过关，以此形成内控与外控互相结合、技术与业务相兼顾的网上银行风险控制体系。在德国，除了要求网上银行须在软件程序、硬件技术、操作程序等方面加强安全控制，还开发了风险价值模型、信用计量模型等专用的风险控制软件模型。

4. 监管信息披露和消费者权益保护机制

由于网上银行无纸化操作的特点以及网上交易记录难以跟踪且可以不留痕迹地加以修改，加大了监管和审查的难度，因此各国为网上银行制定了较之于传统银行更为严格的强制性信息披露规则。如法兰西银行在《网上银行的审慎监管》中明确要求，商业银行须在其网站主页披露网银业务风险、收费标准、消费者权利与义务以及免责条款等，同时还要在明显的位置设置图标，与CECEI等审批当局进行超文本链接，以便消费者了解其合法性，避免误登“钓鱼”网站。美国货币监理署制定了《重大事项（可疑行为）报告制度》，要求提供网上服务的商业银行在发现可疑行为或安全事故时及时向监管当局通报，并设计统一的报告格式。各国对网银信息披露不真实、不完整以及消费者保护不力的行为，均实施较为严厉的处罚。

5. 定期对金融机构进行辅导和培训

新加坡金融管理局（MAS）每个季度举办一次信息科技风险例会，参加人员有各金融机构的 CEO、CIO 和信息科技管理人员。MAS 利用这种形式，以各种监管数据、图表为基础，向金融机构定期讲解互联网安全、银行卡网上支付风险事件等信息科技风险发展的最新动态，对金融机构进行技术辅导，警示风险，并介绍有关风险的解决方案。

6. 注重监管队伍和人才建设

新加坡金融管理局认为，由于技术风险在网上银行业务中凸显，需要对网上银行给予更多的关注，监管部门在监管团队建设和监管过程中必须投入更多的人力和精力。基于这种认识，MAS 成立了网上银行安全工作组、科技风险处等多个监管处室，监管人员不仅具有专业化监管水平，还有很强的敬业精神，对监管工作尽职尽责、一丝不苟。

二、对强化我国网上银行监管的启示

1. 建立监管机构间的交流与合作机制

根据国际经验，这种交流与合作应包括国内、国际两个层面。在国内层面，应建立人民银行、证券业监督管理委员会、银行业监督管理委员会、保险业监督管理委员会以及工业和信息化部等行业主管部门之间的稳定的交流与合作机制，既要各司其职，又要共享信息，以避免重复监管，增加监管成本；在国际层面，针对网上银行不受时空限制、犯罪分子可能来自世界各国的特点，还应加强与国外有关部门的沟通与合作，如与国际刑警组织、外国金融监管机构和司法部门进行信息交流及法律合作，共同打击“黑客”、洗钱等网络金融犯罪。

2. 充实完善网上银行的监管内容及监管方式

在《电子银行业务管理办法》中，明确了网上银行市场准入的相关要求，但对于业务扩展的管制内容、日常检查项目、信息报告的内容等均不十分明确。为此建议，一是根据网上银行发展的实际情况，适当补充和完善网上银行准入制度；二是除要求商业银行报送必要的日常业务运行数据报表之外，还应根据网上银行的特点，要求报送入侵事件、网址变更、IP 地址更改等情况，并在日常监管中重点注意防止违规操作；三是重视现场检查，检查应覆盖网上银行业务的全部内容，包括业务的合规性、网络环境的安全性、数据传输的保密措施等。在监管方式上，明确网上银行的对口监管部门，建立全方位的监管框架，培养既掌握网络技术又掌握金融实务和管理知识的复合型监管人才，以适应网上银行的监管需要。

3. 着力强化网上银行的日常监管

一是在非现场监管方面，应尽快建立一整套风险监测、评估指标体系和日常分析制度；二是在现场检查方面，重点关注内控机制是否健全和风险管理是否恰当；三是在网上银行技术风险监管方面，可参照新加坡《网上银行及科技风险管理指引》和《网上银行安全和欺诈控制系统问卷》，对我国网上银行业务风险管理和技术标准做出明确规定，以此强化网上银行科技业务风险管理；四是定期开展技术辅导和风险警示。定期组织召开网上银行风险监管例会，向金融机构通报网上银行风险发展的最新动态及相关案例，介绍国内及国际上最新涌现的风险管理技术，指导金融机构不断修订完善网上银行内控制度和风险防控办法。

4. 探索建立我国网上银行技术风险评级体系

新加坡金融管理局的整体风险评级系统以及美国联邦监管机构 FEIEC 的信息技术统一评级体系非常值得学习。结合我国银行系统信息技术应用的实际水平，我国可探索建立对网上银行的技术风险评级体系，对网上银行合规性、资本充足性、资产质量、盈利能力和内部控制等做出评估，以有效提升我国网上银行的技术风险监管水平。

5. 完善网上银行的强制信息披露制度

及时充分的信息披露对于保障网上银行监管的有效性至关重要。然而，我国《网上银行业务管理暂行办法》对信息披露的相关规定过于笼统，无法满足保护客户权益、切实实现有效监管的要求。因此，应修订和细化相关法规条款，要求网上银行按照公开、公平、公正的原则，定期在网站上发布经营活动和财务状况的信息，并保证信息的真实、完整和披露的及时性。网上银行应将其真实注册信息、联系方式及交易网址进行披露，并保持其稳定性；应以合理方式告知客户网上银行业务的价格、操作程序，以合理方式提醒客户面临的风险，如在网上银行首页的显著位置提醒客户注意网上交易安全。监管当局应披露网上银行的违规行为，使客户及时了解网上银行的信誉状况。

网络虚拟货币的风险防范与监管

比特币的面世掀起了轩然大波，各国政府对待虚拟货币态度不一，大致分为唱衰派、观望派和看好派。支持或是反对网络虚拟货币主要是基于收益与风险的考量。纵观网络虚拟货币的发展历程，已从主要服务于电子商务发展到网上支付和投资，业务范围延伸到金融领域；学者们也从早期支持或是反对使用虚拟货币的争论转为关注网络虚拟货币的风险源、风险传导机制以及风险防范和监管，这些也是本章的重点。本章在明确网络虚拟货币的定义后介绍了其发展现状，分析网络虚拟货币风险的生成原因、特点和传导机制，并从内部控制、行业自律和政府监管三方面讨论虚拟货币的风险管理问题，最后总结了他国的管理经验。

第一节　2014 年网络虚拟货币的发展状况

我们按照欧洲央行的分类方法，分别从封闭型网络游戏币、单向流入的 Q 币以及双向货币流的比特币类新型虚拟货币三方面描述网络虚拟货币的发展现状。2014 年网络虚拟货币的发展主要呈现使用群体继续扩大、发行数量不确定、交易平台及其服务多元化、监管收紧等特点。比特币类新型虚拟货币受到风险投资方欢迎；同时，风险日益凸显，监管环境出现新挑战。虽然目前新型虚拟货币影响有限，但是仅比特币在第三季度就增加了 13000 家商户（《2014 年第三季度比特币发展报告》），展望未来，网络虚拟货币有望成为全球支付结算工具。

一、网络虚拟货币的定义和种类

（一）网络虚拟货币的定义

由于学界尚没有形成一个关于货币的统一的定义，所以才出现了“货币”一词的泛化，各种“货币”此起彼伏，增加了理解的难度和学术研究的复杂性。如网络货币、电子货币、虚拟货币、超物货币、数字货币等，光弄清楚这些概念的含义及其之间的关系就要花费大量的时间。这些“货币”与法定货币都有某种联系或相似之处，有些与法定货币等同，有些只是“类货币”，并不具备所有的货币功能，而是在某个方面有限地充当货币。

虚拟货币的定义一直伴随着虚拟货币行业的发展在不断完善。目前，关于虚拟货币的定义，主要可以分为三种。一种是比照法定货币进行界定。代表性的观点有：Hiroshi Yamaguchi（2004）将虚拟货币视为局部交易系统（Local Exchange Trading Systems，LETS），充当交易媒介，不受国界与政府控制[①]，有可能发展为global LETS[②]；苏宁（2008）认为虚拟货币是在网络虚拟环境中产生并充当一般等价物的货币；孙宝文等[③]（2012）认为虚拟货币是由互联网网站发行，以互联网电子信息为载体，持有者能够在网上选择购买或换取物品的种类和数量，或在网络虚拟社区作为交易媒介且不同于法定货币名称与单位的有价虚拟物品；肖薇等（2006）认为虚拟货币是一种与法定货币挂钩，在互联网中用来结算的代用券。他们都认为虚拟货币与法定货币之间存在某些天然的联系。2014 年9 月西班牙政府发布新规定，规定虚拟货币为电子支付系统，表明西班牙开始更倾向于将虚拟币视为一种货币而非资产（西莫·关特，2014）。

另一种是比对电子货币界定虚拟货币。代表性的观点有：李翀（2003）认为虚拟货币就是电子货币，即没有实物形态的电子数字形式存在的货币，将政府发行的和私人发行的各种电子货币都纳入虚拟货币的概念范畴[④]；邹恒（2008）根据国际清算银行对电子货币的定义认为虚拟货币是电子货币的一种。国际清算银行指出：“电子货币是指记录资金的存储或预付产品，或者由消费者拥有的电子设备中存储的多用途的价值”。

还有一种是比对电子货币和法定货币界定虚拟货币。代表性的观点是程皓

① 其中，不受政府控制只是相对而言，并非绝对，因为政府是制定“游戏”规则的人。例如，中国政府已经出台规定，规范网络游戏币的发展。

② Yamaguchi，Hiroshi. “***An analysis of virtual currencies in online games***”（September1，2004）.

③ 孙宝文等．网络虚拟货币研究［M］．北京：中国人民大学出版社，2012：56－57.

④ 李翀．虚拟货币的发展与货币理论和政策的重构［J］．世界经济，2003（8）.

（2009）根据发行主体和流通范围将虚拟货币区分为狭义和广义两种[①]。前者包括网络虚拟货币[②]、游戏币、网络积分等，以网络虚拟货币为代表；后者即虚拟化的货币，除了狭义虚拟货币外，还包括信用卡、银行及第三方支付平台的电子货币等，以电子货币为代表。狭义虚拟货币是相对于真实货币[③]而言，一般都改变了货币名称和记账单位，其发行主体通常是私人机构，其流通与网络经济密切相关。这些虚拟货币通常不能按照原来的发行价兑换回法定货币，而且其流通范围受到发行商的商品服务或者相关协定的限制，有的还有时间期限，如有些网络积分规定了使用期限和使用范围。广义虚拟货币是相对于有形货币而言，是无形而实在的虚拟货币，除了狭义虚拟货币之外，还包括国家法定货币日益非物质化的流通形式、由私人机构发行的新型电子货币（这种电子支付系统依然使用法定货币单位）。关于虚拟货币与法定货币、电子货币的关系，详见“专栏 8－1　虚拟货币与电子货币、法定货币”。

专栏 8－1　虚拟货币与电子货币、法定货币

虚拟货币、电子货币、法定货币是一组非常容易混淆的词语，厘清三者的关系，对深入理解虚拟货币大有裨益。

虚拟货币 VS 电子货币

目前还没有一国法律对电子货币进行准确定义，只有一些国际组织在一些报告中对电子货币进行界定。主要有国际清算银行巴塞尔银行监督委员会和欧洲央行、欧盟。其中欧洲央行和欧盟的定义属于狭义电子货币，即货币价值的电子形式；国际清算银行的定义则属于广义电子货币。欧洲中央银行在 1998 年 8 月发布的《电子货币》报告中将“电子货币”定义为“以电子方式存储在技术设备中的货币价值，是一种预付价值的无记名支付工具，被广泛用于向除电子货币发行人以外的其他人支付，但在交易中并不一定涉及银行账户”。[④]国际清算银行巴塞尔银行监督委员会在 1996 年 8 月《电子货币的安全》报告中将“电子货币”称为“预付价值产品”，是“预付价值的支付工具，消费者

① 程皓．中外虚拟货币的含义及其研究视角——兼评 Q 币的性质［J］．江西师范大学学报（哲学社会科学版），2009（2）．

② 此处的网络虚拟货币是指，科学技术的发展使得一些公司发行非物质化的新货币，有自己的货币名称、记账单位和面值等，在公司协定的范围内可以支付结算。如 beenz、swapits、Q 币、百度币、POPO 币等。

③ 所谓真实货币是指人们现在普遍接受的国家法定货币，此外也包括银行体系发行的信用货币——银行承担其与纸币同等支付能力的责任，并在国家允许的范围内自由兑换法定纸币。

④ Report on Electronic Money European Central Bank［Z］．August，1998．

所有的或可以得到的资金被存储在电子设备中，并由消费者占有，当消费者使用该设备从事交易时，所存储的价值数额随之增加或减少”，包括“储值卡或电子钱包”。

关于虚拟货币与电子货币的关系主要存在四种观点：第一种观点认为虚拟货币等同于电子货币（李翀，2003；周虹、王鲁滨，2008）；第二种观点认为虚拟货币属于电子货币的一种（李爱君，2006；邹恒，2008）；第三种观点认为虚拟货币不属于电子货币，而是一种独立的支付工具（付竹，2007）；第四种观点认为虚拟货币包括电子货币（程皓，2009；秦聪，2010）。

之所以会得出不同的结论，是因为虚拟货币和电子货币的比较不是在同一个层次上进行的。邹恒（2008）认为虚拟货币属于电子货币是因为用狭义的虚拟货币与广义的电子货币进行比较。形成上述四种观点是因为不同学者所引用的定义不同，有的是狭义的，有的是广义的，还有介于狭义和广义之间的。下面仅分析同一层次（狭义）的电子货币与虚拟货币的区别与联系。表 8－1 是狭义的电子货币与狭义虚拟货币的区别。

表 8－1　　狭义的电子货币与狭义虚拟货币的区别

	电子货币	虚拟货币（比特币）
货币形式	数字货币	数字货币
计价单位	法定货币（如美元、人民币等）	无法定地位发出的货币
可接受性	被发行人以外的机构接受	一般限于特定的虚拟社区，伴随使用范围扩大和被公众了解可接受性可能显著提高
法律地位	受监管	不受监管
发行人	依法设立的电子货币发行机构	非金融私人公司
货币供给量	某一时点固定，但央行可根据经济发展需要跨时期加以调整	逐渐增加，但总量设定上限（2100 万枚），没有中心发行管理机构对供给量进行调整
赎回可能性	提供以面值赎回保证	不提供保证
是否受监管	是	否
主要风险类别	操作风险	法律风险、信用风险、流动性风险和操作风险（欺诈风险）

资料来源：欧洲央行（2012）和陈道富、王刚（2014）整理所得。

狭义电子货币与狭义虚拟货币的联系主要有：

1. 都是基于互联网的发展，以移动支付为主要表现形式；

2. 降低央行对货币供给的控制，只是程度不同而已；

3. 使用其支付将更便捷、人性化，真正做到随时、随地和以任何方式（anytime，anywhere，anyhow，即“3A”）进行支付；

4. 对货币的存在形式、中央银行的货币供求和货币控制等方面有一定程度的冲击。

虚拟货币 VS 法定货币

张福军（2008）认为虚拟货币与法定货币的关系，类似纸币与黄金的关系，一些运营商在网站上公布虚拟货币与法定货币之间的“汇率”。[①] 虚拟货币与法定货币的不同之处在于：

一是货币发行权属不同。法定货币发行权的唯一主体是中央银行，发行的基础是国家信用。而虚拟货币是由许多网络服务运营商自行开发设计的，发行权由运营商拥有，故发行主体不唯一；虚拟货币发行的基础是那个网站所代表的商业信用，使用范围要受到设备条件、相关协议等方面的限制，所以其发行权具有明显的非权威性、分散性和局部性。

二是发行数量决定机制不同。法定货币的供给量取决于基础货币及货币乘数，并根据一国的宏观政策调控目标确定最终的货币供给量；网络虚拟货币发行分属不同的网络服务运营商，发行数量是根据利润最大化的目标确定的，具有很强的不确定性。

三是货币创造能力不同。商业银行根据中央银行规定的法定存款准备金率进行货币创造，派生新存款。法定存款准备金率越低，创造的货币相应越多。当前的虚拟货币实行零准备金制度，再加上互联网提供的便捷支付加快了虚拟货币的流通速度，这就使得虚拟货币在理论上具有无限创造能力。

四是价值交换机制不同。现实的法定货币具有流通手段的职能，成为商品交换的媒介，可以实现货币和商品之间的双向交易。而目前一些网站规定法定货币与虚拟货币之间的兑换多是单向流通，虚拟货币不可以反向兑换为法定货币，只有很少的虚拟货币可以兑换成法定货币，如比特币。表 8-2 是虚拟货币与法定货币的比较。

① 张福军．虚拟货币的理论框架及其命题扩展［J］．教学与研究，2008（6）．

表8-2　　虚拟货币与法定货币的区别

	法定货币	网络虚拟货币
发行主体	中央银行等货币当局	网络服务运营商
发行目的	充当购买商品的等价物；服务宏观调控	便于购买网络虚拟产品以及服务
获取方式	通过劳动获取	用户向发行公司购买
法律关系	所有权、物权	债权
交换机制	货币、商品双向交易	与法定货币以一定比例兑换；发行者与持有者间单向流通
发行限制	法定货币由中央银行发行，发行数量取决于基础货币量和货币乘数	由网络企业发行，发展数量与方式无限制
使用风险	国家信誉担保，有准备金	发行者个体信用担保，无准备金，风险高

资料来源：吴晓光，陈捷．虚拟货币市场的特征与规范发展［J］．中国货币市场，2011（10）．

本书沿用孙宝文等（2012）对虚拟货币的界定，除特别说明外，后面的“虚拟货币”都适用这一定义，即强调虚拟货币的发行主体是网络厂商或由相关机构通过网站发行，它的生存环境是互联网络，具有货币的部分职能和特征，不同于法定货币的名称和单位。

（二）网络虚拟货币的种类

按照不同的标准可以将虚拟货币分为不同的类型：有按获得方式分类的（万星，2006），按功能、用途分类的（孙广志，2006；倪娜、王布衣，2007），按发行者分类的（陈东海，2007），按照支付方向分类的（孙宝文等，2012），等等。欧洲中央银行根据虚拟货币和实体经济互动程度，将虚拟货币分成三类：第一类是封闭性虚拟货币。几乎与实体经济无连接，主要是游戏中各种游戏币，如暴雪娱乐的魔兽金币。第二类是单向流入虚拟经济的虚拟货币。按照买进兑换价格，将现金兑换成虚拟货币后，用于购买虚拟商品和服务，虚拟货币一般不能购买实体商品或服务，个别例外可购买实体商品或服务，如 Second Life 发行的 Linden Dollars，Facebook 发行的 Facebook Credits，亚马逊公司发行的亚马逊币，腾讯发行的 Q 币。第三类是双向货币流的虚拟货币。按照买进卖出兑换价格，用于买卖虚拟及实体商品和服务，如比特币。本书参照欧洲央行对虚拟货币的分类，并将前两类合并，分析虚拟货币的发展情况。

二、国内网络游戏币和 Q 币的发展情况

虚拟货币产生的初期，主要表现为网站访问“积分”兑换奖品、积分换钱、点卡等形式，后发展成为各种游戏币、论坛币或网站币，如 Q 币、百度币、论坛币、新浪 U 币，充当小额支付的工具。鉴于游戏产业的发展壮大，服务商为了方便玩家买卖游戏中的道具，发行了各种虚拟的游戏币。一些企业的门户网站为了吸引客户，开始拓展增值业务，提供各种低价有偿的体验服务。为了满足消费者对小额支付的需求，企业在各自网站上发行了形形色色的虚拟货币。自从 2002 年腾讯公司推出 Q 币以来，在过去的 6 年中，陆续出现了新浪 UC 币、U 币米票、网易 POPO 币、盛大公司的点券、魔兽世界游戏币、侠义元宝等虚拟货币。据报道，目前国内互联网上存在的虚拟货币达 20 余种，表 8－3 列举了主要的网络游戏币和论坛币。

表 8－3　　国内主要的网游币和论坛币

币种	发行公司	用途、功能	兑换比率	获得方式
Q 币	腾讯	QQ 会员、QQ 秀、QQ 游戏超级玩家、QQ 交友包月、资料下载、下载瑞星杀毒软件、超女投票等	1Q 币 =1 元	银行卡、电话银行、财付通等
U 币	新浪	网络点卡购物、游戏下载、网络占卜、UC 网络聊天室、纸贺卡、任你邮、网上商城支付	银行卡：1U 币 =1 元；互联星空、北京 ADSL/山东网通：1U 币 =1.5 元；固定电话/手机：1U 币 =2 元	银行卡、银行电汇、邮局汇款、宽带、手机、联通直通车、固定电话、网汇通充值卡、e 购通、神州行、酷币兑换
百度币	百度	百度传情、影视、电话缴费	1 百度币 =1 元	银行卡、快钱支付、手机

续表

币种	发行公司	用途、功能	兑换比率	获得方式
POPO	网易	购买道具、POPO 游戏、发免费短信、下载 POPO 表情	无	使用 POPO“我行我泡”上传图片、奖励
盛大元宝	盛大	各种盛大服务、充值杀毒、浏览收费资料、看电影	100 盛大元宝 =1 元	银行卡、充值卡、短信
MM	猫扑	增值服务	1MM =0.2 元	固定电话、移动电话、银行卡
China-pub V 币	VBook	收看 Vbook	10V 币 =1 元	网上支付、阅读卡邮局汇款、银行汇款
卡拉	云网	网络彩票、社区	1 卡拉 =1 元	网上支付、邮局汇款、银行转账
狐币	搜狐	搜狐付费增值产品及服务（VIP 邮箱、搜秀、摘星吧）	1 狐币 =1 元	银行卡、手机、固定电话、宽带账号、搜狐一卡通
联众币	联众	会员资格、联众秀、特殊标志	10 联众币 =1 元	银行卡、电话银行、邮局汇款、支付网关
21CN 快感卡	21CN	宽屏电影、在线音乐、收费邮箱、在线游戏	10 21CN 快感卡 =10 元	邮政 185 电话购买、邮政 183 网上购买、邮局购买
人大论坛币	人大经济论坛	学习资料、视频、软件等下载	10 经验值 =1 论坛币；1 元 =100 论坛币（一淘优惠网）	登录论坛、申请“每日红包”、回帖、发帖、出售资料、答题

资料来源：根据李鹏《网络虚拟货币相关案例研究》（2009）和网上资料整理而成。

（一）网络游戏虚拟货币的发展现状

近年来，网络游戏产业的发展速度惊人。根据艾瑞网的数据，2013 年我国的网络游戏整体市场规模已经达到 891.6 亿元，同比增长 32.9%，2014 年达 1108.1 亿元，同比增长 24.3%，2015 年预计超 1300 亿元。但是中国游戏产业正在逐步改变：用户规模增长逐步放缓；游戏产品正在从重游戏向轻游戏发展，需要花费大量时间以及金钱的 MMORPG 游戏用户正在流失，ACG 以及更为轻度的手机游戏仍保持增长态势；多端化趋势明显，除了 PC 以外，平板电脑、智能手机甚至电视等，均可以成为游戏终端，提供了新的玩法和体验。图 8－1 是我国目前的游戏分类情况。下面从虚拟货币用户规模、发行和获得情况、交易平台三方面介绍网络游戏虚拟货币的发展情况。

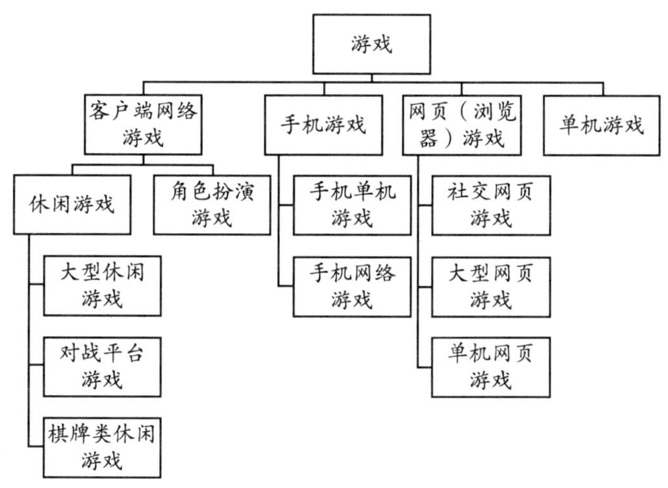

图 8－1 我国游戏分类介绍

资料来源：2013 年度中国网民游戏行为调查研究报告［R］.

1. 网络游戏虚拟货币的潜在用户规模

绝大多数的网络游戏都有自己的游戏币，即每一个网游的用户都是虚拟货币的潜在用户，因此可以用网游的网民规模反映虚拟货币的潜在用户规模。根据中国互联网络信息中心 CNNIC 的《中国互联网络发展状况统计报告》显示，截至 2013 年 6 月底，中国网络游戏网民规模达到 3.45 亿人，较 2012 年年底增长了 964 万人，半年增长率仅为 2.9%。网络游戏在网民中的使用率从上年底的 59.5% 降至 58.5%，具体如图 8－2 所示。

具体看一下各类游戏用户的占比情况。客户端游戏存在时间较长，感兴趣的

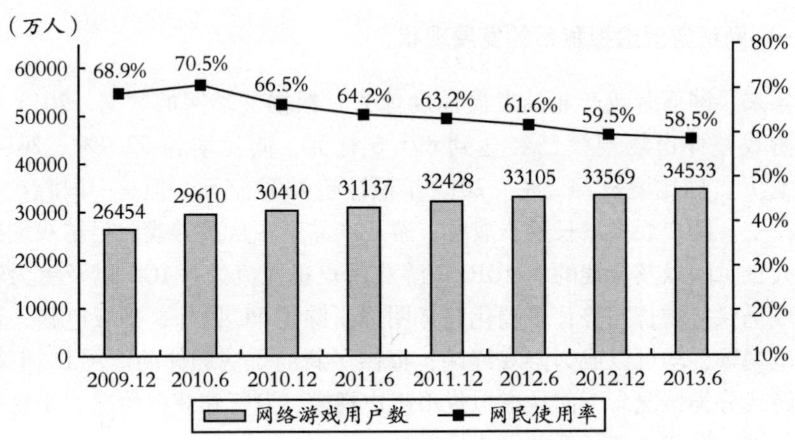

图 8－2　中国网络游戏用户数及网民使用率

用户基本已经加入，游戏的多端化实际上削弱了客户端网络游戏的主导地位。由于游戏整体新增用户有限，手机游戏和网页游戏的扩大对客户端网络游戏造成了一定的挤压。从图 8－3 可以看出，四类游戏的用户占比相差不大，其中网页游戏是用户占比最低的，比例为 40. 6%，手机游戏最高，为 47. 9%。

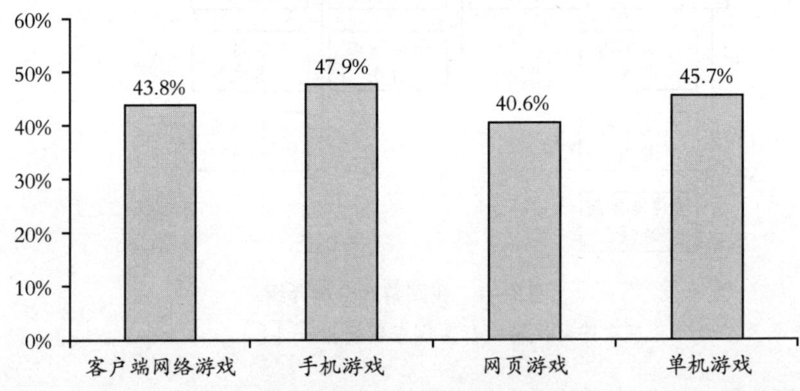

图 8－3　各类游戏用户比例

2. 网络游戏虚拟货币的发行和获得情况

由于网络游戏的运营商发行的虚拟货币不对外公布数量，且没有任何发行限制，因此具有很大的不确定性，难以统计游戏币的发行数量。网络游戏虚拟货币的获得方式主要有三种：通过法定货币直接或间接获得，网站赠送，在游戏中挣得。中国游戏用户本身付费意识不强，很多游戏又是免费的，多数用户主要还是通过打游戏的方式获得游戏币，用法定货币购买的情况相对较少。图 8－4 是各类游戏用户的付费比率。从中可以看出，手机游戏和网页游戏的用户付费比例远低于客户端网络游戏用户。网页游戏由于内容和可玩性不如客户端游戏和手机游戏，因此付费率最低。

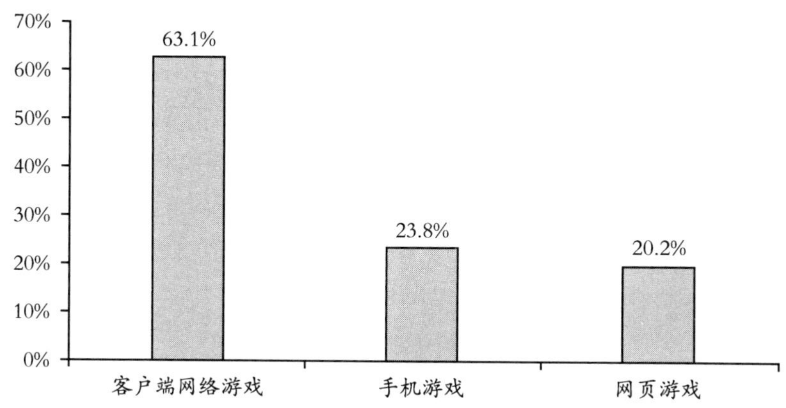

图 8-4 各类游戏用户付费比例

3. 国内网络游戏虚拟货币的主要交易平台

国内互联网已具备每年几十亿元的虚拟货币市场规模，大大小小的网络游戏虚拟货币的交易平台也应运而生，成立了许多综合型的游戏币交易平台，主要开展游戏币充值、购买和出售的业务，一些网站还提供账号交易和账号租赁等业务。国内主要的游戏币交易平台如下：

（1）5173（国内第一的网游交易门户网站）。

运营模式：C2C。

开展的业务：金币交易、账号交易、装备交易、游戏代练、点卡交易、账号租赁业务。

评价：综合性平台，基本上国内所有的游戏都在上面交易，寄售、担保是其主要特色；交易额巨大，凭借历史地位和行业客户聚集力，费用较高，5% +5的交易手续费。

官网：http：//yxb. 5173. com/

（2）淘宝游戏。

运营模式：C2C。

提供的游戏交易包括点卡、游戏币、装备、账号、代练、道具直充。

评价：交易额巨大，依靠淘宝的名气发展得较快，有广大的支付宝用户群；寄售、担保是其主要特色，目前主要还处于模仿 5173 阶段；4% +4 的手续费，比 5173 略低。

官网：http：//game. taobao. com/

（3）3YX。

运营模式：B2C。

提供手机游戏和网络游戏交易，以及游戏币回收、游戏币换卡、游戏代练服务。

评价：游戏币回收，游戏币置换是3YX首创业务模式；全面的客户问题处理流程，客服服务规范；特色服务有游戏币商城、游戏币回收、游戏币换卡。

官网：http：//www. 3yx. com/

（4）17uoo。

运营模式：B2B。

提供金币购买与回收，账号交易，点卡充值，手机游戏充值、代练交易服务。

评价：凭借专业的服务态度，杰出的服务品质受到了用户的一致好评；开发出一套完全适用于渠道上游客户供货进货的服务性平台，跻身全球虚拟交易行业增长最迅速的交易平台之一。

官网：http：//www. 17uoo. com/

（5）9891。

运营模式：C2B2C。

评价：独具特色的C2B2C商业模式和游戏币商城、游戏币回收等交易模式，使得9891安全又便捷；提现不收取任何手续费，每日交易量巨大，部分游戏的交易量已经超过其他所有平台。

官网：http：//www. 9891. com/

虽然国内网络游戏虚拟货币交易的网站不少，但是网站上并没有公布游戏币的交易金额和交易量，也没有公布交易价格走势，只是提供当前的交易价格。国内第一的网游交易门户网站5173也只能查询今日、昨日和前日的游戏币价格指数，并且只能查询指定某一游戏区和某一游戏服的游戏币价格指数情况。目前，国内尚缺少反映网络游戏币总体价格变动情况和交易情况的公开数据。

（二）腾讯Q币的发展现状

Q币是腾讯网络公司为方便网上交易发行的用于购买该公司提供的虚拟商品或服务的电子符号。它是一种可以在腾讯网站统一支付的虚拟货币，可以在腾讯网站购买一系列相关服务。尽管腾讯公司规定Q币只能用于腾讯公司的服务，并且不能兑换为人民币，但是随着腾讯在国内业界霸主地位的确立，以及QQ的普及，Q币的使用范围不断扩大，并且延伸到了其他网络服务，产生了Q币的线下交易平台。下面具体介绍一下Q币在国内的发展现状。

1. Q币的兑换比率和获得方式

Q币的面值有1、2、5、10四种，1Q币的价格为1元人民币，可以通过购买QQ卡，电话充值，银行卡充值，网络充值，手机充值卡等方式获得。QQ卡面值分别有10元、15元、30元、60元、100元、200元；用户也可以通过拨打腾讯公司的声讯电话方式申请得到Q币，申请到的Q币可以在腾讯网站使用一系列相关服务；也可以做某些任务获得或者充值获得。网络充值时依次输入QQ号、QQ卡卡号、密码、输入验证码，即可完成Q币的充值。

2. Q币的功能

Q币的功能演变历经了两个阶段。第一阶段，即在Q币产生之初，只能用来购买腾讯公司提供的各种增值服务，具体用来支付QQ行号码、QQ秀、QQ游戏、QQ贺卡、QQ空间等服务。第二阶段，Q币的使用范围超越了腾讯，还可以在互联网上购买其他游戏的点卡、虚拟物品、影片和软件的下载服务、有偿搜索服务及交纳宽带费用等。2005年4月，国内权威信息安全厂商瑞星和腾讯公司合作，可以用Q币购买瑞星的所有在线产品，包括瑞星杀毒软件下载版、个人防火墙和在线杀毒等。2006年Q币最热门的用途是给“超女”投票，据淘宝网统计，当时QQ专区每天的交易额均超过55万元。此外，一些中小论坛用Q币支付工资给版主，然后再由他们自己兑换成人民币。①

3. Q币的使用群体

根据腾讯公司公布的2014年第二季度业绩，QQ及QQ空间的手机用户群继续增长，用户的参与度持续提升（具体数据见主要平台资料）。通过与京东及点评等战略伙伴的合作，腾讯公司完善了QQ手机版的生态系统，并且推出手机QQ钱包，使用户能通过银行卡购买虚拟货品并结算O2O交易，扩大了用户群体。透过QQ手机版兴趣部落等新功能提高了社区用户活跃度。就QQ空间而言，智能终端月活跃账户于2014年第二季度末同比增长37%至4.97亿元。同时，微信及WeChat的合并月活跃账户同比增长57%至4.38亿元。随着跨平台的整合及用户体验的提升，第二季度的用户参与度及活跃度均有所提高。腾讯主席兼首席执行官马化腾表示，“第二季度，腾讯的用户参与度在移动端的社交、游戏和媒体平台都得到了深化”。

主要平台资料（来源于腾讯公司的2014年第二季度业绩报告）：

① 张艳萍. Q币现象解读［J］. 西南金融，2007（2）.

QQ月活跃账户数达到8.29亿元，比上一季度下降2%，比上年同期增长1%。

QQ智能终端月活跃账户达到5.21亿元，比上一季度增长6%，比上年同期增长45%。

QQ最高同时在线账户数达到2.06亿元，比上一季度增长3%，比上年同期增长19%。

微信和WeChat的合并月活跃账户数达到4.38亿元，比上一季度增长11%，比上年同期增长57%。

QQ空间月活跃账户数达到6.45亿元，与上一季度持平，比上年同期增长3%。

QQ空间智能终端月活跃账户数达到4.97亿元，比上一季度增长6%，比上年同期增长37%。

活跃账户增值服务付费注册账户数为8800万元，与上一季度持平，比上年同期下降11%。

4. Q币的发行渠道和发行数量

2002年，腾讯公司依托即时通信工具QQ推出Q币，作为购买其互联网增值服务的凭据，并采取逐级代理的模式在全国发售。目前，腾讯公司未对外公布Q币的发行数量，但根据腾讯公司2014年第二季度财务报表的数据，增值服务业务收入较2014年第一季增加9%至157.13亿元，其中很大程度上来源于Q币的运行。可以推测，Q币的发行规模上亿（1Q币=1元人民币）。

再者，还可以根据网络游戏和社交网络收入来推算Q币的发行数量。2014年第二季度，网络游戏收入增长7%至人民币110.81亿元，该项增长主要受QQ手机版与微信上的智能手机游戏收入增长所推动，电脑游戏的收入大体上保持平稳。QQ手机版与微信上智能手机游戏的总收入约为30亿元。网络游戏收入主要来源于为玩家提供的各种增值服务，如装备、道具、经验等，这些都需要用人民币购买Q币再进行支付，或是将Q币换成QQ游戏币，因此可以推算出Q币的发行数量至少在100亿Q币以上，假设1Q币=1元人民币的话。

5. Q币的交易渠道

一是和网游装备互换。一些游戏玩家为了增强战斗能力，花钱升级游戏装备；同时，又有一些玩家用网游装备换取Q币再出售或转让。二是和其他虚拟支付工具交换。在腾讯产品服务体系内部，Q币与Q点、QQ卡、QQ游戏币等已建立了等量交换关系，一般1Q币可兑换10000QQ游戏币，但反过来15000QQ游戏币只能兑换1Q币。三是进行倒买倒卖。目前已有专门收购、兑换Q币的网站，网民中还出现了许多低价收购Q币高价卖出的“倒爷”。腾讯公司规定，不允许Q币逆向兑换为人民币，即只能实现人民币→Q币→增值服务的单向流通。但事实上，随着交易的活跃，不少网站都可以将Q币兑换成人民币，兑换过程一般是交易者把Q币转为QQ游戏中的游戏币，再把游戏币“输给”另外账号，最后将游戏币转为Q币，实现Q币转账。通过这一流程，Q币即可完成地下流通全程，实现与人民币之间的双向流通。

（三）对以上两类虚拟货币的监管情况

国内网络游戏虚拟货币的管理主要依据《关于进一步加强网吧及网络游戏管理工作的通知》（简称通知1）和《关于加强网络游戏虚拟货币管理工作的通知》（简称通知2）。Q币主要用于网络游戏，因此也根据通知1、2进行监管。

2007年2月通知1的出台，标志着国务院开始监管网络虚拟货币。通知1中明确了中国人民银行对网络游戏虚拟货币的监管职能，规定了对虚拟货币管理的基本制度，包括限制网络游戏运营商发行虚拟货币总量及消费者购买额；要求运营商将虚拟交易和实物交易进行区分；同时还规定，消费者如需将虚拟货币赎回为法定货币，其金额不得超过原购买金额；严禁倒卖虚拟货币等。重点内容在于规范网络游戏秩序，尤其“要加强对网络游戏中虚拟货币的规范和管理，防范虚拟货币冲击现实经济金融秩序”。[①] 2008年国家税务总局表示网络玩家加价后出售的虚拟货币应按照“财产转让所得”征收个人所得税，意味着将虚拟货币的交易纳入征税系统。

2009年6月，为规范网络游戏市场经营秩序，通知2出台了，主要包括四部分内容：严格市场准入，加强主体管理；规范发行和交易行为，防范市场风险；加强市场监管，严厉打击利用虚拟货币从事赌博等违法犯罪行为；加大执法力度，净化市场环境。通知2首次在法律层面上对网络游戏虚拟货币的定义做出规定，并且将“网络游戏虚拟货币交易服务”业务纳入电子商务（平台）服务的监管体系。对网络游戏运营企业的发行规模、虚拟货币的获得方式、适用范围、申诉处理程序和纠纷处理措施以及市场退出等做出了规定。

三、比特币类新型虚拟货币的发展情况

以比特币为代表的新型虚拟货币（也称为密码货币）均属于第三类双向货币流的虚拟货币。CryptoCoin Charts 网站列出了1028种密码货币的名单（详见

① 程皓．中外虚拟货币的含义及其研究视角——兼评Q币的性质［J］．江西师范大学学报（哲学社会科学版），2009（2）．

http：//www. cryptocoincharts. info/v2/coins/info)，24 小时的总交易量达到 76506. 66BTC，总市值达到 5473365332. 70 美元（数据更新到 2014 年 10 月 3 日）。其中比特币的交易量和市值均位居第一，详见表 8－4。

表 8－4　　市值排名前 7 的密码货币

排名	名称	市值（$）	价格（$）	可获得的供应	交易量（$）(24h)
1	比特币	5553776242	417. 24	13310875 BTC	30056500
2	莱特币	145453470	4. 50	32333196 LTC	2808300
3	瑞波币	139400907	0. 004809	28989252282 XRP*	514383
4	比特股	61225034	0. 030614	1999883512 BTSX*	205426
5	拘拘币	31670312	0. 000340	93033601277 DOGE	1446880
6	未来币	31212809	0. 031213	999997096 NXT*	38553
7	点点币	25025209	1. 15	21773358 PPC	451907

注：*表示不可开采。

资料来源：http：//coinmarketcap. com/，最后更新日期：2014 年 9 月 25 日，3：50 AM。

图 8－5 是注册 cryptocoinchart 的用户最喜欢的密码货币的前 10 名，可以作为一个指标反映人们在关注哪些货币。

Symbol	Name	Marketcap	Members
BTC	比特币	6234497024. 00 USD	8. 91%
DOGE	拘拘币	15969198. 08 USD	7. 72%
LTC	莱特币	158180884. 48 USD	7. 34%
VTC	绿币	801488. 69 USD	2. 33%
IFC	无限币	764606. 26 USD	2. 3%
PPC	点点币	15034466. 30 USD	2. 09%
NXT	未来币	37687910. 40 USD	1. 92%
NMC	域名币	0. 00 USD	1. 87%
FTC	羽毛币	1846500. 35 USD	1. 79%
QRK	夸克币	1624890. 16 USD	1. 76%

图 8－5　最受 cryptocoinchart 注册用户欢迎的前 10 名密码货币

资料来源：http：//www. cryptocoincharts. info/v2/coins/members_choice.

无论是从市值还是交易量排名来看，比特币都遥遥领先而且深受用户喜爱，其他虚拟货币的交易规模和影响相对较小。目前，中国市场上第三类虚拟货币主要是比特币，因此将比特币作为一个典型产品，重点分析比特币的发展情况。

1. 比特币产生的背景

当前的国际货币体系中，虽然欧元、日元也是国际货币，但美元是最重要的世界货币，在全球范围充当计价、支付和储备手段，表现为占据各国外汇储备的主要部分，在国际贸易结算中占主导地位。美元作为主权货币，别国很难干涉，一旦遇到经济问题，美联储就有内在扩张的冲动，别国只能承担美元贬值的损失和风险。美国的货币政策和美元国际地位相悖，“特里芬两难”依旧存在，这是国际货币体系稳定的一大挑战。[①] 美国利用美元作为国际货币的优势，享有很多特权，这对其他国家来说都是不公平的。美元霸权是最复杂的金融体系，是美国依靠美元铸币权掠夺全球资源和财富的重要手段（廖子光，2008）[②]。

目前没有国际化的人民币尚不足以对美元构成威胁，但因其潜在的成长性可能影响到美元的地位，因此毫无例外地遭到了来自美元霸权战略下的忽而迫升、忽而迫降的围追堵截（孙启明、王浩宇、潘智涓，2014）[③]。2008 年次贷危机爆发，美国推出了量化宽松政策，新兴市场经济国家几乎全部因为美元的量化宽松政策而陷入了“滞涨”困境，充分暴露了现有国际货币体系的问题。全世界各国都在呼唤一个超主权国家世界货币的诞生。此时，一种基于 P2P 计算机网络模式的虚拟数字化货币——比特币孕育而生。2009 年 1 月 3 日，中本聪成为挖到比特币的第一人，比特币诞生了。G20 峰会上也提出了重构世界货币的建议，引发了各国政府和学者们的浓浓研究兴趣。比特币的出现，是创建超主权国家世界支付手段的一次大胆尝试，为建立全球超主权支付工具积累了经验。

2. 比特币的总体发展情况

虚拟货币是互联网发展的必然运用。根据比特币官网的定义，比特币是一个共识网络，允许一个新的支付系统，是一种完全的数字货币，是首个去中心化的 P2P 支付网络。到目前为止，比特币是最流行的密码货币。尽管一些知识

---

① 崔泽．国际货币体系的弊端及改革［J］．商品与质量，2010（7）．

② 廖子光．金融战争——中国如何突破美元霸权［M］．林小芳，查君红译．北京：中央编译出版社，2008.

③ 孙启明，王浩宇，潘智涓．比特币的世界货币特征探索［J］．北京邮电大学学报（社会科学版），2014（1）．

分子仍持怀疑态度，如 Ken Rogoff（肯·罗格夫）①；另一些人则意识到了比特币的潜力，像 Larry Summers（劳伦斯·萨默斯）② 和 Niall Ferguson（尼尔·弗格森）③。事实上，比特币的应用范围逐渐扩大、接受度不断提高，潜力还在不断开发中。

截至 2014 年第三季度，全球约有 76000 户商家接受比特币，如 Dish（美国卫星电视），Expedia（旅游网站），绝大多数是互联网企业；同时，已经拥有超过 251 台比特币自动取款机，主要集中在北美和欧洲；到 2014 年年底有 800 万比特币钱包。与之前相比，第三季度比特币的发展出现了新特点：生态系统步入相对“安静建设”阶段，价格下降了约 40%（与第二季度上涨幅度几乎相等），但是交易量稳步增长（见图 8－6），更多、更大的商户继续接受比特币支付，进一步与现有的支付系统基础设施以及银行结合，2014 年比特币风险投资额超过 1995 年的互联网，监管环境出现新挑战，相关数据见表 8－5。表 8－5 是根据 Coindesk（比特币新闻资讯网站）发布的《2014 年第三季度比特币发展报告》编制的比特币发展的主要统计数据。

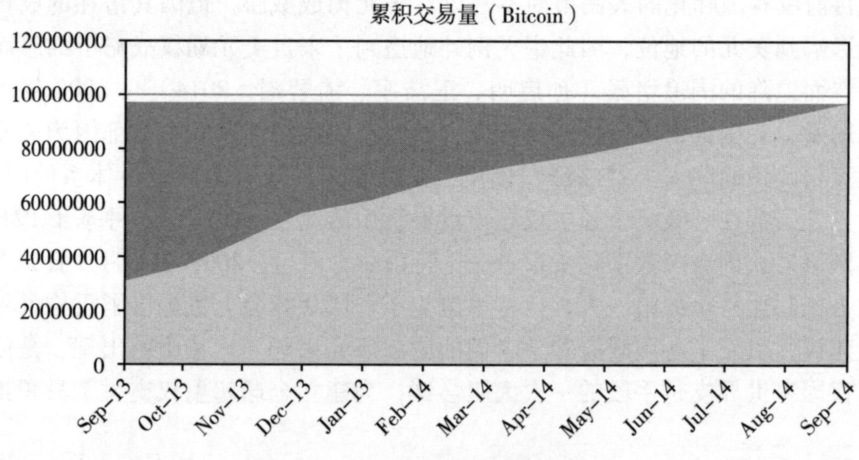

图 8－6　比特币交易量稳步增长

资料来源：CoinDesk.

① Ken Rogoff 认为，比特币不是一种货币，也不会成为货币。

② Larry Summers 认为，比特币有潜力成为一种非常非常重要的发展。

③ Niall Ferguson 指出，像某些人一样认为比特币不会带来任何挑战是不明智的。

表8-5 比特币发展的主要统计数据

项　　目	2014年9月	2014年6月
商业		
钱包	6559978	5427688
商家	76000	63000
商家年均收益（10亿美元）	86	29
ATMs	251	103
独立的比特币地址	184554	136152
媒体		
在主流媒体的提及次数	9398	9024
技术		
网络散列率（10亿每秒）	261900382	111194683
Github更新存储库数量	18753	15109
价值		
比特币市值（10亿美元）	5.2	8.3
产业		
过去12个月里的风投（百万美元）	317.0	225.3
风投支持的初创公司数量	66	50

2014年高盛也发布了一份报告，用图表展现了比特币大起大落的沉浮史，详见“专栏8-2 高盛关于比特币的报告”。

专栏8-2 高盛关于比特币的报告

从不足100美元微不足道的单价，到总市值足以与整个美国的GDP比肩，高盛的报告用图表直观地呈现了比特币由兴起、火爆到大起大落的沉浮史。

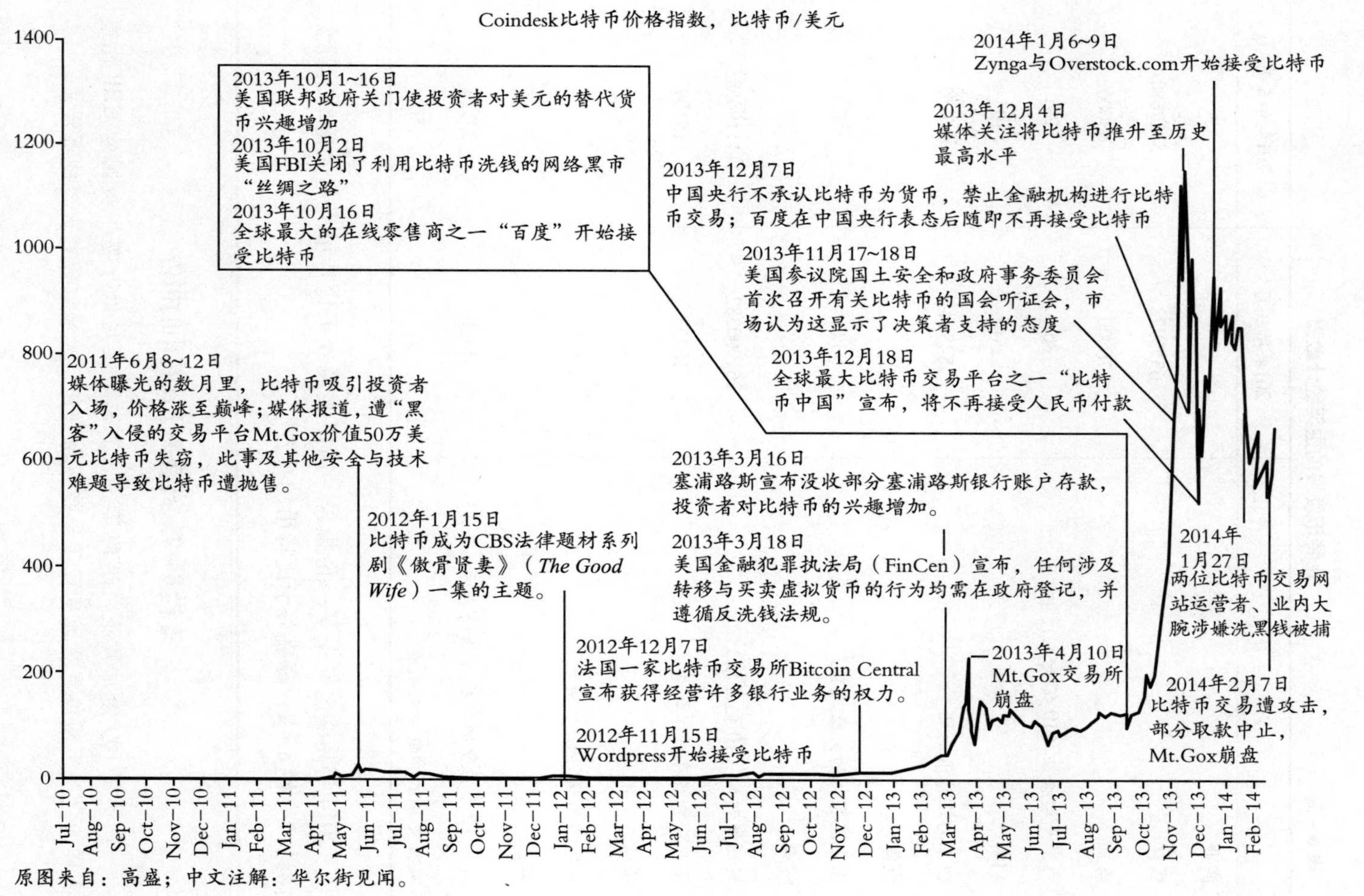

原图来自：高盛；中文注解：华尔街见闻。

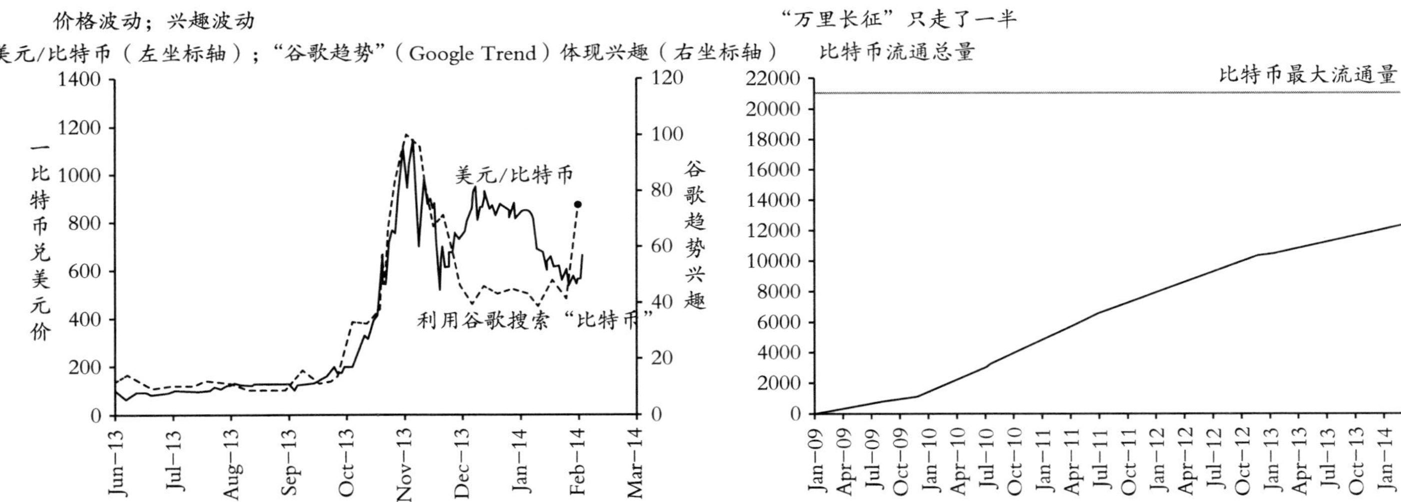

比特币兑价来自Blockchain.info；谷歌趋势由Aaron Woodside提供　资料来源：Blockchain.info 原图来自：高盛；中文注解：华尔街见闻。

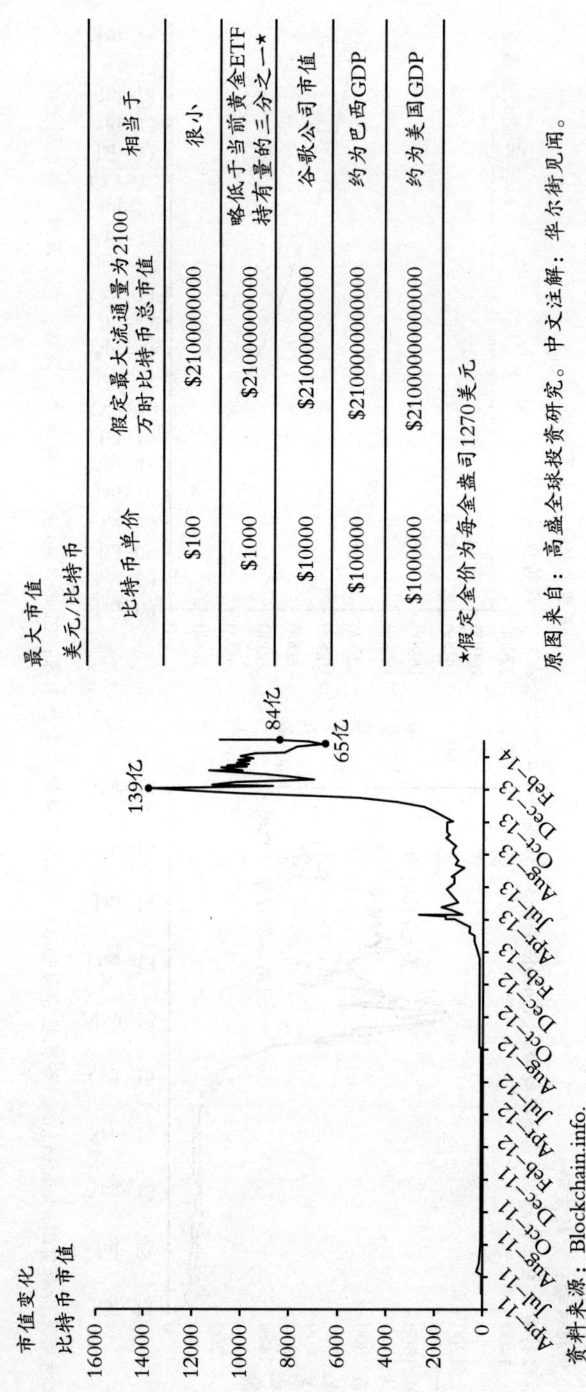

比特币单价	假定最大流通量为2100万时比特币总市值	相当于
$100	$2100000000	很小
$1000	$21000000000	略低于当前黄金ETF持有量的三分之一★
$10000	$210000000000	谷歌公司市值
$100000	$2100000000000	约为巴西GDP
$1000000	$21000000000000	约为美国GDP

★假定金价为每金盎司1270美元

原图来自：高盛全球投资研究。中文注解：华尔街见闻。

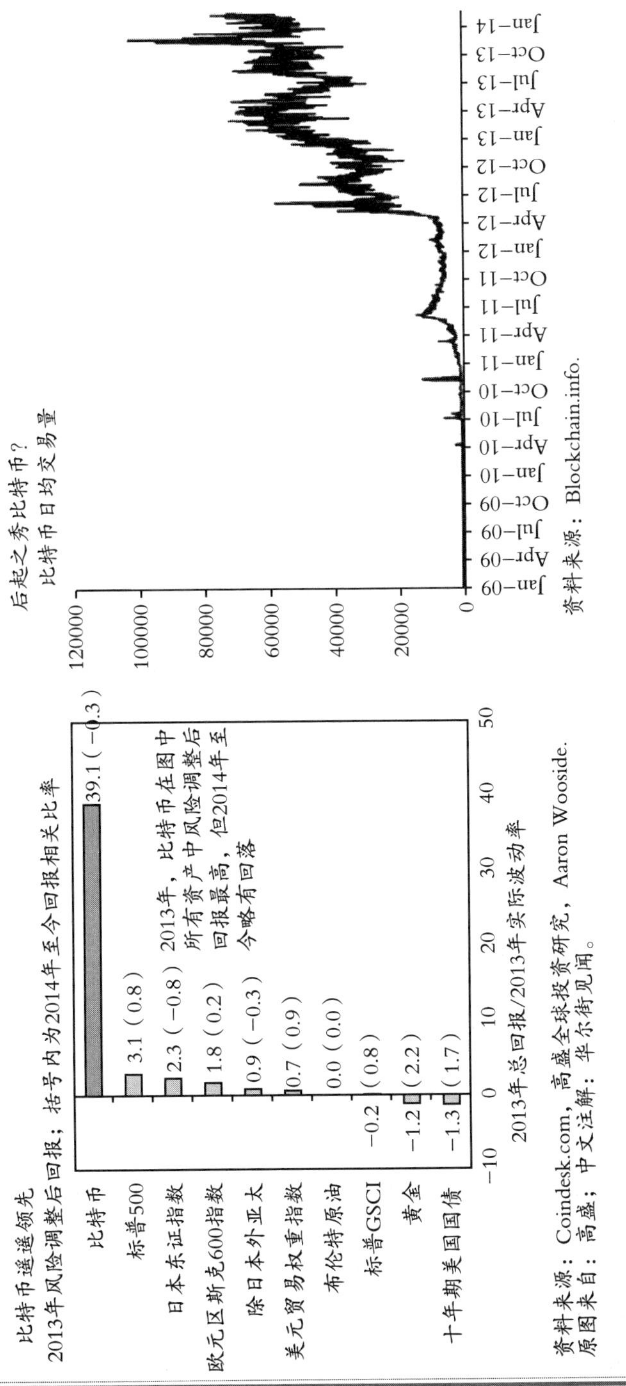

资料来源：Coindesk.com，高盛全球投资研究，Aaron Wooside.
原图来自：高盛；中文注解：华尔街见闻。
资料来源：Blockchain.info.

3. 比特币的产业发展和风险投资情况

围绕比特币还产生了一系列相关产业和投资品，如比特币交易所、第三方支付平台、新型投资行业、比特币钱包、挖矿机等。到2013年已有200多个国家的商户接受比特币，交易平台遍布全世界，数量已达数十个，每天兑换现金超过10万比特币，且还在快速增长。交易平台Mt. Gox比特币与美元的成交汇率是比特币最为主要的参考汇率。此外，消费者还可以通过Bitpay公司平台支付比特币，到2012年10月已有超过1000家商户通过Bitpay的支付系统接收比特币付款。BTCChina以12048.9819BTC的交易量，成为最大的比特币交易市场（见图8－7）。我国目前已经初步形成以交易平台为核心的，从比特币的生产、存储、兑换、支付、消费的较为完整的产业生态链。具体来看，一是截至2013年5月，从事比特币“挖矿”工作的中国“矿工”已达8.5万人，人数跃居世界第一。二是平台交易量骤增，排名跃居世界第一。比特币中国注册用户超过3万人，在2013年11月已成为全球交易量最大的交易平台，日交易量超过10万比特币。三是接受比特币用来购买商品和服务的商家数量日益增多。国内第一家接受比特币支付的实体商户是车库咖啡。芦山地震后，壹基金宣布接受比特币捐赠，共收到233个比特币。目前淘宝网已有越来越多网店接受比特币。四是部分金融机构开始提供以比特币为基础资产的金融服务。如光大银行福州分行铜盘支行为福建中金在线网络管理公司推出的“中金在线比特币私募基金”提供托管服务。

市场	汇价	价格	交易量
BTCChina	BTC/CNY	2957.4 CNY	12048.9819 BTC
Bitstamp	BTC/USD	477.880 USD	5190.5327 BTC
Bitfinex	BTC/USD	481.760 USD	5157.4757 BTC
BTC-c	BTC/USD	477.888 USD	2765.7199 BTC
OKCoin	BTC/USD	479.100 USD	1858.5100 BTC

图8－7　排名前五的比特币交易市场

资料来源：http：//www.cryptocoincharts.info/v2/coins/show/btc.

除此之外，比特币也受到了风险投资者的欢迎。比特币投资信托基金的创始人Barry Silbert（巴里·希尔伯特）曾说过，“就像互联网扰乱了出版行业，我们将看到比特币小额支付为现收现付和pay-based-on-time网上交易创造一些非常有趣的机会。”当前比特币业务正处于行业投资期。2013年5月9日，比特币公司Coinbase获得了投资基金Union Square Ventures的500万美元A轮投资；7月2日，文克莱沃斯比特币信托基金（Winklevoss Bitcoin Trust）向美国证券交易委员会（SEC）提交IPO申请，计划融资2000万美元。各大比特币交易平台开始取得各界不同产业的融资项目。2013年，BitcoinATM公司作为第一家将比特币ATM机商业化运营的公司，计划3~6个月内在美国及全球较大城市部署比特币ATM机，并获得首轮融资，总额达100万~300万美元。根据《2014年第三季度比特币发展报告》，欧洲比特币风险投资持续升温，超过亚洲，但两者都落后于美国和加拿大，具体见表8-6。根据该报告，尽管美国继续主导比特币风险投资市场，但是其第三季度的份额下降了7%。

表8-6　比特币风险投资的分布情况

区　域	Q2 风险投资价值（百万美元）	Q3 风险投资价值（百万美元）
亚洲	20.8	26.5
欧洲	30.6	48.9
美国和加拿大	165.8	201.1
中东	5.5	5.5
拉丁美洲	2.3	3.1
合计	225.3	285.0

资料来源：CoinDesk网站。

比特币初创公司的生态环境大致可以分为六大类：钱包、兑换、挖矿、金融服务、支付处理器以及全能模式，详见图8-8。表8-7统计了第二、三季度的风险投资资金在六大类初创公司的分布情况。

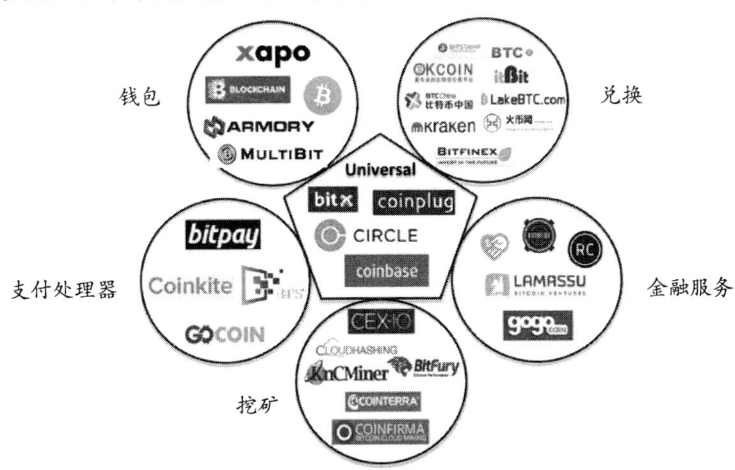

图8-8　比特币初创公司的生态环境：六种不同的公司类型

资料来源：CoinDesk网站。

表 8-7　　风险投资资金在六大类初创公司的分布情况

	Q2 风险投资（百万美元）	Q3 风险投资（百万美元）
全能模式	59.4	63.9
金融服务	33.5	49.8
挖矿	34.0	48.0
钱包	21.4	44.2
兑换	39.0	41.1
支付处理器	38.0	38.2
合计	225.3	285.0

资料来源：CoinDesk 网站。

4. 比特币的监管环境出现新挑战

比特币的全球监管环境，有的恶化，如玻利维亚在 2014 年 5 月将比特币和其他密码货币列为非法交易；有的见好，如美国加州在 2014 年 6 月将比特币合法化。在美联储顾问委员会和理事会会议最近公布的备忘录中，提示“银行可以越来越多地参与比特币资金流动，特别是在多货币账户增殖和声誉担忧消退的时候”。美国有线电视新闻网（CNN）消息，顾问委员会不能制定政策，但备忘录可以揭示未来美联储的政策可能是什么样子。路透社消息，美国州立监管机构正致力于制定第一个比特币规则，希望保护虚拟货币用户免于欺诈，同时不至于扼杀新生技术。根据《2014 年第三季度比特币发展报告》，比特币的监管环境出现了新的挑战，许多比特币商户已经开始退出纽约，出于对纽约金融服务部门颁布比特币执照的担忧。

2014 年 1 月 15 日，中国人民银行调查统计司司长盛松成在国新办举行的新闻发布会上表示，比特币是一种特定的虚拟商品，不具备计价功能，央行会继续关注其动向和风险，但不会采取手段打压比特币，而是通过市场手段去解决。中国作为最大的比特币交易市场，其对比特币的监管措施对于比特币的发展至关重要，下面具体介绍一下中国比特币的监管情况。

中国主要依据《关于防范比特币风险的通知》（简称通知 3）管理比特币的发展。2013 年 12 月，中国人民银行等五部委联合发布了通知 3。一是明确了政府对比特币的态度。尽管不承认比特币的货币地位，但承认其虚拟商品地位，在充分提示风险的前提下，允许公众在自担风险的前提下自由参与。二是将比特币和金融系统隔离，强调现阶段“金融机构和支付机构不得开展与比特币相关的业务”，防止比特币投机风险向金融体系传导（详见下面的一则声明）。三是加强对比特币交易平台的监管。明确要求比特币交易平台在电信管理机构备案，并应切实履行反洗钱义务，对用户身份进行识别并报告可疑交易。通知3出台后，央行又采取措施落实相关要求，进一步强化监管措施执行力度（陈道富、王刚，2014）。

综上可以看出，我国对于虚拟货币的发展并未明令禁止，而是体现了包容的态度，虽然发文提示风险，但是允许比特币等新型虚拟货币可以作为商品自由交易，实际上给予了新型虚拟货币一定的发展空间。

关于禁止使用我行账户用于比特币交易的声明

尊敬的客户：

为保护社会公众的财产权益，防范洗钱风险，维护人民币的法定货币地位，从即日起，任何机构和个人不得将我行账户用于比特币、莱特币等的交易资金充值及提现、购买及销售相关交易充值码等活动，不得通过我行账户划转相关交易资金。一经发现，我行有权采取暂停相关账户交易、注销账户等措施。

社会公众发现上述行为的，可以向我行举报。

特此声明。

中国工商银行股份有限公司
2014年5月8日

小结：虚拟货币是互联网发展的必然运用，也是对现有结算方式的改善。银行的一些传统结算方式步骤长、耗时久、手续多、效率低，无法满足消费者对于小额快捷支付的需求。各种移动、网络平台的构建，为结算方式的创新提供了土壤。虚拟货币的蓬勃发展一方面满足了消费者的需求，提供了更多可供选择的产品；另一方面也倒逼银行进行创新，提高了社会整体效率，但是风险也逐渐显现，需要密切关注虚拟货币的发展。互联网技术的全球连通性、开放性、快捷性和边际成本低廉的特征，使得虚拟货币具有得天独厚的优势，使客户可以随时随地享受各种高质量、低成本的服务。这也是虚拟货币发展如此之快的重要原因。

第二节 网络虚拟货币的风险分析

纵观整个货币发展史，货币的形态不断发生变化，经历了实物货币[①]（贝壳、布帛、珠玉等）到金属货币（金、银等铸币），然后进入信用货币（纸币等）和电子货币时代，呈现出虚拟化的趋势。同时，货币功能也发生变异——价值尺度从名副其实变为名不副实；以流通手段为主逐渐转化成以支付手段为主；货币贮藏逐渐成为一种主要功能，并呈现多样化和虚拟化的趋势。[②] M－PESA 的发展就是一个很好的例证（详见“专栏 8－3 移动货币支付 M－PESA 风靡肯尼亚”）。虚拟货币是在货币虚拟化的过程中产生的，但又与法定货币严格区分，可谓是货币虚拟化的副产品。按照虚拟货币的经营过程，可以将虚拟货币风险分为发行风险、交易风险和平台风险，在此基础上进一步分析网络虚拟货币风险的特点和传导机制，最后阐述网络虚拟货币及其风险的影响。

专栏 8－3 移动货币支付 M－PESA 风靡肯尼亚

在肯尼亚当地的斯瓦希里语中，“M－PESA”是“移动货币”的意思。顾名思义，M－PESA 是由一种虚拟的电子货币，和一般商业银行推出的电子货币不同，它是由移动通信运营商开发的。所有的操作基本都是通过手机短信完成：按键，输入数字，发送短信，转账支付交易就完成了。只需要一部注册到肯尼亚移动服务商 Safaricom 的手机，你就可以在几秒钟之内付费，无须现金，无须前往银行排队。这项服务由 Safaricom 和沃达丰研发，并于 2007 年推出，而非由金融机构发行。这项服务并非只能在城市或大型商业机构使用，到 2010 年已有超过 50% 的肯尼亚人使用这项服务。

在转账之前用户需要前往零售店支付现金为手机充值，作为电子货币。这些电子货币可以在不同手机用户之间交换和转账，只需发送一条文本消息和一个代码系统（这与国内的支付宝比较像，通过在手机上安装支付宝客户端就可以用来支付了）。电子货币的收款人想要兑现的时候，只需拿着自己的手机到最近的零

① 根据尚明、白文庆等主编的《金融大辞典》，“实物货币是在货币的发展历史中充当过货币的某种实物。如龟壳、米粟、象牙等。可以说，在货币发展史上，除去信用货币、纸币和金属货币，其他各种充当过货币角色的商品都可以称为实物货币”。

② 黄正新．货币虚拟化发展趋势及其功能变异［J］．经济学家，2001（5）．

售店，用自己的文本短信就可以换成现金。这些注册成为 M－PESA 代理的零售店就像是银行的柜台，而现在，在肯尼亚，这些零售商的数量已经远远超过了银行支行。M－PESA 的 Safaricom 是肯尼亚最大的运营商。通过 Safaricom 给移动手机号充值，其实就是预存话费，用 M－PESA 进行交易，可以看做是在交易预存的通话时间。但这与预存话费不同的地方在于它可以随时兑换成现金，只需拿着自己的手机到最近的零售店，用自己的文本短信就可以换成现金。这种支付工具尤其适用于结算小额债务，灵活快捷、手续费低、摆脱了找不到金融网点而无法转账的困境。M－PESA 的发展就是一个最好的例证，足以让我们意识到移动支付的迅猛发展趋势。

M－PESA 产生的一个原因是肯尼亚政府大力推动城市化进程，大量农村人口前往大城市就业，产生了大量城市向农村方向的汇兑需求。M－PESA 的一大特色是其主要客户是来自偏远穷困地方的中低收入者，这与传统银行业“嫌贫爱富”的行为形成鲜明对比，使更多中低收入群体也能享受到廉价的金融服务。当前，我国也在大力推进城市化进程，低收入者享受的金融服务有限且成本相对较高，M－PESA 值得我国学习借鉴。国内支付宝的发展与 M－PESA 有共同之处。

虽然 M－Pesa 是由移动运营商发行的，但是其与虚拟货币还是不同的。本书中的虚拟货币只能存在于虚拟环境中，如各种游戏币、论坛币；尽管有一些可以在线下进行交易但是很多虚拟货币还不能直接兑换成法定货币，但是 M－Pesa 可以直接换成法定货币；M－Pesa 主要用于转账、汇款，功能比较单一，相对而言，虚拟货币的功能更丰富。

资料来源：http：//finance. sina. com. cn/money/bank/20130314/152614832846. shtml.

一、网络虚拟货币的风险

（一）网络虚拟货币风险的界定和产生原因

风险是未来收益的不确定性，可以使用概率来测度①。网络虚拟货币的风险是指在经营过程中，由于各种无法预料的不确定因素带来的影响，使得虚拟货币经营者的实际收益与预期收益发生一定偏差，从而蒙受损失和获得额外收益的可能性。网络虚拟货币可以充当实体经济的支付结算工具，还可能涉及非法筹资和洗钱等非法金融活动，因此网络虚拟货币存在一定金融风险。德国已经承认比特

① 滋维·博迪．投资学（第9版）［M］．北京：机构工业出版社，2012.

币为货币，即比特币可以兑换为欧元，进而兑换成其他法定货币；同时德国将其纳入国家金融体系监管范畴，规定企业用比特币交易需要获得金融监管机构许可。美国在2013年举行听证会，最终认定比特币为合法的金融工具。爱尔兰Predictious推出比特币价差期权。比特币可以兑换为全球主要货币，并且产生了衍生品合约，蕴藏了巨大的金融风险。

金融风险产生的根本原因是金融脆弱性，即一种趋于高风险的金融状态，泛指一切融资领域的风险集聚。典型的金融风险成因理论是金融脆弱性理论，代表人物有Minsky（明斯基）（企业角度）、Kregel（克瑞格）（银行角度）、Diamond & Dybvig（戴蒙德-戴威格）（金融市场上可能存在多重均衡）。深入分析形成金融脆弱性的原因主要有信息不对称（Stiglitz，Stigler）、资产价格波动（Soros，Jorion & Khoury）等因素。此外，网络虚拟货币是一种创新行为。而创新的主要动机是加强竞争、规避管制、新技术应用和规避风险，并且创新要遵循效益性原则，即获得更高的收益，但是高收益是与高风险相对应的。从实践发展来看，创新与风险的关系表现为“创新—风险—监管—再创新”的动态往复过程。因此，网络虚拟货币风险产生的原因主要有信息不对称、资产价格波动以及创新行为。按照信息经济学的说法，不对称信息是金融风险产生的主要原因。不对称信息大致可以分为两类：一类是外生的信息，它是先天的，不是由当事人的行为造成的，一般出现在合同签订之前；另一类信息是内生的，取决于行为人本身，出现在签订合同之后。

（二）网络虚拟货币风险的分类

按照不同标准，可以将虚拟货币风险分为不同的种类。按照风险来源，可以分为内部风险和外部风险。内部风险来源于虚拟货币本身，如内在价值不稳定；外部风险是来源于外部因素，如国家和转移风险（国家经济、社会、政治环境风险）、投资风险、法律风险等。按照风险主体，可以分为社会经济系统、虚拟货币发行人和持有人的风险。按照运营过程可以分为以下三大类风险。

1. 发行风险

虚拟货币由网络服务运营商发行，发行的基础是网站代表的商业信用，发行数量是根据利润最大化的目标确定的，具有很强的不确定性。此外，由于发行主体不受限制，可能出现虚拟货币的泛滥。因此，虚拟货币发行过程中的风险包括信用风险、币值不稳定和发行泛滥。

（1）信用风险。虚拟货币由第三方机构发行，这些第三方机构既不是信用机构又不是银行（周虹、王鲁滨，2008）①，发行基础是网络服务商的商业信用，网络公司的经营状况会直接影响虚拟货币的信用。传统金融机构遭遇偿付危机时可能得到央行的救助，而虚拟货币没有国家信用担保，一旦遇到偿付危机，就可能一文不值（李东卫，2014）②。欧洲国家通过将虚拟货币的发行机构限制于信用机构，并且对虚拟货币发行机构设立严格的限制，来降低信用风险。

（2）币值不稳定。虚拟货币的价值取决于有多少主体愿意接受用虚拟货币支付，其价值完全取决于参与主体的信任，如果接受虚拟货币的人数增多，虚拟货币将拥有升值空间。由于虚拟货币的发行量不公开，且无须计提准备金，发行额度没有限制，因此币值难以稳定。按照供给——需求分析方法，假设短期内虚拟货币的需求变化不大，虚拟货币的供给由发行方决定。由于网络发行商根据利润最大化原则确定发行数量，存在过度发行的冲动，可能导致虚拟货币体系彻底崩溃，或者致使虚拟服务停止运营，消费者手中持有的虚拟货币会完全失去价值。在虚拟货币币值缺乏预警机制的情况下，消费者的权益无法得到保障，完全依赖于虚拟货币发行机构的自律（宋应龙，2009）③。

（3）发行泛滥。除欧洲国家将虚拟货币的准入仅限于信用机构外，其他国家不限制虚拟货币的发行主体。一方面，由于任何人都可以成立一个虚拟网站，发行虚拟货币；另一方面，只需改变几个算法，就可以生成一种新的密码货币。受比特币系统启发，相继产生了 Litecoin，DevCoin，NameCoin，PpCoin 等密码货币。虚拟货币可能存在无序发展的风险，扰乱正常的金融秩序。

2. 交易风险

在虚拟货币的交易过程中，主要存在投资风险和洗钱风险。

（1）投资风险。由于虚拟货币的相关交易市场仍处于自发状态，交易 24 小时连续开放，没有涨跌幅限制，一些机构和个人则借机炒作虚拟货币及与其相关的产品，导致价格剧烈波动，潜伏巨大投资风险。据“比特币中国”报价，2014 年 3 月 4 日到 4 月 4 日期间，比特币行情单月跳水近 40%，而比特币在 2013 年期间涨幅超过 80 倍。比特币价格的暴涨暴跌凸显虚拟货币的投资风险。2014 年 5 月 7 日，美国证券交易委员会发布通知，警告投资比特币等虚拟货币存在诸多风险（详见专栏 8－4　“美国证交会：虚拟货币存在诸多风险”）。尽管比特币成交量远远大于其在用户间流转的量，但是比特币被用作支付的数量相对有限。

① 周虹，王鲁滨．从虚拟货币的生命周期论金融监管体系构建［J］．中央财经大学学报，2008（1）．

② 李东卫．美、欧央行监管比特币做法及对我国的启示［J］．北京金融评论，2014（1）．

③ 宋应龙．我国虚拟货币监管机制研究［J］．上海金融学院学报，2009（3）．

艾瑞咨询分析师王维东指出，中国比特币玩家的核心还是投机性需求，使用需求并不强烈。

专栏 8-4 美国证交会：虚拟货币存在诸多风险

美国证券交易委员会7日发布通知，警告投资比特币等虚拟货币存在诸多风险。美国证交会说，虽然比特币可与传统货币进行兑换，用于支付商品和服务，但并不属于法定货币，不受任何政府和央行支持。美国国内税收署将比特币认定为财产而非货币，要求对比特币相关交易征税。

美国证交会提醒说，投资比特币之前要加强对相关风险的了解和评估。例如，与银行存款不同，比特币投资不受相关机构担保；比特币交易价格波动较大，存在暴跌风险；各国政府可能会对比特币的交易和使用作出限制；比特币可能被"黑客"窃取，比特币交易所也可能因为技术故障、诈骗、网络攻击等因素而暂停运营或永久关闭。

美国证交会认为，比特币很可能会被用来进行诈骗活动，特别是比特币使用者可能会受到高回报投资的利诱而放松警惕成为诈骗对象。而由于比特币交易所和第三方支付机构缺乏监管，一旦比特币因诈骗或盗窃而导致丢失，投资者很难追回全部损失。

资料来源：http://forex.cngold.org/c/2014-05-08/c2539418.html.

（2）洗钱风险。比特币类数字虚拟货币具有分散、匿名等属性（Nicholas2013），存在洗钱风险。2013年5月28日，美国国土安全部以涉嫌洗钱和无证经营资金汇划业务取缔了汇兑公司 Liberty Reserve 的虚拟货币服务，成为历史上最大的国际洗钱诉讼案，洗钱规模达到60亿美元。2013年10月2日，因为涉嫌洗钱、军火和毒品交易，美国政府查抄虚拟货币交易网站"丝绸之路"。由于虚拟货币发行机构对交易用户的管理没有金融机构严格，难以判断用户身份信息的真实性。加之交易平台的匿名性，掩盖了交易方的真实身份，容易被不法分子用来洗钱。在交易主体的信息无法获取的情况下，洗钱双方在理论上可以直接通过现实货币——虚拟货币——现实货币的途径，完成非法资金的合法化过程。

3. 平台风险

虚拟货币的平台风险主要来自两方面，一是平台的安全问题，二是滞留资金使用风险。

（1）平台安全问题。尽管网络安全技术已经发展到较高水平，但是虚拟货币的交易平台仍然很脆弱，随时可能遭到“黑客”攻击，或者遭到主管部门的关闭。在一家比特币导航网站上，提供了多家比特币交易平台的汇总信息，其中国内平台就有近10家。不过，一些新进的交易平台“来也匆匆、去也匆匆”，有媒体统计称，交易平台的平均生存时间在半年以内。一旦网站关门，普通投资者可能难以维权。虚拟货币的平台安全问题主要表现为：“黑客”攻击；网络故障（如，系统漏洞）；缺乏有效监测交易的技术以致多次出现了交易平台卷款逃跑、“空手套白狼”的事件。

（2）滞留资金使用风险。网络虚拟货币平台具有吸储功能，通过发行虚拟货币可以募集到一定额度的预付资金，这些资金实际上成为零息贷款，在缺乏监管或监管不到位的情况下，可以随意支配。如果发生投资失败，或在资金流转过程中资金链断裂，会导致消费者的消费行为无法正常进行，问题严重的则可能引发虚拟货币平台的倒闭。滞留资金不在金融监管体系之内，存量与运转模式均无法界定，但是这部分资金又能作用于市场，在某些领域发挥同传统银行资金相同的作用，影响到货币供应量等指标（吴晓光、董海刚、李良，2012）①。

二、网络虚拟货币风险的特点和传导机制

（一）网络虚拟货币风险的特点

网络虚拟货币风险与传统金融风险一样，具有客观性、双重性、专业性、隐蔽性和扩散性、加速性、可控性的特点。其中，双重性指的是既可能带来风险又可能带来收益；专业性指的是只存在和发生于特定领域；加速性指的是“多米诺骨牌效应”和马太效应；可控性指的是通过事前预测、事中控制和事后处置可将风险控制在一定范围内。同时，网络虚拟货币风险又有其特别之处。网络虚拟货币集支付工具和投资品双重身份于一体，因此，风险集中度更高，复杂性、传染性更强。

虚拟货币的热炒，从某一方面来看，凸显了投资职能，这与法定货币——官方指定支付工具，形成鲜明对比。虽然法定货币也存在一定程度的投资价值，类似于艺术收藏品，但是法定货币的投资职能非常有限，数量也很有限。以人民币为例，各种收藏币、纪念币、连体钞都是大家喜爱的投资品，其投资价值往往受到市场供求、加工技术、品相等因素的影响。国内各种民间的投资币交易市场规

① 吴晓光，董海刚，李良．论加强对虚拟货币市场的监管［J］．南方金融，2012，（1）：30－33.

模相对较小，市场多为分割状态，而且交易的人民币基本上都是已经退出流通领域或者即将退出流通领域且具有投资价值的少量人民币。可以发现，法定货币的投资功能无法和支付手段同时实现、是分离的。因为政府要维持法定货币的币值稳定，发挥货币的支付结算功能，因此压制了其投资职能，而且具有投资功能的法定货币数量很有限。人民币的投资价值具有一定规律：一般都是在宣布退出流通领域后投资价值暴涨，而此时已不具备支付功能。

但是比特币类新型虚拟货币既具有支付结算功能又具有投资功能。而且所有比特币都是同质的，都具有这两种功能。商家可以通过接受虚拟货币，直接获得投资品，无须再去寻找其他投资品或者缴纳中介费，可以降低投资成本；当需要结算时，再按照与法定货币的汇价支付。全球已经有 7 万多商家接受用虚拟货币支付，并逐渐从网络企业向实体企业渗透。虚拟货币的投资功能是否抑制其支付功能的发挥还有待进一步考察，因为比特币虽然成为投资品，但同时越来越多的商户和个人使用比特币结算，也许虚拟货币可以实现投资功能和支付功能的兼容。虽然商户接受虚拟货币支付，但是虚拟货币支付手段的实际执行情况不容乐观，有必要培育虚拟货币的优势和不可替代性，深化虚拟货币的结算功能。已知虚拟货币是基于网络发行的，可以在全球任何地方交易；又同时具备支付功能和投资功能，与其他市场的联动性更强、传播速度更快；因此，在虚拟货币发展的过程中，应密切注意其动向，谨防其风险对外扩散，引起系统性风险。

（二）网络虚拟货币风险的传导机制

由于资源在各市场之间具有高度流动性，使得风险在各市场之间存在一定的传导效应。狭义的风险传导一般指的是接触性传导，即风险在有直接或者间接联系的企业之间传染，如风险向有业务往来的企业传导。广义的风险传导除了接触性传导以外，还包括非接触性传导，即风险在经济联系相对薄弱的主体之间传染，如风险向有相似内部和外部条件的机构、行业或者地区传染，抑或是羊群行为。

网络虚拟货币的风险传导过程可以描述为：引爆器激活了风险源的风险，并通过介质沿着相关渠道进行扩散，传导的结果有两种：风险减弱或者形成经济危机。网络虚拟货币风险的传导机制如图 8 - 9 所示，由风险源、引爆器、传导介质和传导渠道、传导结果构成。其中，风险源是风险产生的源头，可能来自于网络虚拟货币机构内部或是外部，主要是以上分析的各种风险；引爆器是指引爆风险的导火线，如“黑客”攻击、技术漏洞等；介质是指传播的载体，类似于波动能量的传递需要介质来实现，介质的成分、形状、密度、运动状态决定了风险传递方向和速度。风险传染的介质不一定唯一，不同介质的传播速度也不同，即使同一介质在不同阶段由于内在特征不同也会影响传播速度。

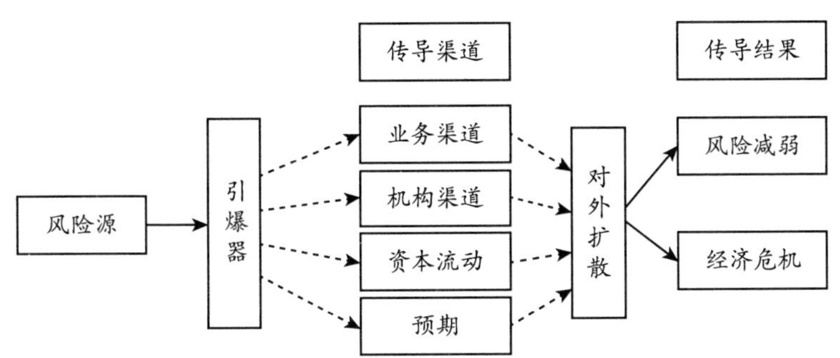

图8-9 网络虚拟货币风险的传导机制

注：虚线箭头表示风险通过介质进行传导。

由于网络虚拟货币通过充当支付手段和投资手段影响实体经济，两者都涉及金融领域，因此，我们在参照全球金融风险传染路径的基础上，总结出适用于网络虚拟货币的四种风险传导路径：包括业务渠道、机构渠道、资本流动和预期四种。业务渠道是风险通过业务联系进行传导，属于接触性传染，即一家虚拟货币发行机构发生风险会向与其有业务往来的机构传染。机构渠道是风险通过虚拟货币的发行机构或交易机构间复杂的联系进行传导。资本流动渠道是风险通过资本的流动在各国间进行传导，大规模资本的流入、流出和逆转是风险爆发的重要原因。如风险投资资本的突然撤离引起的风险传染。预期路径是指即使不存在前面的三种渠道，风险也可能通过市场预期变化影响投机者的信心与预期进行净传染，属于非接触性传染，强调风险的自我强化、自我促成，主要指羊群行为或从众行为。羊群行为即投资者在信息环境不确定的情况下，行为受到其他投资者的影响，跟从他人决策的行为，如投资者集体抛售虚拟货币，导致风险传导到其他经营稳健的机构。此外，还存在一些其他传导路径，如政治传染、战争传染和政策效应外溢型传染。

虚拟货币的风险传导既可以发生在同一市场层面，也可以发生在不同市场，既可以是在一国内部传导也可以是在不同国家间传导。不同的传导渠道可能同时发挥作用进行交叉传染，并且在对外扩散的过程中，风险往往会被放大、加速。同金融风险传导一样，网络虚拟货币风险在传导的过程中也表现出临界性①、方

① 临界性指的是只有当网络虚拟货币风险积累到一定程度，达到阈值时才会引起风险的传导。

向性[①]、扩散性[②]、强度的差异性[③]和结果的两面性[④]的特点。

三、网络虚拟货币及其风险的影响

网络虚拟货币的诞生为市场主体提供了更便捷的服务，丰富了支付结算的工具和投资品种，但是也分流了市场资金和客户群体，弱化了金融中介的角色，倒逼传统金融机构进行创新。并且虚拟货币对法定货币系统产生了一定影响，影响货币政策的发挥和宏观调控的效果。网络虚拟货币及其风险的主要影响归纳如下：

（一）丰富支付工具，催生更好的货币

虚拟货币虽然还不是货币但有望成为实际上的货币，在一定范围内替代法定货币行使结算功能。这种社会约定的货币形式和支付方式如果使用范围逐渐扩大（即具有网络规模效应），在社会经济中的作用不可替代时，会倒逼法律规定其为货币的一种形态和支付方式（谢平、刘海二，2013）[⑤]。早在20世纪初，哈耶克就提出要废除中央银行制度，允许私人发行货币，自由竞争，这个竞争过程将会发现最好的货币[⑥]。面对经济全球化，国家控制本国货币的能力正在削弱[⑦]，一个国家可能存在多种货币[⑧]。

虚拟货币现在被中国、美国等国家定位为商品，否定其是货币，但是马克思曾指出货币的前身是商品，在交换过程中固定的充当一般等价物。西班牙政府在2014年9月发布新规定，规定虚拟货币为电子支付系统（详见“专栏8－5　西班牙新规定：虚拟货币是电子支付系统”），说明西班牙开始更倾向于将虚拟币视为一种货币而非资产（西莫·关特，2014）。在加拿大已经掀起一股用虚拟货币支付薪水的热潮，据统计，一小部分加拿大工人拒绝接受加拿大元作为工资，而是选择一种加密电子货币——比特币。令人惊讶的是，这个数字还在慢慢增长。

---

① 方向性指的是网络虚拟货币风险在传导的最初阶段一般是单向传导，若没有及时“救治”其传导方向可能会演变为双向传导、多向传导或交叉传导。

② 扩散性是指网络虚拟货币风险在传导的过程中具有放大、扩大效应。

③ 强度的差异性是指由于被传导对象自身情况不同，被传染的可能性也不同。

④ 结果的两面性指的是网络虚拟货币风险传导的结果有两种可能：一是风险被化解或减弱；二是演变为货币危机或经济危机。

⑤ 谢平，刘海二. ICT、移动支付与电子货币［J］. 金融研究，2013（10）.

⑥ ［英］弗里德里希·冯·哈耶克. 货币的非国家化［M］. 姚中秋译. 北京：新星出版社，2007.

⑦ Hart K. A Tale of Two Currencies. *Anthropology Today*, 2002, 18（1）: 20－21.

⑧ ［日］黑田明伸（何平译）. 货币制度的世界史：解读“非对称性”［M］. 北京：中国人民大学出版社，2007.

由美国活动策划网站 Tech in Motion 发起的一项最新调查也显示，美国大多数技术专业人士欢迎企业用比特币支付工资。虽然目前虚拟货币还比较小众，只有为数不多的人用其结算，但是展望未来，新型虚拟货币依托电子和网络技术，最终会走向世界一体化，成为世界支付结算工具。在这个过程中，也会倒逼法定货币系统进行改革，催生更好的货币。

专栏 8-5　西班牙新规定：虚拟货币是电子支付系统

西班牙政府发布新规定，规定虚拟货币为电子支付系统。

政府对虚拟货币之所以下定义是由于一家西班牙虚拟货币初创公司 Coinffeine 的询问。早在 2014 年 4 月份，Coinffeine 的法律公司 Abanlex 为了得知明确的虚拟币的法律定义，联系了西班牙财政部、公共管理部以及国会。

负责监管博彩业的财政部总司以及西班牙国会分别向 Abanlex 给予了回复，他们认为，虚拟币是一种电子支付系统，并且指出西班牙的博彩公司必须同时申请博彩许可证及相关的个体许可证。

Aanlex 指出，由于国会认为虚拟币是一种电子支付系统，因此虚拟币公司还要符合一些其他规章要求，如现行法律禁止向公司支付超过 2500 英镑的现金。

此外，按照博彩法规定，虚拟币是一种电子支付系统，其是否广泛适用于各个司法辖区仍然不清楚。

Coinffeine 的首席技术管兼联合创始人西莫·关特（Ximo Guante）在接受 Coindesk（比特币新闻资讯网）采访时表示，西班牙对于虚拟币的新规定是虚拟币监管的良好迹象，“这个消息的大主题是西班牙开始更倾向于将虚拟币视为一种货币而非资产，这与美国对虚拟币的规定恰好相反。”

据西班牙媒体 RTVE. es（西班牙广播电视台）报道，在 5 月，西班牙国家税务局（the State Tax Administration Agency）声明其正在“监控”数字货币，确保数字货币未用于违法犯罪，税务当局对于虚拟币监管迈出了第一步。

EI Coinfidencial 也有报道，由于数字货币可以用于绕过西班牙博彩法令，网上博彩业对于虚拟币的使用越来越广泛。因此，因为该新规定要求虚拟币博彩公司遵守博彩法律，所以新规定应该会显著地影响到该领域。

在西班牙逐步开始监管虚拟币使用的同时，数字货币也因“#Callebitcoin 项目——在西班牙构建虚拟币街道”而走进马德里塞拉诺大街，这项目力图将塞拉诺大街塑造成为“西班牙的虚拟币购物街”。

（二）冲击货币政策效果乃至整个法定货币系统

著名的经济历史学家 Niall Ferguson（尼尔·弗格林）（2014）就表示“比特币将给法定货币系统带来多大挑战，仍有待观察，但如果假定比特币不会带来任何挑战，是不明智的。”虚拟货币通过影响货币乘数进而影响货币政策效果。张福军（2008）通过比较分析虚拟货币产生前后的货币供给量和货币乘数，发现虚拟货币产生后，中央银行的货币供给量增加、货币乘数变大，削弱了中央银行对货币供应量的控制以及在此基础上制定的货币政策效果。此外，如果发行商将发行虚拟货币筹集的预付资金投入实体经济，等于加快了实体经济中的货币流通速度（吴晓光、陈捷，2011）。可见，游离于法定货币系统之外的虚拟货币如果达到一定规模，在缺乏监管的情况下，可能削弱货币政策的有效性，加快货币流通速度。

目前，只有少数国家建立了比特币的自动取款机，可以根据实时的兑换比率取出当地的货币，绝大部分虚拟货币无法兑换成法定货币。但是只要一国将虚拟货币合法化，比如德国，虚拟货币就可以随时兑换成欧元，再通过欧元兑换成其他国家的货币，大大增加了虚拟货币对实体经济的影响力。进一步假设未来虚拟货币可以直接兑换成法定货币，等于是将虚拟货币与股票、证券以及艺术收藏品区分开来：股票、证券等投资品必须要在第三者愿意购买的前提下才能出售获得法定货币，流动性弱于虚拟货币。在此假设下，虚拟货币成为货币的替代品，类似于复本位货币体系，社会主体既可以选择持有虚拟货币也可以选择持有法定货币。此时的虚拟货币与法定货币，类似于布雷顿森林体系时美元与黄金的关系，两者之间存在一个比价（只不过虚拟货币与法定货币的比价不稳定），可以随时进行兑换，除非现有的体系崩溃。那么虚拟货币的发行会冲击法定货币系统，如果虚拟货币发展成全球支付结算工具，那么风险将会迅速扩散到全球各个用虚拟货币进行结算的角落。

（三）影响经济稳定，迫使监管创新

由于网络虚拟货币机构的准入门槛低、风险防控经验有限、行业发展不规范，监管不足，存在诈骗资金、洗钱、过度发行等不稳定因素，在信息不对称的情况下容易产生羊群效应和社会恐慌，影响经济稳定与安全。根据金融创新与金融监管的辩证关系理论，一方面金融监管导致金融创新；另一方面金融创新又倒逼金融监管进行改进，无限循环下去。虚拟货币创新了货币发行方式，由以前法定货币的绝对中心化转变为虚拟货币的去中心化，规避了统一货币发行机构对虚拟货币的监管。

反过来，虚拟货币的创新又倒逼监管创新。当前对虚拟货币的监管尚处于空白，已有的监管方式并不契合对虚拟货币的监管，有必要创新监管范式。

第三节　网络虚拟货币的内部控制

内部控制是现代企业管理的重要手段，网络虚拟货币风险的内部控制应以虚拟货币经营过程中遇到的所有风险为对象，通过建立自我约束和控制机制发挥作用，一般包括事前防范、事中控制和事后监督三个环节。有效的内部控制，有助于企业拓展生产，提高经济效益；同时，内部控制也是风险管理的重要环节，是实施有效监管的前提和基础。世界金融监管的实践表明，外部金融监管的力量无论多强大，监管的程度无论多细致周密，没有内部控制的配合往往事倍功半，监管效果大打折扣。这些年来，由于巴林银行、大和银行等一系列事件的发生都与内控机制的缺陷或执行不力直接相关，其他金融企业在震惊之余纷纷开始检讨和审视自身的内控状况，对企业的内部控制问题给予了前所未有的关注。国外企业管理层的内控意识很强，他们把这作为非常重要的管理理念，贯穿于整个经营管理工作中。

2014 年 9 月，ATM 行业协会（ATMIA）发布了一份新的报告，旨在鼓励新兴的比特币 ATM 行业采用促进消费者保护和安全的标准。这是 2014 年非营利性行业协会发布的第二份关于比特币自动取款机的报告，3 月发布，评估比特币和比特币自动取款机如何更广泛地影响传统的 ATM 市场。报告指出比特币 ATM 行业在进一步扩散之前需要采取自我控制的方法。ATMIA 声称比特币 ATM 行业在这个过程中应该以传统金融系统为向导。

ATMIA 认为，目前对比特币 ATM 的监管不足。这些机器应该纳入更广泛的 ATM 行业范畴，成为行业的一部分，特别是保障实践的安全性以及其他方面的行业行为准则的安全性。ATMIA CEO Mike Lee（迈克·李）说到，他希望这个报告能够激励比特币 ATM 行业融入更广泛的 ATM 行业，并且与传统 ATM 运营商建立联系，他们可能会提供宝贵的专家意见。该报告精确提出了 ATM 行业应如何进行自我控制，包括建立一个比特币 ATM 运营商的注册许可权力和保障存款的能力。ATMIA 提出了一套建议，论证比特币 ATM 行业可以通过自我控制赢得消费者的信任。

根据报告，ATMIA 建议比特币 ATM 行业应该：

（1）创造比特币 ATMs 经营许可证的条件。

（2）发展国际安全最佳方案来打击网络犯罪和洗钱。

（3）培养与更广泛的支付和 ATM 行业的关系。

（4）开展来自比特币 ATM 运营商的国际认证项目。

ATMIA 意识到建立某种程度的自我管制的必要性，至少在比特币价值链部分。ATMIA 在其报告中赞扬了比特币，暗示数字货币可能会成为全球汇款市场的一个有吸引力的解决方案。“简而言之，我们看到典型的创造性破坏的迹象，支付空间的一个真正的创新”并以 ZipZap（全球现金交易网络）和 Ripple Labs（旧金山数字支付公司）为例，说明朝着这个目标前进会有更多的创新到来。

该报告最后得出结论：比特币的未来是光明的，尽管比特币 ATM 行业要应对一些挑战。“展望未来，比特币是否会成为主流货币还没有定论。但是，它似乎步入成为一个重要的全球货币的正轨。”

虚拟货币的风险控制既可以参考企业内控，因为虚拟货币的发行商多为网络公司又可以参考银行等金融机构的内控机制，因其经营的业务涉及金融领域。但是金融行业的内部控制更为先进。ATMIA 也指出虚拟货币在风险控制过程中应该借鉴传统金融系统的做法。结合 ATMIA 的建议，我们认为网络虚拟货币的内部控制应该覆盖经营的各个环节，具体从以下几个方面进行控制。

一、合理设置内控机构，确保内控机构的独立性

建立专职的组织机构。企业内部风险控制应设立专门的职能部门，既有利于提高内控的效率，又有利于实现相互制约和及时纠错的目的。企业内部专事监管的部门一般是董事会中的审计委员会、监事会和稽核委员会以及合规部门。稽核委员会和合规部门要配备高素质、专业技能强的人员。对于跨国经营的企业还要督促企业的经营活动符合他国的相关规定。

以我国商业银行为例，虽然较为普遍地设立了内部稽核机构，但目前多数归各分支机构管辖，独立性和权威性不足。而国外企业一般成立独立于其他部门、仅对最高权力机构负责的内部审计部门。可以借鉴国外经验，设立对最高权力机构负责的内审机构，以确保最高管理者关注实践中发现的任何问题。只有这样才能使内部监管的工作得以顺利开展。

二、确立岗位职权和责任，提高平台的安全性

内部控制的核心内容是确定各部门的职责权限，实行分级管理和岗位责任制。确立各个岗位的责任制度是最重要的基层工作。由于虚拟货币交易平台的脆弱性，需要不断提高技术人员的专业水平，同时选用安全级别高的软件系统和硬

件。并且定期对网络系统进行安全检查，为用户提供安全性高的账号密码系统和账号保护系统，在用户密码被盗后提供找回密码的服务。确定意外事件的控制流程，做好数据备份。发行商需要将每个工作细分到具体的岗位，然后按岗位确定权限和职责，严格考核、检查，注意权限和职责的匹配。需要做到以下几点：第一，某一项具体职权和具体责任不能同属若干个部门和个人，避免相互推诿，所以权利和责任的划分应当细致。第二，不相容的职务必须分管，避免兼管造成无牵制力和无约束力的情况。第三，任何一项工作不能始终由一人独立完成，避免出现差错和舞弊行为。

三、明确各项业务的操作程序并严格执行

严格有效的控制程序是各部门及成员协调、配合的依据。各职能部门按照自身的业务规律制定具体详细的虚拟货币操作流程和核算手续，如操作规程和工作手册，将虚拟货币的业务程序标准化，并严格执行。既可以提高工作效率，又便于考核。操作手册是每项业务的运作指南，工作手册是从业人员应该遵循的规则，为评价各项业务的实绩提供保障，有助于内部控制程序中的绩效评估。按照标准化的业务处理程序设计制定的各项业务检查标准和制度，又可以使监事会、稽核委员会行使监督职能时有章可循。

四、建立稽核评价制度，及时发现风险将危害降到最低

在我国企业自我约束力和内控意识不强、过分依赖外部监管的情况下，建立内控稽核评价制度显得尤为重要。稽核工作一般要遵循回避原则、重要原则、经济原则、适合原则、适时原则、从简原则等。在稽核时，可以采用观察法、审阅法、复查法、核对法等，也可以结合起来使用。稽核可以是全面的，也可以是专项的，可以是定期的，也可以是不定期的，可以是独立的，也可以是会同的。同时，要对企业内部监管人员进行严格训练，使他们能够对各项业务活动和岗位责任的执行情况进行正确的评价与监督。因此，有效的稽核应该在原则指导下，选择适当的稽核方法和方式进行，及时发现存在的风险，以便于采取控制措施将危害降到最低。虚拟货币的稽核范围应该涵盖所有的业务和管理活动，主要包括资产负债稽核、会计和财务稽核、业务稽核和横向联系稽核。虚拟货币交易的匿名性容易被不法分子利用，因此，虚拟货币的发行机构应该密切关注虚拟货币的资金流向，对于大额的交易更要关注其交易主体的合法身份。此外，虚拟货币由于自身的特点，发展过程中会遇到各种风险，为降低风险，发行机构应建立风险评估机制，及时做好应对风险的准备工作。

五、创造条件，深化国际合作，提升内部控制的效果

可以通过以下两种方式实现虚拟货币企业内部控制的自我提升。

一是创造条件，改善内控设施，建立高效的管理信息系统。利用现代化工具，实现信息采集、加工处理、传输的自动化，实现信息资源共享。通过建立数据库、模型库、方法库，实现快速、准确、合理的预测和分析，为内部控制的信息来源和最终决策提供支持。二是深化国际合作，参加国际活动，或者开展国际项目，培养同行业的更广泛的国际关系。如开展来自比特币 ATM 运营商的国际认证项目。通过上述两种途径，促使虚拟货币发行机构向国际先进的内部控制机制看齐，提升自身的内部控制效果。

第四节　网络虚拟货币的行业自律

自从比特币被热炒之后，一些类似比特币的“山寨币”如雨后春笋般产生。目前国内虚拟货币处于一个无人监管的“灰色地带”，行业的无序发展埋下了种种隐患。除加强内部控制外，更需要建立行业自律，约束虚拟货币行业的发展，使之朝着健康的方向发展。行业自律的典型是英国，英国对金融业的监管主要采取行业自律形式，不以严格的法律、规章为依据，发现问题一般是通过“道义劝说”与“君子协定”等方式予以纠正和解决。2014 年 3 月，我国央行提出要抓紧推进“中国互联网金融协会”的成立，充分发挥协会的自律管理作用，制定统一的行业服务标准和规则，引导互联网金融企业履行社会责任。虚拟货币作为互联网金融的一个重要组成部分，也应抓紧成立行业协会，加强行业管理和协调，我们认为需要从以下几方面着手。

一、建立虚拟货币同业协会，明确同业协会任务

（一）成立虚拟货币同业协会

尽管公会组织在各国监管体系中的地位不尽相同，但各国都比较重视其在金融监管体系中所起的作用。以欧洲大陆国家为代表，比利时、法国、德国、卢森堡、荷兰等国的银行家学会和某些专业信贷机构的行业组织都在不同程度上发挥着监督作用。从我国虚拟货币发行机构的发展现状来看，存在行业发展较快和监管当局监管不足的矛盾，迫切需要建立对监管当局拾遗补阙的同业公会组织，维

护同业有序竞争、防范风险、保护同业成员利益。建议在监管当局的鼓励、指导及社会舆论的倡导下，在自发、自愿的基础上建立同业协会或公会，可根据不同类型、不同地区的虚拟货币发行机构建立不同的虚拟货币同业协会，并在此基础上形成全国同业协会①。同业协会的成立包括内部机构的体制设计、协会组成人员的管理和协会文化的塑造等方面，而协会的角色定位是主要内容。虚拟货币同业协会是为虚拟货币发行企业提供服务的自律性组织，发挥的是自律、服务、维权、中介作用。协会的意志应独立于利益集团的意志，人员管理、决策制度等各方面都要围绕虚拟货币行业的整体利益②。

（二）明确同业协会的具体任务

英国银行家协会（BBA）是英国金融服务业主要的行业协会，工作范围广泛，主要活动领域包括制定、发展和持续修订同业规则，提供行业相关资料，为客户个人理财做指导，确定市场定价基准，保存同业数据，促进成员遵守监管部门规定，等等。BBA 对会员的管理也是自律的一部分。BBA 在其官网上公布了会员的资格标准，首先声明了协会的目标，其中一条是促进行业的整体利益。申请加入的会员必须首先与协会的目标保持一致，等于变向对成员进行约束。而这种约束，效果往往更好。参照 BBA 的做法，虚拟货币同业协会的具体任务应该包括但不局限于以下几点③。

（1）制定自律组织成员共同的君子协定。

（2）制定具体的同业业务活动及其他社会活动规章。

（3）收集相关信息，为成员提供咨询。

（4）在监管部门许可的前提下，界定虚拟货币行业的基准价格和其他各项费用的标准。

（5）联络和协调成员关系，相互支持、相互帮助。

（6）代表成员处理与监管部门和外界的关系，维护成员的正当权益。

（7）组织业务交流，共同发展，组织干部培训机构。

（8）实施违反同业协定和其他违规行为的整顿、处罚和报复。

二、制定同业规则，约束虚拟货币发行和非法活动

同业规则是行业自律的前提之一，仅有机构，没有具体的规则，行业自律将

---

① 郭慧文，张文棋，张小芹．国际金融监管的发展趋势及启示［J］．亚太经济，2002（1）．
② 吴刚．康德的自律理论对中国银行业监管的启示［J］．经济评论，2006（2）．
③ 周建松．银行业自律机制研究［J］．金融研究，1996（9）．

成为空谈。BBA 主要通过制定行业规则和与监管部门合作来规范成员的业务和行为。同业规则一般由同业协会制定（发起制定）或批准（认可）的，建立在共同讨论、协商的基础上，由会员签署并遵守的约束本行业行为的规则。同业协会在自律规则的制定中应发挥积极作用，同时接受政府和社会公众的监督，防止制定出的自律规则成为各利益主体妥协串通的违背公益的产物①。同业规则是合乎国家法律和监管部门政策的业务活动准则，凭此维系各成员的利益和行业秩序，明确各成员的责任和义务。网络虚拟货币的同业规则应包括两方面：在发行方面，制定统一的发行机制，对虚拟货币的发行价格标准做出规定。在交易方面，反对洗钱等非法活动，对交易平台的建设和维护做出协议等内容。以下仅就虚拟货币的发行机制和平台建设提出建议，仅供参考。

（一）制定一套标准化的发行机制，约束虚拟货币的发行

虚拟货币同业协会可以根据企业的经营状况和信用等级确定虚拟货币的发行数量、发行种类和业务范围，并对虚拟货币的流向、流通速度和使用情况进行实时统计和考核，防范和降低风险。虚拟货币的发行机制可以参考王一、叶茂升(2009)：以企业未来服务的收益作担保发行债券并且授权债券的购买方以债券作为抵押发行虚拟货币，发行的收入用来抵消购买债券的支出并且收取债券的利息作为手续费。债券发售的对象可以是某个第三方机构或是由若干个第三方机构组成的市场（姑且称之为虚拟货币银行）。这样一来，每一单位的虚拟货币均由一定的债权作支撑，不可能无限发行。在消费者接受企业提供的网络服务之后，虚拟货币流回到企业，并被消灭，虚拟货币的生命到此结束，如图 8－10 所示。

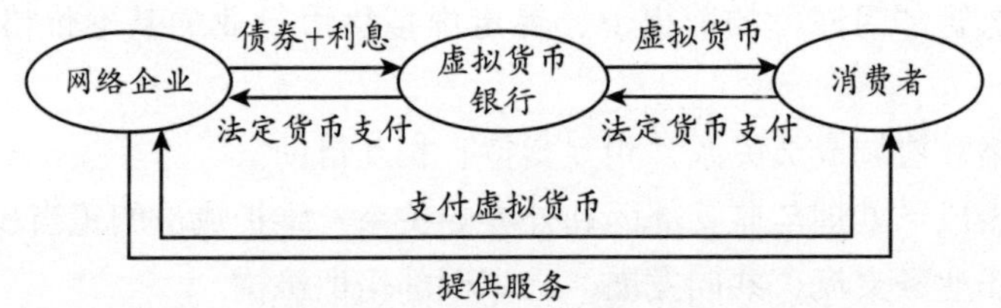

图 8－10　虚拟货币的发行机制

资料来源：王一，叶茂升．虚拟货币发行机制研究［A］．中国管理现代化研究会．第四届（2009）中国管理学年会——金融分会场论文集［C］．中国管理现代化研究会，2009.

① 吴刚．康德的自律理论对中国银行业监管的启示［J］．经济评论，2006（2）.

（二）防止利用虚拟货币交易平台从事非法活动，提高平台健壮性

规定虚拟货币发行机构要严厉打击各类非法活动：一要密切关注网络平台的大额交易，追踪其资金来源；二要加强资金流监控，及时了解虚拟货币的流动情况，主要关注两方面，一是监控洗钱行为，二是监控沉淀资金的流向。同时通过系统升级和采用更安全的技术提高虚拟货币交易平台的健壮性。

三、建立健全责任机制，保障自律机制的有效运行

责任机制是实现虚拟货币同业协会自律的终极保障，没有责任的自律犹如空中楼阁。无论是他律还是自律，都是一种约束机制，受约束者在私利的诱导下很可能会突破约束，造成权益损害。这就需要对突破约束者施以负利益，责任即是一种负利益。他律中法律责任（不限于法律责任）在很大程度上扮演着遏制“突破”，弥补损害的角色，自律中同样需要这样的角色。

虚拟货币同业协会的责任机制可以根据承担主体的不同从以下三方面进行考虑：（1）行业协会的责任。虚拟货币同业协会代表的是整个行业的利益，但其行为有可能出于某些原因损害公益。作为社会团体法人，其责任主要应由虚拟货币行业之外的主体来施加，如监管机构、社会组织、舆论力量、司法资源，等等。（2）会员的责任。各会员是具有个体目标和独立利益的营利性法人，存在损人利己的动机。会员的责任可以由同业协会通过制定自律规则中的责任条款来规定，也可以由法律规定。（3）行业协会内部人员的责任。虚拟货币同业协会的人员，尤其是决策人员由于其个人利益与行业利益相对来说最具有背道而驰的可能，因而也是责任机制约束的对象。①

四、制定行业标准，规范虚拟货币的发展

在现代经济发展过程中，制定标准是实现信息系统互联互通互操作，降低生产成本的基础条件；是保证产品质量，保护消费者权益的重要手段；是规范市场秩序，防范风险的内在要求；是主管部门进行行业管理、质量监督和认证的重要依据；是整合和引导社会资源，推动自主创新，促进产业升级，赢得产业竞争的制高点。

自2011年开始，人民银行以非金融机构支付服务管理为切入点，先后发布一系列制度、规范，建立健全了非金融机构支付服务系统检测认证制度体系。其

① 鲁篱，黄亮．论银行业协会自律机制的设计［J］．财经科学，2005，（4）：31－35.

中，移动支付相关行业标准编制工作取得一定进展。2011年，中国人民银行协同其他相关部门发起了《移动支付　远程支付　第1部分：术语》、《移动支付　远程支付　第2部分：数据元》等移动支付系列行业标准的编制工作。2014年7月，中国人民银行发布《中国金融标准化报告2013》（详见“专栏8-6　中国金融标准化报告”），在移动金融与金融IC卡、支付业务统计、电子化信息披露等重点领域发布了一系列重要的国家及行业标准，带动金融机构标准化发展，推动非金融机构认证支付业务健康发展，审慎启动移动金融检测认证工作。

专栏8-6　中国金融标准化报告

《中国金融标准化报告》（以下简称《报告》）是中国人民银行对外发布的年度官方报告，从2010年开始发布，《报告》立足于人民银行履行金融标准化组织、管理、协调职责，客观、全面、系统地向社会各界和公众展现我国金融标准化发展的总体情况、相关数据和未来一段时期金融标准化发展的基本思路。《报告》的发布，有助于金融业各部门了解、关心和研究金融标准化，特别是对金融标准化的广大从业人员具有较重要的参考和使用价值。同时，也有利于增进国内外金融业的交流与合作。

标准化是为在一定范围内获得最佳秩序，对现实问题或潜在问题制定共同使用和重复使用的条款的活动。金融标准化的范围包括：术语、数据元、符号、代码、文件格式等的要求；通信、数据处理、安全和通用报文等方面的应用要求；金融产品的要求；金融活动中的管理、运营和服务要求等。回顾近20年的发展历史，中国金融标准化工作经历了起步、发展、提高的过程。20世纪80年代末90年代初，伴随社会主义市场经济体制改革目标的确立，我国标准化开始实施一系列的改革措施，以适应新形势对标准化工作的新要求。1991年，经原国家技术监督局批准，第一届全国金融标准化技术委员会（以下简称金标委）成立。1992年，发布首个金融国家标准——GB/T 13497~1992《全国清算中心代码》。

称金标委是在金融领域内从事全国性标准化工作的技术组织，负责金融系统标准化技术归口工作。中国人民银行负责金融标准化的协调管理，是金标委的行政主管部门。金标委在国家标准化管理委员会的指导下，在中国人民银行的领导和管理下，在各委员单位的大力支持、积极参与下，稳步推进标准化工作，取得了丰硕的成果。从2002年起，金融标准化工作与国际接轨的步伐加快。截至2009年12月，金标委共发布金融国家标准41项，金融行业标准77项，涵盖基础性数据元、术语、代码集、印钞造币、银行卡、征信、数据交换、信息安全等领域。这些标准的出台和广泛应用对于降低交易成本，减少操作风险，提高市场效率，提升服务质量，加强跨行业交流和成果共享起到了积极的作用。

银行业标准与银行业务和经营管理活动密切相关，对规范银行业经营管理、促进银行业协同发展具有基础性保障作用。银行业标准体系框架如图8－11所示。

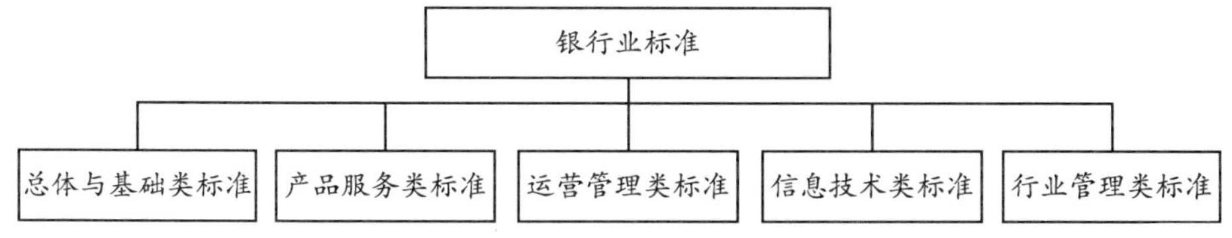

图8－11　银行业标准体系分类

（一）总体与基础标准

总体与基础标准是银行业标准编制和引用的依据，对银行业标准化工作具有普遍指导意义，主要包括标准化工作标准、标准认证管理标准、方法标准，术语、数据元、信息分类编码、通用报文等基础性标准等。

（二）产品服务类标准

产品服务类标准主要是指银行机构对外提供金融服务，改善客户服务品质、提高客户满意度而制定的标准。标准内容主要包括专用术语、产品分类、产品数据元、管控流程、服务规范等。业务范围涉及银行为社会客户提供的金融服务、银行机构之间以及银行机构和非银行金融机构之间的金融业务，中央银行的货币发行、经理国库以及对商业银行提供的支付清算与融资服务等。

（三）运营管理类标准

运营管理类标准是银行业组织机构对本机构内设部门进行管理活动所需要的行业标准。内容涉及组织机构管理、人力资源管理、内控合规、财务会计管理、授信管理、资产负债管理、风险管理等。主要为保证机构组织运营、提高决策效率、降低运营成本而提供基础性管理支持。

（四）信息技术类标准

信息技术标准是指银行业信息化建设工作中，为实现产品服务、运营管理、行业管理等功能而进行的应用系统开发、测试、运行、维护、信息交换等过程中应该遵循的标准。标准内容涉及信息安全、信息技术基础设施、银行专用机具、应用研发与运行、信息交换等。

（五）行业管理类标准

行业管理标准是银行业宏观管理所需要的标准。内容涉及金融统计、征信业务、反洗钱管理等。近期计划制定的标准包括金融工具统计术语标准、金融工具统计分类及编码标准、存款统计计值标准、贷款统计计值标准等。

资料来源：中国人民银行网站。

目前，中国虚拟货币的发展还处于起步阶段，整个行业面临着发行主体、发行机制、业务模式和产品形态多元化，缺乏统一的业务、技术规划等问题，在一定程度上制约了虚拟货币产业的整体发展。针对虚拟货币发行主体的多元化特点，有必要制定一系列标准规范虚拟货币的交易行为。很多虚拟货币只能在局部网络环境使用，比特币和莱特币等新型虚拟货币虽可以在全球网络使用，但是它们之间的兑换、清算以及如何提高交易的安全性都是有待解决的问题，因此，可以设计一套技术标准、安全标准与清算系统。统一的标准便于各主体的参与，避免由于各机构的系统不兼容产生高昂的交易成本。可以参考中国人民银行《中国金融标准化报告》的编制，制定虚拟货币发展的行业标准，或者将虚拟货币的发展纳入到金融标准化报告中去，合理规范虚拟货币业务的各个方面，有力支撑虚拟货币行业发展。总体来讲，标准化可以带来正的经济效益和社会效益。值得注意的是，由行业联合编制的标准化方案，不具有法律约束力，由虚拟货币的发行机构自愿实行，效果可能比监管机构强令实施更好一些。

第五节　网络虚拟货币的监管思路

网络虚拟货币在开展业务的过程中涉及金融领域，且金融监管已经形成了成熟的理论体系，因此，我们在金融监管的基础上分析网络虚拟货币的监管思路。金融监管是指一国政府或其代理机构对金融机构所实施的各种监督和管理，最早表现为建立中央银行控制货币发行权，即“绝对中心化”；而虚拟货币的核心理念是“去中心化”，规避了统一货币发行机构对虚拟货币的监管。因此，需要采取一定程度的监管措施确保在不扼杀虚拟货币发展的同时可以进行及时有效的风险控制。2014 年 7 月，欧盟银行业管理局认为虚拟货币“风险大于收益”，号召欧盟出台监管法规，以确保个人或机构不能操纵“某一虚拟货币”（详见“专栏 8 -7　欧盟出台监管法规以确保不能操纵虚拟货币”）。关于网络虚拟货币的监管，基本上还处于空白状态，下面我们从网络虚拟货币的监管理念、监管原则、监管模式和监管措施四个方面阐述网络虚拟货币的监管思路。

专栏 8－7　欧盟出台监管法规以确保不能操纵虚拟货币

欧盟银行业管理局（European Banking Authority，EBA）号召（called on）欧盟出台监管法规，以确保个人或机构不能操纵“某一虚拟货币”。在文件中，欧洲银行管理局提出数字货币的新要求，并抄送欧盟理事会，欧盟委员会和欧洲议会，在相关法规出台期间，欧盟国家内的银行不应该再购买、持有、出售虚拟货币。

EBA 进一步呼吁与其他欧洲机构联合开展对数字货币的“全面评估”，包括欧洲央行（ECB）和欧洲证券市场管理局（ESMA）。

今年早些时候，欧洲央行表示，比特币不应该被忽视或禁止，但同时也指出，它构成了重大风险。

EBA 指出，数字货币可以带来一些潜在好处，包括更快，更便宜的交易和更多的金融包容性。然而，EBA 认为“风险大于收益”，在欧盟范围内，这些好处并不显著。

EBA 确定 70 多个风险在多个类别中：对用户的风险，可能影响现有的支付方式和货币兑换，可能对财政健全的影响。

EBA 还指出，虚拟货币的一个风险是它可以被任何有足够算力的人匿名的制造或更改。EBA 还单独把矿工作为一个威胁，他们可以匿名而且 IT 安全性得不到保证。

其结果是，EBA 认为是“一个监管主体”是必要的，以应对这些风险：

“在此基础上评估，EBA 认为，需要一些更细节的监管方法来应对这些风险，特别是，监管方式需要涵盖几个市场参与者治理的要求，客户账户，资本金要求，而最重要的是，创造‘币种的监管当局’，调查特定虚拟货币体系及主要部分，包括它的协议和交易总账。”

在意识到监管框架不能在短时间内改变后，EBA 发出了“立即响应”，以解决这一问题。

EBA 建议各国监管当局“劝阻信贷机构，支付机构和电子货币机构购买，持有或出售虚拟货币”，直到新监管条例到位。

“虽然这个办法会减轻虚拟货币体系和受监管的金融服务之间的交互所带来的风险，但不会解决虚拟货币体系自身或之间产生的风险。”

这种双管齐下的做法将使虚拟货币体系在金融服务领域之外发展，也将允许金融机构保持与活跃在虚拟货币领域企业的经常账户关系。

资料来源：http：//forex. cngold. org/c/2014－07－08/c2635922. html.

一、网络虚拟货币的监管理念

2014 年 3 月，全国人大代表、江苏证监局局长王明伟在做客人民网访谈室时表示，证监会系统目前正在大力推进监管转型，监管转型是变革监管理念、监管模式和监管方式的过程。网络虚拟货币颠覆了传统货币的发行方式，基于互联网这一培养皿具有传染速度更快、联动性更强的特点，对原有的监管范式提出挑战，因此，在虚拟货币领域也要进行监管转型，变革监管理念和原则。2014 年中国银监会政策研究局研究员张晓朴提出互联网金融监管总体上应体现开放性、包容性、适应性。我们认为这三个理念也适用于网络虚拟货币的监管。

开放性是相对于封闭性而言的，“包容”有着“兼容并蓄”或“兼容并包”的涵义，可引申为“融合”。包容性和开放性指的是对于新生事物（网络虚拟货币），一方面接纳它们、包容它们、尊重它们的特色；另一方面又把其中一些有利成分和因素吸收、融合进来，充实、丰富现有的工具。开放性和包容性植根于中国文化的深层哲学和信念，如“物一无文”、“和而不同”、“和实生物、同则不继”。“同”就是“一”，在中国哲学看来，“同”就不可能有生命，不可能有创造，不可能有发展。“和”则是不同成分、因素之间和谐共处，也就是“各美其美”、“美人之美”，所以“和”就意味着包容，意味着开放。开放性和包容性理念要求对于网络虚拟货币的监管要体现宽容，给予新鲜事物一定的发展空间，吸其精华改善现在的体系。适应性原意是指生物体与环境表现相适合的现象，这里指监管机构要适应网络虚拟货币的发展，及时进行转变。

网络虚拟货币的三个理念是相辅相成的关系，既相互联系又有所区别。开放性要求具有包容性，开放性和包容性又要求对网络虚拟货币的监管必须体现适应性。网络虚拟货币监管的开放性、包容性和适应性，根源于创新与经济增长、风险、监管的关系。一方面，虚拟货币的创新行为遵循效益性原则，提高了经济效率，有助于经济增长，所以对虚拟货币的监管要体现开放性和包容性；另一方面，虚拟货币规避了原有的监管，并且产生了新的风险，所以对虚拟货币的监管又要体现适应性，及时进行监管转型。

二、网络虚拟货币监管的原则

金融监管的原则是指政府在金融监管活动中，始终应当遵循的价值追求和最低行为准则，应坚持以下基本原则：依法原则，公开、公正原则，效率原则，独立性原则和协调性原则。其中，效率原则是指金融监管应当提高金融体系的整体效率，不得压制金融创新与金融竞争；同时，金融监管当局要合理配置和利用监管资源以降低成本，减少社会支出，从而节约社会公共资源。协调性原则指监管主体之间职责分明、分工合理、相互配合。由于网络虚拟货币在创新的同时规避了一些监管并产生了新的问题，如风险隐蔽性更强、传播速度更快、容易被不法分子利用，加大了消费者的风险。因此，网络虚拟货币的监管除了应该遵循以上五条基本原则外，还应该包括：

行为监管，包括对网络虚拟货币基础设施、网络虚拟货币企业以及相关参与者行为的监管，主要目的是使网络虚拟货币交易更安全、公平和有效。在一定程度上，行为监管是对网络虚拟货币的运营优化。

保护消费者合法权益，即保障虚拟货币的消费者在互联网金融交易中的权益。可以从行为金融学的角度分析，由于虚拟货币交易市场并非完全有效以及市场上存在类似于证券交易的认知偏差、羊群行为、信息不对称、噪声交易等因素，容易形成对消费者的权益侵害。所以，有必要对消费者进行教育、畅通投诉受理渠道、制定虚拟货币消费者权益保护办法维护虚拟货币消费者的合法权益。

审慎监管，源于巴塞尔委员会 1997 年的《银行业有效监管核心原则》，是指监管部门通过制定一系列周密而谨慎的经营规则，客观评价监管主体的风险状况，并及时进行风险监测、预警和控制。谢平等（2014）[①] 指出审慎监管的目标是控制外部性，保护公众利益。审慎监管的基本方法论是在风险识别的基础上，通过引入一系列风险管理手段，控制网络虚拟货币企业的风险承担行为以及负外部性，从而使外部性行为达到社会最优水平。

三、网络虚拟货币的监管模式

现有文献大多将金融监管体制分为三种理论模式：机构型监管、功能型监管和目标型监管。通过比较三种模式的优点和不足，指出适合网络虚拟货币的监管模式。

机构型监管是指按照金融机构的类型设立监管机构，不同的监管机构分别管理各自的金融机构，某一类型的监管者无权监管其他类型金融机构的金融活动，如中国。在金融分业经营条件下，或在金融业各部门分工比较明确、界限比较清楚的条件下，监管效果非常明显。由于每家金融机构只由一个监管者负责，还可以避免不必要的交叉监管。但是随着金融市场的迅速发展，金融混业经营和各部门的界限也日益模糊，每个机构监管者都要对其监管对象所从事的各项业务进行监管，造成社会资源的重复浪费（Goodhart 等，1998）。

① 谢平等．互联网金融监管的必要性与核心原则［J］．国际金融研究，2014（8）．

功能型监管是指依据金融体系的基本功能和金融产品的性质而设计的监管体制，即一个给定的金融活动由同一个监管者进行监管，无论这个活动由哪个金融机构来开展，如美国的美联储。默顿·兹维·博迪，（1993）等人最先提出金融体系的“功能观点”，指出金融功能比金融机构更稳定，金融功能优于组织结构。他们认为，基于功能观点的金融体系比基于机构观点的金融体系更便于政府监管，可以有效解决金融创新产品的监管归属问题，而且功能型监管比机构监管更稳定。但是监管部门基于功能观点试图扩大监管的范围，造成对该理论的滥用；而金融机构则力图使自己向监管放松、限制较少的领域靠拢，以尽量减少政府的监管和干预。此外，功能监管不便于判断机构整体风险水平和清偿能力，容易产生多头监管问题，提高了企业的监管成本。

由于机构型监管和功能型监管各有利弊，于是泰勒（1995）和吉德哈特（1998）等提出了目标型监管。他们认为，只有明确定义监管目标，并且准确无误地将实现监管目标的责任委托给监管机构，监管才有可能有效进行，才能讨论监管责任的有效性和透明度，进而产生明确的内部控制重点，避免各监管目标之间的冲突，如澳大利亚。虽然监管目标更加明确，有利于金融监管的公平与效率的统一，但是无法有效地针对不同金融机构的特点采取相应的监管措施，所以这种模式实现设定的监管目标的能力大大降低，有可能存在监管上的“灰色区域”。

在分业经营条件下，机构型监管与功能型监管类似。只有在混业经营的条件下，随着不同金融机构间的界限日益模糊，不同金融机构功能的一致和业务的交叉对传统的机构型监管提出了挑战，才出现了功能型监管理论。机构监管的隐含前提是可以对机构进行分类，并且同类机构从事类似业务，产生类似风险，因此适用于类似监管。目前，国内分业经营的局面正在逐步向混业经营转变，不少大的集团公司，如中国平安保险（集团），中国光大集团，中国中信集团，都是“一个主体多个牌照”，如果继续采用机构型监管容易产生监管不足问题。网络虚拟货币既具有支付功能又具备投资功能，既从事电子商务业务又涉及金融活动，出现了混业特征，原有的分业监管已经不能适应虚拟货币的发展，需要根据具体的业务、风险，从功能监管角度制定监管措施。但是功能型监管容易产生多头监管，增加企业的监管成本，所以可以制定一套统一的监管标准，加强监管协调，尽量降低企业的监管成本。

四、网络虚拟货币的监管措施

借鉴金融机构的监管做法和国外网络虚拟货币的管理措施，可以从以下几个方面开展虚拟货币的监管工作。

（一）适度的市场准入限制，保障市场竞争充分

市场准入管理是防范风险的首要步骤。市场准入的限制一方面将部分不够资质的经营者排除在市场之外；另一方面限制了竞争，增强了市场的垄断性，可能助长垄断行为。因此，在制定市场准入的门槛时，要注意不要限制了市场的竞争，减少政策在行使权力的过程中凭偏好决策或受利益集团左右。市场准入包括机构准入、业务准入和高级管理人员准入三个方面，重点分析机构准入和业务准入。

1. 机构准入

机构准入有两种选择：一种是不允许私人机构发行虚拟货币，只有政府可以发行，这个方案在欧洲有些国家以失败而告终，严厉打击了虚拟货币的创新。另一种选择就是允许私人机构发行虚拟货币，人们可以选择私人货币或者政府货币，这种竞争会促使更好的货币产生。事实上，不少国家对准入机构类型没有限制，发行机构良莠不齐，蕴藏较大风险。可以考虑以发放牌照的方式设立门槛，如美国纽约州（详见“专栏8－8　比特币金融监管草案进入听取各方意见的阶段”）对虚拟货币业务的申请人设定资格条件，保证符合条件的机构和人员可以进入市场，这是美国首例关于比特币业务牌照的规定。

专栏8－8　比特币金融监管草案进入听取各方意见的阶段

引起各界广泛关注的纽约州数字货币许可证草案进入听取各方意见的阶段。由于比特币在数字货币中的基础性地位，该草案也被业界称为比特币金融监管草案。聆听意见阶段截至9月18日。鉴于社会各界对于比特币执照的争议，纽约金融服务部负责人Ben Lawsky（本·劳斯基）在Twitter上发声：将延长BitLicense（数字货币许可证）评议期到2014年10月21日。

鉴于纽约州金融业在美国的领头羊地位，该草案的影响超过此前加州对虚拟货币地位的法律认可。因为，金融监管条例的实施，意味着比特币将正式进入美国金融体系，金融机构进入比特币行业有了具体的操作依据。目前，监管不明是大型金融机构进入虚拟货币领域的主要障碍。

由于对比特币进行金融监管的意义重大，所以该草案的发布一度被看做重大利好。但是，随着对草案内容的深入了解，市场反应逐渐转向负面。主要原因在于，草案对虚拟货币相关企业在消费者权益保护、技术安全、资金要求、人员资格、管理规范等方面提出了严格要求，业界担心会遏制创新，冲击比特币的匿名

性，在将比特币引入主流金融界的同时，会扼杀许多创业公司。

对监管草案的忧虑已经引起广泛关注。近日，纽约金融服务部门负责人 Lawsky 亲自在 Reddit 论坛上发帖来解说新的试行条例。华尔街银行家们也在积极研究比特币。正式监管条例的出台会是多方博弈的结果。

资料来源：http：//forex. cngold. org/c/2014 - 08 - 07/c2689978. html.

2. 业务准入

业务管制起源于美国 1933 年的 Q 条例，直接目的是避免金融业的交叉感染和过度竞争。但是业务管制在增加了企业的监管成本之后往往没有起到相应的效果，企业为了保持较高的回报率不得不开展一些高风险业务。业务管制的另一后果是可能扭曲了市场信息，进一步加剧信息不对称。所以对网络虚拟货币的业务管制要掌握好度。一方面，对虚拟货币发行机构的业务范围有所限制，特别是高风险的业务活动。根据发行机构的信用等级弹性地规定虚拟货币的发行数量、种类和流通范围，并对发行数量及其余额、流通速度等内容进行考核和评价（邹恒 2008）。发行虚拟货币的机构定时向有关部门申报该机构的发行计划，包括发行总量、存量和交易数量，便于计算出虚拟货币的发行总量、交易量，进一步估算其对货币总量和货币政策的影响。监管部门根据企业之前的表现确定下一年的业务种类和发行数量。另一方面，应注意不能扼杀和阻碍金融创新，运用现代科技对虚拟货币运行实施动态、实时、持续的风险监管，以便及时化解风险，提高监管效率。

（二）实行准备金制度，约束虚拟货币滥发行为

虚拟货币发行机构的资质参差不齐，为化解风险，维护消费者的信心，可以通过实施准备金制度保障消费者的利益。邹恒（2008）建议，规定发行的虚拟货币与人民币的兑换“汇率”和“准备金”，并以年审方式合理调整某一虚拟货币的“汇率”和所需“准备金”，报有关部门审批。张福军（2008）也曾指出规范虚拟货币的准备金制度，可以在一定程度上约束虚拟货币滥发并对虚拟货币持有人兑现形成保护，防止挤兑。

准备金要求虽然可以保证虚拟货币服务商的支付能力和抗风险能力，但也产生了诸多不利影响：为了减少这部分损失，形成了转嫁成本和风险的激励，增加了企业的机会成本和经营风险（Kaufman，1992；John 等，2000）；加剧了企业的违章行为，只要违规操作获得的净收益高于监管当局惩罚的成本。再者，企业的财务状况及其面临的风险受经济周期影响，在衰退期和萧条期容易出现财务困

难，经营风险较大；而在复苏期和繁荣期财务状况开始好转，风险较小。因此，要权衡利弊，制定合理的准备金比率及其波动幅度，不同经济周期的准备金水平应有所区别。

（三）征收交易税，降低虚拟货币的投资风险

不少国家将虚拟货币交易纳入了税收体系，通过对虚拟货币的交易征税，降低投资风险。德国对持有 1 年以上的比特币交易免税。美国国税局将虚拟货币作为财产性收益纳入税务系统中，适用股票和易货交易的相关规定。如果比特币的单笔交易金额超过 600 美元，就需要向国税局申报信息，更厉害的是这项规定具有追溯效力。根据普华永道的估计，目前所有比特币的市场价值约为 80 亿美元，每天的交易量约为 8 万例。这一规定的出台必将降低比特币的交易活跃度，就如同美国的税收法律鼓励投资者长期持有股票一样。根据美国的相关规定，如果持有这种虚拟货币的时间超过 1 年后再进行交易，将获更低的资本利得税率——最高仅为 23. 8%，但如果是在 1 年内卖出，最高税率可能达到 43. 4%。

（四）加强透明度建设，降低信息不对称

金融监管的根源在于非对称信息，金融的脆弱性、传染性等只是这一根源的外在表现（蒋海、钟琛、齐洁，2002），引入监管（或金融监管的主要功能）和监管者实际上是解决信息成本问题（许成钢，2001），监管的关键是信息披露（陆磊，2000）。在虚拟货币的监管过程中，应该注重信息披露，加强信息透明度建设：一方面需要进一步完善虚拟货币网络服务商的信息披露工作；另一方面通过客观、公正的评级减少企业与公众的信息不对称（谢平等，2001）。

（1）加强信息披露，建立统计监控和内部评价指标。要求虚拟货币网络服务商在不涉及商业机密的条件下定期充分公开自己的资产质量、风险状况等相关信息，让外界了解企业虚拟货币的发展情况。建立与有关服务可能引发的风险相对应的统计监控及内部评价指标，监督风险。监控大额交易的流向，严厉打击利用虚拟货币平台从事洗钱等非法活动。同时增强监管者的信息甄别能力，降低监管者与被监管者之间的信息不对称。

（2）建立信用评级制度。制定合理的、可量化的评级指标，进行合规性和风险性评级，强化对网络企业经营和风险程度的识别和管理，增强自我约束力，同时便于监管机构准确掌握网络企业经营状况，并根据不同等级采取不同监管措施。同时，也可根据评定的信用等级，确定发行虚拟货币的数量、种类和业务范围等。对于信用等级差的企业可以取消其发行虚拟货币或交易虚拟货币的资格，

对于信用等级下降的企业督促其采取措施提高信用等级。

（五）推进虚拟货币的法律建设，缓解契约不完备问题

法律法规的必要性在于其对虚拟货币涉及的各民事主体权利义务的明确，以及在此基础上对当事人进行法律责任的认定。法律的缺失，对虚拟货币发展中当事人的利益保护造成了隐患，尤其在发行欺诈、纠纷时会导致严重的后果，因此法律上的诸多空白需尽快弥补。要在法律上明确虚拟货币的发行主体，并就虚拟货币流通可能带来的清算和结算问题、交易安全问题以及消费者权益保护问题等提出相应的法律解决办法①。另外，不完备契约也是市场失灵的一个重要原因（蒋海、钟琛、齐洁，2002），因此，还要解决虚拟货币发展过程中的契约不完全问题。根据现有的《合同法》、《企业破产法》等相关法规，制定一个涉及虚拟货币交易各方及监管机构的《虚拟货币合同法》。它应该包括投资者、消费者、虚拟货币机构及监管者在各种可能的情况下的权利、责任等。

（六）审慎监管，降低系统性风险发生概率

宏观审慎监管的核心是理解系统性风险。系统性风险依赖于同类机构的共同行为和相关关系及其与宏观经济的相互作用。宏观审慎监管的目标就是限制系统性风险，最小化不稳定因素对宏观经济的影响。宏观审慎监管可以通过校准微观审慎工具，也可以通过设计新的监管工具实现，前者以增加系统性风险的权重为目标②。虚拟货币尚处在早期发展阶段，监管不足，对其的审慎监管可以借鉴金融机构的审慎监管思路。在影响系统性风险的因素中，系统重要性机构贡献较高，因此，要降低系统性风险的发生概率需要做到两点：减少系统重要性机构的系统相关性和降低系统重要性机构破产的概率。前者可通过隔离业务活动实现，比如美国政府提出的"沃尔克规则"；后者可通过附加的审慎性要求实现：一是根据对系统性风险的贡献程度增加一项与其系统地位相应的附加资本要求（BIS，2009；Brunnermeier et al.，2009；Bank of England，2009；Squam Lake，2009；Acharya and Richardson，2009），二是根据系统重要性不同实施不同的宏观审慎监管（Brunnermeier et al.，2009）。

---

① 张福军．虚拟货币的理论框架及其命题扩展［J］．教学与研究，2008（6）．

② 王力伟．宏观审慎监管研究的最新进展：从理论基础到政策工具［J］．国际金融研究，2010（11）．

（七）关注监管自身存在的问题

大量的实践与理论研究表明，监管（政府）失灵普遍存在各国的监管过程中（Schwartz，1988；Thomson，1990；Merton，1995；Kaufman，1996；李德，2001）。因此，在虚拟货币的监管过程中，还需要注意监管本身存在的问题，主要有两个：一是监管套利问题，另一个是监管者约束问题。监管套利不仅存在于一国之内，如加强对某一部门的监管有可能导致其他部门的过热，针对某一领域的措施可能导致另一领域的失衡；也存在于不同国家之间，由于商业周期不同步，可能导致监管标准的宽严不一，从而影响跨境竞争的公平性。因此，一方面要扩大监管的覆盖范围，限制金融体系内不同部门间审慎性标准的差异，降低在不同类型虚拟货币发行机构间的监管套利；另一方面要加强母国与东道国之间的监管协作，保护公平竞争的环境，缩小跨国监管套利的空间。

至于监管者约束问题，一是要明确监管者并不总是代表社会公众利益，他们同样存在着自身利益（Boot，1993；Mixon，1994），他们与政府、公众之间存在着委托代理关系，因而需要通过最优监管契约的设计，形成激励相容的监管机制；二是运用市场约束改进监管体系（凯恩、汤姆森），让投资者、经营者及监管者等风险制造者承担必要的风险，形成市场约束机制。

第六节　网络虚拟货币监管的国际经验借鉴

虚拟货币发展还处在初级阶段，对它的风险管理还在摸索中，下文在介绍各国对虚拟货币的态度后，总结主要的虚拟货币监管措施，通过分析国际上具有代表性的两种监管策略，指出我国可以采取等等看的做法但同时要审慎监管，最后总结了国际上制定行业标准的经验。虚拟货币的发展中，比特币影响最大——被欧洲中央银行发布的《虚拟货币框架》称为至今最成功、最具争议性的虚拟货币方案，被《华盛顿邮报》誉为“600 年来从未经历过的影响力”的数字货币。各国监管的重点也是比特币类新型虚拟货币。因此，本文将比特币作为网络虚拟货币的典型案例，借鉴各国对待虚拟货币的态度和监管措施。

一、各国对待比特币的态度

比特币自诞生起颇受争议。各国对待比特币的态度不一，大致可以分为唱衰派、观望派和看好派，但是各国对于比特币的态度还在不断变化中。

（一）唱衰派

唱衰派多采取激进的做法，禁止比特币交易。2013年7月，泰国央行宣布买卖比特币、用比特币买卖任何商品或服务、与泰国境外的任何人存在比特币往来均为非法。泰国被称为世界上第一个禁止比特币交易的国家。俄罗斯出于反洗钱、反恐的需要明确封杀比特币。2013年8月，巴西证券交易委员会将比特币投资团队的行为视为非法投资。玻利维亚中央银行声明“使用任何不由一个政府或一个被（政府）授权的实体发行和控制的货币是非法的”，正式禁止任何不由该国政府发行或管理的货币，其中包括比特币和域名币、夸克币（Quark）、素数币、羽毛币等其他虚拟货币。该官方政策于2014年5月颁布（详见“专栏8-9 玻利维亚中央银行正式禁止虚拟货币”）。

专栏8-9 玻利维亚中央银行正式禁止虚拟货币

玻利维亚中央银行最近正式禁止任何不由该国政府发行或管理的货币，其中包括比特币和域名币、夸克币（Quark）、素数币、羽毛币等其他虚拟货币。该官方政策于5月6日颁布。根据美国国会图书馆的调查，这是该国中央银行发布的首份关于数字货币的公告。

玻利维亚中央银行在声明中说：“使用任何不由一个政府或一个被（政府）授权的实体发行和控制的货币是非法的。”该银行继续说道，公民不得使用任何没事先得到其国家机构批准的货币（给商品或服务）定价。

文件声称，这份禁令对于保护该国的国家货币玻利维亚诺（boliviano）和保障用户免受这类不受（政府）控制的货币可能造成的资金损失是必要的。这个完全禁止比特币的决定使得玻利维亚政府成为国际社会持唯一立场的国家。因为其他国家之前认为，应采用限制性政策（譬如中国、泰国和俄罗斯），避免采取类似的强硬手段。

2014年3月初，一份报告表示，哥伦比亚中央银行可能会设法实施一份比特币禁令。然而，尽管该地社区对此感到担忧，但这种担心并未成为现实。哥伦比亚政府没有颁布这份预期中的声明，而是选择禁止银行和数字货币公司打交道。根据BitLegal的分析，在南美其他地方，阿根廷和巴西的中央银行对数字货币的态度是宽容的。

资料来源：http：//forex. cngold. org/c/2014-06-23/c2610601. html.

（二）观望派

观望派夹在唱衰派和乐观派之间，既没有禁止比特币交易也不鼓励，监管思路不清晰。以色列不承认比特币为官方货币，但是政府正在考虑对比特币的盈利征税。据《华尔街日报》报道，日本政府官员表示不会将比特币认作货币，也没有计划将比特币作为金融产品来管理。挪威金融监管局表示，比特币就像一种“垄断货币”，不受政府控制，风险未知。乌克兰国家信贷银行和BTCU公司联合在乌克兰部署超过4900台比特币兑换终端，允许人们自由买入比特币，但是征收3.5%的手续费。乌克兰对比特币的监管政策尚不清晰（详见“专栏8－10　乌克兰不禁止使用比特币，管理条例尚不清晰”）。

专栏8－10　乌克兰不禁止使用比特币，管理条例尚不清晰

乌克兰国家信贷银行和BTCU公司联合在乌克兰部署超过4900台比特币兑换终端，将允许人们自由买入比特币，手续费3.5%。乌克兰对比特币的监管政策并不清晰，政府事实上采取的是实验心态。超过4900个支付终端组建成一个全国性的网络，让乌克兰人可以轻松购买比特币。这个网络由国家信贷银行管理经营，允许客户从一家叫BTCU的新公司购买比特币抵用券。客户通过终端汇款，支付后将收到一张包含激活码的抵用券，或接收一张打印券，或通过短信方式收到激活码。然后可在BTCU的网站输入激活码提取比特币。这款名为BNK－24的终端设备也可以代理收取电费、电话费，和其他用途。

BTCU在本月发布了这项服务，公司的联合创始人Stanislav说：“我们的目标是尽可能让乌克兰人民加入比特币生态圈。”国家信贷银行执行委员会负责这款支付终端业务，Evgeniy Dumchev（叶夫根尼·杜姆切夫）证实了这款设备现在已经可以用于购买比特币。BTCU公司的Evgeniy Dumchev声称，目前乌克兰非常需要一种更加便宜，更加方便的支付系统，完成国内外电子商务交易。Evgeniy Dumchev指出“年轻的乌克兰人习惯了在网上购物，如在中国网店购买。如果有人想为他的孩子购买一辆价格100美元的儿童车，快速支付手续费要花去40美元，而且还有半天时间延迟。我们需要为全世界人民的生存提供一点帮助。”

乌克兰政府在2014年2月发布了对比特币企业的监管条例，声明比特币企业必须向政府登记。然而，比特币相关企业认为监管条件不清晰，并且持续在灰色地带运营。国家信贷银行的Dumchev说：“管理条例是相当模糊的。”Stanislav

声称乌克兰没有法律禁止使用比特币，实际上是政府鼓励人们使用这一工具。他说："对我们来说，比特币不仅仅是一款转移资金的工具。这是一种自由。政府的态度是试验心态，这是政府的真正面孔，所以我支持比特币。"

资料来源：http：//www.bi126.com/Analysis/btc/2014-07-10/1283.html.

（三）看好派

看好派承认比特币的合法性，扩大比特币的使用范围，采取较少的限制措施。2012年12月，法国政府核准由法商Paymium经营的比特币中央交易所，成为首家在欧盟法律框架下进行运作的比特币交易所。通过与法国国民信贷银行合作，该交易平台成为类似银行的支付服务提供商，客户可申请欧元和比特币的双币种借记卡，用于购买比特币和提取资金等，甚至可以在其网站上进行IPO，并用比特币支付股息，表明比特币得到法国政府的承认，并接受法国央行、法国证券监管当局的监管。据德国当地媒体Die Welt 2013年8月19日报道，德国财政部已经正式认可比特币成为一种"记账单位"和"私有资产"。加拿大承认比特币的"货币地位"，首个比特币ATM机也在温哥华投入使用。英国《金融时报》2014年3月3日报道，英国税务当局拟放弃对比特币交易征税的计划，显示出对比特币的支持态度。美国对第三方网上支付业务监管的重点是交易的过程，而不是从事第三方支付的机构。美联储把虚拟货币视作一种可替换的支付工具，对其在流通过程结束后没有相关赎回要求，投资限制较为宽松。在2013年11月18日参议院听证会上，伯南克表示：美联储无权直接监管虚拟货币，认为比特币等虚拟货币拥有长远的未来，有朝一日或许能成为更快、更安全、更有效的支付体系。

二、各国监管比特币的主要措施

各国提出的关于比特币的监管措施，主要有：

（一）澄清比特币并非货币

关于比特币是不是货币，是否应该纳入货币范畴的问题还没有形成统一观点。迄今为止，大多数国家都表示比特币不是货币。德国财政部承认比特币为"记账单位"，具有结算功能，但是比特币既非电子货币，也不是法定支付手段。香港地区金管局、韩国金融监管委员会指出，比特币价值缺乏稳定性，不是货币。美国国内税收署认为，虽然在某些情形下比特币等虚拟货币可以像货币一样流通，但其在任何司法管辖区都不享有法定货币地位，只能视为"财产"。

（二）以交易平台登记注册为重点，严禁洗钱等违法行为

比特币的匿名性，容易被不法分子利用从事洗钱等违法活动，因此，一些国家以交易平台为重点，实施反洗钱政策。2013 年 3 月，美国财政部下属的金融犯罪执法网络 FinCEN 发布了虚拟货币个人管理条例，将虚拟货币所有交易或转移虚拟货币的公司均归为货币服务业，必须向政府提供信息，并实施防止洗钱的政策。2013 年 12 月，韩国金融监管委员会表示，将督促本国金融机构加强对虚拟货币贸易，尤其是利用虚拟货币展开的洗钱及其他违法活动的监管力度。乌克兰政府在 2014 年 2 月发布了对比特币企业的监管条例，声明比特币企业必须向政府登记。

（三）警示投资风险

从 2013 年 10 月份开始，比特币的价格跌宕起伏，在 2013 年 12 月达到最高值 1147.25 美元后基本上一直处于下降趋势，虽然中间有几次较大幅度的上涨，到了 2014 年 12 月 25 日比特币已经降至 318.61 美元（见图 8－12）。仅仅 1 年多的时间（2013 年 10 月～2014 年 12 月）比特币的价格如同过山车一样，巨大的价格波动引起了各国政府的担忧，各国分别发文提示比特币的投资风险。2013 年 12 月，荷兰央行、法国央行、香港地区金管局、欧洲银行管理局纷纷发表声明，指出比特币具有高度投机性质，一旦发生网络攻击，虚拟货币持有人将面临损失，呼吁持有者要加倍小心。就连首个承认比特币合法地位的德国也在 2014 年年初警告比特币存在“高度投机风险”。

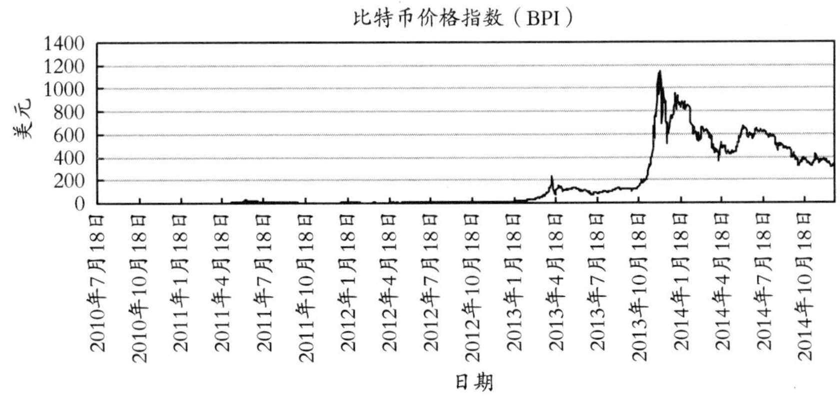

图 8－12　比特币价格指数（收盘价）：2010～2014 年

资料来源：CoinDesk。

（四）对比特币交易进行征税

除了提示投资风险，有的国家通过征收交易税，降低比特币的交易量或是采取差别税率，鼓励长期投资抑制短期投机行为，试图减缓比特币价格的大幅波动。2014 年 3 月，美国国内税收署发布正式通知，将对虚拟货币交易征税。美国国内税收署给出详细的“征税办法”，对于持有 1 年以上的比特币再进行交易给予优惠税率。此前，日本、新加坡、德国、挪威和英国等国都曾表示，将对以比特币为代表的虚拟货币交易进行征税。随着美国的加入，这种征税的大潮可能会在全球范围内形成。

三、国际上两种不同的监管策略

从中央银行对虚拟货币的监管实践来看，国际上主要存在两种截然不同的监管策略。一种是美联储的“等等看”策略，主张放松管制、减少干预；另一种是欧盟的早期管制策略，主张在萌芽状态中进行控制。2013 年 11 月，美国政府为比特币举行了听证会，最终确认比特币是一种合法的金融工具。参加此次听证会的美联储主席伯南克表示：“虽然美联储通常会对虚拟货币和其他支付系统的创新发展进行监测，但目前还没有必要对它们进行直接干预和监管，我们应该为它们提供相对自由的市场。”相反，德国在承认比特币合法地位的同时，就将其纳入了国家金融体系的监管之中，规定企业如果想要在交易中使用比特币，必须要获得德国金融监管机构的许可。下面具体介绍两种监管策略及其对我国的启示。

（一）欧盟采取早期管制的策略

早在虚拟货币出现的 1994 年，欧洲货币当局就建议只有银行等信用机构可以发行虚拟货币（EMI，1994），将虚拟货币的发行权掌握在货币当局手上，从源头实现对虚拟货币的全程监管。1998 年，欧洲中央银行再次重申（ECB，1998）虚拟货币发行权问题，一些欧洲国家相应更改了它们的法律以适应欧洲央行的要求，如德国就规定只有银行才被允许发行虚拟货币（Deutsche Bundesbank，1998）。2011 年 7 月，欧洲央行因比特币的法律地位问题，作出了停止接受比特币捐款的决定。2012 年 10 月，欧洲央行发布了《虚拟货币机制》的研究报告，将比特币界定为第三类虚拟货币，并分析了目前比特币对欧洲央行政策目标的影响，指出比特币和其他虚拟货币一样，能够为金融创新作出积极贡献，但也可以使用户遭受各种风险。报告主要是关于五方面的内容：一是关于价格稳定。二是关于金融稳定。指出在可预见的未来，比特币不会对欧洲金融稳定构成威胁，但应当高度关注其发展进程，因为形势可能发生重大变化。三是对支付系统稳定的影响。欧央行认为，比特币系统的运作不受央行等政府机构的监管，使用者参与比特币交易面临较大信用风险、流动性风险、操作风险和法律风险。四是关于缺乏监管。五是关于声誉风险。

欧央行特别指出，由于互联网用户和虚拟社区用户数量的持续增长、电子商务和数字商品的增长，加上比特币与其他电子支付工具相比具有更高的匿名性、交易成本低、交易支付结算更为快捷便利等原因，可以预见比特币的发行和使用范围将会日益增长扩大，因此强调对网络虚拟货币的风险进行定期重估。

（二）美国采取“等等看”的做法

与欧盟不同，美国采取了宽松的做法，认为过早地管制将限制竞争与创新，主张放松管制、减少政府干预。美国是一个联邦制国家，存在联邦和州两个法律体系，因此，关于网络虚拟货币的监管从联邦和州两个层面展开介绍。

从联邦一级来看，美国目前还缺乏有关虚拟货币的审慎监管措施，除了因为Anita Ramasastry 所说的“美国目前还没有联邦机构负责对提供金融业务的非银行的监管”① 外，更重要的应该与联邦监管机构的共识，即过早的管制将抑制革新有关。美联储主席格林斯潘（1997）明确地表明了这一观点：“过细的规章与标准不但是被管制对象的负担而且毫无效果。如果我们期望鼓励金融革新，就要注意不要强加规章抑制它，特别是不要试图过度地阻碍电子货币或更一般地说电子支付系统的革新。”格林斯潘所说的“更一般地说电子支付系统的革新”，正是今天比特币类新型虚拟货币对传统支付手段的革新。虽然美国联邦政府给予了虚拟货币宽松的发展环境，但是在反洗钱方面还是做出了严格的规定。2013 年 3 月，美国财政部下属的金融犯罪执法网络发布了《监管规定适用于管理、交换和使用虚拟货币的说明》，明确包括比特币在内的虚拟货币一旦涉足交易或转账，就应该被视为“货币服务业务”，必须向政府注册，还要做好反洗钱检查安排。与此同时，美国货币监管委员会正式将比特币纳入了监管范围。

就州一级来看，美国纽约州在虚拟货币的监管方面已经迈出实质性一步，并为其他国家提供参考。首先，从 2014 年 1 月召开比特币牌照听证会到 7 月 17 日纽约州金融服务管理局公布了虚拟货币监管框架提案“比特币牌照”，又经历了 3 个多月的网络评议（评议期于 10 月 21 日截止）之后，最终版“比特币牌照”监管框架诞生。比特币牌照被编入《纽约金融服务局法律法规》第 200 节，名称

---

① Ramasastry, Anita. E-Money Regulation in the United States. *EPSO—Newsletter*, 2001 (11).

为“虚拟货币”，全文包括21条内容（200.1～200.21）。修改后的法案（简称新规）同意为企业提供更多时间，以满足获得牌照的规定，并在2014年12月18日表示，将为那些无法立即满足所有规定的初创企业和小企业颁发一个用于过渡的两年期比特币牌照。美国此举体现了宽容的态度，允许更多的企业进入，提高市场的竞争性。其次，为鼓励天使投资，新规还规定对于那些并不参与日常或重要管理决策的企业可以免除责任。再次，还将交易记录保存要求缩短到7年，不强行要求获得牌照的企业取得交易各方的地址或其他数据，明确指出软件开发商、虚拟货币矿工等将不必获得牌照。新规只适用于虚拟货币交易所，即那些获取或存储这些货币的公司，以及发行虚拟货币的公司，不适用于接受比特币付款的公司或消费者。此外，新规还包括消费者保护条例，要求企业对重大风险、交易条款等进行披露，并确保所有的披露信息被客户获知。

无论是从联邦一级还是州一级来看，美国对于比特币的态度都是一致的——包容。联邦法只是在反洗钱方面做出了严格规定，纽约州的比特币牌照法案采取了宽松的做法，确保比特币等虚拟货币拥有足够的发展空间。由于比特币在数字货币中的基础性地位，该法案发布对于比特币等虚拟货币的监管意义重大，标志美国监管虚拟货币已迈出实质性的一步。纽约州金融服务管理局的负责人 Benjamin M. Lawsky（本杰明·M. 劳斯基）指出，比特币牌照成型被认为将重塑整个虚拟货币行业。

（三）对我国的启示

比较两种不同的监管策略，欧洲央行选择在发展初期限制发行主体，从源头上降低了风险，而且方便通过银行对其进行监管，但是阻碍了金融创新的发展。美国则鼓励电子支付系统的革新，主张放松管制，允许更多的市场主体参与进来，只在必要时采取行动，比特币牌照法案的出台也是为了规范虚拟货币的发展，并且为虚拟货币的发展创造条件，体现了美国对于这一创新的支持态度。比特币牌照法案将监管力度集中在发行、储存和兑换环节，不包括消费、支付环节；对于仅仅利用虚拟货币购买或者出售商品、服务的商家和消费者实行牌照豁免；对虚拟货币商业活动的主体参照金融机构进行监管，从而赋予其金融机构的消费者保护、反洗钱等义务；这些与我国对虚拟货币的开放性、包容性和适应性的监管理念，以及保护消费者权益等监管原则一致。

我们认为，美国式的监管策略更可取。目前，不少国家对比特币等新型虚拟货币的发展没有明令禁止，只是提示风险，有的甚至建立了比特币自动取款机，允许其兑换成法定货币，体现了对这一创新的包容。国内的一些学者以及央行的工作人员也是支持包容的做法。中国央行虽然不承认虚拟货币的货币属性，但是也允许民众将其作为商品买卖或是作为收藏品进行收藏。2014 年盛松成司长在答记者问时，表示央行会继续关注比特币的动向和风险，但不会打压比特币。当前，虚拟货币的接受程度有限，对实体经济的影响有限，没有必要过分夸大其影响而采取严厉打压的做法。但是不可忽视虚拟货币惊人的发展速度，在体现包容的同时也应该审慎监管。

四、虚拟货币标准化工作的国际经验借鉴

虚拟货币的标准化既可以参照《金融标准化报告》重新制定虚拟货币的标准化发展方案，也可以将其纳入原有的《金融标准化报告》中去，放在非金融机构支付服务系统的框架下。国外金融标准化工作已经十分成熟，建立了适应市场经济发展的庞大的标准库和标准体系，并达到完善阶段。标准已经深入到社会经济生活的各个层面，为法律法规提供技术支撑，成为市场准入、契约合同维护、贸易仲裁、认证和产品检验的基本依据。纵观发达国家和地区的标准化开展情况，其特点可概括为“六点”，都值得我们学习借鉴。

第一，从标准化的管理体制来看，美国、德国、英国等发达国家都采用政府授权民间机构主导的管理体制。政府授权并委托标准化协会或标准化学会统一管理、协调标准化事务，政府只负责监督和财务扶持，协会在标准起草、审查、批准、发布、出版、发行以及信息服务方面有充分自主权。

第二，从标准形式、类别来看，美国、法国、德国和日本等发达国家均采用自愿性标准体系，标准本身不具有强制性。标准基本上划分为国家标准、协会标准和企业标准三种类型。

第三，标准运行机制方面，发达国家的标准制定遵循市场化原则，基本形成了政府监督、授权机构负责、专业机构起草、全行业征求意见的标准化工作运行机制。这种运行机制可最大限度地满足政府、制造商、用户等各方的利益和要求，从而提高标准制定的效率，保障标准制定的公正性和透明度。

第四，标准实施方面，美国、欧盟和日本等发达国家和地区均拥有完善的标准实施保障体系，法律法规、市场准入、认证三个环节相互衔接与配套，政府的主要职责是监督与执法。产品要在市场上流通，必须获得市场准入资格，而获得市场准入的重要条件是产品应当符合技术法规和相关标准的规定。产品是否符合技术法规和相关标准的规定需要通过认证来证明。企业的任何违法行为都可能带来法律的惩罚和失去进入市场的资格，直接危及企业的生存。

第五，获得财政经费支持并丰富标准化经费来源渠道。

第六，强化标准国际化意识，加大参与国际标准制定的范围和深度。

互联网保险的风险防范与监管

2014 年，互联网保险行业延续着高速发展的趋势，网络保险规模继续增长。然而，与行业的高成长性相伴的是诸多风险。如欺诈事故频发遭到消费者投诉、少数产品创新脱离违背保险产品的基本原理、法律确实难以为互联网保险活动提供依据等问题。出于规范保险行业发展的目标，必然要求针对这些风险提出应对措施。目前，互联网保险领域正在通过保险内部风险控制和有关部门的外部监管来实现。

第一节　2014 年互联网保险发展状况

一、2014 年互联网保险发展总体状况

1. 互联网保险发展的总量情况

统计数据显示，2014 年前三季度，互联网保险销售保费收入达到 618. 7 亿元，占保险公司总体保费收入 3. 82%。其中，第三季度增长迅速，单季实现网销保费收入 301. 7 亿元，占前三季度网销保费收入比重接近 50%。而从事互联网保险业务的公司数目也增加到 83 家，与 2013 年年底相比增加了 23 家。其中，从事人身险业务的由 2013 年 44 家增加到 51 家，而财险则从 16 家增至 32 家。①

① 数据来源于互联网保险官网。

2. 互联网保险的市场结构

从产品结构看，网销财险的保费收入高于人身险，但三季度单季规模不如人身险。2014 年前三季度，网销财险保费收入 345. 3 亿元，而网销人身险保费收入则为 273. 4 亿元。2014 年第三季度单季网销财险保费收入 130. 4 亿元，而人身险则达到 170 亿元。网销人身险市场增长提速。从财险和人身险各自内部的产品结构来看也是不同品种表现出较强的差异。截至第三季度末，财险产品网销市场几乎被车险产品垄断；而人身险产品网销市场则几乎被寿险产品所垄断（见图 9 -1、图 9 -2）。

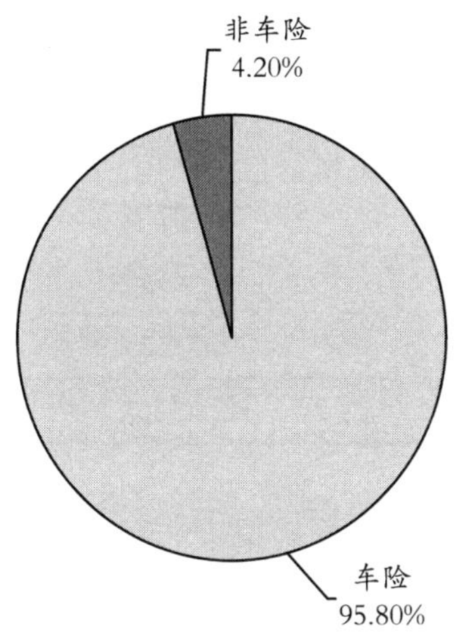

图 9 -1 2014 年前三季度互联网财险保费收入构成

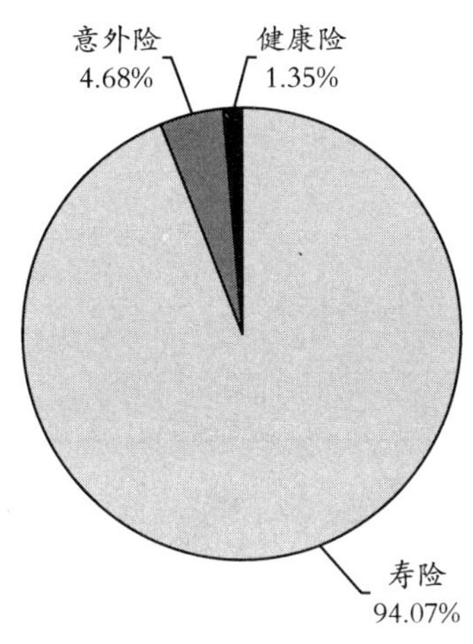

图 9 -2 2014 年前三季度互联网人身险保费收入构成

寿险网销产品以万能险为主，占网销寿险保费收入的 66. 7%。万能险网销之所以获得如此高的市场占有率，就在于万能型具有的理财和高现金价值属性，使其受到投资者的青睐。而这一比例在 2014 年 6 月末高达 90%。数据的下降源于监管层对于万能险理财网销市场的整顿。[①] 而无论哪种人身险产品一般期限均较短，几乎都在 1 年之内。

从网销的保险公司构成来看，主要以中小型保险公司为主（见表 9 -1）。传统保险销售活动是以直销和银行代销为主，导致销售活动交易成本较高。而中小型保险自身实力较弱，难以维系庞大的销售渠道。而互联网的出现改变了中小型保险公司传统线下销售渠道高成本的局面，降低了销售活动过程的交易成本。与

---

① 相关内容后文将详细阐述。

此同时，由于中小型保险公司对于传统渠道依赖性较小的特征，使其能够根据客户需求采用更为灵活的营销方式。

表9－1　2014年上半年保险公司网销人身险保费收入前10名　单位：万元

序号	公司名称	金额
1	国华人寿	161863.6
2	昆仑健康	110502.1
3	珠江人寿	90581.1
4	生命人寿	89781.1
5	光大永明	86726.7
6	工银安盛	80078.7
7	泰康人寿	73710.5
8	天安人寿	66459
9	弘康人寿	33523.9
10	东吴人寿	32217.5

从网销渠道来看，第三方平台渠道成为最主要的网销渠道，远远超过通过自建官网进行销售的规模（见表9－2）。

表9－2　2014年前三季度互联网保险网销渠道对比　单位：亿元

类　别	保费收入
行业自建官网	257.7
第三方平台	15.7

资料来源：中国保险行业协会官网。

而在财险第三方平台中，综合型电商平台超越垂直类电商平台以及兼业代理机构成为主要网销渠道。根据相关数据统计，通过淘宝网（含天猫、支付宝等）实现保费收入10.73亿元，占第三方平台网销保险收入的66.9%。[①] 不同规模的保险公司对于保险销售的定位和策略差异造成了这种局面。一般大型保险公司由于资金实力雄厚、产品丰富，主要采用自建官网方式进行网销。与此同时，保险

① 考虑到京东、苏宁等电子商务平台的销售数据未进行统计，电子商务平台的网销规模占比会更大。

网销占其整个保费收入的比重较小，使得在网销产品营销方面关注度较小。与此相反，小型保险公司由于自身实力有限，难以在传统保险领域同大型公司竞争。所以，网销保险成为小型保险公司的业务发展重点，获得了更多关注。同时，由于小型保险公司资金不足，无法承受自建官网的网销模式过高的成本。因此，利用电子商务平台可以实现其发展网销渠道的战略目标。

3. 互联网保险的主要商业模式

在互联网保险迅速发展的过程中，保险公司根据自身不同的情况形成不同的商业模式。这些商业模式有的仅涉及保险销售环节、有的则涉及保险活动的全过程。下面考察这些模式：

（1）官方网站模式。官方网站模式是指大中型保险公司及其中介为了抢占互联网销售渠道，拓展互联网保险业务所建立的自主经营的互联网站。这里以中国人寿为代表。建立官方网站的公司需要具备以下几个特点：一是资金实力雄厚。保险企业自建官网固定投入较大，包括搭建信息系统、广告投入等。只有规模较大的保险公司才能利用规模效应摊销这些固定成本。二是丰富的产品体系。大型保险公司产品体系较为丰富，能够满足不同类型客户不同时点的差异化需求。通过官网平台能够全面展现自身的产品和服务能力，实时满足客户的需求。三是运营和服务能力。保险官网的良序运转依赖于保险公司强大运营系统作保障，包括在线管理系统、客户管理系统等。

（2）综合型电子商务平台模式。综合型电子商务平台模式是指在一个包含保险在内的从事多个行业产品或服务销售的相对独立的网络销售平台。这里以淘宝网为代表。综合型电子商务平台由于具有相对独立、注重用户体验、监管约束等特征，使其成为互联网保险第三方销售的主要模式。综合型电子商务平台经过长期发展，培养出了用户的消费黏性，平台流量巨大。在这种背景下，良好的平台效应让其保险产品信息能够得到充分关注。而 2014 年前三季度，在淘宝平台上实现的财险保费收入占整个第三方渠道销售收入的 66.9% 。

（3）网络兼业代理模式。网络兼业代理模式是指在从事自身在线业务的同时，根据保险公司授权进行互联网保险业务的一种商业模式。这一模式以携程网等为代表。网络兼业代理模式因其门槛低、办理简单、对经营主体规模要求不高等特点而受到普遍欢迎。兼业代理活动又可以分成行业兼业代理、金融机构兼业代理等。其中，行业兼业代理是主流。一般来说，这些行业的活动均与保险活动存在较强的关联关系。如以在线旅行网站携程网为例，在购买机票的流程中会嵌入是否购买意外险的内容。而票务活动本身就与意外险之间的相关度很高。

(4) 第三方垂直电商代理模式。《保险代理、经纪公司互联网保险业务监管办法（试行）》后，互联网保险中介网销活动得到正式认可，第三方垂直电商代理模式也发展了起来。这一模式以慧择网等为代表。这一模式的特点就是专业性较强。而目前网销保险产品的特征让垂直型电商代理模式难以获得更多发展。当前网销保险产品具有标准化、同质性较强、简单的特征。而这些特点使得垂直型电商代理的专业性优势难以得到发挥。与此同时，垂直型由于不能满足消费者一站式购买的需求，所以用户黏性不强。因此，垂直型电商代理模式发展受到限制。

(5) 纯互联网保险公司模式。纯互联网保险公司模式是指互联网保险活动完全通过线上实现的一种商业模式。这种模式特点就是整个业务流程均在互联网上实现，运营的保险公司无实体性分支机构。而这一模式以众安在线为代表。众安在线实现了互联网企业和金融机构的完美结合。阿里巴巴、中国平安以及腾讯公司将重新整合自身资源，开拓新的保险产品。总体来看，这一模式在创新性方面远远强于其他几种，具体体现在：互联网不再只作为营销的渠道，而成为产品创新的源泉。基于互联网电子商务活动的保险产品创新将成为纯互联网保险公司的重要组成部分。

二、互联网保险的新特点及发展趋势

1. 互联网保险的新特点

(1) 移动互联网保险的兴起。2014 年，移动互联网保险。2014 年上半年，中保协下的会员公司通过移动终端实现保费收入 9.37 亿元，占比 4.4%。[①] 而在这些移动终端中，微信平台成为一个重要的发展方向。

微信平台作为一个新的营销渠道，具有如下优势：第一，庞大的用户群体。目前，微信平台具有良好的社交性质，用户众多。而对于保险公司而言，这一用户群体的消费潜力很大。第二，精准化营销。用户在微信平台的社交活动将留下许多用户信息。而保险公司通过对这些用户信息的分析和处理，可以实现潜在客户群体分类，最终根据用户的类型差异实现精准化营销。第三，低营销成本。使用微信不需要支付任何费用。而保险公司的公众平台也是免费的。这种免费的性质是保险公司充分利用微信公众平台以实现与用户的互动。第四，平台的私密性和封闭性。微信与微博的区别就在于其具有私密、封闭的特征。这一特征导致欺诈的可能性较小，保证各类信息的真实性，容易形成口碑效应。

① 姚进. 保险网销渠道成后起之秀 [N]. 经济日报，2014-08-15.

2014 年，保险公司搭建微信平台方面开展了许多工作，主要体现在两方面：一是将传统保险产品直接移植微信平台之上；二是创新适合微信平台的产品和营销手段。从后一方面来看，许多保险公司基于微信平台推出了各种保障型保险产品。如泰康人寿的“求关爱”，民生保险的“护身福”等。①

这些产品在营销上具有如下特点：第一，产品名称更加人性化。微信平台的保险产品名称一般不采用专业的保险术语命名，而是使用更加人性化的名称，以提高用户的体验感。第二，通过朋友圈和增值服务并举的方式进行产品宣传。为达到营销目的，许多微信平台将朋友圈链接数目与客户保额之间挂钩，即链接的朋友越多，则保额也将随之增加。这种方式为微信用户的链接活动提供了动力，实现了向更多受众进行产品展示的目的。总体而言，保险微信销售目前还处于“营”而不“销”的状态。由于目前通过微信平台进行营销的群体主要为“80～90”的年轻人，对保险产品的需求较低，所以更多的是推出一些低价或免费的保障型产品。

（2）产品非均衡发展。2014 年，互联网保险产品创新延续着 2013 年的势头，互联网保险产品创新主要体现在两个方面：一是主题险；二是电子商务险。虚拟财产险由于涉及相关的法律问题而未能获得更多发展。

在主题险方面，许多保险公司根据不同的题材推出相应的保险产品。具体来看，相关保险产品所涉及的题材包括爱情、春运、怀孕、影视等内容。需要指出的是，有的产品还通过借鉴互联网商业模式中的某些策略，推出免费保险产品，如生命人寿推出的“求爱险”。

专栏 9－1 互联网主题险产品百花齐放

2014 年，互联网主题险产品出现百花齐放的局面。生命人寿针对情人节推出一款免费的保险产品——“求爱险”。该保险产品围绕求爱主题进行设计。在情人节前后规定的一段时间内，情侣通过微信平台填写爱情宣言等个人信息。一旦两个用户“爱情宣言”一致时，便可获赠“求爱险”一份。而其保险责任为意外伤害险（身故/伤残），保险额度为 1 万元。

更多的主题险产品多采用付费性质。如平安保险和天猫推出的“意外怀孕险”、平安保险和淘宝推出的“春运险”、生命人寿和淘宝推出的“鞭炮险”，以及阿里巴巴推出的“娱乐宝”。这些付费产品，从本质上来看属于不同类型的保

---

① 刘敬元．朋友圈也卖重疾险了你“造”吗？［N］．证券日报，2014－06－05.

险产品。“怀孕险”实际上属于一种意外津贴，而“春运险”和“鞭炮险”属于意外险，“娱乐宝”则为理财型保险产品。

资料来源：刘明丽．“爱情险”名不副实　联合寿险更靠谱［N/OL］．上海商报，2014－02－19；吴京俣．生命人寿淘宝上推“鞭炮险”［N/OL］．重庆晚报，2014－01－14；费杨生．两保险公司推出春运险［N/OL］．中国证券报，2014－01－23；王荣．阿里巴巴推“娱乐宝”预期年收益率7%［N/OL］．中国证券报，2014－03－27.

从保险公司推出的保险产品来看，大多名字新颖，但从其实质内容来看往往名不副实，大多属于普通的保险产品，缺乏实质创新。以“求爱险”为例。通过对其保险合约内容的阅读，可以发现，属于一款借爱情之名的意外伤害险，其保险内容与爱情本身并无关系。而真正意义上的爱情险在国外早已存在。爱情险是基于情感和婚姻状况而设立的一种保险品种，一般期限较长，其保障内容主要是补充情感或婚姻破裂所带来的损失。如英国的“银婚爱情险”，俄罗斯的“婚前强制险”，美国的“离婚分产险”。①

相比主题险领域百花齐放的局面，电子商务险领域的创新在2014年稍显黯淡，但从其创新性来看较主题险强。而在电子商务领域产品的焦点无疑集中在众安在线保险公司之上。2014年，该公司继去年年底推出基于淘宝平台的保险产品——“众乐宝”之后，又基于“聚划算”平台推出“参聚险”。该产品系专为聚划算卖家量身打造、用于替代保证金缴纳而开发，具体包括两个参聚险：卖家履约保证责任保险与聚划算平台责任保险。卖家一旦参与投保，无须向之前那样冻结其聚划算平台上的大额保证金，而只需缴纳相对较低的保费，即获得对消费者和聚划算平台的保障服务资格，并由众安保险公司先行垫付赔款。②

面向“聚划算”平台的“参聚险”自3月17日上市以来，销售情况良好，受到平台上天猫商家的欢迎。众安保险公司开始逐渐向淘宝平台上的商户进行推广。淘宝作为一个C2C平台，其平台商家实力较天猫商家差，面临的资金压力也较大。与此同时，“参聚险”产品较2013年针对淘宝平台推出的保险产品“众乐宝”保费费率低。因此，淘宝用户对于“参聚险”的需求也较高。在这种情况下，众安保险公司对符合授信资质的淘宝卖家开放了参聚险入口。与此同时，公司还根据商家的日常经营情况调整了授信额度。③

---

① 尹力行．“给爱情上份保险”：漫谈国外婚恋保险［N］．证券日报，2014－02－13.

② 众安在线官网。

③ 涂颖浩．瞄准保证保险潜力 众安参聚险扩容［N］．每日经济新闻，2014－05－08.

2. 互联网保险的发展趋势

（1）互联网保险创新从渠道端向产品端转变。互联网保险创新逐渐由简单的渠道创新向复杂的产品创新转变。而这种转变沿着两条路径来实现：第一，渠道创新诱发产品创新。互联网保险兴起之初，主要是利用互联网交易便捷、成本较低的渠道优势，创新活动以渠道为主。但是，随着网销保险的发展，渠道端的变化要求产品端能够适应这种变化，满足互联网报销消费的需求和购买习惯。在这种情况下，互联网保险创新向产品端发生了转变。第二，电子商务活动诱发产品创新。电子商务行业在持续发展的同时也涉及诸多的风险。而这些风险的存在为保险产品的创新提供了相应发展空间，基于电子商务活动而进行的产品创新开始成为互联网保险产品拓展的一个崭新的领域。

（2）互联网保险产品将朝碎片化、定制化方向发展。第一，碎片化的产品更加适合网络消费的需求。传统保险产品追求保障多而全，具有期限长、条款复杂、金额高等特征。而这种产品特征与客户的保险需求和购买习惯不符。一方面，客户对于保险保障的所有责任并不都是其所需要的，但客户需要对所有保障付费，造成客户购买成本较高而收益较低；另一方面，互联网购买活动往往采取主动搜索的形式，无法与商家进行面对面交流，面对繁多而复杂的传统保险产品，消费者难以做出选择。因此，传统保险产品难以适应互联网保险消费的需求。而碎片化的产品则不同。所谓碎片化是指对价格高昂的保险产品进行分解以满足客户特定保障需求，且保费价格较低的一种产品设计理念。碎片化主要表现为：价格低、保障期限缩短、保障范围减小、条款简单、标准化。

第二，定制化产品将成为互联网保险未来的发展方向。所谓“定制化”是指根据客户个性化保险需求，提供特定保险合约的一种形式。该模式具有个性化产品设计、保障价值高等特征。随着大数据等网络技术的发展，保险公司通过对潜在消费者特征进行分析，可以更加精准地进行保险产品设计和产品定价。在国外，定制化保险产品已经成为重要的发展趋势。

三、互联网保险的监管现状

1. 互联网保险监管的必要性

2014 年，互联网保险成为保险消费者投诉的焦点。截至 6 月末，众安在线保险公司以 12.11 件/亿元投诉量，居投诉榜首位，远高于财险公司平均水平

1.34 件/亿元。①

从消费者的投诉缘由来看，互联网保险产品销售过程存在诸多违法违规现象，总体来看分成两类：第一类是非法经营；第二类是保险欺诈等行为。其中，非法经营包括设立虚假的保险机构网站、从事非法业务等。而保险欺诈行为的种类更是五花八门，如被保险人多次投保、从事逆向选择行为、盗刷信用卡；保险人存在的夸大产品收益，隐瞒投资风险，混淆保险与理财产品的概念。因此，互联网保险风险的凸现，急需相关法律法规为其监管活动提供依据。

专栏 9-2　网络保险卡涉嫌诈骗

传统的保险合约条框内容繁杂，普通消费者难以对其全部内容进行解读。在这种情况下，卡式保单开始利用自身的优势替代普通保单成为一种潮流。卡式保单使用简单便捷、成本低，支持在线操作。而正是这种特点也为保险欺诈提供了一种新的潜在途径。2014 年就发生了一起利用卡式保单涉嫌诈骗的案件。

2014 年，一家名为优易保的第三方网络服务平台就因为销售一款名为“畅保平安卡”的卡折类保险产品涉嫌欺诈而被公安机关立案调查。优易保推出的“畅保平安卡”规定卡面价格为 1500 元，购买价格为 900 元。一旦购买之后，消费者可以获赠一份保额达到 5 万元的重大疾病保险。与此同时，消费者还将享受健康咨询、旅游等增值服务。

然而通过记者多方查阅，并未找到优易保网络科技公司的公司性质、产品等注册信息，当地保监部门下发的文件则显示其为“网络公司”。

资料来源：聂国春．网络公司借卡式保险忽悠人［N］．中国消费者报，2014-03-03.

2. 互联网保险监管立法现状

目前，关于互联网保险的监管依据主要包括两类：一是专门针对互联网保险活动的法律法规；二是非专门针对互联网保险但与之有关的法律法规。从涉及的层级来看，涵盖全国性和地方性两个层面（见表 9-3）。就具体的监管立法实践而言，互联网保险地方性监管活动在时间上更靠前。

① 数据来源：保监会官网。

表 9－3　　互联网保险主要相关法律法规

监管部门	实施/发布时间	监管法规	主要内容
保监会	2011 年 9 月	《互联网保险业务监管规定（征求意见稿）》	提出互联网保险业务经营资质、经营规则、监督检查和法律责任
保监会	2011 年 9 月	《保险代理、经纪公司互联网保险业务监管办法（试行）》	提出保险中介机构互联网保险业务的准入条件、基本经营规则、信息披露要求等
保监会	2013 年 8 月	《关于专业网络保险公司开业验收有关问题的通知》	补充专业网络保险机构开业的信息化要求
保监会	2014 年 4 月	《关于规范人身保险公司经营互联网保险有关问题的通知（征求意见稿）》	对人身险互联网保险活动开业条件、信息披露、经营区域等作出要求
保监会	2014 年 5 月	《关于防范利用网络实施保险违法犯罪活动的通知》	警惕各类网络保险犯罪，加强网络安全技术防范和管理
保监会	2014 年 12 月	《互联网保险业务监管暂行办法（征求意见稿）》	规范互联网业务经营条件与区域；将第三方平台纳入监管；明确产品信息披露制度；建立保险机构及第三方平台退出机制

其他相关法律：《中华人民共和国保险法》、《中华人民共和国电子签名法》、《关于进一步加强人身保险公司保险产品管理的通知》。

资料来源：保监会官网。

总体来看，互联网保险立法活动进展缓慢，这与现有监管体制和互联网保险发展速度较快有关。首先，互联网保险属于互联网金融的子领域。其相关法规订立原则和思路需要同互联网金融监管的思路保持一致。互联网金融监管涉及央行、保监会、银监会、证监会、工信部等多个监管部门。这一过程涉及的协调和沟通成本较高，需要持续较长时间。其次，互联网保险监管要与互联网保险的发展相适应。互联网保险的迅速发展要求互联网保险监管的模式、内容等也做出相应的调整。这种调整具体表现为各种征求意见稿的法律文件不断更新。

第二节　互联网保险的风险分析

互联网保险活动是在一个开放性环境下展开的。这种开放性环境打破原有传统保险活动基于特定物理空间的限制，拓展业务活动边界，增加了保险交易的规模。与此同时，互联网保险活动基于开放环境的特征，一方面加剧了传统保险活动中存在的风险；另一方面又产生一些新的风险。

一、互联网保险风险的界定与分类

1. 互联网保险风险的界定

对互联网保险风险的界定依赖于互联网保险概念（也可称作网络保险）的界定。现有研究对互联网保险尚无统一的定义。米全喜（2006）认为网络保险有狭义和广义之分。其中，狭义的网络保险是指“保险公司或新型的网上保险中介机构以互联网和电子商务技术为工具来支持保险经营活动的经济行为”；而广义网络保险还包括“保险公司内部基于互联网技术的经营管理活动”。[①] 傅晓萍（2007）也从狭义和广义两个角度进行了界定，与米全喜相似，广义和狭义的互联网保险定义区别在于是否将保险机构通过互联网进行监督和内部管理活动纳入其中。[②] 白瑶（2014）则从技术特征的角度对互联网保险进行了界定。她认为互联网保险是指“以互联网企业的数据和传统保险业在线为主要的表现形态，以大数据处理、在线支付为核心的保险形态”。[③] 周百胜（2012）则认为互联网保险应理解为保险网络化。[④] 而吕志勇和李东（2014）则与周百胜的观点类似。[⑤]

本书认为互联网保险需要从其外部环境、技术工具、行为主体以及行为内容进行界定，具体如下：互联网保险是通过互联网环境下运用大数据等技术手段，保险机构、互联网机构、保险消费者等所从事涉及保险业务全流程的一种经济行为。互联网保险风险则可界定为由于从事上述活动而产生损失的可能性。

与此同时，互联网保险的虚拟性、跨区域性等特征加剧了互联网保险活动的风险，并使互联网保险风险呈现以下特点：第一，风险传导速度加快。由于互联网信息传播速度加快导致风险传导也相应增速。第二，风险的外部性更强。由于平台的公共性特征，一旦互联网保险平台出现风险则可能造成与平台相关的保险机构和消费者均造成损失，所以其外部性与传统保险相比更强。

2. 互联网保险风险的分类

现有文献对于互联网保险的研究大致可以分成两类：一是从总体上对互联网保险的风险进行分类。如吕志勇、李东（2014）将互联网保险风险分为道德风险、技术风险、法律风险、定价风险和人力资本风险。[⑥] 顾伟（2014）将互联网

① 米全喜．网络保险发展研究［D］．吉林大学硕士论文，2006.
② 傅晓萍．网络保险相关法律问题研究［D］．华东政法学院硕士论文，2007.
③ 白瑶．互联网保险投保过程中的问题与对策［J］．河北金融，2014（8）.
④ 周百胜．网络保险的独特优势和发展对策［J］．中国保险，2012（22）.
⑤⑥ 吕志勇，李东．我国网络保险的风险及风险管理研究［J］．上海保险，2014（4）.

保险风险分为信息技术与数据安全风险、产品研发与定价风险、网络欺诈风险、互联网保险特有的衍生风险以及法律缺失风险。[①] 二是针对某一大类的互联网保险风险再进行分类。如蒋成林和聂炜玮（2011）从风险源的角度对互联网保险的信息安全风险进行了细分。[②] 而李淑华（2013）则从风险成因的角度将互联网保险、道德风险进行了细分。[③]

总体来看，这些文献对于互联网保险风险分类多采用列举法，缺乏明确统一的标准，容易造成风险类别的不完备。互联网保险活动与传统保险活动之间由于参与主体更加多样化而衍生出许多新的风险，所以在此根据风险源产生的行为主体来对互联网保险活动进行分类。于是，互联网保险风险可以分成基于互联网保险公司的风险、基于互联网保险平台的风险、基于互联网保险消费者的风险以及基于互联网保险监管部门的风险。

（1）基于保险公司的风险。基于保险公司的风险主要包括欺诈风险、期限错配风险以及产品创新与定价风险。欺诈风险是指保险公司利用自身的信息优势而诱导消费者进行过度保险的行为。互联网保险在信息表达方面的特征使得保险领域的欺诈风险更为严重。[④]

期限错配风险主要是针对理财型互联网保险产品而言。期限错配风险是指理财资金资产端和负债端之间不匹配而产生的风险。产品创新与定价风险是指由于缺乏相关历史数据累积以及定价模型不完善而引发的风险。

（2）基于保险消费者的风险。基于保险消费者的风险主要是欺诈风险和流动性风险。其中，欺诈风险具体表现为消费者隐瞒自身的信息而进行骗保的行为。而流动性风险存在于理财型互联网保险产品之中，具体是指，由于投资人提前赎回保险理财产品而形成的风险。

（3）基于保险平台的风险。基于互联网保险平台存在的风险主要是信息安全风险。信息安全风险是指由于人为或非人为因素导致保险信息被损坏、泄露等的风险。互联网保险对网络、信息系统等具有高度依赖，而互联网本身的开放性导致其存在诸多信息安全风险。与此同时，平台具有外部性的特征使得这类风险破坏性很大。具体的信息安全风险可以包括信息系统运行风险、网络病毒风险等。

（4）基于保险监管部门的风险。基于保险监管部门的风险主要是法律风险。

① 顾伟．互联网保险慎防系统性风险［N］．金融时报，2014－08－27.
② 蒋成林，聂炜玮．网络保险的信息安全风险及其防范对策［N］．中国保险报，2011－07－05.
③ 李淑华．网络保险道德风险的成因及其防范研究［J］．全国商情：经济理论研究，2013（39）.
④ 后文对互联网风险传导机制进行详细说明。

法律风险主要是由于立法不完善或不明确而造成的风险。目前，博彩类互联网保险、万能险产品集体下架事件均属于这一类型。

除此之外，关于互联网保险的风险还有如下几点需要关注：第一，不同的主体可能存在相同的风险，如保险公司和平台均可能存在技术和安全风险；第二，一个风险的事件发生可能是由多种风险因素共同作用产生的，并且这些风险爆发可能存在着因果关系或时间先后顺序。

二、互联网保险风险的传导机制

1. 分析框架

根据风险传导理论，一般风险传导过程可以描述如下：风险源受诱发性事件冲击沿着某条或多条路径传导风险以扩散风险并产生损失的一个过程。其中，风险源是指系统运行各环节中风险能力较差、容易受到外部因素或事件破坏的部分。如互联网保险信息系统的漏洞、保险信息管理人员风险意识薄弱等。诱发性事件是指导致风险源爆发的事件。如监管部门突然颁布一项法规、保险信息系统遭到“黑客”攻击。传导路径是指风险爆发后从某个领域向其他领域传播的路线，而这个过程表现为风险的扩散和放大。如某人在互联网保险平台上购买保险后发现该平台为非法经营实体。当这一信息通过媒体等途径向外传播，造成对许多平台真实经营状况的怀疑，进而影响平台整体的保险销售规模。①

2. 基于保险公司风险的传导机制

(1) 欺诈风险——源于保险公司。欺诈风险的形成源于保险公司出于利润最大化目标利用互联网环境信息表达过程的特征而发生的机会主义行为。风险源在于互联网信息表达载体和方式特征。下面具体分析这些特征是通过何种机制使欺诈成为可能的：

第一，互联网环境下的信息表达载体发生变化。一是信息表达形式多样化。互联网与传统信息相比不再局限于通过文字进行信息表达，采用图片、视频等多媒体方式。而新的载体形式引入由于其生动性更能吸引客户的关注，是一种良好的营销手段。与此同时，通过互联网所特有的超链接功能可以实现不同信息源之间的虚拟连接。这在以纸制载体为主的信息表达时代是无法实现的。然而，信息表达形式的多样化也为保险欺诈活动提供了诸多的途径。在保险合同中，保险人通过采用更加夸张、生动和通俗的信息表达方式可以吸引更多投保人，而对于投保人可能存在的风险或会阻碍其签订保险合同的一些内容则采用更加隐蔽方式，

① 张龙涛．网络银行风险传导机制探析［J］．技术经济，2006（8）．

如超链接的形式来进行表达。通过这种手段，一方面满足信息披露的要求；另一方面实现营销客户的目标。二是信息表达存在形式容易被篡改。在纸媒体时代，纸制文件由于其内容的固定性，已经发表的内容除非通过更正将很难被篡改。而互联网时代信息存贮的暂时性和多变性使得其内容容易进行篡改。这种易篡改性使得欺诈的成本变小。保险人可以充分利用这一特点，通过篡改合约内容、表现形式等手段达到欺诈投保人的目的。

第二，信息表达的模式发生变化。互联网兴起使得信息表达从面对面转为非面对面，从而实现表达模式从交互式转化为单一。原来，投保人在购买保险产品时可以通过与保险销售人员的面对面沟通对保险条款、风险等内容进行更加深入地了解。而在购买互联网保险产品时，通过网页或即时通信工具进行沟通显得非常不方便，使得信息表达方式更加静态和单一。而这最终导致强制性信息披露要求变成了实质上的非强制性信息披露，往往忽视了保险产品中的风险。如根据人身新型保险产品信息披露监管要求中规定了投保人对所投产品的风险提示等签订确认书。而这一规定实际上保证了投保人对所投产品风险、特点等的知情权。而在网络保险产品销售中，出于互联网资料的阅读习惯，投保人往往会关注那些美好的说辞而忘记产品中存在的风险，从而使其忽视了原本存在的风险。与此同时，互联网保险的非面对面方式也为买方欺诈行为提供了更多的途径。

而互联网信息表达对象特征使得这一风险得以扩散。从购买互联网保险产品特别是保险理财产品的购买群体来看，往往属于具有草根、长尾的特征。这一群体的特征就是：人均收入较低、数量众多、保险产品专业知识较低，对保险产品的相关信息的获取能力和风险识别能力都不高。因此，这一群体一方面易于接受简单、直接的信息表达形式；另一方面忽视那些复杂的保险术语和条款。在这种情况下，这一群体易于受产品宣传的误导，只关注产品的收益而忽视风险。保险公司利用这一群体的消费特征往往在信息披露过程中采用差异化的方式以迎合这一群体的需求。如对于收益方面的信息采用夸张而生动的表达形式，而对于风险方面的信息则采用专业术语、超链接等形式。上述特征明显增加了风险波及的范围和群体。

总体来看，欺诈风险的过程可以描述为：保险公司受利润最大化的驱使利用信息表达特定载体隐蔽、表达内容亦篡改、表达方式静态单一的特征加深了保险公司和投保人之间的信息不对称，让投保人在进行保险决策时只会关注局部信息进而造成投保人的过度消费行为。而当未被关注风险因素诱发时，投保人就会无法获得预期收益而造成自身的损失。而互联网保险投保具有的草根和长尾特征让欺诈风险在更大范围内扩散。

（2）期限匹配风险的传导机制。期限错配风险源于为吸引更多投资人而将资产配置于期限更长的不动产、基础设施等具有更高回报的领域，投资人受高预期收益影响而购买相关理财产品。受到政策、市场等因素冲击导致资产收益率无法达到预期目标，进而造成保险公司无法按照预期支付给保险公司收益，造成投资人损失。而保险公司自身的特征导致这一风险被扩大。从事网络保险理财产品多以中小保险公司为主。而中小保险公司的资本金规模不大，偿付能力受到约束，加深了到期无法偿付的可能。

（3）产品创新与定价风险。产品创新与定价风险主要源于由于数据缺失导致定价模型可能不合理导致保险定价不合理。当保险定价出现偏低的情况时，投保人发现购买保险变得非常有利可图，进而出现过度保险和骗保行为，从而使保险公司遭受损失。与此同时，这一情况主要出现在电子商务活动险之中。而这类保险消费具有交易频率较高、投保人草根的特征，这决定其具有重复多次购买保险的冲动。因此，保险公司面临的损失得以扩大。

3. 基于平台风险的传导机制

互联网保险平台面临的信息安全风险源可分为主观和客观两种。从客观上来讲主要是平台的信息系统是否存在漏洞等。从主观上来看主要包括保险公司人员素质不高等。主客观两方面的因素形成不同风险传导机制：第一，以“黑客”攻击为例说明客观因素引致的传导机制。“黑客”攻击通过“撞库”等方式攻击平台的信息系统，由于信息系统在安全设置上存在缺陷，导致部分数据被“黑客”获取。当“黑客”获取数据后，通过互联网发布相关个人隐私信息，给投保人带来名誉或其他方面的损失。与此同时，社会对于该平台的信任度降低，减少通过该平台进行的保险购买活动。此外，如果当平台本身具有较高的社会影响度之时，恐慌情绪可能会被继续传导进而引发对于其他互联网保险平台的怀疑，产生整个社会对互联网保险可靠性的怀疑。

4. 基于投保人风险的传导机制

（1）欺诈风险——源于投保人。源于投保人的欺诈风险形成主要在于互联网信息表达非面对面的信息表达方式。非面对面的方式使得客户呈现隐蔽性、匿名性和即时性三大特点，进而导致保险公司对其身份和投保资格的审核存在困难。在这种情况下，保险公司对其从事或面临风险状况的评估可能不尽合理。这种信息不对称环境诱发了投保人的逆向选择行为，增加了保险公司赔付可能性，造成其潜在损失。

（2）流动性风险。流动性风险源于保险公司偿付能力较弱。当投资人发生提前赎回理财产品时，使得开展互联网保险理财产品业务的保险公司面临非预期到的现金流支出。如果投资人预期到保险理财产品最终投入面临着可能无法收回投资收益之时，投资人出于风险规避的偏好开始赎回理财产品。而投资收益无法收回的预期心理则在投资人之间通过网络、各种人际关系开始扩散。最终，在更大范围内引发投资人赎回理财产品，造成保险公司现金流紧张的局面。

5. 基于监管部门风险的传导机制

基于监管部门而产生的法律风险主要源于其对相关互联网法律不完善或不明确形成“擦边球”地带。保险公司出于自身利益的考虑通常会将“擦边球”地带作为新型业务开发的重点。然而由于监管层态度的变化，可能将“擦边球”业务认定为不合规业务。在这种情况下，保险公司此类业务发展终止，造成相应损失。而这种损失程度与监管层态度密切相关。

2014 年，互联网保险理财产品市场异常繁荣，受到草根投资者的青睐，销售业绩显著。起初，监管部门对此并无明确说法。随着市场销售规模迅速增长，监管层认为产品存在许多问题，包括信息披露不明确，收益难以如实对付、忽视保险保障功能等。从 8 月下旬开始，多家保险公司在天猫等第三方平台上进行销售的理财型保险产品就被保监会要求下架。

专栏 9－3　网络理财保险产品集体下架

进入 8 月下旬之后，国华人寿、珠江人寿、长城人寿等多家险企在淘宝和天猫平台上的产品纷纷下架。多家险企均在网络平台上发布公告，声称因系统或产品升级，导致暂时无法接纳新客户。但存续保单和相关服务并不受此影响。

根据相关业内人士分析，此次网络保险产品清理系监管层对当前网销产品风险关注的一个集中体现。目前，网络保险产品过分强调收益，忽视风险，未履行风险提示的义务，面临着较大的偿付风险。对此，已经引起监管层面的不满。

而此次下架的产品主要是理财类保险产品。总体来看，在天猫等电商平台上销售保险理财产品的保险公司实力一般，自身的偿付能力相对较弱，使其难以覆盖这些高收益产品兑付违约风险。

资料来源：胡凌凯．网销理财保险遭遇集体“下架”中小型险企压力大［N］．理财周报，2014－09－09.

三、互联网保险风险的影响

互联网保险风险的存在对于经济和社会都存在着一定影响。从经济影响来看，主要会影响保险行业未来的发展路径；从社会影响来看，将最终影响社会保险的意识。

1. 互联网保险风险的经济影响

互联网保险风险的爆发和扩散，可以充分暴露互联网保险业务发展的问题。这些风险的存在促使保险行业强化风险控制，加强行业监管。而随着新的监管法律旨在控制风险的同时，也重新调整或明确了合规性业务边界。在这种情况下，保险监管形成激励效应，即鼓励保险机构在合规性范围之内进行业务创新。这种创新的强度取决于两个方面：第一，监管部门的态度；第二，合规性业务的潜在回报。其中，后一方面因素对于创新业务发展的影响更大。如果监管部门鼓励态度越明确，支持政策越多，该项业务发展速度越快。如果合规性业务潜在回报越高，保险机构从事该项业务创新的动力越足，业务发展可能性越大。总体来看，互联网保险风险将诱发保险监管部门实施新的法规，并形成激励效应诱导保险机构从事互联网保险业务。保险机构可能因此改变业务创新路径、范围，最终使得保险机构改变现有业务结构和行业格局。

2. 互联网保险风险的社会影响

尽管互联网保险风险本身是客观存在的，但是它能够被控制以减轻其所带来的损失。而不同的风险处置方式将影响最终的风险损失的程度，进而改变对互联网保险的态度。对于互联网保险而言，如果能够形成良好的事后风险处理机制，那么将会增加消费者的购买保险平均预期收益，进而增加其购买保险需求。从整体而言，全民针对风险保障的意识将得以提高。

第三节　互联网保险风险的内部控制

随着保险公司业务和组织结构日益复杂化，必须完全使用外部监管的方式来对保险机构的活动进行充分监控和管理。在这种情况下，保险公司开始运用内部控制的方式来进行风险管理。因此，保险公司通过内部控制的方式来进行风险管理首先是可能源于监管部门的要求。与此同时，保险公司出于自身成本收益的考虑也存在从内部进行风险管理的驱动力。

互联网保险与传统保险在参与主体上主要增加了交易平台机构。因此，在考察风险内部控制时也将互联网保险平台纳入其中。

一、互联网保险风险的内部控制定位

1. 内部控制的属性

保险公司和平台在从事互联网保险活动所进行的内部控制，一方面缘于监管部门的合规性要求；另一方面出于自身成本收益的考虑。从金融监管治理的角度来看，由于监管部门和保险公司彼此之间存在不同的目标，所以保险公司要满足监管部门对于内部控制的相关要求必须建立起激励相容的相关机制。在这种情况下，符合保险公司自身利益的内部控制要求被实际执行的可能性更大。在实践过程中，保险公司往往难以执行那些不符合其利益的内部控制要求。而许多互联网保险平台本身受保险监管部门管制的程度较低，纯粹出于合规性要求而进行的内部控制活动将更难被执行。所以，互联网保险风险的内部控制更多是出于自身成本收益的考察。

2. 内部控制作用的有效范畴

互联网保险公司和平台对风险内部控制的有效性取决于两方面因素：一是技术上的可行性；二是经济上的可行性。

（1）技术上的可行性。技术上的可行性是决定风险内部控制有效性的前提条件。当相应的技术条件并不具备的时候，就难以通过内部控制的方式来缓释风险。如对于中小型保险公司而言，由于积累的数据量有限，独自难以建立起有效的反欺诈模型来识别高风险信息。与此同时，目前行业还未建立起共享数据库，所以对于中小型保险公司而言难以用反欺诈模型来识别客户风险。

（2）经济上的可行性。经济上的可行性是决定风险内部控制有效性更重要的因素。保险公司和平台会根据成本—收益原则来确定其内容控制的强度。如对于信息安全风险而言，采用更高等级的防御“黑客”攻击的信息系统，保证数据安全，在技术上是可行的。但是该项信息基础设施本身面临更高的固定成本支出，而其回报可能并不能抵消相应的支出。特别是对于中小保险公司而言，由于销售规模有限，导致固定成本支出摊销更大，难以进行弥补。因此，对于互联网保险公司或平台而言会根据自身业务规模考虑信息安全的适度性。总体而言，互联网保险平台由于规模效应更加明显，所以更有可能采用安全等级更高的信息系统。

二、互联网保险风险的内部控制手段

1. 保险产品设计

目前，对于互联网保险业务而言，内部风险控制手段更多体现在产品设计方面。通过产品类型的选择、产品定价机制以及合约条款的设置，已自动实现对特定风险的规避。

（1）产品类型的选择。产品类型的选择实际上成为当前互联网保险产品风险内部控制的最主要手段。目前，市场主流的互联网保险产品具有价值较低、购买频次较高的特征。在购买频次较高的情况下，投保人和保险公司之间具有无限次博弈的性质。根据博弈论可知，无限次博弈情况下均衡为合作解。因此，投保人发生欺诈行为的可能性更小。另外，即便投保人发生逆向选择行为，由于产品价值较低也使保险公司面临的损失较小。

（2）产品定价机制。保险产品的定价是以概率论和大数法则为基础的。所以，保险产品的定价合理性严重依赖于历史数据的积累。由于历史数据还不够充分，许多会影响定价合理性的因素可能无法纳入定价模型之中。这些因素可能会影响投保人从事欺诈行为的可能。随着历史数据的积累，保险公司通过将其引入定价模型之中，完善定价机制，从而有效控制风险。

（3）合约条款的设定。通过合约条款的设定也是互联网保险风险内部控制的重要手段。以互联网保险理财产品为例。为防止投资人出现流动性风险，合约一般会设定较高的赎回成本。投资人出于成本—收益的考虑将大大降低赎回的可能性，进而降低了保险公司的流动性风险。

2. 信息技术

互联网保险风险控制依赖于信息技术作为其物质基础。具体来看，利用信息技术可以帮助保险公司或平台对信息安全风险和欺诈风险进行控制。

防止信息安全风险发生需要保证后台数据库安全、数据传输安全。在保证数据安全方面需要进行信息系统测评，达到相应的安全防护标准，防止外部入侵；在数据传输安全方面，通过结合数字证书等安全认证机制和传输加密机制来保障数据传输安全。与此同时，建立数据容灾备份机制来强化信息安全防护。

防止欺诈风险利用以大数据为代表的新型信息技术。基于大数据的欺诈风险控制技术包括欺诈分析技术、可视化关联分析技术。前者是将数学和统计模型用于反欺诈保险领域。通过数据挖掘的方式来识别索赔人的行为方式，开发索赔评级系统来确认索赔是否存在欺诈成分。后者是通过图形图像等视觉手段来构建、传达和表示复杂统计数据关联，提高反欺诈效率。目前，中国人寿利用大数据技术已经建立了多因子反欺诈模型用于高风险识别。

3. 公司治理

保险公司经营互联网保险业务存在着诸多委托代理关系，影响着保险公司既定预期风控目标的实现程度。代理人员出于自身利益的考虑，可能出现损害公司利益的行为发生，如倒卖客户信息、协助客户伪造信息等。在此，保险公司需要通过治理结构的安排来解决委托代理关系中存在的风险。大体来看，可以有两种解决路径：一是加强对代理人的监督；二是建立起激励相容的治理机制。

从加强代理人监督方面来看，设立独立的风险内部控制部门并由其确认业务操作流程。保持风险内部控制部门的独立性可以防止其受到前台业务部门的影响，做出符合既定风控要求的决策。而风险内控部门通过制定业务操作流程可以发现关键的风险节点，并形成有效的控制策略。

从建立激励相容的治理机制来看，关键在于形成合理的报酬结构。Goodhart（1996）认为金融机构管理人员之所以不遵守既定的风控流程，可能就在于其薪酬体系不尽合理。特别是，当报酬结构使得承担风险更有利于个人利益、管理人员风险偏好度较高时，更是如此。因此，保险公司在建立薪酬体系时，需要将风险因素纳入其中。①

三、互联网保险风险的风险控制案例

1. 公司案例——众安在线

众安在线作为全国唯一一家互联网保险公司，采用全线上业务流程，全国不设分支机构，完全通过互联网进行运营。其在内部风险控制方面的许多经验值得参考。

（1）信息安全风险。针对客观因素造成的信息安全风险，众安保险在进行网络信息平台设计之时，注重建立和完善数据备份机制、迅速的灾难恢复机制以及安全访问机制。而针对主管因素造成的信息安全风险时，则注重设计风险管理制度，将监管部门的法定要求和互联网保险活动的具体特征相结合。众安保险集中精力关注于业务流程风险控制，通过流程梳理确定关键环节、岗位以及风险，并配置与之相匹配的内部控制资源。

（2）产品创新与定价风险。众安在线在产品创新与定价风险方面有自己的独到之处。在产品创新方面，众安在线起初主要进行基于电子商务活动的财险类产品开发。此类产品具有明显的碎片化特征，风险控制难度不大。2014 年，众安在线经营范围中增加了“短期健康/意外伤害险”。目前，众安在线平台已经推出了 1 年期的“重大疾病险”。健康险产品相对财险类产品标准化程度更低，风险控制更为复杂。而众安在线在产品创新路径选择上采用的由简到繁的策略符合创新的一般规律。与此同时，众安在线通过对网络数据的运用，及时调整数据模型，不断完善定价机制。

---

① 古德哈特．金融监管的激励机制［J］．曾晓松译．金融研究，1996（11）．

（3）欺诈风险。欺诈风险是保险领域需要处理的核心风险。众安在线在控制欺诈方面采取了诸多措施，总体来看：一是建立欺诈识别模式；二是分享外部资源，进行信息共享。

众安在线天生的互联网基因使其能够充分运用大数据技术来为反欺诈服务。通过大数据提供的欺诈分析技术，众安在线可以提前进行欺诈行为识别。在分享外部资源方面，包括了借用股东和其他互联网企业资源两方面内容。众安在线的股东中，阿里巴巴作为电商平台已经建立起相对完善的交易欺诈处理体系和排查机制，能够充分被其使用进行反欺诈。网络反欺诈对于数据依赖程度较高。而通过在互联网企业内部进行资源共享，可以建立良好的信息共享平台，实现彼此多赢的局面。2013 年，阿里巴巴等 21 家企业成立“互联网反欺诈委员会”就试图通过建立合作框架来维护电子商务生态圈。①

互联网企业将启动统一的用户安全模型机制，建立统一模型及互通共享机制；形成联防联打机制，明确信息发布渠道、沟通渠道、交易渠道、支付渠道四大环节联防联打的权利义务，制定行动纲领，细化行动准则。

2. 产品案例——华泰保险“退货运费险”

2010 年，华泰保险较早在互联网保险产品创新方面进行了开拓，推出了一款针对淘宝平台的保险产品“退货运费险”。“退货运费险”是指在买卖双方产生退货请求之时，保险公司对由于退货产生的单程运费提供保险服务。最初的产品设计——产品定价机制方面采用固定保费价格，并且保费价格很低。由于购买成本较低使得购买质量差的商品所产生的损失能够得到有效补偿。在这种情况下，投保人一方面并不关注产品质量；另一方面也可能和卖家进行联合骗保。而保险公司对此难以进行核实。最终，退货率居高不下让保险公司损失不小。

保险公司发现这种情况之后，对定价机制同时进行了调整，将固定价格制调整为动态定价制。按照新的定价机制，保费价格会根据其退货历史记录确定，如果历史记录的退货次数越多则保费价格会越高。随着新的定价机制引入，退货率迅速降低。

第四节　互联网保险的自律监管

互联网保险机构基于业务经营的考虑会通过内部控制的方式来进行风险管

① 李克穆. 网络保险及其风险防范［J］. 中国金融，2014（8）.

理。但是，站在行业发展和社会公众的角度来看，仅仅依靠保险机构的内部风险控制难以实现对互联网保险活动过程中的风险全面覆盖。互联网保险活动中大量信息不对称现象以及保险业务的特定“反循环”商业模式[①]，使得保险人责任承担具有或然性和滞后性，进而引发保险人的机会主义行为，损害消费者利益，不利保险行业持续发展。在这种背景下，通过引入外部监管就显得非常必要。本节将对行业自律监管进行讨论。

行业自律是美国网络隐私保护的主要模式。行业指引——网上隐私权认证计划——技术保护，即由权威性行业组织制定行为指引，由中介性组织依此行业指引对自愿加入的网站进行认证，各网站及网民采取技术手段保护个人隐私。

行业协会的行为方式：第一，组织和强制实施成员间的合作行为；第二，与其他协会组织订立集体性合约；第三，变通或影响政府公共政策；第四，提供能够影响交易行为和效果的各类信息。

行业协会的功能：第一，协调企业间、企业和政府的关系；第二，提供信息服务，降低交易成本。行业协会通过互通商贸信息，为会员提供全方位且高质量的有关形势发展、政策动向和市场需求变化等方面的信息；还通过各地的组织网络，借助于会刊、研讨会等形式将之传递给会员，节约搜索成本功能：一是信息库功能；二是调查一些投诉事件，扮演信誉评价终结和投诉甄别中介。第三，协会组织可利用其专业化职员或共同使用外部知识，为本行业整体的发展前景提供预测，也可以为成员或成员群体提供个性化信息服务，淡化其机会主义行为，制定各种规章、政策和标准约束会员的行为，降低不确定性。其内部严格的监督机制和惩罚机制，则提高了会员的违规成本。所有这些措施都会减少洽谈交易和执行交易的成本。

一、互联网保险行业自律监管的定位

1. 基于协会同成员企业关系的视角

保险行业协会向成员企业提供的产品主要属于俱乐部产品。而俱乐部产品的特征是：对外部成员具有排他性，而对内部成员则为非竞争性。就其提供的俱乐部产品而言，包括提供信息、协调利益等。

在信息提供方面，保险行业协会具有自己的优势。第一，解决外部性问题。由于信息的外部性使得私人部门提供这一产品缺乏相应的激励机制。而协会作为一个平台机构可以充分发挥规模效应的功能，通过第三方供给的方式解决私人部

① “反循环”商业模式是基于保险活动特定的现金流特征而产生的，即当保险合同确立后保费收入就产生了，而保险赔付所引起的现金流出具有不确定性。因此，保险人的责任本身具有滞后性和或然性。

门信息供给的外部性问题。第二，专业性优势。由于保险活动的专业性，使得信息供给活动对于专业性要求较高。行业协会通过其专业性优势可以更好地满足成员企业的需要。

在协调利益方面，保险行业协会提供两方面的服务：第一，对外向政府表达自身的行业利益诉求，维护成员单位的利益。单个成员企业的利益诉求对于政府决策的影响较小。而通过行业协会这一集体行动的形式进行表达更能引起政府的重视，甚至对政府决策造成影响。第二，对内通过建立行业自律机制和规定，协调成员利益，维护行业公平和良性发展。保险行业协会通过制定各类业务规程、产品标准等促进行业规范发展。在这一过程中需要防止“搭便车”行为出现。行业协会需要通过建立选择性激励机制，引导成员企业遵守行业规范。①

保险行业自律在监管方面存在自身的优势：第一，适应性较强。由于行业自律监管强制性较弱，使得其能够具备更为广泛的适应性；第二，降低政府监管成本。由于行业自律性监管活动主要依赖于会员单位的资金支持，降低了政府相关监管活动的支出，节约了监管成本。第三，相关规范制定具有可行性。保险行业自律机构具有较强的专业性，对于行业情况比较了解，相关规范的制定就很有针对性。但与此同时，保险行业自律监管也存在自身的缺陷：一是规范相对松散而不够严格，难以对不合规保险活动进行有效惩罚；二是行业监管成本负担可能会转移到消费者身上。因此，鉴于保险行业自律自身的优缺点，各国需要根据自身的特点来给保险行业自律机构以准确定位，并且这一原理也适用于互联网保险领域。②

2. 基于协会同政府关系的视角

保险行业协会在职能定位上除了服务成员单位之外，还是政府监管的重要补充。保险行业协会和政府监管的互补源于如下几个方面：

第一，政府监管供给能力的有限。首先，保险业产品的日益复杂和多元化必然导致完全依靠政府监管活动难以全面覆盖保险行业的所有需要监管的内容。在这种情况下，政府监管部门需要将部分监管职能让渡给行业自律机构。其次，政府监管也存在失灵的情况。政府监管产生源于市场机制在某些领域无法发挥自身的作用。但政府监管同样存在这种失灵的情况。政府特有的科层制导致决策过程非常缓慢，难以迅速对市场失灵的情况进行有效纠正。而行业协会利用自身专业

① 李忠飞．行业协会职能的经济学分析［J］．经营管理者，2011（11）．

② 常健，郭薇．行业自律的定位、动因、模式和局限［J］．南开学报（哲学社会科学版），2011（1）．

优势能及时应对市场失灵的缺陷。

第二，保险业自律机构与政府关联性较强。我国保险业行业自律机构是经过监管批准成立的，带有浓厚的政府背景。并且，这些保险行业自律机构存在着固定的政府主管机构与之呼应。因此，中国保险行业自律机构受到业务主管部门指导甚至指令影响。与此同时，不同的保险行业自律机构又存在横向联系。这种横向和纵向联系的存在使得行业协会能够实现相关政策自上而下的推行。从这个意义上来看，中国保险行业协会实际上是相应政府监管部门之间就与监管相关部分业务形成了具有类委托——代理关系的性质，它们在监管目标上具有一致性。

综上分析，可以发现保险业自律机构在功能定位上兼具公共治理和维护行业利益双重特征。

二、互联网保险行业自律的主要活动

1. 自律监管活动现状

面对互联网保险的发展，以保险行业协会为代表的行业机构也积极开展自律监管活动。2014 年，中国保险行业协会互联网保险部成立，成员单位超过 60 多家，会议确立统计数据月度交流机制。这一机构及其活动的开展标志着协会开始有专门的部门为互联网自律监管活动服务（见表 9 –4）。

表 9 –4　　互联网保险行业自律具体活动

类型	具体内容
数据库	发布国内首个“车型标准数据库”；发布“中国人身保险产品信息库”
刊物	《互联网人身保险季刊》、《互联网保险行业发展报告》
会议	海峡两岸和香港、澳门研讨大数据时代反保险欺诈

总体来看，目前保险行业协会在互联网保险领域的主要监管活动以信息类服务为主，起到一个行业内部平台的功能。

2. 自律监管活动现状评价

（1）基于成员企业的视角。目前，从保险行业协会的监管活动看，主要内容为信息交流和沟通，而其自律和协调功能不足。之所以出现这种局面与保险行业的治理结构和相关特征密切相关。

首先，行业协会的依附性决定难以形成有效地对外协调的能力。行业协会对于政府监管部门的依附性主要表现在：第一，我国目前在行业协会管理方面采取

“分级管理”、“双重管理”体制。其中，“分级管理”是指不同层级的行业协会按照级别分开进行登记和管理；而“双重管理”是指行业协会受到两家部门管理，其中民政部负责进行登记管理，而上级保监部门进行业务管理。第二，行业协会与政府之间通过人事关系等保持较强的关联性。从行业协会的管理层来看，许多具有深厚的政府背景，与政府监管部门之间联系非常密切。行业协会对于政府部门的依附性决定了其缺乏相应的激励机制为成员企业整体利益服务。由于行业协会的管理层具有较强的政府背景，使得其目标函数与政府监管保持较高的一致性，当成员企业整体的目标函数与政府监管之间产生冲突之时，后者的目标将被优先考虑。

其次，选择性激励机制的缺失导致其难以发挥对内协调自律的能力。根据奥尔森的集体行动理论，大规模集体行动的产生必须存在选择性激励机制。而保险行业通过自律监管活动对内进行协调，建立行业标准等行为之所以难以成功就在于缺乏选择性激励，即必须对遵守行业准则、促进行业发展的成员企业给予奖励；而对破坏行业准则、不利于行业发展的成员企业给予惩罚。但长期以来，行业协会未能对成员企业进行有效监管，没有针对违反内部准则的成员企业进行惩罚。因此，行业协会自律协调的功能弱化。

（2）基于政府监管的角度。从辅助政府部门进行监管的角度来看，其监管活动更多具有单向性的特征。行业协会由于对保监部门存在附属性，所以其监管活动通常属于在政府监管部门既定的监管框架范围内进行活动。在这种情况下，行业协会的目标就是最大化执行监管部门的相关要求。因此，行业协会具有极强的单向性特征，即向行业协会的成员传达保监部门的监管要求，而缺乏向监管层更多反映成员单位监管需求的动力。

3. 互联网保险自律监管的改进方向

总体来看，保险行业协会在互联网保险自律监管方面的未来趋势是，推进以专业信息服务为基础的监管功能深入和全面发展。

首先，未来保险行业协会监管将以专业信息服务为基础，并向纵深发展。行业协会的优势在于其平台性和专业性。协会作为保险行业内部交流渠道，是监管层、成员企业沟通的重要中介。平台性特征使其能够解决信息生产的外部性问题。由于平台的规模递增效应，使其将信息生产的成本最小化，能够有效地克服外部性问题。此外，由于行业协会的专业性，使得其处理专业信息服务具有较低的交易成本，能够保证信息服务的质量。因此，保险行业协会监管的基础内容是专业信息服务。目前，协会在服务内容上精细化和深入程度还不高，未来需要在现有基础上基于成员企业和政府监管部门的要求向纵深发展。

其次，行业协会在互联网保险监管功能发挥方面需要向多元化发展。目前，行业协会的监管在协调和自律方面发挥的作用甚少。而随着信息平台功能逐渐强化，其他方面的功能将得以改善。以保险领域的欺诈为例，行业协会通过信息平台可以搜集更多有关保险机构和投保人的数据。通过建立相应的统计反欺诈模型，行业协会将成为保险领域的重要监管平台。

三、互联网保险监管的国际经验

总体来看，我国互联网保险在近几年才取得了迅速发展。而国外早在20世纪90年代就开始兴起。这些商业活动的兴起必然要求相应监管部门出台相应法律文件以规范互联网保险活动。在美国，以保险监督官协会（NAIC）为核心发起推进互联网保险监管立法。各州在NAIC的指导下，开展自身的保险立法活动。在国际上，国际保险监督官协会（IAIS）为互联网保险监管制定了框架性的原则。这些原则为各国互联网保险监管实践活动的开展提供了统一指导意见，便于各国立法工作的参考和借鉴。下面分别进行考察：

1. 美国：原则性框架和具体指南相结合

在2000年左右，NAIC开始针对互联网保险活动开展立法工作。1999年，美国通过了格拉姆—里奇—布里法案（Gramm-Leach-Bliley Act，GLBA）。该法案为跨州网络保险销售提供了法律基础，旨在推动各州都采用一致或者互惠性的在线保险经营许可标准。GLBA指出，如果各州无法建立起统一或者互惠的经营许可标准，那么各州将无法避免采用NARAB监管体系。在这种局面下，NAIC开始采取各种措施尽可能避免NARAB的监管，保证基于州一级政府的层面来实现经营许可标准的统一性。为满足GLBA的要求，2000年NAIC修订了生产者许可模型法案（Producer Licensing Model Act，PLMA）。PLMA一方面试图满足监管者和保险商业机构对于统一性的要求；另一方面也维持基于州的层面对于保险机构的控制。[①] 而为保证PLMA的运行，帮助消费者和监管者能够找到特定保险机构的信息，建立统一性的信息基础，NAIC设立了全国性保险公司注册机构（NIPR）。

---

① Wesley, Sunu, Paul Norman, S. Kamen, P. Schiffer and B. Perri. Recent developments in e-commerce. *Tort & Insurance Law Journal*, 2002 (Winter): 355 -356. Goss, C., Wesley Sunu, H. Gould, Titus and Jason Strain. Recent developments in e-commerce. *Tort Trial & Insurance Practice Law Journal*, 2003 (winter): 278 -280.

专栏9-4 NIPR——美国互联网保险许可管制的信息平台

NIPR是一个PPP性质的非营利机构，旨在提高保险行业的交流。NIRP通过其门户来实现州保险监管机构、保险生产和代理人之间的交流，致力于联邦和州政府的统一化。与此同时，NIPR运行着保险公司数据库（PDB）、电子签约和终止记录（Electronic Appointments /Terminations）。PDB将州的许可批准机构与大多数保险产品供应商信息联系起来。ETA作为一个电子系统，保险产品供应商可以获取代理人被雇用、销售许可资质以及代理终止的信息。

资料来源：Goss，C.，Wesley Sunu，H. Gould，Titus and Jason Strain. Recent developments in e-commerce. *Tort Trial & Insurance Practice Law Journal*，2003（winter）：280-281.

从NAIC的立法内容来看，主要涉及如下几个问题：第一，市场准入——经营许可；第二，监管标准统一化；第三，在线隐私；第四，在线保险活动规范。其中，最为核心的是关于互联网保险的市场准入——经营许可。

（1）市场准入——经营许可。市场准入需要确定纳入许可管理范围的互联网保险活动。与传统保险活动相比，互联网保险活动参与主体更加多元化，包括：保险产品生产商、保险经纪或代理机构、网站运营商、消费者等。参与主体的多元化使得其活动性质变得更加复杂。对于许可管理范围的确定包含两个方面的内容：一是确定纳入许可管理范围的互联网保险活动总体原则；二是确定各种类型保险商业活动的认定标准以及特定情况的判定指南。针对这些挑战，美国试图为此建立相关的法律规范。

NAIC给出了自身的观点，认为一家保险机构只要不是有意通过网站活动来实现自身的商业利益，就不需要纳入许可监管的范围。因此，是否具有主动意愿成为认定其活动性质的一个关键特征。在这种情况下，仅仅是维护与保险商业机构相关的网页以及当地居民进入该网站就不需要纳入许可监管范畴。这一认定标准的核心原则实际上在许多州的立法活动中得到体现。如纽约州认为，出于被动性的原因而进行网站维护活动，以供当地居民查询保险产品和服务信息并不构成招揽生意（Solicitation）行为。阿拉斯加州持有同样的观点。而加利福尼亚州则认为纯粹的在互联网上的保险广告活动并不构成保险交易活动，需要当其伴随着如下行为之一：为当地居民提供保费报价、接受来自当地居民的保险申请、就保险合约条款与当地居民进行交流，方构成保险交易活动。[①]

（2）监管标准统一化、在线隐私以及其他在线活动监管立法。NAIC 和保险公司的立法活动除了要求实现许可申请方面的统一性之外，还希望实现更大范围内监管标准的统一性，从而加速各种保险产品进入互联网渠道。这种统一性进展主要体现在新的信息化方案之上：建立电子费率表和表格存档系统（System for Electronic Rate and Form Filing）。SERFF 系统允许保险公司存入表格资料以及费率信息，并通过系统重新优化和降低收费来吸引大家的参与。通过这个系统可以识别不同州的监管要求，并且参与的保险公司可以整理存档一套表格来满足每一个管辖区域内的注册要求。这一系统还允许监管者进入在线文档库以减少存储负担等。与此同时，NAIC 能将广告费率确定和表格审查权力整合起来，以备权威机构和其他成员查看。[②]

在线隐私和在线支付是另外两个重要的话题。GLBA 要求每个保险公司必须有隐私政策以向新的消费者进行告知。与此同时，指出保险机构拥有对于向其他已披露信息的撤销权。而 NAIC 方面也提出关于在线隐私的公告来适应这种监管要求。保险在线支付活动方面，纽约州规定保险公司将允许保险交易活动的在线支付，但并不是所有的支付形式都被允许。信用卡支付并不得到认可而电子支票则被许可。[③]

2. 国际保险监督官协会（IAIS）：框架性原则

国际保险监督官协会作为重要的保险监管国际组织，一直从事制定全球保险监管标准。鉴于互联网活动本身具有的全球性特征，使得 IAIS 非常有必要提供相应的全球保险监管标准。这些标准的设立由于需要考虑各国的情况，要求较强的普适性，所以监管规则的内容更多是一些框架性建议，而不同于每个国家内部制定的监管规则那么具体。尽管如此，这些框架性的监管意见仍然能成为各国互联网监管活动指南。

IAIS 提出《网络保险监管原则》。在该文件中，IAIS 指出了网络保险活动除了遵循其公布的《保险监管核心原则》外，还需遵循如下三大原则：一致性原则、透明性和信息披露原则以及合作原则。下面分别对这些原则进行考察：

一致性原则是指对于网络保险活动而言，其采用的监管方法应当与适用于通

① Wesley, Sunu, Paul Norman, S. Kamen, P. Schiffer and B. Perri. Recent developments in e-commerce. *Tort & Insurance Law Journal*, 2002 (Winter): 354, 356, 360. Goss, C., Wesley Sunu, H. Gould, Titus and Jason Strain. Recent developments in e-commerce. *Tort Trial & Insurance Practice Law Journal*, 2003 (winter): 277.

② Goss, C., Wesley Sunu, H. Gould, Titus and Jason Strain. Recent developments in e-commerce. *Tort Trial & Insurance Practice Law Journal*, 2003 (winter): 281－282.

③ Goss, C., Wesley Sunu, H. Gould, Titus and Jason Strain. Recent developments in e-commerce. *Tort Trial & Insurance Practice Law Journal*, 2003 (winter): 282, 285.

过其他媒介开展保险活动的监管方法保持一致。这种一致性表现在两个方面：一是实行同样的消费者保护标准，并保证保险公司对网络的合法使用；二是对主张拥有该区域内网络保险活动监管权的机构需对网络保险活动提供指导。与此同时，IAIS 还提供了支持和不支持拥有网络保险的依据，包括是否向监管辖区内的居民提供保险服务、保险活动风险涉及区域以及保险公司是否存在相应的程序和机制以阻止向辖区内居民提供服务。①

对于网络保险活动的透明度和信息披露原则，IAIS 做出了如下规定："保险监管机构应当对被监管的保险公司和中介提出要求，以确保网络保险的透明度和信息披露原则与适用于通过其他媒介开展保险活动的原则相同"。具体来看，IAIS 这一原则部分内容与一致性原则保持了逻辑上的延续性。消费者保护，一个重要方面就是通过透明度监管和信息披露实现的。一致性原则要求同样的消费者保护标准就必然要求对于不同媒介下活动的消费者提供大致相同的信息。与此同时，IAIS 还对保险公司和中介的信息披露提出如下要求。②

对于合作原则，IAIS 指出，"监管机构应当在必要时，通过和其他监管机构的合作对网络保险进行监管"。合作原则的必要性源于网络保险活动的特征。网络保险活动具有两个特征：一是跨区域性；二是参与主体的多样性。这一个特征决定其需要通过其他区域的保险监管机构进行合作；而第二个特征决定需要跟其他类型监管机构进行合作。这种合作最为基本也最容易达成的方式就是信息交流。网络的便捷性使得其可以成为基本的信息交流方式。而且，为了方便信息交流，IAIS 还提出保险监管机构信息披露的一般性和其他要求。③

第五节　互联网保险监管思路

伴随着互联网保险发展和风险事件的发生，互联网保险监管的需求大大增加。目前，有关部门正在抓紧思考和探索相关的监管办法，保障互联网保险的健康发展。下面将就未来互联网保险监管的理念、原则和模式进行讨论。

一、互联网保险的监管理念

1. 包容性监管

包容性监管是指对互联网进行监管的过程中，通过正式和非正式的制度安

---

① 孟昭亿主编．网络保险监管原则（IAIS）卷［M］．北京：中国金融出版社，2006：439.

②③ 孟昭亿主编．网络保险监管原则（IAIS）卷［M］．北京：中国金融出版社，2006：440.

排，营造行使公共监管权力、制定和执行监管政策所依赖的良好制度环境和运行机制，以实现对互联网金融的有效治理、整合和协调的持续互动过程。其特点在于：第一，注重监管的社会控制与影响效果；第二，以改善其福利为目标，将更多群体纳入正规保险体系。①

包容性监管理念可以充分反映互联网保险的本质。互联网保险发展出了适合更多满足市场需求的产品和销售方式，改善了市场总体效率，让更多的群体参与到保险活动之中，分享到保险活动带来的福利。包容性监管通过建立一个持续互动监管过程，让监管层能够更多了解互联网保险参与主体的诉求。在通过综合考虑各方利益诉求的情况下，监管层再出台相应的监管法规。这种持续沟通和互动的过程能够保证政策出台的效果，进而为互联网保险发展创造一个更加公平和良好的环境，保证更多群体参与到互联网保险中。

2. 包容性监管的具体内容

（1）适度监管。适度监管是指监管部门需要在金融创新与金融监管之间寻求最优平衡点。互联网保险产品和商业模式创新，一方面会推进保险领域的民主化，实现保险的普惠性；另一方面由于创新活动的不确定性也会引发诸多风险。而金融监管需要仔细分析不同互联网保险活动的成本和收益，采用不同的监管态度和措施。与此同时，金融监管本身也存在成本，也需要确定监管的边界。

（2）柔性监管。柔性监管与传统的刚性监管是相对应的。柔性监管尽管在理解上存在一定差异，但是，如下几层核心意思相同：第一，强调在市场机制作用的基础上执行监管活动。第二，强调被监管者的参与性和自主性，通过平等协商、自愿监督等途径实现政府监管由外生监管向内生监管转变。第三，监管方式更加灵活，即通过窗口指导、激励、征询意见等形式，引导被监管者主动进行自我约束，进而实现监管的效用最大化。②

二、互联网保险的监管原则

IAIS 的相关内容为互联网保险的监管框架原则提供了参照系。总体来看，互联网保险监管包括如下几个方面：

1. 一致性原则

一致性原则是指互联网保险活动与传统线下活动采用基本一致的原则。互联网作为一个新的媒介并不改变保险活动的本质。更重要的是，一致性原则可以有

① 冯果，李安安．包容性监管理念的提出及其正当性分析——以农村金融监管为中心［J］．江淮论坛，2013（1）．

② 刘继兵，马环宇．互联网金融柔性监管探究［J］．浙江金融，2014（5）．

效地防止监管套利。互联网保险由于属于新兴事务，监管领域存在许多模糊地带，成为监管套利的重要渠道。因此，在监管活动中需要坚持一致性原则，防止市场参与者由于线上和线下之间的差异进行套利。

2. 透明度原则

欺诈风险是互联网保险监管活动的重要对象。而造成欺诈风险的原因在于保险领域的信息不对称。透明度原则主要是保证互联网保险交易各方拥有对等的地位，实现交易过程的公平性。而遵循透明度原则的实施途径就是信息披露。互联网保险的信息披露原则要求，除了传统的真实性、充分性和准确性之外，基于互联网信息表达形式和方式的变化，需要增加易获取性和通俗性。互联网提供了超链接等新的信息联结方式，增加了信息获取的难度。因此，互联网保险过程的信息披露还需要遵循易获取性原则。

3. 信息化原则

信息化原则是基于互联网保险活动技术特征而设立的。因此，互联网监管活动也同样需要利用信息手段对互联网保险业务实施监管，也必须强化信息技术标准，借助信息化手段来保障保险业务交易的安全性和公平性，提高监管的有效性。

4. 合作原则

合作原则是基于互联网保险活动的复杂性和跨区域性而建立的。互联网保险活动的开放性，使得活动范围可能超越了既定地域的限制。与此同时，由于信息的可分享性，使得监管活动能够开展各种层次的合作，更大程度地共享信息资源，实现信息的规模效应。合作性原则涉及不同区域的保险机构以及其他监管部门参与到当地保险机构的监管活动中。就合作方式而言，信息交流需要成为最基本也最为重要的合作方式。各监管部门之间应该通过网络建立起通畅的交流机制，以实现在协商一致的条件下共同完成相应的监管活动。

三、互联网保险的监管模式

1. 互联网保险的监管模式选择

国际保险监管模式正在经历从行为监管向偿付能力监管转变。那么，互联网保险监管活动是否也以需要逐渐转变成以偿付能力监管为主呢？在此需要强调的是，对于互联网保险监管核心的讨论将集中于针对互联网保险活动的特别监管而非一般性质监管之上。那么，从这个意义上来讲，互联网保险监管的核心不应该是偿付能力，而是保险行为。

保险活动面临的最大风险就是偿付风险。而偿付风险源于两个方面：一是保险公司自身的资金实力；二是保险精算精确度。针对前者的监管措施主要在于资本充足率、风险准备金计提等；而针对后者的监管措施主要是通过保险费率和精算过程备案和登记。而互联网保险活动并不会影响上述两方面的监管活动。

首先，互联网保险活动不会影响保险公司的资金。互联网保险仅仅是改变保险活动的媒介。保险公司在从事互联网活动时，只需按照一般性监管的要求计算相应的资本金并进行风险计提即可。对于互联网理财型保险产品的偿付风险即可纳入这一框架。

其次，互联网保险活动不会影响保险公司精算准确度。互联网保险活动将会增加保险产品种类、数量和渠道，而对精算精确度影响较小。精算过程主要是以大数法则为基础。而互联网保险活动并不会改变这些风险发生的概率，进而对其精算过程影响较小。相反，随着大数据等信息技术手段的引入，互联网保险活动还让精算过程的准确性进一步提高。因此，互联网保险活动只需将一般性的费率监管应用于互联网领域。目前，互联网微信平台中存在一些保险额随人数而免费增加的产品，导致保费率变动的情形发生。而保费费率的变动是否会对保险公司偿付能力产生影响，则取决于两个因素：一是是否增加保险公司的偿付能力；二是该产品保费收入占总体保费收入的比例。一方面，该产品的销售渠道为微信平台，其销售渠道有限，保费收入也不会太多；另一方面，该产品规定了可承保人数的上限，从而确定保险公司支出的上限。只要在上限极值处能够满足偿付能力即可。在具体监管活动中，监管部门只需要把保险费率的变化列入监管和登记范围即可。

2. 行为监管模式下的主要监管内容

（1）第三方交易平台监管。本章第一节分析已经凸显第三方交易平台在互联网保险销售中的地位是不可替代的。之所以出现这种局面，源于互联网平台具有的如下优势：第一，客户对交易平台的认可程度较高；第二，交易平台的独立性较高；第三，保险产品的消费习惯。所以，第三方交易平台特别是电商平台在互联网保险行业已经开始占据重要地位。与此同时，当这些第三方交易平台成为主流销售渠道，并积累大量交易数据之后，其重要性将渗透到保险活动的其他环节。因此，监管方面应当将第三方平台从事保险活动时的商业行为视为监管重点。而从目前我国监管法律来看，监管重点仍然在保险公司，尚未将第三方交易平台纳入监管之中。例如《通知》中第三条规定，保险公司应当“对合作机构的违法行为承担责任”。此条规定似乎是希望通过监管保险公司来监督合作机构。但是这种方法是不可行的：一是保险公司本身并无动力从事此种监管活动；二是随着第三方交易平台渠道功能日益强化，保险公司在互联网保险领域与其势力对比将显弱势。因此，保险公司难以承担监督第三方交易平台的责任。因此，法律将直接赋予第三方平台法律责任，将其纳入监管范畴之中。但与此同时，为了避免过度监管，对于第三方交易平台的监管采用“基线法则”，即设定其监管活动的最底线责任。底线之上的相关义务可以列出，不做强制要求。

（2）市场准入。对于市场准入方面的监管包含两个方面的内容：一是保险经营机构的准入；二是保险产品的准入。后者可以沿用传统保险监管的思路，明确保险产品开发的边界和定价原则。在产品开发边界方面，要求互联网保险产品依然需要保险属性，不能具有投机和博彩性质。在定价原则上，要求其以大数法则为基础，坚持公平原则。

在保险经营机构的准入方面，首先，要确定哪些保险活动需要通过监管公司的许可。可借鉴美国监管的经验确立对保险商业活动及各项具体活动的认定标准。在此基础上，政府将满足认定标准的互联网保险活动纳入到保险监管之中。其次，监管活动需要设定从事互联网保险经营活动的资质条件，具体包括资本金、公司治理和内部控制情况，以及信息系统情况。其中，资本金反映经营机构的资金实力和信用程度。而良好的公司治理和内控制度以及信息系统情况，可以保证公司具备持续经营的能力以及良好的风险控制能力。

（3）信息披露与欺诈行为。欺诈是保险活动的常见问题，也是互联网保险监管活动需要重点应对的问题。而从监管角度来看，应对欺诈活动最重要的措施就是建立信息披露制度。前面分析已经指出了互联网保险活动的信息披露原则。与此同时，互联网保险活动信息披露过程还需关注以下三个问题：一是信息披露的法律责任主体；二是信息披露的内容；三是信息披露的形式。下面分别进行说明：由于以第三方保险交易平台为代表的网络机构加入，使得信息披露法律责任主体的问题变得复杂。第三方保险交易平台的信息披露主体为保险经营商，而信息披露物理地点为第三方交易平台。这种物理地点所属主体与信息披露主体的不一致性，导致信息披露的责任主体确认存在模糊。当第三方交易平台成为监管对象之后，其也应该履行一定的披露责任。根据“基线原则”，第三方交易平台需通过提供最为基本的保险信息，具体内容可包括：第一，有关经营者的信息，便于消费者与保险公司的联系和确认信息；第二，商品或服务的信息；第三，保险合约条款。与此同时，为了方便消费者了解更多信息，可以通过比较醒目的方式告知消费者其产品详细信息链接官网。

在互联网保险信息披露的过程中，更为关键的是信息披露形式问题。在传统保险活动中，对于信息披露的监管主要侧重于内容，对披露形式的监管较少。而互联网活动在信息表达和交流过程中诸多特征使得对于披露形式的监管势在必行。

在具体操作过程中，监管部门需要设定信息披露的技术标准，如对字体大小、颜色以及特定表达方式的限定等。这些标准的设定需要满足信息披露的五大原则：真实性、充分性、准确性、易获取性和通俗性。与此同时，对于某些重要信息，如风险提示类信息，需通过技术手段实现强制性阅读的目的——对这些信息必须要求点击阅读，并且该信息页面必须停留一段时间，其时间长度必须能够满足普通知识水平的投保人按照平均阅读时间阅读完毕免责信息。

地方政府促进互联网金融发展政策综述

一、地方政府出台互联网金融政策概述

自2013年8月，北京市石景山区出台《石景山区支持互联网金融产业实施办法》后，深圳、上海、杭州、贵阳等地紧随其后，纷纷出台互联网金融支持政策（附表1）。

附表1　　地方政府出台的支持互联网金融发展政策

地方政策	发布时间
北京市《石景山区支持互联网金融产业实施办法（试行）》	2013年8月
北京市《海淀区关于促进互联网金融创新发展的意见》	2013年10月
《天津开发区推进互联网金融产业发展行动方案（2014－2016）》	2014年2月
《深圳市人民政府关于支持互联网金融创新发展的指导意见》	2014年3月
《关于支持贵阳市互联网金融产业发展的若干政策措施（试行）》	2014年7月
《关于促进广州民间金融街互联网金融创新发展的若干意见（试行）》	2014年7月
南京市《关于加快互联网金融产业发展的实施办法》	2014年7月
上海市《关于促进本市互联网金融产业健康发展的若干意见》	2014年8月
上海市《长宁区关于促进互联网金融产业发展的实施意见》	2014年9月
上海市《陆家嘴互联网新兴金融产业园暨创新孵化基地配套措施》	2014年10月
《杭州市人民政府关于推进互联网金融创新发展的指导意见》	2014年11月
上海市《黄浦区关于进一步促进互联网金融发展的若干意见》	2014年12月

在互联网行业中，存在着明显的先动优势。所谓先动优势，指如果在互联网金融发展的初期，地方政府能抓住发展机会，吸引互联网金融优质资源与技术，营造互联网金融良好发展环境，必能将互联网金融打造成当地品牌，带动当地经济发展，获得比后来追随者更大的政策效果。除此之外，也有人认为各地政府如此积极制定互联网金融支持政策，尤其是在中央行动之前采取行动，是为了表明自己对新生经济事物的态度，做出一些成绩，意图未来政策红利。

从目前已经出台的互联网金融相关政策中，我们可以看出各地政府的政策意图及目标。

首先，政策意图方面。第一，各地政府看到了互联网金融在促进经济发展方式转变中的重要作用。北京市《海淀区关于促进互联网金融创新发展的意见》中提到，“促进互联网金融发展是转方式、调结构、稳增长、促消费的重要实践”；广州市在《关于促进广州民间金融街互联网金融创新发展的若干意见（试行）》中提到要充分发挥互联网金融在带动经济转型升级中的核心作用。这是因为对于传统产业而言，互联网金融的出现既改变了其发展方式，也给其带来了新的发展空间。如互联网金融的出现冲击了传统金融行业，逼迫银行等寻求新的商业模式；传统实体企业也从互联网金融的发展中获得机遇，在市场推广、品牌推广和业绩拓展等方面具有了更大的潜力，中小微企业有了新的融资渠道，等等。

第二，互联网金融成为各地政府发展普惠金融的重要手段。上海市副市长屠光绍认为，互联网金融可以为小微金融企业提供更好的服务，可以满足过去很多金融服务需要覆盖的或覆盖不够的需要。《天津开发区推进互联网金融产业发展行动方案（2014－2016）》和北京市《海淀区关于促进互联网金融创新发展的意见》中都提到互联网金融“通过大数据分析有助于解决信息不对称和信用问题，提供更有针对性的特色服务和更多样化的产品，能够扩大中小微企业、个体创业者和居民等群体受益面”。

第三，各地政府将互联网金融作为创新支撑点。北京市海淀区意见要求“积极落实和推动互联网金融创新，打造全国创新资本中心”。贵阳市《关于支持贵阳市互联网金融产业发展的若干政策措施（试行）》，要求加快推进贵阳市打造中国西部科技金融创新城市和互联网金融创新城市。广州市认为互联网在促进自主创新中起到核心作用。目前出台的政策亦都提到将建立互联网金融产业基地、产业园等，采取各种措施鼓励互联网金融产业创新。

除以上普遍原因，地方支持互联网金融发展也有其特殊原因。如上海作为金融中心，必须要有互联网金融；深圳市希望巩固提升深圳金融中心地位；天津开发区、北京市海淀区等地具有良好的技术基础，能够发展互联网金融。

政策目标方面，各地政府推出互联网金融支持政策，以期在该产业未来的发展中占有重要的一席，如附表2所示。

附表2　　地方政府出台互联网金融发展政策的目标

地　区	未来目标
北京市海淀区	全国互联网金融中心
贵阳市	中国西部科技金融创新城市和互联网金融创新城市
杭州市	规划和建设一批具有全国影响力的互联网金融集聚区，构建和运作一批具有全国辐射力的互联网金融交易服务平台，培育和发展一批具有全国竞争力的互联网金融企业，开发和推广一批全国市场占有率高的互联网金融创新产品，基本建成全国互联网金融创新中心
上海市	借助互联网金融，打造有全球影响力的科技创新城市
上海市长宁区	建设互联网金融行业创新思维活跃、创新方式丰富、创新能力强劲的互联网金融产业生态圈；成为国内具有较大影响力的互联网金融指数发布地区；成为金融监管沟通顺畅、金融风险总体可控的特色互联网金融功能区
上海市黄浦区	保持外滩金融创新试验区在全国互联网金融发展中的领先地位
深圳市	着力培育和发展一批行业地位居前、特色鲜明、竞争力强的互联网金融企业，加快构建互联网金融创新集聚区，形成传统金融与互联网金融良性互动、共生发展的新格局，进一步巩固和提升深圳的全国金融中心地位
天津市开发区	力争3年内，聚集互联网金融企业不少于30家，行业代表企业不少于5家，营业收入不低于100亿元，把互联网金融产业基地建设成为国内互联网金融创新和产业发展的核心区域之一

二、各地互联网金融支持政策分析

目前出台的互联网金融支持政策，可按照内容进行如下划分：产业支持政策，财政金融政策，基础设施建设与保障政策和人才引进与培养政策。

1. 产业支持政策

在本地形成互联网金融集聚区，带动整个产业发展，是每个政府的目标。为此，各政府针对互联网金融企业、互联网金融产业园（产业基地）规范发展提出了各项建议。

（1）互联网金融企业政策支持。

第一，在互联网企业注册方面，各地政府均要求相关部门简化互联网金融企业审核程序，提高审核效率，鼓励互联网金融企业使用金融服务相关字样。如北京市海淀区鼓励在企业名称中使用“金融信息服务”字样或在经营范围中使用“基于互联网的金融信息服务、撮合交易”；杭州市则鼓励在企业名称中使用“互联网金融”或“网络金融”字样，在经营范围中使用“互联网金融服务”字样等；南京市则首创提出了对互联网金融企业进行分级持牌管理，根据其经营规模、创新能力、风险控制水平、人力资源储备等实际情况，按分级准予其在经营范围中使用“基于互联网的金融信息服务”、“金融产品交易服务”、“资产管理”、“投资管理”等字样；上海市黄浦区对具有首创特征，现有法律法规尚无明确限制规定的新设机构，秉持负面清单原则和底线思维，依程序酌情给予一定的观察期。

第二，鼓励传统金融机构向互联网金融模式转化，在目前出台的互联网金融支持政策中，尤为特殊的是，北京市海淀区和深圳市还依托其丰富的技术机构和互联网企业，鼓励其开展金融业务，进入金融领域渠道。

第三，为了解决互联网金融企业资金问题，除了财政补助，各地政府还鼓励拓宽互联网金融企业融资渠道。如广州市鼓励互联网金融机构上市融资；贵阳市还鼓励互联网金融企业通过信用贷款、股权质押等方式开展融资，支持互联网金融企业发行集合融资工具、企业债券、短期融资券、中期票据及其他新型债券融资工具，支持互联网金融企业通过贵州股权金融资产交易中心等要素平台发行新型金融产品，拓宽资金来源渠道；杭州市鼓励互联网金融企业进行股份制改造；其他各地方亦鼓励互联网金融在多层次资本市场上市；南京市鼓励银行、小贷、担保等金融资源向互联网金融倾斜等。

第四，营造互联网金融创新环境。互联网金融成为各地政府促进创新的支点，反过来，互联网金融也需要不断创新，才能不断发展。北京市海淀区鼓励各类机构加强互联网金融研究与创新，支持互联网金融人才自助创业及其创业项目孵化工作，建立互联网金融创业导师机制，扶持创新性企业发展；北京市石景山区探索创新发展路径，推动研究成果转化；广州市民间金融街鼓励互联网金融机构等进行互联网金融技术、产品和商业模式创新；贵阳市设置“贵阳市互联网金融创新奖”鼓励互联网金融企业和传统金融机构借助互联网开展产品创新和业务创新；杭州市强调鼓励互联网金融企业以服务实体经济为方向，探索针对小微企业和个人多元化投融资需求开展产品创新、技术创新、服务创新、管理创新和模式创新；陆家嘴开展新型金融新技术、新产业、新模式、新业态的评比奖励；深圳市鼓励互联网金融开展业务创新。

第五，加强互联网金融企业对中小微企业的扶持力度。互联网金融的发展在一定程度上缓解了中小微企业融资贵、融资难的问题，为了振兴本地经济，各地政府鼓励互联网金融企业对中小微企业进行融资支持。北京市海淀区针对通过和互联网金融模式开展中小微企业融资的机构给予支持，中小微企业亦可享受贴息支持；北京市石景山区、广州市民间金融街鼓励金融机构建立面向中小微企业的线上、线下多层次服务体系；南京市利用“融动紫金”平台为中小微企业提供在线融资信息发布、产品对接、在线交易等综合金融服务；上海市优先支持符合条件的互联网金融企业申请融资租赁公司、商业保理公司、小额贷款公司、融资担保公司等新金融业务资格。

除以上政策支持，杭州市、南京市、广州市民间金融街、北京市石景山区、上海市长宁区还提出本地互联网金融龙头企业经认定后可享受“一企一策”。

（2）互联网金融环境优化政策。

第一，鼓励互联网金融集聚。北京市海淀区提出建设互联网金融集聚区、互联网金融产业园与产业基地；北京市石景山区提出在中关村科技园区石景山园建立互联网金融产业基地；广州民间金融街支持主要面向互联网金融机构提供服务的孵化器、创业园、科技园等服务机构发展；贵阳市提出建设互联网金融产业园；其他各地区也均提出了类似政策。

第二，加大互联网金融研究，实现产学研相结合。各地政府鼓励建立互联网金融研究机构，如北京市石景山区要联合国内知名院校共同开办北京互联网金融研究院，贵阳市将成立中国西部互联网金融研究中心，鼓励互联网金融企业加强与外省市、国际互联网金融企业交流合作，杭州市搭建互联网金融将搭建互联网金融行业交流平台，南京市则以“互联网金融千人会”为依托，设立南京互联网金融应用研究中心等措施。

第三，完善风险防范机制。除北京市石景山区、南京市、上海市陆家嘴金融贸易区、天津开发区外，目前出台的互联网金融支持政策都重视互联网金融风险防范，主要措施包括严厉打击互联网金融领域的违法犯罪活动；引导互联网金融企业合规经营，降低系统性风险；开展第三方监管与行业自律；加强投资者教育和消费者权益保护。

2. 财政金融政策

根据各地政府的举措来看，财政金融政策主要是为了扶持处在发展初期的互联网金融企业与实现互联网金融集聚，主要包括：

（1）购（租）房补贴。从目前出台的政策来看，财政补贴主要涉及了租（购）房补贴。北京市石景山区是最早提出租（购）房补贴的地区，购买自用办公用房的互联网金融企业可享受不低于1000元/平方米的补贴，租赁自用办公用房的互联网金融企业可享受3年租金补贴，第一年50%，第二年补贴30%，第三年补贴 20%。其他地区也纷纷效仿，如广州市金融街给予互联网金融机构 50% 的租金补贴，贵阳市给予新构建自用办公用房的互联网金融企业 1000 元/平方米的补贴，最高不超过 300 万元，租赁自用办公用房的互联网金融企业享受 3 年 30% 的租金补贴；南京市鼓励各区对互联网金融企业制定出台购（建、租）房的支持政策；上海市黄浦区给予互联网金融企业 20% 的实际装修费用，给予购置自用办公用房的 1.5% 的购房补贴，对租赁自用办公用房的给予一定补贴；上海市长宁区给予入住互联网金融财富天地的企业 3 年房租价格补贴，并免费提供 3 年的公共会议及论坛场所等。

部分地区政府也通过购（租）房补贴来扶持互联网金融集聚区的发展。如北京市海淀区对创新创业服务载体给予年度不超过 200 万元的租金补贴，给予拥有专业服务团队，具有项目发现、筛选、孵化、投资能力的创业服务主体适当的房租补贴，给予孵化器不超过 1000 万元的房租补贴和业务经费补贴；北京市石景山区对孵化机构给予最高不超过 1000 万元的资金补贴，连续支持不超过 2 年。对于新认定的中关村互联网金融创新型孵化器，最高不超过 100 万元的一次性资金支持等。

（2）财政资金资助。杭州市给予互联网金融集聚区不超过 200 万的一次性资助；南京市对经认定的互联网金融示范区一次性给予 100 万元的资金补贴，对互联网金融孵化器一次性给予 50 万元的资金补贴，对重点项目，每家给予不超过 50 万元的资金补贴，对重点示范企业，每家给予不超过 100 万元资金补贴；上海市对于互联网金融企业与互联网金融产业基地给予一定支持；互联网金融企业在深圳缴纳企业所得税达 500 万元以上可享受相关优秀政策；天津市按照互联网金融企业的注册资金以及对开发区的实际财政贡献，给予不超过 200 万元的运营扶持，对于互联网金融企业上缴的营业税和企业所得税的开发区留成部分，自开业年度起 2 年内，给予其 100% 的金融创新奖励，之后 3 年给予 50% 的奖励，对其新购建的自用办公房产所缴纳的契税给予 100% 的扶持，房产税给予 3 年 100% 的扶持。

（3）专项基金支持。各地政府十分重视互联网金融专项基金在促进互联网金融发展中的作用，均积极筹备专项基金。北京市海淀区、石景山、广州民间金融街、贵阳市等地发起设立互联网金融产业基金；深圳市针对互联网金融企业发展的不同阶段、不同层次，支持发起设立产业基金、并购基金和风险补偿基金。

（4）直接奖励措施。广州市金融街根据互联网金融机构、技术服务机构、创新服务载体等机构的注册资本给予奖励，注册资本在 5000 万元以上的奖励 50 万元，5000 万元以上 1000 万元以下的奖励 40 万元，100 万元以上 500 万元以下的奖励30万元；对年度营业收入总额在3000万元以上5000万元以下的互联网金融机构奖励20万元，年度营业收入总额在5000万元以上1亿元以下的奖励50万元，年度营业收入总额在1亿元以上的奖励80万元。

部分地区还根据互联网金融企业对中小微企业的融资支持情况给予奖励。如北京市海淀区对互联网金融模式开展中小微企业融资业务的机构予以支持，根据其业务量规模给予其风险补贴和业务增量补贴，上限400万元；广州市民间金融街对确认扶持中小微企业发展的金融机构给予不超过20万元的一次性奖励等。

3. 人才培养与引进政策

互联网金融作为新兴产业，发展迅猛，但却面临着人才紧缺的现状，如果能够拥有足够的互联网金融人才，必然会推动当地互联网金融极大发展。因此，各地政府都十分重视人才培养与引进。

（1）人才培养方面。为了吸引人才进入当地互联网金融企业，各地纷纷开出优厚条件：北京市海淀区对认定的重点互联网金融机构高管人员给予北京户口、工作居住证、子女入学、公租房等优惠条件；除了以上方面，北京市石景山区还为高端人才提供医疗、人事档案管理、职称评定、社会保障手续办理等专业化服务；广州市民间金融街经认定的高级管理人员和高级技术人才还可享受所得税减免等；部分地区的互联网金融人才还可享受当地的人才引进政策，如南京市“321人才”，上海市黄浦区“千人计划”等。

（2）人才引进政策。仅依靠人才引进，满足不了互联网金融快速发展的需要，各地政府也应依托当地资源加快人才培养。上海市鼓励高等院校、专业机构加强互联网金融领域人才培训，探索开展从业人员资质认证；南京市则可依托亚太金融研究院等资源，组织开展互联网金融人才培训；杭州市也提出依托在杭高校加快培养创新型、复合型、应用型金融人才；北京市海淀区提出构建互联网金融人才梯队等。

4. 基础设施与配套保障体系

为了营造互联网金融发展的良好环境，促进当地互联网金融的进一步发展，各地出台的政策中均涉及完善基础建设与保障措施。根据政策内容，可将一系列措施分为以下几个方面：

（1）配套服务体系。完善配套服务体系，主要从两个方面出发，一是基础设施建设，如北京市海淀区、深圳市提出的信息安全、大数据存储和宽带基础设施建设，上海市支持设立、发展数据存储及备份、云计算共享、大数据挖掘、信息系统及数据中心外包、信息安全维护等基础服务的机构；二是中介服务体系建设，各地方提出完善中介服务体系，涉及会计、法律、审计、咨询、评级机构等方面，为互联网金融提供优质的专业服务。

（2）征信系统建设。信用体系完善情况与互联网金融风险控制密切相关，如果信用机制不健全，必然会加大互联网金融运营风险，抑制其发展。因此，各地区政府都提出了不同的信用体系完善措施。

各地政府支持建立信用共享机制。北京市海淀区提出建立政府部门信用信息交换机制，完善对企业基础信用、企业政务信用、企业经营信用等信息的归集、征集和共享机制；广州市提出搭建区域性信用信息数据库；贵阳市在提出建立信用信息数据库的基础上探索与国家征信体系对接，打通与银行、保险等金融机构的网上业务接口；杭州市、上海市探索公用信用信息、互联网金融信用信息、社会信用信息互动共享；南京市则鼓励搭建第三方客观信用服务平台，为互联网金融机构出具小微企业和个人的“体检报告”；其他地区各地方也在积极建立互联网金融信息服务平台，推动信息的资源共享。

三、各地互联网金融支持政策问题

各地推动互联网金融发展的尝试都处于摸索阶段，必然会存在各种问题。针对目前已经出台的政策内容，我们可以发现存在以下问题。

第一，互联网金融定义混乱，政策适用范围不明确。除了北京市海淀区、南京市、上海市黄浦区、上海市陆家嘴金融贸易区，其他地区都对互联网金融或适用政策的互联网金融企业下了定义。天津市、深圳市、北京市石景山区把互联网金融定义为互联网与金融的融合，这与学术界目前的定义不相符合；贵阳市、杭州市、广州民间金融街、上海市长宁区都只将互联网金融形势进行了罗列，很有可能将其他新型互联网金融模式排除在外；各地方政策文件中都存在将传统金融线上业务算入其内的问题。

第二，跟风发展互联网金融，造成产业过剩风险。2014 年，互联网金融急速升温，各地政府蜂拥发展互联网金融，建立互联网金融产业园，必然会引起互联网金融产能过剩，产业泡沫产生，如前车之鉴光伏产业。

第三，缺乏全面的风险控制机制。目前除了保监会出台了互联网保险监管征求意见稿，中央和地方政府都没有出台互联网金融监管条例。在已出台的互联网金融政策中，风险控制主要靠行业自律、企业规范经营等。这必然会增加互联网金融发展的风险，这从 2014 年年底 P2P 企业跑路现象中可见一斑。

四、未来互联网金融政策发展方向

首先，结合实体经济现状制定互联金融政策。金融的发展是为实体经济发展服务的，如果脱离当地实体经济发展情况，盲目发展互联网金融，对振兴当地经济不一定有效。

其次，加快互联网金融监管，完善信用体系，规范互联网金融发展环境。互联网金融发展风险应该是各地政府制定政策时着重考虑的问题，只有规范互联网金融发展环境，互联网金融才会健康发展。

再次，重视人才培养与互联网金融式创新。人才是每个行业发展必不可少的重要因素，掌握了人才必然会给互联网金融带来极大的发展动力。互联网金融还在发展初期，存在很大的发展空间，需要创新不断推动其发展。

2014 年互联网金融发展大事记

1 月

1 月 3 日　嘀嘀打车和微信支付宣布合作，这是继 2013 年 12 月快的打车与支付宝合作之后的又一次合作，打车软件两巨头抱团，BAT 大战的局面形成。

1 月 4 日　《互联网金融》杂志执行总编余赤平发表《互联网金融会颠覆什么?》一文。文章指出，互联网金融的本质是金融民主化，会向三位一体的民有民营的互联网银行体系发展，将颠覆国有官营的银行金融体系。管理层必须迅速做好准备，确保新旧两种体制安全对接，防止旧体制的突然崩塌。

1 月 6 日　深圳市政府发布 2014 年一号文件，题为《深圳市人民政府关于充分发挥市场决定性作用全面深化金融改革创新的若干意见》。文件提出将会支持设立民营银行，规范发展互联网金融，争取设立互联网银行、互联网金融公司及互联网保险公司。

1 月 6 日　国务院办公厅印发国办 107 号文《关于加强影子银行业务若干问题的通知》。“107 号文”明确定义了影子银行的概念、纳入监管的范畴以及监管责任分工等。

1 月 7 日　银行监督管理委员会、发展与改革委员会、工业和信息化部、财政部、商务部、人民银行、工商总局、法制办八部委联合发布《关于清理规范非融资性担保公司的通知》，要求各省、自治区、直辖市人民政府针对非融资性担保公司开展集中清理，强化管理措施和严守风险底线。

1 月 9 日　工商银行浙江分行联合工银瑞信推出“天天益”业务。该业务推出后，仅两天时间客户的累计申购额就达数亿元。

1月10日　由北京金融资产交易所承办的“中国财富管理50人论坛第二届年会”在北京举行，年会主题为“金融深化改革与财富管理新格局”。与会嘉宾围绕财富管理行业的未来10年格局、互联网金融时代的财富管理市场、银行理财变局的蝴蝶效应、互联网金融的尝试和突破方向等热点重点问题进行了深入和广泛的交流。

1月12日　中国工商银行电商平台“融e购”正式上线。“融e购”的定位是打造消费和采购平台、销售和推广平台、支付融资一体化的金融服务平台，做到用户流、信息流、资金流“三流合一”的数据管理平台。“融e购”商城将工行逸贷产品与网上购物结合起来，订单高于600元即可在线申请逸贷消费贷款业务，全线上，全自助，瞬时到账。

1月13日　苏宁云商与广发基金、汇添富合作推出的理财产品“零钱宝”正式上线。“零钱宝”将合作基金公司的基金直销系统内置到易付宝中，易付宝和基金公司通过系统的对接为用户完成基金开户、基金购买等一站式的金融理财服务。

1月15日　微信理财通在微信“我”界面的“我的银行卡”频道中正式上线。微信理财通是由腾讯公司推出的基于微信的金融理财开放平台，首批接入华夏基金等一线大品牌基金公司。从2014年1月16日公开测试至1月28日，共计13个自然日，理财通的规模已经突破百亿。

1月16日　“壹钱包”手机金融应用平台工具高调面世，其打出的宣传口号是“会聊天的钱包”。

第一张通过互联网进行“私人定制”的信用卡诞生，该信用卡由光大银行联手网信金融集团旗下壹金融网站推出。用户将自己喜欢的照片或图片上传到壹金融网站上后，就可以定制到印有该照片、图片的光大银行信用卡。

中国互联网协会互联网金融工作委员会正式成立大会在北京举行。近100家成员单位代表出席会议。大会审议通过《中国互联网协会互联网金融工作委员会章程（草案）》并选举出互联网金融工作委员会的第一届委员会领导机构。

由中国互联网协会互联网金融工作委员会和中国电子金融产业联盟联合举办的以“迎接互联网金融发展的历史机遇”为主题的“2014中国互联网金融高层论坛暨第七届中国电子金融年会”在北京举行。

1月19日　商务部召开例行发布会公布2013年年度经济发展数据。监测的3000家重点零售企业中，网络购物销售增长31.9%，数据显示网购销售增速比实体店普遍高出20个百分点以上。

1月20日 招商基金正式发布微信理财产品“微钱庄”，投资者可直接在微信平台开立招商基金账户，享受高收益现金理财。由此，招商基金成为行业内首批实现微信开户功能的基金公司，开启移动社交理财的新时代。

《2014互联网金融实战报告》发布。报告的要点包括互联网金融动态、互联网金融已成为第三种金融模式、互联网金融将推行牌照制度、互联网金融发展数据、互联网金融的优势比较、观点：颠覆，还是传统金融的补充、互联网金融监管以及未来互联网金融的发展趋势。

1月21日 由互联网金融千人会（IFC1000）与中欧国际工商学院下属的上海数字化与互联网金融研究中心共同主办“2013互联网金融年度论坛”在上海成功举行。会议以“融动互联，引航未来”为主题，回顾了2013年互联网金融的发展状况，并对未来进行了展望。

阿里巴巴集团研究院（简称“阿里研究院”）发布了国内首份县域电子商务研究报告。报告指出，中国县域电子商务正处在快速崛起阶段，电子商务对于县域经济和社会发展的战略价值日益显现。报告首次发布了“2013年中国电子商务发展百佳县”榜单，其中，义乌名列榜首，永康和海宁分列第二位和第三位。

1月24日 百度和人人公司宣布签署协议，根据协议百度将收购人人所持的全部糯米网股份。预计该交易在2014年第一季度完成，交易完成后百度将成为糯米网的单一全资大股东。

1月26日 购物搜索网站“帮5买”发布了《2013年中国电商行业数据报告》，对国内14家主流电商网站的商品价格进行了对比。结果显示天猫商城、亚马逊中国和京东商城成为年度降价幅度最大的3家电商，且2013年降价商品数量最多的月份是10月份。

1月28日 长江商学院发布报告《中国在线零售业：观察与展望》。本报告研究了国内在线零售行业的发展历程，以及阿里巴巴、京东等企业案例，并以产业价值链要素构成理论为基础研究框架，将国内在线零售业的业态及运营模式划分为五种类型：价值链整合模式、开放平台模式、O2O模式、特卖模式和社交模式。

2月

2月1日 《互联网金融蓝皮书》由社会科学文献出版社正式在北京出版发行。该蓝皮书旨在深刻揭示互联网金融的本质内涵、跟踪国内外互联网金融发展最新状况，总结和提炼互联网金融发展模式，预测互联网金融发展趋势并重点关注互联网金融发展当前迫切需要解决的两大问题——信息安全和监管，具有较强的学术前瞻性。

2月8日　支付宝钱包的数据显示，2014年春节7天支付宝钱包共发放了价值2亿元的红包，平均金额超过50元，金额最大的红包高达19万元。

2月10日　央行知情人士透露，移动金融安全可信公共服务平台（英文简称“MTPS”）已于2013年年底建成并通过了验收评审，建设银行、中信银行、光大银行、中国银联、中国移动等7家机构的企业TSM已系统级接入试运行。

2月13日　“京东白条”面向用户公测。“京东白条”是京东推出的一种“先消费，后付款”的全新支付方式。在京东网站使用白条进行付款，可以享有最长30天的延后付款期或最长24期的分期付款方式。

2月14日　腾讯参与开发的以中证腾安价值100指数为跟踪指数的银河基金“定投宝”正式发行。这是国内第一个由互联网媒体与专业机构联合发布的证券市场指数。

2月19日　小米公司与北京银行签署移动互联网金融全面合作协议，涉及移动支付、理财、信贷、保险等全线互联网金融业务。根据协议，小米公司与北京银行将在移动支付、便捷信贷、产品定制、渠道拓展等多个方面开展深入合作。

2月20日　腾讯与国金证券合作的互联网金融产品“佣金宝”正式上线，成为首个证券类互联网金融产品。新用户只需在电脑前准备二代身份证、手机、摄像头、麦克风、耳机或音响、银行卡，即可在腾讯股票频道进行网络在线开户。

2月21日　中国就业促进会发布《网络创业就业统计和社保研究项目报告》，针对网络创业就业状况、网络就业人员社保状况等多个层面进行了数据分析以及披露。数据显示，全国仅网络创业带动的直接就业规模就接近1000万元，而在网络创业网店中，九成以上为个人网店，全国个人网店带动网络创业就业人数达600万人。

2月22日　“2014《财经》·宜信财富中国财富管理高峰论坛”在北京金融街威斯汀大酒店举行。大会以“新时期的金融创新和金融监管”、“全球分享：现代社会的财富管理”为主题。

2月26日　苏宁“对公理财”产品正式上线。这是国内互联网零售领域第一个“对公理财”产品，主要包括三大类多款产品：第一类，投资门槛5万元，预期收益率6%的封闭期限产品；第二类，类似“零钱宝”一样的理财产品，预期收益最高5.5%；第三类，银行机构化理财产品，根据标的产品不同，预期收益率从7%～10%不等。

2 月 28 日　工商银行浙江分行发行的“宝“宝”类”理财产品“天天益”在推出月余后停止申购，持续时间不足两个月。

清科数据研究中心发布《2014 年中国互联网金融行业专题研究报告》。报告基于对互联网金融企业数据的统计，分析了互联网金融行业发展概况、细分领域发展状况、供应链金融、互联网金融业内领先企业竞争力，并对未来互联网金融的发展趋势进行了展望，为国内投资机构在互联网金融领域的投资方向提供了借鉴依据。

3 月

3 月 1 日　由浙商银行自主研发、国内首个专门针对 B2B 电子商务的金融综合服务平台将正式运行，目前已有近 2500 户企业商户先期入驻并成功进行交易，成为国内银行在互联网金融浪潮中的又一新的探索。

3 月 5 日　国务院总理李克强在党的十二届全国人大二次会议上作《政府工作报告》，提出“要促进互联网金融健康发展，完善金融监管协调机制”。这是互联网金融首次进入中国的政府工作报告，代表着互联网金融的发展和监管已然进入中国政府高层的视野。

3 月 10 日　兴业银行与兴业全球基金联手推出“掌柜钱包”。除了具备与其他余额理财产品相似的“7×24 小时交易”、“T+0 赎回到账”等特性外，“掌柜钱包”还具备“1 分钱起购”、“当日申购无上限”、“具备目前业内最高当日赎回额度 3000 万元”和“赎回资金瞬间到账”等独特的创新特点。

3 月 11 日　阿里巴巴和腾讯分别宣布与中信银行开展网络信用卡业务。用户可以通过微信或者支付宝钱包在线办理信用卡，即时申请、即时获准。

3 月 12 日　阿里研究院发布《阿里农产品电子商务白皮书（2013）》，内容包括 2013 年农产品电子商务的发展状况、农产品电子商务的关键创新与亮点以及未来的挑战和发展趋势。

3 月 13 日　央行下发紧急文件《中国人民银行支付结算司关于暂停支付宝公司线下条码（二维码）支付等业务意见的函》，暂停支付宝、腾讯的虚拟信用卡产品和条码（二维码）支付等面对面支付服务。央行此举出于对保护消费者权益和风险防控等方面的考虑，意在更好地促进互联网金融行业的健康发展。

3 月 14 日　团购导航网站“团 800”公布《2014 年 1～2 月中国团购市场统计报告》。数据显示，2014 年前两个月团购网站整体成交额突破 80 亿元。团购网站在垂直领域的话语权越来越大，尤其是在酒店团购和电影票团购领域，团购网站已经开始和原本的垂直网站分庭抗礼，整个行业进入新的发展格局。

3 月 18 日　乐视网宣布与众筹网达成合作，首度试水互联网金融。双方计划将乐视网的足球世界杯营销与众筹模式相结合，围绕用户需求，全面发力世界杯互动产品。

1 号店与中国邮政储蓄银行在上海举行了战略合作签约仪式。双方合力打造的供应链金融产品将于 2014 年 4 月下旬正式上线，并将作为 1 号店商必赢平台的核心产品之一，为 1 号店的供应商、入驻商家及第三方合作伙伴提供低成本、可靠度高、无担保抵押的融资解决方案，产品涵盖“小微贷”、“信用贷”和“金融团”等多个金融品种。

中信银行国内首家旗舰店在广州开业，将传统银行服务大厅的交易结算功能转变为“综合销售服务中心”，大幅提升网点产能。旗舰店主推“家庭财富管理”，定位向客户提供个人及家庭财富保值增值、高端医疗、专属理财、全球留学等特色金融服务。

3 月 19 日　中国人民银行发布了《中国人民银行关于手机支付业务发展的指导意见》，要求做到坚持市场主导，发挥产业合力，拓展小额便民支付应用；落实基本业务要求，规范发展手机支付业务；加强管理，防范风险，促进手机支付业务可持续发展；加强组织协调和创新支持，积极推广手机支付业务。

国内知名第三方电子商务研究机构——中国电子商务研究中心发布《2013 年度中国电子商务市场数据监测报告》。报告从电子商务市场整体数据、B2B 行业数据、网络零售行业数据、网络团购行业数据、电商投融资数据等五方面总结了 2013 年电子商务市场的情况。

91 金融推出的互联网直接理财平台“91 旺财”正式上线，将为中国金融消费者中的借贷双方提供互联网直接理财服务。这标志着 91 金融将以“互联网直接理财”的全新定义正式进入网络信贷业务领域。

3 月 20 日　由国培机构联合搜狐·商界非常道、搜狐·互联网金融频道、北京京北投资管理有限公司共同主办，中国小微企业融资研究中心、《中小企业融资高层参考》杂志承办的以“融合·创新·发展”为主题的“2014 中国普惠金融论坛暨 2013 年度中国小微金融与互联网金融评选颁奖典礼”在北京举行。

3 月 22 日　南京秦淮区举办“2014 互联网金融·南京峰会”，启动秦淮区互联网金融示范区创建工作，揭牌成立南京互联网金融中心、南京互联网金融研究院，并发布了《秦淮区关于促进互联网金融集聚发展的扶持政策》。南京市打响了两会之后中国互联网金融区域中心发展的第一枪。

3 月 24 日　央行有关负责人回应当前互联网金融监管热点话题时，提出了互联网金融监管应遵循的五大原则：互联网金融创新必须坚持金融服务实体经济的本质要求，合理把握创新的界限和力度；互联网金融创新应服从宏观调控和金融稳定的总体要求；要切实维护消费者的合法权益；维护公平竞争的市场秩序；处理好政府监管和自律管理的关系，充分发挥行业自律的作用。

3月26日　筹备数月的互联网金融专业委员会在北京成立，中国平安保险集团董事长马明哲当选专业委员会主任。中国支付清算协会票据、技术标准工作委员会也同时成立。

外贸电商平台敦煌网联合招商银行推出的联名借记卡“敦煌网生意一卡通”的在线贷款服务，将于4月2日正式启动。在线贷款服务是纯信用无抵押贷款，为敦煌网卖家专属服务，贷款额度以敦煌交易记录为依据，卖家可通过自己的后台实时了解可贷款额度，并实现每月更新。

3月27日　京东金融平台正式上线，嘉实、鹏华、南方、易方达、工银瑞信、建信、招商、国泰8家大型基金公司的官方旗舰店入驻。与此同时，京东金融集团为个人用户打造的个人资产增值服务“小金库”也在金融平台正式开售。

央行向各分支机构下发了《关于进一步加强比特币风险防范工作的通知》，要求各银行和第三方支付机构关闭10多家境内的比特币平台所有交易账户，最后期限是4月15号，被称为“415大限”。

3月27~28日　第五届易观电商大会在北京隆重召开，探讨企业转型之道。本届盛会共由2场主论坛、4场分论坛组成，选取“鼎”“赢”“新”“变”“融”为关键词，针对传统行业与互联网的互融、互联网+商业的无限可能、电商服务业的自我升级、新电商的“芯”动力等话题展开深度讨论，对当前中国电商行业的发展思路进行了梳理归纳，并对电子商务领域的前景进行了展望。

3月28日　“2014中国互联网金融大会”在北京国家会议中心举行。本次会议以“拥抱春天·互联网金融领军之道”为题，由CIFC中国互联网金融联盟主办，同时邀请了业界知名人士、知名专家和互联网金融领军代表与会并进行讨论。

3月31日　阿里巴巴数字娱乐事业群推出的新一代互联网保险理财产品“娱乐宝”正式售卖，首批对接国华人寿，投资方向是影视娱乐。网民出资100元即可投资热门影视剧作品，预期年化收益率7%。

4月

4月1日　2014年（第四届）中国品牌力指数（C－BPI）在北京正式发布。在2014C－BPI所覆盖的178个行业、8500多被评价的主流品牌中，互联网企业表现出强劲势头，其中搜房网、当当网、淘宝、新浪、前程无忧等企业在网络服务行业中连续4年夺冠。

京东金融网银钱包客户端正式在Android平台上线，近期将登录苹果应用商店。网银钱包客户端是京东金融旗下网银在线推出的手机客户端产品，主要基于网银钱包账户系统，为用户提供账户资产管理、个人金融等服务。

4月2日　由中国人民银行牵头组建的中国互联网金融协会正式获得国务院批复。该协会由央行条法司牵头筹建，旨在对互联网金融行业进行自律管理。中国互联网金融行业监管正式起航。

4月3日　中国银行业监督管理委员会和中国人民银行发布《关于加强商业银行与第三方支付机构合作业务管理的通知》，提出商业银行与第三方支付机构建立业务关联的19项要求。

恒生电子发公告称，阿里巴巴集团董事局主席马云通过其绝对控股的浙江融信网络技术有限公司完成对恒生集团100%股权收购。

4月4日　华创证券、银河证券等几家证券公司获中国证监会和中国证券业协互会互联网证券服务创新试点批文，获准进入互联网金融领域。

4月8日　在博鳌亚洲论坛2014年年会“改革：亚洲金融与贸易的新格局”电视辩论中，北京大学国家发展研究院教授林毅夫指出，互联网金融在某种程度上会帮助中国GDP增长，但是绝对不是GDP增长的万能药。

4月8~9日　“2014中国互联网金融投资大会”在深圳瑞吉酒店举行。会议对外发布并解读了《中国互联网金融行业投资报告》以及2014年互联网金融领域最具投资价值企业30强榜单。

4月9日　博鳌亚洲论坛2014年年会“互联网·金融：通往理性繁荣”分论坛发布《互联网金融报告2014》，报告的主题是“通往理性繁荣”。

北京大学光华管理学院教授张维迎表示，过度的监管会扼杀创新，尤其是新事物处于初级阶段时。因此，政府过早制定监管规则，可能会扼杀互联网金融的创新。

4月10日　招商基金与华润直销银行合作联手推出了全新的、带有鲜明的银行和互联网特性的互联网货币基金服务——“润日增”。“润日增”最大的亮点是：基金支付直接通过华润直销银行完成，避开了第三方支付交易限额问题，且申购无任何银行卡、笔数限制，每日最高可购买1000万元。

4月11日　证券业监督管理委员会网站最新公布的基金销售机构名录显示，北京新浪仓石投资管理有限公司于2014年3月获得第三方基金销售牌照。同时，北京新浪支付科技有限公司也在2014年3月完成了基金销售支付结算备案。新浪成为唯一一家拿下基金销售与支付双牌照的门户网站，后期将可以直接介入布局核心金融业务。

4 月 12 日　中国金融四十人论坛主办的“2014 · 金融四十人年会暨专题研讨会”平行论坛之银行专场“互联网金融与银行业改革”在京举行。会议由论坛学术委员、银行业监督管理委员会副主席阎庆民主持。

4 月 15 日　百度宣布正式推出旗下支付业务品牌“百度钱包”，可提供“拍照付”与“刷脸支付”等创新支付功能，同时推出国内首个互联网数据指数“百发 100 指数”。

谢平在《新金融》杂志上发表《互联网金融的现实与未来》一文，指出互联网金融是不同于以银行为代表的间接融资和以资本市场为代表的直接融资的第三种融资模式，是对传统金融业的颠覆。未来互联网金融的发展程度将取决于互联网的发展程度，而金融则可能成为互联网的一种工具。

4 月 18 日　搜狐主办的“2014 新经济新金融”高峰论坛 · 北京场成功举办。论坛以传统金融历史为参考，以时下互联网金融产业发展机遇作展望。整场论坛围绕“互联网金融公司的现状与未来”、“互联网创新者”、“传统的金融行业转型”等多个金融热点话题进行了深入阐述与探讨，数十位金融业、互联网以及 VC 界人士展开了一场思想交锋。

4 月 21 日　中国银行业监督管理委员会举行新闻发布会，最高人民法院刑三庭副庭长罗国良表示，部分 P2P 平台卷款跑路屡现，已涉嫌非法集资。他指出，P2P 网贷作为一种新兴金融业态，在鼓励其创新发展的同时，公众必须明确四条底线：一要明确平台中介性质；二要明确平台本身不得提供担保；三要明确平台不得搞资金池操作；四要明确平台不得非法吸收公众资金。

4 月 22 日　网信金融集团宣布战略投资全球打车应用 Hailo，双方正在积极合作努力推动中国市场的开发，Hailo 的入华引起了各方关注。

4 月 23 日　百度理财正式升级为百度金融，在原来提供类余额宝产品百赚和百发的基础上，百度金融新增“贷款”和“互动金融”功能。百度金融“投资”栏目中除原来的百赚和百发等投资理财产品外，还新增了产品库。

4 月 24 日　由中国互联网协会互联网金融工作委员会等主办的“西部互联网产业大会暨互联网金融研讨会”在成都举行。论坛聚合四川及中西部互联网界精英和泛互联网企业高层，共同探讨西部互联网产业发展的方向，实现纯互联网企业与传统企业的交流对接。同时，论坛邀请国内主流互联网金融专家，传播互联网金融的新模式，促进互联网优秀项目与金融机构的对接。

4 月 25 日　苏宁推出了首款定期理财产品，产品一推出便瞬间引爆互联网金融市场，短短的 3 天预售时间，就有近 20 万人抢约。据了解，在 4 月 28 日正式发售当天，限额1.5亿元的定期理财产品在8个小时内便被抢购一空，苏宁紧急加推，并于4月29日对外发售。

4月26日　易宝支付创始人兼CEO唐彬出席了由《中国企业家》杂志主办的2014年中国商界木兰年会。唐彬与个人金融中心总负责人孟庆魁、英仕曼集团中国区主席李亦非女士进行了主题为“互联网金融逆袭”的高峰论坛。唐彬在对话中表示，互联网和金融是同源的，互联网金融的载体是信息。

以“产业金融与互联网的交汇”为主题的中国民营金融高峰论坛在成都召开。会议由四川省中小企业协会、深圳三合创业工场集团联合主办，吸引了近600人参加。

4月28日　中信银行联手业内实力基金公司嘉实基金和信诚基金推出一款新理财产品——“薪金煲”。“薪金煲”实现ATM实时取款和实时转账功能，打通了“宝宝”产品支付功能的“最后一公里”，并推出第一个产品“薪金宝”。

4月29日　北京钱景财富投资管理有限公司和cctv证券资讯频道联合举办的财富盛典“互联网金融时代，您的投资去哪儿”在北京西苑饭店隆重举行。本次大会就互联网金融发展趋势、国内宏观经济形势、资本市场未来发展以及家庭理财等热门话题展开了深度讨论。

中国人民银行发布的《中国金融稳定报告2014》中，首次列出了互联网金融的五大监管原则，但自律仍是互联网金融未来的主旋律。《报告》显示，央行将抓紧推进“中国互联网金融协会”的成立，充分发挥协会的自律管理作用，推动形成统一的行业服务标准和规则，引导互联网金融企业履行社会责任。

广州民间金融街互联网金融基地正式挂牌成立。该基地主要包括五大重点建设任务：创新设立互联网金融研究机构；大力引进并扶持互联网金融企业发展；鼓励金融机构和准金融机构转型升级发展互联网金融业务；建立多层次互联网金融的服务体系；完善互联网金融风险防范机制。

京东与新希望六和达成深度战略合作协议。双方协定，将在“以互联网思维对传统农牧产业进行升级改造、共同打造城乡资源无缝对接通道、探索农业电子商务综合服务解决方案”等领域形成广泛的优势互补，为农牧产业链上各方主体提供以电商为中心，物流及金融为两翼，信息和技术为支撑的综合服务平台。

4月30日　由浦东金融青年联谊会与《国际金融报》携手主办的第十次“浦东金融青年主题茶话会”举行。多位网络信息安全专家与金融界精英们参与了会议，再度聚焦互联网金融安全这一话题。

5 月

5 月初 中国电信旗下第三方支付“翼支付”联合民生银行推出一款名为“添益宝”的理财产品。这是国内运营商率先推出的“宝宝”类产品。

5 月 4 ~6 日 全球顶尖 P2P 网络借贷行业峰会 LendIT 在美国召开。网贷之家、宜人贷等企业作为中国代表参会。

5 月 6 日 1 号店面向供应商、入驻商户、第三方合作伙伴和顾客的金融平台“1 金融”正式上线。1 号店成为继阿里、京东之后，深入涉足互联网金融领域的又一大型综合电商。

5 月 8 日 浦发银行与快钱公司在上海举行战略合作签约仪式，银行与第三方支付联手探路互联网金融。

5 月 16 日 中信集团旗下中信产业基金低调成立“中腾信金融信息服务（上海）有限公司”，尝试用信托的模式操作 P2P 业务。

5 月 20 日 深圳联通联手安信基金推出“话费宝”。该产品是行业内第一个专门为运营商主营业务量身定制的货币基金“宝宝”类产品，填补了行业的空白。

5 月 20 ~23 日 第六届中国云计算大会在北京举行。此次会议从应用出发，探讨云计算大数据、移动互联网、智能云终端等在行业领域的实践经验；并通过技术专场、新品发布和培训课程等方式，深度剖析云计算大数据的核心技术。

5 月 22 日 首届全球众筹峰会在北京举行。此次峰会由中国网信金融集团及旗下众筹网、原始会平台共同发起主办。

京东正式在美国纳斯达克股票交易市场挂牌交易，京东下设京东商城、京东金融、拍拍网和海外事业部均随之上市，这预示着中国电商领域新一轮变化的开始。

5 月 26 日 全国首家国有独资网贷平台“金开贷”正式上线，该平台由陕西金融控股集团与国家开发银行陕西分行联合推出。

新浪微财富携手金银猫强势推出一款名为“微财富金银猫票据”的票据理财产品，预期年化收益高达 8.8% 。

5 月 27 日 中国银联投入数亿元，在全国范围内启动首届“银联 62 儿童消费节”，抢占支付宝和财付通主导的第三方支付市场。

5 月 29 日 “2014 中国电子商务大会”在国家会议中心召开。主论坛上，商务部发布了《中国电子商务报告（2013）》，对 2013 年我国电子商务发展情况进行了详尽的梳理、分析和展望。

5月30日　央行营业管理部（北京）公示了13家提交企业征信机构备案申请、符合形式要求的机构。根据相关规定，经营企业征信业务的机构需备案，经营个人征信业务的机构注册资本不少于5000万元，且需要经过央行审批。

中国人寿、太平保险、合众人寿、新华保险私家险企先后斥巨资成立了电商部门或者全资子公司，意图进军P2P网贷行业。

6月

6月6日　广东联通携手富国基金、百度，合作推出“沃百富”通信理财产品。在信息消费升级释放巨大潜力的背景下，电信运营商也尝试转型。

6月9日　股权众筹平台天使街正式上线运营。天使街是由多个知名投资人和专业投资机构共同发起创办，定位于中国领先的股权众筹平台及投融资社交平台。

6月16日　平安集团宣布，旗下的互联网通用积分平台万里通正式与京东达成合作协议。这标志着平安在互联网转型方面渐入深水区。

天使汇正式入驻中关村创新创业大道，12位天使汇上的天使投资人联合推出100X加速器，宣称无论产品已经实现盈利还是尚处于概念阶段皆可申请加入，通过完整面试流程的创业团队可获得至少50万元投资。

6月17日　团贷网旗下的“防宝宝”与东莞中信御园项目发起第一期别墅众筹，使得众筹邂逅地产投资。

6月18日　包商银行推出的国内首家主打互联网智能理财平台的“小马Bank”正式上线。这成为国内商业银行进军互联网金融的最新尝试。

6月19~20日　中国互联网协会与品西公司、美国创源公司等合作伙伴携手在美国旧金山举办了“2014中国互联网大会硅谷专场”（SYNC 2014）。

6月19~21日　由中国金融认证中心（CFCA）主办的“2014互联网金融发展论坛——网络银行安全研讨会”在银川举行，本次研讨会以互联网金融为背景，主题是“网络银行安全”。

6月20日　P2P平台PPmoney宣布与广发基金达成合作协议，通过该平台提供的入口，投资者将可直接购买广发基金的货币基金产品。

6月21日　“中国互联网金融法治高峰论坛暨互联网金融法治专业委员会揭牌仪式”在北京举行。论坛邀请了互联网金融法治建设相关的行政监管部门、司法审判部门、学术研究部门以及业界代表120多人与会。

6月25日　深圳P2P平台投哪网获得广发信德投资管理有限公司战略投资，同时与其母公司广发证券达成战略合作关系。

浙商银行与生意宝签署战略合作协议，宣布在电子商务、互联网金融领域开展多层次、多领域的合作。

6 月 28 日　由首届上海互联网金融博览会组委会和网贷之家共同举办的“2014 海峡两岸和香港 P2P 网贷行业高峰论坛”在上海展览中心举行，会议主题为“P2P 市场的发展和监管”。

国内首部完全由众筹模式发起，讲述众筹实际操作的工具书《玩转众筹》出版，揭开了自出版模式的序幕。

6 月 30 日　2014 上半年余额宝为广大投资者带来的收益超过 125 亿元，上半年平均年化收益率超过 5.4%。

据统计，全国已有 498 家银行发行并登记了理财产品，存续 51560 只，理财资金账面余额 12.65 万亿元，较 2013 年末增长 23.54%。

365 金融、拾财贷、微贷网等多家 P2P 平台获得融资。各路资本纷纷进军 P2P 行业，竞争日趋激烈。

7 月

7 月 1 日　熊猫烟花旗下互联网金融平台银湖网正式上线，正式拉开熊猫烟花进军 P2P 行业的序幕。

京东金融推出众筹产品“凑份子”，宣告京东金融正式进军众筹领域。

7 月 11 日　“2014 国际电子商务大会”在青岛香格里拉大酒店举行，大会以“开放融合·创新发展”为主题。

7 月 15 日　民生电子商务有限公司酝酿的 P2P 平台“民生易贷”正式对外运营。投资去向主要集中于民生电商业务。

南洋商业银行中国有限公司携手易方达基金推出基于货币基金的“智慧金”业务，成为首家“尝鲜”余额理财业务的在华外资银行。

央行对外宣布，发放第五批第三方支付牌照。此次获批企业共计 19 家，包括北京帮付宝网络科技有限公司，北京理房通支付科技有限公司等。

7 月 16 日　京东金融推出首款保险理财产品——“安赢一号”，收益率远超当前的“宝“宝”类”货基产品。

7 月 22 日　P2P 平台积木盒子引入第三方互联网法律服务商——绿狗网，推出“合同审查”、“证据托管”和“维权触发机制（平台遗嘱）”三项措施，希望以此消除投资人对合同的顾虑和实际维权的困难。

7 月 23 日　天猫与余额宝联合宣布，专为买车用户打造的“余额宝购车”、“天猫汽车节”活动正式开始。这标志着天猫开启大额商品消费金融服务尝试。

7月25日　证券业监督管理委员会新闻发言人张晓军表示，关于股权众筹的相关监管规则，证券业监督管理委员会目前已完成多轮行业调研，相关规则正在抓紧研究制定过程中。股权众筹监管细则或延至2014年年底出台。

7月28日　余额宝和淘宝旅行宣布联合推出"旅游宝"。"旅游宝"专门针对余额宝用户推出，依托于阿里集团和小微金服，旅游宝此次的动作可能只是第一步，未来可运作的想象空间巨大。

7月　众筹之家正式上线，该网为国内股权众筹门户，网站以投资人需求为核心，提供股权众筹资讯、权威数据比对、优质项目推荐、行业交流社区和众筹学院。

上海得仕企业服务有限公司联合宝盈、大成两家基金公司推出相当于中小企业版"余额宝"的"得仕宝"，进军企业理财市场。

海通证券投资91旺财，高志股份投资雪山贷1550万美元，微美贷获得千万美元投资，爱钱帮收获盛大资本千万美元投资。

周鸿祎新书《周鸿祎自述：我的互联网方法论》登陆京东众筹，一个月时间众筹金额突破160万元，打破出版物众筹的最高纪录。

中国邮政拟投资1亿元建立电子支付服务基地，发力手机及互联网支付。

平安支付板块最重要的平台平安付智能科技有限公司获股东增资6亿元。这标志着平安保险加大对第三方支付的投入。

深圳前海微众银行、天津金城银行、温州民商银行获批筹建。成为首批试点的民营银行，民营银行的获批联手互联网金融必将对现有金融体系产生冲击，并倒逼金融体制改革。

8月

8月1日　京东商城决定从智能硬件领域作为切入口，进入众筹领域。通过将"点名时间"的模式、合作伙伴进行学习和挖掘，京东商城迅速在硬件众筹领域取得了一席之地。

8月2日　在"2014年中国互联网金融发展圆桌会议"上，新华社旗下《金融世界》、中国互联网协会正式发布了《中国互联网金融报告（2014）》，对当前互联网金融领域的发展、创新、安全、监管等进行了全景式的盘点分析。

8月7日　根据iResearch艾瑞咨询的统计数据显示，2014第二季度中国第三方移动支付市场交易规模达13834.6亿元，环比下滑5.8%。

8月11日　京东金融小金库企业版正式上线。该产品首先向京东商城POP商户开放，针对供应商的金融服务不是简单的借贷，而是把各种服务融合在一起。

苏宁云商金融公司与上海金银猫票据理财平台合作，推出“财运通”票据理财项目。该产品属于中短期固定收益产品，低风险，稳定收益。

8月12日　京东金融推出新的理财产品——“小银票”。京东金融由此开始涉足票据理财。

中信银行推出首款“移动银行专属”理财产品，让移动端购买理财成为一种特权。

8月13日　中国移动推出旗下第一个互联网金融产品“和聚宝”，该产品对接的是汇添富和聚宝货币基金。

8月14日　国务院发布“融资十条”，明确提出要“尽快出台规范发展互联网金融的相关指导意见和配套管理办法，促进公平竞争”。

8月15日　银行业监督管理委员会创新监管部主任王岩岫表示，P2P机构需要有一定的门槛，且不得吸收持有他人资金、不得建立资金池、不得为投资人进行担保、不得对借款进行收益和保证承诺。

8月16日　“2014上海互联网大会”成功召开。本次大会本着“创新、融合、发展”的理念对业界及站长关心的热门话题进行了深入探讨。

8月18日　国金通用基金和金策黄金合作推出的“金生宝”正式在新浪微财富平台上线。这标志着互联网金融涉足黄金理财。

8月20日　趋势合作共赢——中国互联网金融创新论坛暨大印世纪股改上市签约仪式在北京丰大国际大酒店盛大开幕，共商互联网金融的发展趋势以及互联网金融对传统金融的变革。

8月22日　中国银行业监督管理委员会业务创新监管协作部副主任李志磊表示，P2P业务的发展，是互联网金融的一个重要组成部分，要遵循自己的业务发展原则，并提出了P2P发展的六大原则。

8月22~24日　“2014中国大数据国际高峰论坛”在上海银星皇冠假日酒店成功举办。本届论坛以“大数据的创新、突破、腾飞”为主题，真正建立了务实创新、高端权威的互动交流平台。

8月24日　中国首家众筹第三方服务类网站——“众筹第三方”正式上线，开创了服务类众筹平台的先河。

8月25日　小微金融服务集团正式推出余额宝2.0增强版——“招财宝”。“招财宝”并不是一款产品，而是一个产品聚合平台，小微金服除了搭建平台，并不直接从事产品的开发。

8月26日　“2014中国互联网大会”在北京开幕，本次大会主题为“创造无限机会——打造新时代经济引擎”。

8 月 27 日　阿里小贷在上海宣布，引入海尔成为首个直投合作的外部机构，海尔集团将提供 3000 万元的贷款资金。

支付宝钱包宣布正式启动开放平台，给商家和开发者开放包括服务窗、支付、账户等在内的七大类共 60 多个 API 接口。此举加剧了支付宝钱包与微信在 O2O 领域的竞争。

8 月　红岭创投董事长周世平在平台网站上自曝“重大利空”坏账：该平台遭遇广州 4 家纸业“骗贷”，涉及借款本金总额 1 亿元。这笔坏账将 20 家银行牵扯进入，创下 P2P 行业的记录。

9 月

9 月 1 日　海科金集团旗下控股企业海科创鑫正式上线运营 P2P 平台“海金仓”。此举标志着又一国资背景金融机构进军网贷行业。

QQ 网购正式更名为京东网购，成为京东旗下的产品之一。京东商城与腾讯公司在电子商务领域实现进一步整合。

9 月 2 日　医疗健康互联网公司丁香园宣布获得腾讯公司战略投资，投资规模为 7000 万美元。这是目前为止国内医疗 O2O 行业最大的一笔融资，同时标志着腾讯公司正式布局医疗健康领域。

P2P 平台银豆网在北京召开 A 轮融资新闻发布会暨互联网金融机遇与创新圆桌论坛。论坛上，银豆网正式宣布获得由联想控股旗下的联想之星领投、另外两家投资机构跟投的 1000 万元人民币融资。

搜狐公司在北京宣布旗下互联网金融信贷平台“搜易贷”正式上线，标志搜狐公司正式进军互联网金融领域。

9 月 3 日　中国银监会批复同意招商银行与中国联通筹建“招联消费金融有限公司”。据悉，该公司将试点开展基于互联网模式的消费金融业务。

9 月 4 日　波士顿咨询公司（BCG）发布最新报告《互联网金融生态系统 2020：新动力、新格局、新战略》。这是 BCG 发布的第一份关于中国互联网金融市场的报告。

9 月 10 日　小米公司正式宣布投资 P2P 网络借贷平台积木盒子。继 2014 年 2 月与北京银行签署移动金融合作协议之后，小米公司在互联网金融领域又迈出了重要的一步。

央行正式针对 2014 年年初的银行卡预授权风险事件下发了针对汇付天下、富友、易宝、随行付 4 家第三方支付机构的处罚意见，勒令其收缩现有的收单业务。

由京北金融联合搜狐等多家互联网金融领域权威机构策划、发起的“2014 年互联网金融中国行——中国 P2P”活动新闻发布会及启动仪式在北京举行。

9 月 11 日　阳光保险集团与清华大学五道口金融学院共同创建的“清华大学国家金融研究院阳光互联网金融创新研究中心”在清华大学举行成立仪式。该中心将以互联网金融特别是互联网保险为研究重点，促进互联网金融创新研究成果的转化。

9 月 12 日　由新浪财经、南方基金和深证信息公司联合推出的大数据策略指数 i100 和 i300 在深交所挂牌上市，国内首个大数据系列实时线上指数正式诞生。

9 月 16 日　汇付天下推出业内首个 P2P 托管查询系统，以供 P2P 投资人在线查询及核实平台是否接入汇付天下 P2P 托管账户系统，最大程度方便投资人甄选优质的 P2P 平台。

中国银联与 360 公司签署安全战略合作协议。双方将在风险信息共享、风险事件联动处置、安全产品研发等方面开展深度合作。

快钱公司宣布推出第二款支付叠加产品——“快钱快易融”，正式进军支付叠加金融服务领域。该产品以快钱电子支付平台为基础，为中小微企业提供超低门槛、超高灵活性的创新型融资服务。

9 月 19 日　阿里巴巴集团正式在纽约股票交易所挂牌交易，创造了有史以来规模最大的 IPO。上市之后，阿里巴巴超越 Facebook 成为仅次于谷歌的世界第二大互联网公司。

央行调查统计司副司长徐诺金在“2014 互联网金融企业社会责任峰会”上提出了互联网金融监管的两大思路：一是网上网下、线上线下一体化监管；二是监管要有所差别。

9 月 20 日　支付宝钱包发布 V8. 3 版，除可完美适配 iOS 8 系统之外，还推出了亲密付、余额宝定期转入转出、股票行情查询以及昵称转账等功能。

9 月 21 日　百度公司与中影股份、中信信托和北京德恒律师事务所联合推出了互联网金融产品“百发有戏”。这是国内首个电影大众消费平台，用户的回报将与电影票房直接联系，预期年化收益达 8% ~16% 。

中国人民大学举办互联网金融论坛，启动“高礼英才直通车”金融学专业（互联网金融方向）双学位实验班项目，目标是培养中国第一代互联网金融专业领军人才。

9 月 22 日　91 金融首家线下体验门店正式开业。通过进一步布局线下体验店，91 金融面向金融服务的 O2O 战略闭环初步完成，在金融生态建设上迈出跨越性一步。

百度公司和广发银行宣布达成战略合作协议，双方将在支付、大数据、营销、互联网产品等领域开展跨界合作。

9 月 23 日　由上海市经信委、上海市金融办指导，上海市信息服务业行业协会牵头编撰的《2014 上海网络信贷服务业白皮书》正式发布。白皮书主编马海湧表示，这是一部能够完整展现上海网络信贷服务业全景的“史书”级作品。

9 月 24 日　京东金融高调对外发布消费金融战略，提出未来 3 年白条用户数与用户体量相匹配的战略目标。同时公布了“京东白条”上线半年的相关数据，并推出第二款白条产品“校园白条”。

9 月 27 日　“2014 中国互联网金融创新与发展论坛”在深圳召开，论坛主题是“理性与规范，跨界与融合”。中国银行业监督管理委员会创新监管部主任王岩岫在论坛上提出了 P2P 监管的十大原则。

9 月 28 日　由浙江省嘉兴市卫生局牵头，嘉兴市 4 家三甲医院与支付宝公司正式签约，加入支付宝钱包“未来医院”计划，共同搭建移动医疗服务平台，方便患者就诊。

9 月 30 日　艾媒咨询发布《2014 年中国互联网金融用户研究报告》。报告显示，2014 年国内互联网金融业务的网民渗透率达到 61. 3% 。

10 月

10 月 1 日　步步高全新构架的信息化系统开始运行，该系统将把步步高的线上线下销售融为一体。这标志着中国零售企业的互联网实践进入了一个新的发展阶段。

国内知名 P2P 行业门户网“网贷之家”发布了《中国 P2P 网络借贷行业 2014 年 9 月报》。数据显示，截至 2014 年 9 月 30 日，全国正在运营的网贷平台达 1438 家。

10 月 8 日　中兴通讯正式对外宣布，由其专门设立的全资控股第三方支付机构深圳市讯联智付网络有限公司，同时获得移动支付、互联网支付和数字电视支付业务许可，成为国内首家一次性获得以上 3 张牌照的第三方支付机构。

新鸿基有限公司宣布战略投资点融网。双方正式建立长期战略合作关系，合作范围包括大数据分享、跨地域金融合作以及 P2P 金融门户等，共同发展香港地区及中国内地市场。

10 月 9 日　京东金融宣布，将上线多款投资起点门槛 100 元、投资期限 21

天起、年化收益率达到 7% 的票据理财产品。

10 月 11 日 中国社会科学院金融研究所和金牛理财网联合发布了《中国 P2P 网贷发展与评价》报告及中国“P2P 网贷评价体系”。这是首次由中国官方研究机构针对中国 P2P 行业发布的深度研究报告和评价。

10 月 13 日 由广东众金互联商务服务有限公司建立的银行互联网金融资产交易平台“众金所”正式上线。这是中国首个互联网金融资产交易平台，开创了“纯中介 + 银行”的新模式。

苏州银行与点融网共同宣布，双方将合作搭建 P2P 平台，共担风险，共享收益。这是国内传统银行首次与成熟的 P2P 平台开展深度合作。

10 月 14 日 大陆领先的信息化金融服务提供商快钱公司与台湾元大银行在上海举行跨境支付战略合作发布会。此次合作标志着元大银行在跨境业务方面正式进军大陆市场，掀开了两岸金融服务的新篇章。

10 月 15 日 拍拍贷与长沙银行、华安基金的战略合作发布会在上海举行。此次携手是国内 P2P 网贷平台、城商行、基金公司首度跨领域的三方合作，掀开了中国互联网金融崭新的一页。

10 月 16 日 原名“小微金服”的阿里金融公司，正式更名为蚂蚁金融服务集团。蚂蚁金服旗下拥有支付宝、支付宝钱包、余额宝、招财宝、蚂蚁小贷及筹备中的网商银行等品牌。

10 月 19 日 永诚保险宣布与腾讯公司合作，启动保险创意众筹大赛。双方将携手搭建互联网创业平台，尝试全民参与的保险众筹新模式。

10 月 20 日 “我的单我的贷”网络投资平台在重庆市上线。这是国内首个具有债权转让和在线“对话议价”功能的互联网金融平台。

P2P 平台银客网宣布获得源码资本领投的千万美元 A 轮融资。银客网总裁林恩民表示，本轮融资资金将主要用于平台建设、风控能力提高及技术投入等。

10 月 21 日 “三个爸爸”儿童专用空气净化器在京东众筹平台上线的第 29 天，众筹金额突破 1000 万元，成为国内有史以来筹资金额最高的产品众筹项目，同时也是中国首个千万级众筹。

易宝支付在北京举行发布会，正式推出 P2P 行业首个资金托管移动平台，推动 P2P 行业跨入移动互联时代。

10 月 24 日 “2014 互联网金融创新与法制论坛”在北京隆重召开，聚焦金融创新与法制监管。全国顶级金融法律专家、“一行三会”金融监管部门和“两高一部”公安司法部门相关领导，共同探讨了互联网金融企业合法合规的发展路径。

10 月 30 日　京东金融针对平台上的第三方商家推出新的融资服务“京小贷”。“京小贷”以商户需求为出发点，为中国正品行货商家提供融资服务，旨在解决小微企业融资难的问题。

众信金融推出支持线下刷卡的手机 P2P 充值服务。此举打破了线上快捷充值的固化模式，开创性地引入支付通掌芯宝手机刷卡器，支持线下刷卡充值。

10 月 31 日　由众投邦、大家投、爱合投等 10 家股权众筹机构联合发起的“中国（深圳）第一届股权众筹大会”成功召开，并宣布成立中国股权众筹联盟，共同规范众筹行业。

11 月

11 月 3 日　联想控股股份有限公司正式对外宣布战略投资 P2P 网贷平台翼龙贷。这是继 2014 年 8 月以来联想控股在互联网金融领域频频出手后的又一重大投资。

11 月 4 日　中信银行与百度携手正式推出“中信百度贴吧认同卡”，并在百度贴吧设立“3D 金融服务大厅”。中信银行副行长方合英表示，未来将持续推进互联网金融产品的探索与创新，让更多用户体验到便捷的金融服务。

11 月 5 日　中国小额信贷联盟 P2P 行业委员会对外发布《P2P 行业自律公约（修订版）》，明确了 P2P 企业作为信息中介机构的定位，并对其合规经营、服务出借人和借款人、信息披露等方面做出了一定要求。

天猫商城推出一款名为“天猫宝”的理财产品。该产品可为消费者带来消费红包以及快捷的支付体验，但仅限在天猫消费。“天猫宝”在享有余额宝收益的同时，还可获得 1% 的年化消费补贴。

11 月 6 日　“深圳市互联网金融协会成立大会暨揭牌仪式”隆重召开，近 200 位深圳市互联网金融企业代表出席了会议。这是全国首家市级互联网金融协会。

11 月 7 日　“互联网金融中国行（深圳）高峰论坛”在深圳举行。论坛上，中国首家由政府主导的非营利性高科技产业股权债权 O2O 投融资平台“南方创投网”正式启动。

11 月 11 日　腾讯公司正式推出“微信电话本”，开启“免费通话”时代。“微信电话本”是一款智能通信增强软件，能拨打免费网络电话，同时具有自动备份联系人、群发短信、批量删除联系人等功能。

在 2014 年 APEC 峰会上，“互联网金融国际化”成为热点议题。各参会国对中国互联网金融的创新模式表现出极大的兴趣，并希望中国互联网金融模式更加开放，与国际化金融服务接轨，共同助推全球企业经济发展。

京东金融联手远洋地产推出“11 元筹 1.1 折房，圆安家梦”的房产众筹项目。这是中国首个真正意义上的房产众筹项目，开创了互联网金融与传统房地产行业合作的先河。

11 月 12 日　知名股权投资机构、嘉实基金另类投资平台丰实资本对上海旭胜金融信息服务股份有限公司开展战略性投资。此举标志着以投资基金为代表的金融机构开始涉足互联网金融行业。

11 月 13 日　CIFC 汽车互联网金融发展论坛在北京国家会议中心成功举办，中国第一个专注于汽车产业的众筹平台“ZM 汽车众筹网”正式上线。

11 月 14 日　杭州市人民政府出台《关于推进互联网金融创新发展的指导意见（征求意见稿）》。《意见》指出，将重点培育发展互联网金融机构和五类互联网金融企业。

11 月 18 日　91 金融与海通证券正式达成合作，将全线入驻海通证券全国数百家线下营业部，以加速 O2O 战略布局。此举标志着 91 金融旗下第一家线下合作体验店成立，进一步夯实了其全国最大互联网金融服务平台的地位。

汇付天下有限公司与上海资信有限公司签署了战略合作协议。双方将在网络金融征信系统方面展开全面合作，旨在帮助 P2P 平台全面了解授信对象，双向保障平台和投资人安全。

支付宝公司宣布，将在澳大利亚悉尼设立子公司 Alipay Australia。Alipay Australia 将和当地合资企业 Paybang 合作，为中澳跨境电商发展提供支持，并帮助澳大利亚企业拓展中国市场。

11 月 19 日　国务院总理李克强主持召开国务院常务会议，决定进一步采取有力措施缓解企业融资成本高的问题，鼓励互联网金融为小微企业、“三农”服务。

11 月 19 ~ 21 日　首届世界互联网大会在浙江乌镇成功举行，大会的主题是“互联互通共享共治”。这是中国举办的规模最大、层次最高的互联网大会，来自近 100 个国家和地区的政要、国际组织代表、著名企业高管等 1000 余人参加了会议。

11 月 20 日　中国首家 O2O 股权众筹服务平台“智天使众筹俱乐部”在深圳成立，致力于打造中国民间第一高端众筹商圈。

11 月 21 日　招商银行推出“云按揭”产品，开启互联网金融千亿级应用。“云按揭”具备在线审批、移动展业、进度追踪以及客户资料辅助跟进等多项功能，能够极大提升客户体验和银行工作效率。

11 月 22 日　在浙江省互联网金融媒体沟通会上，微贷网、翼龙贷、贝付支付等 8 家企业共同签署了 P2P 行业自律协议，表示将继续加强合法合规经营，积极配合政府部门的调研与监管。

11 月 25 日　宜信宜人贷推出“极速借贷”模式，刷新借款速度新纪录。借款人只需在手机客户端输入手机号、电商账户信息、信用卡信息三项内容，即可在 10 分钟内快速反馈审核结果。

11 月 26 日　“2014 中国支付清算与互联网金融论坛”在北京举行，论坛的主题为“支付变革与互联网金融发展”。会议旨在传递监管理念，促进行业交流，筹谋行业发展，共同推动支付与互联网金融持续健康发展。

11 月 27 日　康达尔公司正式签约控股 P2P 新锐平台及“时雨贷”。这是国内上市企业首次控股 P2P 平台，意味着 P2P 正式被纳入上市公司产业版图，将引领 P2P 行业专业化细分、规模化发展的新潮流。

11 月 28 日　“2014 互联网金融创新 CEO 峰会暨比特币及加密数字货币国际峰会”在香港地区隆重开幕。来自监管层、学术界、产业界、金融界、传媒界、投资界及行业协会的近 500 位相关人士参与了会议。

由上海交通大学发起筹建的国内首家互联网金融研究所——上海交通大学继续教育学院互联网金融研究所在“互联网金融中国行 · 交大站”活动仪式上正式揭牌。这是国内首家聚焦于互联网金融垂直领域的研究机构。

11 月 29 日　新供给金融圆桌“加快发展互联网时代的普惠金融”研讨会在北京举行。多位专家和业内人士在会上表示，互联网技术的快速发展在颠覆传统金融机构运营模式的同时，也给其带来了多元化、轻资本化的发展机会，新一代互联网技术将助力金融业务。

12 月

12 月 1 日　继海外退税后，支付宝跨境服务再下一城。支付宝宣布推出“海外交通卡”服务，用户出境旅行可用支付宝钱包秒购海外交通卡。

恒丰银行移动战略暨“一贯”金融平台上线发布会在北京举行。这标志着恒丰银行正式布局互联网金融，同时也是恒丰银行首次“试水”直销银行。

浦发银行官方宣布，该行信用卡中心将确认参与出品电影《港囧》，同时将筹建“小浦娱乐”众筹，全面试水电影、电视、话剧、演唱会等各类娱乐项目领域。

12 月 2 日　广发证券与新浪网正式签署战略合作协议，加速布局互联网金融生态圈。双方将在超级账户对接、产品合作、理财师平台合作、交易通道、流量导入等领域开展深度合作。

凤凰卫视集团旗下的互联网金融平台“凤凰金融”正式上线。这是继新浪微财富、搜狐搜易贷之后，又一家由媒体打造的互联网金融平台。

12 月 3 日 “第十届中国电子银行年会暨中国移动金融发展论坛”在北京举行。参会嘉宾对移动金融、电子商务等话题进行了深入的交流探讨，并发布了《2014 中国电子银行调查报告》和《互联网金融研究报告》。

12 月 4 日 新浪微博宣布将整合原有支付接口推出“统一收银台”。“统一收银台”上线后，所有应用只需接入该统一接口，即可在不同场景下提供微博支付服务。

12 月 5 日 海通证券联合艾瑞咨询集团举办了“2014 中国首届互联网证券金融论坛”，并发布了《2014 年证券行业互联网化研究报告》。

12 月 6 日 “2014 中国微金融发展论坛暨微金融 50 人论坛成立大会”在北京成功召开。微金融 50 人论坛由来自经济、金融、电子商务、法律、信息网络技术、社会学等多个领域的中青年专家组成，致力于打造微金融发展和创新的学术交流平台。

12 月 8 日 支付宝发布 10 年对账单，同时公布了各省市 2014 年（截至 2014 年 10 月 31 日）的最新支付情况。数据显示，2014 年全国移动支付笔数占比超过 50%，上海、北京、浙江位列人均支付榜单的前 3 名。

12 月 10 日 中国保险业监督管理委员会发布《互联网保险业务监管暂行办法（征求意见稿）》，不但对市场关注的经营条件与经营区域等问题给予了明确规定，而且从信息披露、经营规则、监督管理等多个角度填补了互联网保险的规则真空。

招商银行在北京宣布其移动金融产品“一闪通”正式上市。“一闪通”首次实现了手机与银行卡真正意义上的合二为一，也是全球首款基于手机并涵盖线上、线下、大额、小额等各种应用场景的全功能移动金融产品。

12 月 11 日 快的打车移动支付上线一周年，总交易额超过 128 亿元，平均每 3 天就有 1 亿元打车费进入快的打车司机账户。

中国银行推出 B2B 跨行支付服务，支持多家银行企业账户在线支付，实现电商平台一点接入中国银行，切实降低企业接入成本，提升支付效率。

12 月 12 日 阿里巴巴集团联合全国 2 万多家线下门店进行打折促销。借助“双 12”活动，支付宝高调进军线下收单业务（POS 机收款业务），正式向银联发起挑战。

由证券时报主办的“2014 中国互联网金融跨界变革峰会”在深圳举行。会上，证券时报发布了《2014 年互联网金融发展报告》，同时揭晓了 2014 年最受欢迎的互联网金融产品等 6 个大奖。

12 月 15 日　中国最大的数字货币交易平台火币网宣布，与网利宝等多家互联网金融平台展开合作，强势切入互联网 P2P 理财，联合带动互联网金融产业积极创新发展。

12 月 16 日　哈尔滨银行与俄罗斯 WalletOne 公司正式签署跨境支付合作协议，协议涵盖了在线支付、跨境收款、资金清结算等领域。协议生效后将首次实现中俄两国跨境在线支付。

12 月 17 日　国美在线与诺安基金管理有限公司联合推出旗下第一款互联网金融理财产品“美盈宝”，并启动为期 12 天的优惠活动。这是国美在线向互联网金融迈出的关键性一步。

上海市金融办、市经信委会同浦东新区、黄浦区、长宁区、嘉定区政府召开“上海互联网金融产业基地合作共建推介会”，着力打造服务联盟，共建互联网金融产业基地。

12 月 18 日　中国证券业协会起草了《私募股权众筹融资管理办法（试行）（征求意见稿）》，明确了股权众筹的法律定位、业务边界、平台门槛等范畴。这是中国第一部涉及众筹行业的监管规则。

“2014（第十二届）互联网经济年会暨 2014‘金 i 奖’颁奖盛典”在北京隆重开幕，年会的主题是“‘破’与‘立’——互联网经济，从量变到质变”。

12 月 19 日　以“融合、创新、发展”为主题的“中国金融创新与可持续发展高峰论坛”在北京举行。参会嘉宾针对金融国际化、互联网金融、金融创新与服务实体经济、普惠金融等议题展开了深入研讨。

12 月 20 日　“展望 2015 互联网金融企业社会责任年度峰会”在北京召开。会上，翼龙贷、团贷网等 10 家互联网金融企业发起成立互联网金融企业社会责任自律联盟，并发布了《互联网金融企业社会责任报告白皮书》。

中国人民银行副行长潘功胜在第五届财新峰会上强调，“要鼓励创新，引导互联网金融等新型金融业态健康发展”。

12 月 22 日　中国平安打造“平安财神节”，18 款主力产品首日销售量突破百亿。这是国内金融业首个囊括保险、银行、投资等产品的“交易狂欢节”。

12 月 23 日　平安好房宣布，正式上线“好房众筹”频道，打造房地产众筹平台。平安好房 CEO 庄诺向记者表示，众筹买房只是最初级的众筹模式，众筹建房才是“好房众筹”的战略发展目标。

12 月 24 日　银联电子支付证实，已与众禄基金达成战略合作伙伴关系，全面进军移动理财领域。这标志着在线支付机构与独立基金销售机构全新合作模式的开启。

12 月 26 日　万达集团与快钱公司在北京签署战略投资协议，万达正式宣布控股快钱。这是万达集团在互联网金融领域的首桩并购，为万达电子商务及金融产业获得了重要的支付平台。

义乌跨境电子商务监管中心正式启用，将跨境电商企业的货物、仓储、物流信息纳入统一管理。这标志着义乌跨境电子商务出口试点正式开展。

12 月 28 日　支付宝网络信用服务“花呗”正式上线。支付宝通过分析用户的网购纪录给予相应的授信额度，该额度可用于淘宝网、天猫商城购物，最长免息期为 41 天。

12 月 29 日　北京市民政局向北京市网贷行业协会筹备组颁发了《行政决定许可书》，标志着北京市网贷行业协会正式获批成立。这是我国第一个网贷行业协会组织。

12 月 30 日　渤海商品交易所与成都红旗连锁股份有限公司战略合作协议签约仪式在天津举行。双方将共同搭建中国最大的“P2C”产业电商平台，更好地服务商品产业，提升双方对多类商品的服务能力、渠道能力和市场影响力。

12 月 31 日　由中国工商银行自主研发的同业首个移动金融信息服务平台“融 e 联”手机 App 正式上线。此举标志着工行的客户营销和服务已经进入“移动社交”时代。

参考文献

[1] Acemogla, Dargon, Aseman Ozdaglar, and Alireza Tahlaz-Salehi. Systemic Risk and Stability in Financial Networks. NBER Working Paper, 2013.

[2] Caprio, G., and D. Klingebiel. Does Financial Re-form Raise or Reduce Saving?, *The Review of Economics and Statistics*. 1996 (2).

[3] Goss, C., Wesley Sunu, H. Gould, Titus and Jason Strain. Recent developments in e-commerce. *Tort Trial & Insurance Practice Law Journal*, 2003 (winter): 277-282.

[4] Hart, K. A Tale of Two Currencies. *Anthropology Today*, 2002 (1).

[5] Iain. Functionality and usability in design for e-Banking Services. *Interacting with Computer*, 2007 (7).

[6] Irvin, Larry. Introduction to Privacy and Self-regulation in the Information Age [EB/OL]. http://www.ntia.doc.gov/ reports/privacy/in-tro.htm.

[7] King, Andrew A., and Michael J. Lenox. Industry Self-regulation without Sanctions: The Chemical Industry's Responsible Care Program. *Academy of Management Journal*. 2006 (4).

[8] Klein, M. F. A Perspective on the Gap Between Curriculum Theory and Practice. *Theory into Practice*, 1992, 31 (3): 191-197.

[9] NCCUSL. Uniform Money Services Act. Drafted by the National Conference of Commissioners on Uniform State Laws and by it Approved and Recommended for Enactment in All the States at its Annual Conference Meeting in its One—Hundred—and—Ninth Year, ST [J]. 2000.

[10] Ramasastry, Anita. E-Money Regulation in the United States. *EPSO-Newsletter*, 2001 (11).

[11] Renée de Nevers. (Self) Regulating War?: Voluntary Regulation and the

Private Security Industry. *Security Studies*, 2009 (3).

[12] Report on Electronic Money European Central Bank. 1998.

[13] Wesley, Sunu, Paul Norman, S. Kamen, P. Schiffer and B. Perri. Recent developments in e-commerce. *Tort & Insurance Law Journal*, 2002.

[14] [美] R. 科斯. 财产权利与制度变迁 [N]. 北京：上海人民出版社，2000.

[15] [美] 爱德华·肖. 经济发展中的金融深化 [M]. 北京：中国社会科学出版社，1989.

[16] [美] 罗纳·麦金农. 经济发展中的货币与资本 [M]. 上海：上海人民出版社，1997.

[17] [日] 黑田明伸（何平译). 货币制度的世界史：解读“非对称性” [M]. 北京：中国人民大学出版社，2007.

[18] [日] 植草益. 信息通讯业的产业融合 [J]. 中国工业经济，2001 (2).

[19] [英] 弗里德里希·冯·哈耶克（姚中秋译). 货币的非国家化 [M]. 北京：新星出版社，2007.

[20] 中国互联网协会. 中国互联网金融报告（2014）[R]. 金融世界，2014.

[21] 我国移动支付发展现状、问题及政策建议 [R]. 中国人民银行，2014.

[22] 信息安全技术信息安全评估规范，GB/T 20984－2007 [R]. 2007.

[23] 中国移动支付安全研究报告 2014. 易观智库 [R]. 2014.

[24] 巴曙松，杨彪. 第三方支付国际监管研究及借鉴 [J]. 财政研究，2012 (4).

[25] 白瑶. 互联网保险投保过程中的问题与对策 [J]. 河北金融，2014 (8).

[26] 步山岳，张有东. 计算机信息安全技术 [M]. 北京：高等教育出版社，2005.

[27] 曹祎遐，朱天运. 众筹模式颠覆融资理念 [J]. 上海信息化，2014 (4).

[28] 曾志耕. 网络金融风险与监管 [M]. 成都：西南财经大学出版社，2011.

[29] 柴珂楠. 欧盟众筹金融监管法律框架及评析 [J]. 南方金融，2014 (7).

[30] 常巍．国有商业银行风险研究［M］．北京：中国财政经济出版社，2007.

[31] 陈建萍．互联网金融需要边发展边规范［N/OL］．人民政协报，2014-09-24.

[32] 陈静，刘永春．网上银行技术风险及其管理［M］．北京：人民出版社，2001.

[33] 陈秀梅．论我国互联网金融市场信用风险管理体系的构建［J］．宏观经济研究，2014（10）.

[34] 程皓．中外虚拟货币的含义及其研究视角——兼评Q币的性质［J］．江西师范大学学报（哲学社会科学版），2009（2）.

[35] 崔爽．中国利率市场化改革进程及风险应对建议［J］．经营管理者，2014（1）.

[36] 崔泽．国际货币体系的弊端及改革［J］．商品与质量，2010（7）.

[37] 费伦苏，邓明然．商业银行操作风险的传导载体、路径及效应分析［J］．现代经济探讨，2007（7）.

[38] 费杨生．两保险公司推出春运险［N/OL］．中国证券报，2014-01-23.

[39] 冯果，李安安．包容性监管理念的提出及其正当性分析——以农村金融监管为中心［J］．江淮论坛，2013（1）.

[40] 傅晓萍．网络保险相关法律问题研究［D］．华东政法学院硕士论文，2007.

[41] 高飞燕．第三方支付的风险度量与风险控制研究［D］．苏州大学硕士论文，2014.

[42] 古德哈特．金融监管的激励机制［J］．曾晓松译．金融研究，1996（11）.

[43] 顾伟．互联网保险慎防系统性风险［N/OL］．金融时报，2014-08-27.

[44] 郭慧文，张文棋，张小芹．国际金融监管的发展趋势及启示［J］．亚太经济，2002（1）.

[45] 郭旭．移动支付模式下的消费者信任风险及对策探析［J］．商业时代，2013（20）.

[46] 韩飞飞．浅谈制约我国移动支付发展的风险因素与解决措施［J］．河北金融，2012（9）.

[47] 贺强．注意防范金融风险 促进互联网金融健康发展［J］．价格理论与实践，2014（3）．

[48] 胡吉祥，吴颖萌．众筹融资的发展及监管［J］．证券市场导报，2013（12）．

[49] 胡凌凯．网销理财保险遭遇集体“下架”中小型险企压力大［N/OL］．理财周报，2014－09－09．

[50] 黄才华，董立阳，陈蕊．众筹融资的架构、法律风险及监管［N/OL］．金融时报，2014－11－03．

[51] 黄震，邓建鹏．互联网金融法律与风险控制［M］．北京：机械工业出版社，2014．

[52] 黄震，邓建鹏．做让用户尖叫的产品：互联网金融创新案例经典［N］．北京：中国经济出版社，2014．

[53] 黄正新．货币虚拟化发展趋势及其功能变异［J］．经济学家，2001（5）．

[54] 贾丽平．比特币的理论、实践与影响［J］．国际金融研究，2013（12）．

[55] 贾丽平．网络虚拟货币存在的风险及防范对策［J］．生产力研究，2010（3）．

[56] 姜立文，胡玥．比特币对传统货币理念的挑战［J］．南方金融，2013（10）．

[57] 姜欣欣．中国金融的深度变革与互联网金融［N/OL］．金融时报，2014－02－24．

[58] 蒋成林，聂炜玮．网络保险的信息安全风险及其防范对策［N/OL］．中国保险报，2011－07－05．

[59] 类承曜．银行监管理论——一个文献综述［J］．管理世界，2007（6）．

[60] 李炳，赵阳．互联网金融对宏观经济的影响［J］．财经科学，2014（8）．

[61] 李翀．虚拟货币的发展与货币理论和政策的重构［J］．世界经济，2003（8）．

[62] 李东卫．美、欧央行监管比特币做法及对我国的启示［J］．北京金融评论，2014（1）．

[63] 李昊．我国众筹融资平台法律问题研究［J］．宁夏社会科学，2014（4）．

[64] 李恒，郝国刚. 余额宝的风险及防范研究 [J]. 时代金融，2014 (5).

[65] 李剑铭. 浅析我国网上银行的操作风险管理 [J]. 商业研究，2008 (6).

[66] 李克，蔡洪波. 国内外支付清算行业发展及自律管理 [J]. 中国金融电脑，2013 (2).

[67] 李克穆. 网络保险及其风险防范 [J]. 中国金融，2014 (8).

[68] 李良. 中国电子银行风险评估研究 [D]. 大连理工大学，2010.

[69] 李敏. 网络第三方支付风险评价与控制研究 [D]. 东北财经大学硕士论文，2007.

[70] 李少勇. 网上银行的安全与风险控制 [J]. 中国金融电脑，2009 (11).

[71] 李淑华. 网络保险道德风险的成因及其防范研究 [J]. 全国商情：经济理论研究，2013 (39).

[72] 李晓磊. 我国网上银行建设与发展 SWOT 分析——基于 668 家银行的调查 [J]. 银行家，2014 (9).

[73] 李雪静. 众筹融资模式的发展探析 [J]. 上海金融学院学报，2013 (6).

[74] 李阳，互联网金融发展需要更好监管 [N/OL]. 新浪财经，2014-09-14.

[75] 梁辰. "众筹式" 微创业兴起，运营管理模式仍在探索 [N/OL]. 青岛日报，2012-10-23.

[76] 廖凡. 金融市场机构监管与功能监管的基本定位与相互关系 [J]. 金融市场研究，2012 (1).

[77] 廖子光. 金融战争——中国如何突破美元霸权 [M]. 林小芳，查君红译. 北京：中央编译出版社，2008.

[78] 林小骥. 众筹网站"点名时间"中国的 Kick starter [J]. 中国企业家，2012 (4).

[79] 零壹财经，零壹数据. 中国 P2P 借贷服务行业白皮书 (2014) [N]. 北京：中国经济出版社，2014.

[80] 零壹财经，零壹数据. 众筹服务行业白皮书 (2014) [N]. 北京：中国经济出版社，2014.

[81] 刘继兵，马环宇. 互联网金融柔性监管探究 [J]. 浙江金融，2014 (5).

[82] 刘敬元. 朋友圈也卖重疾险了 你“造”吗? [N/OL]. 证券日报, 2014-06-05.

[83] 刘俊棋. 众筹融资的国际经验与中国实践 [J]. 南京财经大学学报, 2014 (4).

[84] 刘珺. 借助 P2P 平台实现中小企业融资 [N/OL]. 金融时报, 2012-11-05.

[85] 刘明丽. “爱情险”名不副实　联合寿险更靠谱 [N/OL]. 上海商报, 2014-02-19.

[86] 刘廷焕, 王华庆等. 金融干部网上银行知识读本 [M]. 北京: 中国金融出版社, 2003.

[87] 刘一阳. 我国众筹发展存在的主要问题及对策建议 [J]. 中国物流与采购, 2014 (21).

[88] 刘元元. 网络金融监管理论与监管模式 [J]. 管理现代化, 2011 (1).

[89] 刘越, 徐超, 于品显. 互联网金融: 缘起、风险及其监管 [J]. 社会科学研究, 2014 (3).

[90] 刘志洋, 汤珂. 互联网金融的风险本质与风险管理 [J]. 探索与争鸣, 2014 (11).

[91] 柳灯. 银行理财触网如何突破“面签”? 京东开卖招行近亿保本理财 [N/OL]. 21 世纪经济报道, 2014-09-22.

[92] 鲁篱, 黄亮. 论银行业协会自律机制的设计 [J]. 财经科学, 2005 (4).

[93] 鲁政委. 互联网金融监管: 美国的经验及其对中国的镜鉴 [J]. 金融市场研究, 2014 (6).

[94] 吕志勇, 李东. 我国网络保险的风险及风险管理研究 [J]. 上海保险, 2014 (4).

[95] 马健. 产业融合理论研究评述 [J]. 经济学动态, 2002 (5).

[96] 马秀丹. 银行网上银行风险管理研究 [D]. 郑州大学硕士论文, 2013.

[97] 孟韬, 张黎明, 董大海. 众筹的发展及其商业模式研究 [J]. 管理现代化, 2014 (2).

[98] 米全喜. 网络保险发展研究 [D]. 吉林大学硕士论文, 2006.

[99] 宓丹. 银行监管有效性分析 [D]. 四川大学博士论文, 2007.

[100] 聂国春. 网络公司借卡式保险忽悠人 [N/OL]. 中国消费者报，2014-03-03.

[101] 欧阳卫民. 非金融机构支付市场监管的基本原则 [J]. 中国金融，2011 (4).

[102] 钱明星. 网上银行业务的法律规制与风险防范 [M]. 安徽大学出版社，2011.

[103] 清科集团，众筹网. 2014年上半年中国众筹模式运行统计分析报告 [R]. 2014.

[104] 屈庆. 互联网金融对金融市场的影响 [J]. 金融市场研究. 2014 (2).

[105] 饶林，周鹏博. 有效实现第三方支付风险监管的几点建议 [J]. 金融理论与实践，2008 (9).

[106] 芮晓武，刘烈宏. 互联网金融蓝皮书：中国互联网金融发展报告 (2014) [N]. 北京：社会科学文献出版社，2014.

[107] 邵传林. 西方金融创新理论演变综述 [J]. 山东工商学院学报，2007 (10).

[108] 沈毅舟，李逍迪. 互联网金融对货币乘数的影响和对互联网金融监管的思考 [J]. 知识经济，2014 (04).

[109] 盛松成，张璇. 余额宝与存款准备金管理 [N/OL]. 金融时报，2014-03-19.

[110] 施丹. 互联网金融和利率市场化对商业银行的影响 [J]. 特区经济，2014 (3).

[111] 施薇薇. 金融中介理论的评述和思考 [J]. 华东经济管理，2008 (2).

[112] 宋国良，方静姝. 互联网金融监管：靠自律还是靠政府 [N/OL]. 中国经济导报，2014-02-13.

[113] 宋应龙. 我国虚拟货币监管机制研究 [J]. 上海金融学院学报，2009 (3).

[114] 孙宝文. 互联网金融元年：跨界、变革与融合 [N]. 北京：经济科学出版社，2014.

[115] 孙宝文等. 网络虚拟货币研究 [M]. 北京：中国人民大学出版社，2012.

[116] 孙启明，王浩宇，潘智涓. 比特币的世界货币特征探索 [J]. 北京邮

电大学学报（社会科学版），2014（1）.

［117］涂颖浩．瞄准保证保险潜力 众安参聚险扩容［N/OL］．每日经济新闻，2014－05－08.

［118］汪莹，王光岐．我国众筹融资的运作模式及风险研究［J］．浙江金融，2014（4）.

［119］王舫．第三方支付的风险控制研究［D］．西南财经大学硕士论文，2013.

［120］王刚，冯志勇．关于比特币的风险特征、最新监管动态与政策建议［J］．金融与经济，2013（9）.

［121］王钢，钱皓，张晓东．英国借贷类众筹监管规则及对我国P2P监管的启示［N/OL］．金融时报，2014－06－16.

［122］王海明．道德哲学原理十五讲［M］．北京：北京大学出版社，2008.

［123］王汉君．互联网金融的风险挑战［J］．中国金融，2013（24）.

［124］王凯风．比特币的原理、作用与监管策略浅探［J］．金融与经济，2013（11）.

［125］王力伟．宏观审慎监管研究的最新进展：从理论基础到政策工具［J］．国际金融研究，2010（11）.

［126］王荣．阿里巴巴推“娱乐宝”预期年收益率7%［N/OL］．中国证券报，2014－03－27.

［127］王亚欣，朱玉杰．对完善我国众筹融资监管制度的思考［J］．合作经济与科技，2014（23）.

［128］王一，叶茂升．虚拟货币发行机制研究［A］．中国管理现代化研究会．第四届（2009）中国管理学年会——金融分会场论文集［C］．中国管理现代化研究会，2009.

［129］王莹．余额宝的流动性、收益性及风险分析［J］．中国商贸，2013（35）.

［130］魏鹏．中国互联网金融的风险与监管研究［J］．金融论坛，2014（7）.

［131］魏先华，李雪松．支付和清算系统的风险分析［J］．金融研究，2001（12）.

［132］吴崇攀，王佳．互联网货币基金洗钱风险探究［J］．青海金融，2014（11）.

［133］吴凤君，郭放．众筹融资的法律风险及其防范［J］．西南金融，2014

(9).

［134］吴刚．康德的自律理论对中国银行业监管的启示［J］．经济评论，2006（2）.

［135］吴京俣．生命人寿淘宝上推“鞭炮险”［N/OL］．重庆晚报数字报，2014－01－14.

［136］吴庆田．美国网上银行的风险控制分析与借鉴［J］．湖南商学院校刊，2005（2）.

［137］吴晓光，董海刚，李良．论加强对虚拟货币市场的监管［J］．南方金融，2012（1）.

［138］吴晓光．第三方支付机构的信用风险评估研究［J］．新金融，2011（3）.

［139］吴晓求．中国资本市场研究报告（2014）：互联网金融：理论与现实［N］．北京：北京大学出版社，2014.

［140］吴越．第三方支付风险分析与对策建议［J］．时代金融，2009（4）.

［141］相钟雷．香港银行网上银行管理分析［J］．西部经济管理期刊，2004（3）.

［142］肖本华．美国众筹融资模式的发展及其对我国的启示［J］．南方金融，2013（1）.

［143］谢平，刘海二．ICT、移动支付与电子货币［J］．金融研究，2013（10）.

［144］谢平，邹传伟，刘海二．互联网金融监管的必要性与核心原则［J］．国际金融研究，2014（8）.

［145］谢平，邹传伟，刘海二．互联网金融手册［N］．北京：中国人民大学出版社，2014.

［146］谢平，邹传伟．互联网金融模式研究［J］．金融研究，2012（12）.

［147］谢平等．互联网金融监管的必要性与核心原则［J］．国际金融研究，2014（9）.

［148］谢众．我国支付体系风险研究［D］．西南财经大学硕士论文，2008.

［149］徐庆炜，张晓锋．从本质特征看互联网金融的风险与监管［J］．金融理论与实践，2014（07）.

［150］徐韶华，何日贵，兰王盛等．众筹网络融资风险与监管研究［J］．浙江金融，2014（10）.

［151］徐骁睿．众筹中的信息不对称问题研究［J］．互联网金融与法律，

2014 (6).

[152] 闫真宇. 关于当前互联网金融风险的若干思考 [J]. 浙江金融, 2013 (12).

[153] 杨彪, 李冀申. 第三方支付的宏观经济风险及宏观审慎监管 [J]. 财经科学, 2012 (4).

[154] 杨东, 苏伦嘎. 股权众筹平台的运营模式及风险防范 [J]. 国家检察官学院学报, 2014 (4).

[155] 杨东, 文诚公. 互联网金融行业自律任重道远 [J]. 互联网金融风险与防范, 2014 (9).

[156] 杨东. 股权众筹是多层次资本市场的一部分 [N/OL]. 中国证券报. 2014 - 03 - 31.

[157] 杨力. 网络银行风险管理 [M]. 上海: 上海外语教育出版社, 2006.

[158] 杨小凯. 经济学 [M]. 北京: 社会科学文献出版社, 2003.

[159] 杨忠君. 巴塞尔协议框架下的中国银行业监管 [D]. 西南财经大学博士论文, 2011.

[160] 姚进. 保险网销渠道成后起之秀 [N/OL]. 经济日报, 2014 - 08 - 15.

[161] 殷永忠. 电子业务发展与风险防范 [M]. 现代金融. 2007.

[162] 尹力行. "给爱情上份保险": 漫谈国外婚恋保险 [N/OL]. 证券日报, 2014 - 02 - 13.

[163] 尹龙. 对我国网络银行发展中监管问题的研究 [J]. 金融研究, 2008 (01).

[164] 郁红. 移动支付的风险分析与安全策略 [J]. 华南金融电脑, 2010 (10).

[165] 张福军. 虚拟货币的理论框架及其命题扩展 [J]. 教学与研究, 2008 (6).

[166] 张丽. 我国个人电子银行业务法律风险防范 [J]. 合作经济与科技, 2006 (8).

[167] 张莉. 国外移动支付业务监管现状分析与启示 [J]. 西部金融, 2010 (11).

[168] 张龙涛. 网络银行风险传导机制探析 [J]. 技术经济, 2006 (8).

[169] 张明, 杨晓晨. 必读: 余额宝: 现状、镜鉴、风险与前景 [N/OL]. 中国社会科学网, 2014 - 04 - 29.

［170］张晓朴．互联网金融监管的原则：探索新金融监管范式［J］．金融监管研究，2014（2）．

［171］张雅．股权众筹法律制度国际比较与中国路径［J］．西南金融，2014（11）．

［172］张艳萍．Q 币现象解读［J］．西南金融，2007（2）．

［173］张怡姮．柔和监管，审慎执掌——美英众筹融资监管思路启示［J］．金融博览（财富），2014（9）．

［174］张雨露．英国投资型众筹监管规则综述［J］．互联网金融与法律，2014（6）．

［175］张玉喜．网络金融的风险管理研究［J］．管理世界，2002（10）．

［176］赵德志．第三方支付公司的发展与风险研究［D］．北京邮电大学硕士论文，2008.

［177］郑良芳．加强对互联网金融风险的监管研究［J］．区域金融研究，2014（10）．

［178］郑秋霞．基于第三方支付的金融创新与金融风险研究［J］．浙江金融，2012（3）．

［179］郑燕．网上银行风险及管理对策研究［D］．兰州交通大学，2013.

［180］中国人民银行金融稳定分析小组．中国金融稳定报告 2014［N］．北京：中国金融出版社，2014.

［181］中国人民银行开封市中心支行课题组．基于服务主体的互联网金融运营风险比较及监管思考［J］．征信，2013（12）．

［182］中国证券业协会．关于《私募股权众筹融资管理办法（试行）（征求意见稿）》的起草说明［EB/OL］．http：//tech.ifeng.com/a/20141218/40910946_0.shtml，2014.

［183］众筹平台 Kickstarter 十大最成功融资项目［R］．腾讯科技．2014.

［184］周百胜．网络保险的独特优势和发展对策［J］．中国保险，2012（22）．

［185］周虹，王鲁滨．从虚拟货币的生命周期论金融监管体系构建［J］．中央财经大学学报，2008（1）．

［186］周建松．银行业自律机制研究［J］．金融研究，1996（9）．

［187］周骏，王学青．货币银行学（第三版）［M］．北京：中国金融出版社，2011.

［188］朱绩新，章力，章亮亮．第三方支付监管的国际经验及其启示［J］．

中国金融，2010（12）.

［189］朱玲．股权众筹在中国的合法化研究［J］．吉林金融研究，2014（6）.

［190］滋维·博迪．投资学（第9版）［M］．北京：机械工业出版社，2012.

［191］子萱．美国众筹模式：让梦想照进现实［N/OL］．中国文化报，2013-01-19.

［192］邹新月，罗亚南，高杨．互联网金融对我国货币政策影响分析［J］．湖南科技大学学报（社会科学版），2014（7）.

后　记

2013 年是中国的互联网金融元年，2014 年互联网金融进入以 P2P 模式为代表的狂热发展阶段。2014 年，互联网金融在野蛮生长的同时，也引起了社会各界的争议和政府的高度重视。2014 年年初，关于互联网金融是“鲶鱼”还是“吸血鬼”、是“普惠金融”还是打政策“擦边球”，全国范围内引发了一场鼓励还是取缔互联网金融的大讨论。政府工作报告和监管层的表态，平息了这场因余额宝引发的互联网金融存废之争。4 月，中国人民银行发布的《中国金融稳定报告（2014）》中，专题探讨中国互联网金融的发展及监管，提出中国互联网金融监管应遵循五大原则。12 月，证监会发布《私募股权众筹融资管理办法（试行）（征求意见稿）》，股权众筹模式被纳入正规军，首份互联网金融官方文件问世。2015 年 1 月，银监会设立银行普惠金融工作部，负责推进银行业普惠金融工作，融资性担保机构、小贷、网贷的监管协调，备受关注的 P2P 划归至该部门监管。

继 2014 年“促进互联网金融健康发展”被写入政府工作报告之后，2015 年互联网金融再度被写入政府工作报告，李克强总理高度赞扬“互联网金融异军突起”，提出制订“互联网 +”行动计划，“促进电子商务、工业互联网和互联网金融健康发展”。2015 年 3 月 22 日，中央电视台《新闻联播》以《互联网 + 金融　加出融资高效率》为题对互联网金融进行时长 6 分钟的报道。央视报道称，互联网技术优势正在冲破金融领域的种种信息壁垒，互联网思维正在改写着金融业竞争的格局。这说明政府已经把发展互联网金融作为国家战略，社会各界对互联网金融的发展前景和重要性持乐观态度。

互联网金融有未来吗？有人说，互联网金融理论大于实践、噱头大于实质，整个行业是没有未来的。金融领域评论人士江南愤青（陈宇）认为，在互联网金融这个业态里面，每个人都没有风险意识，包括专业机构也没有。实事求是地说，目前我国的互联网金融还处于草莽英雄打天下的阶段，大部分平台是任性的有钱人将民间借贷机械地搬到互联网上，然后任性地“跑马圈地”，干着“挂羊头卖狗肉”的事情，没有实现互联网金融的普惠金融的功能。互联网金融的未来或者说前途，在于融入国家的“互联网+”行动计划中，参与建立适应电子商务发展的多元化投融资机制，与电子商务、贸易流通、工农业生产等“互联网+”领域和传统产业转型升级联动发展，服务实体经济，助推大众创业、万众创新。

互联网技术引发的金融创新革命才刚刚开始，我们当珍惜今天来之不易的发展互联网金融的大好局面。在实践中，互联网企业需要深刻认识互联网金融服务实体经济的金融本质，加强自律和风险控制创新，减少互联网金融行业诸如“跑路潮”、诈骗等现象。各级互联网金融协会需要理清政府与市场的关系，充分发挥行业自律的功能，维护市场竞争秩序、加强信息披露和保护消费者权益，引导互联网金融行业规范发展。互联网金融消费者需要认清互联网金融的本质，提高风险意识和投资管理水平。监管层需要建立包容性的互联网金融监管机制，把握监管的适当与适度，处理好监管与创新的关系，积极创新未来新金融监管模式。在理论上，我们需要深入研究互联网金融的风险及其防范，探讨互联网金融监管的理念、原则和模式，为决策层出台监管政策和监管细则提供理论支撑。

中央财经大学中国互联网经济研究院是中央财经大学直属科研机构，负责建设国家发改委批复的“电子商务交易技术国家工程实验室”的互联网经济与金融研究中心，承担北京市社科规划办和北京市教委的“首都互联网经济发展研究基地”的建设工作，为政府关于互联网经济和金融的决策提供智力支持。目前，中国互联网经济研究院秉承“开放、平等、协同、共享、创新”的互联网精神，坚持“学术研究要顶天，服务社会要落地”宗旨，遵循“以项目为纽带，出成果与培养人才并重”的原则，围绕互联网经济理论、互联网金融、电子商务、大数据等四个研究方向，组建了30余人的研究团队，参与了国家有关部委相关政策的研究，完成和在研的国家级项目10余项，为企业提供咨询和培训。

中国互联网经济研究院每年出版《中国互联网经济发展报告》和《中国互联网金融发展报告》。已经出版《中国互联网金融发展报告（2013）——互联网金融元年：跨界、变革与融合》（经济科学出版社2014年4月版），《中国互联网经济发展报告（2014）——互联网经济：中国经济发展的新形态》（经济科学出版社2014年12月版）。在孙宝文教授的带领下，中国互联网经济研究院力图深入研究互联网经济和金融的理论和实践问题，为我国互联网经济健康发展献智献策。

中国互联网经济研究院的互联网金融团队打造的第二本《中国互联网金融发展报告》，将研究聚焦在互联网金融的风险防范和监管。本报告从理论上分析互联网金融的概念和本质入手，研究互联网金融风险形成机理和传导机制、对系统性金融风险的作用机理、对金融宏观调控的影响，探讨互联网金融领域内市场与政府的关系、监管与消费者保护、监管与创新的平衡、互联网金融监管的成本收益，以及互联网金融监管的理念、原则与模式等。具体分析了互联网支付、P2P网络融资平台、众筹、互联网理财、网上银行、虚拟货币和互联网保险的风险防范和监管。本报告力图回答互联网金融“该不该管”、“管什么”、“怎么管”等理论问题，提出互联网金融监管“包容、自律和创新”的理念，构建互联网金融监管的基本框架，为监管层制定互联网金融监管政策提供理论依据和基础。

报告撰写历时1年，三易其稿。名誉主编孙宝文为研究选题提供了智力支持，主编欧阳日辉构建了研究报告的框架，与副主编王立勇、王天梅及编委会成员共同探讨初稿撰写思路。各章撰写分工如下：第一章，王智慧；第二章，王智慧；第三章，李二亮；第四章，张良贵；第五章，何毅；第六章，刘再杰；第七章，兰日旭、王建辉；第八章，王立勇；第九章，赵胤钘；附录一，李燕；附录二，韩玫、严伟峰、王一卓。此外，乐琼在写作过程中提供了文献搜集和数据处理方面的帮助。主编欧阳日辉对初稿和二稿提出了修改意见，各章撰稿者根据修改意见进行了两轮的修订，最后主编完成了统稿和定稿工作。

本报告研究得到了中央高校基本科研业务费专项资金和北京市教委共建项目经费的支持，同时还得到以下课题的资助：中央财经大学重大科研课题培育项目（基础理论类）“互联网金融的风险及监管研究”（项目批准号：14ZZD008）；“虚拟货币的运行规律及对经济系统的影响机理研究”；中央在京高校重大成果转化项目“面向双轮驱动的北京市科技金融发展战略与实施路径”；国家社科基金重点项目“信息网络技术对市场决定资源配置的影响研究”（课题批准号：14AZD118）；国家自然科学基金项目“面向小微企业的电子商务交易平台融资模式与策略研究”（项目批准号：71272234）。在报告的写作过程中，阿里研究院副院长宋斐先生、拍拍贷副总裁陈平平女士、天使街创始人兼CEO黄超达先生提供了案例支持，在此表示感谢。借书稿即将付梓之机，衷心感谢清华大学柴跃廷教授，对报告提出宝贵意见，并欣然为书稿作序；衷心感谢经济科学出版社刁其武先生和侯晓霞女士对本书出版的大力支持。

2015年将成为互联网金融监管元年。促进互联网金融健康发展，需要金融机构、行业协会、消费者、监管层和学术界的共同努力。在互联网金融的争论和喧嚣中，中国互联网经济研究院的互联网金融研究团队紧跟时代的脉搏，静下心来深入研究互联网金融中的理论问题，力图弥补互联网金融的理论研究落后于实践发展的短板，为互联网金融的健康发展贡献智慧。囿于编撰者的水平，本书的分析和论证难免有疏漏和不足之处，恭请读者批评和指正。

孙宝文　欧阳日辉

2015年4月6日

图书在版编目（CIP）数据

互联网金融监管：自律、包容与创新／欧阳日辉主编．
—北京：经济科学出版社，2015.6（2017.12 重印）
ISBN 978－7－5141－5831－1

Ⅰ.①互… Ⅱ.①欧… Ⅲ.①互联网络－应用－金融监管－研究 Ⅳ.①F830.2－39

中国版本图书馆 CIP 数据核字（2015）第 127829 号

责任编辑：侯晓霞
责任校对：郑淑艳
责任印制：李　鹏

互联网金融监管：自律、包容与创新
主编　欧阳日辉
副主编　王立勇　王天梅
经济科学出版社出版、发行　新华书店经销
社址：北京市海淀区阜成路甲 28 号　邮编：100142
教材分社电话：010－88191345　发行部电话：010－88191522
网址：www.esp.com.cn
电子邮件：houxiaoxia@esp.com.cn
天猫网店：经济科学出版社旗舰店
网址：http://jjkxcbs.tmall.com
北京季蜂印刷有限公司印装
710×1000　16 开　31 印张　580000 字
2015 年 6 月第 1 版　2017 年12月第 2 次印刷
ISBN 978－7－5141－5831－1　定价：80.00 元
（图书出现印装问题，本社负责调换。电话：010－88191502）